Forum: Zukunft der Gesellschaft

Band 3

Kursbestimmungen

Eine qualitative Paneluntersuchung
der alltäglichen Lebensführung
im ostdeutschen Transformationsprozeß

Margit Weihrich

Centaurus Verlag & Media UG 1998

Gedruckt mit freundlicher Unterstützung der Universität der Bundeswehr München.

Zur Autorin: Margit Weihrich, geb. 1958, studierte Soziologie an der Ludwig-Maximilians-Universität München, 1997 Promotion an der Universität der Bundeswehr München. Dort ist sie als wissenschaftliche Assistentin an der Fakultät für Pädagogik, Institut für Soziologie und Gesellschaftspolitik tätig.

Die Deutsche Bibliothek – CIP-Einheitsaufnahme

Weihrich, Margit:
Kursbestimmungen : eine qualitative Paneluntersuchung der alltäglichen Lebensführung im ostdeutschen Transformationsprozeß / Margit Weihrich. – Pfaffenweiler : Centaurus Verl.-Ges., 1998
  (Forum: Zukunft der Gesellschaft ; Bd. 3)
  Zugl.: München, Univ. der Bundeswehr, Diss., 1997

ISBN 978-3-8255-0210-2   ISBN 978-3-86226-428-5 (eBook)
DOI 10.1007/978-3-86226-428-5
ISSN 0946-4069

Alle Rechte, insbesondere das Recht der Vervielfältigung und Verbreitung sowie der Übersetzung, vorbehalten. Kein Teil des Werkes darf in irgendeiner Form (durch Fotokopie, Mikrofilm oder ein anderes Verfahren) ohne schriftliche Genehmigung des Verlages reproduziert oder unter Verwendung elektronischer Systeme verarbeitet, vervielfältigt oder verbreitet werden.

© *CENTAURUS-Verlagsgesellschaft mit beschränkter Haftung, Pfaffenweiler 1998*

Umschlaggestaltung: DTP-STUDIO, Antje Philippi, Lenzkirch
Satz: Vorlage der Autorin

„Die Greenwich-Zeit wurde in Chronometern mitgeführt. Sie war notwendig zur Positionsbestimmung, d.h. sie galt noch nicht als allgemeine Zeit zur Tageseinteilung etc., sondern war sozusagen auf den Bereich des Schrankes begrenzt, in dem das Chronometer während der Schiffsreise eingeschlossen war, um lediglich zur Bestimmung der Position hervorgeholt zu werden."

(Schivelbusch 1993, S. 44)

Inhaltsverzeichnis

Vorwort

1. Alltägliche Lebensführung im ostdeutschen Transformationsprozeß: Eine Einleitung	1
1.1. Fragestellung und Vorgehensweise	1
1.2. Der Transformationsprozeß	2
1.3. Der Aktor und die Handlungssituationen	3
1.4. Die alltägliche Lebensführung	5
1.5. Aufbau der Arbeit	7
2. Studiendesign - Erhebung - Interpretation: Eine Chronologie des Forschungsprozesses	9
2.1. Vorbemerkung	9
2.2. Die Grundgesamtheit	11
2.2.1. Die erste Erhebungsphase: Januar bis Juni 1991	11
Exkurs: Die Betriebe und Branchen	13
2.2.2. Zur Durchführung der Interviews	19
2.3. Die Leipziger Panelstudie	21
2.3.1. Null-Stunden-Kurzarbeit als experimentelle Situation	21
2.3.2. Das erste Panel	22
2.3.3. Das zweite Panel	25
2.3.4. Forschungskooperationen	28
2.4. Methodologie und methodische Umsetzung	28
2.4.1. Qualitative Forschung als Methode der Wahl	28
2.4.2. Untersuchungsziele	30
2.4.3. Verortung der Fragestellung	32
2.4.4. Erhebungsmethode	33
2.4.5. Alltägliche Lebensführung als Konstruktion	35
2.4.6. Auswertung	38
2.4.7. Darstellung	42
3. Alltag im Transformationsprozeß	47
3.1. Der Rahmen: Transformation - Modernisierung - Handlungsstrategien - Subjektorientierung	47
3.1.1. Transformationsprozeß und Transformationsforschung	47
3.1.2. Das Ende der Organisationsgesellschaft	52
3.1.3. Modernisierung?	54
3.1.4. Alternativen	58

3.2. Der Hintergrund	59
3.2.1. Themen der Lebensführung in der DDR	60
3.2.1.1. *„Der Sozialismus ist im Prinzip eine gute Sache"* - Offizielle Leitbilder als Orientierungsvorgaben für das alltägliche Handeln	61
3.2.1.2. *„Wir sind 's gewöhnt, arbeiten zu gehen"* - Arbeit in der DDR	69
3.2.1.3. *„Wir waren eigentlich politische Gegner"* - Familie, Freunde, Bezugspersonen	73
3.2.1.4. *„Also vom Feiern her, das war gut"* - Freizeit in der DDR	76
3.2.1.5. *„Man war halt überall drinne"* - Die gesellschaftliche Arbeit	78
3.2.1.6. *„Solche wie dich brauchen wir in der Partei"* - Der Umgang mit der SED	80
3.2.2. Das kollektive Ereignis: Die Leipziger Montagsdemonstrationen	82
3.2.2.1. Engagement	83
3.2.2.2. Die Definition der Situation	85
3.2.2.3. Opportunismus und teilnehmende Beobachtung	86
3.2.2.4. Zaungäste	87
3.2.2.5. Parteidisziplin	88
3.2.2.6. Demonstrieren gehen	89
3.2.2.7. Die andere Seite	90
3.2.2.8. Zusammenschau	90
3.2.2.9. Die Mauer fällt	92
3.2.3. Eine Gesellschaft im Moratorium: 1991	94
3.2.3.1. *„Ohne Arbeit geht nichts"* - Die Bedeutung der Erwerbsarbeit	96
3.2.3.1.1. *„Die vermitteln mich noch gar nicht"* - Zur Logik der Situation der Null-Stunden-Kurzarbeit	98
3.2.3.1.2. *„Wir müssen 's nehmen, wie 's kommt"* - Die Arbeit im Warenhaus	100
3.2.3.1.3. *„Ich sehe das Problem auf mich zukommen, daß ich bis 22 Uhr Dienst tun muß und nicht weiß, wo ich mein Kind unterbringe"* - Die Arbeit im Altenheim	102
3.2.3.1.4. *„Ich gehör praktisch zur ersten Generation"* - Die neuen Selbständigen	103
3.2.3.2. Die individualistische Lebensweise: Eine neue Leitlinie?	106
3.2.3.3. Politisches Engagement	111
3.2.3.4. Zeit und Freizeit, Familie und Bezugspersonen	112
3.2.3.5. Alltagsorganisation	115
3.2.3.6. Organisation der Biographie	116
3.2.3.7. Die 'Wessis' - Feindbilder, Chancen, Orientierungsstützen	117
3.2.3.8. Leipzig	119
3.2.3.9. Soziale Ungleichheit?	120

4. Das Konzept 'Alltägliche Lebensführung': Eine Handlungstheorie des Alltags	123
4.1. Handlungstheoretische Vorschläge und ihre Kritik	126
4.1.1. Rational choice als Idealmodell	126
4.1.2. Institutionen und Ziele	128
4.1.3. Beschränkte Rationalität	132
4.2. Die Handlungssituation aus sozialtheoretischer Perspektive	135
4.2.1. Der ganze Prozeß	135
4.2.2. Die „Grundstruktur soziologischer Erklärungen"	137
4.2.3. Kritik und Anbindung	139
4.3. Alltägliche Lebensführung	148
4.3.1. Subjektorientierte Soziologie	149
4.3.2. Das Konzept 'Alltägliche Lebensführung' handlungstheoretisch rekonstruiert	152
4.3.2.1. Die Form alltäglicher Lebensführung	152
4.3.2.2. Die Logik alltäglicher Lebensführung	155
4.3.2.3. Alltägliche Lebensführung als Restriktion und Ressource	156
4.3.2.4. Alltägliche Lebensführung als Regelsystem	157
4.3.2.5. Alltägliche Lebensführung als Vergesellschaftungsinstanz	159
4.3.2.6. Alltägliche Lebensführung als Wahrnehmungsinstrument	160
4.3.3. Empirie	161
4.3.4. Lebenskonstruktionen und Biographie	163
4.3.4.1. Biographie und Lebensführung	165
4.3.4.2. Lebenskonstruktionen und Lebensführung	166
4.4. Alltägliche Lebensführung in neuem Rahmen: Selektionsprozesse	169
4.5. Vorgehensweise	173
5. Die Fallgeschichten	**177**
5.1. Das erste Sample: Herr Tikovsky, Herr Belzow, Herr Pattermann	177

> **Herr Tikovsky/ 1. Interview:** *„Ich bin eigentlich zum Leben da".* 177
> Biographie/ Alltag in der DDR/ Leipziger Herbst/ Alltag 1991/ Alltägliche Lebensführung/ Lebensrhythmus/ und Mentalität/ Konzeptualisierung/ Herrn Tikovskys alltägliche Lebensführung/ Soziale Beziehungen/ Interessen/ Personale Ressourcen/ Die Logik der Lebensführung/ Die Nische

> **Herr Belzow/ 1. Interview:** *„Ich hab immer zu tun. Ich bin voll beschäftigt".* 193
> Alltag in der DDR/ Der Arbeitsplatzverlust/ Ein anderer Alltag?/ Herrn Belzows alltägliche Lebensführung

Herr Pattermann/ 1. Interview: *„Mein eigener Herr zu sein, das war mein* 200
Ziel seit eh und je".
Alltag in der DDR/ und nach der Wende/ Herrn Pattermanns alltägliche Lebensführung

Alltägliche Lebensführung im Moratorium: Thesen 205

Herr Pattermann/ 2. Interview: *„Es ist eigentlich immer ein Nicht-fertig-* 209
werden ".
Herr Belzow/ 2. Interview: *„Ich kann jetzt meine Arbeitskraft verkaufen ".* 212
Herr Tikovsky/ 2. Interview: *„Das is für mich wichtig, ne Arbeit zu kriegen,* 219
ohne Zweifel. Aber es gibt wirklich viel wichtigere Sachen ".

Alltägliche Lebensführung in neuem Rahmen: Thesen 226

5.2. Das zweite Sample: Frau Barzel, Herr Flieger, Herr Dalloff, Herr Rabe, Frau 231
März, Frau Bohm, Frau Günther, Frau Volkmann, Frau Pfeiffer

Frau Barzel 231

1. Interview: *„Wir hatten Arbeit, wir hatten Wohnung, wir hatten Familie".* 231
Zwischen allen Stühlen/ Biographie/ Nach der Wende/ Vom Sozialismus enttäuscht/ Arbeit und Kollektiv/ Die Arbeit des Alltags/ Alltägliche Lebensführung und Biographie/ Sozialistische/ und individualistische Lebensweise/ Die Partei/ hinterläßt Verdruß/ Alltägliche Lebensführung im neuen Rahmen/ Die Betriebsblindheit alltäglicher Lebensführung

2. Interview: *„Ich wünsch mir nur eins. Daß ich wieder Arbeit hab".* 244
Arbeitslos/ Erwerbsarbeit/ und Alltagsorganisation/ Abstieg und Radikalisierung/ Alltägliche Lebensführung/ und neues Institutionensystem/ Frau Barzel und Herr Tikovsky

Zur Anschlußfähigkeit alltäglicher Lebensführung: Thesen 251

Herr Flieger 253

1. Interview: *„Über den Durchschnitt mich zu erhäben, die Schangs hab ich* 253
hier".
Der Karrierebericht/ Vom Politoffizier in die Versicherungsbranche: Ideologieverkauf als Qualifikation/ Privilegierte Verhältnisse/ Das Hinterland/ Karrierepläne/ Die Stabilität der Lebensführung

2. Interview: „*Im Rahmen des Möglichen das Möglichste rausholen*". 263
Die Fortsetzung des Karriereberichtes/ Die Partnerin/ Kolonisierung/ Von der Anwerbung zum Service/ Lebensstilpolitik/ Kaufmännisches Denken/ Soziale Verortung: Erster im Dorf?/ Spiegelbild/ Politikverdrossenheit/ Restkategorie Familie/ Stabilität und Veränderung der Lebensführung

Herr Dalloff 277

1. Interview: „*Drüben braucht man Ellenbogen. Ich hab keine*". 277
DDR-Biographie/ Die Wende/ Die Selbständigkeit/ Vom Rückgrat zur Selbsthilfe: Die Partei/ Netzwerke und Auftraggeber: Der Beruf/ Harmonie statt Hinterland? Die Familie/ Der Verlust des Stabilitätsglaubens/ Sphärendrift/ Die Logik der Lebensführung

2. Interview: „*Scouts sind Leute, die die Bräuche ihrer Landsleute kennen und die den Weißen geholfen haben, das Land zu erobern*". 289
Beruflicher Erfolg: Voraussetzungen und Kosten/ Die Familie/ Neuer Lebensstil in Sicht/ Kapitalismuskritik/ Der Wendegewinner in der PDS/ Der Scout/ Anschlußfähigkeit

Herr Rabe 298

1. Interview: „*Ich hatte mit diesem Staat nicht viel Kritisches am Hut, ich habe auch gut verdient*". 298
Die Selbständigkeit/ Der Autor und Herausgeber/ Der Parteifunktionär/ Der Hierarchist/ Distanz/ Beruf und Familie/ Die Paßform der Lebensführung/ Bilanz und Krise

2. Interview: „*Da sitz ich zwischen Baum und Borke*". 312
Berufliche Probleme/ Sozialer Rückzug/ Ideologische Verhärtung/ Noch einmal: Das Gefühl der Lebensmitte/ Der Hierarchist in der neuen Welt/ 1968?/ Die alte Rolle im neuen Stück/ Tragik und Ironie/ Die geheime Geschichte - ein Fragment/ Drei Generationen

Resümee 328
Noch einmal: Das Problem/ Die Beschäftigten in der Industrie/ Die Selbständigen/ Parteizugehörigkeit, Tragik und Ironie/ Zum nächsten Schritt: Die Kaufhausangestellten

Frau März 337

1. Interview: „*Wenn 's so bleibt, wie 's jetzt wird, kann ich mir eigentlich 'n sehr schönes Leben vorstellen*". 337
Die Vorstellung/ Die Ordnungsliebe/ Die Partei/ Partei und Beruf/ Beruf ohne Partei/ Arbeitsplatz Familie/ Der Vater/ Freiraum und Gehäuse/ Die Logik der Lebensführung: Konvention und Commitment

2. Interview: *„Gleich geblieben ist eigentlich wenig, aber verändert hat sich eigentlich ooch nichts".*   354
Karriere und Normalität/ Arbeitsbeziehungen/ Abwicklung/ Gefährdungen/ Hausarbeit/ Freizeit/ DDR-Lebenswelt/ Kaderarbeit in neuem Gewande/ Verankerung

Frau Bohm   366

1. Interview: *„Zumindest nicht alleene sein".*   366
Partei,/ Beruf/ und Kind/ Frau Bohms private Wende/ Arbeitsplatzgefährdung und Alternativrolle/ Familienarbeit und -freude/ Der Märchenprinz/ Lebensführung als familiäres Projekt

2. Interview: *„Viele ham Angst davor, arbeitslos zu werden, aber für mich war 's ne Erlösung".*   377
Die Kündigung und ihre Vorgeschichte/ Abwanderung als Chance/ „Ich will wieder raus"/ Der Partner, das Maß aller Dinge/ Reibungen/ Prinzessin als Beruf

Frau Günther   387

1. Interview: *„Was wir sehr gerne machen, wir beschwern uns gerne".*   387
Rahmenbedingungen/ Arbeitsvermögen/ Pfeile abschießen/ Partei/ Veränderungen/ Erfolge/ Alltägliche Lebensführung

2. Interview: *„Ich bin bloß froh, daß ich hier drüben aufgewachsen bin".*   401
Das kapitalistische Kollektiv/ Arbeitsvermögen und Selbstausbeutung/ Sich wehren/ Bestätigung/ Das Spiel mit den Wessis/ Die Stabilität der Lebensführung

Resümee   411
Die Logik der Lebensführung/ Die soziale Situation/ Geschlechtsspezifische Lebensführung/ Soziale Ungleichheit

Frau Volkmann   416

1. Interview: *„Das war eine unruhige Zeit, so viele Ereignisse in einem Jahr".*   416
Individualisierung?/ Das Alter/ Die Partei/ Ambition und Bescheidung/ Die Wende/ Koordinationsprobleme/ Wende-Krise/ Neue Pläne/ Unterstützung: keine/ Streßreduktion/ Alltägliche Lebensführung

2. Interview: *„Das ist eigentlich das, was mir jetzt schon bissl gefällt. Man hat Ansprüche, man stellt Forderungen".*   431
Berufliche Veränderung - und ihre Folgen/ Nichts ist unmöglich/ Schichtarbeit und Zeitdruck/ Lösungen/ Keine Lösungen/ Mut und Unabhängigkeit/ Freizeit/ Angst und Anspruch/ Alltägliche Lebensführung/ Emanzipation

Frau Pfeiffer 445

1. Interview: „*Wenn man immer ein wenig mehr macht, als man sollte, dann* 445
klappt das schon".
Biographie/ Die Altenpflege/ Der Tagesablauf/ Herr Pfeiffer stört/ Schlafen als Desiderat/ Bewältigungsstrategien/ Wünsche/ Gesellschaftskritik und -vorstellung/ Alte Rationalitäten,/ neue Rationalitäten/ und neue Konflikte/ Alltägliche Lebensführung

2. Interview: „*Wenn ich gewußt hätte, daß es auch ohne Parteizugehörigkeit* 458
gegangen wäre".
Die Altenpflege/ Herr Pfeiffer serviert/ Arbeit, Entlastung und Freiräume/ Freizeit und Sozialkontakte/ Neue Leitbilder?/ Ansprüche und Professionalisierung/ Der Überbau/ Rückblick/ Alltägliche Lebensführung unter Veränderungsdruck

Resümee 474
Alltägliche Lebensführung: Regelsystem mit materialer Basis/ Alltägliche Lebensführung und Anschlußmöglichkeiten/ Alltägliche Lebensführung und Sozialindikatoren/ Differenzierung, Konsolidierung und weitere Trends

6. Zum Schluß 483
6.1. Zusammenfassung von Fragestellung und Vorgehensweise 483
6.2. Ein Vorschlag für ein dynamisches Modell alltäglicher Lebensführung in rasantem sozialen Wandel 486
6.3. Ein Plädoyer für eine subjektorientierte Wende 489

Literatur 493

Vorwort

Eine qualitative Paneluntersuchung durchzuführen, ist ein aufwendiges und vor allem langwieriges Unterfangen; es hatte zur Folge, daß mein gesamter Freundes-, Bekannten- und Kollegenkreis in den letzten Jahren mit diesem Projekt konfrontiert worden ist. Würde ich all diejenigen aufzählen, die mir zugehört, mich aufgemuntert und mich unterstützt haben, käme ich zu keinem Ende. Nicht verzichten will ich indes auf folgenden Dank an dieser Stelle:

Allem voran danke ich den Leipzigerinnen und Leipzigern, die inmitten des Trubels der Wende und ihrer Folgen die Zeit und die Bereitschaft gefunden haben, mir ein Stück ihres Lebens anzuvertrauen; sie haben nicht nur diese Studie ermöglicht, sondern mich in den letzten Jahren so beschäftigt, daß ich sie inzwischen besser zu kennen glaube als mich selbst, was sie mir verzeihen mögen.

Michael Schmid hat diese Arbeit wohlwollend und geduldig betreut; vor allem aber danke ich ihm für die Art soziologischen Denkens, die er mir vermittelt hat.

Der Universität der Bundeswehr gilt mein Dank für die Bereitstellung der Rahmenbedingungen für diese Arbeit; die KollegInnen der Fakultät für Pädagogik haben mich jederzeit mit Rat und Tat unterstützt.

Ohne Günter Voß und die KollegInnen des Teilprojekts A1 des Sonderforschungsbereiches der Universität München wäre diese Arbeit allerdings so nicht zustandegekommen; sie haben mir das Konzept der alltäglichen Lebensführung nahegebracht, den empirischen Zugang eröffnet, mit mir zusammen die Interviews geführt und die Finanzierung der Transkriptionen sichergestellt; vor allem aber haben sie mir ein Diskussionsforum geboten, das mir viel geholfen und das ich sehr genossen habe. Ganz besonders danke ich meinen Leipziger KollegInnen Ina Dietzsch und Michael Hofmann für die aufregende, lehrreiche und unterhaltsame Kooperation im bislang spannendsten Forschungsprojekt meines Lebens.

Ein Extradank geht an das Dreigestirn der letzten Durchsicht und Beratung, ohne das meine Arbeit nicht hätte an die Öffentlichkeit treten können: Ursula Brunner, Wolfgang Salzmann und Hans Weihrich - und an meine FreundInnen aus meiner soziologischen „Peergroup", deren Unterstützung ich mir immer sicher sein konnte.

Wolfgang Dunkel danke ich für unsere gemeinsame alltägliche Lebensführung. Er hat am meisten zu dieser Arbeit beigetragen.

1. Alltägliche Lebensführung im ostdeutschen Transformationsprozeß: Eine Einleitung

„Es braucht Zeit für Menschen und Dinge nach den geltenden Begriffen eine andere Rangordnung zu schaffen. Solange die freigesetzten sozialen Kräfte nicht ihr Gleichgewicht gefunden haben, bleibt ihr jeweiliger Wert unbestimmt, und für eine Zeitlang ist dann jede Regelung mangelhaft. Man weiß nicht mehr, was möglich ist und was nicht, was noch und was nicht mehr angemessen erscheint, welche Ansprüche und Erwartungen erlaubt sind und welche über das Maß hinausgehen".
(Durkheim 1973, S. 288)

1.1. Fragestellung und Vorgehensweise

In dieser Arbeit wird eine spezielle theoretische Position zum soziologischen Grundproblem der Beziehung zwischen Individuum und Gesellschaft formuliert und empirisch umgesetzt: Die 'alltägliche Lebensführung' von Individuen wird theoretisch als vermittelnde Kategorie zwischen Subjekt und gesellschaftliche Strukturen eingespannt und empirisch im ostdeutschen Transformationsprozeß herausgearbeitet.

- Die *Empirie* besteht in einer qualitativen Paneluntersuchung, deren Daten ich von 1991 bis 1993 in Leipzig erhoben habe. Mithilfe erzählungsgenerierender Leitfadeninterviews wurde alltägliche Lebensführung zu verschiedenen Zeitpunkten innerhalb eines Prozesses rasanten sozialen Wandels rekonstruiert, in dem es fraglich ist, ob es so etwas wie Alltag überhaupt noch gibt und wie man sein Leben führen kann: im ostdeutschen Transformationsprozeß, in dem eine ganze Gesellschaft mit ihren Werten und Normen durcheinandergewirbelt wird, wichtige Wissensbestände nutzlos und Hintergrundwissen, Routinen und Selbstverständlichkeiten des Alltagstrotts ihre Orientierungskraft verloren haben.[1] Muß alltägliche Lebensführung in solch durcheinandergewirbelter Gesellschaft nicht zum Katastrophenmanagement mutieren, zur nichtalltäglichen Intervention? Frau März, Abteilungsleiterin in einem Dienstleistungsunternehmen und eine meiner InterviewpartnerInnen, charakterisiert indes ihre Situation so: *„Gleichgeblieben ist gar nichts"*, sagt sie, *„aber verändert, verändert hat sich eigentlich ooch nichts"*. Das ist eine para-

---
[1] vgl. Alheit 1995, S. 110

doxe Charakterisierung, und sie hat, wie ich in dieser Arbeit ausführen will, mit der Stabilität alltäglicher Lebensführung innerhalb rasanten Wandels zu tun.

- Die *theoretische Konzeption* besteht darin, daß alltägliche Lebensführung als eine aktive Konstruktionsleistung der Person begriffen wird, als ein Arrangement, innerhalb dessen all die unterschiedlichen Tätigkeiten, die tagaus tagein in den verschiedenen Sphären des Alltags anfallen, ebenso auf die Reihe gebracht werden wie damit verknüpfte fremde Erwartungen und eigene Vorstellungen. Das meint nicht, daß alltägliche Lebensführung eine beliebig gestaltbare und gestaltete Angelegenheit der Subjekte wäre; das bedeutet andererseits auch nicht, daß, wie Durkheim es sich vorstellt, das Subjekt sich blind oder alternativlos nach gesellschaftlichen Normen richtet, ohne wünschenswerte oder erwartbare Handlungsfolgen in Betracht zu ziehen. Zwischen rationale Wahl und strukturelle Vorgaben wird alltägliche Lebensführung zwischengeschaltet: als ein Arrangement all der tagtäglichen und lebensgeschichtlichen Verfahrensweisen mit ganz bestimmten historischen Problemlagen; hier ist es der ostdeutsche Transformationsprozeß.

Wie Personen in solchen Zeiten ihr Leben führen, worauf sie dabei zurückgreifen können und was sie hindert, und welche Folgen ihres Handelns sie zu gewärtigen haben, davon handelt diese Arbeit.

1.2. Der Transformationsprozeß

Die DDR-Gesellschaft befindet sich in einem Transformationsprozeß, der dadurch charakterisiert ist, daß das Gesellschaftssystem, wie es in der DDR empirisch vorfindbar war, mit seiner Sozialstruktur, seinen leitenden Normen, seiner spezifischen Kultur und seinen BürgerInnen mit ihren Verhaltensdispositionen neu geformt wird als Teil der Bundesrepublik Deutschland als einer modernen marktwirtschaftlichen Demokratie.

Dazu wurde das Institutionensystem der DDR aufgelöst, das der alten Bundesrepublik in seiner Gültigkeit auf die neuen Länder - die damit entstanden - ausgedehnt und mit seiner Hilfe in Gestalt des bundesrepublikanischen Wahlsystems die Zustimmung sichergestellt. Wir haben es hier mit der Beschreibung eines Prozesses auf der Makroebene zu tun: Das Gesellschaftssystem der DDR wird in das der neuen Bundesrepublik Deutschland integriert. Durch einen Staatsvertrag wurde der Geltungsbereich der neuen Institutionen geregelt, und ihre Träger siedelten sich in den neuen Bundesländern an: Wirtschaftliche, rechtliche und parlamentarische Organisationen begannen zu arbeiten.

Daß dieser Integrationsprozeß nicht problemlos ablief, zeigte sich bald: in Ostdeutschland stieg die Arbeitslosigkeit, Umfragen dokumentierten Unzufriedenheit in

West- und Ostdeutschland, und die Soziologie begann, Modernisierungsunterschiede zu thematisieren. Charakterisierungen des Gesellschaftssystems der DDR wurden als Voraussetzung hierfür erachtet: Nebeneinander stehen Organisationsgesellschaft (Pollack 1990) und moderne Arbeitsgesellschaft, vor-, de-, oder gar unmoderne Gesellschaft mit Modernisierungsvorsprung freilich, was die Frauenerwerbstätigkeit betrifft (Zapf 1991; Srubar 1991; Geißler 1991, 1992a, 1992b), die sozialistische Gesellschaft, in der nicht entschieden ist, inwieweit sie oktroyiert oder eigenständig etabliert wurde, und schließlich das Verhältnis von sozialer Autonomie und totaler bzw. totalitärer politischer Herrschaft (Engler 1992; Maaz 1990). Neben solchen Systemdiagnosen wurde makrostrukturelle Sozialstrukturanalyse betrieben. Man stellte Verteilungen fest, die sich zwischen Ost- und Westdeutschland nicht nur vor, sondern auch nach der Wende unterschieden, diagnostizierte „objektive Modernisierung" (Hradil 1992a) oder Autonomiegewinn durch den Rückzug ins Private (Lay 1993; Pollack 1990). Rückschlüsse auf unterschiedliche Verhaltensdispositionen wurden gezogen und jede Menge Ratschläge zur Therapie erteilt. Denn die Zielvorstellung der Transformation der DDR-Gesellschaft in eine bundesrepublikanische bedeutete keineswegs 'nur' den Wechsel des Institutionensystems: Damit sollte die Eingliederung einer modernen in eine modernisierte, genauer einer objektiv modernisierten in eine subjektiv modernisierte Gesellschaft (Zapf 1991) erreicht werden, die einer durchherrschten Gesellschaft (Kocka 1994; Lüdtke 1994) in eine Multioptionsgesellschaft (Gross 1994), in der der Einzelne individualisiert wurde, was gleichzeitig Entscheidungsfreiheiten und -zwänge, Chancen und Abhängigkeiten meint (Beck 1986). Vergessen werden soll auch nicht die Integration in eine demokratische und soziale Marktwirtschaftsgesellschaft, die von unseren InterviewpartnerInnen kurz und bündig „*Kapitalismus*" genannt wird. Von welchem Ausgangs- zu welchem Zielpunkt dieser Transformationsprozeß auch immer verläuft - heute, im Frühling 1998 und mehr als sieben Jahre nach der offiziellen Vereinigung, wird niemand behaupten wollen, er sei abgeschlossen, es sei mithin zusammengewachsen, was zusammengehöre; die Stimmen mehren sich, daß der eigentliche Transformationsprozeß erst jetzt beginne.

1.3. Der Aktor und die Handlungssituationen

In dieser Arbeit wird die Mikroebene ins Zentrum der Analyse gerückt; die Makroebene freilich soll damit nicht aus dem Blickfeld geraten. Es wird der Versuch einer *Mikrofundierung des Transformationsprozesses* vorgelegt, der darin besteht, das konkrete Handeln von Personen inmitten des Transformationsprozesses zu rekonstruieren, zu erklären und die Handlungsfolgen zu fokussieren. Denn deren Handeln ist die eigensinnige Basis des Transformationsprozesses; nur so kann die Transformation überhaupt verstanden werden, und vielleicht kann so auch erklärt werden, wo die Probleme des Transformationsprozesses liegen und - umgekehrt - unter welchen Voraussetzungen er überhaupt gelingen kann.

Es wird hier eine subjektorientierte Perspektive[2] eingenommen: Das Handeln der Akteure wird als eine aktive Auseinandersetzung mit den gesellschaftlichen Rahmenbedingungen verstanden, in der DDR und im Transformationsprozeß. Denn auch wenn die gesellschaftliche Elite in der DDR versucht hat, diesen Eigensinn zu unterbinden, hat sie ihn doch nur mit Anreizen und Restriktionen steuern können; der Zusammenbruch der DDR ist damit nicht zuletzt augenfälliges Beispiel für die Grenzen staatlicher Herrschaft.[3] Mit Kocka betone ich, daß „die Gesellschaft, das Leben, der Alltag der DDR in ihrer diktatorischen Gängelung nicht aufgingen" (Kocka 1994, S. 550); solche Logik gilt auch für den Transformationsprozeß. Denn dieser ist - und das ist die Pointe - nicht deshalb kein anomischer Zustand, weil die neuen Institutionen als Regelsysteme - ganz im Durkheimschen Sinne - funktionierten. Daß Anomie verhindert wurde, liegt ganz im Gegenteil im Eigensinn der Akteure begründet.

Der Transformationsprozeß begegnet den Akteuren ganz unabhängig von seiner soziologischen Charakterisierung in Gestalt von spezifischen Handlungssituationen, in denen sie Entscheidungen treffen müssen. Deshalb werden in dieser Arbeit die ganz konkreten und ganz unterschiedlichen Situationen rekonstruiert, mit denen Akteure verfahren; diese Situationen müssen zudem zuerst von den Akteuren definiert werden, bevor sie auf Handlungsmöglichkeiten hin untersucht werden können.

Die Handlungssituationen, in denen sich die Akteure befinden, stehen indes in einem Zusammenhang; dieser ist durch Zweck-Mittel-Hierarchien, wie das handlungstheoretische Ansätze landläufig tun, nicht hinreichend beschrieben. Die Person muß ihr alltägliches Leben - Beruf, Familie, Familienarbeit, Freizeit, Freundeskreis, politisches Engagement, persönliche Ansprüche und vieles mehr - über ihre Lebenszeit hinweg auf die Reihe bringen, sie muß zusammenführen, was nicht von selbst zusammengeht: unterschiedliche Situationen und Bezugspersonen, eigene Vorstellungen und fremde Erwartungen, Notwendigkeiten und Chancen, mit denen sie tagaus tagein konfrontiert ist. Das erfordert ein Arrangement des Alltags, und es erfordert

---

[2] siehe Bolte 1983

[3] vgl. hierzu vor allem Mühler/ Wippler 1993, die die verschiedenen Anreiz- und Repressionsversuche der Elite über die Geschichte der DDR hinweg als Optionen für die Bürger rekonstruieren. Daß die Institutionenordnung mehr als anderswo als Rahmenbedingung für Sozialstruktur, Lebensweisen, Verhaltensprägung und Handlungsoptionen von Bedeutung ist, betont Lepsius 1994, S. 17: Die DDR war erstens kein Sozialverband, der unabhängig von der institutionellen Ordnung bestand, und zweitens war die Binnenordnung in einem hohen Maße durch die eigenen Institutionen geregelt und gesteuert, fehlte doch die zwischenstaatliche Einbindung wie in anderen Gesellschaften.

ein Arrangement über die Lebenszeit hinweg: alltägliche Lebensführung und Biographie. Freilich gilt dies alles auch für Personen, die innerhalb vergleichsweise stabiler Gesellschaftssysteme ihr Leben organisieren müssen: Gesellschaftliche Stabilitäten sind Momentaufnahmen von Wandlungsprozessen, die einzelnen Personen müssen immer unter Unsicherheit agieren. Gesellschaft „besteht nur im momenthaften Aufbau und Zerfall ihrer Elemente über die unzähligen Handlungen als Mikroereignisse" und ist damit „ein durch und durch fragiler und im Grunde instabiler Vorgang" (Esser 1993, S. 470), der freilich vergleichsweise stabil sein kann.

In der gesellschaftlichen Situation, die in dieser Arbeit den Hintergrund für das Handeln der Akteure abgibt, haben wir es mit rasantem sozialen Wandel zu tun: mit einem Wechsel des Gesellschaftssystems. Es kann vorausgesetzt werden, daß alle BürgerInnen mit Situationen verfahren müssen, die ihnen nicht vertraut sind, und zwar unter der erschwerten Bedingung, daß der gesellschaftliche Orientierungsrahmen abhanden gekommen ist. Gleichzeitig aber erscheint plausibel, daß nicht alles, was Personen tagaus tagein tun, in den Strudel des Transformationsprozesses geraten ist. Wie Frau März sieht auch Herr Tikovsky, Industriearbeiter und Interviewpartner, Veränderung *und* Kontinuität: *„Nun wird alles ein bißchen anders"*, meint er, *„aber ich glaube, so wesentlich anders auch nicht"*.

1.4. Die alltägliche Lebensführung

Thema dieser Arbeit ist es, zu untersuchen, welche gesellschaftlichen Veränderungen die Personen auf der Ebene ihrer alltäglichen Lebensführung betreffen und wie sie damit verfahren, auf welcher Grundlage sie ihre Handlungsentscheidungen treffen und welche Folgen ihre Entscheidungen haben.

Hierfür nehme ich das von der Projektgruppe „Alltägliche Lebensführung" des Sonderforschungsbereiches 333 der Universität München entwickelte Konzept alltäglicher Lebensführung zur Grundlage[4]; für diese Untersuchung wird es handlungstheoretisch unterfüttert und an Konzepte von Biographie und Lebenskonstruktion angeschlossen. Alltägliche Lebensführung meint

a) den alltäglichen Zusammenhang des praktischen Lebens. Nicht die einzelnen Tätigkeiten in den verschiedenen Sphären des Alltags stehen im Mittelpunkt, also nicht *was* die Person tut, sondern *wie* sie es tut.

b) Dieser Zusammenhang ergibt sich nicht von selbst, sondern ist die aktive Leistung des Individuums. Es muß die unterschiedlichen Tätigkeiten, Anforderungen und

---

[4] siehe Projektgruppe „Alltägliche Lebensführung" 1995; Voß 1991a, 1991b

Erwartungen in den verschiedenen Bereichen des Alltags zu einem Arrangement binden, Widersprüche ausbalancieren und Koordinationsleistungen erbringen.

c) Damit ist alltägliche Lebensführung keine von den gesellschaftlichen Strukturen determinierte Größe; freilich aber kann sie nicht nach Belieben gestaltet werden. „Menschliches Handeln hat Schranken. Die Menschen produzieren die Gesellschaft, aber sie tun es unter bestimmten historischen Bedingungen und nicht unter Bedingungen ihrer eigenen Wahl" (Giddens 1984a, S. 198). Daraus folgt, daß sie auch *bestimmte* Strategien etablieren werden: Form und Logik alltäglicher Lebensführung hängen damit ab von der jeweiligen historischen Situation.

d) In der alltäglichen Lebensführung greifen Alltäglichkeit als die alltägliche Wiederholung von Ablaufformen und die Anwendung von in Auseinandersetzung mit den jeweiligen Rahmenbedingungen etablierten Lebensführungsstrategien ineinander, und zwar über die Zeit hinweg: Die alltägliche Lebensführung bekommt Stabilität, die indes nicht statisch sein darf, will sie Veränderungen in den täglichen Anforderungen auffangen und ausbalancieren können.

e) Damit ist alltägliche Lebensführung als eine Kategorie zwischen Subjekt und gesellschaftlichen Strukturen konzipiert: In ihrer alltäglichen Lebensführung verfährt das Subjekt in relativer Autonomie mit den situativen Anforderungen und Chancen. Dabei reproduziert es einmal die gesellschaftlichen Bedingungen, ist aber auch in der Lage, sie zu verändern. Holzkamp beschreibt dieses Verhältnis in seiner Reformulierung des Konzepts der alltäglichen Lebensführung in einer subjektwissenschaftlichen Sprache als eine „'doppelte Möglichkeit', ... nämlich als Alternative des Handelns 'unter' gesellschaftlichen Bedingungen und des Handelns in Erweiterung der in den Bedingungen liegenden Verfügungsmöglichkeiten'" (Holzkamp 1995, S. 883).

f) In solcher Lesart bieten gesellschaftliche Rahmenbedingungen in ihren den Subjekten zugekehrten Aspekten bestimmte Handlungsmöglichkeiten, die immer in Abhängigkeit von den 'guten Gründen', die eine Person für ihre Handlung hat, wahrgenommen werden - so sie über die dazu nötigen Mittel überhaupt verfügt. Damit schließen sie auch bestimmte Handlungsmöglichkeiten aus oder erschweren sie wenigstens.

In detaillierten Fallstudien wird den Fragen nachgegangen,

- welche Situationslogiken die Personen zu verschiedenen Zeitpunkten vorfinden und wie sie damit verfahren,
- wie der Zusammenhang dieser Verfahrensweisen, die alltägliche Lebensführung also, über die Zeit hinweg charakterisiert werden kann,
- und was über das Verhältnis von alltäglicher Lebensführung und gesellschaftlichen Institutionen ausgesagt werden kann.

1.5. Aufbau der Arbeit

In *Kapitel 2* wird die Fragestellung und das empirische Design vorgestellt. Die Chronologie des Forschungsprozesses wird transparent gemacht und die methodische Vorgehensweise begründet; empirische Befunde und theoretische Überlegungen beeinflussen sich darin gegenseitig. Ein Exkurs über die Betriebe und Branchen, in denen unsere InterviewpartnerInnen arbeiten, beschreibt die Ausgangslage.

In *Kapitel 3* wird nachgezeichnet, welche Schwerpunkte unsere InterviewpartnerInnen in der alltäglichen Auseinandersetzung mit unterschiedlichen historischen Rahmenbedingungen setzen; dies wird mithilfe von soziologischen Befunden aus der DDR- und Transformationsforschung kommentiert. In drei Teilkapiteln wird zusammengefaßt, anhand welcher Charakteristika der DDR-Alltag, die turbulente Wendezeit und die anschließenden Jahre von SozialwissenschaftlerInnen und InterviewpartnerInnen aufbereitet werden.

In *Kapitel 4* wird das theoretische Konzept der alltäglichen Lebensführung handlungstheoretisch umformuliert und - im Lichte der Befunde aus den Fallstudien - weiterentwickelt und dynamisiert. Dabei werden die Verfahrensweisen eines Aktors mit den oben charakterisierten Situationen, in denen sich eine Person innerhalb eines historischen Zeitraums befindet, in ihrem Zusammenhang modelliert; da die so etablierte alltägliche Lebensführung relativ stabil ist, spielt sie einerseits bei der Auseinandersetzung mit neuen Situationen als Ressource oder Restriktion für den Aktor eine Rolle und hilft andererseits, gesellschaftliche Institutionen zu reproduzieren.[5]

Kapitel 5 schließlich ist das Herzstück der Arbeit. In ausführlichen Einzelfallstudien wird die alltägliche Lebensführung der InterviewpartnerInnen (re)konstruiert, indem die jeweiligen Verfahrensweisen mit unterschiedlichen Handlungssituationen nachgezeichnet werden. Ihr Stabilitätspotential wird herausgearbeitet, indem untersucht wird, inwieweit ein bestimmtes Lebensführungsmuster die Situationsdefinition und schließlich die Verfahrensweise mit neuen Anforderungen mitbestimmt und welche Folgen für Person und Institutionensystem resultieren. Die Fallstudien werden an fünf Stellen von fallübergreifenden Thesen und Resümees unterbrochen; freilich werden auch innerhalb der Fallstudien Befunde erarbeitet, die theoretisch und empirisch über den Einzelfall hinausweisen.

Im Anschluß an ein letztes fallübergreifendes Resümee werden im *Schlußkapitel* die konzeptuellen Ergebnisse systematisiert und ein Vorschlag für ein dynamisches Modell alltäglicher Lebensführung innerhalb rasanten gesellschaftlichen Wandels unterbreitet. Die Stabilität der Logik alltäglicher Lebensführung kann zur Restrik-

---

[5] Dieses ist eine aus ersten Fallstudien gewonnene *empirische* These, die im weiteren Forschungsprozeß erhärtet wurde.

tion oder Ressource bei der Bearbeitung neuer Situationen werden; wo alltägliche Lebensführung Handlungsräume erschließen kann und wo sie sich selbst im Wege steht, hängt von der Anschlußfähigkeit spezifischer Lebensführungsmuster an neue Institutionen ab.

Die Breite des jeweiligen empirischen Kontexts aber bleibt den LeserInnen der Fallgeschichten vorbehalten.

2. Studiendesign - Erhebung - Interpretation: Eine Chronologie des Forschungsprozesses

2.1. Vorbemerkung

In diesem Kapitel wird die empirische Umsetzung meiner Forschungsfrage - Studiendesign, Erhebung und Interpretation - und die Aufbereitung meiner Studie dargestellt und begründet. Ich will dies im Rahmen einer chronologischen Verlaufsbeschreibung meiner Untersuchung tun, um den Forschungsverlauf transparent zu machen.

Dieser Anspruch an Transparenz[1] hat seinen Grund darin, daß der Prozeß qualitativen Forschens - im Gegensatz zu quantitativ arbeitenden Projekten - nur begrenzt formalisierbar ist, sind doch Offenheit und Reflexivität gerade seine Kennzeichen. An die Stelle von Objektivität und Reliabilität muß deshalb kontrollierte Subjektivität treten. Diese wird über die Offenlegung des Forschungsprozesses insofern hergestellt, als sie einmal der Forscherin bzw. dem Forschungsteam selbst eine kontinuierliche Reflexion des Forschungsprozesses erlaubt, zum anderen es Dritten ermöglicht, a) Datensammlung, b) Analyse und c) den Weg der Interpretationen zu deren Darstellung reflektieren zu können.[2]

Ein qualitatives Forschungsprojekt wie dieses ist ein stetiger Auseinandersetzungsprozeß zwischen Fragestellung, Forschungsgegenstand, Methode und Konzept bzw. Theorie. Die Fragestellung konkretisiert sich im Verlauf des Projekts, die anfängliche theoretische Konzeption verändert sich in der Durchführung und beeinflußt wiederum die empirische Arbeit. Es ist ein *zirkulärer Prozeß*, dessen angestrebte Erkenntnisse auf zwei Ebenen zielen: auf die der Theorie und die der Praxis.[3]

---

[1] Die Herstellung der Transparenz des gesamten Forschungsprozesses wird in der Diskussion um die Validität qualitativ erhobener Daten nachdrücklich gefordert, vgl. dazu vor allem Flick 1995, S. 248ff.

[2] Es scheint mir nicht möglich zu sein, das Dilemma vollends aufzulösen, das pointiert darin besteht, entweder die konkrete Interpretationsarbeit nachzuzeichnen, was langwierig ist und zum Verständnis eines Falles letztendlich wenig beiträgt, oder den LeserInnen die 'fertigen' Interpretationen zu präsentieren, deren Zustandekommen kaum mehr nachvollziehbar ist. Ich hoffe, mit meinen Fallgeschichten, mit dem 3. Kapitel und nicht zuletzt mit diesem Teil einen akzeptablen Kompromiß anbieten zu können; vgl. hierzu auch Mutz u.a. 1995, S. 155f bzw. insgesamt den von dieser Autorengruppe angebotenen Kompromiß.

[3] Solches Vorgehen fordert Strauss im Rahmen der Grounded Theory; diesem Verständnis des Verhältnisses von Empirie und Theorie schließe ich mich an. „Unsere Herangehensweise nennt sich deshalb Grounded Theory, 'weil ihr Schwerpunkt auf der Generierung einer Theorie und auf den Daten liegt, in denen diese Theorie gründet'... Der Schwerpunkt der Analyse liegt nicht allein darauf, daß 'Massen von Daten' erhoben und geordnet werden, 'sondern darauf, daß die Vielfalt von Gedanken, die dem Forscher bei der Analyse kommen, organisiert werden'" (Strauss 1994, S. 50f).

Denn einmal ist das Ziel qualitativer Studien eine konzeptuelle Weiterentwicklung[4], indem, ausgehend von bestimmten Problemen im einzelnen empirischen Fall, Erweiterungen oder Revisionen des theoretischen Rahmens vorgenommen werden. Gleichzeitig zu diesem „materialen Theoretisieren" (Bude 1993, S. 10) aber wird das theoretische Konzept zum besseren Verständnis eines Falles herangezogen. Da eine solche hermeneutische Spirale ein dynamisches und komplexes Vorgehen ist, ist die Darstellung der Vorgehensweise unabdingbar; die methodischen und methodologischen Ausführungen werden deshalb in die Dokumentation des Forschungsprozesses eingebunden. Aufgrund der zirkulären Konzeption des Projekts ist das theoretische Konzept das Ergebnis der empirischen Arbeit, so wie letztere ein Ergebnis der Anwendung des theoretischen Konzepts ist; ein 'Ergebniskapitel' entfällt somit. Und schließlich ist die in dieser Arbeit vorgelegte Reihenfolge der Darstellung auch anders denkbar.

Für dieses Kapitel habe ich mich für folgende Vorgehensweise entschieden: In *Punkt 2* werde ich über die Entstehungsgeschichte meiner Studie und die erste Erhebungsphase in Leipzig berichten; diese Interviews bilden den Ausgangspunkt für meine Fragestellung und stellen die Grundgesamtheit meines Samples. *Punkt 3* informiert über die Genese der Leipziger Panelstudie, stellt ihr Design, das Sampling und das Sample vor, berichtet über die einzelnen Interviewphasen und endet mit einigen Bemerkungen über die Forschungskooperationen vor allem zwischen ost- und westdeutschen WissenschaftlerInnen. In *Punkt 4* wird die Methodologie und die methodische Umsetzung vorgestellt und in *Punkt 5* auf die Logik der Darstellung und die damit verbundenen Probleme eingegangen.

Doch nun zur Studie selbst: Ich habe eine qualitative Paneluntersuchung zu drei unterschiedlichen Zeitpunkten innerhalb des ostdeutschen Transformationsprozesses durchgeführt, in der ich mit Leipziger BürgerInnen erzählungsgenerierende Leitfadeninterviews über deren Alltag vor und nach der Wende durchgeführt habe. Aus 40 Interviews im ersten Halbjahr des Jahres 1991 wurden 12 Personen mithilfe eines theoriegeleiteten Auswahlverfahrens ausgesucht; drei von ihnen wurden 1992, die weiteren neun 1993 ein zweites Mal interviewt. Alle Interviews wurden auf Tonband aufgezeichnet, vollständig transkribiert und in einem fallrekonstruktiven Verfahren qualitativ-hermeneutisch interpretiert.

---

[4] vgl. Strauss/ Corbin 1994

Zur Übersicht hier ein Schema des chronologischen Ablaufs der Studie auf den Ebenen der Erhebung, Auswertung und Darstellung.

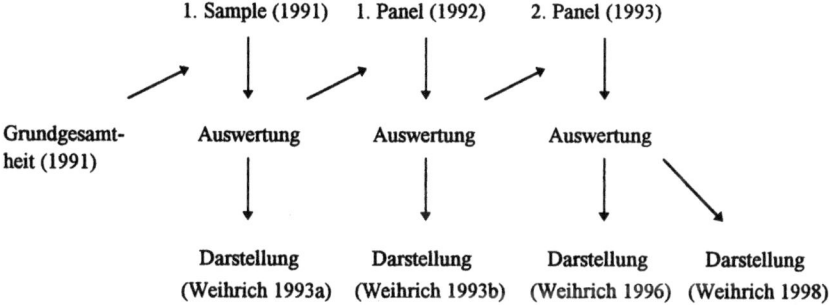

2.2. Die Grundgesamtheit

2.2.1. Die erste Erhebungsphase: Januar bis Juni 1991

Die erste Interviewphase in Leipzig fand im ersten Halbjahr des Jahres 1991 statt. Zu dieser Zeit war ich als Projektmitarbeiterin des Teilprojekts A1 des Sonderforschungsbereiches 333 der Universität München damit befaßt, diese empirische Erhebung in Ostdeutschland mit vorzubereiten, zu organisieren und durchzuführen. Damit wurzelt meine Untersuchung in einem arbeitssoziologischen Forschungszusammenhang, nämlich dem des SFB 333 der Universität München, der Entwicklungsperspektiven von Arbeit untersucht. Dessen Teilprojekt A1[5] suchte nach dem Zusammenhang von Arbeit und Leben und arbeitete somit an der Füllung einer Leerstelle: der bislang empirisch und theoretisch unterbelichteten „Arbeit des Alltags".[6] Unter dieser Perspektive rücken all die Tätigkeiten in den Blickpunkt, die der Einzelne in den verschiedenen Sphären seines Alltags - der Sphäre der Erwerbsarbeit, der familiär bzw. personengebundenen und der frei verfügbaren Zeit - ausführen und miteinander koordinieren muß. Für diese Koordinationsleistung wurde alltägliche Lebensführung als ein theoretisches Konzept entwickelt[7] und empirisch mit-

---

[5] Ihm gehörten als ständige MitarbeiterInnen Karl Martin Bolte, Luise Behringer, Wolfgang Dunkel, Karin Jurczyk, Werner Kudera, Maria S. Rerrich und G. Günter Voß an.
[6] So das empirische Korrelat zum theoretischen Konzept 'Alltägliche Lebensführung' und gleichzeitig Titel einer Veröffentlichung des Projekts: Jurczyk/ Rerrich 1993
[7] siehe hierzu vor allem Voß 1991b

hilfe erzählungsgenerierender Leitfadeninterviews in Westdeutschland erhoben und analysiert.[8]

In Leipzig führten wir bis Juni 1991 40 erzählungsgenerierende Leitfadeninterviews von zwei- bis dreistündiger Dauer mit Personen aus folgenden Berufsgruppen[9] durch: Krankenschwestern und -pfleger, die in einem Altenheim arbeiteten; VerkäuferInnen und leitende Angestellte in einem Warenhaus; IndustriearbeiterInnen in zwei Leipziger Betrieben; Kunst- und Kulturschaffende: JournalistInnen, SchriftstellerInnen, SchauspielerInnen u.ä.[10]

Schon nach den ersten Interviews fiel uns auf, daß die Erweiterung eines bereits etablierten Forschungszusammenhangs um ein Sample aus Leipzig einen Zugang bot, der zugleich Vor- und Nachteile aufwies. Der Vorteil war, daß mit dem Konzept alltäglicher Lebensführung und seiner Operationalisierung eine Fragestellung und ein Instrumentarium zur Verfügung standen, die sich dafür eigneten, das Alltagsleben in Ostdeutschland im Umbruch zu dokumentieren. Der (leicht modifizierte) Leitfaden[11] hatte ja zum Ziel, die Verfahrensweisen mit ganz verschiedenen Lebensbereichen zu erfassen, und da Raum für Selbstthematisierungen gegeben war, war uns ein breiter Einblick in alltägliches Leben möglich: in den Alltag der Gegenwart und im Rückblick auf den DDR-Alltag. Unsere InterviewpartnerInnen hatten ganz offensichtlich das Bedürfnis, zum einen über ihre Erlebnisse im Umbruch zu erzählen, zum anderen uns zu erklären, wie wir uns ihren Alltag in der DDR vorzustellen hätten. Der Nachteil lag darin, daß die Fixierung auf bestimmte, aus einem anderen Untersuchungszusammenhang ausgewählte Berufsgruppen zwar einerseits Vergleiche in Aussicht stellte, andererseits unseren Untersuchungsgegenstand ganz unnötig einschränkte, der sich im Zuge der Projekterweiterung erst definierte: alltägliche Lebensführung im Umbruch zwar erwerbsarbeitsbezogen, aber doch so breit als möglich zu dokumentieren. So weiteten wir bereits nach wenigen Interviews unsere Untersuchungsgruppen aus. Wir nahmen Personen in unser Sample auf, die beruflich etwas Neues angefangen hatten oder anfangen wollten: neue Selbständige, BerufswechslerInnen, UmschülerInnen, Personen also, die ihren früheren

---

[8] siehe hierzu Kap. 4.3.3.

[9] Die alltägliche Lebensführung von Angehörigen dieser Berufsgruppen war der bisherige Untersuchungsgegenstand der Forschungsgruppe in Westdeutschland gewesen; im Mittelpunkt stand dabei das jeweils ganz unterschiedliche verfügbare Ausmaß an Zeitsouveränität, vgl. auch hierzu Kap. 4.3.3. Um einen späteren Vergleich zu ermöglichen, wurden in Ostdeutschland Angehörige derselben Berufsgruppen ausgewählt.

[10] Den Zugang zu den InterviewpartnerInnen stellten wir über die jeweiligen Betriebe her; wir sprachen mit der Betriebsleitung, führten in diesem Zusammenhang Experteninterviews über die Betriebssituation durch und konnten meistens eine Betriebsbesichtigung unternehmen. Den Kontakt zu den Kulturschaffenden nahm eine Leipziger Kollegin vom damaligen Zentralinstitut für Jugendforschung, mit der wir kooperierten, für uns auf; diesen Kreis erweiterten wir im Schneeballsystem.

[11] siehe hierzu Punkt 2.4.4. dieses Kapitels

Arbeitsplatz bereits verloren hatten.[12] Freilich fanden wir diese Personengruppe gleichzeitig auch unter den angesetzten Auswahlkriterien. Denn mit Beginn unserer Interviewphase, im Januar 1991, hatte die Leipziger Industrie ihre Belegschaft in großem Umfang in die merkwürdige und bis dahin in diesem Ausmaß in Westdeutschland unbekannte Situation der Null-Stunden-Kurzarbeit geschickt, und so fanden wir in unserem Sample kaum einen Arbeiter, der noch voll arbeitete, keinen einzigen aber mit einem sicheren Arbeitsplatz. Weiter fanden wir auch Neustarter im Sample, ohne danach gesucht zu haben: Gerade unter den Kulturschaffenden standen Einzelne in der Existenzgründungsphase.

Exkurs: Die Betriebe und Branchen

Hier werden die Betriebe bzw. Branchen kurz charakterisiert, in denen die InterviewpartnerInnen beschäftigt sind bzw. waren. Dabei wird - neben kurzen Verweisen auf Forschung und Datenlage - in erster Linie auf die Expertengespräche mit den VertreterInnen der Betriebe zurückgegriffen, die wir geführt haben.

Diese Arbeit ist weder eine Untersuchung über bestimmte Berufsgruppen im Transformationsprozeß noch über die Transformationsgeschichte von Betrieben oder Branchen. Vielmehr werden individuelle Auseinandersetzungsprozesse mit gesellschaftlichen Rahmenbedingungen und aus dieser Auseinandersetzung hervorgegangene Arrangements untersucht. Die wohl wichtigste Sphäre in dieser historischen Situation ist jedoch zweifelsohne - und für beide Geschlechter gleichermaßen - die Erwerbsarbeit. Den jeweiligen Betrieben kommt dabei eine entscheidende Stellung zu: Der Betrieb war zu DDR-Zeiten nicht nur Arbeitsplatz, sondern eine Schlüsselstelle der Vergesellschaftung[13], was eine enge Betriebsbindung der Beschäftigten über die Wende hinaus nach sich zog; parallel dazu gerieten die Betriebe in den Transformationsprozeß, in dem ein drastischer Beschäftigungsabbau, oft die Abwicklung des Betriebs selbst, immer aber Umstrukturierungen stattgefunden haben. Vom Einstieg über den Beruf bzw. Arbeitsplatz erhofften wir uns deshalb die Identifikation bestimmter struktureller Problemlagen: Schließlich war es der Arbeitsplatz bzw. seine Bedrohtheit, die den öffentlichen Diskurs bestimmte. Auch unsere InterviewpartnerInnen haben das Problem der Erwerbsarbeit an die erste Stelle der Dringlichkeitsliste ihrer Probleme gesetzt: Die Angst vor dem Verlust des Arbeitsplatzes, neue Anforderungen, veränderte Hierarchien, neue Abhängigkeiten, aber auch neue Möglichkeiten waren ihre Themen. Der jeweilige Betrieb war zumindest

---

[12] Formale Arbeitslosigkeit gab es im ersten Halbjahr des Jahres 1991 noch kaum.
[13] vgl. hierzu Kocka 1994; Kudera 1993

im Jahr 1991 der Anker nicht nur der Lebensführung, sondern auch der der jetzt arbeitsmarktvermittelten Existenz der Person.

Auch forschungspraktische Argumente sprachen für den Zugang über die Betriebe: Ein solcher Zugang bot zum einen eine relativ einfache Möglichkeit der Gewinnung von InterviewpartnerInnen, so die Geschäftsleitung sich einverstanden erklärte; zum anderen hatten wir dadurch Gelegenheit, Expertengespräche mit der Betriebsleitung zu führen. Wir erhielten auf diese Weise Informationen über betriebliche Anforderungsstrukturen, Arbeitszeitregimes, Aufstiegsmöglichkeiten, Qualifikationsstruktur, innerbetriebliche Demokratie oder Unternehmensphilosophie - allesamt potentiell bedeutsame Rahmenbedingungen für die alltägliche Lebensführung der Person.

1. Die Industriebetriebe

Unsere InterviewpartnerInnen aus der Industriearbeiterschaft rekrutierten wir aus zwei Betrieben: Der eine war eine Maschinenbaufirma, der zweite ein Großkombinat der Metallverarbeitung. Die industrielle Produktion in Leipzig war zu Beginn des Jahres 1991 beinah zum Stillstand gekommen; alle Betriebe arbeiteten kurz. Das Ausmaß dieses Einbruchs mögen die folgenden Zahlen verdeutlichen: Von 117790 Beschäftigten in der Industrie im Jahr 1989 waren 1993 noch 19117 übrig. Dabei entfielen in Leipzig als einem klassischen Standort der Metallindustrie 72% des Industriepotentials bis 1989 auf diesen Zweig (Karrasch 1994, S. 175ff).

Der erste Betrieb, die Maschinenbaufirma, hat 1991 noch einen Teil seines Betriebsgeländes im Leipziger Stadtgebiet; dort, in einem Backsteinbau der industriellen Gründerzeit, findet unser Gespräch mit Personalleiterin und Geschäftsführer im Januar 1991 statt. Der Betrieb, so die Personalleiterin, habe zur Zeit überhaupt keine Aufträge. Der Bärenanteil der Aufträge kam aus der Sowjetunion; der Export dorthin sei nun völlig zusammengebrochen. Da auch die Inlandskunden nicht zahlungsfähig seien, stehe die Produktion still. Der Betrieb sei der einzige in der DDR, der diese spezielle Art von Maschinen baute; in der BRD hingegen gebe es mehrere solche Betriebe und damit eine veritable Konkurrenz.

1988 arbeiteten ca. 1500 Personen im Betrieb, knapp die Hälfte davon - und nur Männer - in der Produktion. Nun sind es noch ca. 1000 Personen, fast alle sind in Null-Stunden-Kurzarbeit. 200 sind auf eigenen Wunsch ausgeschieden und, wie die Personalleiterin weiß, zumeist in den Westen übergesiedelt, 200 Mitarbeiter wurden frühverrentet. Einige Vier-Stunden-Kurzarbeiter halten die Maschinen intakt. Man arbeitete in der Produktion in drei Schichten im wöchentlichen Wechsel, 43 3/4 Stunden pro Schicht. Man bildete auch aus; nun würden selbstverständlich keine Lehrlinge mehr aufgenommen.

Wie kann die Zukunft aussehen? Einziger Hoffnungsschimmer ist die Mutterfirma, ein westdeutscher Traditionsbetrieb. Wegen der vorhandenen modernisierten Maschinen sieht die Personalleiterin gute Chancen für einen Verkauf des Betriebes. Er sei nicht marode; laufend gingen Anfragen ein, Angebote würden geschrieben. Daß die Aufträge letztlich scheiterten, liege nicht am fehlenden Interesse der Nachfrager, sondern an deren Zahlungsunfähigkeit.

Unter der Belegschaft sei die Stimmung sehr aggressiv. Es habe Diskussionen über Seilschaften in den leitenden Positionen gegeben, Personalchef und Kaderleiter seien abgesetzt worden. Die Null-Stunden-Kurzarbeit bereinige die Situation, ließen sich doch die meisten Null-Stunden-Kurzarbeiter auf dem Fabrikgelände nicht sehen. Der an diesem Punkt zu unserem Gespräch hinzugekommene Geschäftsführer berichtet, daß der Betriebsteil, in dem wir uns gerade befinden, definitiv geschlossen werde: Das Umweltproblem sei zu groß, die IG-Metall bescheinige eine Gefährdung der Belegschaft. Ein Aufkauf durch den ehemaligen Besitzer aus Westdeutschland - da sind sich Personalleiterin und Geschäftsführer einig - sei die einzige Chance für den Betrieb; auf die Treuhand allerdings ist man nicht gut zu sprechen. Die Firma sei noch immer nicht privatisiert: *„Die Treuhand hat jeden Tag einen anderen Einfall"*, so der Geschäftsführer. Nun schicke man, klagt er, Prüfer zur Überprüfung der gerade durchgeführten Wirtschaftsprüfung. Verzögerung gehöre zum Treuhandkonzept.

Freilich hat sich unter Antizipation der Übernahme durch die Westfirma bereits einiges im Betrieb verändert: 300 Leute, so schätzt der Geschäftsführer, könnten unter diesen Umständen weiterbeschäftigt werden; das wäre ein Fünftel der vorwendlichen Belegschaft. Diese 300 seien bereits ausgewählt worden und wüßten über ihre Chancen Bescheid. Dazu wurde die Belegschaft in A-, B- und C-Kader eingeteilt; die A-Kader würden übernommen, wenn die Produktion unter den erwarteten Umständen wieder aufgenommen würde. Man brauche auch neues Personal für die EDV, müsse aber im Gegenzug die hundert Leute der hauseigenen Handwerkerbrigade entlassen. Wegen des Arbeitskräftemangels in der DDR habe man z.B. Maler oder Fliesenleger im Betrieb angestellt, um bei Bedarf Fachleute zur Hand zu haben.[14] Ein Außendienst soll aufgebaut werden, denn nun müsse der Betrieb für sich werben. *„Früher"*, meint der Geschäftsführer, *„haben die Kunden gebettelt. Wir haben verteilt"*. Auch müsse sich der Gesprächsstil ändern: *„Anschnauzen ist nicht mehr drin"*. Er beklagt, daß die Belegschaft nicht einsehe, daß für den Außendienst Dienstwägen angeschafft werden müssen, sondern fordere, stattdessen Arbeitsplätze zu erhalten.

Ein Zwischenfall zeigt, wie angespannt Situation und Geschäftsführer sind: Mitten in seinen Ausführungen verbat dieser sich plötzlich vehement, daß ich mir schriftliche Aufzeichnungen mache; habe schließlich keine Garantie, daß wir nichts gegen ihn verwenden würden. Er habe bereits schlechte Erfahrungen gemacht. Lange habe er überlegt, ob er mit uns sprechen sollte; schließlich habe er den Umstand, *„nach außen dringen zu lassen"*, wie es aussehe in seinem Betrieb, höher bewertet als die Gefahr, an die falsche Adresse zu geraten. Dieser Zwischenfall ist der einzige Fall unter unseren Betriebskontakten, in dem wir auf einen - wenn auch nur kurz andauernden - Widerstand gestoßen sind. Wir wunderten uns über die große Kooperationsbereitschaft von Betriebsleitungen und InterviewpartnerInnen; in Bayern war die Zusammenarbeit wesentlich schwieriger gewesen und manchmal auch gar nicht zustandegekommen. So stießen z.B. unsere Fragen nach Abstimmungsbedarf mit dem Betriebsrat in Leipzig auf Befremden. Ohne Information und Zustimmung des Betriebsrats wären die Interviews in den bayerischen Betrieben undenkbar gewesen. Der Geschäftsführer der Maschinenbaufirma nennt uns einen Grund für seine Kooperationsbereitschaft: den, die Probleme des Betriebs *„nach außen dringen zu lassen"*. Dies sagt er zu WissenschaftlerInnen, die ihr Vorhaben mündlich und schriftlich dargelegt und seine ausschließlich wissenschaftliche Relevanz sowie die Anonymisierung der Betriebe und Interviewpartner betont hatten; gleichzeitig will er unterbinden, daß Notizen gemacht werden. Das verweist auf ein methodisches Problem: Unsere Gesprächspartner nehmen unsere Rolle ganz unabhängig von der expliziten Darstellung unserer Rolle war. Hier sind es gleich zwei Rollen, mit denen wir kraft unseres Selbstverständnisses nichts zu tun haben: die Rolle engagierter Reporter auf der richtigen und die von Spionen einer etwaigen anderen Seite. Daß die Wahrnehmung unserer Rolle nicht un-

---

[14] Der Generaldirektor des Kombinats Carl Zeiss Jena, Wolfgang Biermann, beschreibt diese Bemühungen, sich von der Zulieferung unabhängig zu machen, sehr anschaulich in Pirker u.a. 1995, S. 215f.

abhängig von der Situation und vom berichteten Gesprächsinhalt ist und was dies für die Durchführung der Interviews und ihre Interpretation bedeutet, wird später expliziert.[15]

Letztendlich gestattet man uns die Durchführung von Interviews mit Angehörigen des Betriebs. Drei dieser Interviews sind Gegenstand dieser Untersuchung: die Interviews mit Herrn Tikovsky, Herrn Belzow und Herrn Pattermann; die drei arbeiten kurz und gehören zum A-Kader.

Nun arbeiteten in der Produktion der Maschinenbaufirma keine Frauen. Dieses war mit ein Grund, warum wir in einem zweiten Industriebetrieb Interviews durchführten: einem Kombinat der metallverarbeitenden Industrie mit ca. 6000 Mitarbeitern, das letztendlich liquidiert wurde. Das Kombinat war auch deshalb für uns interessant, weil man sich aufgrund der großen Zahl der nicht mehr zu beschäftigenden Mitarbeiter um Umschulungs- und Weiterbildungsmaßnahmen bemühte. Einer der Geschäftsführer, ein Westdeutscher, hatte nur kurz Zeit für uns; er versicherte uns freilich, aus unserem Anschreiben entnommen zu haben, daß wir ein unterstützungswürdiges Projekt seien, ließ uns eine Namensliste potentieller InterviewpartnerInnen zukommen und ermöglichte eine Betriebsführung. Eine dieser InterviewpartnerInnen, Frau Barzel, habe ich in mein Sample aufgenommen.

2. Das Warenhaus

Ein weiterer Betrieb, mit dem wir Kontakt aufnahmen, war ein Leipziger Warenhaus. Im Vorfrühling 1991 sprachen wir mit der Personalleiterin; damals gehörte das Warenhaus noch zur Konsumgenossenschaft Leipzig. Von den mehr als 1000 MitarbeiterInnen arbeiteten vier Fünftel im Verkauf.

Warenhäuser boten fast ausschließlich Arbeitsplätze für Frauen: Der Anteil weiblicher Beschäftigter im Handel betrug 98%.[16] Von allen MitarbeiterInnen dieses Warenhauses sind 90% Frauen. Die Fluktuation war bisher sehr gering, da, so berichtet die Personalleiterin, dieser Beruf als Schaltstelle für das Organisieren von Waren diente.[17]

In diesem Warenhaus waren die Übernahmeverhandlungen mit westdeutschen Warenhausketten gerade in vollem Gange und voller Turbulenzen. Das Zentralunternehmen, dem das Warenhaus untersteht, hatte gerade einen Übernahmeplan verhindert, den die Personalleitung, der Personalrat und die Belegschaft wegen akzeptabler Sozialleistungen präferiert hatten.

Auch hier wird trotz der ungeklärten Situation umstrukturiert: Aus dem Lager werden zusätzliche Verkaufsflächen gemacht, der Lebensmittelmarkt wird erweitert; entlassen aber, so die Personalleiterin, mußte man bislang noch niemanden. Sie legt Wert auf die Feststellung, daß dies einer der wenigen Betriebe ohne Entlassungswelle sei. Im Gegensatz zu den produzierenden Betrieben gebe es im Handel keinen Einbruch[18]; sogar die „aufgeblähte Verwaltung" sei ausgelastet, zumal die Verwaltungsangestellten bei Bedarf im Verkauf eingesetzt würden. Seit einiger Zeit gelte „illegal", wie sie sich ausdrückt, die 40-Stunden-Woche. Langer Samstag und langer Donnerstag sind seit der Vereinigung eingeführt. Zur Zeit ist ein Streit über Arbeitszeitsysteme ausgebrochen. Die geplante Einführung eines rollierenden Arbeitszeitsystems wurde nach anfänglicher Zustimmung

---

[15] siehe hierzu Kap. 2.4.5.
[16] vgl. Kaluza u.a. 1994, S. 188
[17] Auf die Attraktivität des Berufs der Verkäuferin zu DDR-Zeiten weisen auch Kaluza u.a. 1994, S. 189 hin.
[18] Das freilich ist ein vorübergehender Zustand: In den ehemaligen DDR-Verkaufsstellen wurde im Vergleich mit westdeutschen Filialen gleicher Größenordnung mit bis zu zwei- oder dreifacher Personalausstattung gearbeitet (Kaluza u.a. 1994, S. 189).

der Belegschaft kurz vor Inkrafttreten vom Personalrat abgelehnt, was die Personalleiterin auf ein *„neues Demokratieverständnis"* zurückführt. Wie die Arbeitszeiten zukünftig aussehen, ist völlig offen, ebenso, wer denn nun wann das Kaufhaus übernommen hat. Vor allem aber, sagt die Personalleiterin, habe sich eines geändert für die Angestellten: *„Sie können jetzt endlich verkaufen"*. Das einzusetzen, was sie gelernt hätten, wäre aufgrund des geringen Warenangebots bislang nicht möglich gewesen.[19]

Drei der dort interviewten Frauen finden sich in meiner Studie: Frau März, Frau Bohm und Frau Günther.

Der Arbeitsplatz Warenhaus ist von einer anderen Art von Unsicherheit gekennzeichnet als die Industriebetriebe: Auch wenn bislang noch niemand entlassen wurde, wissen unsere InterviewpartnerInnen, daß dies ein vorübergehender Zustand ist. Daß die Belegschaft im Vergleich mit den Kaufhäusern des Westens viel zu groß ist, wissen alle; indes weiß niemand, wen eine Entlassung trifft und wann das sein wird. Sicher indes ist, daß das Warenhaus seinen Betrieb nicht einstellen wird; sicher ist darüberhinaus auch, daß sich Arbeitsinhalte, Arbeitsorganisation und Arbeitszeiten verändert haben und weiter verändern werden.

3. Das Altenheim

Nun zu einem vergleichsweise sicheren Arbeitsplatz und noch einmal zu einem Frauenberuf: zur Arbeit im Altenheim.[20]

Das Altenheim, zu dem wir Kontakt aufgenommen hatten, ist ein städtisches; der Rat der Stadt, so berichtet die Heimleiterin, kümmere sich indes nur wenig um die Belange des Heims, das zuständige Gesundheitsamt überhaupt nicht. Bestrebungen, sich einem bestimmten Wohlfahrtsverband anzuschließen, wurden von der Heimleitung wieder verworfen, *„weil das da noch chaotischer zugeht"*. Auch hier herrscht also strukturelles Chaos. Ob es nun die Mutterfirma, die Warenhauskette oder ein Wohlfahrtsverband ist: Von den westdeutschen Hoffnungsträgern hängt die Zukunft ab. Was es bedeutet, daß die Kosten für einen Pflegeplatz von knapp 400 DM auf 1300 bis 1600 DM steigen werden, weiß ohnehin niemand zu sagen.

Das Heim ist ein Frauen-Pflegeheim mit etwa 200 Bewohnerinnen; es werden aber auch Ehepaare aufgenommen, wobei die Männer nach dem eventuellen Tod ihrer Frauen dort bleiben können. Der Bau war früher ein Wohnhaus; das Heim ist überbelegt, und mehr als die Hälfte der BewohnerInnen ist desorientiert, ihr Durchschnittsalter beträgt 83 Jahre. Die einzelnen Stationen sind im Vergleich zu westdeutschen mit bis zu 62 BewohnerInnen sehr groß, der Anteil von schweren Pflegefällen sehr hoch. Im Pflegedienst arbeiten 34 Personen, 70% sind Frauen, 30% Männer. Zusätzlich sind jetzt ABM-Stellen für Arbeits- und Physiotherapeuten, Krankenschwestern und Hilfskräfte bewilligt worden; das Heim beschäftigt auch Zivildienstleistende. Wegen der starken Abwanderung nach dem Westen gibt es Personalprobleme; deshalb arbeiten z.B. auf den Schwerstpflegestationen mit 62 Bewohnerinnen im Spätdienst manchmal nur zwei Pflegekräfte.

---

[19] Der Anteil an qualifiziertem Fachpersonal im DDR-Einzelhandel war in der Tat sehr hoch; daneben gab es zahlreiche Weiterbildungsangebote zur Warenpräsentation, zum Verkaufsgespräch und zur Verkaufspsychologie (vgl. Kaluza u.a. 1994, S. 189). Die Einschätzung der Personalleiterin konterkariert, wie wir sehen werden, nachwendliche Deprofessionalisierungsprozesse.

[20] Zu den Auswirkungen des Transformationsprozesses auf die Situation in den Pflegeberufen siehe Kuhlmey u.a. 1994, S. 239ff

Auf unsere Ausführung hin, daß wir uns für Vereinbarkeitsprobleme von Beruf und Kinderbetreuung interessierten, berichtet die Heimleiterin, daß Alleinerziehende bis vor kurzem nur in der Frühschicht gearbeitet hätten; doch langsam stelle sich Bereitschaft ein, auch im Spätdienst zu arbeiten. Das hänge zum einen mit der Erfordernis zusammen, den Arbeitsplatz erhalten zu müssen, zum anderen auch mit der Bereitschaft der Partner, die Kinderbetreuung zu übernehmen. Die Heimleitung mache hierzu gezielt Beratungen und Informationsveranstaltungen und beziehe die Angehörigen der Belegschaft in die Veranstaltungen des Heimes wie Ausflüge oder Geselligkeiten mit ein; die Kehrseite sei, daß die Heimleitung stark mit den persönlichen Problemen der Angestellten konfrontiert wird. Es gibt allerdings noch eine weitere Kehrseite: Neuerdings stellt das Heim eher Frauen mit nur einem oder keinem Kind ein; trotzdem ist eine Angestellte ohne Familie noch der Ausnahmefall.

Im Heim arbeiten Krankenschwestern, Fachkrankenschwestern und beinahe zu zwei Dritteln Krankenpflege-FacharbeiterInnen und pflegerische Hilfskräfte; letztere hätten sich, so die Heimleiterin, mit der Dauer ihrer Tätigkeit ein hohes fachliches Niveau angeeignet. Eine Altenpflegeausbildung gibt es nicht. Ohnehin ist die Heimleiterin der Meinung, die wichtigste Qualifikation bestünde in der engagierten Einstellung zum Beruf.

Zwei Monate später sind wir bei der Heimleiterin vorgeladen, um unsere Interviewtermine mit den AltenpflegerInnen zu verabreden. Sie hat das straff durchorganisiert: Die MitarbeiterInnen, die zu einem Interview bereit sind, werden nacheinander zur Terminvereinbarung in ihr Büro gerufen. Wir haben auf diese Art und Weise unsere Termine schnell unter Dach und Fach und einen Eindruck vom Führungsstil im Heim bekommen. Die Heimleiterin hat noch Zeit, uns das Altenheim zu zeigen. Ich habe nach zwei Minuten die Orientierung verloren, weil die Gänge verwinkelt und die Stationen riesig sind. Die Zimmer hingegen sind sehr klein. Mit einem westdeutschen Altenheim hat dieses auf den ersten Blick nicht viel gemein: Einerseits scheint die Atmosphäre gemütlicher zu sein, was wohl in erster Linie an der Bauart des Hauses liegt - Schnörkel an den Türen, unvermutet auftauchende Aufenthaltsräume, keine 'klinische' Atmosphäre -, andererseits aber gemahnt sie an die eines Armenhauses. Gleich nach dem Geruch fällt auf - und wird später in den Interviews bestätigt -, daß die AltenpflegerInnen alle Arbeit machen, die in einem Altenheim anfällt. Man bereitet das Essen zu, räumt auf, wäscht zum Teil die Wäsche und putzt, putzt, putzt. Viel Zeit, um sich mit den BewohnerInnen zu beschäftigen, scheint es nicht zu geben; der Personalschlüssel spricht ja ohnehin für sich: Im Frühdienst sind drei, manchmal auch nur zwei PflegerInnen für ca. 60 Bewohnerinnen zuständig. Wer nicht selber laufen kann, wird unter diesen Umständen kaum Gelegenheit haben, das Bett zu verlassen; Rollstühle haben wir keine gesehen, die Gänge wären hierfür ohnehin viel zu eng. Die altenpflegerischen Tätigkeiten beschränken sich neben dem Saubermachen auf das Betten, Füttern und Verbinden der *„Patienten"*, wie man sich hier ausdrückt. Das wundert nicht, besteht das qualifizierte Personal doch ausschließlich aus Krankenschwestern. Auch die Art der Heimbesichtigung hat uns verblüfft. Die Heimleiterin riß eine Zimmertür nach der anderen auf, ohne anzuklopfen und führte uns die *„Patienten"* nebst Zimmerausstattung vor. In einem Raum war gerade ein Masseur mit einer Bewohnerin beschäftigt; statt einer Entschuldigung bekam er die Aufforderung zu hören, nächstes Mal gefälligst das Schild 'Nicht stören' vor der Tür anzubringen.

Zwei der hier interviewten Pflegekräfte habe ich in mein Sample aufgenommen: Frau Volkmann und Frau Pfeiffer.

4. Kulturschaffende und 'Umsteiger'

Das Sample der Leipziger Kulturschaffenden wurde nicht über einen Betrieb, sondern im Schneeballsystem erstellt; es ist daher durch die Verschiedenartigkeit der Arbeitsinhalte und Beschäftigungsverhältnisse gekennzeichnet und nicht durch einen Betrieb zusammengehalten. Da die Lage der meisten Institutionen, in denen Kulturschaffende tätig waren, prekär geworden war, fanden sich im Sample letztlich einige ExistenzgründerInnen.

Wir interviewten Journalisten, die sich selbständig gemacht hatten oder ihren früheren Arbeitsplatz noch hatten, eine Schauspielerin mit (noch) festem Engagement, einen Regisseur und einen schon zu DDR-Zeiten freiberuflichen Autor und Journalisten.

Für mein Sample wählte ich letzteren aus, Herrn Rabe, der inzwischen einen Verlag gegründet hat, sowie Herrn Dalloff, einen Journalisten, der zusammen mit Kollegen eine Bürogemeinschaft gegründet hat.

Da mich die Bedingungen, Voraussetzungen und Folgen der Selbständigkeit bzw. des Berufswechsels interessierten, habe ich neben den beiden Journalisten jemanden in mein Sample aufgenommen, den wir im Zuge der Erweiterung unserer Auswahlkriterien interviewt hatten: Herrn Flieger, Politoffizier der Nationalen Volksarmee und zum Zeitpunkt des ersten Interviews Außendienstmitarbeiter einer Versicherung. Bevor wir einen Interviewtermin mit ihm vereinbarten, baten wir ihn als Experten zum Gespräch. Es ging uns dabei einmal um jetzige KollegInnen unter den Versicherungsangestellten, die zuvor in anderen Bereichen tätig gewesen waren, zum anderen um frühere Kollegen aus der NVA und deren jetzige Tätigkeiten. Herr Flieger wurde somit als Experte für 'Umsteiger' interviewt. Er selbst arbeitet in einer kleinen Niederlassung einer großen Versicherung; alle seine Außendienstkollegen sind branchenfremd und kommen aus dem ehemaligen Staatsdienst: *„Es gibt die ganze Palette".* Bei der NVA, so meint Herr Flieger, gab es keine praktische Ausbildung, die für das Zivilleben verwendbar wäre. Durch die rein militärische Ausrichtung der Tätigkeit gäbe es auch keine Verwendung in der Industrie. Nur ein geringer Teil seiner Kollegen sei zur Bundeswehr gegangen; andere seien bei Speditionen und Beratungsgesellschaften beschäftigt.

Herr Flieger blieb der einzige aus dieser Gruppe, den wir für ein Interview gewinnen konnten. Wir interviewten ihn daher noch einmal, diesmal als Experten seiner eigenen Lebensführung.

2.2.2. Zur Durchführung der Interviews

Die Interviews wurden nach Möglichkeit bei den InterviewpartnerInnen zu Hause durchgeführt, was für uns Fremde zum einen einen informativen Einblick in die DDR-spezifische Wohnkultur erlaubte; zu anderen bot der Aufenthalt in der Wohnung der InterviewpartnerIn Gesprächsanreize für alle InterviewteilnehmerInnen an. So konnte das sozialräumliche Setting thematisiert werden und zusätzliche Informationen gewonnen werden. Die Interviews dauerten im Durchschnitt zwischen zwei und drei Stunden und waren damit länger als die in Westdeutschland durchgeführten. Die Gründe für diese Länge lagen in der oben erwähnten Erzählbereitschaft der InterviewpartnerInnen und an der Tatsache, daß es genaugenommen zwei Interviews waren, die durchgeführt wurden: eines, das sich auf die Zeit vor der Wende bzw. vor dem Arbeitsplatzverlust oder -wechsel bezog, dem jeweiligen Ereignis also, mit dem die Wende den Alltag des Interviewpartners vordringlich betraf, und eines, das über die momentane Situation Auskunft gab, wobei die Erzählung der Erlebnisse in der Wendezeit - zumal das kollektive Erlebnis der Leipziger Montagsdemonstrationen - miteingeschlossen war; diese Modifikationen wurden in der Regel durch die Interviewten selbst so eingeführt.

Die ideale InterviewerInnenbesetzung bestand aus zwei InterviewerInnen unterschiedlichen Geschlechts, von denen eine/r aus der Münchner Gruppe und eine/r aus Ostdeutschland kommen sollte.[21] Zwei InterviewerInnen verringerten Konzentrationsschwächen; die spezifische Zusammensetzung sollte zum einen geschlechtsspezifische Rollenzuschreibungen und Perspektiven sowie ost- und westspezifische Situationswahrnehmungen seitens der InterviewerInnen kontrollieren, zum anderen aber auch verschiedene Ansprechpartner für die Interviewten bereitstellen. Die ostdeutschen KollegInnen konnten auf Lebensbereiche und Situationslogiken aufmerksam machen, von denen wir nichts wußten und fungierten für die Interviewten als Gewährsfrauen und -männer: *„Sie sind doch auch aus Leipzig, Sie wissen ja, wie das war".* Wir westdeutschen InterviewerInnen indes hörten aufgrund unseres „Fremdenstatus" (Flick 1991, S. 154) zum einen dort weiter zu, wo der berichtete Alltag sich nicht scheinbar von selbst verstand, sondern staunen machte. Dadurch vergrößerten sich im Gegensatz zu den in Westdeutschland durchgeführten Interviews die narrativen Anteile. Diese Verstärkung war wünschenswert, da wir ausschließen wollten, daß unser Untersuchungsgegenstand vorab zu sehr von unseren Vorannahmen determiniert wurde, mußten wir doch davon ausgehen, von den praktisch relevanten Dimensionen alltäglicher Lebensführung in der DDR überhaupt nichts zu wissen. Die Befragten konnten so zu ErzählerInnen werden, und wir zielten mit unseren Fragen nicht an subjektiven und objektiven Relevanzstrukturen vorbei. Zum anderen fragten wir da nach, wo den Befragten Selbstverständliches für uns schlicht unverständlich war. Wir stellten 'dumme' Fragen, die unsere Ostkollegen so nicht stellten - und bekamen Antworten, die wir sonst nicht bekommen hätten.[22]

Freilich gilt das Erkenntnisinteresse qualitativer Sozialforschung grundsätzlich dem Fremden: „Learning from Strangers"[23] meint dabei, „(that, M.W.) we can learn about the quality of neighbourhoods or what happens in families or how organisations get their goals" ebenso wie „we can learn about ... foreign societies, exclusive

---

[21] Da das Projekt erst nach dieser ersten Interviewphase mit der Institutionalisierung eines Schwesterprojekts in Leipzig begann, konnte dieser Forderung in der ersten Interviewphase nur teilweise nachgekommen werden.

[22] Die Technik des 'Dumme-Fragen-Stellens' machten wir uns schließlich bewußt zunutze: *„Mußte man da eigentlich bei der Partei sein in so einer Position?"* hätten die Ost-Kollegen so nicht fragen können.

[23] so der Titel des „How to do it" - Buches von Robert S. Weiss 1994

organisations and the private lives of couples" (Weiss 1994, S. 1). Fremdsein will ich in diesem Zusammenhang jedoch in einem strengeren Sinn begriffen wissen: „Je fremder das Feld, desto eher können die Sozialforscher als Fremde auftreten, denen die Forschungssubjekte etwas zu erzählen haben, das für die Forscher neu ist, und desto fragwürdiger wird für die Forscher die Alltäglichkeit des Lebenszusammenhangs der Forschungssubjekte, die für diese selbst weitgehend fraglos ist" (Hildenbrand 1991, S. 258). In unserem Falle haben wir es mit einer zusätzlichen Bedingung zu tun: Die Alltäglichkeit des Lebenszusammenhangs ist für die Forschungssubjekte selbst fragwürdig geworden. Die 'fremde' Forscherin untersucht damit eine ihr unvertraute Lebenswelt, die sich ihrerseits verändert.

2.3. Die Leipziger Panel-Studie

Der Plan, eine eigene Untersuchung durchzuführen, entstand im Zeitraum der ersten Interviewphase und entzündete sich an einer *empirischen Auffälligkeit*. So ziemlich alles, was den Alltag betraf, schien in Bewegung zu sein; es stand in Frage, ob es so etwas wie Alltag überhaupt geben konnte in einer Phase, in der alle Regelmäßigkeiten außer Kraft getreten schienen. Um so mehr überraschte es mich, daß unsere InterviewpartnerInnen meinten, so vieles habe sich in ihrem Alltag gar nicht verändert. Während das SFB-Projekt in der folgenden Zeit neben der Erweiterung der Dokumentation versuchte, Lebensführungsmuster bestimmter Berufsgruppen zu beschreiben[24], suchte ich nach den Bedingungen für Stabilität und Veränderung von alltäglicher Lebensführung selbst. Freilich konnte die konstatierte Stabilität dem Bedürfnis der Probanden, Kontinuität herzustellen, entsprungen sein; vielleicht aber steckte mehr dahinter.

2.3.1. Null-Stunden-Kurzarbeit als experimentelle Situation

Es war die Situation der Null-Stunden-Kurzarbeit, in der ich die Gründe der von den InterviewpartnerInnen thematisierten Stabilität zu rekonstruieren versuchte. Diese 'Lösung' zumindest für einen Teil ihrer Belegschaft wählten in diesem Zeitraum alle Leipziger Industriebetriebe, da die jeweilige Situation ungeklärt war: Würde liquidiert, würde die Produktion nach einem Verkauf durch die Treuhand wiederaufgenommen, wenn ja, in welchem Umfang?

---

[24] Insgesamt wurden von 1991 bis 1994 ca. 100 Interviews in Ostdeutschland durchgeführt. Das Leipziger Schwesterprojekt zum Projekt A1 des SFB 333 untersuchte anhand dieses Materials analog zur ursprünglichen Konzeption die alltägliche Lebensführung bestimmter Berufsgruppen (siehe Dietzsch/ Hofmann 1995).

Die in die Null-Stunden-Kurzarbeit geschickte Belegschaft befand sich damit in paradoxer Lage: Man gehörte seinem Betrieb formal weiter an, war jedoch faktisch arbeitslos. Damit wurde die Erwartung aufrechterhalten, bei Wiederaufnahme der Produktion im Betrieb weiterarbeiten zu können; auch wenn die Chancen für eine Wiederaufnahme der Produktion schlecht eingeschätzt wurden, wurde durch die Null-Stunden-Kurzarbeit zumindest die Hoffnung auf Weiterbeschäftigung genährt und übrigens auch institutionell gestützt: Das Arbeitsamt gewährte keine Umschulung, schließlich war man ja nicht arbeitslos. Die Einteilung der Belegschaft in A-, B- und C-Kader, wie in den Betrieben geschehen, in denen wir interviewten, verstärkte für die A-Kader die Illusion tatsächlicher Kurzarbeit, waren sie doch diejenigen, die mit großer Sicherheit übernommen würden, falls denn der Betrieb wieder zu produzieren begänne. So wurde ein *Moratorium* institutionalisiert, ein Zustand zwischen einem 'Nicht mehr' und einem 'Noch nicht', in dem vertraute Rahmenbedingungen verschwunden, aber noch nicht durch neue ersetzt worden waren. Um die Funktionsweise von alltäglicher Lebensführung als Grundlage erlebter Kontinuität aufzuzeigen, erschien mir diese Situation ideal, müßte es hier doch gelingen, die Strukturen alltäglicher Lebensführung gleichsam losgelöst von einem Teil der Rahmenbedingungen, unter denen sie etabliert worden war, zu rekonstruieren.

Ich wählte aus den von uns interviewten Beschäftigten in der Produktion drei Angehörige eines Betriebs aus, die seit fünf Monaten kurzarbeiteten - Herrn Tikovsky, Herrn Belzow und Herrn Pattermann - und rekonstruierte deren alltägliche Lebensführung innerhalb der Phase der Null-Stunden-Kurzarbeit vor dem Hintergrund der Erzählungen der drei über ihren Alltag zu DDR-Zeiten und den jetzigen.[25]

2.3.2. Das erste Panel

Aus der Arbeit an diesen Fallstudien entstand die Idee einer qualitativen Paneluntersuchung aus zwei Gründen:

Das *erste* Interesse war ein *empirisches*. Es interessierte mich, was nach Beendigung der Null-Stunden-Kurzarbeit geschehen würde. Ich konnte sicher sein, daß sich die Rahmenbedingungen verändert haben würden. Was geschah mit den Verfahrensweisen und welche Folgen hatten bestimmte Verfahrensweisen?

Das *zweite* Interesse war ein *theoretisches*: Es ging mir darum, Aussagen über Veränderung und Stabilität von Lebensführung über die Zeit hinweg zu machen. Einzig mit retrospektiver Befragung erschien mir ein solches Unterfangen nicht in

---

[25] siehe Weihrich 1993a, wo zum ersten Mal die These formuliert wird, daß alltägliche Lebensführung in diesem Moratorium aufrechterhalten wird, und daß diese Aufrechterhaltung Folgen für die Person, ihre Verfahrensweise mit neuen Situationen und die Reproduktion von Institutionen hat

befriedigender Weise durchführbar, denn ich wollte keine Biographieforschung betreiben: Nicht die Konstruktion der Lebensgeschichte der Person sollte hier Thema sein, sondern die Rekonstruktion der Regeln alltäglicher Lebensführung, die ich zwar aus der biographischen Erzählung zu destillieren beabsichtigte, zu deren Identifikation ich aber gleichzeitig auf deren Auffindung in der aktuellen Auseinandersetzung mit anderen Rahmenbedingungen angewiesen war.

Meine Leitfrage war: Wie schafft es ein- und dieselbe Person, ihren Alltag unter *veränderten* Rahmenbedingungen zu organisieren, und was bedeutet das für die Rahmenbedingungen selbst?

Mit einer qualitativen Paneluntersuchung habe ich mich, wenn man Lüders folgen will, „auf das Glatteis der noch offenen Probleme und Fragen begeben" (Lüders 1993, S. 339). In der Tat haben qualitative Paneluntersuchungen meines Wissens bislang keinen Eingang in Hand- und Lehrbücher zur qualitativen Sozialforschung gefunden. Auch in Studienberichten selbst ist - trotz zum Teil hohen methodischen Anspruchs - wenig über die Methodologie speziell von Wiederholungsbefragungen bzw. deren Auswertungen zu finden.[26]

Meine Paneluntersuchung ist eine einmalige Wiederholungsbefragung, hat aber, wie im Schaubild bereits gezeigt ist, drei Erhebungsphasen: das erste Halbjahr des Jahrs 1991, den Sommer 1992 und den Sommer 1993. Aus den Interviews des ersten Halbjahres 1991 wählte ich in einem ersten Schritt die drei Industriearbeiter aus, die sich im Moratorium der Null-Stunden-Kurzarbeit befanden; nach dessen erwartetem Ablauf im Sommer 1992 interviewte ich sie zum zweiten Mal. Zu diesem Zeitpunkt mußte ein neuer Erwerbsstatus eingetreten sein; man konnte also mit veränderten Rahmenbedingungen rechnen.

Die Auswahl der InterviewpartnerInnen und der Befragungszeitpunkte erfolgte somit nach einem theoriegeleiteten schrittweisen Verfahren, das einige, aber nicht alle Züge des Theoretical Sampling nach Glaser und Strauss besitzt: „Das Theoretical Sampling ist ein Verfahren, 'bei dem sich der Forscher auf einer analytischen Basis entscheidet, welche Daten als nächstes zu erheben sind und wo er diese finden kann'. 'Die grundlegende Frage beim Theoretical Sampling lautet: Welchen Gruppen oder Untergruppen von Populationen, Ereignissen, Handlungen ...' wendet man sich bei der Datenerhebung als nächstes zu? Und welche theoretische Absicht steckt dahinter? 'Demzufolge wird dieser Prozeß der Datenerhebung durch die sich entwickelnde Theorie kontrolliert'" (Strauss 1994, S. 70). Da die Möglichkeiten von Bezugspunkten der Auswahl unendlich sind, müssen also die Kriterien, nach denen neue Fälle hinzugezogen werden, im Lichte der zu entwickelnden Theorie festgelegt werden. Bereits das erste Sampling, das ich zusammen mit der Forschungsgruppe

---

[26] vgl. hierzu Welzer 1993, der eine „dialogische Hermeneutik" entwickelt, die bei jeder Interviewinterpretation verwendet wird; Barwinski Fäh 1990; Strehmel 1989 und Strehmel/ Ulich 1990.

„Alltägliche Lebensführung" durchführte, entstand zum Teil aus dieser Samplingstrategie: Es wurde zwar zum einen entlang der auch in Westdeutschland untersuchten Gruppen zusammengestellt; doch erschienen uns schon zu diesem Zeitpunkt zusätzliche Fälle im Zusammenhang mit der Veränderung der Lebenssituation interessant: Umsteiger, zumeist Existenzgründer, wurden miteinbezogen. Die Tatsache, daß wir statt der angepeilten erwerbstätigen Industriearbeiter ausschließlich solche in Kurzarbeit, zumeist in Null-Stunden-Kurzarbeit im Sample hatten, ließen mich die Situation der Null-Stunden-Kurzarbeit in einem theoriegeleiteten Auswahlverfahren als ein 'natürliches Experiment' auswählen, erschien sie doch methodisch perfekt dafür, die Strukturen von Lebensführung gleichsam bloßgelegt zu finden, gekappt von der wichtigen Rahmenbedingung regelmäßiger Berufsarbeit.

In einem nächsten Schritt interessierte mich also, wie es denn mit Herrn Tikovsky, Herrn Belzow und Herrn Pattermann weitergegangen war, als die Phase der Null-Stunden-Kurzarbeit beendet war. Was geschah mit den Verfahrensweisen, wenn der Wartestand zu Ende ging? Wurden sie verändert oder beibehalten, und welches wären die Folgen?

Nach der Durchführung der Wiederholungsinterviews mit den drei Industriearbeitern im Sommer 1992 wertete ich diese Interviews aus und konnte die Hypothese aufstellen und plausibilisieren, daß die jeweils etablierte alltägliche Lebensführung eine systematische Rolle bei der Auseinandersetzung mit neuen situativen Anforderungen spielt: Etabliert als ein 'sinnvolles' Handlungssystem, das aufgrund gegebener Restriktionen und Ressourcen etabliert wurde und erst einmal aufrechterhalten wird, auch wenn sich die Randbedingungen ändern, wird Lebensführung selbst zur intendierten und nichtintendierten Restriktion oder/und Ressource, die Handeln erneut 'bedingt'. Die Persistenz alltäglicher Lebensführung gewährleistet erst einmal die Stabilität des Gesellschaftssystems durch die dadurch garantierte Aufrechterhaltung von Institutionen.[27]

Wie sich alltägliche Lebensführung über die Umbruchsphase hinweg bis hin zu erster Konsolidierung verändert oder stabilisiert, und inwieweit und in welcher Form sie Restriktion oder Ressource für die Auseinandersetzung mit neuen Situationslogiken sein konnte, welche Rolle sie also für eine neue gesellschaftliche Positionierung spielt, sollte weiterverfolgt werden.

---

[27] siehe Weihrich 1993b

2.3.3. Das zweite Panel

Ich wählte weitere neun Personen aus der Personengruppe aus, die ich in der ersten Interviewphase im Frühling des Jahres 1991 interviewt hatte und interviewte sie im Sommer 1993 ein zweites Mal. Diese erste Interviewtengruppe des Jahres 1991 nahm ich aus einem methodischen und einem inhaltlichen Grund als Grundgesamtheit. Methodisch gab den Ausschlag, daß zum einen zum Zeitpunkt der Generierung meines Samples diese Interviews bereits vollständig transkribiert vorlagen; zum zweiten hatte ich fast alle dieser Interviews selbst durchgeführt und so bereits einen guten Überblick. Beides waren Voraussetzungen für eine gezielte theoriegeleitete Auswahl. Vor allem aber sprach der inhaltliche Grund für diese Grundgesamtheit: Zu Beginn des Jahres 1991 waren die BürgerInnen Ostdeutschlands in einem ungeheuren Ausmaß aus ihren früheren Positionen freigesetzt worden: Wer seinen Arbeitsplatz noch hatte, sah ihn bedroht oder zumindest rapider Umorganisation und Neuqualifikation entgegen, vereinzelte berufliche Neustarts waren Pioniertaten in Richtung auf eine ungewisse Zukunft. Die gesamte Gesellschaft, so meine Diagnose, befand sich in einem Moratorium zwischen einem 'Nicht mehr' und einem 'Noch nicht', nichts war mehr sicher, aber die Würfel waren noch nicht neu gefallen. Ein Jahr später ging dieses Moratorium seinem Ende entgegen. Wer keinen neuen Arbeitsplatz hatte, war nun offiziell arbeitslos, vielleicht mithilfe einer ABM vorübergehend versorgt. Die Null-Stunden-Kurzarbeit und die Warteschleifen gab es nicht mehr, die Existenzgründer konnten langsam ihren Verdienst kontrollieren. Es zeichnete sich ab, daß Konsolidierung einsetzte. Die Weichen, so schien es, wurden jetzt gestellt, und ein weiteres Jahr später erwartete ich eine vergleichsweise stabile Positionierung. Jetzt mußte sich herausgestellt haben, wo alltägliche Lebensführung angepaßt worden war und wo nicht, und welche etablierten Lebensführungsmuster anschlußfähig gewesen waren an die neuen Institutionen und welche nicht, was also mit der alltäglichen Lebensführung passiert war, nachdem das Moratorium längst abgelaufen war. Um diesen Weg durch die turbulente Phase nachzeichnen zu können, erfolgte die Auswahl aus diesem Kreis.

Aufgrund der gegebenen Vorinformationen war ein zielgerichtetes theoriegeleitetes Auswahlverfahren möglich; freilich konnte ich im folgenden nicht gewährleisten, daß erst an eine fertige Fallanalyse die Auswahl des nächsten inhaltlich begründeten Interviewpartners anschloß. Denn im Gegensatz zum ersten Panel, bei dem bei der Auswertung der 1991er Interviews ein von einer Wiederholungsbefragung zunächst unabhängiges Interesse verfolgt wurde, war es hier aus forschungsökonomischen Gründen nicht möglich, aufwendige Fallinterpretationen durchzuführen, ohne zu wissen, ob eine weitere Befragung zustandekommen würde.

Trotzdem wurde ein theoriegeleitetes, zielgerichtetes und schrittweises Sampling durchgeführt. Zwei zentrale Samplingstrategien[28] bestimmten die Zusammensetzung des Samples:

1. Die Variation zentraler lebensführungsrelevanter Dimensionen, nämlich des Geschlechtes, des Berufes und der Sicherheit des Arbeitsplatzes sollte es ermöglichen,

- nach gemeinsamen Strukturmerkmalen alltäglicher Lebensführung über diese unterschiedlichen Dimensionen hinweg zu suchen,
- die Relevanz dieser Dimensionen für die Funktionsweise alltäglicher Lebensführung unter den jeweils unterschiedlichen vor- und nachwendlichen institutionellen Rahmenbedingungen zu bestimmen und
- unterschiedliche Mobilitätskarrieren nachzuzeichnen und Stabilität und Veränderung alltäglicher Lebensführung unter diesen Bedingungen zu untersuchen.

2. Die Auswahl solcher Fälle, die neben der Repräsentation dieser Kriterien spezifische Besonderheiten und informationsreiche Details enthalten - „information rich cases"[29] - und deren Analyse sollte es ermöglichen, weitere lebensführungsrelevante Dimensionen auszumachen.

Der Prozeß des Samplings und dessen Ergebnis stellen sich folgendermaßen dar:

Die erste für die 93er Befragung ausgewählte Interviewpartnerin, *Frau Barzel*, war früher in der industriellen Produktion tätig gewesen, arbeitete aber bereits vor der Wende als Sachbearbeiterin ohne formale Ausbildung im Kombinat. Auch sie war 1991 in Null-Stunden-Kurzarbeit gewesen und hatte vorgehabt, eine Umschulung zu machen. Eine Veränderung ihrer Erwerbssituation war also sicher. Ihre Lebensführung wollte ich zu der der bereits untersuchten Arbeiter in Beziehung setzen, denn ich nahm an, daß sich weibliche Lebensführung von männlicher unterschied. Welcher Zusammenhang konnte bestehen zwischen Berufstätigkeit, weiblichem Selbstverständnis, Familienarbeit und dem Umgang mit den offenen Rahmenbedingungen?

Die nächsten drei Interviewpartner hatten sich selbständig gemacht bzw. ihren Beruf gewechselt. Es handelt sich um *Herrn Flieger*, der von der Nationalen Volksarmee ins Versicherungsgeschäft gewechselt war, und um *Herrn Rabe* und *Herrn Dalloff*, beide Kulturschaffende, von denen nach der Wende der eine einen Verlag, der andere eine Bürogemeinschaft gegründet hatte. Hier war es die Frage, was man von Berufswechslern und Existenzgründern über alltägliche Lebensführung und ihre Veränderung bzw. Stabilität erfahren konnte; mit Herrn Pattermann hatten wir bereits jemanden, der eine eigene Firma gegründet hatte, im Sample.

---

[28] zu den verschiedenen Strategien des „purposeful sampling" siehe Patton 1990, S. 169ff
[29] vgl. hierzu Patton 1990, S. 171

An die neuen Selbständigen schloß sich - parallel zum ersten Panel - wieder eine Betriebsstudie an; ich wählte drei Angestellte des Warenhauses in allerdings unterschiedlichen Positionen aus, die - im Gegensatz zur Fabrik - ihren Arbeitsplatz zwar bedroht, aber längst nicht so gefährdet wie die Industriearbeiter sahen. Die drei Angestellten sind Frauen; *Frau März* hatte eine Leitungsfunktion inne und war, was ihre Position in der Parteihierarchie betrifft, mit den Umsteigern vergleichbar; *Frau Bohm* arbeitete in der Weiterbildung und *Frau Günther* im Verkauf.

Die größte Erwartungssicherheit, was die Sicherheit des Arbeitsplatzes betraf, hatten die beiden Frauen, die ich aus der Gruppe der AltenpflegerInnen auswählte; freilich hatten beide auch eine zusätzliche Belastung zu managen: *Frau Volkmann* ist alleinerziehend, *Frau Pfeiffer* hat neben der elfjährigen Tochter ein Kleinkind zu versorgen, ohne auf nennenswerte Unterstützung ihres Partners bei der Haus- und Familienarbeit zurückgreifen zu können.

Alle Angesprochenen erklärten sich sofort zum zweiten Interview bereit; bei zwei Personen indes gelang es mir nicht, ein zweites Interview durchzuführen. Ich hatte ursprünglich zwei weitere Kulturschaffende für die Wiederholungsbefragung vorgesehen: eine Journalistin, um auch hier das Geschlecht zu variieren, und einen Regisseur, der in der DDR Berufsverbot hatte; ihn wollte ich Herrn Rabe und Herrn Dalloff gegenüberstellen, die beide in der Partei engagiert waren. Die Journalistin war unbekannt verzogen und bei dem Regisseur gelang es nicht, unsere Anwesenheit in Leipzig zu koordinieren. Schließlich verzichtete ich auf Ersatz: Für den Regisseur fand sich in unserem Sample kein Pendant, und was die Dimension des Geschlechts betraf, begnügte ich mich mit der in dieser Hinsicht ausgewogenen Proportion im Sample.

Wie bereits erwähnt, fanden diese Interviews statt, bevor das erste Interview vollständig ausgewertet war; ich behalf mir daher mit Kurzprofilen, die nicht den Ansprüchen einer hermeneutischen Interpretation genügen mußten, mich aber gut über die Person und ihre Lage informieren und befähigen sollten, einzelne Passagen ins neue Interview miteinzubringen. Einige Interviews hatte ich in Form von Selbstportraits ausgearbeitet, in denen nur die Interviewten zur Sprache kommen. Diesen Texten lag bereits ein erstes Bild der alltäglichen Lebensführung der Interviewten zugrunde; gleichzeitig eignete sich diese Art der Darstellung auch, um auf Reibungen und Ungereimtheiten einer ersten These über die Verfassung ihrer alltäglichen Lebensführung aufmerksam zu werden.[30]

Die Wiederholungsinterviews des zweiten Samples fanden im Sommer 1993 statt; wie die meisten Erstgespräche wurden sie auf unseren Wunsch hin - bis auf

---

[30] vgl. für solche Darstellungen Terkel 1974; Wander 1980. Einige Zitate meiner InterviewpartnerInnen in Kapitel 3 sind diesen Selbstportraits entnommen.

zwei Ausnahmen[31] - in der Wohnung der Befragten durchgeführt. Die erwünschte InterviewerInnenzusammenstellung Ost/West und Frau/Mann war leider wieder nicht in allen Fällen durchzuhalten, da ich nur zum Teil auf die Infrastruktur des Projektes zurückgreifen konnte; das ist indes nicht weiter problematisch, da ein Interview ohnehin als ein Setting begriffen werden muß, das von allen Beteiligten erst durch deren Interaktionen und wechselseitige Interpretationen derselben als eine Situation hergestellt wird.

2.3.4. Forschungskooperationen

Einige der Interviewauswertungen der ersten Phase wurden im Team diskutiert; sie waren zwar nicht unter derselben Perspektive und nicht in derselben Form ausgewertet worden, aber doch auf der Suche nach der alltäglichen Lebensführung. So diskutierten wir die Rekonstruktionen der alltäglichen Lebensführung von Frau Günther, Frau Barzel und Frau Volkmann mit StudentInnen im Rahmen einer Übung am Institut für Soziologie der Ludwig-Maximilians-Universität München, die des Herrn Rabe und Aspekte der Lebensführung von Frau März und Frau Bohm - und vieler anderer, die nicht in meinem Sample sind - zusammen mit unseren ostdeutschen KollegInnen.

Aus der Zusammenarbeit mit den Leipziger SoziologInnen ergab sich ein produktives Spannungsverhältnis für die Interpretation der Lebensführung unserer InterviewpartnerInnen, bei der der jeweilige unterschiedlich informierte und sozialisierte Blick unterschiedliche Interpretationen nach sich zog. Innerhalb der Forschungsgruppe konnte die Konfrontation unterschiedlicher Lebenswelten thematisiert werden, der wechselseitige ethnographische Blick zur Interpretationsmethode werden, indem man eine Interpretation finden mußte, die beiden Blicken standhielt und damit gleichzeitig die jeweiligen Vor-Urteile aufspürte.

2.4. Methodologie und methodische Umsetzung

2.4.1. Qualitative Forschung als Methode der Wahl

Mit dem hier vorgestellten Studiendesign soll die alltägliche Lebensführung von Personen, ihr Stabilitätspotential und ihre Reproduktionsvoraussetzungen innerhalb einer in rasanter Veränderung begriffenen sozialen Umwelt erhoben werden.

---

[31] Ich komme darauf in den jeweiligen Falldarstellungen zu sprechen; der von den InterviewpartnerInnen gewählte Ort des Interviews läßt sich als ein Teil der Inszenierung der Situation interpretieren; vgl. hierzu Mutz u.a. 1995, S. 163f.

Daß mein Forschungsgegenstand ein qualitatives bzw. interpretatives Verfahren benötigt, liegt allem voran darin begründet, daß nur durch ein interpretatives Verfahren die subjektorientierte Perspektive einnehmbar und der Sinn zu entschlüsseln ist, den die Personen ihrem Handeln unterlegen.[32] Es interessieren hier nicht die Wechsel von sozialen Lagen, nicht die Verteilungen der Verwendung neuer oder alter Handlungsstrategien oder die Veränderung von Einstellungen, sondern hier interessiert, auf welche Weise die Person in ihrem alltäglichen Handeln notwendige Anforderungen und eigene Ansprüche - unter Berücksichtigung der Ressourcen, auf die sie zurückgreifen und der gesellschaftlichen Regeln, derer sie sich bedienen kann - zusammenzubringen versucht. Da das Regelsystem, das dem sinnhaften Handeln als praktisches Bewußtsein[33] unterliegt, dem Handelnden nicht in jedem Falle reflexiv zugänglich sein muß, bedarf es eines speziellen Verfahrens, nämlich erzählungsgenerierender Interviews, um Material zu erzeugen, aus dem dieses Regelsystem zu rekonstruieren ist. Standardisierte Verfahren oder teilnehmende Beobachtung scheiden damit aus. Des weiteren wäre der Abstraktionsgrad quantitativer Methoden viel zu hoch für die angenommene Komplexität meines Gegenstandes. Schon wenn ich identifizieren will, womit sich unsere Interviewpartner zu DDR-Zeiten und im Transformationsprozeß auseinandersetzen mußten, bin ich auf Interviews angewiesen; das gilt insbesondere dann, wenn ich etwas über die Art und Weise dieser Auseinandersetzungen herausfinden will, aber auch allgemein dort, wo die DDR-Gesellschaft empirisch rekonstruiert werden soll. Da der unmittelbare Kontakt zu den Auskunftspersonen in der Vergangenheit verstellt war, werden retrospektive Erzählungen zur wichtigen Quelle.[34] Schließlich - und darauf habe ich bereits hingewiesen - können nur qualitative Verfahren theoriegenerierend sein: Das theoretische Vorverständnis wird in einer hermeneutischen Spirale durch die schrittweise verbesserte Kenntnis des Gegenstandes ebenfalls erweitert (Lamnek 1993, 75ff). Hermeneutisches Verstehen, Theoriebildung und Auswertung sind hier zirkulär miteinander verknüpft; ein Verfahren, das sich auf die Prüfung von Hypothesen beschränkt, scheidet bei einem solchen Untersuchungsziel aus. Daß das Kriterium der Entscheidung zwischen qualitativen und quantitativen Verfahren damit die *Art der Fragestellung* ist, ist inzwischen zum Allgemeingut empirischer Sozialforschung geworden.[35] Darüberhinaus aber will ich den Gegenstand meiner Untersuchung und das zu seiner Erforschung gewählte Instrumentarium in die Bemühungen einreihen, die *Soziologie als eine theoretisch fundierte und empirisch aussagekräftige allgemeine Hand-*

---

[32] siehe hierzu exemplarisch Giddens 1984a
[33] siehe hierzu Giddens 1984b, S. 41ff
[34] vgl. Mayer 1995, S. 351, wo er neben der von ihm und seinem Team betriebenen retrospektiven Lebensverlaufsforschung gerade Methoden der „oral history" als „unverzichtbare Zugangsweisen" für die Rekonstruktion der DDR-Gesellschaft nennt.
[35] vgl. die Handbücher von Flick u.a. 1991 und Denzin/ Lincoln 1994

lungswissenschaft[36] voranzutreiben. Qualitative Sozialforschung bietet sich hierfür als die Methode der Wahl an, indem sie vier Tendenzen erfüllt, die Stephen Toulmin als Auswege aus der Krise der modernen Wissenschaften sieht:
- die Rückkehr zum Mündlichen, die sich im Interesse an Erzählungen, Sprache und Kommunikation manifestiert,
- die Rückkehr zum Besonderen und damit die Empfehlung, „sich nicht ausschließlich auf abstrakte und universale Fragen zu konzentrieren, sondern auch wieder besondere, konkrete Probleme zu behandeln, die nicht allgemein, sondern in bestimmten Arten von Situationen entstehen" (Toulmin 1994, S. 301),
- die Rückkehr zum Lokalen und damit die Untersuchung von Wissenssystemen, Handlungs- und Erfahrungsweisen im Kontext der Traditionen und Lebensformen, in denen sie eingebettet sind und schließlich
- die Rückkehr zum Zeitgebundenen und damit die Einordnung des zu untersuchenden Gegenstandes in seinen zeitlichen bzw. historischen Kontext.[37]

2.4.2. Untersuchungsziele

Die Ergebnisse, die meine Studie mithilfe dieses methodischen Zugangs erzielen will, kann man auf zwei Ebenen verorten:
1. Die erste Art von Ergebnissen erwarte ich darin, empirisch zeigen zu können, *was alltägliche Lebensführung ist und wie sie funktioniert*. Der gesellschaftliche Transformationsprozeß in Ostdeutschland erscheint aus dieser Perspektive als ein besonderer Fall, anhand dessen rekonstruiert werden kann, wie alltägliche Lebensführung funktioniert, wenn die gesellschaftlichen Rahmenbedingungen wegfallen und durch andere ersetzt werden. Alltägliche Lebensführung wird quasi in einem natürlichen sozialen Experiment von den Voraussetzungen ihrer Etablierung losgelöst und unter Veränderungsdruck gesetzt. Der spezifische Nutzen des sozialen Großversuchs für die Sozialforscherin sollte darin liegen, daß allgemeine Erkenntnisse über die Struktur alltäglicher Lebensführung erzielt werden. Innerhalb dieses Falles - des gesellschaftlichen Transformationsprozesses - wird der prozessuale Charakter alltäglicher Lebensführung untersucht; es wird rekonstruiert, wie alltägliche Lebensführung über einen bestimmten Zeitraum hinweg funktioniert, wie, wann und wo sie stabilisiert oder destabilisiert, angepaßt oder selegiert, brauchbar oder unbrauchbar wird. Um diese Art von Ergebnissen zu erzielen, ist eine *heterogene* Zusammensetzung des Samples vonnöten; das Suchfern-

---

[36] siehe hierzu Schmid 1991
[37] Ich beziehe mich hier auf die Systematisierung nach Flick 1995, S. 24.

rohr wird auf die Gemeinsamkeiten ganz unterschiedlicher Wendeschicksale gerichtet, nicht auf ihre Unterschiede. Die strikte Bezogenheit auf den Einzelfall erscheint dabei als die vielversprechendste Perspektive aus einem methodischen und einem inhaltlichen Grund: Der methodische liegt darin, daß „nur in diesem Besonderen ... das Allgemeine zu erkennen" ist (Bude 1993, S. 10) und „materiales Theoretisieren" ermöglicht, „das darin besteht, ausgehend von bestimmten Problemen im einzelnen Fall Erweiterungen und Revisionen des theoretischen Rahmens vorzunehmen. Die Fallanalysen haben den Sinn, die Punkte im empirischen Material möglichst genau zu identifizieren, die theoretische Entscheidungen erzwingen" (Bude 1993, S. 10). Einzelfallanalysen kommen damit in idealer Weise den von Toulmin oben geforderten Punkten nach. Der inhaltliche Grund liegt darin, daß die Person Trägerin ihrer alltäglichen Lebensführung ist; schließlich geht es darum, zu rekonstruieren, wie der oder die Einzelne mit gesellschaftlichen Vorgaben, fremden Erwartungen und individuellen Vorstellungen verfährt. Neben den Transformationsprozeß als 'Fall' - zu dessen Analyse die einzelnen Fallstudien miteinander verglichen werden - treten deshalb als 'Fälle' einzelne Subjekte - und stehen mit ihrer jeweiligen alltäglichen Lebensführung für sich.

2. Eine zweite Kategorie von Ergebnissen soll deshalb mithilfe des materialen Theoretisierens *auf der Ebene der einzelnen zu rekonstruierenden Lebensführungen selbst* erzielt werden: Über konzeptuelle Ergebnisse hinaus strebe ich an, Erkenntnisse über einzelne Lebensführungen und deren Bestandteile und Rahmenbedingungen als Ressourcen und Restriktionen bei der Auseinandersetzung mit den neuen Verhältnissen zu erhalten. Hierfür wird der Blick auf die *Homogenität* des Samples gelegt und damit darauf, daß sich alle meine InterviewpartnerInnen in einer historisch und strukturell ähnlichen Situation, nämlich dem ostdeutschen Transformationsprozeß, befinden; als BürgerInnen der DDR stehen sie vor dem praktischen Problem, das die Forscherin als theoretisches hat: Wie stelle ich die Anschlußfähigkeit meiner Lebensführung an diejenigen neuen Institutionen sicher, die ich brauche, um nicht nur überleben, sondern zu meiner subjektiven Zufriedenheit weiterleben zu können? Hierzu wird nach den ganz konkreten Transformationsproblemen von Lebensführungsmustern gefragt, die in der DDR etabliert wurden und nun im Gesellschaftssystem des neuen Deutschland greifen müssen, das nach Leipzig exportiert wurde. Alle InterviewpartnerInnen gehören der Generation an, die in der DDR geboren ist oder zumindest seit ihrer Kindheit in ihr gelebt hat. Die meisten Interviewpartner sind in etwa so alt wie die DDR, alle aber hatten sich innerhalb dieses Gesellschaftssystems beruflich und privat etabliert. Sie sind die Erwachsenengeneration, sind nicht mehr, wie jüngere Generationen, mit dem Einzug in das Berufsleben beschäftigt und noch nicht, wie die Älteren, mit dem Auszug - ein geplanter Umzug muß dabei natürlich nicht ausgeschlossen werden. Deren alltägliche Lebensführung wird innerhalb des sozialen Experiments

Vereinigung unter Veränderungsdruck gesetzt. In der Folge werden unterschiedliche Mobilitätsverläufe rekonstruierbar sein, die Hinweise auf die Dimensionen alltäglicher Lebensführung geben können, die für die Verfahrensweise mit dem neuen Institutionensystem relevant sind.

2.4.3. Verortung der Fragestellung

Alltägliche Lebensführung soll auf folgenden vier Ebenen verfolgt werden:

1. Auf der *Ebene subjektiven Sinns* ist alltägliche Lebensführung ein Produkt des Aktors, das nur dann verstanden werden kann, wenn man danach sucht, zu welchen Zielen, mit welchen Mitteln und mit welcher Motivation der Aktor diese Lebensführung erstellt. Aus seiner Sicht und somit aus subjektorientierter Forschungsperspektive muß rekonstruiert werden, mit welchen unterschiedlichen Anforderungen er zurechtkommen mußte und muß, und wie er sich damit arrangierte und arrangiert. Die Person mit ihren guten Gründen für ihr jeweiliges Handeln ist die Produzentin und Anwenderin alltäglicher Lebensführung. Alltägliche Lebensführung ist auf dieser Ebene als ein Strategiebündel zu verstehen, mithilfe dessen der Aktor seine Handlungen in den jeweiligen Handlungssituationen arrangiert.

2. Auf der *Ebene gesellschaftlicher Vorlagen* kann man sehen, daß die Art und Weise, wie der Aktor die situativen Anforderungen arrangiert, nicht nur von seinen guten Gründen vor dem Hintergrund des überlegten Einsatzes knapper Mittel, sondern auch von gesellschaftlichen Regeln, Vorbildern und Angeboten abhängig ist, an die er anschließen und die er sich zunutzemachen, die er aber auch verwerfen kann. Hier gerät die Auseinandersetzung mit den gesellschaftlich angebotenen Mustern von Lebensführung in den Blick.

3. Auf der *Ebene kultureller Regeln* wird berücksichtigt, daß solche gesellschaftlichen Regeln nicht immer reflexiv zugänglich sein müssen, sondern zumindest zum Teil internalisiert worden sind. Hier ist eine Ebene unterhalb der gesellschaftlichen Vorlagen angesprochen, ein Unterbau von informellen sozialen und kulturellen Strukturen, auf denen Erwartungen und Handlungsorientierungen aufruhen, die sich selbstverständlich auch auf die Interviewsituation beziehen.

4. Auch hierzu gibt es ein individuelles Korrelat. Auf dieser Ebene siedelt ein strukturalistisches Verständnis der Logik der Lebensführung als einer Grundregel, die im Zusammenhang mit einem biographischen Problem etabliert wurde. Die Probleme, die eine Person abarbeiten muß oder will und die Art, wie sie das tut, sind nicht unbedingt direkt auf die Logik der Situation oder die gesellschaftlichen Vorlagen und ihre Internalisierung bezogen, sondern stellen lebensgeschichtlich

etablierte Grundregeln der individuellen alltäglichen Lebensführung dar, die ihrerseits einer bestimmten Psycho-Logik gehorchen.[38]

2.4.4. Erhebungsmethode

Für jede der oben genannten Ebenen bietet sich eine spezifische Erhebungsmethode[39] an: Das narrative Interview stellt die Grundlage für psychoanalytische und strukturalistisch orientierte Verfahren (Ebene 4) und für die Erfassung praktischen Bewußtseins (Ebene 3), wo nach der Erklärung handlungsleitender Tiefenstrukturen gesucht wird, während für die subjektive Sinnkonstruktion (Ebene 1) in der Regel themenzentrierte Leitfadeninterviews genügen, die dem Subjekt Selbstthematisierungsmöglichkeiten einräumen, aus denen die Auseinandersetzung mit bestimmten - von der Person gedeuteten - Situationslogiken und deren gesellschaftlichen Lösungsangeboten (Ebene 2) erschlossen werden kann. Über alle Ebenen hinweg wird eine fallrekonstruktive Forschung betrieben, der es darauf ankommt, „zu *rekonstruieren*, wie der Fall seine spezifische Wirklichkeit im Kontext allgemeiner Bedingungen *konstruiert* hat" (Hildenbrand 1991, S. 257).

Für alle Analyseebenen und die drei Zeitpunkte meiner Erhebung habe ich *erzählungsgenerierende Leitfadeninterviews* als Datenbasis genutzt. Mit einem erzählungsgenerierenden und themenzentrierten Leitfaden war einmal die Auslösung narrativer Anteile sichergestellt. Diese waren nötig, um Selbstthematisierungen zu ermöglichen und die Interviewten in Zugzwang zu versetzen, also selbstläufige Erzählungen zu evozieren. Zum anderen sichert ein Leitfaden eine thematische Kontrolle; diese sollte die Dimensionen und Situationslogiken erfassen helfen, aus denen

---

[38] Folgt man Flick 1995, so befinde ich mich mit meiner Verortung nicht innerhalb einer einzigen qualitativen Untersuchungsperspektive. Flick unterscheidet drei theoretische Perspektiven qualitativer Forschung, die mit meiner methodologischen Verortung der alltäglichen Lebensführung korrespondieren: die Suche nach dem subjektiven Sinn, die Frage nach der Herstellung sozialer Wirklichkeiten und die kulturelle Rahmung sozialer und subjektiver Wirklichkeit. Will ich strukturalistische Lebensführungsregeln und deren zugrundeliegende Psycho-Logik mitberücksichtigen, komme ich mit dieser Systematik gar nicht aus und muß eine Perspektive qualitativer Forschung hinzuziehen, die sich um die Rekonstruktion handlungsgenerierender, aber unbewußter Tiefenstrukturen auf der Ebene der Person bemüht: die psychoanalytische Forschung (siehe hierzu Bonß 1991, S. 38). Solche Differenzierungen, wie Flick sie anbietet, reflektieren die momentane Situation qualitativer Sozialforschung: Sie muß sich nun nicht mehr aus der Abgrenzung gegenüber quantitativ arbeitenden Verfahren heraus definieren, sondern kann und muß ihr eigenes Selbstverständnis profilieren, was eine Schärfung ihrer Paradigmata und damit einen Prozeß interner Differenzierung nach sich zieht. So ist die Systematisierung von Flick nicht die einzige; vgl. z.B. Miles/ Huberman 1994, S. 7, die (ähnlich wie Flick) Unterscheidungen nach research interests und nach research strategies vorstellen, oder Guba/ Lincoln 1994, die nach den theoretischen Positionen Positivism, Postpositivism, Critical Theory und Constructivism diskriminieren.

[39] vgl. auch hierfür Flick 1995, S. 28ff

alltägliche Lebensführung rekonstruiert werden sollte. Ohne eine thematische Aufforderung wird ohnehin kaum über Alltagstätigkeiten gesprochen.[40] Die Interviews der ersten Befragungswelle in Ostdeutschland wurden mithilfe eines Leitfadens durchgeführt, den die Projektgruppe „Alltägliche Lebensführung" für ihre westdeutsche Untersuchung entwickelt hat.[41] Der Leitfaden mußte für die ostdeutsche Erhebung nur geringfügig modifiziert werden: Einmal stellten die erzählungsgenerierenden Stimuli die Entwicklung der Relevanzen der Interviewten sicher, zum anderen waren die anzusprechenden allgemeinen Dimensionen der Alltagsorganisation unabhängig von den jeweiligen Zugehörigkeiten gültig.[42]

Der Leitfaden der ersten Befragung ist in Themenkomplexe unterteilt, deren Reihenfolge sich aus dem Gesprächsverlauf ergeben sollte; zu den Themenbereichen werden Frageangebote unterbreitet, die aber eher als Gedächtnisstütze denn als Abfragekatalog verwendet werden sollen. Die Operationalisierung alltäglicher Lebensführung verläuft entlang der Ebene der Handlungen und ihrer Kontexte, der Ebene der Handlungssteuerung und -regulierung und der Ebene der Handlungsbedingungen und umfaßt folgende Bereiche:

1. Biographie
2. Tätigkeitsspektrum
3. Zeit
4. Rechte und Pflichten
5. Entwicklung der Arbeitsteilungsmuster
6. Abstimmung mit den Interessen des Partners
7. Ressourcen
8. Organisation
9. Störungen, Unterbrechungen, Unplanbares
10. Folgeprobleme und Coping
11. Relevanzen, Optionen
12. Bilanzen, Perspektiven

Der Leitfaden beginnt mit einer Erzählaufforderung; damit steht in der Regel am Anfang des Interviews eine biographische Erzählung.[43] Die spätere Nachfrage nach genauen Tagesabläufen und die damit verbundenen Detaillierungszwänge haben neben der Erzeugung von interpretierbaren Facetten alltäglicher Lebensführung auch den Sinn, Stilisierungen und Legendenbildungen erkennen zu können, Konstruktionen zweiter Ordnung mithin, die entlarvt werden müssen, um als Daten benutzt werden zu können.

Der Leitfaden für die Wiederholungsinterviews wies folgende Merkmale auf: Die bereits angesprochenen dimensionalen Aspekte alltäglicher Lebensführung wurden noch einmal thematisiert, um Veränderungen oder Kontinuitäten erkennen zu können. Neu hinzu kamen Fragen zu bislang nicht angesprochenen Bereichen - z.B. nach der Parteipräferenz oder nach dem Gefühl, das sich

---

[40] So waren unsere InterviewpartnerInnen trotz unserer Fragen erstaunt darüber, daß uns interessierte, wer wann das Geschirr abspüle und die Wäsche aufhänge.
[41] siehe hierzu Kudera 1995b, S. 55f
[42] vgl. hierzu auch Kap. 3.2.3.2. dieser Arbeit
[43] und nicht die Bitte an den Interviewpartner, über seine alltägliche Lebensführung zu erzählen. Denn ein solches Konzept ist eine Konstruktion der Forscherin; der Interviewpartner muß nicht, kann aber über ein ähnliches Konzept verfügen.

einstelle, wenn man auf die DDR zurückblicke -, als auch Wiederaufnahmen von im ersten Interview zur Sprache gekommenen Zusammenhängen, Ereignissen und Details von seiten der Interviewer und der Interviewten. Der erste Teil des Wiederholungsinterviews war konsequenter narrativ angelegt als das im ersten Interview der Fall war: Wir fragten zu Beginn danach, was seit unserem letzten Besuch passiert war - in der Regel wurde im folgenden benannt bzw. ausgehandelt, was die Charakteristika der Lebenssituation beim letzten Interview gewesen wären - und ließen die InterviewpartnerInnen erzählen. Diese Interviews dauerten in etwa so lange wie die ersten.

Die Gesprächsbereitschaft der InterviewpartnerInnen überraschte mich, auch die Detailliertheit und Offenheit ihrer Erzählungen. Der Frage, welche Gründe die InterviewpartnerInnen hatten, solche Interviews in dieser Breite gleich zweimal zu geben, wird - aus konversationsanalytischer Perspektive - zumindest bei einigen der betreffenden Interviews nachgegangen.

2.4.5. Alltägliche Lebensführung als Konstruktion

Mit dem oben beschriebenen Leitfaden erheben wir den Anspruch, Daten produzieren zu können, aus denen die alltägliche Lebensführung unserer Probanden (re)konstruiert werden kann. Zwischen den Kapiteln über die Erhebung und die Auswertung meiner Daten will ich daher kurz auf das Problem der Validität eingehen, das sich auf der Ebene der Datenerhebung und -analyse in eklatanter Weise stellt.

Das Konzept Validität bezeichnet eine Methode, die tatsächlich mißt, was sie zu messen vorgibt, stellt also die Frage nach der Gültigkeit der Ergebnisse einer Untersuchung.[44] Für qualitative Forschung liegt das Validierungsproblem in der „Bestimmung des Verhältnisses zwischen den untersuchten Zusammenhängen und der Version, die der Forscher davon liefert" (Flick 1995, S. 243).[45] Wir müssen uns also an dieser Stelle darum kümmern, auf welche Weise das Konzept 'alltägliche Lebensführung' mit dem in Zusammenhang steht, was die Akteure tagaus tagein tun.

'Alltägliche Lebensführung' ist zum einen ein Konstrukt der Forscherin. Während ihre Fragen Facetten ihrer Konstruktion alltäglicher Lebensführung repräsentieren, ist zunächst offen, ob aus den Antworten und Erzählungen der interviewten Person etwas rekonstruiert werden kann, das deren Konstrukt von alltäglicher Lebensführung entspricht - oder zumindest etwas, das für die Probanden von Relevanz ist. In jedem Falle aber wird die Forscherin davon ausgehen müssen, daß sie ihrerseits mit Konstrukten der InterviewpartnerInnen konfrontiert ist. „Die Erzählungen der Befragten ... repräsentieren die sprachliche Vergegenwärtigung und kognitive sowie normative Aufordnung der themenspezifischen Ereignisse, Erfahrungen und Deu-

---

[44] vgl. hierzu Kirk/ Miller 1986; Flick 1995, S. 243ff

[45] Die Frage nach der Validität stellt sich auf allen Ebenen des Forschungsprozesses und bezieht sich damit ganz allgemein auf das Verhältnis von Fragestellung und Untersuchungsfeld. Daher muß der Aspekt der Validität auf der Ebene der Erhebungsmethode, des Samplings, der Erhebungsinstrumente, der Erhebungssituation, des Auswertungsverfahrens und schließlich der Darstellung der Ergebnisse mitbedacht werden.

tungen, soweit sie von den Befragten selbst angesprochen oder, stimuliert durch den Befrager, aufgegriffen und ausgeführt werden", so Kudera (1995b, S. 58), der das Problem der alltäglichen Lebensführung als Konstruktion diskutiert. Die Antizipation dessen, was die Forscherin erwartet, wird dabei ebenso eine Rolle spielen wie individuelle Gewichtungen, Tabuisierungen, Bündelungen und Bilanzierungen von seiten des Gesprächspartners (vgl. auch hierzu Kudera 1995b, S. 58).

Dieses Material kann die Forscherin für die Rekonstruktion der alltäglichen Lebensführung der InterviewpartnerInnen dann nutzen, wenn sie in Rechnung stellt, daß durch solche Selektivitäten die Authentizität des Erzählten konstituiert wird. Wenn Kudera aber von der Bildung von Legenden spricht, „die nicht mehr die real praktizierten Arrangements alltäglicher Lebensführung als Konstruktionen erster Ordnung sichtbar werden lassen" (Kudera 1995b, S. 58), ist das mißverständlich. Meines Erachtens werden die real praktizierten Arrangements alltäglicher Lebensführung nie „sichtbar", auch nicht dann, wenn man sie als Konstruktionen erster Ordnung bezeichnet, was hier nur meinen kann, daß die Akteure ihre alltägliche Lebensführung herstellen. Ich möchte nicht so weit gehen, zu behaupten, wir könnten real praktizierte Arrangements sichtbar machen. Wenn ein Interviewpartner von seiner hohen Beteiligung an Hausarbeiten berichtet, sein geschilderter Tagesablauf aber keine Zeit für derartige Arbeiten vorsieht, kann man aus dieser Diskrepanz schließen, daß er den Interviewern ein Bild von sich vermitteln will, das der Realität nicht entspricht. Doch interessiert ja nicht, wieviel der Interviewpartner tatsächlich im Haushalt arbeitet; es interessiert lediglich, inwieweit dieses Datum seine alltägliche Lebensführung (re)konstruieren hilft, die Formulierung der Art und Weise mithin, in der diese Person ihren Alltag über die Zeit hinweg organisiert[46]. Freilich verfügen manche InterviewpartnerInnen über eine erzählbare Konstruktion alltäglicher Lebensführung; doch während einer meiner Interviewpartner selbst mit den Begriffen „Lebensrhythmus" und „Mentalität" hantiert und somit nahelegt, daß er über eine unserer alltäglichen Lebensführung ähnliche Konstruktion verfügt, sagt eine andere

---

[46] Corsten (1994, S. 195ff) verweist in seiner Diskussion über „Beschriebenes und wirkliches Leben" auf Bourdieus These von der „biographischen Illusion", die behauptet, daß in der Biographie als kommunikativer Konstruktion eines Sprechers die Einheit des Lebens künstlich hergestellt werde; das Schema des Romans, das sie benutze, sei eine bloße rhetorische Illusion, mit der die in Wirklichkeit fragmentierten Lebensereignisse verbunden würden. Corsten, der diese Hinterfragung der Einheit der Person für überzogen hält, bemerkt ganz richtig, daß „eine derartige Fiktion durchaus in ihren Konsequenzen (für individuelle und soziale Praxis) überaus bedeutsam und real sein" könne (S. 196). Für mein Unterfangen bedeutet dies, daß die Fiktion eines bestimmten „Lebensrhythmus" von seiten der Person selbst Auswirkungen auf ihr weiteres Handeln haben kann, in erster Linie aber, daß mithilfe des Konzepts alltäglicher Lebensführung und seiner Operationalisierung die Art und Weise, wie eine Person handelt, rekonstruiert werden kann. Mein Aktor steht vor demselben Problem wie der Bourdieus: vor fragmentierten (Lebens)Ereignissen, die Handlungsanforderungen an ihn stellen. Im Gegensatz zur Biographie als einer gesellschaftlich geforderten Konstruktion, für deren Erstellung es Vorbilder gibt, kann man nicht mit der gleichen Selbstverständlichkeit nach seiner alltäglichen Lebensführung fragen.

Interviewpartnerin am Ende des Interviews, sie hätte sich noch nie gefragt, wie sie das alles mache, was sie tagaus tagein tue. Nichts spricht indes dagegen, daß sich die Forscherin - ebenso wie die Interviewpartnerin - dieser Frage stellt: Praktisches Bewußtsein muß nicht reflexiv verfügbar sein, kann es aber werden. Hier kommt es darauf an, zu betonen, daß die Forscherin nicht mehr und nicht weniger zur Verfügung hat als eine Menge von Aussagen, Antworten und Erzählungen, die sie als Reaktionen auf die Operationalisierung ihres Konstruktes von alltäglicher Lebensführung erhalten hat - genauer gesagt, auf ihre Redebeiträge. Das hat für die Durchführung und Auswertung der Interviews die folgenden Konsequenzen:

- Die Fiktion, ein Gespräch führen zu wollen oder geführt zu haben, das noch dazu möglichst alltagsnah abzulaufen habe, darf nicht aufrechterhalten werden. In der gegebenen Interviewsituation sprechen SoziologInnen aus dem Westen mit Personen, die sie als gelernte DDR-Bürger ausgewählt haben. Es ist deshalb nicht abwegig, anzunehmen, daß die InterviewpartnerInnen die Situation so definieren werden, daß sie als Ostdeutsche westdeutschen SozialforscherInnen über ihren Alltag berichten, und das ganz unabhängig davon, wie sehr sich der westdeutsche Forscher bemüht, das vergessen zu machen. In jedem Fall mußte die soziale Situation Interview erst definiert werden: So läßt sich z.B. eine Interviewpartnerin, Frau Günther, erst unsere Ausweise zeigen und antwortet schließlich auf unsere als Erzählstimulus gedachte Eingangsfrage mit: *„Möchten S' das Geburtsdatum wissen?"* Ein solches 'Gespräch' ist alles andere als alltagsnah, und Alltagsnähe wird der Interviewer mit seinen Bemühungen nicht nur nicht herstellen können, sondern mit solcher Fiktion auch bei der Auswertung systematisch übersehen, daß er z.B. als westdeutscher Forscher der Adressat der Erzählung ist. Dadurch, daß Erzählungen generiert werden, kann freilich der in einer Erzählung wirksame Zugzwang dazu führen, daß mehr transportiert wird als man sich vorgenommen hat, der Interviewpartner damit nicht die volle Kontrolle hat über das, was er seinem Gegenüber erzählen will.

- Das heißt für die Auswertung, daß zugänglich gemacht werden muß, welche Bedeutung das Interviewerhandeln für den Interviewten hat und vice versa. Welzer hat für ein solches Auswertungsverfahren den Begriff der „dialogischen Hermeneutik" eingeführt, das „die situativ gegebenen Beiträge beider (bzw. aller) Interakteure in der Interaktion zur Geltung zu bringen versucht" (Welzer 1993, S. 99). Interpretationen gewinnen somit dadurch an Validität, als sie sich mit der Art und Weise belegen lassen, wie der Sprecher situativ auf den vorangegangenen Gesprächsbeitrag seines Gesprächspartners reagiert und umgekehrt: Bei der Analyse des Interviews muß die Forscherin die Interpretationen mitberücksichtigen, die sie selbst und ihr Gegenüber während des Interviews vorgenommen haben. Die Interviewerin antwortet, um im obigen Beispiel zu bleiben, auf die Rückfrage von

Frau Günther mit einer Beschwichtigung: *„Ja, was Sie wollen, wie alt sind Sie, ja, zum Beispiel?"* Das heißt, daß auch sie den Einwand als eine Attacke verstanden hat - und daß Frau Günther auf diesen Einwurf hin zu erzählen beginnt, kann als eine weitere Plausibilisierung der Annahme gelesen werden, daß sie nicht umstandslos die ihr zugewiesene Rolle übernehmen wollte.

- Meine Paneluntersuchung hat freilich, was die Validität ihrer Ergebnisse betrifft, einen methodischen Vorteil: Meine InterviewpartnerInnen befinden sich zum Zeitpunkt des Wiederholungsinterviews in einer neuen Situation, die erst einmal unabhängig von ihrer biographischen Erzählung erhoben werden kann[47]; die Erzählungen über die Auseinandersetzungen mit dieser Situation wiederum können als ein Datum für sich gewertet werden, das mit den früheren Erzählungen verglichen werden kann. Die Handlungsweisen in der turbulenten Zeit zwischen den Systemen verschwinden so nicht in den biographischen Konstruktionen der Personen, sondern behaupten ihren Eigensinn. Sie können, Indizien gleich, von der Forscherin angeführt werden, wenn die alltägliche Lebensführung über die Zeit hinweg destilliert werden soll; wenn Verfahrensweisen mit Situationen herangezogen werden können, die jemand in seiner biographischen Erzählung längst vergessen hat; wenn jemand Pläne hatte, die eingetreten sind; wenn jemand Weltsichten hatte, die sich jetzt nicht mehr - oder radikalisiert - wiederfinden. Wenn die Frage der Validität qualitativer Forschung zu der Frage wird, „inwieweit die Konstruktionen des Forschers in den Konstruktionen derjenigen, die er untersucht hat, begründet sind" (Flick 1995, S. 244), sollte die Rekonstruktion der Konstruktionen der Beforschten in verschiedenen aktuellen Situationen einen Validitätsgewinn erbringen. Freilich genügt das nicht: Wie bereits eingangs angemerkt, wird Validität darüber hinaus zu einer Frage des Nachvollzugs dieser Rekonstruktionen, was bedeutet, daß die Datengewinnung, die Interpretation und die Art der Darstellung transparent gemacht werden müssen.

2.4.6. Auswertung

Alle Interviews sind vollständig transkribiert[48] und umfassen insgesamt mehr als 2000 Seiten. Ich benötigte eine Auswertungsmethode, die nicht nur der Fragestellung, sondern auch meinen Ressourcen gerecht werden sollte.

---

[47] vgl. hierzu Strehmel 1989, S. 15, die betont, in ihrer qualitativen Längsschnittuntersuchung der Bewältigung von Arbeitslosigkeit bei jungen LehrerInnen subjektive Deutungen von Vergangenheit und Zukunft in Beziehung setzen zu können mit aktuell erhobenen Momentaufnahmen und damit mehr zu erfahren als „erzählte Lebensgeschichten".

[48] Auf phonetische Schreibweisen wurde bei besonders auffälligen Betonungen zurückgegriffen; Pausen, die länger als zwei Sekunden waren, wurden vermerkt; *„äh"* u.ä. wurde transkribiert.

Daß die Orientierung am Einzelfall Vorrang hatte, stand fest: Alltägliche Lebensführung als aktive Leistung der Person über die Zeit hinweg zu erarbeiten, setzt voraus, daß detailliert untersucht werden muß, auf welche Weise und zu welchen Zielen sich eine Person mit den Situationen auseinandersetzt, die sie als handlungsrelevant erachtet. Das 'ganze Leben' mußte - so weit darüber berichtet wurde - Untersuchungsgegenstand sein, um die Regelmäßigkeiten bzw. Regeln herausarbeiten zu können, nach denen es von der Person organisiert wird.

Wie eine Fallanalyse ganz konkret durchgeführt wird, ist freilich - da ist sich die qualitative Sozialforschung einig - nicht restlos kommunizierbar. Einmal ist von Kunstlehre[49] die Rede, ein andermal davon, daß alles machbar sei[50]; dabei häufen sich die 'How-to-do-it'-Bücher vor allem amerikanischer Autoren, trotz deren Pragmatismus nicht immer klar ist, was genau gemacht werden soll. Meine Interpretationsschritte waren die folgenden:

1. die Entwicklung eines Interpretationsschemas zur Fallrekonstruktion,
2. die Anwendung dieses Schemas auf jedes der beiden Interviews eines Falles,
3. ihre Aufbereitung in Dimensionsblättern pro Fall,
4. der systematische Vergleich der Dimensionsblätter in einer Fallgeschichte und
5. der systematische Vergleich der Fallgeschichten untereinander, was einmal die Rekonstruktion der Themen alltäglicher Lebensführung in der DDR und im Transformationsprozeß und deren Geschichte ermöglichte, andererseits konzeptuelle Schlußfolgerungen über Stabilität und Veränderung von alltäglicher Lebensführung selbst erlaubte.

Die Dimensionen von alltäglicher Lebensführung wurden zuerst einmal analytisch getrennt und als ein Fragekatalog an den Interviewtext gerichtet. Das Interpretationsschema sah folgendermaßen aus:

Die Etablierung und Reproduktion von alltäglicher Lebensführung ist ein lebenslanger Prozeß. Daher ist die lebensgeschichtliche Dimension von Bedeutung, und zwar zum einen im Hinblick darauf, *welche* Daten erzählt werden (*Lebenslauf*), *wie* diese Daten erzählt werden und *welchen Reim* sich die Person auf ihren Lebenslauf macht (*Biographie*). Die Kategorie der *Person* umfaßt die Selbsteinschätzung der personalen Ressourcen und Restriktionen sowie Interpretationen dieser Aussagen von seiten der Forscherin. *Deutungsschemata* sollen darüber Auskunft geben, wie die Person die Welt sieht und welche normativen Vorstellungen sie hat. *Relevanzen* benennen das, was der Person wichtig ist: ihre Lebensziele, den 'Sinn' des Lebens. Auch diese Kategorie schließt

---

[49] siehe Denzin 1994, der „interpreters as storytellers" begreift. „(They) tell narrative tales with beginnings, middles, and ends" (S. 500) und erstellen damit künstlerische Produkte; dasselbe meint Hildenbrand, der im Vorwort zu Strauss' Grundlagen qualitativer Sozialforschung „soziologische Interpretation als Kunstlehre" als eines von vier Kennzeichen von Grounded Theory ausmacht und mithilfe von Cezanne veranschaulicht, was das bedeutet: daß man die Sonne nicht einfach wiedergeben könne, sondern sie durch etwas anderes zum Ausdruck bringen müsse, nämlich durch Farbe (Strauss 1994, S. 12f).

[50] so der Tenor bei Miles/ Huberman 1994, die ihr Handbuch als „practical source book" bezeichnen (Miles/ Huberman 1994, S. 2)

Interpretationen der Forscherin ein. Wenn ein Interviewpartner erzählt, die Familie sei ihm das Wichtigste, ansonsten aber kaum von ihr spricht und sie, wenn er das tut, als Hinterland für seinen Beruf thematisiert, wird dieses Datum vermerkt und wenn möglich erklärt. Die *Lebensphilosophie* ist ein von der Person gewähltes Motto für die Relevanzen; nach ihr wurde direkt gefragt. Die Kategorie des *Lebensgefühls* versucht, die emotionale Bewertung der augenblicklichen Situation zu erfassen. *Politische Einstellung/ Einstellung zum neuen System* zu erfassen, ist deswegen von Bedeutung, weil die Einstellung zur Politik in der DDR praktisch lebensführungsrelevant war. Es interessiert nun, was geschieht, wenn diese Institutionalisierung von Ideologie wegfällt. Die *Veränderung der Lebenssituation* benennt eine neue Situationslogik, die für die Person handlungsrelevant ist. Hierzu gehört die Kategorie *DDR*, die die Lebenssituation in der Vergangenheit thematisiert, sofern sie in Bezug gebracht werden kann zur alltäglichen Lebensführung. Die *Montagsdemonstrationen* sind vor allem für die LeipzigerInnen ein gemeinsames Schlüsselerlebnis, zu dem alle InterviewpartnerInnen Stellung nahmen, zumeist ohne danach gefragt worden zu sein. Neben der historischen Bedeutung dieses Ereignisses im Lebensverlauf ist die Verfahrensweise damit ein Baustein zur Identifikation der Lebensführungsstruktur. *Familiale/ berufliche Situation* und *Tätigkeitsrepertoire* sollen die Sphären und Anforderungen identifizieren und charakterisieren, die alltägliche Lebensführung integrieren muß bzw. will. *Zuständigkeiten/ Kooperationsmuster* und *Strategien und Methoden* beschreiben die Regulierungen der Lebensführung; *Zeit- und Raumstruktur* bestimmen die Koordinaten des Sozialraums.

Aus diesen Daten und ihren Interpretationen wird schließlich die *Fallstruktur* erarbeitet. Ich versuche, ihre *Form* zu identifizieren, die Strukturen aufweist, sich in Zeit und Raum erstreckt und die Beziehungen zwischen den Sphären des Alltags beschreibt. Die *Logik* der alltäglichen Lebensführung schließlich ist das Prinzip, nach dem sie funktioniert: die Mechanik des Arrangements. Hier wird nach den Metaregeln gefragt, und wenn möglich, auch nach der Psycho-Logik alltäglicher Lebensführung. Unter der Kategorie der *Strukturierung* schließlich sollen Passung und Reproduktion von Lebensführung und relevanten Institutionen untersucht werden, die gegenseitige Anschlußfähigkeit von Lebensführung und gesellschaftlichen Institutionen: Hier wird alltägliche Lebensführung in den „gesamten Zyklus"[51] eingefügt und am theoretischen Konstrukt gearbeitet.

Die Fallrekonstruktion arbeitet zunächst auf den Ebenen 1 und 2 - der Ebene subjektiven Sinns und der Ebene gesellschaftlicher Vorlagen - an den Auswertungsperspektiven entlang, was im einzelnen so aussieht:

Die Transkription jedes Interviews wird Sequenz für Sequenz durchgearbeitet, indem einzelne Passagen den jeweiligen Dimensionen des Analysekatalogs zugeordnet werden und der Gehalt dieser Passagen herausgearbeitet wird. Die Passagen umfassen keine einzelnen Zitate, sondern Einheiten, die so groß sein müssen, daß der Verweisungszusammenhang nicht verloren geht. In dialogisch-hermeneutischer Absicht (Welzer 1995, 190ff) mußten darin auch die Beiträge der InterviewerInnen Berücksichtigung finden. Aus diesen dimensionalen Interpretationen wird (auf den Ebenen 3 und 4, also der Ebene kultureller Regeln und der strukturalistischen bzw. psycho-logischen Ebene) die Fallstruktur erarbeitet; freilich ist an deren Rekonstruktion die ganze Interpretationsarbeit über schon gearbeitet worden. Hier findet

---

[51] Der Begriff geht auf Hernes 1995 zurück; siehe hierzu Kap. 4.2.1. dieser Arbeit.

sich die hermeneutische Spirale wieder, indem das aus den einzelnen Textstellen rekonstruierte Verständnis der Fallstruktur auf neu zu interpretierende Textstellen angewandt wird - und vice versa.

Die dimensionale Analyse des zweiten Interviews nutzt dasselbe Raster; freilich wird sich zwischen dem ersten und dem zweiten Interview ein Teil der Rahmenbedingungen verändert haben. Welche Veränderungen das sind und wie mit ihnen verfahren wird, ist auf dem Weg der dimensionalen Analyse rekonstruierbar und soweit methodisch unproblematisch. Die bereits konstruierte Logik der Lebensführung aber fließt zwangsläufig mit ein in die Interpretation des Wiederholungsinterviews: Dabei wird sie nicht immer einfach bestätigt. Durch die rekonstruierte Verfahrensweise mit neuen Rahmenbedingungen kann ihre Formulierung geschärft oder das Prinzip differenziert werden, nach dem eine bestimmte Lebensführung funktioniert; es kann auch falsifiziert werden, wenn es im Wiederholungsinterview als generatives Prinzip nicht mehr erkennbar ist.

Bei der Zusammenschau für die zu erstellende Fallgeschichte über beide Interviews hinweg wird wieder auf die Interviewtranskription zurückgegriffen; Schlüsselstellen werden noch einmal im Licht der bislang vorliegenden Rekonstruktion der Fallstruktur betrachtet. Besonders der Eingangssequenz des ersten Interviews kommt eine besondere Rolle zu: Hier wird das Interviewsetting hergestellt, hier wird die Situation Interview definiert, hier ist die InterviewpartnerIn auf unsere Erzählaufforderung hin genötigt, sich zu produzieren - auch wenn sie sich verweigern will. Dialogische Hermeneutik an dieser Stelle kann damit einen Beitrag zur verstärkten Validierung leisten. An den Besonderheiten der Eingangssequenz kann die rekonstruierte Fallstruktur plausibilisiert werden - und vice versa. So kann z.B. eine Unterbrechung gleich in der Eingangsfrage von seiten des Interviewten signalisieren, daß er das Gespräch in die Hand zu nehmen gedenkt. Ob diese Verhaltensweise als ein Indiz dafür gelten kann, daß hier ein Lebensführungsmuster vorliegt, dessen erste Regel lautet, sich von niemandem etwas gefallen zu lassen, wird sich erst im Lichte der rekonstruierten Fallstruktur erweisen.

Die Erstellung der Fallgeschichte bewegt sich also noch einmal zwischen einzelnen Textstellen im Transkriptionstext, in den Dimensionsblättern und der bereits erarbeiteten, aber immer noch als eine Hypothese geltenden Struktur des Falles in Form eines hermeneutischen Zirkels hin und her. Über die Rekonstruktion eines Lebensführungsmusters aus der sequenziellen Analyse des gesamten Interviewtextes verstehe ich die einzelnen Verfahrensweisen besser; dieses Verständnis wiederum läßt mich Logik und Form von Lebensführung genauer rekonstruieren, indem Deutungen bestätigt, verworfen oder durch Einführung von Differenzierungen plausibilisiert werden.

Dieses Interpretationsverfahren ist der Methode des Rätsellösens ähnlich, auf die Bude für die Rekonstruktion kultureller Sinnsysteme als Metapher verweist: „Die

Struktur einer Kultur kann im großen und ganzen als rekonstruiert gelten, wenn eine Formulierung für das Rätsel gefunden wurde, für das die signifikanten Erzeugnisse einer Kultur als Lösung angesehen werden können ... Das Ganze zeigt sich nicht mit einem Schlag, sondern muß nach und nach erschlossen werden" (Bude 1991a, S. 107). Auf diese Weise wird auch mit den Interviews hier verfahren: *Das Rätsel soll formuliert werden, dessen Antwort die einzelnen Tätigkeitsarrangements und Sinnkonstruktionen eines Aktors sind.* Das ist der Kern der Fallstruktur, angesiedelt auf Ebene 4: Es müssen die generativen Regeln rekonstruiert werden, die in strukturalistischer Perspektive einer bestimmten Lebensführung unterliegen; wenn möglich und nötig, wird das zugrundeliegende Thema psychoanalytisch rekonstruiert.

2.4.7. Darstellung

Ich habe mich dazu entschlossen, als Herzstück meiner Arbeit die zwölf Falldarstellungen in hoher Detaillierung zu veröffentlichen.[52] Während in Kapitel 3 über alle Fälle hinweg die Themen der Lebensführung in der DDR und während der Hochzeit der Wende angerissen werden, soweit sie in meinen Interviews zu finden sind, wird in den Fallanalysen die Leistung des jeweiligen Aktors betont, die darin besteht, all die unterschiedlichen Anforderungen in den verschiedenen Lebensbereichen über die Zeit hinweg zu bewältigen.

Eine Fallgeschichte folgt freilich eigenen Gesetzen: Man kann sie, folgt man Bude (1993), als eine *Novelle* verfassen. Dann erzählt sie eine gerahmte Episode, sie verläuft dramatisch, hat also einen Spannungsbogen, und sie kommt zu einem, wenn auch vorläufigen, Ende. Sie erzählt - nach Goethe - „eine unerhörte Begebenheit". Diese Dramaturgie bestimmt die Fallanalyse ein Stück weit mit: Denn in ihrer Darstellung wird eine neue Realität geschaffen, ein Text über einen Text mithin, der damit ganz anderen Regeln unterliegt und schließlich unterworfen wurde. Das Interview, das erst zerstückelt, dessen Dimensionen also analytisch getrennt wurden, wird nun wieder zusammengeführt; diese Zusammenführung ist ein Produkt der Forscherin, in diesem Fall der Forscherin als Autorin einer Geschichte, die im untersuchten Fall nach einem erzählbaren Spannungsbogen sucht.[53]

---

[52] Um Anonymisierung habe ich mich bemüht, indem ich - neben der Veränderung aller Eigennamen - einige weitere Details geändert habe. Dabei zeigte sich, daß der Gegenstand der alltäglichen Lebensführung solche Anonymisierungsbemühungen erschwert: Wenn einmal spezifische Situationen und soziale Indikatoren das Material sind, mit dem der Aktor sich auseinandersetzt, zum anderen diese Bemühungen wiederum bestimmte Situationen zum Ergebnis haben, ist es nicht einfach, Spezifika zu finden, die durch andere ersetzt werden können. Wenn man so will, kann man die Schwierigkeiten, die bei der Anonymisierung entstehen, ihrerseits als einen Indikator für die Funktionsweise alltäglicher Lebensführung sehen.

[53] und damit Teil des Erkenntnisinstruments; siehe hierzu noch einmal Denzin 1994: „Interpretation is an art. Field workers can neither make sense of nor understand what has been learned

Durch das Darstellungsschema der jeweils über die Wende hinweg rekonstruierten Biographie folgen meine Fallgeschichten der Form der Novelle. Doch das Rückgrat der Fallgeschichte ist die jeweilige Lebensführung selbst. Deshalb sind die Fallgeschichten auch durch die literarische Gattung des *Portraits* charakterisierbar, in der unterstellt wird, daß die charakteristischen Züge einer Person über verschiedene Situationen hinweg erkennbar bleiben, mithin das Typische an ihr herausgearbeitet wurde.

Darüberhinaus kann die spezifische inhaltliche Charakterisierung der alltäglichen Lebensführung einer Person spezifischen soziologischen Forschungsrichtungen zugeordnet werden. So thematisiert die eine Fallgeschichte vorrangig ein generationstypisches Problem, die andere die Vereinbarkeit von Beruf und Familie, eine dritte eine berufssoziologische Perspektive - und eine vierte (und mit ihr, wenn auch in unterschiedlicher Prägnanz, alle anderen Fallgeschichten) die Suche nach dem 'richtigen' Leben.

Dabei ist keine Fallgeschichte ein hermetisch geschlossenes Ganzes. Ganz dezidiert war es nicht mein Anspruch und meine Absicht, das Alltagshandeln von Personen im Umbruch umfassend erklären zu wollen. Meine Fallgeschichten sind als Angebote von Lesarten zu verstehen, die ich versuchte zu plausibilisieren, ohne aber alle angebotenen Fäden verfolgt zu haben. So sind in den Fallgeschichten Äußerungen zu finden, denen nur ein Stück weit nachgegangen wurde und deren Anbindung an die Logik der Lebensführung bewußt nicht überinterpretiert wurde. Denn eine Analyse des ganzen Interviewtextes im Sinne objektiver Hermeneutik ist weder möglich noch nötig: möglich nicht aus der Beschränkung von Zeit und Platz heraus, nötig nicht, weil die Nachzeichnung der Lebensführung ein solches Vorgehen gar nicht verlangt. Trotzdem habe ich Fäden, die zu weiterem Nachdenken einladen, nicht gekappt, geben sie doch Informationen über das Leben im Umbruch auch dann, wenn sie keiner erschöpfenden Analyse unterzogen wurde. Deshalb sind meine Fallgeschichten auch ein Versuch in Richtung einer vorsichtigen literarischen Öffnung, indem hier kein austauschbares Fallmaterial in Form von „Fallvignetten" (Overbeck 1993, S. 53) zur Belegung der theoretischen Thesen angeboten wird, sondern ein breiter Einblick in das Originalmaterial gegeben wird, um auf dieser Basis materiales Theoretisieren nachvollziehbar zu machen und zu vermeiden, was Overbeck als eine Konsequenz des Verfalls der Kultur der psychologischen Fallgeschichte charakterisiert: „Anderen Lesern bleibt bestenfalls nur die Möglichkeit, digital mit ja/nein zu antworten, sie können akzeptieren oder verwerfen, was ihnen vorgesetzt wird, breiterer Reaktionsraum ist ausgeschlossen, weil ihnen zu wenig Einblick in das Originalmaterial gestattet wird und schon gar nicht die Partizipation

---

until they sit down and write the interpretative text, telling the story first to themselves and then to their significant others, and then to the public" (Denzin 1994, S. 502).

am Therapiegeschehnis" (Overbeck 1993, S. 53). Das „Therapiegeschehnis" kann hier durch „Interviewgeschehnis" ersetzt werden, denn die verfügbaren Daten sind interaktionistische Daten und sollten so weit wie möglich als solche erkennbar bleiben.[54]

Auch in die entgegengesetzte Richtung hatte ich nicht den Anspruch, die strukturalistische oder Psycho-Logik des Falles unhintergehbar zu erfassen. Eine Formulierung des Rätsels wurde angeboten, ohne die basale sein zu müssen - schließlich habe ich ein narratives Leitfadeninterview durchgeführt und keine Psychoanalyse; selbst bei letzterer, so Freud und mit ihm Bude, bleibt der Nabel des Traumes - dessen Deutung den Archetyp der psychoanalytischen Novelle liefert - meist im Dunkeln (vgl. Bude 1993).

Ein Problem, das verschiedentlich angemahnt wird, habe ich bei meiner Untersuchung nicht: wie nämlich mit dem vermeintlich Nichttypischen verfahren wird, wenn in der Publikation das Typische dargestellt werden soll. Zum einen habe ich alle von mir befragten Fälle detaillierten Fallanalysen unterzogen[55] und diese auch veröffentlicht. Damit kann Kapitel 3 meiner Arbeit, das Lebensführung in verschiedenen historischen Abschnitten darstellt, indem, wie im Rahmen herkömmlicher qualitativer Sozialforschung[56] üblich, mit Belegstellen gearbeitet wird, mit den Fallgeschichten gegengelesen werden. Das, was einmal in den verschiedenen Dimensionen des Alltags und zu verschiedenen Zeitpunkten über Lebensführung ausgesagt wird, findet sich in der Fallgeschichte im lebensführungsspezifischen Kontext einer Person - und auch im Kontext des Interviews - wieder. Da übrigens einige Interviewausschnitte, die sich in Kapitel 3 finden, in den Fallgeschichten nicht mehr vorkommen, können die LeserInnen selbst prüfen, inwieweit auch diese Textstellen mit der jeweiligen (re)konstruierten alltäglichen Lebensführung in Einklang zu bringen sind.

Der Aufbau der Arbeit folgt mithin selbst der Logik des Konzepts alltäglicher Lebensführung: Was in der Draufsicht auf die DDR-Gesellschaft einmal als Organisationsgesellschaft und später als funktionale Differenzierung wahrgenommen wird, muß auf der Ebene der Person nach einer ganz spezifischen Logik verarbeitet und zusammengebracht, aber auch reproduziert werden.

Da auf der anderen Seite jede rekonstruierte Lebensführung meines theoretischen Konzepts zufolge als eine selegierte Lebensführung verstanden wird, wird Lebensführung immer innerhalb einer bestimmten Umwelt, immer in Auseinandersetzung mit bestimmten Institutionen gedacht. So werden die Fallanalysen immer fragen,

---

[54] vgl. hierzu auch Mutz u.a. 1995, 155f, wo sie bei der Darstellung ihres biographischen Materials ihren Kompromiß ähnlich begründen

[55] was gerade bei mit Interviews arbeitenden Projekten nicht unbedingt gegeben sein muß

[56] Für solch selektive Plausibilisierung werden entsprechend typische Beobachtungen und Interviewausschnitte zitiert. Flick mahnt an, daß so nicht nachvollziehbar sei, wie mit den nicht als typisch erachteten und u.U. zum Typischen in Widerspruch stehenden Zitaten und Beobachtungen umgegangen wird (Flick 1995, S. 169).

welches die Bedingungen sind, unter denen eine bestimmte Lebensführung reproduziert werden kann - unter welchen Bedingungen also eine Person ihr Leben weiterführen kann und welche Kosten das hat.

Die Integrationsleistung alltäglicher Lebensführung soll hier nicht nur plausibilisiert, sondern auch sinnlich faßbar gemacht werden, was voraussetzt, daß auch darüber berichtet wird, *was* jetzt integriert werden muß und früher integriert werden mußte. Denn meine Arbeit versteht sich auch als ein Einblick in unterschiedliche Lebenswelten in der DDR und deren Transformationsprozeß, als ein Einblick in die strukturellen Probleme, vor denen Angehörige verschiedener Berufsgruppen, verschiedenen Geschlechts und unterschiedlichen Grades gesellschaftlicher Integration standen und stehen, und natürlich nicht zuletzt als ein Angebot, die Bemühungen im einzelnen kennenzulernen, mit denen diese Akteure ihr Leben auf die Reihe bringen. In diesem Sinne soll diese Arbeit auch einen Beitrag zu einer Forderung Christoph Diekmanns leisten, die lautet: „Die Ideologen haben die DDR nur verschieden interpretiert; jetzt kommt es darauf an, sie zu erzählen" (Diekmann 1995).

3. Alltag im Transformationsprozeß

In diesem Kapitel wird der Hintergrund entworfen, auf dem später die Portraits einzelner Personen gezeichnet werden. Dabei sind das verwendete Material einmal die Interviews selbst, zum anderen die einschlägige soziologische Literatur, auf deren beider Grundlage zentrale Themen alltäglicher Lebensführung in der DDR und in verschiedenen Phasen des Transformationsprozesses identifiziert werden. Zwar ist eine Analyse der Institutionen, die den Rahmen abgeben, zwingend; doch ist es problematisch, aus ihrer Beschreibung die Folgen für das Leben des Einzelnen über bloße Plausibilisierungsannahmen hinaus zu analysieren.[1] Dies gilt besonders für das Institutionensystem der DDR und das Handeln ihrer BürgerInnen; denn gerade dort wird ein zu statisches, ein zu geschlossenes Bild gezeichnet. Kohli empfiehlt statt der Denkfigur der entsubjektivierten Gesellschaft, in der dem Einzelnen nur Passivität und der Rückzug in Nischen bleibt, „Handlungsspielräume zu unterstellen und nach Aktivitäten und Konflikten zu suchen. Erst diese theoretische Unterstellung erlaubt es, zu klären, inwieweit solche Spielräume empirisch vorhanden waren" (Kohli 1994, S. 33). Dieses Kapitel will diesen Spielräumen nachspüren, indem es die Erzählungen der InterviewpartnerInnen mit Institutionenanalysen und Zeitdiagnosen verknüpft.

Wie es die Person schafft, all die unterschiedlichen Anforderungen, die tagaus tagein und über die Systemtransformation hinweg anfallen, zu koordinieren und mit eigenen und fremden Ansprüchen in Einklang zu bringen, ist Thema der später folgenden Fallanalysen. Doch was integriert werden muß und wie das gemacht wird, ist abhängig von der Organisation einer Gesellschaft und ihrem sozio-kulturellen Hintergrund. Der Hintergrund des Bildes, den dieses Kapitel gestaltet, stellt den Transformationsprozeß deshalb dort dar, wo er alltägliche Lebensführung berührt. Womit also mußte und muß man sich auseinandersetzen?

3.1. Der Rahmen: Transformation - Modernisierung - Handlungsstrategien - Subjektorientierung

3.1.1. Transformationsprozeß und Transformationsforschung

Den Rahmen für ein solches Bild stellt der Transformationsprozeß selbst. Der Begriff, der sich für den Umbruch in Ostdeutschland in den Sozialwissenschaften ein-

---

[1] vgl. hierzu Lepsius 1994, S. 18

gebürgert hat, meint eine zielgerichtete Entwicklung der DDR-Gesellschaft in Richtung der bundesrepublikanischen Verhältnisse, einen zielgerichteten, politisch induzierten Wandel. Die Transformation wurde durch einen Institutionentransfer eingeleitet; die DDR-Gesellschaft wurde in die bundesrepublikanische inkorporiert, gesamtgesellschaftliche Umstrukturierungen wurden nicht intendiert. Daß die Sozialstruktur der DDR sich der der Bundesrepublik angleiche, wurde von den Entscheidungsträgern erwartet und anfangs kaum problematisiert. So zwingend solche Angleichung anfangs erschien, so zwangsläufig werden heute die Hindernisse des Zusammenwachsens gesehen - und solche im Nachhinein konstatierte Zwangsläufigkeit erfährt auch 'die Wende', der Zusammenbruch der DDR, selbst. „Im Rückblick", so Renate Mayntz, „erscheint eine Kette je für sich unerwarteter Ereignisse leicht als zwangsläufiger Ablauf. Das gilt auch für den dramatischen Prozeß der deutsch-deutschen Vereinigung. Das damalige Gefühl des gebannten Zuschauens und ständigen Überraschtseins hat sich inzwischen verloren; niemand wundert sich anscheinend mehr darüber, wie der Vereinigungsprozeß mit seinen sich nach und nach entfaltenden Folgen gelaufen ist. Die nachträgliche Umdeutung offener Entscheidungssituationen in durch Sachzwänge bestimmte kann entlastend sein, weil sie uns vom Schuldvorwurf der falschen Wahl befreit. Sie macht aber auch zum Fatalisten, der nicht mehr fragt, warum das vermeidbare Übel eintrat oder das unsichere Gut erreicht wurde. Die retrospektive Ausblendung der historischen Kontingenz verdrängt die Frage nach dem Warum des Geschehens. Dieser spontanen Neigung wirkt der Sozialwissenschaftler entgegen" (Mayntz 1994, S. 15).

Der hier geschilderte Sachverhalt ließ auch die Transformationsforschung nicht unberührt. Zum ersten machte sich gerade die Soziologie Vorwürfe, die Revolution in der DDR nicht prognostiziert zu haben, ein Vorwurf, der aufgrund der Kontingenz gesellschaftlicher Umbrüche nicht haltbar ist: Die deutsch-deutsche Vereinigung war eben gerade kein zwangsläufiger Prozeß.[2] Ihre Vorgeschichte war das Ergebnis eines komplizierten Wechselspiels verschiedener gesellschaftlicher Akteure, die sich jederzeit auch anders hätten verhalten können; ihre Umsetzung hingegen war eine politische Entscheidung, deren Ergebnis zwar nicht kontrolliert werden konnte, allem Anschein nach aber eine durch Systemübertragung vergrößerte und im wesentlichen unveränderte Bundesrepublik zu sein schien. Reißig (1995) macht diese „problemvereinfachende Prämisse: daß nämlich fertige Strukturen, Institutionen und Mechanismen übertragen und durch externe Akteure abgestützt wurden", denn auch für immer wieder beklagte konzeptionelle Defizite der Transformationsforschung verantwortlich. Solche Thematisierung habe zur Folge, daß - wie Mayntz kritisierte - Prozeßeigenarten verloren gingen, Ambivalenzen und Konfliktfelder entweder zugedeckt oder als Folgeprobleme erschienen, die langfristig als unpro-

---

[2] wie Mayntz an anderer Stelle systematisch ausführt (Mayntz 1996, S. 141ff)

blematisch gesehen würden und eine unveränderliche Altbundesrepublik implizierten (Reißig 1995, S. 149). Die Problematik des letzten Punktes wird zwar immer wieder beschworen; trotzdem verschwinden in der Transformationsforschung die jahrelang diskutierten Modernisierungszumutungen an die BürgerInnen Westdeutschlands hinter Akteuren, denen „mehrere Dekaden zur Verfügung standen, um den Erfordernissen einer immer weiter ausgreifenden 'Arbeitsmarkt-Individualisierung' durch Umbauten in ihrer alltäglichen Lebensführung und in ihren biographischen Normalitätserwartungen, durch die Herausbildung pluraler Lebensstilformen und durch die Entwicklung eines (post?)modern-flexiblen Habitus Rechnung zu tragen", auch wenn das „selbstverständlich keineswegs allen gelingt" (Berger 1993, S. 227). Dem gegenüber „sehen sich die Bewohner der Fünf Neuen Länder den 'Segnungen' eines kapitalistischen Arbeits- und Warenmarktes unvermittelt ausgesetzt, ohne die darin oft (über-)lebensnotwendigen, rational-distanzierenden Handlungskalküle und entsprechende (selbst-)ironisierende Haltungen 'gelernt' zu haben" (Berger 1993, S. 227).[3] Den nun als individualisierungserfahren wahrgenommenen westdeutschen Akteuren gegenüber finden sich die ostdeutschen Akteure mit Mentalitäten und Handlungsorientierungen, die am drastischsten, aber keineswegs im Alleingang Engler als „zivilisatorische Lücke" thematisiert hat, deretwegen er einen sozialisatorischen „Umbau der Persönlichkeitsstrukturen" fordert (Engler 1992, S. 120). Die Sorge, wie denn die in der DDR sozialisierten BürgerInnen im neuen System zurechtkommen werden bzw. daß sie den Transformationsprozeß verzögern könnten, nachdem ihre Handlungsstrategien und Wertvorstellungen nutzlos oder entwertet wurden, treibt die Transformationsforschung an, Unterschiede zwischen Ost- und Westdeutschen zu bestimmen und zu analysieren. Daß aufgrund der politischen Entscheidung einer Transformation des einen in das andere System diagnostizierte Unterschiede in den Einstellungen der Bürger als ein Problem wahrgenommen werden, wird erst neuerlich vorsichtig hinterfragt (Spittmann 1995); derweil finden sich auch Forschungsergebnisse, die Gemeinsamkeiten betonen.[4] Kreckels Szenario, in dem die ostdeutsche Minderheit mitsamt ihren spezifischen Problemen innerhalb Gesamtdeutschlands kaum auf Berücksichtigung hoffen kann, gewinnt im Zuge der aktuellen deutschlandweiten arbeitsmarkt- und sozialpolitischen Probleme an Plausibilität (Kreckel 1993, S. 59).

Die Transformationsforschung befindet sich zwangsläufig selbst im Transformationsprozeß, und zwar auf dreifache Weise. *Zum einen* verändert sich ihr Gegen-

---

[3] Im Zusammenhang mit den ironisierenden Haltungen verweist Berger auf Heinz Bude 1991b, der tragische und ironische Gesellschaftskonstruktionen ausmacht und diese idealtypisch der DDR und der BRD zuordnet. Wie ich zeigen werde, sind diese Konstruktionen als Strategien zu verstehen, die beide sowohl in der DDR als auch im Transformationsprozeß zur Anwendung kamen und kommen.

[4] vgl. z.B. Gebhardt/ Kamphausen 1994

stand unter ihren Händen rasant; er ist noch immer ein „sozialer Großversuch" (Giesen/ Leggewie 1991b) mit ungewissem Ausgang. *Zum zweiten* forderte gerade die Soziologie seit der Wende von sich selbst einen Theoriesprung, sogar einen Paradigmenwechsel, zumindest aber Fortschritte in der Disziplin als Reaktion auf das natürliche Experiment Vereinigung (Giesen/ Leggewie 1991a). *Zum dritten* wird der Anspruch an die Soziologie gestellt, eine Modernisierungstheorie bereitzustellen, der es gelingen soll, „den Weg, den die DDR-Gesellschaft zurückzulegen hat, um sich in eine moderne Industriegesellschaft westlichen Zuschnitts zu modernisieren, genauer auszuloten und die Risiken und Fallstricke auf diesem Weg wenigstens in etwa zu bezeichnen" (Backert/ Brock/ Lechner 1994, S. 156).

Aus der ersten Schwierigkeit resultiert eine bewundernswerte Fülle empirischer Untersuchungen zum Transformationsprozeß, die sich indes kaum einmal nicht im Widerspruch zueinander finden, geschweige denn in ein einheitliches Bild gepaßt werden können. Freilich resultiert diese Widersprüchlichkeit auch aus den verwendeten Methoden. So macht Neckel (1995) die verbreiteten standardisierten Einstellungserhebungen für die „Labilität" des soziologischen Wissens zur politischen Kultur Ostdeutschlands verantwortlich (Neckel 1995, S. 659). Die Widersprüchlichkeit der Ergebnisse sei darauf zurückzuführen, daß in aggregierten Massendaten lediglich reaktive Bewertungen konkreter politischer Regimes zu ermitteln seien, während über „die Wahrnehmungsmuster, Beurteilungsmaßstäbe und 'operativen Ideen', die solchen Bewertungen zugrundeliegen" (Neckel 1995, S. 659), nichts ausgesagt werden könne. Weiter finden sich eine Fülle soziographischer Daten, die allen voran die Arbeiten auf der Grundlage des Sozioökonomischen Panels und die Lebensverlauferhebungen des MPI für Bildungsforschung in Berlin[5] bereitstellten. Man weiß aus solchen Daten einiges über berufliche und soziale Mobilität (Berger 1993; Berger/ Sopp 1993; Mayer 1996, S. 337ff; Diewald/Sørensen 1996), die Abhängigkeit der Entscheidung zur Elternschaft vom Lebensverlauf (Huinink 1995a), den Verdrängungsprozeß von Frauen aus dem Arbeitsmarkt (Nickel/ Schenk 1994; Schenk 1995), den sozioökonomischen Hintergrund beruflicher Selbständigkeit (Hinz 1996), in Korrelation mit Einstellungsforschung über die Ausprägung soziokultureller Milieus in Ostdeutschland (Spellerberg 1996; Ritschel 1995) u.v.m. - und man ist in der Lage, diese Daten mit den in der alten Bundesrepublik und im neuen Westdeutschland erhobenen Daten zu vergleichen.[6] Daneben findet sich eine Fülle

---

[5] siehe zusammenfassend Berger 1996 für Erkenntnisse, die aus dem SOEP gewonnen werden konnten; für eine informative Zusammenschau und Interpretation der Ergebnisse aus den Längsschnittuntersuchungen des MPI siehe Huinink/ Mayer 1995

[6] Mit welchem Nutzen dies geschieht, ist umstritten. Man plädiert in diesem Zusammenhang für ein Vergleichsmoratorium und kritisiert die kulturalistisch verengte Perspektive der Erhebungsinstrumente als Ursache des Befundes einer Angleichung zwischen Ost und West (vgl. Wensierski 1994, S. 26); siehe hierzu auch Schefold/ Hornstein 1993.

von Forschungsprojekten mit kurzer Laufzeit[7], die sich regionalen, berufs-, alters-, milieu- oder lebenssituationsspezifischen Fragestellungen widmen und dabei insgesamt das produzieren, was Grünert als „Befundlastigkeit" kritisiert, die mit einer interpretatorisch-konzeptionellen Schwäche der Transformationsforschung einhergehe (Grünert 1995, S. 140). Wie auch Reißig anmahnt, fehle den deskriptiven Beschreibungen der Transformationsvorgänge und -ergebnisse die theoretische Erklärung ihrer Ursachen, Mechanismen und Vermittlungen (Grünert 1995, S. 148).

Das trifft den zweiten wunden Punkt der Transformationsforschung: den geforderten Paradigmenwechsel. Bernd Giesen und Claus Leggewie fordern in ihrer programmatischen Schrift über „Das Experiment Vereinigung" drei Aufgaben ein, die Sozialwissenschaftler nun zu erfüllen hätten: ein Reflexionsforum der Vereinigung zu werden, sich dem in der Luft liegenden Paradigmenwechsel nicht zu verschließen und sich als Akteure gesamtdeutscher Forschungsorganisation zu betätigen (Giesen/ Leggewie 1991b, S. 8). Während letzteres erfolgreich praktiziert wurde und ersteres in jedem Falle eine Vielzahl empirischer Ergebnisse befördert hat, ist die Forderung nach einem Paradigmenwechsel verhallt. Wo Giesen und Leggewie stabile Strukturen als Ausnahmefall sehen und nach deren Konstruktion fragen (Giesen/ Leggewie 1991b, S. 14), wo soziale Beziehungen als eigentliches Terrain der Soziologie gegenüber Gesellschaftstheorie und Psychologismus ausgemacht werden (Giesen/ Leggewie 1991b, S. 15)[8], sieht Reißig 1995 System- und Strukturtheorien auf der einen und die empirische Sozialforschung auf der anderen Seite. Dabei sei in dieser Phase des Transformationsprozesses zentral, „wie Individuen in diesem Umbruch- und Transformationsprozeß reagieren, agieren, sich zurückziehen und/oder neue Ressourcen mobilisieren, wie es zur Konstitution neuer kollektiver Akteure und damit auch Institutionen kommt" (Reißig 1995, S. 150) - daß nicht nur neue Ressourcen mobilisiert, sondern auch auf früher bereitgestellte zurückgegriffen werden kann, fügt er hinzu (Reißig 1995, S. 150).

Was das dritte Problem, die Begleitung des Transformationsprozesses, betrifft, so steht weitgehend außer Frage, daß die Transformationsforschung ebenso wie die westdeutschen politischen Betreiber der Einheit davon ausgeht, daß es die ostdeutschen BürgerInnen sind, die einen Anpassungsprozeß durchzustehen haben. Freilich wirbelte die umstandslose Übertragung der politischen und rechtlichen Institutionen Westdeutschlands auf die neuen Länder in einem ersten Schritt deren ganze Gesellschaft mit ihren Institutionen, Normen und Werten durcheinander, nicht die Westdeutschlands, stellte deren Alltagshandeln vor neue Anforderungen, nicht das der

---

[7] allen voran von der Kommission für die Erforschung des sozialen und politischen Wandels in den neuen Bundesländern (KSPW) gefördert; vgl. zu einer ähnlichen Einschätzung dieser Arbeiten auch Hradil 1996

[8] siehe hierzu auch Müller/ Schmid 1995a, die ein solches Verständnis von sozialem Wandel unabhängig von der deutsch-deutschen Vereinigung propagieren und vorstellen

Westdeutschen.[9] Wenn auch inzwischen klar geworden ist, daß mit der DDR auch die BRD verschwunden ist, schlägt sich diese Erkenntnis in der Transformationsforschung nicht nieder. Daß die neuen Länder in das westdeutsche Gesellschaftssystem inkorporiert würden, wurde per Staatsvertrag geregelt. Um die Berechtigung der Erwartung einer faktischen Angleichung kümmerten sich Modernisierungstheorien, die im Zuge des 'natürlichen Experiments Vereinigung' ihre Bestätigung suchten. *„Aber leider kamen die unangenehmen Sachen zuerst"*, sagt Herr Tikovsky, einer meiner Interviewpartner, und signalisiert damit, daß auch er an der Vorstellung festhält, die angenehmen Sachen kämen zwangsläufig, wenn auch verspätet.

3.1.2. Das Ende der Organisationsgesellschaft

Detlef Pollack (1990) ist es gelungen, das „Ende der Organisationsgesellschaft" zu rekonstruieren, indem er eine differenzierungstheoretische Analyse mit einer handlungstheoretischen verknüpfte.[10] Wie in allen modernen Industriegesellschaften fand in der DDR eine fortschreitende Differenzierung der gesellschaftlichen Teilbereiche statt, die einzelnen Teilsysteme gewannen an Autonomie und Eigendynamik. Konträr dazu verlief ein Prozeß der Entdifferenzierung (wie übrigens in anderen modernen Industriegesellschaften auch). Dieser Entdifferenzierungsprozeß allerdings war politisch induziert und hob die Eigenständigkeit der Teilbereiche zum Teil wieder auf. Der Aufbau des Sozialismus wurde als gesellschaftliches Ziel definiert, die Organisation dieses Vorhabens behielt sich die Partei vor. Alle gesellschaftlichen Teilbereiche wurden diesem Ziel untergeordnet und ihre Autonomie erheblich eingeschränkt. Die Partei richtete, wie Pollack feststellt, die gesamte Gesellschaft als ihre Organisation ein: Die Organisationsgesellschaft[11] wurde etabliert. Daran aber scheiterte letztendlich das System, denn eine moderne Industriegesellschaft, wie es die DDR war, konnte - und hier greift eine Modernisierungstheorie - auf funktionale Differenzierung nicht verzichten, wollte sie anpassungs- und leistungsfähig bleiben. Im Unterschied zu anderen gewöhnlichen Organisationen wie Betrieben oder Par-

---

[9] Auswirkungen auf den Alltag westdeutscher BürgerInnen wurden kaum registriert. „Anfang 1991 hielten beispielsweise in einer Fragebogenaktion westdeutsche SozialforscherInnen die Frage nach den persönlich spürbaren Folgen der Einheit in Westdeutschland für überflüssig, da 'nur die Bananen etwas teurer wurden'" (Bertram 1995, S. 269). Als verloren registriert wird allerdings die besondere ökologische Nische, in der sich die BRD befunden hat. So wird Westdeutschland nicht von Ostdeutschland aus verändert, sondern es wird sich aufgrund der veränderten Weltlage verändern (Beck 1992), ein Befund, der sich in der aktuellen Globalisierungsdiskussion wiederfindet.

[10] Diese Herangehensweise an die Rekonstruktion der Wendeereignisse empfehlen auch Schimank/ Weyer 1996, S. 179ff.

[11] Diese ubiquitäre politische Herrschaft, die die DDR-Gesellschaft bis in ihre feinsten Verästelungen hinein prägte, läßt Kocka 1994, S. 547ff (und Lüdtke im selben Band, S. 188) von einer „durchherrschten Gesellschaft" sprechen.

teien konnte der DDR-Bürger schließlich aus der DDR nach dem Mauerbau nicht austreten, jedenfalls nur unter hohen persönlichen Risiken und Kosten. Damit verzichtete das System auf Abwanderung als Signal für die Notwendigkeit von Kurskorrekturen.[12] Da gleichzeitig alles getan wurde, um den bei verhinderter Abwanderung erwartbaren Widerstand zu unterbinden, waren die Eliten darauf angewiesen, ohne Rückmeldung Entscheidungen zu treffen.

Unter solchen Umständen arrangierten sich die BürgerInnen Ostdeutschlands mehrheitlich mit ihrer Gesellschaft, indem sie sich in ihr einrichteten. Für ihre Anpassung wurden sie in Form von fremdgewährter Autonomie belohnt. Dieses Einrichten nun zog, wie in zahlreichen Abhandlungen ausgearbeitet, spezifische Mentalitäts- und Verhaltensmuster nach sich. Fast alle haben sie den Bias des Vormodernen, Demodernen, Traditionalen oder (bei Geißler 1992a, 1992b) Unmodernen und Defizitären. Srubar (1991) beispielsweise macht Beziehungsformen aus, die die politische Privatisierung in eine persönliche ummünzten. Da nicht kalkulierbar war, wie sich Entscheidungsträger verhalten würden - denn die Institutionen funktionierten nicht, wie Markt oder Rechtssystem, nach rationalen Gesichtspunkten[13] - war eine höchstmögliche Erwartungssicherheit nur dadurch zu erreichen, daß man persönliche Kontakte in Form von Patron-Klient-Beziehungen aufbaute, die die Unmöglichkeit rationaler Erwartungshaltungen ausgleichen konnten - eine Demodernisierung in Srubars Augen. Freilich können gerade solche Netzwerke auch unter 'moderneren' Bedingungen rational und funktional sein, wie ich in den Fallstudien aufzeigen werde (vgl. auch Kohli 1994, S. 38). Lieber aber konzentriert man sich auf die These, aus solchen Verfahrensweisen resultierten deformierte Identitäten (Maaz 1990), destruktive Zivilisation (Engler 1992) oder blockierte Modernisierung (Woderich 1991); in positiver Lesart präsentieren sich - so Befunde aus dem letzten Gießen-Test - die Ostdeutschen im Vergleich zu den individualisierten Westdeutschen „erheblich kontaktoffener. Sie sind gern mit anderen zusammen, auch in der Arbeit. Entsprechend nehmen sie auch am Schicksal anderer Menschen innerlich mehr Anteil als ihre westdeutschen Landsleute. Man kann sagen, sie haben mehr soziale Gefühle" (Richter 1995, S. 24). Schon früher hat Irene Böhme denselben Befund in einer Charakterisierung des Arbeitsplatzes des DDR-Bürgers, wie sie selbst sagt, „böswillig" ausgelegt: „Die Verkehrsformen am Arbeitsplatz ähneln jenen in frühen handwerklichen Produktionsverhältnissen. Man nimmt sich Zeit füreinander, für Bildung und Information. Das Konkurrenzdenken ist unterentwickelt, das gegenseitige Helfen üblich. Grundsätzlich weiß jeder vom anderen, wie er den gestrigen Abend verbracht, was er heute und am Wochenende tun wird ... Am Arbeitsplatz entstehen Freundschaften, die ein Leben lang halten, Ortwechsel und Ehen

---

[12] siehe Hirschman 1974
[13] Auch nach Pollack (1990) waren die jeweiligen Entscheidungen nicht berechenbar.

überdauern. Man ist miteinander vertraut, weil man aufeinander angewiesen ist. Böswillig formuliert: Es ist eine Notgemeinschaft - wie im Luftschutzkeller" (Böhme 1984, S. 26).

3.1.3. Modernisierung?

Betrachtet man die DDR-Gesellschaft durch die Modernisierungsbrille, erscheinen solche Diagnosen plausibel. Qua definitionem kann man so Verhaltens- und Denkmuster in der DDR lediglich in Bezug auf konstatierte Modernisierungsprozesse hin erfassen: Unmodern erscheint diese Gesellschaft so, und als eine einzige Ausnahme[14] wird die hohe Frauenerwerbstätigkeit gesehen, die ja landläufig gerade als Kennzeichen von Modernisierungsprozessen verbucht wird. Sie ist nun im Rückgang begriffen, hier zeichne sich, so Geißler 1991, ein Demodernisierungsprozeß ab.

An der Diskussion um die hohe Erwerbstätigkeit der Frauen in der DDR läßt sich das Dilemma der Modernisierungstheorie am konkreten Fall zeigen. Wenn daran etwas 'modern' ist, dann ist es die Verfahrensweise mit weiblicher Erwerbstätigkeit als Reserve des Arbeitsmarktes. Vielmehr kann gerade der Rückgang weiblicher Erwerbstätigkeit im Transformationsprozeß modernisierungstheoretisch als Rationalisierung interpretiert werden, - und damit als ein Fortschreiten im Modernisierungsprozeß[15] - auch wenn man die bundesdeutsche Frauenpolitik, wie Ina Merkel das tut, genausogut als „hoffnungslos rückständig" gegenüber nicht nur der der DDR, sondern auch der europäischen und nordamerikanischen Frauenpolitik bezeichnen kann (Merkel 1994, S. 379). Nimmt man Interpretationen der Leitbilder in DDR und BRD zum Anlaß, weiter über die Modernität hoher Frauenerwerbstätigkeit zu raisonnieren, so bleibt auch uneinsichtig, warum das Leitbild der „berufstätigen Mutti" der DDR moderner sein soll als das der „modernisierten Versorgerehe" der BRD. Sabine Schenk weist darauf hin, daß das Frauenleitbild der DDR an das proletarische Familienmodell anschließt, in dem Beruf und Familie gleichzeitig realisiert werden und nicht nacheinander, wie das beim an das bürgerliche Familienmodell anschließenden Leitbild der „modernisierten Versorgerehe" der Fall sei (Schenk 1995, S. 478).[16] Ute Gerhard (1994, S. 396) zitiert das Gesamtresümee, das der

---

[14] vgl. Schlegel 1995, S. 112
[15] siehe hierzu das reflektierte Modernisierungsmodell von van der Loo und van Reijen 1992, das verschiedene Modernisierungsprozesse sowie deren Paradoxa modelliert
[16] Indes deutet Huinink 1995 auch bei der Familie einen Modernisierungsvorsprung der DDR an: „Interpretiert man ... die westdeutsche Anstrengung zur Familie als Folge eines fortwährenden Zwangs zu Traditionalität, gibt es durchaus eine Reihe von Argumenten dafür, daß man in der DDR zumindest auf dem Weg zu einer moderneren Gestaltung der Familienentwicklung im Lebenslauf war" (Huinink 1995a, S. 16), hatte doch dort die Frau kein vergleichbar hohes Risiko zu tragen, aus der Arbeitsgesellschaft ausgegliedert und auf die Versorgung durch den

„Frauenreport '90" zur Situation der Frauen im ostdeutschen Sozialismus zog, als Kronzeugnis gegen die „Muttipolitik" als eine Veränderung patriarchaler Strukturen: „... offensichtlich (war, M.W.), daß an der geschlechtsspezifischen Arbeitsteilung als der historischen Wurzel einer patriarchalen Gesellschaft und der damit verbundenen kultivierten sozialen Ungleichheit von Frauen und Männern auch in der gescheiterten sozialistischen Planwirtschaft der DDR nie gerüttelt wurde. Im Gegenteil, sie wurde in vertrauter Gemeinsamkeit, beginnend beim Bildungssystem, über die berufliche Qualifikation, die Gestaltung der Berufs- und Arbeitswelt und über eine einseitig auf die Vereinbarkeit von Berufstätigkeit und Mutterschaft statt Elternschaft orientierte Sozialpolitik aufs Neue reproduziert". Bedenkt man mit Niethammer (1994, S. 199f), daß es die Folge der selektiven Migration in den fünfziger Jahren war, daß sich die Geschlechterproportion in Ostdeutschland zugunsten der Frauen verschoben hat, versteht man die Dringlichkeit der Einbeziehung der Frauen in den Arbeitsprozeß: Die DDR war - sieht man von der kriegsverlustbedingten Geschlechterproportion in Weißrußland ab - die weiblichste Gesellschaft Europas und gleichzeitig die mit der „wohl männlichsten politischen Führung eines Industriestaates" (Niethammer 1994, S. 102). Das Leitbild der berufstätigen Frau und Mutter aber wird unabhängig von den Gründen seiner Einführung und trotz der Sperrigkeiten und schlechten Chancen seiner Umsetzung, denen es im neuen System ausgesetzt ist, beibehalten: Die massiv aus dem Arbeitsmarkt gedrängten ostdeutschen Frauen melden sich als arbeitsuchend, lassen von ihrem Leitbild der Berufstätigkeit nicht ab und nehmen angebotene Alternativrollen[17] nicht an.[18] Trotzdem haben viele 'berufstätige Muttis' ihren Arbeitsplatz verloren - und viele Berufstätige verweigerten die Mutterschaft: Die Geburtenziffern sanken rapide.

Eine Modernisierungstheorie mag rückwirkend Trends in der Veränderung gesellschaftlicher Verhältnisse konstruieren und miteinander vergleichen können. Zu problematisieren ist allerdings, daß das, was sie aufzeigt, eine Konstruktion ist, die sich nur im Licht einer ganz bestimmten Modernisierungstheorie ergibt. Auch die Gesellschaftswissenschaften der DDR haben die Entwicklung ihrer Gesellschaft mithilfe einer Modernisierungstheorie betrachtet. Sie haben die Entwicklung hin zur

---

Ehemann zurückgeworfen zu werden und damit mehr Anreize, Kinder auch außerhalb traditioneller Ehen zu gebären.
[17] vgl. Offe/ Hinrichs 1977
[18] vgl. hierzu Kreckel 1995, S. 491, wo er das Szenario entwirft, die ostdeutschen Frauen würden ihre Erwerbsneigung an die der westdeutschen Frauen anpassen: Dann wären nicht mehr 1,4 Millionen ostdeutsche Frauen von Unterbeschäftigung betroffen, sondern nur mehr 300000. „Die restlichen 1,1 Millionen Frauen wären statt dessen - wegen fehlender 'Erwerbsneigung' - zu Hause geblieben und hätten so die Arbeitsmarktstatistik im Sinne des westdeutschen Vorbildes korrigiert (Kreckel 1995, S. 491). Freilich spielt Kreckel auch das spiegelverkehrte Szenario durch und überträgt das ostdeutsche „Erwerbsneigungsmodell" auf Westdeutschland: Dann wären dort 1993 zusätzlich 4,7 Millionen Frauen auf dem Arbeitsmarkt präsent gewesen - und damit eine „riesige Zahl von arbeitslosen Frauen" (Kreckel 1995, S. 491).

kommunistischen Gesellschaft im Rückgriff auf Marx als ein Gesetz formuliert und seine Erfüllung durch die Formulierung und Durchsetzung eines ideologischen Gebäudes zu befördern versucht. Mühlberg (1994, S. 68ff) führt die „Kulturgesellschaft" als ostdeutsches Modernisierungskonzept ein.[19] Unter dieser Perspektive war der Kapitalismus zweifelsohne - wiederum mit einer Ausnahme, nämlich der der wirtschaftlichen Effektivität - vormodern. Die Elite der DDR hat an der Entwicklung der sozialistischen Lebensweise gearbeitet, indem sie, wie Pollack beschreibt, die ganze Gesellschaft als ihre Organisation einrichtete: Sie versuchte, durch hierarchische Steuerung einer Differenzierung der gesellschaftlichen Teilbereiche entgegenzuarbeiten.

Differenzierung als eine Dimension des Modernisierungsprozesses indes war in der westdeutschen pluralistischen Gesellschaftsverfassung definiert. Doch haben sich hier die gesellschaftlichen Instanzen nicht zum Programm gemacht, diese Differenzierung in ähnlicher Konsequenz zu befördern wie in der DDR ihre Verhinderung betrieben wurde. Wie Beck - und in seiner Konkretisierung Hradil - herausgearbeitet haben, muß solche Differenzierung als Ergebnis des Modernisierungsprozesses selbst thematisiert werden. Obschon Modernisierung als positiv konnotierter Fortschritt betrachtet wird[20], stellt sie sich als Ergebnis gleichsam selbstläufig ein und wird so zum entwicklungstheoretisch notwendigen Verlauf, der sich, davon ging man aus, implementiert man das westdeutsche Institutionensystem, auch in Ostdeutschland einstellen würde. Mit Geißler wird in vielen Studien zum Transformationsprozeß[21] - nach anfänglich nicht übersehbaren Verwerfungen - ein solcher Verlauf angenommen: „Es mag für die Betroffenen ein Trost sein, daß es sich bei diesem Strukturwandel überwiegend um Modernisierung handelt, die der großen Mehrheit der Bevölkerung zumindest längerfristig zugutekommt, um das Aufholen eines Modernisierungsrückstandes, um das letzte Stück eines langen, entbehrungsreichen und für viele auch leidvollen realsozialistischen Umweges in die moderne Gesellschaft" (Geißler 1992a, S. 310).

Modernisierungstheorien stellen demnach einen bestimmten Verlauf der Gesellschaftsentwicklung als Richtschnur auf, quasi als gesellschaftspolitisches Programm.

---

[19] Die ostdeutsche Gesellschaft war nach Mühlberg als eine „Kulturgesellschaft" angelegt worden, sollte innere Widersprüche und negative Trends der Modernisierung, wie sie am Ende des 19. und in der ersten Hälfte des 20. Jahrhunderts die Gesellschaft zu zerstören drohten, aufhalten, umkehren, vermeiden. Zu ihren Vorstellungskomplexen gehörten u.a. „radikale Gerechtigkeitsvorstellungen und ein egalitäres Sozialismuskonzept und die Hervorbringung eines neuen Menschen durch Bildung und Erziehung auf der Grundlage gewandelter Lebensbedingungen" (Mühlberg 1994, S. 69). Freilich verschwand diese kulturell legitimierende Besonderheit in den 70er Jahren - nicht zuletzt aufgrund eines Praktizismus, der Modernisierungsrückstände gegenüber dem Westen aufzuholen versuchte.

[20] Daran hat auch Becks „reflexive Modernisierung" nichts geändert, wonach der Modernisierungsprozeß gerade durch seinen Erfolg seine Grundlagen zerstört (vgl. Beck 1993a, 57ff; 1993b; 1994 und Beck/ Giddens/ Lash 1994).

[21] siehe hierzu exemplarisch Zapf 1991

Dabei ist es theoretisch völlig unklar, warum dies so sein sollte. Ein Modell sozialen Wandels muß in erster Linie die Pfadabhängigkeit von Prozessen berücksichtigen. Stefan Hradil (1992a) zeigt den historischen Verlauf des Modernisierungsprozesses in der Bundesrepublik Deutschland seit der Nachkriegszeit auf. Es ist ein langer Prozeß, den historische Ereignisse[22] als Prozeßkatalysatoren am Laufen hielten. Doch kann mit der Wiederholung kontingenter Ereignisse vernünftigerweise nicht gerechnet werden, und selbst wenn dies der Fall wäre, erschließt sich die Verfahrensweise eines Aktors mit den gesellschaftlichen Rahmenbedingungen nur aus der Berücksichtigung der jeweiligen aktorspezifischen Situationslogik und nicht aus den Rahmenbedingungen selbst. Zusätzlich muß damit gerechnet werden, daß kollektives Handeln nichtintendierte Folgen zeitigt.

So hatte auch die Umsetzung der sozialistischen Lebensweise individualisierende Folgen. Hradil konstatiert der DDR „objektive Modernisierung" und stellt ihr die „subjektive Modernisierung" in der Bundesrepublik gegenüber, wobei er letztere daraus ableitet, daß es gerade die Folgen geglückter Modernisierung sind, die subjektive Individualisierung erst ermöglicht haben, was auf die DDR nicht zuträfe. Daß es in der DDR nichtintendierte Modernisierungsfolgen in dieser Richtung gegeben hat, ist jedoch nicht ausgeschlossen. Conrad Lay (1993) macht solche Folgen aus, indem er subjektive Modernisierung in der DDR an den Folgen der Steuerungsversuche der Eliten festmacht. Er benennt massenhafte Umsetzungen von Arbeitskräften - eine geradezu idealtypische Freisetzung aus kollektiven Zusammenhängen und eine intendierte Folge - und die individuellen Freiräume durch Karriereverzicht als Individualisierung, wenn auch als eine „erzwungene" - und als eine nichtintendierte. Kohli (1994) bringt zusätzliche Argumente für Individualisierungstendenzen bei den Beschäftigten, ohne sie jedoch als solche zu bezeichnen: Ihre starke Stellung, ihr Spielraum und ihr Widerstandspotential aufgrund permanenten Arbeitskräftemangels und Unkündbarkeit widersprechen der Logik der Kommandowirtschaft. Geringe Lohndifferenzierungen und die geringe Attraktivität einer betrieblichen Karriere waren dieser starken Stellung nicht abträglich. Niemand konnte solchen Beschäftigten, wie Lay 1993 formuliert, „an den Karren fahren".

Sieht man sich Hradils Daten der Sozialstruktur der DDR genauer an, muß man gar keine zusätzlichen Fakten anbringen, um am konstatierten Rückstand subjektiver

---

[22] Vor allem die 68er-Bewegung ist hier als Einleitung eines kulturellen Modernisierungsschubs von Bedeutung. „Die kulturelle Revolution im Westen", so Martin Kohli, „hätte im Prinzip dessen Bestand gefährden können, aber empirisch hatte sie - so scheint es - die umgekehrte Wirkung: Sie beförderte dessen notwendige Anpassungsleistungen an veränderte Umweltbedingungen". Seine Schlußfolgerungen für Ostdeutschland jedoch berücksichtigen die Pfadabhängigkeit von gesellschaftlichen Prozessen nur ungenügend: „Im Osten wurde diese Revolution unterdrückt, bis sie nach zwei Jahrzehnten - unter geänderten Bedingungen - mit diesmal vernichtender Sprengkraft ausbrach" (Kohli 1994, S. 54). Zweierlei erscheint mir dabei fraglich: Ob das, was 1968 in Ostdeutschland geschah, dieselbe Revolution war, und ob ihre Unterbindung der Grund für die 1989er Revolution gewesen ist.

Modernisierung zu zweifeln: Hinweise auf die Pluralisierung der Lebensformen[23], *den* Indikator von Individualisierungsprozessen, in der DDR enthalten die verwendeten Zahlen: Die Zahl der Alleinerziehenden, die Scheidungsquote und die Zahl der nichtehelichen Geburten waren höher als in der BRD, Folgen, die aus den sozialpolitischen Steuerungsversuchen in Richtung Arbeitsmarkt resultierten. Dieser blinde Fleck bezeugt den normativen Bias der Individualisierungstheorie, geht es letztendlich doch um eine positiv konnotierte Lesart von Individualisierung, nämlich um die steigende Autonomie des Subjekts.

3.1.4. Alternativen

Wenn rekonstruiert werden soll, wie die Auseinandersetzung mit dem alten und dem neuen Institutionengefüge, den alten und den neuen Chancen und Zumutungen aus der Perspektive der unter diesen Bedingungen handelnden Personen aussieht, führen Ansätze, die die rationalen Handlungsoptionen der BürgerInnen der DDR als Reaktion auf spezifische Rahmenbedingungen thematisieren, ein Stück weiter als modernisierungstheoretische Überlegungen. Eine Reihe von Institutionsanalysen, wozu auch einige der oben zitierten zu zählen sind, modellieren Handlungsentscheidungen als Reaktionen auf gesellschaftliche Rahmenbedingungen, um damit den Verlauf des Transformationsprozesses zu erfassen. Hierbei sind Analysen zu unterscheiden, die beanspruchen, Aussagen über den Verlauf des Transformationsprozesses auf der Makroebene zu machen (Offe 1991a; Ganßmann 1993), und solche, die sich mit der Analyse eher überschaubarer und damit auch eng umgrenzter Prozesse sozialen Wandels beschäftigen, etwa die Untersuchungen zur Entstehung und zum Verlauf der Leipziger Montagsdemonstrationen (Prosch/ Abraham 1991; Esser 1993; Tietzel u.a. 1991; Opp 1991, 1993)[24] oder Analysen, die sich mit dem Gegenteil, nämlich dem Ausbleiben von Protest trotz der Widrigkeiten des Transformationsprozesses befassen (Opp 1996; Pollack 1992a).

Mein Thema indes ist auf einer Ebene dazwischen anzusiedeln, wenn es zu untersuchen gilt, wie denn Personen im alltäglichen Handeln mit den Folgen des Transformationsprozesses umgehen, wie sie ihr Leben führen und welche Folgen das hat: für sie selbst und für die zu implementierenden gesellschaftlichen Institutionen. Denn woran kann man sein Verhalten orientieren, wenn die Rahmenbedingungen unver-

---

[23] Daß in den 80er Jahren in der DDR und in der BRD „eine wachsende Pluralisierung, Individualisierung und Modernisierung" auf der Ebene der privaten Lebensführung zu konstatieren war, die für die BRD eher über-, für die DDR eher unterschätzt wurde, behauptet die „Individualisierungs- und Pluralisierungsthese" nach der Systematik von Schneider/ Tölke/ Nauck 1995, S. 8.; vgl. auch Schweigel 1992 u. a., die bei ihren biographischen Milieuanalysen in Brandenburg „das bunte Leben" (Schweigel u.a. 1992, S. 58) gefunden haben.

[24] siehe hierzu Kap. 3.2.2.

traut und auch noch unsicher sind[25], und wie kann der Einzelne unter diesen Umständen die Folgen seines Handels antizipieren? Man mag sich fragen, ob es denn so etwas wie Alltag überhaupt noch gibt, wenn kaum jemand weiß, wie lange er selbst und die Familienmitglieder noch arbeiten können, ob die Wohnung zu halten ist, und wenn überdies die Normen, Werte und Institutionen zusammenbrechen, an denen man sein Handeln orientierte, auch wenn man sie ablehnte. Offensichtlich geht ja das Leben in Ostdeutschland weiter, Orientierungen müssen also in irgendeiner Hinsicht vorhanden sein. Welche aber sind das, oder allgemeiner gefragt, auf welche Weise denn geht das Leben weiter? Wenn der Transformationsprozeß als ein politisch induzierter Prozeß den Rahmen abgibt, wenn Akteure in der Lage sind, rationale Entscheidungen zur Realisation ihrer Ziele unter Berücksichtigung der jeweiligen Umstände zu treffen, wenn aber nicht geklärt ist, welche Rolle nun die praktizierten Strategien im Umgang mit den Zumutungen und Chancen des Lebens in der DDR für die Auseinandersetzung mit den neuen Angeboten und Zwängen spielen, dann müssen wir die Rahmenbedingungen in ihrer Rezeption durch die Akteure näher betrachten.[26]

3.2. Der Hintergrund

Im folgenden wird in einem ersten Schritt die Ausgangsgesellschaft als Rahmenbedingung für die alltägliche Lebensführung betrachtet. Es werden zentrale Bereiche und Themen benannt, die die alltägliche Lebensführung in der DDR betrafen und erste Fragen dazu formuliert, wie der DDR-Alltag mit dem gesamtdeutschen Alltag in Verbindung steht. Mit Werner Kudera gehe ich davon aus, daß die BürgerInnen der DDR ihre Erfahrungen in ihren neuen Lebenszusammenhang einbringen: „Noch wirkt die alte DDR fort, über Institutionen und soziale Netze, über kulturelle und ideologische Traditionen, über eingespielte individuelle und kollektive Verhaltensweisen, aber auch über die Menschen, deren Identität und Biographie" (Kudera 1993, S. 134). Solche Erbschaften stellen soziale, kulturelle und ökonomische Ressourcen und Restriktionen für die handelnden Akteure und sollen keinesfalls als Determinanten späteren Handelns verstanden werden.

Einige dieser Institutionen, Traditionen und Verhaltensweisen werden im nächsten Kapitel (3.2.1.) charakterisiert, indem ich soziologische Analysen mit den Beschreibungen unserer InterviewpartnerInnen konfrontiere, wie sie sie im Rückblick auf die DDR-Zeit vom Jahr 1991 aus gemacht haben. In den weiteren Kapiteln die-

---

[25] vgl. hierzu Berger 1993
[26] vgl. hierzu Vester u.a. 1995, Schweigel 1993 oder Hofmann/ Rink 1993, die Orientierungen und Handlungsmuster an bestimmte soziale Milieus und soziale Räume koppeln und deren Transformation untersuchen.

ses Teiles meiner Arbeit werden die Wendeereignisse und der Transformationsprozeß weiterverfolgt; die retrospektive Perspektive unserer InterviewpartnerInnen wird beibehalten. In Kapitel 3.2.2. wird rekonstruiert, wie unsere InterviewpartnerInnen die Leipziger Montagsdemonstrationen erlebten; Kapitel 3.2.3. charakterisiert die Lebenssituation im Jahre 1991. Hierzu werden meine InterviewpartnerInnen mit den WissenschaftlerInnen 'sprechen', die sich mit dem weiteren Verlauf des Transformationsprozesses befassen.

Die Lebenssituation in den Jahren 1992 und 1993 aber wird uns erst in Form der einzelnen Fallgeschichten begegnen, bevor zeitgeschichtliche Gemeinsamkeiten rekonstruiert werden. Das hat seinen Grund einmal darin, daß ich in der Darstellung dem methodischen Aufbau meiner Arbeit insoweit folgen will, als 1992 und 1993 neue Interviews stattfanden. Ich will diese Zäsur nachvollziehen, indem ich die Perspektive wechsle und damit betone, daß es sich nur in diesem Kapitel um retrospektive biographische Erzählungen handelt, die von *einem* Zeitpunkt aus gemacht wurden. Zum zweiten - und das ist bereits ein Befund aus den Wiederholungsinterviews - werden sich die einzelnen Lebenswege und Biographien so ausdifferenziert haben, daß es zu ihrer Rekonstruktion der Kenntnis der Portraits bedarf, in denen die jeweiligen Lebenswege und Biographien im Zusammenhang mit der alltäglichen Lebensführung der Person aufgezeigt werden, bevor Schlüsse über die einzelnen Fälle hinweg gezogen und nachvollzogen werden können.

3.2.1. Themen der Lebensführung in der DDR

Herr Tikovsky, Arbeiter und Interviewpartner, konstatiert früher wie heute Desinteresse seitens des Westens an seiner Gesellschaft und findet das *„verblüffend. Meine Verwandten drüben haben immer gesagt, du weißt mehr Bescheid über uns als wir über euch. Das ist tatsächlich so, daß die Leute aus der alten Bundesrepublik erschreckend wenig Ahnung hatten und immer noch haben, was hier nu wirklich los war. Da hat sich eigentlich doch keiner so richtig dafür interessiert. Während fast jeder DDR-Bürger auf irgendeine Art und Weise sich für die Bundesrepublik Deutschland interessiert hat. Meine Bekannten aus Hamburg hatten vollkommen falsche Vorstellungen, wie das hier wirklich abgelaufen ist. Das hat keiner gewußt, wie das hier war. Obwohl das doch eigentlich so wichtig wäre. Die sagen jetzt, na ihr habt das doch alle so gewollt, wie es jetzt ist. Ich sage, alle nicht. Und vor allem nicht so".*

Detlef Pollack formuliert diesen Sachverhalt so, daß die DDR-Bürger ihr Herz über die Mauer geworfen hätten und konstatiert, daß sie deshalb viel besser über den bundesrepublikanischen Westen informiert waren, als dies umgekehrt der Fall war (Pollack 1991). Machen wir uns also kundig.

3.2.1.1. *„Der Sozialismus ist im Prinzip eine gute Sache"* - Offizielle Leitbilder als Orientierungsvorgaben für das alltägliche Handeln

Kudera benennt die ideologischen Vorgaben der DDR, insoweit sie alltägliche Lebensführung treffen wollten: „die sozialistische Moral", „die sozialistische Lebensweise", „die sozialistische Persönlichkeit" und „das Kollektiv". Diese Leitbilder, so Kudera, „umrissen die offizielle Programmatik nicht nur für das jeweilige individuelle Handeln, sondern auch für die institutionalisierten Formen gesellschaftlicher Steuerungs-, Erziehungs- und Kontrollprozesse. Damit waren sie auf allen Ebenen des gesellschaftlichen Denkens und Handelns zumindest virtuell als Verpflichtung gegenwärtig" (Kudera 1993, S. 136). Kudera leitet her, wie diese Leitbilder entstanden sind, institutionalisiert wurden und in welchem Zusammenhang untereinander sie stehen. So brachten die Produktionsverhältnisse eben nicht die nach der marxistisch-leninistischen Doktrin geforderten Bewußtseinsformen mit Notwendigkeit hervor. Notwendig war deshalb die Entwicklung eines Normensystems für das Verhalten des Einzelnen und dessen Institutionalisierung im Rahmen des Programms der „sozialistischen Lebensweise". Die Handlungen der Menschen sollten gesteuert werden durch eine sozialistische Einstellung zur Arbeit und durch die Verantwortung für Kollektiv, Betrieb und letztlich für die Gemeinschaft als ganzes. Dabei stand im Zentrum des Interesses, die „weitere Entwicklung und Festigung der sozialistischen Lebensweise ... mit der ständigen Steigerung der Arbeitsproduktivität und der Erhöhung der Effektivität der Produktion" zu verbinden (DDR-Handbuch 1985, S. 393). Auf die Arbeitsmoral kam es an, denn „die gewissenhafte, ehrliche, gesellschaftlich nützliche Arbeit" ist „Herzstück der sozialistischen Lebensweise" (DDR-Handbuch 1985, S. 394). Freilich bestand die Notwendigkeit der Institutionalisierung dieser Leitbilder auch im Arbeitskräftemangel der DDR, sodaß auch aus praktischen Anforderungen heraus die sozialistische Ideologie in der sozialistischen Erziehung auf die Arbeit konzentriert war.

Sehen wir uns das Leitbild der sozialistischen Persönlichkeit an: „Mit der Errichtung der politischen Macht der Arbeiterklasse ..." sind „die Voraussetzungen geschaffen, daß alle Werktätigen sich zu Persönlichkeiten entwickeln können, zu Menschen, die durch ihr produktives, politisches, geistig-kulturelles und moralisches Verhalten auf ihren gesellschaftlichen Lebensprozeß einwirken, ihn immer bewußter praktisch beherrschen und ihren Interessen gemäß gestalten" (Kosing 1985, S. 398).[27] Programm war „die allseitige Entwicklung der Fähigkeiten und Talente der

---

[27] Herr Tikovsky bringt ein Beispiel für den Einsatz des Leitbildes der sozialistischen Persönlichkeit. Bei seinen früheren Aktivitäten in der Jugendarbeit konterte er ein Alkoholverbot von Seiten der Partei bei einem Konzert folgendermaßen: *„Da hab ich da gesagt, also nu hör mal, wir sind doch Arbeiter, so mußteste denen ja kommen. Und der Arbeiter trinkt nu mal gerne ... nach Feierabend mal ne Flasche Bier ... wir waren ja alle schon etwas reifere Jugendliche, so Anfang zwanzig ... Was hat der wörtlich gesagt, werd ich nie vergessen, dieser Kerl, das war*

Persönlichkeit zum Wohle des einzelnen und der ganzen sozialistischen Gesellschaft" (Das Programm der SED 1963, S. 77). Das Kollektiv war schließlich der Ort, in dem Sozialstruktur, Moral, Lebensweise und Persönlichkeit im Handeln der Personen zusammentrafen, hier hatte der Einzelne sich in seiner wichtigsten Lebenstätigkeit zu verwirklichen: der Arbeit. Hier sollte er die sozialistischen Produktionsverhältnisse als „Beziehungen kameradschaftlicher Zusammenarbeit und gegenseitiger Hilfe" erleben und gestalten. Kudera benennt die Funktionen, die das Kollektiv hatte: ideologisch ein Modell herrschaftsfreier und solidarischer Bindungen untereinander, gesellschaftspolitisch als Instrument der Sozialisation, Integration und sozialen Kontrolle, ökonomisch als Feld der Steigerung von Leistung und Produktivität, kognitiv als Orientierung im alltäglichen Handeln, psychologisch schließlich als moralische Instanz.

Der sozialistischen Lebensweisenforschung ist es nicht entgangen, daß auch in der DDR Unterschiede zwischen verschiedenen „Lebensweisen" aufgetreten sind (vgl. Berger/ Wolf 1988) und daß sich Lebensweisen außerhalb der Arbeitssphäre ausdifferenzierten (Hahn u.a. 1988). Das Erkenntnisinteresse richtete sich jedoch weiterhin auf die Erstellung des idealen Modells sozialistischer Lebensweise, und schon gar nicht zu rütteln war am „Herzstück" der sozialistischen Lebensweise, nämlich der Tatsache, daß „gesellschaftlich nützliche Arbeit Kern, Wesensinhalt eines sinnerfüllten Lebens im Sozialismus ist und bleibt" (Hahn u. a. 1988, 124f).

Nun ist der Sozialismus nicht geblieben, und das Herzstück auch nicht - zumindest nicht in Form von real existierenden Arbeitsplätzen für alle. Wie sehen frühere DDR-BürgerInnen die Ideologie, wenn sie darauf zurückblicken, *„wie das bei uns war"*?

Das Ideal des Menschen, wie es für die sozialistische Gesellschaft konstitutiv sein sollte, schrumpfte nach Kudera „praktisch zusammen auf das Bild des guten Sozialisten, von dem hohe Arbeitsmoral, widerspruchsfreie Weltanschauung, Einpassung ins Kollektiv und Subordination gegenüber den Direktiven der Partei verlangt wurde" (Kudera 1993, S. 141). Ob die DDR-BürgerInnen dieses Bild tatsächlich in ihrem Alltag umsetzten, ist damit freilich immer noch offen. Kudera vermutet eine „Doppelrolle", die die BürgerInnen spielten.[28] Öffentlich wurde Loyalität bekundet, im privaten Leben wurden individuelle Interessen verfolgt und über staatliche Politik gelästert.

Letzteres freilich ist, folgt man Günter Gaus' Diagnose der Nischengesellschaft, nichts besonderes. „Man hat den Begriff *Nischengesellschaft* zögernd und von Fall zu Fall übernommen, damit das, was er bezeichnet, als eine Besonderheit des kom-

---

der damalige Parteisekretär, ja, über das Stadium sind ma doch wohl raus, daß der Arbeiter nach Feierabend sein Bier trinkt, der is doch jetzt auf ner höheren Stufe ".

[28] Kudera steht damit nicht allein; vgl. z.B. Srubars Analyse 1991, aber auch die Selbstverständlichkeit, mit der diese These Eingang in die öffentliche Diskussion genommen hat.

munistischen Regimes auszugeben ist: als die notgedrungene Flucht ins Private, durch welchen Beigeschmack die agitatorische Brauchbarkeit wiederhergestellt wird. Gerade das, eine Besonderheit der Gesellschaft der DDR, sind die Nischen jedoch nicht. Auch die Mehrheit der westdeutschen Bevölkerung ... hat ihren Existenzmittelpunkt im privaten Bereich" (Gaus 1987, S. 159). Eine positive Definition folgt: „Also: Was ist eine Nische in der Gesellschaft der DDR? Es ist der bevorzugte Platz der Menschen drüben, an dem sie Politiker, Planer, Propagandisten, das Kollektiv, das große Ziel, das kulturelle Erbe - an dem sie das alles einen guten Mann sein lassen ... und mit der Familie und unter Freunden die Topfblumen gießen, das Automobil waschen, Skat spielen, Gespräche führen, Feste feiern. Und überlegen, mit wessen Hilfe man Fehlendes besorgen, organisieren kann, damit die Nische noch wohnlicher wird. Wie schon gesagt, nichts besonderes, sondern wie bei uns zuhaus, wenn man anstelle der Überlegung, wie etwas zu besorgen sei, das Rechnen setzt, welche weitere Ratenzahlung noch möglich wäre" (Gaus 1987, S. 160). Einen wichtigen Unterschied aber arbeitet Gaus doch heraus: Das Nischendasein als das „allüberall Übliche, das auch im anderen deutschen Staat seinen Platz hat", war in der BRD-Gesellschaft besser vermittelbar. „Wir können den Aufenthalt im Privaten, die Vorliebe für den Schrebergarten, bei großem intellektuellem Aufschwung sogar den Eigennutz noch zu einem Vorzug unseres Systems erklären. Das fällt der SED für ihren Glauben schwerer" (Gaus 1987, S. 159).

Woderich, der in seinem Artikel über „Mentalitäten im Land der kleinen Leute" direkt an Gaus anschließt, konstatiert die fehlende Verknüpfung der Nischen als private Freiräume mit der Möglichkeit der Selbstorganisation in politischen Parteien und kulturellen Vereinigungen. Öffentlichkeit und Privatheit fielen so auseinander, Anpassung und Eigensinn sind das Ergebnis auf der Ebene der Mentalität (Woderich 1992, S. 76ff).

Diese Charakterisierungen treffen sich teilweise mit der Argumentation von Mühler und Wippler (1993), die die jeweils gewählten Handlungsstrategien von Elite und BürgerInnen in verschiedenen Phasen der DDR-Geschichte konstruierten. So sehen sie in der jungen DDR die Handlungsanforderung der Einhaltung der sozialistischen Ideologie in Reinform vorherrschen, die operationalisiert wurde durch die Einforderung des Bekennens. Doch die Definition allen Verhaltens als entweder kommunistisch oder anti-kommunistisch[29] ließ die Gefahr schnell entstehen, Nicht-Bekenner in Opposition zu drängen, eine Alternative, die die Elite unbedingt zu vermeiden trachtete. So wurde in der letzten Phase der DDR eine Art Stillhalteabkommen geschlossen. Wer nun nicht dagegen war, der war dafür. Nur in dieser Phase war, folgt man Mühler/ Wippler, die Institutionalisierung der von Kudera konstatierten „Doppelmoral" zu erwarten. Neben dem bekennenden guten Staats-

---

[29] vgl. hierzu auch Pollack 1990, S. 294

bürgerverhalten, der Opposition und dem Stillhalten war nach Mühler/ Wippler eine vierte Verhaltensoption wählbar: die der Reformorientierung. Sie sei vor allem zu Beginn der Ulbricht-Ära wegen der Propagierung des Neuen Ökonomischen Systems der Planung und Leitung[30] nahegelegen, sollten doch in diesem Rahmen die Bürger im wirtschaftlichen Bereich Reformbereitschaft zeigen. Freilich boten sich damit Anreize, auch die dahinterstehende politische Herrschaft reformieren zu wollen: Die Tendenz zur Opposition war damit stärker als die zum bekennenden Staatsbürgertum. So wurde die forcierte Einbeziehung von qualifizierten Kräften in wirtschaftliche Entscheidungen auf betrieblicher Ebene zu Beginn der siebziger Jahre wieder zurückgestellt. Abwandern, eine fünfte Option, war seit dem Mauerbau fast unmöglich gemacht worden. Nun tendierte man zur passiven Haltung, was die Elite durch Konsumanreize und Doppelmoralen wie die stillschweigende Duldung des Westfernsehens förderte: Man tat nun so, als ob. Daß diese Haltung als das Ergebnis eines komplexen Wechselspiels zwischen fiktiver Abwanderung und widerspruchsanregendem Verhalten der Elite gefaßt werden kann, hat Hirschman (1992) aufgezeigt. Entsprechend seinem Theorem des Wippverhältnisses von „exit" und „voice" sollte bei fehlenden Abwanderungsmöglichkeiten das aufwendiger zu erstellende Produkt Widerspruch erwartet werden, was in der DDR nicht der Fall gewesen ist. Erst als Abwanderung möglich war, brach sich der Widerspruch Bahn. Hirschman weist darauf hin, daß - neben den direkten Hindernissen für Widerspruch und Abwanderung - „loyality" als ein von ihm identifiziertes drittes Element dieses Balanceverhältnisses - neben „exit" und „voice" - größere Aufmerksamkeit verdient, und weiter, daß es die immer vorhandene, wenn auch nur geringe Möglichkeit zur Abwanderung zusammen mit der Möglichkeit der Flucht ins Fernsehen war, die Widerspruch untergrub; auch die List der Elite, Widerspruch in Abwanderung zu verwandeln und die Köpfe einer möglichen Opposition damit außer Landes zu verweisen, beförderte die Unterminierung von Widerspruch bis zur Öffnung der ungarischen Grenze.

Bevor endlich unsere InterviewpartnerInnen zu Wort kommen, muß darauf aufmerksam gemacht werden, daß ihre Erzählungen biographische Konstruktionen sind; sie sind bereits das Ergebnis ihrer Auseinandersetzung mit dem Leben in der DDR. Die Vergangenheit steht zur Disposition; zwischen retrospektivem und prospektivem Denken tut sich nun ein Widerspruch auf, der bearbeitet werden muß: Vergangene Entscheidungen werden im Rückblick rechenschaftspflichtig (vgl. Wensierski 1994, S. 404f). So wird die Vergangenheit von der Gegenwart aus in einer Weise verfügbar gemacht, in der sie es zu dem Zeitpunkt, als sie Gegenwart war, nicht gewesen sein muß. Freilich haben wir keine andere Wahl, als auf die Retrospektiven unserer InterviewpartnerInnen zurückzugreifen, wenn wir die Lebensbe-

---

[30] vgl. hierzu die Darstellungen der Funktionäre auf verschiedenen Ebenen in Pirker u.a. 1995

reiche und Themen identifizieren wollen, mit denen sie sich in der DDR auseinandersetzten. Da uns letztendlich interessieren wird, inwieweit die etablierten Strategien mit der Auseinandersetzung mit dem neuen System zu tun haben, ist der Reim, den sich die InterviewpartnerInnen im Nachhinein auf ihr Leben in der DDR machen, entscheidend. Denn das Ergebnis der retrospektiven Bearbeitung ihrer vormaligen Handlungssituation geht in die Auseinandersetzung mit neuen Handlungssituationen ein.

„*Der Sozialismus*", sagt Frau Barzel, Arbeiterin im Kombinat, „*ist sicher ne Sache, die gehn kann, aber da muß der Mensch reif sein dafür. Aber die da oben ham nur an sich gedacht. Wenn die nicht so geschachtert und gerafft hätten, wär 's uns anders gegangen*". Sie ist unter unseren InterviewpartnerInnen nicht die einzige, die das sagt. Aber ihre Einstellung zum Sozialismus ist dadurch ausgezeichnet, daß sie beinahe idealtypisch dem entspricht, was die Ideologie der sozialistischen Lebensweise forderte. All das, was Frau Barzel als Mißstände wahrgenommen hat, führt sie auf die falsche Umsetzung der sozialistischen Ideale zurück, was sie zu einer paradoxen Formulierung führt: „*Ich hätte gern gesehen, daß der Sozialismus geblieben wär. So real und ordentlich, wie er sein sollte. Nicht, wie 's unsere Herren Bonzen gemacht haben*". Der Sozialismus hätte in einer Form bleiben sollen, in der er nie war: In der Form des idealen Sozialismus, den sie real nennt. Die praktische Umsetzung hätte gelingen müssen, und daran hätte man weiterarbeiten müssen, nicht zuletzt am Ideal des reifen Menschen, der sozialistischen Persönlichkeit. Sie zieht das enttäuschte Fazit: „*Wir ham alles gemacht, und wir ham daran geglaubt, daß es richtig ist. Aber wir sind verscheißert worden und das nu kräftig*".

„*Ich glaube auch heute noch an die linken Ideen im Großen und Ganzen*", meint Herr Tikovsky, der im Alter von 18 Jahren in die Partei eingetreten ist und kurz danach wieder aus. „*Vielleicht ist es ne Utopie, aber es ginge zu machen. Ich glaube schon. Ich hatte immer mal so meine Probleme, weil ich 's anders machen wollte als meine Vorgesetzten, aber ich habe mich trotzdem engagiert*". „*Das Ziel*", konstatiert auch Frau Volkmann, Altenpflegerin und alleinerziehende Mutter, „*fand ich sowieso immer gut, ja, und die Wege dahin, na da war ich manchmal nicht so einverstanden, aber das Ziel, hab ich gedacht, ist eigentlich nicht verkehrt*". Frau März, Abteilungsleiterin im Warenhaus, schließt sich an. Auch für sie ist „*der Sozialismus eine gute Sache, die man hätte anders anpacken müssen*". Doch letztendlich sieht sie da gar nicht das Problem: „*Hätte Schalck-Golodkowski das Geld der Volkswirtschaft gegeben, dann ständen wir sicher anders da*". Frau Barzel, die kleine Genossin, die sich sagte, „*die werden schon wissen, was sie tun*", ist sich in diesem Punkte einig mit der Kaderfrau. Auch Herr Flieger, in der DDR Offizier der nationalen Volksarmee, bleibt nicht außen vor: „*Isch saache nach wie vor, die Idee, die der Marx und der Engels gemacht ham, war von den Grundlagen her nicht falsch. Aber zu dem Zeitpunkt nicht machbar. Und vor allen Dingen, sie ist verfälscht worden, mißbraucht worden"*. Der Politoffizier kann sich da eigentlich nicht ausnehmen. Jemand, der weiter oben ist als man selbst, findet sich für jeden, auch für Herrn Dalloff, den Journalisten, der bei einer Parteizeitung gearbeitet hat. *"Die Partei war richtig im Prinzip"*, meint er, *"und das Prinzip richtig, in dem ich hier gelebt hab"*. Und dann *"geht alles, woran du geglaubt hast, was du gehabt hast, alles geht zum Teufel. Weil andere Leute woanders entschieden haben. Und eben ganz wesentliche Entscheidungen, wo ich vor zehn, fünfzehn Jahren wußte, die sind falsch. Aber die ham eben entschieden und ham das ganze Ding zugrundegewirtschaftet. Und auch mein eigenes Leben"*. Herr Rabe, freischaffender Autor, war *"absolut aus Überzeugung"* in der SED. Doch zu kritisieren hat auch er etwas: *"Das ist das einzige, was ich der DDR wirklich übelnehm. Daß sie die Leute eingesperrt hat. Ich wär ja der Meinung gewesen, die L-, 'n Großteil wäre ja doch wiedergekommen"*.

Schließen wir vorerst aus diesen Interviewausschnitten, daß die Elite nicht ganz umsonst versucht hat, eine sozialistische Moral umzusetzen. Jedenfalls werden sozialistisches Menschenbild und Lebensweise im Frühling 1991 zur Vergleichsfolie[31]: Unsere InterviewpartnerInnen kritisieren, daß man jetzt weniger als früher füreinander da wäre, Konkurrenz würde zum Prinzip gemacht. Herr Rabe spricht von einer *"kalten Gesellschaft"*, in der man, ergänzt Herr Dalloff, *"Ellenbogen"* brauche, die er nicht hätte. Frau März sieht, daß innerhalb ihres Arbeitsplatzes *"mehr auf Distanz gegangen"* wird. *"Die liebe Kollegin von früher gibt 's nicht mehr"*, und sie selbst sei *"ooch nicht mehr so gutmütig"*. Man sieht gleich, daß Frau März' Verhalten selbst dazu beiträgt, ein anderes Klima zu schaffen. Schmidt (1995) weist in diesem Zusammenhang darauf hin, daß das Kollektiv als Lebenswelt nur solange bestand, als die Akteure gezwungen waren, es zu erhalten. Bei Alternativen wanderten sie ab; die soziale Nähe genüge offensichtlich nicht als Ziel, so hoch sie rückwirkend auch bewertet würde. Frau Günther, die Verkäuferin, sieht die soziale Nähe durch die neuen Verkaufspraktiken bedroht. Sie entsetzt sich über die Methoden einer Versicherung, bei der sie einen Lehrgang machen wollte: *"Das kann ich nich, denen 's Geld aus der Tasche ziehen, des schwer verdiente Geld"*, entschied sie und zieht das Fazit: *"Jeder kämpft für sich jetzt"*. So sieht das auch Herr Flieger. Er meint, daß *"natürlich insgesamt sich die Tendenz dahingehend entwickelt hat, Verhältnisse anzunehmen, wie sie wahrscheinlich bei Ihnen schon immer sind, daß die Leute viel mehr auf sich selbst sich konzentrieren"*. Dem neuen System wegen seines gelungenen Karrierestarts wohlgesonnen, nimmt er zwar ebenfalls einen Rückgang an Gemeinschaft wahr, fährt aber eine Normalisierungsstrategie. Auch Herr

---

[31] „Eine Mehrheit (65,2%) wertet die DDR als gescheiterten Versuch, eine gerechte Gesellschaft zu errichten. Hieraus ist zu schließen, daß die im Anspruch der DDR-Gesellschaft enthaltenen Maßstäbe zur Beurteilung gesellschaftlicher Lebensverhältnisse auch gegenwärtig eine Rolle spielen" (Sozialreport, I. Quartal 1995, S. 22).

Pattermann, Arbeiter in Kurzarbeit und der sozialistischen Lebensweise nicht wohlgesonnen, fand die DDR vergleichsweise kuschelig: *„Der Kapitalismus ist ne glasharte Sache"*, analysiert er. *„Man baut auf Geld auf, man richtet nach Geld. Ich bin fast soweit zu sagen, man hat seine Freunde nach 'm Geld, es ist nicht schön. Wir kannten 's anders".*

Vor allem bezieht sich diese Kritik am Verlust der Gemeinschaft - und es ist immer eine, auch wenn man sich mit den neuen Verhältnissen arrangieren konnte - auf den Arbeitsbereich. Vermißt wird die Operationalisierung des Sozialismus, das Kollektiv: *„Wir hatten ein wunderbares Kollektiv"*, konstatiert Frau Barzel, *„wir ham zusammengehalten, es gab kein böses Wort"*. Herr Tikovsky tröstet sich damit, daß nicht nur er traurig ist: *„Aber das geht fast allen so, daß denen das fehlt, unsere Blödelei immer. Das war eigentlich das, was sie sich immer gewünscht haben unsere Politiker, das war bei uns fast so, das ging nicht bis in 's Private rein, aber auf Arbeit war 'n wir doch eigentlich immer ein gutes Kollektiv, das fehlt. Das fehlt sehr"*. Auch für Herrn Belzow, der nie in der Partei war, ist das Kollektiv sehr wichtig gewesen. Er hat spezifische Gründe: *„Da war jeder bestrebt, gut zu arbeiten, gut zu wirtschaften"*, meint er, denn sein Kollektiv war, so seine Begründung, eine Leistungsbrigade, die Prämien für zusätzliche Arbeitsleistungen erhielt. *„Ich habe nichts gegen die Genossen, ich kenne ja viele Genossen innerhalb meiner Brigade"*, sagt er, mit einigen aber *„bin ich nie warm geworden. Die haben noch nie was gearbeitet"*. Kollektiv und Partei waren für ihn unabhängig voneinander; daß sich nun mit der Partei das Kollektiv erledigt hat, trifft ihn sehr. So macht er sich Sorgen darüber, ob denn auch diejenigen Brigadekollegen zum bevorstehenden Männertag[32] kommen würden, die bereits wissen, daß sie in keinem Falle übernommen werden, sollte die Produktion wieder anlaufen. Auch die kollektiven Freizeitaktivitäten sind gefährdet.

Kommen wir zurück auf die Handlungsoptionen der BürgerInnen der DDR, die Mühler/ Wippler (1993) rekonstruierten. Aufgrund dessen, was wir bislang über die InterviewpartnerInnen wissen, waren Frau März, Frau Barzel, Herr Flieger, Herr Dalloff und Herr Rabe in dieser Lesart gute Staatsbürger, und zwar bis zur Wende; Herr Tikovsky wechselte von der reformorientierten zur Stillhalteversion und wählte schließlich Widerspruch: Er war bereits im Vorfeld der Montagsdemonstrationen mit dabei, dann nämlich, als sich Gleichgesinnte fanden. Herr Pattermann und Herr Belzow hielten bis zum Herbst 1989 außerhalb der Partei still, Frau Volkmann und Frau Barzel innerhalb; letztere ließ sich ihre vorsichtige Kritik innerparteilich befrieden. Bei allen InterviewparterInnen ist indes eine weitere Verhaltensoption erkennbar. Keiner der InterviewpartnerInnen, nicht einmal Herr Rabe, war 1991 mit dem politischen System der DDR vollends einverstanden gewesen. Das mag eine retro-

---

[32] in Westdeutschland Vatertag

spektive Konstruktion sein; plausibel ist in jedem Fall die Annahme, daß die Parteizugehörigkeit zum Teil unabhängig war von der Kritik am politischen System. Bei einem Teil meines Samples war parteiliches Engagement mit der beruflichen Arbeit verknüpft. Ihre Berufe konnten Herr Flieger, Herr Dalloff, Frau März und Herr Rabe ohne Parteizugehörigkeit und Engagement nicht ausüben. Daß man es auf die Dauer schwer aushält, durchweg opportunistisch zu agieren, beschreibt die Theorie kognitiver Dissonanzreduktion.[33] *„Wenn man dann in der Arbeit merkt"*, meint Frau März, *„hier geht 's nicht voran und dort und grade ich ... mit den vielen Ausreiseanträgen, ja? Das gibt einem ja doch zu denken, so daß man das also nicht mehr so durch die rosarote Brille gesehen hat"*. Aber was tut sie? Sie bestreitet die Fälschung der letzten Wahlergebnisse zur Volkskammerwahl ihrem Mann gegenüber entschieden und bleibt *„überzeugt, daß das alles ne gute Sache ist"*. Doch auch ein so bereinigter Opportunismus übersieht letztendlich, daß man bestimmte Berufe samt parteilicher Verpflichtung nicht alleine aus Opportunismus und auch nicht alleine aus Überzeugung ergreift. Für Frau Bohm, Weiterbilderin im Warenhaus, war es schlicht selbstverständlich, in der SED zu sein, obwohl sie das Prinzip gar nicht unbedingt richtig gefunden hatte. *„Wenn ich nicht eingetreten wär, dann hätt ich den Job nicht gekriegt"*.[34] Sie versuchte lieber, sich vor gesellschaftlicher Arbeit und Parteiaufgaben zu drücken, so gut es ging. Herr Rabe hatte da weniger Probleme: *„Ich hatte mit diesem Staat nicht viel Kritisches am Hut, ich hab auch gut verdient"*. Doch auch bei ihm war sein parteiliches Engagement nicht der reine Opportunismus oder darf es jetzt nicht mehr sein: Er und Herr Dalloff sind nun in der PDS, was ihnen jetzt beruflich in keiner Weise nützt und was sie daher zu verheimlichen suchen.

Das Verhalten der BürgerInnen gegenüber der DDR-Elite und der geforderten Ideologie hat drei Dimensionen, die weiterverfolgt werden:

- Wie hing der Umgang mit der Ideologie mit den anderen Lebensbereichen der Person zusammen?
- Hinterläßt ihre Deinstitutionalisierung Leerstellen?
- Welche Verhaltensoptionen bezüglich der neuen politischen Leitlinien gibt es jetzt und wovon hängt ihre Wahl ab?

---

[33] Festinger 1957
[34] Fritze (1996) weist darauf hin, daß bestimmte Entscheidungen erst durch gegenwärtige Ereignisse als solche wahrgenommen werden. Ehemalige DDR-Bürger sehen sich danach in der Situation, im nachhinein erklären zu müssen, warum sie nicht versucht hatten, abzuwandern. Daß eine solche Alternative überhaupt bestanden hätte, wäre ihnen dagegen früher überhaupt nicht zugänglich gewesen.

3.2.1.2. „Wir sind 's gewöhnt, arbeiten zu gehen" - Arbeit in der DDR

Die DDR war eine Arbeitsgesellschaft. Sie war es zum einen im Hinblick auf die Allgegenwart von Erwerbsarbeit: Die Bevölkerung im erwerbsfähigen Alter war beinah zur Gänze in die Erwerbssphäre integriert, 90% der Frauen waren erwerbstätig. Auch im Rentenalter war man in die Sphäre der Erwerbsarbeit einbezogen; vor allem aus materiellen Gründen arbeiteten viele Rentner teilzeitig weiter und waren, auch wenn sie das nicht taten, über die Betriebskultur weiter mit ihrem Betrieb verbunden. Zum zweiten war die Arbeitsgesellschaft, wie oben beschrieben, ideologisch institutionalisiert. Arbeit war das Herzstück der sozialistischen Lebensweise. Die sozialistische Lebensweise ruhte auf der Arbeit als ihrem Fundament auf. Zum dritten bestand der wirtschaftliche Plan der DDR in der permanenten Steigerung der Produktion. Die Propaganda der Hennecke-Schichten[35] trifft sich mit den Anfordernissen, die zu beliefernde Sowjetunion zufriedenzustellen und die Produktionsstärke des Kapitalismus zu erreichen. Diese von Hradil (1992) als „objektive Modernisierung" identifizierte Strategie brachte die DDR in der Tat wirtschaftlich und den Lebensstandard betreffend an die Spitze der Ostblockländer.[36] Als Auswanderungsland und daraus folgender permanenter Arbeitskräfteknappheit war sie darauf angewiesen, die erwerbsfähige Bevölkerung zur Gänze heranzuziehen.[37] Hier korrespondierte die ideologische Konzeption der Arbeit als das „Herzstück" der sozialistischen Lebensweise mit dem Bedarf der DDR an Arbeitskräften. Viertens war der Betrieb der Vergesellschaftungskern (Kohli 1994, S. 43), die zentrale Organisationseinheit der Lebensführung in der DDR (vgl. Lepsius 1994, S. 24f), da er zugleich Ort der sozialpolitischen Versorgung war. Kinderbetreuung, Gesundheitswesen, Freizeitunterhaltung und Ferienplätze wurden über ihn organisiert.

Doch wie sah die Person die Arbeit, wie verfuhr sie mit ihr in einer um Arbeit zentrierten Gesellschaft (Kohli 1994, S. 33)? Empfand der Einzelne seine Arbeit in der im Vergleich zur Marktwirtschaft wenig effektiven sozialistischen Wirtschaft als

---

[35] Die Schichtleistung, die der Steinkohlenhauer Adolf Hennecke im Zwickauer Revier am 13. Oktober 1948 mit 387% Normerfüllung erbracht hatte, propagierte die schiere Quantität als das Maß; später wurden „Helden der Arbeit" und „Kollektive der sozialistischen Arbeit" prämiert, indem das Gesamtverhalten der Werktätigen bewertet wurde (Lüdtke 1994, S. 191ff); siehe zu dieser Bewertung auch den DEFA-Film 'Die Spur der Steine' von Frank Beyer.

[36] vgl. die Betonung des „Weltniveaus" der Wirtschaft der DDR von Jänicke im GEO-Heft DDR des Jahres 1985, was im Nachhinein etwas befremdlich wirkt. Thompson zitiert die DDR im Jahr 1980 als Land mit dem zehnthöchsten Pro-Kopf-Einkommen (Thompson 1996, S. 266); 1988 allerdings war es an die 26. Stelle unter den Industrienationen gerückt. Diese Unsicherheit im Ranking ist wohl auf die fiktiven Preise des Bilanzierungssystems der DDR zurückzuführen.

[37] Man vergleiche diesen Tatbestand mit der obigen Diskussion des Modernisierungsvorsprungs im Hinblick auf die weibliche Berufstätigkeit.

ineffektiv? Sind Arbeitsmoral und persönliche Arbeitsleistung letztendlich niedrig gewesen?[38]

In Herrn Belzows Arbeitsbrigade war, wie wir schon wissen, *„jeder bestrebt, gut zu arbeiten, gut zu wirtschaften"*, weil es eine Leistungsbrigade war. Frau Barzel genügte es schon, *„wenn die Maschine gut lief"*. Dann blieb sie ohne weiteres eine zweite Schicht da. Frau Günther hingegen *„hatte schon von Anfang an gesaacht, hier müßte mal ne straffere Hand her. Wie bei uns die ganze Laacherwirtschaft. Da wurden soundsoviel tausend Sachen gekooft und bloß 30 oder 40 wirklich verkooft. Ich saache, hier muß mal der Kapitalist rein, da würde sich des ändern"*. Für Herrn Pattermann war genau dies das Argument, sich dem Neuen Forum anzuschließen, denn *„ich wollte wissen, wie 's vorwärts gehen kann, was gemacht werden kann, um diese Wirtschaft hier zu ändern"*. Auch er kritisiert die Ineffektivität, nicht die fehlende Arbeitsmoral. Da bestätigt ihn Herr Dalloff: *„Als die Leute hier 89 auf der Straße waren, da hab ich sie ja interviewt, die Arbeiter. Was wollt ihr denn, warum wollt ihr denn fort? Warum wollt ihr die DDR wegham? Wollten die nicht. Die sind weder wegen Wandlitz auf die Straße gegangen wie das Neue Forum, noch wegen der Stasi wie das Neue Forum, das Hauptargument der Arbeiter war, wir wollen arbeiten. Diese Gammelei in den VEBs ging denen auf 'n Wecker. Die sind gegen die Regierung auf die Barrikaden gegangen, die 's nicht fertiggebracht hat, ne vernünftige Arbeit zu organisieren"*. Doch er kennt auch eine Begründung für die hoch gewertete Arbeitsmoral seiner Landsleute von einem Treffen west- und ostdeutscher Manager: *„Die sagten, jetzt, wo sie keine Arbeit mehr ham, werten sie Arbeit hoch"*. Doch das geht gelegentlich ganz schön tief: *„Kürzlich haben sie fast alle unsere Maschinen schwarz verscheuert"*, erzählt Herr Tikovsky. *„Da war was los, da hab ich Kollegen fast auch heulen sehen. Die sind in ihre Halle gekommen und ihre Maschinen waren weg"*. Die Arbeitsbedingungen werden rückblickend kritisiert, Abhilfebemühungen geschildert und emotional Betroffenheiten aufgrund des Verlustes der spezifischen Arbeit, nicht nur des Arbeitsplatzes spürbar.

Für die Frauen im Sample war Erwerbsarbeit selbstverständlich, ein Befund, der für Ostdeutschlands Frauen im allgemeinen zutrifft. Frau Barzel zeigt Verwunderung über unsere Frage, ob sie es sich vorstellen könne, zu Hause zu bleiben, wenn ihr Mann genug verdienen würde. *„Das wurden wir komischerweise kürzlich schon mal gefragt, bei dieser 41a-Maßnahme vom Arbeitsamt.[39] Ne, muß ich ehrlich sagen. Wir sind 's gewöhnt, arbeiten zu gehen"*. Trotzdem blieb sie nach der Geburt ihrer Kinder jeweils drei Jahre zu Hause, *„das war von vornherein das A und O.*

---

[38] Die Funktionsweise des Plans setzte zweifelsohne Anreize in dieser Richtung, vgl. hierzu Pirker u.a. 1995; Knauff 1985
[39] In diesen Kursen wurden die Funktionsweise des Arbeitsmarktes vermittelt und Verhaltenstrainings absolviert.

Krippe und früh raus die kleenen Geister, das machst du nicht, und wenn du jeden Groschen umdrehst" - keine Frage für sie, daß jemand zu Hause bleibt, und keine Frage, daß das die Frau ist, keine Frage aber auch, daß dieser Zustand ein vorübergehender ist.[40] Wie wir sehen werden, hat es die finanzielle Situation im Falle der Barzels ohnehin erfordert, daß beide Ehepartner arbeiteten. Doch Frau Barzel macht auch die gesamte Hausarbeit: *„Ich hab zwar schon solche ulkigen Filme gesehen, wo der Mann das Frühstück macht, aber bei uns ist das nicht der Fall. Ich hab schon mal zu ihm gesagt, du, in Filmen sieht man immer, daß der Mann mal Frühstück macht. Aber irgendwie hat er da nicht reagiert und da hab ich dann nicht noch mal was gesagt"*. Frühstück machte auch Herr Belzow nicht, er ist zuständig für *„die schweren und die technischen Sachen"* im Haushalt, *„die kann man doch eine Frau nicht machen lassen"*. *„Waschen"* hingegen, *„das macht doch die Maschine"*. Herr Dalloff meint, *„bis zur Wende hat meine Frau fast nie abgewaschen. Auch Wäsche aufhängen, das war meins"*. Die Männer berichten von Zuarbeit im Haushalt, die Frauen sehen das auch so: *„Wenn ich saach, Mensch, ich schaff das nicht alleene, mach mal mit"*, dann hilft auch Herr Barzel. Die grundsätzliche Zuständigkeit der Frau für den Haushalt wird indes kaum hinterfragt, und zwar auch von den Frauen nicht: *„Bestimmte Sachen würd ich ihn nu auch gar nicht machen lassen"*, erklärt Frau März. *„Na wie zum Beispiel Wäsche aufhängen, er hat einmal Wäsche aufgehangen, da hing alles ganz kunterbunt durcheinander und da is ma als Frau dann irgendwo doch a bissl eigen"*. Frau März zieht das Fazit: *„Beim Mann sieht 's wirklich anders aus, der kommt nach Hause und dann geht er seinen Hobbies nach, ja? Und ne Frau fängt dann eben an mit Haushalt und und und"*. Nur bei Tikovskys war das anders: Frau Tikovsky war diejenige, die sich weiterqualifiziert hat, und ihr Mann hat sich in der Tat zuständig gefühlt für den Haushalt und das *„Großziehn"* der Kinder.

Keinesfalls entlastete das Erziehungssystem der DDR die Familien von Haus- und Familienarbeit. Fraglos war die Organisation der Kinderbetreuung eine Entlastung, aber ebenso fraglos war sie eine Entlastung der Frauen. Woran nicht gerüttelt wurde, war die grundsätzliche Zuständigkeit der Frau für alles, was mit Kindern, Haushalt und Familie zusammenhing. Der Staat entlastete die *Frauen* von *ihrer* Aufgabe; schließlich war sie ihnen aufgrund der „patriarchalen Gleichstellungspolitik" (Nickel 1990, S. 21) zugeschrieben. Das gesellschaftliche Ziel, soziale Gleichheit zu etablieren, verdeckte, so Dölling 1990, S. 45, die geschlechtsspezifischen Differenzen und verfestigte zugleich die kulturellen Alltagsvorstellungen.[41] So wurde geschlechtsspe-

---

[40] Eine längere Kinderpause war zwar nicht erwünscht, aber auch nicht selten: In der Gruppe der Mütter mit Kindern unter drei Jahren lag die Erwerbsquote bei etwa 40% (Dannenbeck u.a. 1995, S. 109).

[41] Dasselbe Argument trägt Krüger-Potratz (1991) in anderem Zusammenhang vor, wenn sie Fremdenfeindlichkeit in Ostdeutschland damit erklärt, daß Anderssein innerhalb der sozialistischen Lebensweise eingeebnet wurde. Die ideologische Gleichsetzung als sozialistische Staats-

zifische Arbeitsteilung durch institutionelle Maßnahmen festgeschrieben: Es gab für Frauen Haushaltstage, nicht für Männer. Die Frauen blieben in unserem Sample nach der Geburt, so sie es wollten, kurzzeitig zu Hause, nicht die Männer, Frauen konnten ihre Arbeitszeiten an die Öffnungszeiten der Horte anpassen. Nach Dannenbeck u.a. 1995 war die zeitliche Belastung der ostdeutschen Frauen durch Haushalt und Beruf höher als die der westdeutschen Frauen, während ostdeutsche Männer höher belastet waren als westdeutsche, aber geringer als die ostdeuschen Frauen. Sie weisen darauf hin, daß „die sich für Frauen ungünstig entwickelnden Arbeitsmarktchancen sowie die strukturellen und institutionellen Veränderungen in der Infrastuktur der Kinderbetreuungsmöglichkeiten ... mit einer erheblich ungleichen zeitlichen Belastung durch Haushalt und Beruf zwischen Männern und Frauen zusammentreffen. Die Politik der vollen Integration von Frauen in das Erwerbsleben hat in der ehemaligen DDR offensichtlich nicht dazu geführt, daß die Lasten der Haushaltsführung und Kindererziehung im privaten Bereich zwischen Männern und Frauen gleichmäßig verteilt worden wären" (Dannenbeck u. a. 1995, S. 109f). Herrn Belzows Aufgaben, Reparaturen und Verschönerungsarbeiten, werden übrigens in Ost- wie in Westdeutschland den Männern zugeordnet, während Kochen und Putzen zu den Aufgaben der Frauen zählen (Dannenbeck u. a. 1995, S. 111). Allerdings scheinen Männer in der DDR mehr als Frauen mit Beschaffungs- und Versorgungsleistungen befaßt gewesen zu sein (vgl. Mayer 1996, S. 367) oder sind *„pfuschen"* gegangen wie Herr Barzel.

In jedem Falle aber wurde von unseren Interviewpartnerinnen 1991 nicht in Betracht gezogen, mit der Erwerbsarbeit freiwillig aufzuhören. *„Wenn ich von der Arbeit komm und weiß, daß ich wieder meinen Mann gestanden hab"*, fühle sie sich am wohlsten, sagt Frau Barzel. Wo der Wunsch nach Teilzeitarbeit auftaucht, ist nicht die Halbtagsstelle oder eine noch kürzere Wochenarbeitszeit gemeint, sondern die auch früher in der DDR als Teilzeit üblichen 30 Stunden/ Woche. Daß dies nicht nur für unsere Interviewpartnerinnen gilt, bestätigt Schenk 1995, S. 486.

Wir dürfen gespannt sein, wie die geschlechtsspezifische Arbeitsteilung aussieht und wie mit ihr verfahren wird, wenn die Kindergartenzeiten nicht mehr mit der Arbeitszeit korrelierbar sind, wenn der Mann arbeitslos wird, wenn die Frau arbeitslos wird, oder wenn einer von beiden Karriere macht. Und wir dürfen gespannt sein, welche Rolle die Erwerbsarbeit bei beiden Geschlechtern spielen wird, wenn sie nicht mehr selbstverständlich ist.

---

bürger tabuisierte anderweitige Eigenheiten, machte diese dadurch zum Stigma und verhinderte ihre Thematisierung.

3.2.1.3. "Wir waren eigentlich politische Gegner" - Familie, Freunde, Bezugspersonen

In der Nischengesellschaft DDR wurde die Familie hoch bewertet. Hier war, so Kudera, die nichtöffentliche Zone, in der man über die Elite schimpfte. Daneben spielten Netzwerke eine große Rolle, die, wie Srubar betont, immer auch Notgemeinschaften waren: Man brauchte informelle Beziehungen zum Ersatze der fehlenden universalistischen Mechanismen wie Markt und Recht.

Sehen wir uns zuerst die Familienstrukturen unseres Samples an: Obschon wir danach auswählten, daß unsere InterviewpartnerInnen mit einem Partner zusammenleben und schulpflichtige Kinder haben sollten, bietet sich eine breite Palette von Familienformen und -geschichten. In vier Familien leben Kinder aus den jeweiligen vorherigen Verbindungen der Frauen.[42] Frau Volkmann ist alleinerziehend.[43] Zwei Paare sind nicht verheiratet, Tikovskys erst seit kurzem, obschon seit 15 Jahren zusammen.[44] Gemeinsam ist ihnen allen indes, daß die Lebensläufe als Ausbildungs- und Berufsverläufe geschildert werden, von Männern wie von Frauen. *„Zwischendurch ist 's Kind geboren worden"*, sagt Frau März und setzt damit Prioritäten für die Erwerbsarbeit. Auch ist die Herkunftsfamilie in allen Fällen präsent: Eltern, Geschwister, Schwager, Schwägerin, Schwiegereltern. Dabei sind es vor allem die Frauen der Elterngeneration, also Mutter und Schwiegermutter, die die wichtigste Rolle spielen, werden sie doch zur Versorgung der Enkel - und in manchen Fällen auch der Söhne, so deren Frauen mal keine Zeit haben - herangezogen. In der Regel wohnen oder wohnten die Herkunftsfamilien im selben Haus oder in der Nachbarschaft. Herrn Tikovskys Geschichte verdeutlicht über die Unterstützungsleistungen hinaus den engen sozialräumlichen Zusammenhang von Familie und Bekanntenkreis.
„Ich bin hier in diesem Haus geboren. Die Leute, die hier wohnen, die kenn ich schon mein ganzes Leben. Mit meiner Wohnungsnachbarin bin ich aufgewachsen, na, und inzwischen sind wir erwachsen geworden und verstehen uns immer noch gut. Wir sitzen oft bei ihnen auf dem Balkon, spielen Mensch-ärgere-dich-nicht und trinken ne Flasche Bier zusammen. Die Tochter meiner Nachbarin, die wohnt ne Treppe höher mit ihrem Mann, und meine Eltern wohnen ein Stockwerk weiter unten. Und dann ist die Stiefmutter von meiner Frau hier eingezogen, das heißt, da war sie noch nicht ihre Stiefmutter und meine Frau war auch noch nicht meine Frau. Die hat nämlich dann den Vater von meiner Frau kennengelernt, und meine

---

[42] Stieffamilien waren in der DDR verbreiteter als in der BRD (Schneider/ Tölke/ Nauck 1995, S. 3).

[43] Auch diese Gruppe besaß in der DDR einen höheren Anteil als in der BRD (Schneider/ Tölke/ Nauck 1995, S. 3).

[44] Huinink weist auf die besondere Unterstützung der unverheirateten, aber nicht unbedingt alleinlebenden Mütter in der DDR hin, die die Ehe in diesen Fällen nicht besonders attraktiv machte (Huinink 1995a, S. 11f).

Frau ist dann mit ihrem Mann hierhergezogen, wie diese Wohnung hier frei wurde. Ich hab da noch bei meinen Eltern gewohnt. Jaja, wie ich sie kennengelernt hab, meine Frau, da war sie frisch verheiratet und die sind als junges Ehepaar hier eingezogen". Verwandtschaft und Nachbarschaft sind im Falle des Herrn Tikovsky nicht nur die Rekrutierungsfelder für Freunde, mit denen man am Balkon saß, Essen ging und Feste feierte. Er fand in seiner Hausgemeinschaft auch seine Partnerin.

„Ein Fels in der Nischenlandschaft" sind nach Gaus „der Freundeskreis und die Gespräche, die in ihm geführt werden" (Gaus 1987, S. 165). „Man nimmt sich mehr Zeit drüben, ist sozusagen langatmiger, weniger abgelenkt, ruhiger im Gestalten von Beziehungen, von Freundschaften, vom Zusammensein" (Gaus 1987, S. 166). Daß die Familie „im Osten häufig wärmer, herzlicher, verbindlicher" sei, entdeckten auch Brähler/ Richter 1995 in ihrer Studie „Deutsche Befindlichkeiten in Ost und West". Schneider u.a. (1995) analysieren diesen Befund als das Ergebnis eines Sachverhalts, der als „Rückzugsthese" diskutiert wird und den Wandel der Familie in den 80er Jahren als „Entwicklung einer Gegenwelt zur Gesellschaft" beschreibt (S. 5). Die ausgesprochene Familienzentrierung sei als Kompensation der im außerfamilialen Leben rasch anwachsenden Unzufriedenheit erfolgt und zog die „Überfrachtung von Ehe und Familie mit Hoffnungen und Erwartungen nach sich", was sich wiederum in hohen Scheidungsziffern äußerte. Wir finden eine ähnliche Argumentation bei Beck/ Beck-Gernsheim (1990) für die frühere BRD. Dort ist es der Individualisierungsdruck, der zur Überfrachtung von Partnerschaften führt. Die gesellschaftlich bedingte Überfrachtung der Familie zeigt sich denn auch nach Schneider u.a. 1995, S. 5 in der für beide Teile Deutschlands gemeinsamen strukturellen Rücksichtslosigkeit gegenüber familialen Vereinbarkeitsproblemen. Gerade die Widersprüche im weiblichen Lebenszusammenhang wurden in der DDR offiziell als Nebenwiderspruch disqualifiziert und auf die individuelle Ebene reduziert (siehe Schlegel 1995, S. 119).

Die nichtöffentliche Zone, in der man über die Elite schimpfte, war die Familie nach den Darstellungen unserer InterviewpartnerInnen nicht. Durch die eigene, die Herkunftsfamilie und den Freundeskreis zogen sich vielmehr politische Konflikte. *„Ich war immer der rote Ochs in der Familie"*, erzählt Herr Dalloff, dessen Eltern und Geschwister nicht viel vom Sozialismus hielten. Auch mit seiner Frau gab es Auseinandersetzungen wegen seines parteilichen Engagements, allerdings weniger aus politischen Gründen, sondern deshalb, weil die Parteiarbeit Herrn Dalloffs Zeit der Familie entzog. Bei Märzens war es umgekehrt: Hier war Frau März mit gesellschaftlicher Arbeit eingedeckt. Ihr Mann, der nicht in der Partei war, *„mußte sich abends um den Kleinen kümmern, das hat er akzeptiert, aber mehr auch nicht. Es gab viele harte Auseinandersetzungen. Wir waren schon eigentlich politische Gegner"*. Ähnliche Probleme hatte Frau Barzel mit ihrer besten Freundin. *„Die sagte immer, du, wir machen nicht einen Schritt vorwärts. Das wird an der Weltwirtschaftskrise liegen, hab ich gesagt"*. Auch Frau Günthers Mann war nicht in der

Partei; hier war die Familie in Folge der Auseinandersetzungen eine Beschwerdegemeinschaft: Man machte Eingaben an die Verwaltungselite, in denen man aus Parteitagsbeschlüssen zitierte und auf ihre Einhaltung pochte. *„Mein Mann"*, sagt Frau Günther, *„hat die Pfeile angespitzt, ich hab sie abgeschossen".*

Die von Kudera konstatierte „Doppelrolle" als Loyalität nach außen und Kritik nach innen würde demnach vereinfachen. Die Trennlinie verläuft in meinen Beispielen weder zwischen innen, also dem Privatleben, und außen, also der gesellschaftlichen Rolle, noch zwischen Kritik und Bekenntnis. Politische Diskussionen wurden innerhalb der Familie und des Freundeskreises praktiziert, Arrangements wegen des politischen Engagements des Ehepartners mußten immer wieder gerechtfertigt, der eigene politische Einsatz verteidigt werden. Vor allem aber fällt auf, daß der gesellschaftspolitische Diskurs, der öffentlich nicht praktiziert werden konnte, in die privaten Kleingruppen verlegt wurde. Man war dort nicht einfach dagegen, sondern diskutierte innerhalb von Familie und Freundschaften über Sinn und Unsinn der sozialistischen Gesellschaft, ihrer Organisation und dem Umgang damit und machte so das Privatleben zur Instanz der politischen Willensbildung. Dies kann bedeuten, daß nicht nur die praktische Alltagsorganisation, nicht nur Vereinbarkeitsprobleme von Berufs-, Haus- und Familienarbeit der Familie aufgebürdet wurden, sondern auch die diskursive Abarbeitung der Widersprüche und Kontraproduktivitäten der herrschenden politischen Ordnung. Eine Strategie von seiten der BürgerInnen, solche Diskussionen hin und wieder zu befrieden, mag in der hohen Intensität von Gesellschaftsspielen wie Skat oder Mensch-ärgere-dich-nicht mit Freunden, Verwandten und Nachbarn gelegen haben, von der unsere InterviewpartnerInnen berichten. Mit solchem Zeitvertreib konnte man Kontakte pflegen, ohne sich über Politik streiten zu müssen.

Erinnern wir uns daran, wie Herr Pattermann die glasharte Sache Kapitalismus empfindet: *„Ich bin fast so weit zu sagen, man hat seine Freunde nach 'm Geld".* Wird es so enden mit den Familien- und Freundeskreisen? Franz/ Herlyn fragen, „ob die Familie in der ersten Zeit des Vereinigungsprozesses eher die Funktion eines Bollwerks übernimmt oder eher ein Hindernis für die erforderliche Anpassung darstellt" und meinen, „daß sie zu *beidem* werden kann: die Partnerbeziehung wird vor allem für diejenigen zu einem zeitweiligen Rettungsanker, die in einer selbstgegründeten Familie leben und beruflich und ökonomisch in Schwierigkeiten geraten sind ... Die Familie erscheint dagegen denjenigen überwiegend als Hindernis, die in der Umbruchssituation damit kämpfen, sich am Arbeitsmarkt zu behaupten und die mit einer Eheschließung oder der Geburt eines Kindes ihre Arbeitsmarktchancen momentan noch zusätzlich beschnitten sähen" (Franz/ Herlyn 1995, S. 102). Was aber ist, wenn beide Partner arbeitslos werden?[45] Und was ist, wenn nicht die Entscheidung für eine Ehe oder ein Kind ansteht, sondern die bereits vorhandene Familie die Arbeitsmarktchancen vor allem der Frauen verschlechtert, weil die Männer pendeln oder Entlastung in der Familie einfordern? Wie wird damit verfahren werden?

3.2.1.4. *„Also vom Feiern her, das war gut"* - Freizeit in der DDR

Mehr Zeit als die Westdeutschen verbrachten die DDR-Bürger mit gesellschaftlicher Arbeit. Unser Bild der DDR war das einer „ceremoniellen Gesellschaft"[46]: Von oben 'getaktet', ging das ganze Volk montags zur Parteiversammlung.[47] Die Friedrich-Ebert-Stiftung weist allerdings aus, daß eklatante Unterschiede zwischen Multifunktionären und einfachen SED-Mitgliedern in der zeitlichen Belastung durch Partei, Gewerkschaft und Massenorganisationen bestanden. Belief sich der Zeitaufwand für letztere auf wenige Stunden im Monat, sahen sich erstere, die allerdings auch wenige sind, einer zeitlichen Belastung von bis zu 30 Stunden in der Woche ausgesetzt (Friedrich-Ebert-Stiftung 1983, S. 46f).

Herr Belzow indes, weder normales Parteimitglied, noch Funktionär, charakterisiert sein Leben in der DDR so: *„Wir haben gut verdient und gut gelebt. Wir sind regelmäßig fortgegangen, wir ham Feten gefeiert, wir sind mit 'm Auto rumgefahren, wir sind jedes Jahr in Urlaub gefahren an die See hoch".* Herr Tikovsky berichtet ähnliches: Man besuchte Freunde, fuhr jedes Jahr mit Freunden zusammen in den gleichen Urlaubsort, traf sich auf dem Balkon und im Schrebergarten. Man ging essen, was billig war und vom Kochen entlastete, und ins Kino, mit dessen Programm zu DDR-Zeiten unsere InterviewpartnerInnen einverstanden waren. Herr Tikovsky ging zum Fußball, spielte Skat mit Arbeitskollegen und trank gelegentlich mit ihnen ein Bier nach der Arbeit in der Eckkneipe.

Geben wir nochmals Günter Gaus das Wort: Er diagnostiziert ein „Staatsvolk der kleinen Leute", und er macht „das Unbehagen des ahnungslosen Besuchers" daran fest, „daß nicht nur Mauer und Stacheldraht die Deutschen trennen, sondern auch Idole, die der Wohlstand schafft. Eine Gesellschaft ohne sie, und sei es auch nicht

---

[45] Daß das nicht unwahrscheinlich ist, resultiert neben den zahlenmäßig gigantischen Freisetzungsprozessen und der Abwicklung von Kombinaten mit hohen Beschäftigungszahlen auch aus der Tatsache, daß die Vermittlung von Arbeitsplätzen in der Regel über Angehörige lief und daher oft Partner, Eltern und Geschwister im selben Betrieb arbeiteten. Die Betriebsschließung betrifft dann den ganzen Familienverband.

[46] siehe hierzu Spencers Charakterisierung der „Herrschaft des Ceremoniells", nach der das Ceremoniell - im Gegensatz zur Mode, die „in den Bereich des freiwilligen Zusammenwirkens" gehört - „dem Regime des zwangsweisen Zusammenwirkens eigenthümlich" ist (Spencer 1889, S. 250).

[47] So stellt z.B. Irene Böhme (1982, S. 46) dieses Ceremoniell ihrer Landsleute vor: „Der Montag ist der Tag der Partei ... So hat alles seinen Rhythmus und seine Ordnung. Der revolutionäre Kampf findet montags statt, Erscheinen ist Pflicht".

aus Einsicht, sondern wegen der vorgegebenen Verhältnisse: das ist exotischer als Bangkok" (Gaus 1987, S. 46). Hieran schließen die Nischen an - „vielfältig in ihren Formen", wie Gaus konstatiert, aber eben ohne die „Idole, die der Wohlstand schafft".

„*Wir sind viel zelten gefahren*", erzählt Frau Günther, „*wir hatten ein Klappfix. Des is ein Anhänger mit Rädern, und da is dann so ein Aufbau und da tut man 's ganze Zeug rein. Und wenn ma den aufklappt, da zieht ma des raus, 's Gerüst rein und auf den Rädern schlafen wir. Da kann ma no ein Vorzelt mit dranbaun und dann mußt alles schön verzurren. Wenn 's steht und es ist schönes Wetter, dann is das schon eine feine Sache*". Bis die Erholung beginnt, ist Frau Günther jedoch gefordert: „*Wo 's dann zum Urlaub gegangen is, hab ich bis in die Nacht rein noch eingekocht, dann mußt ich noch den Wagen packen, ja? Dann mußt ich überlegen, haste das und das und das alles rinne, denn wenn ma Zelten fährt, muß alles mit rinne, ja? Naja, da war ich in den ersten Taachen fix und fertig, den ersten Tag hab ich erst mal geschlafen*". Auch Urlaubsfreuden sind geschlechtsspezifisch verteilt. Doch nicht jeder fuhr mit dem Klappfix in den Urlaub: „*Im großen Urlaub sind wir weggefahren, wir hatten noch diese Armeeheime*", erzählt Herr Flieger, „*und da ich also, saach mal, zur engeren Führung gehörte, bin ich immer gut weggekommen bei der Vergabe*". Herr Rabe fuhr gelegentlich nach Frankreich, „*aber doch nicht deshalb, weil es da so schön ist, sondern weil ich dort für ein Buch recherchiert habe*". „*Andere erzählen immer, wir konnten nicht fortfahren, waren eingesperrt, ja, das glaub ich denen schon*", sagt Frau Barzel, „*aber ich hab 's nicht so empfunden, weil ich sowieso nie hätte fortfahren können. Ich hatte nie das Geld dafür*".

Zwischen Freizeit und gesellschaftlicher Arbeit befand sich die Zone, in der man, wie Frau Barzel sagt, „*nach den kleinen Sachen rennen*" mußte. „*Muß ich erst mal rückfraachen, was meinen Sie mit einkaufen und schwierig?*", entgegnet Herr Flieger. „*Wir ham uns, is schon Jahre her, nen Tiefkühlschrank gekauft, nu gut, ich hatte auch Beziehungen zu ner Großmetzgerei, brauchte sich meine Frau nicht regelmäßig anzustellen, sondern wir hatten ooch schon mal was besseres gekriegt, sprich Roulade oder Lende oder so 'n Zeug*". Auch das 'Schlange stehen' weist geschlechts- und schichtspezifische Verteilungen auf. Die Problematik des Einkaufens in der DDR wird vor dem Hintergrund des neuen Warenangebots geschildert. Mehr als die Auswahl und die Verfügbarkeit von Waren wird ihre Haltbarkeit, die Großeinkäufe ermögliche, sowie der einzusparende Aufwand beim Kochen durch Fertiggerichte gerühmt. Parallel dazu entdeckt man auch Ostprodukte wieder, aber nur da, wo man sich keinen Nachteil einhandelt. So kauft Herr Dalloff zwar nicht in Läden, die nur „*Westfleisch*" haben, hat sich aber eine Waschmaschine aus westdeutscher Produktion zugelegt.

Zur gesellschaftlich organisierten Freizeit gehörten Feste wie die Betriebsfeiern oder die Begleitveranstaltungen zum 1. Mai. *"Also vom Feiern her, das war gut"*, meint Frau Bohm, wozu sie die Fete am 1. Mai zählt, *"nach 'm Demonstrieren, wo ja jeder gehn mußte"*. *"Blödsinn"*, sagt Herr Tikovsky, *"kein Mensch mußte da hin gehen"*, und auch Frau März war die Teilnahme ihrer Mitgenossen gar nicht selbstverständlich. Sie war außer sich über die Tausende bei den Montagsdemos. *"Da gingen sie alle hin und zum 1. Mai mußten wir sie immer rauslocken"*. Frau Günther, die ebenfalls mit der Organisation der Feierlichkeiten zum 1. Mai befaßt war, erzählt vom ISKRA-Fest[48], das ihr Mann so charakterisiert: *"Früher hier, bei uns hier, sozusagen, beim Sozialismus und so, da mußte alles so 'n Namen haben, der ein bißchen nach Lenin oder was weiß ich Sozialismus klang, na, und na hat ma das eben ISKRA-Fest genannt"*. Was man so nannte, war letztendlich ein kleiner Rummel: Da gab es *"bißchen Karussel und 'n paar Losbuden, mehr war da ooch nich"*. Der Sozialismus als Volksfest - die Feten nach der Mai-Kundgebung waren, so Frau Bohm, *"eine feine Sache"*, die Maifeier selber nicht. „War eine Handlung uneindeutig", so der Soziologe, „zum Beispiel ein unangemeldeter Volkstanz auf dem Marktplatz, geriet sie leicht auf die Seite staatsfeindlicher Aktvitäten ... Wäre der Volkstanz auf dem Marktplatz von der FDJ veranstaltet worden, wäre er selbstverständlich legal gewesen" (Pollack 1990, S. 294). Es mußte, wie Herr Günther sagt, *"bei uns eben alles so 'n Namen haben"*. Betriebsfeiern waren denn auch begrüßte Ereignisse und zugleich eine gemeinsam zu meisternde Aufgabe für das Kollektiv. Die „Volksfestatmosphäre" beim 40. Jahrestag der DDR wurde auch von der Leipziger Volkszeitung gerühmt; diese Atmosphäre dominierte am Ende der DDR alle öffentlichen Veranstaltungen. „Die stetige Tendenz zur Entpolitisierung des Festgeschehens war zum 40. Jahrestag überdeutlich geworden. Die Parteioberen wünschten sich unbeschwerte und unkritische Bürgerinnen und Bürger als Teilnehmer, deren Sinnen und Trachten das Glas Bier für 51 und die Bockwurst mit Brötchen für 85 Pfennige war" (Gibas/ Gries 1994, S. 344).

3.2.1.5. *"Man war halt überall drinne"* - Die gesellschaftliche Arbeit

Die für gesellschaftliche Arbeit investierte Zeit der Funktionäre indes läßt die ceremonielle Gesellschaft noch einmal aufscheinen: *"Also da ist eigentlich für die gesellschaftliche Arbeit meine ganze Freizeit, viel Zeit in Anspruch genommen worden"*, erzählt Frau März. *"Montag war Partei, dienstags hatt ich mein Tischtennis hier. Mittwoch, Donnerstag war dann die Wohnparteiorganisation, das gab 's nämlich auch noch. Dann Eltern-Aktiv, dann kam die Gewerkschaft, die Gesellschaft für deutsch-sowjetische Freundschaft, ja? Da, man war halt auch überall*

---
[48] ISKRA hieß die von Lenin begründete Revolutionszeitschrift.

drinne. Parteilehrjahr, da war ich zum Beispiel Zirkelleiter, dann gab 's noch dieses FDJ-Studienjahr für unsere Lehrlinge, da war ich auch jahrelang Lektor". Das Tischtennis gehört selbstverständlich zur gesellschaftlichen Arbeit: Zur Symbolisierung des Zusammenhalts im Kollektiv waren gemeinsame Unterfangen erwünscht; sie wurden durchgeführt, *„damit du dich dann nennen konntest, Kollektiv der sozialistischen Arbeit"*. Diese Brigadearbeit bestand darin, *„mal ins Kino, mal kegeln oder so was zu gehn, ja?"* Auch Herr Dalloff war aktiv. Er organisierte die Parteiarbeit im Betrieb, war im Eltern-Aktiv und im Wohngebietsausschuß, wo er mit den Wahlen befaßt war: *„Eine sehr schwierige Aufgabe, aber ich hab mich gestellt. Ich wußte auch, die Wahlen waren gefälscht. Ich dachte immer, sind die bekloppt. Wir haben auch so 90%, auch wenn die nicht fälschen"*. Aufrechte StaatsbürgerInnen waren sie beide, *„ordentliche Staatsbürger"*, wie Herr Dalloff von sich selbst sagt. Gesellschaftliche Arbeit machte auch Frau Günther. Sie war in der Schiedskommission des Wohnbezirks, wo es, wie sie erzählt, z.B. darum ging, Streitereien um die Hausordnung zu schlichten. Auf Betriebsebene war sie in der Konfliktkommission tätig: *„Wir hatten uns zu beschäftigen, zum Beispiel wenn Kinder nisch zur Schule gegangen sind, oder wenn jemand hat was mitgehen lassen und so weiter. Das waren sozusagen gesellschaftliche Gerichte"*. Wo sie noch aktiv war, *„weeß isch schon gar nich alles mehr"*. *„Man kann sich parteilich, wenn ma in der SED war, so oder so engagieren"*, erklärt uns Frau Bohm. *„Und da hab ich mich eigentlich eben a bissl anders engagiert"*. Sie habe darauf verzichtet, Mitarbeiter für die Partei anzuwerben; eine hoch engagierte Kollegin erfüllte das Soll, während Frau Bohm Parteiaufgaben dort unterlief, wo es problemlos ging. Einzig Prämienabzug für nicht erfolgte Anwerbungen mußte sie in Kauf nehmen. Sie kritisiert den *„Zwang"*. *„Und wenn 's hieß, hier, du machst oder es wird irgendwas angewiesen, hab ich gesagt, ich mach 's nicht. Da drohn se, das war eben ein Mißstand. Wenn das nicht alles so mit Zwang gewesen wär, wären sicher viele aus Überzeugung eingetreten, würd ich denken, und nicht, weil sie irgendeinen Job haben wollen"*.

Den Eindruck einer privilegierten Klasse erweckten die SED-Mitglieder „unterhalb der obersten Spitze" nach Günter Gaus keinesfalls. „Nicht immer ohne Schadenfreude wird wahrgenommen, daß Mitglieder der SED einen weit größeren Teil ihrer Freizeit für gesellschaftliche Aktivitäten innerhalb und außerhalb der Partei opfern müssen als die gewöhnlichen Staatsbürger" (Gaus 1987, S. 80).

Vermißt man das? Wenn ja, sucht und findet man funktionale Äquivalente? Sind die neuen Institutionen gefordert? Wenn man froh ist, die parteilichen Verpflichtungen los zu sein: Wofür wird die freie Zeit verwendet?

3.2.1.6. „Solche wie dich brauchen wir in der Partei" - Der Umgang mit der SED

Die SED zählte 2,3 Millionen Mitglieder (Pollack 1990). Warum trat man ein?[49] „*Partei, das mußte man unbedingt ... Wenn ich nicht eingetreten wär, dann hätt ich den Job nicht gekriegt*", sagt Frau Bohm. Herr Tikovsky, der von sich sagt, er sei „*ein großer Gegner des Systems*", hat Verständnis für den Parteieintritt aus Karrieregründen: „*Also vor zwei Jahren hat noch keiner gewußt, daß es mal die DDR nicht mehr (gibt, M.W.), und wenn dann a junger Kerl mit Mitte zwanzig sagt, Mensch, ich will doch nicht ewig hier unterstehn, ich tret in die Partei ein und quatsche so wie die hörn wollen und einmal im Monat zu meiner Parteiversammlung, das kann man doch eigentlich keinem übelnehmen*". Frau Günther jedoch, bei Pflegeeltern und in Heimen aufgewachsen, fühlte sich dem Staat verpflichtet. „*Isch habe gesaacht, ja der Staat hat mich großgezogen, soweit, ja? Der hat mir alles soweit ermöglicht, ja? Und da bin ich auch in die Partei eingetreten*". „*Solche wie dich brauchen wir in der Partei*", erzählt Frau Barzel über ihre Anwerbung, „*die auch mal die Gosche aufmachen*"; sie hat in diesem Punkte Gemeinsamkeiten mit Herrn Tikovsky, der „*über einen ganz linken Sozialdemokraten*" zur SED kam, der ebenfalls meinte, solche wie Herrn Tikovsky brauche man, um etwas zu verändern. Der Legitimitätsglaube (vgl. Wensierski 1994, S. 408)[50] der beiden wurde schließlich enttäuscht von der Partei: „*Solche*", meint Frau Barzel, „*haben sie aber überhaupt nicht gebraucht*", und Herr Tikovsky trat nach eineinhalb Jahren wieder aus: „*Das ging ganz schnell, daß wir aneinandergeraten sind. Drinne konnte man diskutieren, aber zu meinen Kollegen durft ich das dann nicht sagen. Da hab ich gesagt, ihr spinnt doch*". Daß innerhalb der Parteiversammlungen offen diskutiert wurde, meint nicht nur Herr Tikovsky. Es seien, so Herr Rabe, zur Mitgliederversammlung der Partei „*die gerne gekommen, weil da immer was Interessantes beredet wurde. Und die redeten vor allem über das, was nicht in der Zeitung stand so*". Frau Günther zeigt die Grenzen der freien Rede auf. Sie hat sich, trainiert in einer bestimmten Art der Kritik, „*manchmal den Mund verbrannt, ja? Die ham aber mir manchmal die Richtung gewiesen, ja? Aber ich hab gesaacht, es steht im Statut drinne, daß ich, Presse- und Rundfunkfreiheit, des hab ich denen laufend vorgesagt, ja? Und im Programm stand 's auch drinne. Hab ich gesagt, hier steht 's drinne, also darf ich ooch offen meine Meinung saachen oder nich? Da konnten se mir nichts anhaben, ja?*" Frau Barzel hat sich vor den Versammlungen letztendlich

---

[49] Eintrittserzählungen werden in unseren Interviews als Antwort auf die Frage nach der Parteizugehörigkeit angeboten. Fritze (1996) weist darauf hin, daß sich solche Fragen zu DDR-Zeiten nicht zwingend stellen mußten. Im Nachhinein aber finden unsere Interviewpartner uns gegenüber ihren Eintritt erklärungsbedürftig.

[50] Wensierski identifiziert vier biographische Legitimitätsmuster: Legitimitätsglaube, Loyalität, unhinterfragte Alltagsnormalität und subversive Selbstbehauptung (Wensierski 1994, S. 408f).

gedrückt, indem sie ihren kleinen Sohn mitbrachte: *„Und da der quicklebendig war, war das die helle Freude. Dann meinten die, dann bleib du nur mal zu Hause ".*

Neben der Gruppe von DDR-BürgerInnen, die sich anpaßten, um im Gegenzug „mit systemverwalteten Leistungen, etwa mit sozialer Sicherheit, mit beruflicher Karriere, mit Konsumgütern oder auch mit Freiheit versorgt zu werden", die mitmachten, um zu profitieren[51] (Pollack 1990, S. 295), macht Pollack auch eine andere Seite aus, nämlich „veränderungswillige Kräfte, die in der Wirtschaft, in der Wissenschaft, in der Kunst und auch in der Politik auf die Verwirklichung ihrer Interessen drängten" (Pollack 1990, S. 296). Diese waren keineswegs Außenseiter. Denn Kritik im institutionell geschützten Raum zu halten, war nach Pollack auch Aufgabe der Partei. So wurde, wie wir sahen, Reformorientierung dann geduldet, wenn sie nicht nach außen drang. Kritik außerhalb der Partei wurde als oppositionelle Haltung eingestuft und mußte unbedingt vermieden werden.[52] So ließ man es zu, daß man sich innerhalb der Partei mit der Ideologie auseinandersetzte, mit dem Weg dorthin und mit der eigenen Rolle dabei. Wie wir gesehen haben, war die Auseinandersetzung mit der Partei auch für diejenigen, die vergleichsweise linientreu waren, ein aufwendiges Unterfangen.

Wie wir an Herrn Tikovsky sahen, gelang es der Partei nicht immer, ihre Mitglieder mit intern zugelassenem Dialog zufriedenzustellen. Herr Tikovsky trat aus der Partei aus: *„Ich hab 'n paar Reden gehalten hier und aus einer hab ich einen Artikel für unsere Betriebszeitung gemacht. Da hab ich eine Rede von unserem lieben Erich Honecker genommen, teilweise waren die Reden nämlich gar nicht dumm. Ich bin die Rede Satz für Satz durchgegangen und hab gesagt, da hat der Genosse Honecker recht, und da hat er recht, so muß das in unserem Betrieb sein. Hab ich gesagt, das druckt ihr ab. Ist nicht abgedruckt worden so kurz vor den Wahlen. Da fing das dann an. Da hab ich gesagt, das bringt doch überhaupt nischt. Mir hätt es auch besser gehen können. Die haben mich geworben für die Parteischule. Willst du dir ewig die Hände dreckig machen als Arbeiter, du hast doch a Laufbahn, weil ich nu zwei-, dreimal gesprochen hab, des schien denen zu gefallen, ich sollte bloß was anderes sagen. Die waren doch wirklich doof. Da reden sie immer von der herrschenden Arbeiterklasse, und sobald sie einen halbwegs intelligenten Arbeiter entdecken, ziehen sie ihn raus und verblöden ihn. Wenn du so einen nach zwei oder*

---

[51] Diese Haltung, von Wensierski etwas unglücklich mit Loyalität bezeichnet, meint „eine Akzeptanz der Herrschaft aus individuellem utilitaristischen Kalkül" (Wensierski 1994, S. 408). Das Legitimitätsmuster „unhinterfragte Alltagsnormalität" gab es in meinem Sample nicht - oder nicht mehr: Die „Deutung des eigenen Handelns ... aus einer Perspektive der Privatsphäre" (Wensierski 1994, S. 409) reichte unseren InterviewpartnerInnen als Erklärung nicht hin; sie hinterfragten.

[52] Durch die Abschiebung, die Verwandlung solchen Widerspruchs in erzwungene Abwanderung, beraubte die Elite die Opposition systematisch ihrer führenden Kräfte. Es nimmt so nicht wunder, daß die in der DDR Verbliebenen - nicht zuletzt durch ihre permanent praktizierte kognitive Dissonanzreduktion - eher in der Partei als außerhalb Kritik übten.

drei Jahren wiedergetroffen hast, konntest du mit dem nicht mehr reden. Und dann hab ich gesagt, das mach ich nicht. Wir brauchen auch ein paar linke Leute, die Arbeiter bleiben, basta ". Herr Tikovsky stilisiert seine Haltung als „subversive Selbstbehauptung". „Die biographische Reflexion ist dabei bemüht um eine tendenzielle Kongruenz von Denken und Handeln, die mindestens durch symbolische oder subkulturelle Muster verifiziert werden soll" (Wensierski 1994, S. 409).

Die Verfahrensweisen mit dem neuen Parteiensystem werden zwangsläufig vor diesem Erfahrungshintergrund geschehen müssen. Wie werden Herr Tikovsky und die anderen InterviewpartnerInnen die bundesdeutsche Parteienlandschaft sehen, und was werden sie tun?

Detlef Pollack sieht Dornröschen im Herbst 1989 wachgeküßt. Die Parabel ist hübsch, impliziert allerdings, daß die DDR-Gesellschaft in den Zeiten des real existierenden Sozialismus geschlafen habe. Auch einige der hier versammelten Zitate assoziieren eine vergleichsweise beschauliche Zeit, abgeschottet von den wilden Problemen der Moderne. Gleichwohl mußten die Akteure auch zu DDR-Zeiten ihr Leben auf die Reihe kriegen - die ganz spezifischen Probleme, vor die sie das Leben in der DDR stellte, mußten gelöst, die unterschiedlichen - und, wie das Pollack vor allen anderen sieht - ihrer Differenzierung keineswegs beraubten Teilsphären des Alltags integriert werden.

Doch halten wir den Verlauf der historischen Ereignisse nicht länger an. Im Herbst des Jahres 1989 fand in Leipzig ein kollektives Ereignis statt, ein Schlüsselerlebnis, das alle LeipzigerInnen betraf, in welcher Form auch immer: die Montagsdemonstrationen.

3.2.2. Das kollektive Ereignis: Die Leipziger Montagsdemonstrationen

Der Verlauf der Leipziger Montagsdemonstrationen wurde in der Soziologie eifrig diskutiert und sogar zum Modellfall soziologischer Fragestellung gekürt: In Hartmut Essers Grundlagenwerk „Soziologie" (1993) wird der Gegenstandsbereich der Soziologie anhand von fünf soziologischen Forschungsfragen umrissen; eine davon ist die Frage nach dem Verlauf und den Umständen der Leipziger Montagsdemonstrationen. Esser hat dabei das Interesse, Verlaufsmuster kollektiver Handlungen unter Rückgriff auf ein Mikro-Modell zu modellieren, das das Handeln einzelner Akteure aufgrund ihrer Präferenzen in Abhängigkeit von situativen Rahmenbedingungen zu erklären sucht.

Für Essers Erkenntnisinteresse ist es hinreichend, von einem einfachen Mikro-Modell auszugehen. Er nimmt zwei Teilgruppen der Montagsdemos an: potentielle Teilnehmer, die die DDR verändern, den Staat aber erhalten wollten; und eine zweite Gruppe, die die Vereinigung zum Ziel hatte. Diese Annahme reicht denn auch hin, den tatsächlichen Verlauf der Demonstrationen erklären zu können, solange es um die Frage geht, warum die Teilnehmerzahlen bis zur Grenzöffnung anstiegen, daraufhin absanken und dann auf hohem Niveau stagnierten. Die zweite Gruppe löste nämlich die erste ab, deren Teilnahmegrund entfallen war. Die Differenzierung in zwei Teilnehmergruppen mit unterschiedlichem Demonstrationsziel geht ohnehin einen Schritt weiter als z.B. Prosch und Abraham (1991) dies tun: Hier reichte zur Modellierung des Anstiegs der Teilnehmerzahlen die noch einfachere Annahme aus, der Beweggrund aller Demonstranten sei allgemeine Unzufriedenheit. Mithilfe eines Schwellenwertmodells wird dort der Verlauf modelliert: Eine bestimmte Anzahl von Demonstranten motiviert weitere Personen zur Teilnahme, die erst an dem eben erreichten Schwellenwert eine Teilnahme in Betracht ziehen. Die Grundidee dieser Modellierungen läßt Rückschlüsse auf die Voraussetzungen von Demonstrationen dergestalt zu, daß für ihr Zustandekommen keine Präferenzen verändert, sondern beispielsweise lediglich eine ausreichende Zahl von politischen Unternehmern benötigt wird (mindestens aber ein einziger, vgl. Granovetter 1978), die nichts weiter zu tun haben, als in unserem Fall nach den Friedensgebeten vor der Nikolaikirche stehen zu bleiben. Opp (1991, 1993) verfeinert das Schwellenwertmodell durch eben die Bedeutung des Demonstrationsortes, den jeder auf seinem Weg durch die Stadt streifen kann sowie durch die Berücksichtigung der Entstehung von Protestnormen. Darüberhinaus expliziert er die Überlegungen, die rationale Akteure anstellen, um den Nutzen von Protest zu kalkulieren und die Voraussetzungen, die sie zu der Entscheidung bringen, zu demonstrieren.

Aus subjektorientierter Perspektive will ich nun zusammentragen, warum unsere InterviewpartnerInnen an den Demonstrationen teilgenommen haben oder nicht, ob sich diese Alternative überhaupt stellte und inwieweit Hinweise auf ihr Benehmen als „rationale Revolutionäre" (Tietzel u.a. 1991) gefunden werden können. Welche Möglichkeiten des Umgangs mit einem Ereignis finden wir aus der Perspektive des Aktors, mit dem Ereignis 'Montagsdemonstration' zu verfahren?

3.2.2.1. Engagement

Herr Tikovsky gehört zur ersten von Esser identifizierten Gruppe, den Pionieren, und damit zu den Teilnehmern mit einem niedrigen Schwellenwert[53]; er war von Anfang an dabei: *„Die Demos fingen ja schon im Sommer an"*, erzählt er, *„da hat das bloß noch keener zur Kenntnis genommen, da haben sich Ausreisewillige getroffen vor der Nikolaikirche. Und in der Kirche drinne konnteste die Namen von denen lesen, die sie verhaftet haben und deine Solidarität ausdrücken, indem du*

---

[53] Zu Granovetters „instigators" - „people who will riot even when no one else does" - gehört auch unser Herr Tikovsky nicht (Granovetter 1978, S. 1422).

deinen Namen auf ein Plakat geschrieben hast. Wir haben immer mal Blumen hingelegt vor die Kirche. Ich hab ja beim Neuen Forum mitgearbeitet, hab im Betrieb die Handzettel verteilt und auch selber was geschrieben. In der ersten Zeit waren wir ja recht beliebt. Ich bin auch einer der ersten gewesen, die bei den Montagsdemos mit um den Ring gelaufen sind, obwohl 's mir körperlich gar nicht leicht gefallen ist. Am 7. Oktober, da haben wir die Armee reinfahren sehen und alles war voller Polizei, das war furchtbar. Wir haben uns mit Leuten aus den Betriebskampfgruppen unterhalten, und die haben schließlich gesagt, ja warum sind wir eigentlich hier. Und ganz normale Leute haben gesagt, da müssen wir jetzt aber mitlaufen, und da war noch gar nicht klar, daß nichts passieren wird. Das war so schön, und die Woche danach war es auch noch schön, bloß dann ist alles umgeschlagen. Dann tauchten Leute auf, die haste vorher nicht gesehen, die kamen, als es keine Gefahr mehr war, mitzulaufen und die wurden immer mehr. Die Rufe änderten sich, Deutsche Einheit und so weiter, es tauchten Reichskriegsflaggen auf und die Leute, die das alles angeschoben hatten hier, die bekamen Prügel, weil sie noch DDR-Fahnen hatten. Wie der erste Grüne hier auf einer Demo im November so ausgepfiffen worden ist, daß der gar nicht mehr zu Worte kam, bloß weil er gesagt hat, daß die Einheit ooch nicht alle Probleme löst, da hab ich fast geweint an dem Abend".

Herr Tikovsky veranschaulicht hier Essers Annahmen über die Dynamik des Verlaufs, fügt indes ein zusätzliches Argument für die Teilnahme derer, die man vorher nicht gesehen hätte, hinzu. Nicht nur die Tatsache, daß sich nun zwei Gruppen mit unterschiedlichen Präferenzen ablösten, kann den weiteren Anstieg und die Stagnation auf hohem Niveau erklären, sondern auch der nun ganz andere Charakter der Veranstaltung: Es wäre nach dem 8. Oktober keine Gefahr mehr gewesen, mitzulaufen.

Als Herr Belzow „*feste bei der Montagsdemo mit dabei*" war, bestand diese Gefahr noch. Ihn brachte es auf, „*daß die DDR-Regierung sagte, wo die alle abgehauen sind über Ungarn, wären eben alles Verräter und Verbrecher gewesen. Derweil waren 's ganz normale Kollegen von mir, die eben gesagt ham, ich mache jetzt Schluß hier, den Leuten drüben geht 's genauso gut oder noch besser wie bei uns. Bloß das ham sie uns immer verheimlicht*". Nicht die allgemeine Unzufriedenheit war es, die Herrn Belzow auf die Straße brachte, sondern dieser Mißgriff der SED, der von den Analytikern der Wende[54] so interpretiert wird, daß er die Elite spaltete und damit, so Pollack, einen Wendepunkt in Richtung des Zusammenbruchs der DDR markierte. Dabei ist Herr Belzow noch nicht einmal davon überzeugt, daß es „*den Leuten drüben*" wirklich so viel besser geht.

---

[54] vgl. Pollack 1990; Hirschman 1992

3.2.2.2. Die Definition der Situation

Frau Volkmann läßt uns anschaulich nachvollziehen, wie sie sich klarzumachen versuchte, was überhaupt los war: *„Am Anfang hat man ja gedacht"*, erzählt sie, *„ach, das sind Jugendliche. Da weiß ich noch, da ham wir mal im Café gesessen und die marschierten vorbei. Naja, da wird keine Straßenbahn gekommen sein, ham wir noch gedacht, deswegen sind die ganzen Massen auf der Straße. Ne ne, das war Demonstration. Das war schon mal unvorstellbar, so etwas. Außer 1. Mai und was noch so an Staatsfeiertagen war. Demonstration? Abends? Das war unmöglich, das gab 's gar nich. So, und dann daß dort alte, weißbärtige Männer auch dabei waren, ja? Das hat mich eigentlich bißchen schockiert. Daß ich gesagt habe, das kann nich sein, daß Leute auf die Straße gehn, die ja ooch so viele Generationen hindurch so viel schon miterlebt ham, politisch, das kann nicht sein. Das kannt ich nur aus 'm Fernsehen, so was hab ich mal aus der Bundesrepublik gekannt, daß man gesaacht hat, ach guck an, denen muß es aber schlecht gehn. Die müssen auf die Straße gehen. Daß das auch was Gutes bringen kann, das hab ich gar nich gedacht, muß ich mal ehrlich so sagen. Ich hab gedacht, Demonstration, das is immer was ganz Furchtbares"*. So etwas gab es einfach nicht: Eine Demonstration, ohne daß ein Staatsfeiertag war. Zudem stimmte die Uhrzeit nicht - und wohl auch der Ablauf. Zuerst sucht Frau Volkmann nach einem alltagspraktischen Grund: Es fällt ihr ein, daß die Straßenbahn nicht gekommen sein könnte. Als sie das verwerfen muß, zieht sie die Möglichkeit jugendlicher Randale heran, offensichtlich etwas, was sie nicht ernst zu nehmen brauche. *„Schockiert"* war sie, als sie Leute teilnehmen sah, die sie respektierte und denen sie offensichtlich ernstzunehmende Gründe unterstellte, sich auf der Straße aufzuhalten: die Männer, die sich durch ihr Alter glaubhaft machen konnten, hierzu aber zusätzlich mit weißen Bärten als archetypische Weisheitssymbole ausstattet werden müssen. Den Schwellenwert - und zwar bereits den der Wahrnehmung der Demonstrationen als ein ernstzunehmendes Ereignis - stellte demnach für Frau Volkmann nicht die Zahl der Teilnehmer dar, sondern deren Alter. *„Zwei- oder dreimal"* ist sie schließlich mitgegangen. Wandlitz und das abgesperrte *„Sommerhaus des ZK"* fungierten als Verstärker. Letztendlich aber haben sie die Älteren überzeugt, *„die Verfolgte des Nazi-Regimes waren, die für die Partei immer gelebt haben"*, und die nun ihre Parteibücher zurückgaben.

Auch Frau Bohm mußte sich erst einen Reim auf die Vorgänge machen: *„Na am Anfang, da wußt ma ja gar nicht so richtisch, was eigentlich nu Fakt is, was die da machen. Dann muß ich sagen, fand ich 's gut, die Demo, bin ooch mitgegangen, durfte es meinen Kollegen aber nicht sagen, isch komm mit meinen Kollegen prima aus, aber was Politik beanlangte, da mußt ich vorsichtig sein, da verstanden sie mich nicht so, wie ich da drüber gedacht habe"*. Was schließlich den Ausschlag dafür gab, daß Frau Bohm - der Idealtyp für Pollacks These der Anpassung um des

Profits Willen - die Demonstrationen als solche wahrnahm und gut fand, wissen wir nicht. Ihre Doppelrolle aber spielt sie weiter und kontert die Bemerkungen der Kollegen, ihre Demonstrationstätigkeit betreffend, so: *"Wenn se gesaacht ham, na, gehste heute abend wieder, hab ich dann bloß gesaacht, ja, isch geh in mein Keller und mache Flugblätter"*. Dies scheint so unglaubwürdig gewesen zu sein - Frau Bohm bezeichnet ihren Konter explizit als *"dumme Bemerkung"* - daß die Kollegen gemerkt haben, *"daß isch nich mit denen reden will über des Thema"*.

3.2.2.3. Opportunismus und teilnehmende Beobachtung

"Als ich die erste Montagsdemonstration erlebt habe", erzählt Herr Rabe, *"war ich sehr erschrocken. Als da so 80 oder 100000 Mann über den Ring gezogen sind, da hab ich gedacht, Donnerwetter"*. Der Ruf *"Wir sind das Volk"* habe ihn *"sehr beeindruckt. Denn die damals gleichgeschaltete Presse hatte geschrieben, einige Randalierer gehn auf die Straße, die sind nicht das Volk. Und darauf ist dieser Ruf entstanden, wir sind das Volk. Und das hat mich doch sehr beeindruckt, muß ich sagen"*. Herrn Rabe, den wir bislang als SED-Hardliner kennen, hat dieser Ruf so beeindruckt, daß ausgerechnet er von der *"gleichgeschalteten Presse"* spricht. Herr Rabe kann als Beispiel dafür dienen, daß es selbst für einen überzeugten Anhänger des Regimes zu hart war, die Demonstrierenden von der Presse als *"Randalierer"* bezeichnen zu lassen. Freilich gab den Anstoß das Politbüro selbst, indem es verlauten ließ, man weine den Ausreisern keine Träne nach, ein Grund, den Pollack und Hirschman als Demonstrationsgrund benennen und Herr Belzow bestätigt. Doch hören wir weiter Herrn Rabe zu: *"Ich bin einmal zu so ner Demonstration mitgegangen, dieser berühmten Montagsdemonstration, die drifteten dann aber ab in die sehr rechte Ecke. Und ich hatte sozusagen mit diesem Staat nicht viel Kritisches am Hut, muß ich sagen, ich habe auch gut verdient, ich habe für mich keinen Grund gesehen, diesen Staat, der sollte auch nicht gestürzt werden, es ging ja eigentlich um die bessere DDR"*. Ging Herr Rabe aus dem Anliegen heraus mit, die DDR zu reformieren? Oder wollte er, wie Herr Belzow, signalisieren, daß nicht alle Ausreiser oder Teilnehmer *"Verräter und Verbrecher"* seien? *"Als der Verband aufgerufen hatte, sich zu beteiligen und gesagt hatte, wir gehn da mal mit, um zu dokumentieren, daß wir hinter den Forderungen stehen, das hab ich dann gemacht"*. Der Berufsverband, dem Herr Rabe angehörte, wollte *"dokumentieren"*, daß er dabei war, und Herr Rabe schloß sich an. Hier haben wir einen rationalen Revolutionär vor uns, der keine Revolution machen wollte, der aber auch nicht zu spät kommen wollte, Reformbereitschaft zu signalisieren.[55] Die Tatsache, bei einem

---

[55] vgl. Coleman 1992, Band 2, S. 203, wo er darauf aufmerksam macht, daß die Unterstützung von revolutionären Akteuren von seiten Dritter ausschließlich von der Erwartung motiviert sein kann, daß die Revolutionäre „Erfolg haben werden. Und die Unterstützung revolutionärer Ak-

historischen Ereignis dabeigewesen zu sein, macht ihm die Sache im Nachhinein wertvoll: *„Die Spannung in der Luft, als Leipzig dann ne belagerte Stadt wurde, das war, man hat 's gemerkt, historisch ist kein gutes Wort, also mit dem wird Schindluder getrieben, aber es war doch was ganz Besonderes. Das hätte also wirklich so auch andersrum ausgehen können".* Bei der *„berühmten Montagsdemonstration"* vom 8. Oktober, von der er hier zweifelsohne spricht, ist er allerdings nicht mitgegangen. Daß er bei der *„berühmten"* Montagsdemonstration dabei war, kann er trotzdem sagen, auch wenn es eine spätere war: Der Grund seiner Teilnahme war schließlich deren Dokumentation.

Soweit ist Herr Dalloff nicht gegangen; er hat sich die Demonstrationen als Journalist angeschaut. Er hatte Kontakt zum Neuen Forum und wollte *„versuchen, dort einen vernünftigeren Staat mit aufzubauen"*. Doch traf er dort Leute, die *„irgendwo eingesperrt worden waren, für die kam das natürlich nicht in Frage. Also da die DDR zu retten. Die wollten in erster Linie die SED zum Teufel jagen"*; das war nicht Herrn Dalloffs Absicht.

3.2.2.4. Zaungäste

Auch Frau März hat die Demonstrationen nur beobachtet, denn *„ich hatte erstens keine Zeit und zweitens war es mir zu kalt"*. Das bedeutet wohl eher, daß sie darüber mit uns nicht reden will; jedenfalls hatte sie keinen Grund, sich zu beteiligen. *„Verwundert"* allerdings war auch sie über *„die Menschenmassen, das war schon beeindruckend, wenn hier 10000 mit der Kerze rummarschieren. Wir haben dann auch gesagt, zum 1. Mai haben wir die Leute rauslocken müssen, also es war schon faszinierend"*. Ihre Vergleichsfolie sind die Demonstrationen zu den Staatsfeiertagen, die sie nicht, wie es Frau Volkmann tut, sofort verwirft; im Gegenteil definiert sie die jetzigen Demonstrationen durch das Unterscheidungsmerkmal, offensichtlich kein Organisationsproblem der Anwerbung gekannt zu haben. Als sie schließlich, wie sie sagt, mitgehen wollte, hielten die KollegInnen sie davon ab: *„Jetzt brauchste nicht mehr gehen, jetzt brüllen sie nach der deutschen Einheit"*. Gegen den Sozialismus, *„eine einwandfreie Sache"*, hatte Frau März, wie Herr Dalloff und Herr Rabe, nichts Grundsätzliches einzuwenden.

Frau Pfeiffer hat die Demos *„über Fernsehen verfolgt, selber bin ich nicht hingegangen, weil ich die Kleine noch gestillt hab zu dem Zeitpunkt, und es war grad immer um die Uhrzeit"*. Ihre Begründung ähnelt der von Frau März, doch liegt hier ein anderer Grund dahinter: *„Ängstlich"* habe sie das Geschehen verfolgt, *„man konnte sich ja nicht vorstellen, wenn das zu größeren Ausschreitungen gekommen*

---

tivität von seiten der Personen, die sich keiner Seite verpflichtet fühlen, aber auf der Gewinnerseite sein möchten, wird um so stärker sein, je mehr sie von einem möglichen Erfolg der Revolutionäre ausgehen".

wäre, wenn jemand dort nicht ordentlich diszipliniert sich verhalten hätte, also es ist schon bewundernswert, daß die Leute sich dort so diszipliniert verhalten ham. Es ist unwahrscheinlich erstaunlich gewesen. Es gab keine großen Ausschreitungen, 'n paar vereinzelte sicherlich schon, aber eben nicht so, daß es jetzt zu Massenrandalen kam und Großeinsatz von Polizei oder so". Was sie *„unwahrscheinlich erstaunlich"* fand, ist nicht die Tatsache des Protestes selbst, sondern das ordentliche, disziplinierte Verhalten ihrer MitbürgerInnen. Einen eventuellen Großeinsatz der Polizei hätte sie als Reaktion auf *„Massenrandale"* erwartet, einen anderen Grund für einen Polizeieinsatz nennt sie nicht.

3.2.2.5. Parteidisziplin

Auch Frau Barzel ist nicht mitgegangen, und diese Tatsache beschäftigt sie sehr: *„Uns wurde ja immer erzählt, der Kapitalist ist der Böse, obwohl wir das ja ooch nicht mehr geglaubt haben. Wir haben dann immer gesagt, ja guck du mal, der fallende und sterbende Kapitalismus, was der uns wieder vormacht. Ganz so dumm waren wir ja ooch nicht. Aber es hat uns dann das Genick gebrochen, daß wir immer auf Biegen und Brechen Parteidisziplin gehalten haben. Ist das nicht doll, daß nicht wir als Genossen auf die Straße gegangen sind? Daß erst die auf die Straße gegangen sind, die ausreisen wollten? Die, die ausreisen wollten, waren für mich nie ein Thema. Ich hätte nie hier weggewollt. Wie das damals war mit Ungarn und der tschechischen Botschaft, da hab ich immer gesagt, wie können die nur mit den kleenen Kindern da rübergehn, so auf 's Geradewohl, nur mit 'm Gepäck. Ich hätte das nicht gemacht. Und ich hab mir gedacht, die gebratenen Tauben fallen einem da ooch nicht ins Maul, also arbeiten mußt du dort auch. Und arbeiten kann ich auch hier".* Frau Barzel hat Abwanderung nicht in Betracht gezogen, ebenso aber auch von Widerstand abgesehen. Da sie sich mit den Schwachstellen ihres Gesellschaftssystems befaßt hat, macht sie nun die Parteidisziplin dafür verantwortlich, nicht auf die Straße gegangen zu sein. Die Aufgabe der Parteigänger wäre es gewesen, Kritik zu äußern: *„Wir als Genossen"* hätten auf die Straße gehen sollen, nicht 'wir als Volk'. Daß diejenigen, *„die ausreisen wollten",* als erste demonstriert haben, will ihr nicht in den Kopf. Sie unterstützt mit ihrer Analyse Hirschmans Argumentation, nach der das Management der Organisationsgesellschaft schon auf die versuchte Abwanderung mit Kurskorrekturen hätte reagieren müssen - in jedem Falle aber hätten Genossen wie sie diese Aufgabe übernehmen müssen, anstatt Parteidisziplin zu halten: Sie hätten stellvertretend für das Management für eine Änderung einstehen müssen (vgl. Hirschman 1992, S. 353f), oder das Management selbst hätte den Handlungsbedarf erkennen müssen.

Frau Günther hat ebenfalls Parteidisziplin gehalten, hat allerdings keine Skrupel: *„Da ich noch in der Partei war bis November, ham se uns immer noch so gesaacht,* *ihr dürft dort nisch mit hin, ja? Wenn ich gewollt hätte, wär ich ooch mitgegangen, aber da hatt ich rischtige Angst, so viel Menschen dann, ja? Und die wurden dann ooch 'n bißchen gewalttätig manchmal"*. Frau Günther wäre renitent genug gewesen; doch ihre Art, zu widersprechen, waren Demonstrationen nicht. *„So viel Menschen"* machten ihr Angst; sie nahm die Demonstrationen als eine Bedrohung ihres Nachhausewegs wahr: *„Isch bin dann immer nach Hause, mußte durch den ganzen Trubel, durch die Stadt"*. Diese Passage veranschaulicht die Bedeutung des Demonstrationsortes (vgl. Opp 1991, S. 314f). Man war ohnehin da; man konnte also entweder vorbeigehen oder mitgehen, ohne daß man sich bereits im Vorfeld verdächtig machte. Sicherlich kann man deshalb sich selbst und anderen auch rückblickend glaubhaft machen, dabeigewesen zu sein. Frau Günther legt indes darauf keinen Wert.

3.2.2.6. Demonstrieren gehen

Herr Tikovsky hat lange durchgehalten: *„Den Wahlkampf hätten Sie hier erleben müssen, so was habt Ihr sicher noch nicht erlebt, das wollten mir auch die Freunde in Hamburg nicht glauben. Das war so häßlich und widerwärtig hier. Sobald du was gegen die deutsche Einheit gesagt hast, warst du gleich Stasispitzel, so böse sind die Menschen aufeinander gewesen. Von da an wurde nur mehr von einer Seite gesteuert, der Kohl wollte der Kanzler Deutschlands werden, und das mußte schnell gehen, da hat er ja recht gehabt. Die Leute haben ihm geglaubt, daß alles klappt, wenn nur erst mal die D-Mark da ist. Und wir waren nur noch Linke und Doofe. Und als der Wahlkampf dann so richtig losging, wurden wir nur noch als rot-grüne Schweine bezeichnet. Ab da war mit der Masse nicht mehr zu reden. Das selbe brüllende Massenvolk, das immer zum 1. Mai gerannt ist, rannte zum Auftritt vom Kohl und wir waren nur noch ein kleines Häufchen und wollten ein bißchen gegen die Einmischung der Westpolitiker demonstrieren. Die wollten uns gleich verprügeln, wollten uns die Fahne in den Mund stecken und was weiß ich alles. Da konnten wir nur noch sehn, daß wir wegkommen. Und wir haben Spruchbänder gesehen an dem Tag, da konnten dir die Tränen kommen. Helmut, nimm uns an die Hand und führe uns ins Wunderland. Das haben die ernst gemeint. Erwachsene Menschen haben vor Rührseligkeit geheult, als der Kohl da oben stand vor der Oper. Und jetzt, vor zwei Wochen"*, sagt er im Frühling 1991, *„da haben dieselben Leute wieder dagestanden, da war ne Demonstration von der IG-Metall. Da stehn sie nu wieder und bläken: Helmut weg. Dieselben Menschen, die schreien jetzt ihren geliebten Kanzler weg und vor kurzem hätten sie dich noch verprügelt, bloß weil du nicht gleich gejubelt hast"*.

3.2.2.7. Die andere Seite

Einer unserer Interviewpartner stand auf der anderen Seite: Herr Flieger, der Politoffizier der Nationalen Volksarmee. *„Sie müssen ja verstehn, man ist ja Bürger der DDR gewesen, hat diese Ereignisse mitbekommen, sicher nicht aktiv dazu beigetragen, also ich hab nich auf 'm Karl-Marx-Platz gestanden, sondern zu dem Zeitpunkt in der Kaserne gehockt, befehlsmäßig".* Dort sei er hingeschickt worden, weil er mit den Kollegen diskutiert hatte, ob es richtig sei, die Demonstration mit Gewalt niederzuschlagen. *„Wir ham sie eigentlich nischt gewollt, diese Vereinigung. War auch nicht absehbar. War vom geistigen Horizont überhaupt nischt vorstellbar, ja etwas Unmögliches. Was wir gewollt ham, ist, ich sag mal, eine demokratischere DDR, Leistungsstärkung, mit jüngeren, agileren Führern an der Spitze. Ja, diesen dritten Weg, das waren so diese Vorstellungen, daß es so nicht mehr weitergehn konnte, wußte man, das hatten wir ooch schon früher erkannt. Wir haben nichts dagegen getan, gut. Es hätte unsere Existenz gekostet. Aber die Entwicklung, wie sie jetzt gekommen ist, die ham wir ooch garantiert nicht gewollt, zu diesem Zeitpunkt".* Auch Herr Flieger bürgt für Pollacks Analyse. Widerspruch *„hätte unsere Existenz gekostet".* Das, was Herr Flieger unter Widerspruch versteht, hätte er ihn geleistet, gemahnt an eine Palastrevolution: Mit seinem Wunsch nach *„jüngeren, agileren Führern an der Spitze"* stellt er die Organisationsgesellschaft keineswegs in Frage. Herr Flieger spricht nicht nur von sich: Er sagt *„wir";* doch *„wir"* sind in seinem Falle nicht 'das Volk', sondern die Hierarchiespitzen auf unteren Ebenen, die sich zwar keinesfalls mit dem demonstrierenden Volk, aber auch nicht in allen Punkten mit dem Kurs der Elite arrangieren konnten. Sicher war ihnen indes eines: Die deutsche Vereinigung wollten sie *„zu diesem Zeitpunkt"* nicht.

3.2.2.8. Zusammenschau

Die Montagsdemonstrationen waren in zweifacher Hinsicht kollektive Ereignisse für die Leipziger Bevölkerung: Zum einen führten ganz unterschiedliche Interessen die Menschen zusammen auf die Straße - wobei die Befürworter der Wiedervereinigung hier gar nicht vertreten sind. Zum anderen waren auch die Nichtteilnehmer beteiligt: physisch als Zaungäste und teilnehmende Beobachter, in jedem Falle aber kognitiv und emotional.

Schon aus den wenigen hier versammelten Statements läßt sich nicht nur ein Szenario mit seinen Akteuren zusammensetzen, sondern auch der zeitliche Verlauf der Aktionen unserer Akteure rekonstruieren. Nach den Meetings in der Nikolaikirche im Vorfeld der Demos - Frau Barzel rätselt derweil über die Motive für eine Ausreise ins Ungewisse - ist Herr Tikovsky mit Leuten des Neuen Forums auf dem Ring: überzeugte Demonstranten. Frau März und Frau Volkmann beobachten den

Zug vom Straßenrand bzw. vom Café aus, beide staunen und versuchen, sich einen Reim auf das zu machen, was sie sehen. Herr Belzow reiht sich ein, verärgert über die Denunziation seiner *„ganz normalen Kollegen"*. Der Ruf 'Wir sind das Volk' ertönt, Herr Rabe ist erst *„erschrocken"*, dann *„beeindruckt"*, geht aber nicht mit. Am 8. Oktober redet Herr Tikovsky mit den Kampfgruppen, die Polizei ist aufmarschiert, *„Spannung"* liegt in der Luft - Herr Flieger sitzt in der Kaserne, auf Befehl, und grübelt nach, vielleicht in erster Linie über seine eigene Zukunft. Gewaltfrei beginnt das Ende der DDR; Frau Pfeiffer sitzt vor dem Fernseher und behält die Disziplin der LeipzigerInnen in Erinnerung. Herr Dalloff beobachtet die Demonstrationen als Journalist und interviewt die Leute. Erst bei den nächsten Demonstrationen ist Frau Volkmann mit dabei; denn neben der Überzeugungskraft der alten Kommunisten spielen jetzt auch Informationen über den Lebensstil der Elite eine Rolle, was Frau Volkmann *„skeptischer"* macht. Auch Frau Bohm hat spätestens jetzt gemerkt, *„was Fakt ist"* und geht mit; Herr Rabe dokumentiert mit seinem Verband, daß man hinter den Forderungen der Reformer steht. Frau Günther bahnt sich immer noch ängstlich, an der Demo vorbei, ihren Weg nach Hause. *„Schön"* im Sinne des Herrn Tikovsky war es auch noch auf den beiden Demonstrationen nach dem 8. Oktober. Dann aber braucht Herr Rabe kein zweites Mal mitzugehen, und auch Frau März muß nicht weiter überlegen, ob sie nicht doch teilnehmen soll, denn jetzt wird der Ruf 'Wir sind ein Volk' laut und Randale greift Platz. Am 9. November fällt die Mauer, der Wahlkampf beginnt. Herr Tikovsky ist den Tränen nahe und findet sich als *„rot-grünes Schwein"* wieder. Das Neue Forum fand nun wenig Unterstützung; nicht nur die Tatsache, daß der 'dritte Weg' im Lichte der DM und der offenen Grenzen von vielen DDR-BürgerInnen als ein unrealistisches und unerwünschtes Unterfangen eingeschätzt wurde, auch die frühere Rolle der Bürgerrechtler als Außenseiter der Organisationsgesellschaft, belächelt als „wirklichkeitsfremde Träumer und Chaoten", wie Pollack (1990, S. 299) notiert, sicherte ihnen auch jetzt kein Vertrauen.[56] Die Bürgerrechtler schürten dieses Mißtrauen weiter durch ihre Fehleinschätzung der Stimmung im Volk.

Was hier rekonstruiert wurde, ist die Institutionalisierung eines kollektiven Ereignisses durch das Handeln beteiligter und nichtbeteiligter Akteure. Diejenigen, die zusehen, gehören ebenso zur Szenerie wie diejenigen, die sich als Demonstranten verstehen und wie diejenigen, die aus professioneller Neugier, Opportunismus oder einfach auf dem Nachhauseweg in der Stadt unterwegs sind.

Die Montagsdemonstrationen waren auch ein kollektives psychisches Erlebnis. Sehen wir uns die Benennungen der Gefühle unserer InterviewpartnerInnen an, als sie die Menschenmenge sahen: Man war *„erstaunt"*, *„verblüfft"*, ja *„schockiert"*,

---

[56] Siehe hierzu auch die Untersuchung über die Außenseiterrolle der Bürgerrechtler in den neuen Gemeindeparlamenten von Berking/ Neckel 1992

mal *„ängstlich"*, mal hatte man *„richtige Angst"*. Auch war man *„beeindruckt"* wie Herr Rabe und Frau März oder fand es *„schön"* wie Herr Tikovsky, was auf den Festcharakter der Demos hinweist (vgl. Gibas/ Gries 1994 und Wensierski 1994, S. 344). Doch vor allem war man verunsichert: Man mußte erst einmal deuten, was man da sah, und es läßt sich der Prozeß nachvollziehen, innerhalb dessen man nach vertrauten Deutungen für das Außerordentliche suchte. Als Frau Volkmann das, was sie sieht, mit Szenen aus dem Westen, die sie aus dem Fernsehen kennt, vergleicht und als Demonstration deuten muß, ist es für sie *„was ganz Furchtbares"*. Die älteren Männer, die sie erspäht, sind der Anlaß, ihre letzte Interpretation zu hinterfragen: Diese müssen ihre Gründe haben, das weiß sie aus ihrer Erfahrung. Frau März benutzt eine andere Interpretationsfolie: die Demonstrationen zum 1. Mai. Ein Unterschied fällt ihr als erstes auf: Diese Demonstrationen hier kamen ganz offensichtlich ohne die Mühsal des Anwerbens zustande. Frau Pfeiffer assoziiert mit Menschenansammlungen erstmal Gewalt. Ihr fällt an dieser auf, daß sie gewaltlos ist; und Herr Rabe bemüht bereits die Institutionalisierung der Ereignisse und ihre historische Deutung für seine rückblickende Erklärung: Es handelte sich um *„die berühmte Montagsdemonstration"*.

3.2.2.9. Die Mauer fällt

Einen Monat nach der *„berühmten Montagsdemonstration"* fiel die Mauer. Der Augenblick der Grenzöffnung selbst blieb in meinem Sample weitgehend unkommentiert. Man sieht sich den Westen an, tut und erlebt dies aber individuell.[57] Im Gegensatz zu den Montagsdemonstrationen sind nun alle Leipziger zu Zaungästen geworden, denn die Maueröffnung und die ersten Grenzübertritte waren für die BerlinerInnen ein kollektives Erlebnis, nicht für die LeipzigerInnen. Für diese aber war es gleichwohl ein aufwühlendes Geschehen.

Gerade Frau März, vergleichsweise ungerührt, was ihre Gefühle an den Leipziger Montagen betraf, ist überwältigt. Drei Wochen nach der Grenzöffnung fährt sie nach Westberlin: *„Die vollen Läden"* waren *„nicht das Bedeutendste. Für mich war das Erlebnis, wie wir in der Friedrichstraße umgestiegen sind und einfach auf den Zug gewartet haben, der nach Westberlin fährt. Das hat in mir gearbeitet, ja? Also das war irgendwie- das gibt 's nicht, ja? Mein Gott, hab ich mir gedacht, vorher haste mit so vielen darüber sprechen müssen, daß das nicht geht und nun stehste selber hier und wartest, bis der Zug kommt und dann rein und dann kannst du es dir angucken, ne?"* Auch Herr Flieger zeigt sich mäßig beeindruckt vom Warenangebot. *„Hinter dem Mond"* habe er schließlich auch in der DDR nicht gelebt, und so hat

---

[57] vgl. aber Wensierski 1994, der angesichts der Ausflüge von Ostdeutschen nach Westberlin „die Distanzierung von sich selbst" (S. 396) beschreibt: „Mit anderen Worten: Was den Besuchern aus der DDR am Westen am wenigsten gefällt, sind die 'ganzen Ossis'" (S. 395).

ihn *„weniger das Warenangebot geschockt als die Sauberkeit und wie alles in Ordnung is. Daß wir eben ... geguckt ham, ob wir irgendwo ein Haus finden, wo ne Ecke abgeplatzt is oder 'n kaputten Zaun. Und den nischt gefunden ham oder keen Schlagloch gefunden ham".*
Aber nicht alle betrachten die westdeutschen Warenhäuser gelassen. Frau Pfeiffer beschreibt ihren ersten Besuch in einem Westberliner Kaufhaus am Tag nach der Maueröffnung so: *„Ich war fix und fertig vom Angebot, von Lebensmitteln, überhaupt vom Angebot. Ich war fix und fertig. Ich habe gesagt, ich muß hier raus. Das halt ich nicht aus, das verkraft ich nicht. Ich konnte mir nichts aussuchen, weil das viel zu viel war. Das ging nicht. Es klingt sicherlich komisch, aber es war unwahrscheinlich".* *„Unwahrscheinlich"* kann man hier wörtlich nehmen. Frau März *„wollte vielleicht mal vor Weihnachten rüberfahrn, für den Sohn was einholen, aber meine Schwester hat gesagt, wer weiß, was bis dahin ist, du hast immer gewartet und dann warst du zu spät dran, wir fahren".* Man traute der Sache nicht, sie war zu unwahrscheinlich. Die Grenze konnte genauso schnell wieder zu sein wie sie aufgegangen war.

Die Systemtransformation verändert das Leben der BürgerInnen der DDR. Keineswegs aber geschieht dies quasi selbstverständlich. Der Einzelne handelt, wie wir sehen, innerhalb und in Auseinandersetzung mit den Rahmenbedingungen. In seinem Handeln werden die Rahmenbedingungen für ihn erst relevant, und in seinem Handeln reproduziert oder produziert er Institutionen, sei es die Montagsdemonstration, sei es der innerparteiliche Diskurs. Dabei bleibt der Einzelne in seiner Auseinandersetzung mit den Institutionen über die Zeit hinweg ein- und dieselbe Person. So steht für Herrn Tikovsky seine Liebe zu den linken Ideen und sein Parteiaustritt im Zusammenhang mit seiner Beteiligung an den Montagsdemonstrationen; ebenso ist es nicht zufällig jemand wie Frau März, die die Demos nur beobachtet hat und am Bahnhof Friedrichstraße erschüttert ist.

Den Zusammenhang der Handlungen der Person und ihren Zusammenhang mit den Rahmenbedingungen will ich im Fortgang dieser Arbeit an Fallgeschichten herausarbeiten - reißen wir aber zuerst die Probleme an, vor denen die Akteure im Transformationsprozeß stehen. Welche Bereiche gilt es 1991 zu integrieren, welche Veränderungen machen unseren InterviewpartnerInnen 1991 Probleme oder bieten Freiräume an? Was können sie abstreifen, was wird begrüßt, wofür suchen sie Ersatz?

3.2.3. Eine Gesellschaft im Moratorium: 1991

Blickt man von heute aus auf die Zeit nach 1989 zurück, so zeichnen sich die Jahre 1991 und 1992 als Hochzeit des Umbruchs ab. In dieser Zeit wurden die Folgekosten der Vereinigung langsam sichtbar: Bereits im Mai 1991 war jede/r Dritte von Arbeitslosigkeit oder Kurzarbeit bedroht; man rechnete damit, daß bis zum Jahresende die Hälfte der Bevölkerung betroffen sein würde.[58] Daß die umfassende soziale Absicherung in die Brüche gegangen ist, wird immer stärker spürbar; die bislang fraglos gegebene Selbstverständlichkeit der Berufstätigkeit beginnt auch bei denen zu bröckeln, die Arbeit haben; die Städte - allen voran Leipzig, die Boom-Town - verändern mit rasanter Geschwindigkeit ihr Gesicht. Im Nachhinein zeichnet sich ab, daß in dieser Phase wohl die entscheidenden und strukturprägenden Weichenstellungen stattfanden. In diesem Kapitel soll es darum gehen, die strukturellen Problemlagen auszumachen, denen sich unsere InterviewpartnerInnen im Sommer 1991 ausgesetzt sehen.

Die Personen, die ich befragt habe, haben - mit Ausnahme von Herrn Rabe, der während der letzten Kriegsjahre geboren wurde - ihr ganzes bisheriges Leben in der DDR verbracht. Sie sind in ihr aufgewachsen und in ihr erwachsen geworden, sind berufstätig gewesen und haben eine Familie gegründet; sie sind nicht abgewandert und waren keine Dissidenten. Sie haben sich - wenn auch auf unterschiedliche Weise - in der DDR eingerichtet und sich darauf eingestellt, in ihr alt zu werden. Sie standen weder am Anfang, noch am Ende einer beruflichen Karriere, sondern wurden mitten im (Berufs)Leben von der Wiedervereinigung und ihren Folgen überrascht. Mit der Möglichkeit der deutschen Vereinigung hat keiner gerechnet - und man gab sich skeptisch, als sie vor der Tür stand.

Was tun diese Personen im Jahr 1991? Was ist ihnen zugestoßen, wo betrifft sie der Transformationsprozeß? Welche Rolle spielen jetzt die „Routinen, Erfahrungen, Erwartungen, Verhaltensweisen und Einstellungen der handelnden Personen" (Pollack 1992b, S. 489), die Pollack als Mentalitäten verstanden wissen will, so es sich dabei um langfristige Verhaltensweisen, Einstellungen und Wertpräferenzen handelt? Sind diese, wie im ersten Absatz einer Vielzahl von Untersuchungen zum Transformationsprozeß zu lesen steht, entwertet, unbrauchbar und gar kontraproduktiv geworden? Wie also führen unsere InterviewpartnerInnen in diesen Zeiten ihr Leben?

Lutz Marz stehe hier als ein Beispiel für diejenigen, die das Problem zur Diskussion stellen, das „die mentalen oder habituellen Dispositionen, also jene in Jahrzehnten eingeschliffenen und tief in den Menschen verwurzelten Wahrnehmungs-, Denk-, Entscheidungs- und Verhaltensmuster" betrifft, „die a) im Realsozialismus funktional waren, über die dieser sich reproduzierte und in denen er in den Menschen aus-

---

[58] Belwe 1991, S. 31

kristallisierte, b) mit zu der schleichenden Erosion und plötzlichen Implosion dieses Gesellschaftssystems führten, c) nun sozialmarktwirtschaftliche und zivilgesellschaftliche Transformationsprozesse blockieren, d) zwar in ihren Folgen immer wieder leicht zu spüren, in ihrer Kerngestalt jedoch nur schwer zu fassen sind, e) die Menschen, die sie in sich eingewoben haben und die sich jetzt unter dem Druck der neuen Verhältnisse von ihnen zu befreien suchen, in oft qualvolle Orientierungsnöte stürzen" (Marz 1992, S. 4). Marz kommt zu dem Ergebnis, daß eine Entfunktionalisierung solcher im Realsozialismus erworbener mentaler und habitueller Dispositionen stattfand; er macht Spannungsfelder zwischen „neuen Anforderungs- und alten Erfüllungsprofilen" aus, in denen zwar „differenzierte Umstrukturierungen und Neubalancierungen" (Marz 1992, S. 13) gefordert werden, die Dysfunktionalität der alten Orientierungen aber außer Frage steht.

Sehen wir uns in unseren Interviews und in der soziologischen Literatur nach Indikatoren um, die den Auseinandersetzungsprozeß mit den neuen Umständen abstecken.

Über alle Fälle hinweg ist das Lebensgefühl[59] der InterviewpartnerInnen von Unsicherheit geprägt. *„Jetzt ist das nicht mehr so wie bei uns"*, sagt Frau Barzel, *„die Sicherheit ist auf alle Fälle weg"*. Sie spricht die jetzt bedrohte materielle und soziale Sicherheit an, die früher kein Thema war. Doch dieses Zitat sagt noch mehr aus über das Lebensgefühl der Frau Barzel: *„Uns"* gibt es nicht mehr. Frau Barzel hätte auch sagen können, *„so wie früher"*, oder *„wie in der alten Zeit"*, wie es andere InterviewpartnerInnen oder sie selbst an anderer Stelle tun. Doch sie sagt, es sei nicht mehr so *„wie bei uns"*. Hier ist mehr verschwunden als die berufliche oder soziale Sicherheit: *„Wir"* sind verschwunden. Im Unterschied zu einer Emigration ist das Staats- und Gesellschaftssystem, aus dem man kommt, selbst verschwunden[60]; der rasante Systemwechsel hat bei Frau Barzel ein Identitätsproblem erzeugt. Im Gegenzug gibt es nur trügerische Anzeichen für eine Konsolidierung. Was man erwarten muß oder darf und wie der Zeithorizont abzustecken ist, weiß man nicht. In den Jahren 1990 und 1991 herrscht, so Mutz (1996, S. 246), ein „Durcheinander" zwischen „Bangen und Hoffen". Vogel (1996) bringt dieses Durcheinander in einer Untersuchung über „Arbeitslosigkeitserfahrung" zum Ausdruck: Der in der DDR herrschenden „Kontinuitätsgarantie" der Erwerbslaufbahn wurde „jäh die objektive Geschäftsgrundlage entzogen" (Vogel 1996, S. 82f). Die Kontinuitätsgarantie bezog sich indes nicht nur auf die Erwerbsbiographie, sondern - freilich davon abhängig - auf das ganze Leben.

---

[59] Die Kategorie 'Lebensgefühl' will die emotionale Bewertung der augenblicklichen Situation erfassen.
[60] So glaubte Hahn 1994, für eine noch zu DDR-Zeiten begonnene Untersuchung über Übersiedler und in in Ostdeutschland Verbliebenen eine Kontrollgruppe zu den Abwanderern gefunden zu haben, mußte jedoch bald einsehen, „daß die DDR-Bürger mit ähnlichen Veränderungen konfrontiert werden wie die Übersiedler" (Hahn 1994, S. 78).

Versuchen wir, strukturelle Problemlagen auszumachen, die die Lebenssituation unserer InterviewpartnerInnen im Frühling des Jahres 1991 kennzeichnen.

3.2.3.1. „Ohne Arbeit geht nichts" - Die Bedeutung der Erwerbsarbeit

Die Erwerbsarbeit bleibt auch 1991 das Herzstück, *„das A und O, so seh ich das. Denn ohne Arbeit geht nichts. Und das war schon früher so und das ist jetzt noch krasser. Und wenn eben eener keen Geld verdient, na dann kann er eben keen Auto fahren"*, meint Herr Belzow, zu diesem Zeitpunkt in Null-Stunden-Kurzarbeit. Er macht keinen grundsätzlichen Unterschied auf: Nur *„ krasser"* sei jetzt die Tatsache, daß ohne Arbeit nichts ginge. Die Konsummöglichkeiten hängen von der Erwerbsarbeit ab.

Für Frau Barzel hing an der in der DDR garantierten Arbeit das ganze Leben: *„Es ging uns ja relativ gut. Wir hatten Arbeit, das war uns immer das Wichtigste. Und dann hatten wir Wohnung, wir hatten Familie"*. Jetzt ist - als antizipierte Folge der Kombinatsschließung[61] - all das in Gefahr, ja mehr als das: *„Es ist schon was zusammengebrochen für uns. Wir haben immer gesagt, uns geht 's gut. Die Kinder hatten ihren Kindergarten. Und wir hatten Arbeit, und das war ja das A und O. Und dann wird uns noch vorgehalten, daß wir faul sind. Ne. Wir haben uns alles selbst erarbeitet, Stück für Stück. Und jetzt, wo wir wirklich mal sagen konnten, daß wir ein bißchen Geld verdient hatten, da kommt die Wende und alles ist am Boden"*. Berufsarbeit ist für Frau Barzel nach wie vor selbstverständlich, ihre Erwerbsneigung[62] unverändert hoch: *„Wir sind 's gewöhnt, daß wir arbeiten gehen"*, erklärt sie, *„sonst müßte ich ja wegen jedem Pfennig meinen Mann fragen. Ich weiß nicht, wie das die Frauen drüben machen. Ob die da ihren Mann fragen, ob sie was kriegen. Ich möchte das nicht"*. Die Erwerbsarbeit wird neben ihrer Selbstverständlichkeit und ihrer Voraussetzung für Wohnung und Familie über das selbstverdiente Geld auch zur Emanzipationsgrundlage.

Berufsarbeit ist schließlich auch das Gegenteil von Langeweile: *„Wenn du so den ganzen Tag zu Hause bist"*, meint Herr Tikovsky, *„kannst du dir schon vorstellen, daß das mal langweilig wird. Auf die Dauer würde mir das nicht gefallen. Das hören manche Frauen vielleicht nicht gerne, aber Hausfrau sein, das ist ein langweiliges Leben"*. Für seine Frau, setzt er hinzu, *„wär das ja fast noch schlimmer als für mich"*. Frau Günther gibt ihm da nachdrücklich recht: *„Ja, für mich wär 's ooch*

---

[61] was die Bedeutung des Betriebs als „Vergesellschaftungskern" (Kocka 1994, S. 43) unterstreicht

[62] Im Forum 6 des 27. Kongresses der Deutschen Gesellschaft für Soziologie in Halle 1995 zur Transformation am Beispiel der Geschlechterverhältnisse wurde dieser Begriff von ostdeutschen Soziologinnen heftig kritisiert und demgegenüber die Selbstverständlichkeit der Berufsarbeit der Frau betont.

ne größere Strafe. Isch geh gerne uff Arbeit. Isch möchte keen Hausmütterchen machen". Hier wird das Zuhausebleiben zur Strafe, der Ausdruck *„Hausmütterchen"* gemahnt an Demodernisierung. Das Leitbild der berufstätigen Frau und Mutter steht nicht zur Disposition: Es wird mit Nachdruck daran festgehalten.

Wie Frau Günther hat Frau März ihren Arbeitsplatz noch, wenn auch mit verminderten Entscheidungsbefugnissen. Sie könnte sich vorstellen, ihre Arbeitszeit zu reduzieren, *„aber so ganz zu Hause, ich muß sagen, nach der Woche Schlamperurlaub für mich war ich dann froh, wie 's vorbei war. Weil man sich sicherlich irgendwo dann gehn läßt, also ma is es ja gar nicht gewohnt"*. Hier wird Berufstätigkeit als Selbstdisziplinierung thematisiert. Mit einer Reduzierung könnte Frau März sich, wie sie meint, deshalb anfreunden, *„damit ich sagen könnte, gut, jetzt haste mal 'n bissl mehr Zeit für deine Familie und könntest vielleicht irgendwo auch 'n Mann 'n bissl mehr verwöhnen"*. Die Alternativrolle Haus- und Familienfrau steht als Teilzeitbeschäftigung bereit. Eine Situation weiß Frau März zu benennen, in der sie sich vorstellen kann, die Alternativrolle auch ganztags in Anspruch zu nehmen, nämlich *„vielleicht"* dann, *„wenn dann mal 'n Enkel kommt. Dann würd ich sagen, gut, dann haste ne Aufgabe"*. Freilich war Frau März zum Zeitpunkt des ersten Interviews zur Assistentin des Abteilungsleiters degradiert worden; die Zukunft des Warenhauses war ebenso offen wie die Verfahrensweise mit der SED-Vergangenheit unserer Probandin. Frau März mußte sich eine Bewältigungsstrategie einer eventuellen Kündigung zurechtlegen.

Ihre Kollegin Frau Bohm greift zur Sicherheit auf ihren Traummann zurück, den sie im November 1989 kennengelernt hat und kann ihre Angst, die Arbeit zu verlieren, dadurch dämpfen, daß sie ihren Partner und seinen Job zumindest als finanzielle Ressource betrachtet: *„Seitdem mein Partner den neuen Job hat, isses jetzt nich mehr ganz so, wo isch mir saache, wenn de jetzt mal arbeitslos wirst, dann is etwas mehr Geld im Haus als vorher. Isch möcht nisch arbeitslos werden, aber dann isses vielleicht nicht ganz so extrem, als wenn das vorher gewesen wär"*.

Welche Funktion Erwerbsarbeit für unser Sample auch immer erfüllen mag: Alle Befragten eint die wahrgenommene Anforderung, daß man sich jetzt damit auseinandersetzen muß, daß Erwerbsarbeit nicht mehr sicher ist; man kann das auch so formulieren, daß aus der Berufs- nun Erwerbsarbeit[63] geworden ist. Dabei ist in keinem Falle entschieden, was mittelfristig passiert.

Sehen wir uns die einzelnen Betriebe, Berufsgruppen und Erwerbssituationen genauer an.

---

[63] In der DDR wurde der Begriff Erwerbsarbeit ausschließlich für kapitalistische Verhältnisse verwendet.

3.2.3.1.1. *"Die vermitteln mich noch gar nicht"* - Zur Logik der Situation der Null-Stunden-Kurzarbeit

Frau Barzel und die drei Interviewpartner aus dem Maschinenbau, Herr Tikovsky, Herr Belzow und Herr Pattermann, arbeiten kurz. Drei von ihnen sind in Null-Stunden-Kurzarbeit, Herr Pattermann arbeitet 0,8 Stunden/ Tag. Im April 1991 arbeiteten außer den vieren weitere zwei Millionen Personen bzw. 22,8 % kurz. In den neuen Bundesländern gilt zu diesem Zeitpunkt eine Kurzarbeiterregelung, nach der Kurzarbeitergeld in der Regel für ein ganzes Jahr, längstens bis zu zwei Jahren gewährt werden kann. Im Extremfall konnte die ganze Belegschaft eines vor dem Zusammenbruch stehenden Betriebs Kurzarbeitergeld beziehen (Belwe 1991, S. 28). Dies traf für die Belegschaft unserer Industriebetriebe beinahe zu; nur wenige Personen arbeiteten noch voll.

Herr Tikovsky und seine Kollegen sind demnach im Frühling 1991 in einer unsicheren Lebenssituation ganz besonderer Art: Obgleich faktisch arbeitslos, gehören sie dem Betrieb weiter an. Dieser hat, wie wir oben sahen, nur wenig Chancen, zu überleben. Doch die Situation der Null-Stunden-Kurzarbeit signalisiert den Betroffenen anderes, zumal sich unsere drei Probanden auch noch im sog. A-Kader befinden, also in einer Gruppe, die, läuft die Produktion wieder an, übernommen werden soll. *"Ich gehöre zu den wenigen, die da angeblich bleiben sollen, kann ich nicht so recht dran glauben, aber ich würd 's mir wünschen natürlich"*, schildert Herr Tikovsky seine Situation - und sein Mißtrauen. Dennoch unternimmt er nichts und wartet ab, was passiert: Eine rationale Verhaltensweise ist das, institutionell gestützt vom Verhalten des Arbeitsamts. Eine Umschulung kann er nicht machen, denn hierfür kommen die A-Kader nicht in Frage. Erst wenn sicher ist, daß sein Betrieb am Ende ist, will Herr Tikovsky zum Arbeitsamt gehen, denn *"das lohnt sich ja noch nicht, die vermitteln mich noch gar nicht"*.

Herr Pattermann indes verfährt anders mit seiner Situation: Er ist in der Gründungsphase einer eigenen Firma, beendet daneben sein Studium und macht einen Steuerberatungslehrgang. Er ist nicht in Null-Stunden-Kurzarbeit, sondern hat eine offizielle Arbeitszeit von vier Stunden/ Woche; dessen ungeachtet verbringt er jeden Vormittag an seinem Arbeitsplatz, denn *"wenn ich überhaupt eine Überlebenschance für den Betrieb seh, dann auf jeden Fall nur dann, wenn wir auch da sind"*. Es ärgert ihn, daß seine Kollegen nicht so handeln wie er. Er würde gerne *"jemanden ins Lager schicken"*, während er Kunden vertröstet, *"der vielleicht genauso dumm ist wie ich und hingeht in den Betrieb"*. So *"dumm"* ist indes keiner, zumal es selbstverständlich verboten ist, auf Arbeitsamtskosten im vor dem Konkurs stehenden Betrieb zu arbeiten. Herr Tikovsky und Herr Belzow gehen denn auch nur zu den Betriebsversammlungen in den Betrieb, um zu hören, wie es weitergehen wird. Über die wenigen, die noch voll arbeiten, hat Herr Belzow ohnehin seine eigene Meinung: „*Im Betrieb arbeitet mein Chef mit seinen besten Freunden*", allesamt „*Genossen, die noch nie was gearbeitet haben*".

Frau Barzel hingegen weiß, daß sie auch im günstigsten Fall nicht mehr übernommen wird. Ihr Mann arbeitet - ebenfalls in Kurzarbeit - in derselben Firma wie sie. Vor diesem Hintergrund versteht man, warum Frau Barzel befürchtet, daß nach dem Arbeitsplatz auch die Wohnung und letztendlich die Familie zur Disposition steht.[64] Immerhin hat sie für die Zeit nach dem bereits feststehenden Ende der Null-Stunden-Kurzarbeit eine Umschulung angeboten bekommen; diese allerdings garantiert, im Gegensatz zu früher, keinen Arbeitsplatz. Frau Barzel will, „*wenn ich 's packe*", die Umschulung machen, da sie bei ihrer Arbeitsplatzsuche gemerkt habe, „*das hat keen Sinn. Man kommt wirklich an nischt ran. Und da hab ich mir gesagt, wartest erst mal ab. Vielleicht überstehste sogar die Schule*".

Die Situation der Null-Stunden-Kurzarbeit ist ein gesellschaftlich institutionalisiertes Moratorium. Unsere InterviewpartnerInnen aus der Industrie befinden sich in einem Zeitraum zwischen einem 'Nicht mehr' und einem 'Noch nicht', in dem neben all den anderen Veränderungen des Alltags die Berufstätigkeit weggefallen ist, ohne allerdings den unmittelbaren Zwang zur beruflichen Neuorientierung nach sich zu ziehen. Berufliche Umorientierung ist noch nicht zwangsläufig geworden. So unsicher die jeweilige Situation auch sein mag: Man kann, wenn man will, die Entscheidung über die berufliche Zukunft noch verschieben, derweil - wie Herr Pattermann - Neues ausprobieren oder abwarten, wie sich die Situation des jeweiligen Betriebs entwickelt. In dieser Haltung wird man von Betrieb und Arbeitsamt unterstützt.

Auch Frau Barzel gehört ihrem Betrieb noch an. Die Umschulung, die sie angeboten bekommen hat, verlängert zwar nicht die Betriebszugehörigkeit, erscheint ihr aber faktisch als eine Fortführung ihres Beschäftigungsverhältnisses. Sie würde sie im Kreise ihrer ehemaligen Arbeitskollegen machen und so das Moratorium verlängern. Das freilich ist ein wichtiger Punkt: Man ist nicht alleine betroffen, sondern die ganze Firma mit den meisten Kollegen - und nicht nur diese, sondern die gesamte Leipziger Metallindustrie und die im übrigen Ostdeutschland. Halten wir uns daher vor Augen, daß wir es nicht nur mit einzelnen faktisch Arbeitslosen inmitten Arbeitender zu tun haben, sondern mit einer zumindest zu diesem Zeitpunkt als Ganzes betroffenen und auch so wahrgenommenen Gemeinschaft. Dieses Argument findet sich auch in Untersuchungen über Arbeitslosigkeit in Ostdeutschland: Arbeitslose in Ostdeutschland interpretieren in weit stärkerem Maße als westdeutsche Arbeitslose ihre Situation als ein kollektives Schicksal, nicht als eine persönliche Ausnahmesituation (Mutz 1995, Vogel 1996). Vogel weist darauf hin, daß eine solche Interpretation keineswegs robustere Haltungen und bessere Bewältigungschancen nach sich

---

[64] Wie man hier sieht, ist die These, daß die Familie als ökonomische Stütze funktioniert, eine voraussetzungsvolle Angelegenheit.

zieht als dies bei den ihre Situation individualisierenden Westdeutschen der Fall sei. Sie bringe vielmehr „die schmerzliche Erfahrung zum Ausdruck, daß man unter den neuen Geschäftsbedingungen eines Arbeitsmarktes als 'kleiner' Arbeiter, als 'entbehrlicher' Älterer oder als eine (in den Haushalt) 'abgeschobene' Frau schnell Gefahr läuft, aus dem Erwerbssystem verdrängt und marginalisiert zu werden" (Vogel 1996, S. 10). Es ist zu erwarten, daß das Moratorium, das durch die Null-Stunden-Kurzarbeit geschaffen worden ist, mehr noch als Arbeitslosigkeit als ein kollektives Schicksal wahrgenommen wird; noch haben die Betriebsangehörigen ja Kontakt zueinander. Zu erwarten ist aber auch, daß die Angst vor der Verdrängung aus dem Erwerbssystem noch ein bißchen in die Zukunft verschoben werden kann. Der Ernstfall ist noch nicht eingetreten.

3.2.3.1.2. „Wir müssen 's nehmen, wie 's kommt" - Die Arbeit im Warenhaus

Auch für die anderen Betriebe, in denen wir Interviews gemacht haben, gilt die Moratoriumslogik: So können und müssen die Angestellten des Warenhauses auf die Übernahme durch eine westdeutsche Kaufhauskette und den damit verbundenen Personalplan warten; entlassen wurde bislang niemand. Gleichwohl ist der Belegschaft klar, daß ihre Arbeitsplätze gefährdet sind. Frau März weiß das aus erster Hand zu berichten, denn sie muß über kurz oder lang über die Arbeitsplätze anderer mitentscheiden. „Wir müssen 200 Mann abbauen", sagt sie und rechnete damit, daß „die Muttis im Babyjahr" vielleicht gar nicht wiederkämen. Aus der Perspektive der Abteilungsleitung baut sie darauf, daß die nahegelegte Alternativrolle Hausfrau und Mutter auch angenommen würde, doch „bis jetzt kam jede wieder, kann normale Arbeitszeit machen". Das wäre zu DDR-Zeiten nicht der Fall gewesen. Da war es selbstverständlich, daß die Arbeitszeiten mit den Öffnungszeiten der Krippen koordiniert wurden, um Arbeitskräfte zu halten. Die Tatsache permanenten Arbeitskräftemangels gab - folgt man Marz - den Arbeitnehmern ein Gefühl persönlicher Macht, das, auf die neuen Verhältnisse übertragen, tragische Elemente enthalten kann: So reagierte die Belegschaft eines sich in Abwicklung befindlichen Unternehmens auf die Anmahnungen des neuen Vorgesetzten folgendermaßen: „Mensch, gehn die uns auf den Wecker. Wenn nicht bald damit Schluß ist, kündigen wir, dann werden die sich aber ganz schön wundern" (Marz 1992, S. 5). Doch Frau März hat andere Erfahrungen gemacht: „Jetzt können die Muttis alle bis 18 Uhr 10 arbeiten".

„Wir müssen 's nehmen, wie 's kommt", kommentiert Frau Günther, Verkäuferin, ihre beruflichen Aussichten im Warenhaus; damit meint sie, daß sie sich durchaus neuen Anforderungen anpassen könne. Sie arbeitet in der Sportabteilung und investiert „mühsame Arbeit" in das Kennenlernen der neuen Artikel, „damit man das den Kunden richtig erklären kann"; den gewünschten Lehrgang gab es nicht, und so bittet Frau Günther schon mal einen Kunden, ihr zu erklären, was man mit dem computergesteuerten Hometrainer alles machen kann. Frau März ergeht es da nicht anders: *„Es sind so viele neue Sachen, die wir machen, wo uns aber keiner angelernt hat"*. Auch Frau Bohms Arbeitsinhalte haben sich verändert. Als Weiterbilderin hat sie nun allerdings nicht mehr, sondern weniger zu tun: sie muß *„den ganzen Weiterbildungsprozeß bloß überwachen"*. Aus diesem Deprofessionalisierungsprozeß zieht Frau Bohm den Schluß, daß das Unternehmen nicht alle Angestellten in der Weiterbildung wird halten können; *„ich sag mir immer wieder, Mensch, such dir was anderes, aber es ist ooch nicht so einfach"*. Da ist sie sich einig mit Frau Barzel.

Inzwischen verändert sich auch das Betriebsklima: Frau März meint, daß *„das Verhältnis Leiter zu Arbeitnehmer ein anderes"* sein wird; sie selbst trägt dazu bei: So nahm sie nicht mehr an den Aufführungen im Rahmen des Betriebsfests teil, *„weil als Abteilungsleiter gehört sich 's vielleicht nicht mehr, wenn du hier so halb nackend vor deinen Kollegen rumhupfst"*. Auch das *„Du-Verhalten"* wird abgebaut. Die Mitarbeiterinnen *„bemühen sich zwar jetzt schon, um wieder 'Sie' zu sagen und Frau März, aber im Inneren schmunzeln sie noch, wenn ma jahrelang 'du' gesagt ham"*.[65] *„Ich kann korrekt sein"*, erklärt Frau Günther ihr Verhalten: *„Eigentlich duz ich, wenn andere dabei sind, mach ich 's nicht"*. Erinnern wir uns an Kuderas These von der etablierten Doppelkultur in der DDR: Frau Günthers Praxis jedenfalls deutet auf eine solche Kultur und ihre Funktionalität auch im neuen System hin. Doch auch abgesehen von solch neuer Unternehmenskultur sei die Atmosphäre distanzierter geworden, erzählt Frau März, *„irgendwo egoistischer"* seien die Kolleginnen geworden, *„anschwärzen"* stünde auf der Tagesordnung. Das *„sehr gute Kollektiv"*, in dem Frau März gearbeitet hat, wie sie sagt, wird der Vergangenheit anheimgegeben.

---

[65] Anhand solcher Verhaltensweisen macht Marz Differenzierungserwartungen fest: „Endlich ließ sich auf Distanz gehen" zu den „Heerscharen von Taugenichtsen ... mit denen man sich wohl oder übel gemein machen mußte ...: Schluß mit dem plump vertraulichen 'Du'" (Marz 1992, S. 14). Nach Schmidt (1996, S. 895) war die „statusindifferente Duzkultur" Ausdruck einer „subsistenzorientierten Produktionsgemeinschaft": Die geringen Entscheidungskompetenzen der staatlichen Leitungsorgane im Betrieb und die gemeinsame Mitgliedschaft in Gremien und Organisationen quer zur Betriebshierarchie führten zu einer großen „sozialen Nähe" aller Werktätigen im Betrieb.

3.2.3.1.3. *„Ich sehe das Problem auf mich zukommen, daß ich bis 22 Uhr Dienst tun muß und nicht weiß, wo ich mein Kind unterbringe"* - Die Arbeit im Altenheim

Altenheime wie Kaufhäuser waren - wie in Westdeutschland auch - Arbeitsplätze für Frauen. Wäre Frau März Heimleiterin im Altenheim, hätte sie gute Gründe für die Hoffnung, daß die *„Muttis"* zu Hause bleiben, drohen doch dort nicht nur Normalarbeitszeiten für Mütter, sondern eine Verpflichtung zum Schichtdienst. Frau Volkmann, alleinerziehend, bezeichnet sich in puncto Arbeitszeit bislang als *„natürlich sehr privilegiert"*. Sie hat noch feste Arbeitszeiten, die mit den Hortöffnungszeiten zusammenpassen und ist immer noch *„aufgrund meiner sozialen Situation, daß ich mit dem Kind alleine bin"* vom Schichtdienst freigestellt. Nun sieht sie *„das Problem auf mich zukommen, daß ich bis 22 Uhr Dienst tun muß und nicht weiß, wo ich mein Kind unterbringe"*. Obwohl die Altenpflege vergleichsweise sichere Arbeitsplätze bietet, hat Frau Volkmann Angst, den Arbeitsplatz zu verlieren, weil sie sich außerstande sieht, Schichtarbeit zu machen. Ihre Kollegin Frau Pfeiffer teilt diese Befürchtungen: *„Da wird 's so sein, daß jeder, egal wie die familiäre Situation ist, mindestens 10 Tage im Spätdienst bringen muß"*. Sie hat einen Partner, steht bei ihrer generellen Zuständigkeit für Haus- und Familienarbeit und mit einem Kleinkind allerdings vor einem ähnlichen Problem wie Frau Volkmann. Wie die Warenhausbelegschaft, so registrieren auch die Altenpflegerinnen Konkurrenzkampf: Es *„guckt der eene nach dem anderen, wie die Arbeitsleistungen gebracht werden. Manchmal legen sie Zettelchen hin, die hat das und das nicht gemacht. Einige Muttis mit kleinen Kindern"* bekämen die Konkurrenz besonders zu spüren.

Noch sind Mütter privilegiert, noch ist auch die Belegschaft des Altenheims in einem Moratorium. Während man auf die Übernahme durch einen neuen Träger wartet und derweil kaum Investitionen tätigt, sprechen erste Anzeichen für einen Professionalisierungsprozeß. Welche Arbeit man zur Aufrechterhaltung der Pflege unter den früheren Rahmenbedingungen investiert habe, könne man jetzt *„ganz anders einschätzen"*, meint Frau Pfeiffer, *„weil man ja jetzt auch weiß, daß es auch anders geht und mit anderen Möglichkeiten, grade mit diesen Pampers-Windeln, wie wir im Moment noch windeln, des is wie zur Steinzeit"*. Auch Veränderungen des Arbeitsstils haben begonnen. Während man früher zu den Angehörigen gesagt habe, *„wissen Sie, wenn 's Ihnen hier nicht gefällt für Ihre Mutter, dann müssen Sie sie wieder mit nach Hause nehmen ... wird* (das, M.W.) *natürlich heute nicht mehr gesagt, das is ganz klar, weil man heute froh ist, daß das Haus voll ist"*.

Betrachtet man die Studie von Dunkel (1994) über die Reibungen, die bei den Vereinbarungsversuchen von Beruf und Alltag bei AltenpflegerInnen aufgrund der spezifischen Arbeitsbelastungen, der Anforderungen der Pflegeideologie und der rigiden unregelmäßigen Arbeitszeiten in solcher Stärke entstehen, daß sie idealiter nur von der von Alltagsarbeit und persönlichen Ansprüchen freien Ordensschwester zu bewältigen sind, darf man erwarten, daß diese Probleme mit der Institutionalisierung der anspruchsvollen westdeutschen Altenpflege bei gleichzeitiger Entprivilegierung von Müttern mit importiert werden.

3.2.3.1.4. „Ich gehör praktisch zur ersten Generation" - Die neuen Selbständigen

Herr Flieger, Herr Dalloff, Herr Rabe und Herr Pattermann haben sich auf ein neues Arbeitsverhältnis eingelassen, das sie entweder bereits jetzt oder zu einem späteren Zeitpunkt in die Selbständigkeit führen soll. Neue Selbständige erfreuen sich in der Transformationsforschung großer Aufmerksamkeit, nicht zuletzt deshalb, weil man sich von ihrer Tätigkeit eine Entlastung des Arbeitsmarkts und eine Anschubfunktion für die wirtschaftliche Entwicklung erwartet (Dietrich 1993, S. 197). Freilich wird ihnen auch eine besondere Rolle im Rahmen nachholender Modernisierung zuerkannt. Nach Lindig/ Valerius (1993, S. 181) ist es „offensichtlich", „daß Gründungen nicht nur Ausdruck irgendeiner sozialen Existenz sind, sondern die (hier zitieren sie Peter Gross, M.W.) 'Suchbewegungen nach subjektivitätsbewahrenden und entfaltungsgarantierenden Formen von Leben und Arbeiten', daß es sich um Prozesse handelt, in denen Individualisierungstendenzen sehr stark zum Tragen kommen". Sie können auf Herrn Pattermann zählen. *„Mein eigener Herr zu sein"*, sagt er, *„das ist mein Ziel seit eh und je"*. Die ForscherInnen geben sich einig: Das als nötig erachtete „Selbstunternehmertum" (Hradil 1992b, S. 185), dessen Fehlen den Ostdeutschen als Hemmschuh für erfolgreiche Karrieren diagnostiziert wurde, praktizieren die Selbständigen und Freiberufler erfolgreich. Sie haben „bewußt ihr Leben in die eigenen Hände genommen, ihre Ziele festgesteckt und ihr Konzept zur Erreichung dieser Ziele entwickelt" (Ritschel 1995, S. 231).

Doch Herr Dalloff hat da Einwände. Er weiß schon lange: *„Drüben braucht ma Ellbogen, ich hab keine. Wer Ellbogen hat, kommt hoch. Aber ich habe keine. Also ist die Gesellschaft für mich besser, die jedem 'n gewissen Standard garantiert. Auch ohne Ellbogen"*. Anfang 1990 hat er seine Zeitung verlassen und sich zusammen mit zwei Kollegen selbständig gemacht; sein Traum aber war das nie gewesen, und er sieht sich für eine solche Tätigkeit nicht ausreichend gerüstet. Auch Herr Rabe hat sich zusammen mit Kollegen selbständig gemacht. Er war selbständiger Autor zu DDR-Zeiten, aber Probleme mit der Selbständigkeit hat er erst jetzt. Es blieb ihm, wie er sagt, nichts anderes übrig, als einen eigenen Verlag zu gründen, *„weil die ganzen Auftraggeber sozusagen zusammengebrochen"* sind. Herr Flieger jedoch darf sich in die Reihe der Kronzeugen für die Suche nach „entfaltungsgarantierenden Formen von Leben und Arbeiten" einreihen. *„Für mich"*, sagt Herr Flieger, *„soll der Beruf nicht nur Mittel zum Gelderwerb sein, sondern ooch irgendwo Lebensinhalt"*. Der Politoffizier der NVA hat sich bereits kurz nach der Wende bei

Versicherungen beworben, denn „*wenn ma ne andere Gesellschaftsform annehmen, is das nischt denkbar, daß die Träger der alten Ideologie übernommen werden*". Auch Herr Flieger hatte nicht die Chance, seine Position zu halten. Nach Ritschel 1995 werden die neuen Selbständigen dem status- und karriereorientierten Milieu zugerechnet; es ist dies das Milieu, „wo Lebensführung in den neuen Bundesländern bereits auf neue Weise praktiziert wird und dem zuwiderlaufende mentale und psychische Barrieren überwunden worden sind" (Ritschel 1995, S. 231); diesem Befund werde ich später entgegenhalten, daß Herrn Fliegers Karrierestart gerade aufgrund von Ressourcen möglich war, die er in der DDR erworben hatte und auf die er jetzt zurückgreifen kann. In zwei Jahren will er sich selbständig machen; seine Einstellung zur Arbeit steht dem sicherlich nicht im Wege, denn am wohlsten fühlt er sich, „*wenn die Arbeit Erfolge zeigt, die ooch deinem eigenen Vermögen geschuldet sind und, naja, wenn das familiäre Hinterland stimmt*". Für dieses „*Hinterland*" hat er allerdings keine Zeit mehr; da es die Funktion des „*Hinterlandes*" ist, ihn zu unterstützen und nicht umgekehrt, macht Herrn Flieger die fehlende Zeit für die Familie wenig Kummer. Auch Herr Pattermann kann seine Familie als Hinterland nutzen: Er ist froh, wenn ihm seine Frau „*den Rücken freihält*". Da er „*nicht mit so nem Gesicht*" zu seinen Kunden kommen kann, ist es „*schon ganz günstig, daß ich zu Hause hier keen Ärger hab*". Wir dürfen gespannt sein, inwiefern es sich bei der neuen Selbständigkeit „um Prozesse des Aufbrechens alter, überlebter Strukturen und der Entstehung modernerer Strukturen, um die Überwindung von Rückständen, wie sie in der sozialen Struktur der ehemaligen DDR enthalten waren ... und in diesem Sinne auch um nachholende Modernisierung" handelt (Lindig/ Valerius 1993, S. 180). Sieht man sich die familiale Arbeitsteilung an, so gab es zumindest in den hier dokumentierten Fallgeschichten neuer Selbständiger Veränderungen, die, was die familiale Arbeitsteilung betrifft, nur dann als nachholende Modernisierung begriffen werden können, wenn man geschlechtsspezifische Arbeitsteilungsmuster im Sinne des weiblichen Hinterlandes und des männliches Ernährers, der an vorderster Front zu kämpfen hat, als modern bezeichnen will. Vor der Wende haben unsere neuen Selbständigen bei der Hausarbeit zumindest mitgeholfen, so zaghaft ihre Mitarbeit auch gewesen sein mag. Stellvertretend für alle anderen sei Herr Flieger zitiert, der „*früher vielleicht noch 'n größeren Teil ooch mal im Haushalt mitgemacht*" hat. „*Und jetzt komm ich nach Hause, und da ist die Wohnung sauber*". Sehen wir Selbständige „als notwendige Subjekte von Veränderungen der ökonomischen und sozialen Struktur der Gesellschaft" (Lindig/ Valerius 1993, S. 180), müssen wir die Veränderungen der geschlechtsspezifischen Arbeitsteilung in Richtung einer stärkeren Doppelbelastung der Frauen oder in Richtung des Leitbildes der modernen Versorgerehe der alten BRD berücksichtigen. Das mag notwendig sein und auch modern.

Kommen wir nochmals auf Herrn Rabe zurück. Dieser meint, ihm wäre nichts anderes übriggeblieben, als einen Verlag zu gründen. Seine ökonomische Situation ist prekär, und man darf vermuten, daß die Selbständigkeit für ihn nichts anderes als verdeckte Arbeitslosigkeit bedeutet. Es blieb ihm in der Tat nichts anderes übrig, wie - mit Ausnahme von Herrn Pattermann, der aber, weil anderweitig noch abgesichert, die eigene Firma sozusagen außer Konkurrenz betreiben kann - unseren anderen Interviewpartnern auch, als den Schritt in die Selbständigkeit zu wagen.

Daß unsere Interviewpartner am „Selbstunternehmertum" auch Freude empfinden, soll nicht in Abrede gestellt werden. Gleichzeitig macht genau dies aber auch Probleme. Da Herr Dalloff nun seine Aufträge selbständig terminieren kann, hat er ein „schlechtes Gewissen", da ein Auftraggeber zwangsläufig hinter einem anderen zurückstehen muß. Herr Dalloff bietet uns zudem eine interessante Gegenposition zur soziologischen Einschätzung der neuen Selbständigen an: „Hinterher hab ich mir überlegt, es ist vielleicht nicht klug, weil dann möglicherweise irgendwann in der Biographie mal auftaucht, na wer in der Zeit freischaffend werden mußte, der hat was auf 'm Kerbholz". Diese Vermutung ist auch gar nicht unplausibel: Herr Rabe, Herr Dalloff und Herr Flieger waren zu systemnah, um bleiben zu können, wo sie waren, zumal ihre jeweiligen Arbeitsstätten und Arbeitssituationen ohnehin DDR-spezifisch waren und aufgelöst oder umstrukturiert worden sind. Im Gegenzug ist ihre frühere Nähe zur Partei in ihrer neuen Position nicht von Belang. Freilich kann diese Ausgangsposition zum Sprungbrett in die Karriere werden; der Anreiz zu springen aber kann auch ganz unabhängig von den Gross'schen „Suchbewegungen nach subjektivitätswahrenden und entfaltungsgarantierenden Formen von Leben und Arbeiten" (zit. nach Lindig/ Valerius 1993, S. 181) entstanden sein. Inwieweit die berufsbiographischen Erfahrungen als Ressourcen oder Restriktionen für die Selbständigkeit fungieren, soll später thematisiert werden. An dieser Stelle ist es mir wichtig, darauf hinzuweisen, daß es auch die Situation ist, die die Entscheidung zur Selbständigkeit nahelegt. Herr Flieger ist diesem Entscheidungszwang sehr stark ausgesetzt, weil er gar nicht erst in eine Moratoriumssituation gekommen ist. Die Entscheidung, zu einer Versicherung zu gehen, war, kurz gesagt, eine rationale Entscheidung. Er gehört auch deshalb „zur ersten Generation", weil seine Institution eine der ersten war, deren Auflösung feststand. Daß „die Träger der alten Ideologie" nicht in die Bundeswehr übernommen würden, stand für ihn fest. Worauf hätte er warten sollen?

Die Einsicht, daß „ohne Arbeit nichts läuft", hat unter den neuen Verhältnissen eine Dynamisierung erfahren. Vom Arbeitsplatz ist mit einem Male die gesamte soziale Existenz abhängig und nicht mehr, wie zu DDR-Zeiten, untrennbar mit ihm verbunden. „Geld regiert die Welt", sagt Herr Belzow, und Frau Barzel nennt die Lebensbereiche, die in der DDR gesichert waren und es jetzt nicht mehr sind: Arbeit, Wohnung, Familie. Wenn der Betrieb schließt, in dem das Ehepaar Barzel gearbeitet hat, noch dazu auf wenig qualifizierten Arbeitsplätzen, wenn der Sohn eine Lehrstelle sucht und nicht findet, wenn man sich sorgt, wie man die gestiegene Miete weiter bezahlen kann und sich bedroht sieht vom Gegenhorizont der „*Asis*"[66] auf den Straßen und der Einsicht, daß *„die fehlende Sicherheit auch vielen zu schaffen machen wird, die sehr labil sind, die nicht irgendwie mit sich selber ins Reine kommen. Die dann ins Nichts stürzen"* - dann ist neben dem Arbeitsplatz auch die Wohnung und die Familie bedroht. Arbeit als 'Herzstück' der Lebensweise bekommt so eine hautnahe Bedeutung.

Doch noch sind Barzels nicht in Nichts gestürzt, noch sind die Karriereerfolge unserer neuen Selbständigen offen. Dem gesellschaftlichen Moratorium entspricht ein Moratorium im Kopf: Zwei Jahre etwa veranschlagen unsere InterviewpartnerInnen, bis sich ihre Situation einigermaßen geklärt hätte. So rechnet Herr Flieger damit, sich mit seinem Kundenstamm, den er aufbaut, in ein- bis zwei Jahren selbständig machen zu können. Herr Belzow stellt sich darauf ein, in die alten Bundesländer zu pendeln und würde das *„zwei Jahre machen, so in dem Zeitraum, bis jetzt vielleicht hier die Arbeitslage sich ändert"*. Und Frau März kann sich vorstellen, ihr Leben *„zwei, drei Jahre dahinplätschern"* zu lassen - ein treffendes Bild eines Moratoriums.

Wie verfährt die Person damit, daß die Erwerbsarbeit nun der Grundstein der Existenzsicherung ist, gleichzeitig aber nicht mehr garantiert ist? Welche Chancen und Zwänge eröffnen sich dadurch? Und worauf kann der Einzelne zurückgreifen, was ist ihm im Wege? Inwieweit prägt die Beteiligung an der Erwerbssphäre das neue Sozialgefüge? Und was geschieht mit der familialen Arbeitsteilung? Was geschieht überhaupt mit den anderen Lebensbereichen der Person?

Verfolgen wir die Veränderungen weiter, der die Themen der Lebensführung unterliegen. Sehen wir uns im nächsten Schritt an, was aus der sozialistischen Ideologie in den Herzen und Köpfen der Menschen geworden ist.

3.2.3.2. Die individualistische Lebensweise: Eine neue Leitlinie?

Die 'sozialistische Lebensweise' war auf der einen Seite ein ideologisches Paradigma, auf der anderen Seite aber auch soziologische Analyseeinheit eines gesamtgesellschaftlichen Prozesses. Daß die Sozialforschung auch zu DDR-Zeiten Hinweise dafür sammelte, daß ein Differenzierungsprozeß im Gange sei, neben die 'gesamte Gesellschaft' auch andere Gruppen traten und Lebensstilunterschiede festgestellt wurden, war kein Hindernis, an einem idealen Modell sozialer Gleichheit festzuhalten, das es, wenn es nicht evidenterweise existierte, so doch mindestens zu

---

[66] „*Asis*" meint Asoziale - ein gebräuchlicher Ausdruck für die Unterschicht in der DDR

verwirklichen galt.[67] Wie bereits aufgezeigt, waren die ideologischen Bezugspunkte der sozialistischen Moral, der Person, der Lebensweise und des Kollektivs in den Köpfen zumindest unserer InterviewpartnerInnen präsent. Die Partei hatte sich alle erdenkliche Mühe gegeben, die DDR-BürgerInnen moralisch anzuleiten, war es doch ihr Ziel, die ganze Gesellschaft als ihre Organisation einzurichten, als eine Organisation, aus der man weder abwandern sollte noch Widerspruch kundtun. Welche Lebensweise hat man nun dafür eingetauscht?

Man mag als erstes einwenden, es sei überhaupt keine Lebensweise, sondern eine breite und wählbare Palette von Lebensstilen.[68] Wenn Lebensweise die Art und Weise meint, wie eine ganze Gesellschaft mit den Lebensbedingungen verfährt bzw. verfahren soll, die ihre Gesellschaftsverfassung auszeichnet[69], so mag man einwenden, solche allgemeinen Rahmenbedingungen gäbe es gar nicht in der pluralistischen, individualisierten Gesellschaft der Bundesrepublik Deutschland. Auch eine der DDR vergleichbare gesamtgesellschaftliche Moralerziehung gibt es nicht, unterliegen doch die gesellschaftlichen Subsysteme ihrer eigenen Logik. Allerdings hat die Bundesrepublik ihre Diagnostiker. Becks Individualisierungsthese läßt sich in einem Punkt als spiegelbildliches Theorem zur sozialistischen Lebensweise lesen: Dreh- und Angelpunkt ist auch hier eine gesamtgesellschaftliche Analyse. Dem Prozeß der Individualisierung ist die ganze Gesellschaft unterworfen, und sein Ergebnis ist ein Massenschicksal. Nur ist es nicht das einer einheitlichen Lebensweise, sondern ihr Gegenteil: kollektiv individualisierte Existenzen. Ein wichtiger Unterschied muß freilich ebenfalls hervorgehoben werden: Das Massenschicksal der Individualisierung ist die Folge eines Modernisierungsprozesses, innerhalb dessen 1. ständisch eingefärbte Klassenlagen enttraditionalisiert wurden, 2. das materielle Wohlergehen, obgleich einem gesamtgesellschaftlichen Anstieg des Lebensstandards geschuldet, als persönliches Aufstiegserlebnis gedeutet wird und damit klassenkulturelle Identität reduziert wird und 3. sich eine Diversifizierung und Individualisierung von Lebenslagen und Lebenswegen eingestellt hat. Daraus folgert Beck 4., „daß mit zunehmender Individualisierung ... die Voraussetzungen schwinden, das Hierarchiemodell sozialer Ungleichheit lebensweltlich zu interpretieren" (Beck 1983, 53f). Die individualisierte Lebensweise ist demnach Ergebnis der Gesellschaftsentwicklung, nicht Indoktrinationsgegenstand. Doch vergessen wir nicht, daß die sozialistische Modernisierungstheorie eine sozialistische Lebensweise ebenfalls als historisches Entwicklungsergebnis sieht; daß dieses Ergebnis als Desideratum definiert und der Entwicklung nachgeholfen werden sollte, muß in dieser Lesart kein Widerspruch sein. Daß die

---

[67] siehe zur sozialistischen Lebensweise Müller/ Weihrich 1990, S. 30ff; vgl. auch Lötsch 1988, der seit dem Ende der 70er Jahre eine Entwicklung registriert, soziale Differenzierungen nicht mehr summarisch als negative Erscheinungen zu betrachten (Lötsch 1988, S. 15)

[68] vgl. hierzu Zapf u. a. 1987, Glukowski 1988 u.v.a.

[69] Müller/ Weihrich 1990, S. 43ff

sich als modernisiert definierenden westlichen Gesellschaften der weiteren Modernisierung auch intendiert und nicht nur - im Beckschen Sinne - reflexiv zuarbeiten, unterstreicht die Spiegelbildlichkeit der Modernisierungstheorien in Ost und West.[70]

Über die empirische Bestätigung der Individualisierung und Diversifizierung von Lebenslagen und Lebenswegen wird indes heftig diskutiert.[71] Lassen wir unsere ostdeutschen InterviewpartnerInnen in den Diskurs einsteigen. Sehen wir uns an, ob sie eine neue Lebensweise registrieren und wenn ja, wie sie sie kennzeichnen.

„*Umsonst ist nischt*", sagt Herr Flieger. „*In der freien Marktwirtschaft, daß dort 'n höherer Erfolgsdruck da ist, hab ich in relativ kurzer Zeit begriffen. Daß man viel mehr sälber entscheidet, wie man sich entwickelt, vor allen Dingen dann für den finanziellen Spielraum, daß das von einem sälber abhängt. Und da gibt 's nur einen Weg: entweder ich geh den oder ich geh den nicht. Entweder geh ich den bequämen Trott weiter, da wär ich möglicherweise bei meinen Kollegen in irgendeinem Umschulungslehrgang, oder ich geh den Weg, den ich zeitig erkannt habe, 'n Neuanfang*". Individualisierung ist demnach - aus der Sicht des Akteurs - eine individuelle Reaktion auf Veränderungsprozesse. Herr Flieger interpretiert seinen Karrierestart als individuelles Aufstiegserlebnis, das in erster Linie auf seine Entscheidung zurückzuführen ist und merkt auch gleich an, daß es sein Verhalten ist, das in der neuen Gesellschaftsordnung, der „*freien Marktwirtschaft*", gefordert ist. So sitzt unser Herr Flieger nicht in „*irgendeinem Umschulungslehrgang*"; es ist ein von ihm selbst gewählter „*Neuanfang*", der „*Weg, den ich zeitig erkannt habe*".

„*Wer Ellenbogen hat, kommt hoch*". So sieht Herr Dalloff die Losung nicht der „*freien Marktwirtschaft*", sondern des „*Kapitalismus*". Er selbst habe indes die geforderten Eigenschaften nicht. Was Herr Flieger als Chance begreift, ist Herrn Dalloff Belastung: Herr Dalloff und seine Kollegen haben sich gemeinsam selbständig gemacht, denn „*jeder alleine hätte sicher Angst gehabt*". Wo Herr Flieger Positives sieht, übt Herr Dalloff Kritik. Und „*Manschetten*" hat Herr Dalloff auch in seiner Bürogemeinschaft, „*diese Manschetten, ich muß die Familie ernähren*". Aber einig sind sich beide im Befund: Auf den Einzelnen komme es an, seien es nun seine Ellenbogen oder sein Verzicht auf den „*bequämen Trott*".

„*Das Wirtschaftliche*" stehe nun im Vordergrund, sagt Herr Rabe, und das ist herbe Kritik. „*Wir wissen, daß der Mensch nicht mehr das Maß aller Dinge ist, sondern das Geld das Maß aller Dinge*".

Das sieht Herr Tikovsky nicht so herb: „*Nu wird alles ein bißchen anders*", meint er, „*aber ich glaube, sehr wesentlich anders auch nicht. Vom Lebensrhythmus her hama uns eigentlich fest vorgenommen, man weiß es nicht, also nichts groß zu ändern*". Diesen Lebensrhythmus charakterisiert er so: „*Ich bin einfach

---

[70] siehe zu dieser These Müller/Weihrich 1990, S. 33f
[71] vgl. Burkart 1993, Geißler 1996

zum Leben da, deswegen sag ich, die Mentalität der Franzosen gefällt mir oder die Ungarn. Höchstens a Bruchteil vom Verdienst in die Wohnung stecken, 's restliche Geld verleben. Ich möchte eben einfach schön leben"*.* Solche Lebensweise siedelt er nicht bei seinen westdeutschen Landsleuten an, auch bei den Ostdeutschen nicht, sondern bei den Franzosen oder Ungarn. Er sucht nach einer gesamtgesellschaftlichen Lebensweise, an die er mit seinen Präferenzen anschließen kann, aber er traut sich zu, daß er auch innerhalb einer Lebensweise, die sich aus der Negativdefinition der ungarischen oder französischen ergibt, seinen bzw. die Familie Tikovsky ihren Lebensrhythmus aufrechterhalten kann. *„Man weiß es nicht",* schiebt er ein. Er ahnt, daß eine solche Form von Individualisierung nicht ohne Schwierigkeiten durchzuhalten sein wird. Wir werden weiterverfolgen, ob es ihm gelingt, seine Individualisierungsvorstellungen außerhalb von Ungarn und Frankreich, vor allem aber außerhalb der DDR weiterzuverfolgen.

Was in den Interviews des Jahres 1991 nicht zu finden ist, ist die Individualisierung antizipierten Scheiterns. Im Gegensatz zum persönlichen Aufstiegserlebnis werden persönliche Abstiegserlebnisse nicht thematisiert. So sieht Frau Barzel kollektive Betroffenheiten: *„Ich saach, na prima, da werden wir ein Heer von Sozialhilfeempfängern, das ham wir uns alle erträumt".* Von der Thematisierung eines etwaigen persönlichen Anteils an solchen Abstiegserfahrungen kann auch bei Herrn Rabe keine Rede sein: *„Die ganzen Verlage der DDR sind abgewickelt worden oder werden abgewickelt ... Die gehn nicht, die werden kaputtgemacht. Es darf von der DDR nichts bleiben, auch die Verlage nicht. Das ist das erklärte Ziel der Bundesregierung und das sieht man ja täglich".*

„Externe Ursachenzuschreibung" bescheinigt Detlef Pollack seinen Landsleuten; diese haben ihren Grund in den „mangelnden Gestaltungs- und Entfaltungsmöglichkeiten" in der DDR. So wie sie - und dafür habe auch ich Belege gefunden - der unfähigen Führungsschicht mehr als sich selbst an der Misere des Sozialismus die Schuld geben, so neigten sie jetzt dazu, „Mißstände, aber auch Erfolge auf externe Ursachen zurückzuführen" (Pollack 1992b, S. 495). Ob dies auf Erfolge ebenso wie auf Mißerfolge zutrifft, sei vorerst bezweifelt. Herr Flieger bezweifelt nicht, daß sein Erfolg seinen eigenen Bemühungen zu verdanken ist; der 1991 leidlich erfolgreiche Herr Dalloff sieht sich trotz der Einsicht in das Fehlen von Ellenbogen genötigt, zu glauben, *„was ich früher nie glauben wollte",* nämlich *„daß sich die Arbeitslosen im Westen wahrscheinlich doch zum großen Teil aus Leuten"* rekrutieren, *„die nicht wollen".* Der eigene soziale Abstieg oder zumindest der Fall in die vorübergehende soziale Abfederung läßt sich leichter als ein kollektives Erlebnis deuten, betrifft die Ausgliederung aus dem Erwerbssystem doch rund 50% der Bevölkerung. Individuelle Aufstiege indes sind erstens seltener und zweitens kein Ereignis, das ein Kollektiv betrifft. Ob allerdings Chancen bestehen, scheiternde Wiedereingliederungsversuche über einen längeren Zeitraum hinweg als kollektives Schicksal zu deuten, darf bezweifelt werden. Die Individualisierungsfunktion der Institution Arbeitsamt wird auch in Ostdeutschland greifen.[72]

Frau Barzel plädiert indes für ein Moratorium im Kopf durch Perspektivenwechsel: *„Ich würde gern mal wegfahrn. In ein ganz fremdes Land. Am liebsten immer, wovon ich lese. Zu den Indianern oder in die Karibik. Wo nich viele Touristen sind. Wo wirklich mal, wo wirklich mal Ruhe ist. Ruhe von allem. Vielleicht kriegt man dann ein anderes Bild, eine andere Einstellung. Vielleicht ist ma jetzt wie betriebsblind. Daß man so manches gar nicht mehr sieht, was vielleicht doch da ist und du nimmst es gar nicht wahr".* Marz (1992) sieht diese „persönliche Orientierungsnot der Akteure ... Sie spüren den Anpassungsdruck, merken, daß ihnen nicht nur partielle, sondern irgendwie tiefergehende Verhaltensänderungen abgefordert werden, sind betroffen und verunsichert, können dieses diffuse 'Irgendwie' nicht näher ausmachen, suchen sich zu orientieren und schlagen schließlich eine Richtung der Verhaltensänderung ein, gegen die sich alles in ihnen sträubt und von der sie im Grunde hoffen, daß sie sie nicht wirklich bis zum bitteren Ende auszuschreiten brauchen" (Marz 1992, S. 5). Dieses Wahrnehmen-Müssen empfindet Frau Barzel durchaus als einen Individualisierungsdruck auf das Alltagsverhalten. Man müsse jetzt, meint sie, *„bissl mehr drauf achten, daß man nicht unsinnige Sachen macht. Daß man bewußter alles wahrnimmt, was ma so machen möchte und machen muß. Früher hat man so drauflosgedacht und drauflosgelebt. Man hat ja alles gesaacht gekriegt, was man zu machen hatte und was man zu lassen hatte, und das ist das Schlechte".*

Conrad Lays „erzwungene Individualisierung" (Lay 1993) zu DDR-Zeiten läßt sich auch anwenden auf die Situation, in der sich unsere InterviewpartnerInnen jetzt befinden. Wenn man so will, wird ihnen Modernisierung zuerst als Individualisierung bewußt. Es ist dies keine selbstgewählte, auch wenn sie rückwirkend so stilisiert wird. Wie der Einzelne allerdings mit den Anforderungen und Zumutungen verfährt, ist eine andere Frage. Frau Barzel kann sich ihrem Kollektiv nicht mehr zuordnen; mit den Bonzen ging auch die sozialistische Moral verloren, die sie institutionalisiert glaubte. Ihr Traum von den Indianern drückt die nun für nötig befundene Suche nach einem anderen Blickwinkel sehr klar aus. Er drückt freilich auch noch anderes aus: Die Indianer sind für sie, wie für Herrn Tikovsky die Ungarn oder Franzosen, Gruppen mit einer anderen gesellschaftlichen Lebensweise wie die Bundesrepublika-

---

[72] Beck (1986, S. 133) verweist auf Individualisierung durch *„individuelle* Rechte ..., die der einzelne im Gang zum Arbeitsamt (und wieder zum Arbeitsamt), und notfalls im Gang zum Gericht individuell einholen und einklagen muß. Die Arbeiterbewegung ist sozusagen durch die Verrechtlichung *von der Straße in die Gänge der Ämter verlegt worden* und findet hier als Warten, Sitzen, Warten, Sitzen, Antrag-Ausfüllen, Antrag-Ausfüllen und dann als Beratungsgespräch mit dem (teil- bzw. nicht-)zuständigen Beamten statt, der das ehemalige 'Klassenschicksal' in den individualisierenden Rechtskategorien des 'Einzelfalles' bearbeitet (oder/und weiterleitet)".

nerInnen. Noch dominiert die Vorstellung einer gesellschaftlichen Lebensweise die des individuell wählbaren Lebensstils. Eine 'individualistische Lebensweise' wird konstatiert, die zum einen den Zwang bedeutet, eine neue Art des Umgangs mit den veränderten Chancen und Zumutungen entwickeln zu müssen, denen man nun ausgesetzt ist. Sie bedeutet aber auch, daß das bisher gelebte Leben hinterfragt werden muß, daß es retrospektiv zur Disposition steht. Die etablierten Normen und Werte scheinen nicht mehr so ohne weiteres zu gelten.

Wenn die Person den Eindruck hat, daß von der Anforderungsstruktur her eine andere Lebensweise etabliert wird, wie geht sie dann damit um? Wovon hängt es ab, wie eine Person mit den neuen Rahmenbedingungen verfährt?

3.2.3.3. Politisches Engagement

„Politisch läßt du dich nirgendwo mehr ein", sagt Herr Flieger. *„Finger verbrannt, weg davon".* Frau März meint, *„mich interessiert zwar Politik als solches noch, ja? Ich kann auch ne Stunde in der Tageszeitung lesen, ja? Aber ansonsten ist mir auch vieles momentan egal. Ich bin da gleichgültiger geworden".* Neben solcher Entwertung des Politischen finden wir Engagement und Enttäuschung: Herr Dalloff und Herr Rabe sind weiterhin in der PDS, während sich Frau Barzel desillusioniert gibt. Politisch engagieren werde sie sich nie mehr, denn *„für mich ist der Kapitalismus auch nicht das Wahre. Und deswegen würde ich da auch nicht wieder was machen. Sie ham ja gesehen, es hat uns nischt gebracht, daß ma uns engagiert haben. Na denken Sie, daß das jetzt was bringt, wenn ich mich wieder irgendwo einhänge? Meinungsfreiheit generell gibt 's gar nicht"*, sagt sie. *„Jeder Staat läßt nur soviel zu, wie ihm paßt. Und da bin ich dann ja genauso wieder bevormundet".* Unter politischem Engagement versteht sie *„sich irgendwo einhängen";* bei den Parteien, wo sie sich jetzt *„einhängen"* könne, sieht sie keine großen Unterschiede zu früher.

Herr Tikovsky hingegen engagiert sich in Form von politischem Protest. Mit politischen Parteien könne er wegen der Parteidisziplin nichts anfangen. *„Die Strukturen sind alle gleich. Ich hab was gegen Parteien, sobald das mit der Parteidisziplin anfängt. Wenn die Leute anders denken, als sie sich verhalten müssen, dann ist das Blödsinn".* Da geht er lieber zu den IG-Metall-Demos, die im Frühling 1991 als 'Montagsdemonstrationen' stattfinden; er ist hochgradig politisch interessiert und gut informiert. *„Es gibt ja auch 'n Mieterbund und was weiß ich alles, hab ich ja nun Zeit, mich zu informieren, was es alles so gibt. Was mich eigentlich auch früher interessiert hatte, als es mich überhaupt noch nicht betroffen hat. Als es nur Sie betroffen hat".* - *„Sie"* meint die InterviewerInnen und damit die Westdeutschen.

Wir finden bislang drei Verfahrensmöglichkeiten mit dem neuen politischen System vor: Desinteresse, Engagement und Enttäuschung. Beginnen wir von hinten: Nicht nur Frau Barzel ist enttäuscht. Obschon unsere InterviewpartnerInnen sich skeptisch geben, waren ihre Erwartungen an das neue System doch sehr hoch.[73] Die politischen Institutionen werden mit denen der DDR verglichen und das Fazit gezogen, daß sie einander in vielem gleichen. Man gibt sich vorausschauend, was die jetzt zu bewältigenden Differenzierungserfahrungen betrifft, erwartet aber doch vom Staat und damit von den politischen Entscheidungsträgern die Exerzierung sozialer Gerechtigkeit in Form des Schutzes vor dem sozialen Abstieg. *„Ich weiß nicht"*, sagt Frau Barzel, *„wie die sich das vorstellen, wovon wir leben sollen"*. Für Ostdeutsche, so zitiert Spittmann das unterschiedliche Staats- und Freiheitsverständnis, „sichert der Staat die Freiheit von Not, für die Westdeutschen bedeutet Freiheit die Freiheit von Eingriffen des Staates in die Privatsphäre der Bürger. Man könnte auch sagen", so Spittmann, „im Osten Schutz durch den Staat, im Westen Schutz vor dem Staat" (Spittmann 1995, S. 6).[74] Doch Frau Barzel ist nicht nur vom neuen, sondern auch vom alten System enttäuscht worden. Wenn die neuen Institutionen als nicht besser als die alten wahrgenommen werden, rettet man sich in Fatalismus und muß so das eigene Verhalten nicht zur Diskussion stellen. Enttäuschung als nachwendliches Phänomen resultiert im Falle der Frau Barzel aus einem Legitimitätsglauben an die Politik der DDR, während Herrn Tikovskys Enttäuschung vom neuen System aus einer bislang praktizierten latenten Oppositionshaltung resultiert und Wensierskis subversiver Selbstbehauptung entspricht.[75] Die Erwartungen an die Demokratie waren hier sehr hoch; gerade wegen seiner partiellen Enttäuschung kann Herr Tikovsky die Kontinuität seines bisherigen politischen Handelns durch seinen politischen Protest ebenso herstellen wie das unsere linientreuen Probanden mit ihrer PDS-Mitgliedschaft tun. Daß man es sich jetzt leisten kann, politisch desinteressiert zu sein und trotzdem Karriere zu machen, wird nicht zufällig gerade Herrn Flieger ansprechen. Er brauchte die Partei für seine Berufskarriere, ohne große politische Ideale gehabt zu haben, während Frau März Erleichterung darüber empfindet, sich nicht mehr engagieren zu müssen.

3.2.3.4. Zeit und Freizeit, Familie und Bezugspersonen

Daß durch den Wegfall der Parteiarbeit mit einem Male freie Zeit zur Verfügung ist, sahen wir bereits bei Frau März. Sie hat jetzt mehr Zeit als früher, und diese will ausgefüllt sein. Politisches Handeln im neuen System ist keineswegs zwangsläufig funktionales Äquivalent. Frau März füllt die freie Zeit mit Stadtspaziergängen und

---

[73] Der Sozialreport, Sonderheft 1993, S. 26 bescheinigt den Bürgern Ostdeutschlands ein „teilweise überzogenes Demokratieverständnis", dem die neue Realität, auf die sie trafen, nicht gerecht wurde; siehe hierzu auch Huinink 1995b, S. 44, der mutmaßt, daß die DDR-Bürger sich den Zusammenbruch der umfassenden sozialen Sicherheit nicht vorstellen konnten.

[74] In diesem Zusammenhang ist auch die Angst unserer InterviewpartnerInnen vor Kriminalität zu sehen.

[75] In den jeweiligen Portraits werden diese Vermutungen ausgearbeitet und plausibilisiert.

„Herumlümmeln zu Hause". Mehr Zeit haben auch die KurzarbeiterInnen: Ist Freizeit hier das, was die MarienthalforscherInnen ein „tragisches Geschenk" (Jahoda u.a. 1975, S. 83) nannten?

Während Herr Belzow versucht, die Unterscheidung von Arbeit und Freizeit durch Heimwerken aufrechtzuerhalten, macht Herr Tikovsky den Haushalt und geht zwischendurch seinen Hobbies nach: lesen, Musik hören, spazierengehen. Auf Dauer kann er sich so ein Leben allerdings nicht vorstellen; Langeweile macht sich breit. Auch die gemeinsame Familienfreizeit hat sich verändert: *„Wir sind sehr häufig ins Kino gegangen und das überlegt man sich jetzt schon, auch das Essen gehen, das kostet jetzt das drei- bis vierfache. Und wir sind wahnsinnig oft Essen gegangen. Aber das wollen wir auf alle Fälle wieder einführen. Weil das einfach dazugehört. Wir haben viel unternommen früher, viele Ausflüge mit den Kindern gemacht, am Wochenende und am Haushaltstag, da hab ich auch oft geguckt, daß ich da auch Urlaub kriege. Wir sind dann ja auch ein bißchen mobiler gewesen, weil wir uns noch kurz vor der Wende einen Trabant für 13000 DM gekauft haben. Als erstes sind wir in Urlaub gefahren mit dem neuen Auto, ins Erzgebirge, wo wir schon seit 10 Jahren mit unseren Freunden hinfahren. Das müssen wir heuer leider ausfallen lassen, die haben die Preise unverschämt erhöht, und ich will ja nicht grade im Urlaub sein, wenn sie mich zum Arbeiten holen. Das ist mir jetzt zu unsicher, da bleib ich lieber hier"*. Die Bedrohung von Herrn Tikovskys Arbeitsplatz wirkt hier mit den Preiserhöhungen so zusammen, daß Tikovskys *„Abstriche machen"* müssen. Diese Abstriche machen nicht alle. Belzows planen ihren Mittelmeerurlaub, obgleich auch Herr Belzow in Null-Stunden-Kurzarbeit ist. Herr Dalloff indes meint, die neue Reisefreiheit bedeute ihm nichts. *„Ich hab auch vorher reisen können, ich hätte auch in den Westen reisen können, wenn ich gewollt hätte, ich wollte nicht. Und wenn ich reise, dann will ich nicht diese Reisen machen, die der normale Bundesbürger* (macht, M.W.), *vielleicht ist es anmaßend, der normale Bundesbürger, ich geh mal davon aus, was unsereinem von Bundesbürgern erzählt worden ist, warum sie die Welt so toll finden, in der sie leben. Daß sie nach Mallorca fahren können, also das interessiert mich nu weiß Gott nicht. Urlaub, da fahr ich lieber in den Thüringer Wald oder in die Berge, keine Menschen sehen und will hoch und runter"*. Allerdings fährt Herr Dalloff erstmal nirgendwohin, denn er hat gar keine Zeit dazu. Die Freizeit des Existenzgründers ist jetzt knapp bemessen. Frau Barzel hingegen hat nun zwar Zeit, aber kein Geld; diese Problematik ist ihr vertraut: *„Andere erzählen immer, wir konnten nicht fortfahren, waren eingesperrt. Ja, das glaub ich denen schon, aber ich hab 's nicht so empfunden, weil ich sowieso nie hätte fortfahren können. Ich hatte nie das Geld dafür. Und das hab ich jetzt genausowenig"*. Wenn sie an ihre Umschulung denkt, scheint ihr auch die Zeit zum knappen Gut zu werden: *„Aber jetzt Familie und Haushalt und noch lernen! Das wird kriminell, das!"* Für Frau Pfeiffer ist die Zeit bereits knapper geworden:

„Man hat echt viel weniger Zeit. Weil man sich ja mit vielem auseinandersetzen muß jetzt zwangsläufig", was früher „der Staat geregelt" hat. Ihre Kollegin Frau Volkmann meint dagegen, sie sei „nich mehr so unter Streß, so wie ich das sonst war, ja?" und führt das in erster Linie auf die Vereinfachung der Einkäufe zurück. Frau Bohm hat seit der Einführung der 40-Stunden-Woche mehr Zeit für ihr Kind. „Ooch wenn 's bloß am Tag ne halbe Stunde is, sowas macht sich echt bemerkbar". Herrn Fliegers Berufsarbeit zieht sich weit in den Abend hinein. Wenn er nach Hause kommt, setzt er sich vor den Fernseher: „Wir ham ja auch Satellitenprogramme, da kann man ja dann nach zwölf ooch noch weitergucken". Den Haushalt hat derweil Frau Flieger gemacht.

Befunde aus quantitativen Erhebungen zeugen von einem hohen Maß an soziokultureller und emotionaler Konsistenz in den Partner- und Familienbeziehungen.[76] Das sieht auch Herr Flieger so: „Jetzt nach der Wende sind vielleicht viele Familien noch mehr zusammengewachsen. Des packste nur zusammen, wenn du auch das Hinterland hast". Hier rückt ein spezifisches Familienverhältnis in den Blick, und zwar ein geschlechtsspezifisches. Während die Frauen die Funktion des „Hinterlands" übernehmen, entziehen sich die Männer vollends der Familienarbeit und widmen sich der Erwerbsarbeit.

Obschon Frau Pfeiffer von sich sagt, sie sei „diejenige, die 's große Geld nach Hause bringt", bricht sie abends, von Haus- und Berufsarbeit erschöpft, auf dem Sofa zusammen. Sie ist ihr eigenes Hinterland; während sie kaum um die Runden kommt, macht sie sich Sorgen um die psychische Verfassung ihres zur Zeit nur stundenweise berufstätigen Ehemanns: „Für die Männer ist das sicherlich sehr belastend. Die Frau geht arbeiten, geht jeden Tag, der Mann sitzt zu Hause, also das verkraftet nicht jeder". Wie Frau Pfeiffer das verkraftet, sehen wir uns später an. Frau Barzel denkt über die Probleme ihrer Ehe nach, aber sie thematisiert ihre Perspektive: Sie stellt fest, daß es bei ihr nicht so ist, „daß man sich mit dem Partner ordentlich unterhalten kann. Ich unterhalt mich zwar über 's Notwendigste, aber wo man sich sagt, da könnste mal drüber reden, des kann ich in dem Sinn gar nich". Werden, wie die Marienthalgruppe schließt, „die Tendenzen, die jeweils in der Ehe selbst liegen, ... durch die äußeren Umstände verschärft?" (Jahoda u.a. 1975, S. 101).

Im Falle der Frau Bohm war die Wende letztendlicher Auslöser für die Auflösung ihrer Ehe: „Er wollte rüber, ich wollte nicht und da ham wir uns auseinandergelebt und am Ende ham ma uns scheiden lassen. Das ist über ein Jahr her. Habe aber in der ganzen Phase jemand anders kennengelernt, wo ich jetzt ooch wohne, der is bloß im Moment auf Dienstreise. Tja, das ist eigentlich die Wende gewesen". Das

---

[76] siehe Sozialreport, Sonderheft I, 1995, S. 19

Loch in der Mauer brachte Frau Bohms Privatleben ins Rollen; die Wende im Privatleben „*ist eigentlich die Wende gewesen*".

3.2.3.5. Alltagsorganisation

„*Man hat den Eindruck, die Instanzen wissen selber nich so richtig, was sie können und sollen und dürfen*", sagt Frau Volkmann. Nun hieße es, „*jetzt mußt du, wie du das machst, ist ganz egal*". Früher wäre das anders gewesen: „*Da waren Gesetze, da waren Obrigkeiten, da waren Dienstwege einzuhalten, da ging das nich so einfach*". Frau Volkmann spricht hier drei Dimensionen an: Zum einen befindet sich das Institutionensystem 1991 in einer turbulenten Transformationsphase. Die implementierten Institutionen sind nicht nur neu, sondern verändern weiter ihre Struktur. Auch auf der Seite der Behörden selbst herrscht Unsicherheit im Umgang mit den neuen Regelungen. Die zweite Dimension besteht in der Erkenntnis, daß man sich selbst um Leistungen bemühen müsse: „*Jetzt mußt du*". Wenn man nicht genügend informiert ist, ist das nicht das Problem der Instanzen. Dies verweist auf eine dritte Dimension: Früher waren da „*Gesetze, da waren Obrigkeiten, da waren Dienstwege einzuhalten*". Der subjektive Eindruck, den Frau Volkmann vom neuen Instiutionensystem gewonnen hat, ist keineswegs der der universellen Verläßlichkeit von Markt und Geld, Demokratie und Recht.[77] Es ist der, daß die alten Institutionen verläßlicher waren. Das waren sie nicht aufgrund ihrer Funktionsweise, wohl aber aufgrund der gewonnenen Erfahrung im Umgang mit ihnen.

Diese fehlende Erwartungssicherheit, was die Organisation des öffentlichen Lebens betrifft, eint unsere InterviewpartnerInnen: „*In fünf Minuten ist es wieder anders, es kommt wieder ne andere Anweisung*", beschreibt Frau Pfeiffer den Implementationsprozeß der westdeutschen Altenpflege an ihrem Arbeitsplatz. Als „*Heckmeck*" bezeichnet Frau Bohm das „*Durcheinander*" im neuen System. „*Dort so und hier so, heute so, morgen so, erst soviel, dann soviel. Das macht eenen wahnsinnig*". „*Man hat ja alles gesaacht gekriegt, was man zu machen hatte und was man zu lassen hatte*", erklärt Frau Barzel dieses Desorientierungsgefühl, „*drum sind wir jetzt manchmal so hinterwäldlerisch*". Das stehe im Gegensatz zu „*Ihnen drüben*", wie Herr Flieger uns erklärt, wo „*man reingewachsen is in Versicherungen, Steuersachen, Kaufgebaren, gesetzliche Krankenkassen und diese ganzen Dinge*". Demgegenüber sieht sich Frau Barzel in einem Lernprozeß: „*Eure Kaufgewohnheiten zum Beispiel, die muß man wirklich lernen. Bei uns hat Schnitzelfleisch einfach 10 Mark das Kilo gekostet und das war eben immer so. Jetzt muß ich schon gucken, wo ich was billig kriege*". Daß sie nicht mehr „*nach den kleinen*

---

[77] siehe hierzu Srubar 1991, S. 416ff

Sachen rennen" muß, nimmt sie indes als Vorteil war. Der Notwendigkeit der Preisvergleiche steht die beschriebene Vereinfachung der Einkäufe gegenüber.

Mit dem Eindruck eines anomischen Alltags, der dem Einzelnen Krisenmanagement abfordert, geht die von allen InterviewpartnerInnen angesprochene Angst vor Kriminalität einher. Herr Tikovsky bezeichnet sie als *„einen Einschnitt ins Leben".* Er gehe nicht mehr nachts zu Fuß nach Hause und nicht in die Stadt, wenn Fußball gespielt werde. Herr Belzow holt seine Frau mit dem Auto ab, wenn sie abends eine Freundin besucht, die AltenpflegerInnen gehen zusammen zur Straßenbahn.[78]

Zwei Jahre später werden meine InterviewpartnerInnen Ausländer, Zigeuner und Penner als Personifizierungen der Anomie ausgemacht haben.

3.2.3.6. Organisation der Biographie

Die Deregulierung des Alltags in seiner Breite entspricht seiner Deregulierung in seiner Länge: der Deinstitutionalisierung der Biographie. *„Das ist bei uns so gewesen, daß das alles 'n bißchen gelenkt und gesteuert wurde, das heißt also, als junger Nachwuchskader war ich dann hier vorgesehen für die Perspektive Abteilungsleiter",* erzählt Frau März. *„Hier ging man ja in den Betrieb arbeiten",* ergänzt Herr Dalloff, *„wo ma erwartet hat, dort geht ma auch in Rente".* Die von den Betrieben und insbesondere im Rahmen der Kaderausbildung[79] ausgesprochene „Kontinuitätsgarantie" (Vogel 1996, S. 82) ist verfallen; auf welche Weise, auf welcher Grundlage kann es dem Einzelnen gelingen, seine Biographie über die Wende hinweg weiterzuschreiben? *„Fünfunddreißig Jahre Leben",* sagt Herr Flieger, *„sechzehn Jahre Offizier ... na sicher hängt dort was nach".* Im Rückblick haben unsere InterviewpartnerInnen Schwierigkeiten zu verstehen, wie sie dieser Kontinuitätsgarantie so vertrauen bzw. sie als unausweichlich sehen konnten. Daß *„aus dem Trott, den wir eigentlich unser Leben lang marschiert sind, den andere schon vierzig Jahre lang liefen, ein Ausbrechen eigentlich gar nicht denkbar war",* kommt Herrn Pattermann heute *„lächerlich"* vor. Parallel zu den Systemgegensätzen stehen sich auch zwei widersprüchliche Zeithorizonte gegenüber: Die empirisch beendete DDR-Zeit und die Kontinuitätserwartungen der in der DDR-Lebenswelt handelnden Akteure, die deren Ende nicht antizipieren konnten, im Nachhinein aber auch ihre Kontinuitätserwartungen nicht mehr erklären können.[80]

---

[78] Daß man abends nicht mehr Straßenbahn fahren könne, hörten wir bei unseren Leipzig-Aufenthalten von allen Seiten. In der Tat fand ich mich alleine in der Straßenbahn, wenn ich nach zehn Uhr abends zu meinem Schlafquartier fuhr. Durch ihre Vorsichtsmaßnahmen erhöhten die LeipzigerInnen so das wahrgenommene Unsicherheitsgefühl.

[79] vgl. Zimmermann 1994

[80] vgl. hierzu Wensierski 1994, S. 404f

Jetzt ist die Antizipation des zukünftigen Lebenslaufs so unmöglich, wie sie zu DDR-Zeiten fraglos sicher war. So sagt Frau Bohm, die Zukunft *„laß ma auf uns zukommen". „Ma weiß nie, was passiert. Da mach ich misch nich so verrückt. Was soll ich mir Pläne machen oder Träumereien und dann ... Nö nö, mach ma nich".* Solche Antizipationsverweigerung ist Strategie: Noch einmal läßt man sich nicht der „Kontinuitätsidealisierung" (Wensierski 1994, S. 405) überführen und enttäuschen.

3.2.3.7. Die „*Wessis*" - Feindbilder, Chancen, Orientierungsstützen

Sowohl im öffentlichen Diskurs als auch in der soziologischen Literatur stellen die Konstruktionen 'Ossi' und 'Wessi' eine offensichtlich fruchtbare Problemdefinition und Bewältigungsstrategie dar. Auch unsere InterviewpartnerInnen hatten im Frühling 1991 einige Erfahrungen im kognitiven und realen Umgang mit ihren neuen Mitbürgern, den Westdeutschen, hinter sich und sich ihren Reim darauf gemacht.

Herr Dalloff erzählt uns eine Parabel über die Unterschiede zwischen *„Ossis und Wessis"*: eine Geschichte von einem kleinen Unternehmen, das *„Ossis und Wessis"* zusammen in Leipzig gegründet hatten. Als das Projekt pleite war, hatten die Partner aus dem Westen längst andere Jobs, *„und sämtliche Ossis, die beteiligt waren, standen da und guckten in den Mond. Das war für mich so eine Lehre, der Westbürger weiß, daß es zusammenbrechen kann"*. Dieses Zitat schließt direkt an die oben besprochenen Kontinuitätsidealisierungen an. Daß die DDR zusammengebrochen ist, hatte für Herrn Dalloff und die *„beteiligten Ossis"* nicht hingereicht, gleichermaßen mit dem Zusammenbruch neuer, aus dem Westen importierter Strukturen zu rechnen. *„Der Westbürger"* aber, so Herrn Dalloffs Schlußfolgerung, sitzt solchen Kontinuitätsidealisierungen nicht auf. Wir werden sehen, daß Herr Dalloff lernen wird, *„wie man bei Ihnen wahrscheinlich überall denkt"*.

Die Orientierung daran, *„wie man bei Ihnen wahrscheinlich überall denkt"* - am 'generalisierten Westdeutschen' also, von dem man denkt, wie er und deshalb auch der gesamtdeutsche Bürger denken könnte oder zu denken hätte - findet sich bei allen InterviewpartnerInnen, und sie findet mit gemischten Gefühlen statt.

Herr Tikovsky konstatiert, daß *„die Zugehörigkeit zu einer Firma hier schon anders* (ist, M.W.) *als drüben, was ich so höre und was meine Frau auch erzählt. In ihrer Firma* (Frau Tikovsky arbeitet in der Leipziger Niederlassung einer schwäbischen Firma, M.W.) *ist ein anderes Klima jetzt, obwohl da lauter Ostdeutsche arbeiten, außer den beiden Chefs natürlich"*. Was Herr Tikovsky hier anspricht, ist die Kolonialisierung des Ostens.[81] Was er als typisch für den Westen erachtet - in diesem Falle ein bestimmtes Betriebsklima - wird nach Ostdeutschland importiert, und es wird in dem Betrieb, in dem Frau Tikovsky angestellt ist, trotz der Überzahl

---

[81] vgl. Wiesenthal 1996, S. 573f, der Kolonialisierung als einen Einheitsmythos charakterisiert

der dort arbeitenden Ostdeutschen implementiert. Das tun die Chefs, und diese sind *„natürlich"* keine Ostdeutschen.

Die Kontakte mit Westdeutschen, über die unsere Interviewpartner bis zum Zeitpunkt des ersten Interviews im Frühling 1991 berichten, sind beinah ausschließlich von dieser Art: Der 'Wessi' taucht auf als (überlegener) Geschäftspartner oder Chef; er ist übrigens meist männlich. In allen Betrieben und Berufsgruppen, mit denen wir zu tun hatten, ist die Hoffnung auf berufliche Kontinuität mit Westdeutschen verknüpft: Die Maschinenbaufabrik soll von einem westdeutschen Unternehmen übernommen werden, die einzige Chance für die (dann freilich drastisch reduzierte) Belegschaft, dort weiterarbeiten zu können; das Warenhaus steht in Verhandlung mit einer westdeutschen Kette; diese Funktion erfüllt für das Altenheim der westdeutsche Wohlfahrtsverband, für die Journalisten die westdeutsche Medienlandschaft. Herr Flieger hat bereits einen westdeutschen Arbeitgeber, Herrn Pattermanns Geschäftspartner sind Westdeutsche, und Herr Belzow bewirbt sich in die alten Bundesländer, übrigens fassungslos, daß auch dort keine qualifizierten Facharbeiter gesucht würden.

Ein zweiter Berührungspunkt ist der Westdeutsche als Hausbesitzer. Während die westdeutsche Firma den Arbeitsplatz für Frau Tikovsky stellt und die Verhandlungen mit den potentiellen Käufern aus dem Westen über die Fabrik, in der ihr Mann arbeitet, sich hinziehen, ist die Familie auf einer dritten Schiene von Westdeutschen abhängig: Ihre Wohnung gehört einer westdeutschen Erbengemeinschaft.

Daneben gibt es den (zumindest denkbaren) Kontakt zu den Westverwandten: *„Was wolln denn die Ossis?"* ist die Vermutung, die Frau Günther bezüglich der Reaktion ihrer Verwandten im Westen auf eine eventuelle Besuchsankündigung hegt. Frau Günther versucht, sich mit deren Augen zu betrachten.

Mit vermutetem Westblick, konkret mit dem der InterviewerInnen, betrachtet Herr Flieger seine Wohnungseinrichtung: *„Gemessen am DDR-Schnitt"* hätte sein Einkommen ausgereicht, *„sich einigermaßen vernünftig einzurichten"*, meint er, aber im Vergleich zu dem, *„was Sie sicherlich gewöhnt sind, ist das hier Sozialhilfestandard"*.[82]

Frau Volkmann hat sich die Frauen angesehen, *„die von drüben hierhergekommen sind und dann ooch, als wir das erste Mal rübergereist sind"*. Aufgefallen sei ihr, *„daß die Frauen dort nicht so gehetzt sind, erstens, und zweitens auch nicht so gestreßt aussehen"*. Sie erklärt sich das mit der *„Vereinfachung der Einkäufe"*; jedoch beschäftigen sich die Frauen unseres Samples experimentell mit ihrem Äußeren. Frau Volkmann empfängt uns mit dem Satz, daß sie so wie jetzt normalerweise nicht aussähe; ihre Haare sind rot gefärbt und mit einer Dauerwelle versehen. Frau

---

[82] *„So ist das nun auch wieder nicht"*, sagt der Interviewer und bestätigt damit die ihm angebotene Rolle des 'Wessis', der über so etwas entscheiden kann und es auch tut.

Barzel hat sich in derselben Weise verändert und nennt Gründe dafür: Sie *„macht mit den Haaren rum"*, um nicht ins Grübeln zu kommen und auch deshalb, weil man jetzt mehr auf sein Äußeres achten müsse.

3.2.3.8. Leipzig

Auch die „gebaute Sozialstruktur" (Häußermann 1995, S. 15) ist in Transformation begriffen, und gerade die Stadt Leipzig gibt ein herausragendes Beispiel für den Wandel von der „sozialistischen" zur „kapitalistischen" Stadt ab. Die Prognose des Leipziger Stadtentwicklungsdezernenten lautet entsprechend: „In ein paar Jahren wird die Leipziger City genauso aussehen wie irgendeine westdeutsche Innenstadt" (Scholz/ Heinz 1995, S. 20). Bertels und Herlyn (1995, S. 35) präzisieren diese Entwicklung anhand der Stadt Gotha: „Der neue Farbteppich ist zwar bunt, aber die Webart offenbart die Massenproduktion". Mit dem Stichwort „Benettonisierung" charakterisieren sie eine „neue Uniformität" „trotz aller vordergründigen Buntheit" (Bertels/ Herlyn 1995, S. 35).

Herr Tikovsky indes reproduziert ebenso unauffällig wie kontinuierlich die Vergangenheit: *„Ich geh gern in die Stadt"*, erzählt er, *„und setz mich in ein Café, das hab ich schon immer gerne gemacht"*. Freilich gelingt ihm das nicht immer. So vermißt er seine Eckkneipe, *„so ne richtig traditionelle Leipziger Eckkneipe, sonnabend früh hab ich unser Flaschenbier, das ma so am Wochenende brauchen, hab ich da oben geholt, und am Tresen, da hat ma auch wieder Bekannte getroffen, im Stehen mal so 'n Glas Bier trinken, eine herrliche Atmosphäre war das. Ich geh nicht mehr gerne rein zur Zeit, also wie gesagt, Preis-Leistungs-Verhältnis stimmt nicht"*. *„Das ist so 'n Kommunikationspunkt, der mir fehlt"*, setzt er hinzu. Treffen würde er dort ohnehin niemanden mehr, auch wenn er hinginge. Dafür sind jetzt an anderer Stelle Leute aufgetaucht, die da vorher nicht waren: *„Eine große Menschengruppe"* identifiziert Herr Tikovsky, *„die ja alleine dadurch, daß sie nun kein Arbeitsplatz mehr ham, mehr trinken, Geld brauchen, vielleicht nicht einmal zum Arbeitsamt gegangen sind und nicht einmal arbeitslos gemeldet sind. Ma sieht, wenn ma bewußt das Stadtbild sieht, sieht ma schon viele solche Menschen. Früher hat ma die nicht so gesehen. Jetzt sieht ma sie überall rumhängen"*. Wie wir schon wissen, läßt sich Herr Tikovsky manches Mal davon abhalten, in die Stadt zu gehen: *„Da überlegst du dir auch, ob du am Sonnabend nachmittag in die Stadt gehst, weil Fußball gespielt wird. Wenn ich weiß hier, Lok spielt, geh ich nicht ins Zentrum, das ist viel zu gefährlich, warum soll ich mir da den Schädel einschlagen lassen"*. Die Angst vor Kriminalität und entsprechende Geschichten - *„hier in der Straße ham sie schon Frauen überfallen abends oder hier die Handtasche weggeruppt"* - weisen auf ein neues Erleben von Stadt hin und bestimmen gerade für den

leicht körperbehinderten Herrn Tikovsky Zeiten und Wege: *„Ich geh nicht mehr nachts um zwei zu Fuß nach Haus"*:
Doch nicht immer ist die Stadt überhaupt ein eigenständiges Thema. In den Interviews mit Frau Bohm, Frau Günther und Frau Pfeiffer kommt die Stadt ausschließlich als Territorium vor, das mit der Straßenbahn durchmessen wird, und zwar auf dem Weg zur Arbeit und wieder zurück. Frau Barzel lebt in der Vorstadt, in die Innenstadt kommt sie so gut wie nie. Einkaufen in der Innenstadt war früher den Haushaltstagen vorbehalten; mit deren Abschaffung entfiel auch die Fahrt in die Stadt.

„Leipzisch an sich", meint Herr Flieger, *„is natürlich ooch ein Stückchen Heimat"*. Heimat bedeutet ihm einen Sozialraum, in dem man die Mentalität kennt, wo man dazugehört, und wo man weiß, wie man - als Versicherungsvertreter - die Leute anpackt. *„Heimat"* bedeutet ihm somit auch, daß er hier gute Aussichten auf einen der besten Plätze in der sozialen Hierarchie hat; denn er hat sich entschieden, in Leipzig zu bleiben, weil er *„lieber der erste im Dorf als der dritte in der Stadt"* sein will.

3.2.3.9. Soziale Ungleichheit?

Peter Berger hat auf dem Leipziger Soziologentag 1991[83] ein Bild der DDR-Gesellschaft präsentiert, in dem er die Bevölkerung von der Eisenbahn auf das Auto umsteigen ließ. Die Einschienigkeit der sozialistischen Lebensweise entsprach demnach der Eisenbahn, deren Geleise und Fahrpläne den Alltag in geregelten Bahnen lenkten. Demgegenüber sei nun jeder Einzelne der Lenker seines eigenen Fahrzeugs, das weder auf Geleise noch auf Fahrpläne zurückgreifen könne und auch in seiner Geschwindigkeit selbst zu regeln sei: Individualisierung eben. „Allerdings konnte dabei der Einstieg in den Autoverkehr nicht mit langsameren Fahrzeugen auf beschaulichen Landstraßen und bei nur allmählich wachsender Verkehrsdichte ausgiebig geübt werden, sondern die Menschen wurden unvermittelt mit PS-starken Rasern auf mehrspurigen Autobahnen, aber auch mit zähflüssigem 'Stop-and-Go'-Verkehr und Staus konfrontiert" (Berger 1993, S. 209).[84]

Auf der Datengrundlage des sozio-ökonomischen Panels erfaßt und kommentiert Berger die „erste Phase des Übergangs von der Noch-DDR zu den Fünf Neuen Ländern", die Jahre 1990 und 1991, in ihrer Dynamik und füllt damit sein Bild:

Im März 1991 waren insbesondere Frauen aus der aktiven Erwerbsbevölkerung hinausgedrängt. Fast 14% der Frauen im Alter zwischen 25 und 55 waren von Ar-

---

[83] siehe auch Berger 1996
[84] Jedenfalls entsprach der Leipziger Straßenverkehr im ersten Halbjahr des Jahres 1991 diesem Bild.

beitslosigkeit betroffen, bei den Männern waren es 'nur' 7,5%. Die Gruppe der Selbständigen wuchs an, besser qualifizierte Berufspositionen hingegen gingen zurück, und zwar bei beiden Geschlechtern; die Frauen waren auch hier stärker betroffen: Der Anteil der qualifizierten weiblichen Angestellten ging von einem Drittel auf 23% zurück, die Kategorie der ausführenden Angestellten steigt von 14 auf 19%. Berger schließt daraus völlig zurecht auf „Verdrängungs- und Dequalifizierungsprozesse" (Berger 1993, S. 213), zumal in diesen Zahlen nur ein kleiner Teil der tatsächlichen Unterbeschäftigung repräsentiert ist. Kurzarbeit und Warteschleifen - und damit die Situation von Herrn Pattermann, Herrn Tikovsky, Herrn Belzow und Frau Barzel - zählen gar nicht erst mit.

Ironischerweise - und wie bereits thematisiert - stellen diese Verläufe einen Annäherungsprozeß an die westdeutsche Erwerbsstruktur dar, was die Frauenerwerbstätigkeit betrifft: Nur knapp 6% der 25 bis 55jährigen Frauen in Ostdeutschland gaben im Mai 1990 an, nicht erwerbstätig zu sein. Im Westen waren dies mehr als 37%. Hätte im Jahre 1990 noch fast die Hälfte der ostdeutschen Frauen ihre Position im Erwerbssystem wechseln müssen, um eine Verteilung zu erhalten, wie sie für ihre Geschlechtsgenossinnen im Westen charakeristisch ist, wären es im März 1991 nur mehr rund 38%. Der Schluß daraus ist, daß die Geschlechterdifferenzen im Osten rapide wachsen.[85]

Vergleichbares findet sich, wenn man Mobilitätserfahrungen mithilfe des SOEP darzulegen versucht: Bei den Frauen erlebte rund die Hälfte zwischen 1990 und 1991 einen Statuswechsel; 20% der westdeutschen Männer stehen 34% der ostdeutschen Männer gegenüber. Diese Statuswechsel bedeuten - und das wird kaum verblüffen - ein Überwiegen von Aufstiegsmobilität im Westen gegenüber einem Überwiegen von Abstiegsmobilität im Osten. Kreckel schließt hieraus auf „geteilte Ungleichheit" und bilanziert: „Im heutigen Deutschland ist es ein Handicap, Ostdeutscher zu sein" (Kreckel 1993, S. 59). *„Na prima"*, meint Frau Barzel, *„da werden wir ein Heer von Sozialhilfeempfängern"* - aber geschlechtspezifische Gefährdungslagen thematisiert sie nicht. Von Frau Volkmann und Frau Bohm freilich wissen wir, daß sie als Mütter von kleinen Kindern Probleme mit der Schichtarbeit antizipieren.

Wie sich „die ziemlich einschneidenden Veränderungen in den Lebensbedingungen und Lebenschancen aus dem Blickwinkel der Betroffenen" darstellen, ist damit freilich, wie Berger konstatiert, keinesfalls beantwortet. Er weiß auch, daß sich hinter den im SOEP erfaßten Mobilitätsprozessen „vielfältigste individuelle Bewegungen" verbergen (Berger 1993, S. 220) und warnt davor, vorschnell von Gewinnern oder Verlierern zu sprechen.

---

[85] vgl. hierzu auch die von Kreckel entworfenen Szenarios (Kreckel 1995, S. 491) in Kap. 3.1.3. dieser Arbeit

Was nach Berger dauern wird, ist der Prozeß der „subjektiven Modernisierung" - von Berger definiert als „die Entwicklung von biographischen Modellen, Lebensstilen, Werthaltungen und flexiblen Weisen der Lebensführung, die den An- und Herausforderungen eines kapitalistischen Wohlfahrtsstaates und seinem individualistischeren Lebenslaufregime entsprechen". Hierzu benötigen die Betroffenen „Umbauten in ihrer alltäglichen Lebensführung und in ihren biographischen Normalitätserwartungen durch Herausbildung pluraler Lebensstilformen und durch die Entwicklung eines (post?)modernen Habitus", die „den Erfordernissen einer immer weiter ausgreifenden Arbeitsmarkt-Individualisierung Rechnung tragen" (Berger 1993, S. 227). Freilich ist keinesfalls geklärt, was dieser (post?)moderne Habitus ist. Hat ihn Herr Flieger, wenn er meint, daß man *„in der freien Marktwirtschaft ... viel mehr selber entscheidet, wie man sich entwickelt"*, oder Herr Belzow, der fassungslos ist, weil auch im Westen keine Facharbeiter gesucht würden, sondern Leute fürs Fließband, sich aber trotzdem aufs Pendeln in die alten Bundesländer einstellt? Herr Dalloff sieht *„Ellenbogen"* als die nötige Voraussetzung an, im neuen System zu reüssieren, und Frau Volkmann stellt fest, daß man jetzt *„ganz andere Ansprüche"* habe - auch an sich selbst. Und wie weit wird Herr Tikovsky kommen, der *„nicht gerne von meinem relativ beschaulichen, ruhigen Leben irgendwelche Abstriche da machen* (würde, M.W.), *um irgendwas Höheres zu erreichen"*?

In meinen Fallgeschichten werde ich der These nachgehen, daß es - neben dem Alter und der jeweiligen Berufs-, Familien- und regionalen Situation - von der jeweiligen Situationslogik und der etablierten alltäglichen Lebensführung abhängt, welche Handlungsstrategien man im Umgang mit den neuen Herausforderungen wählt. Umbauten werden dann nicht nötig sein, wenn auf Ressourcen zurückgegriffen werden kann, die auch im neuen System erfolgreich eingesetzt werden können. Flexibilität wird nicht immer Wunder wirken, aber sie wird auch nicht immer bereitzustellen sein.

Wohin welche Handlungsstrategien führen werden, ist im Jahr 1991 noch völlig offen. Was wir hier vor uns haben, erscheint wie die Muster der Glassteine in einem Kaleidoskop. Je nachdem, welche Einstellung wir wählen - Erwerbsarbeit, Partei oder Bezugspersonen - sehen wir ein klar strukturiertes Muster, das jedoch kaum Hinweise auf die Muster enthält, die wir bei anderen Einstellungen in den Blick bekommen. Die kaleidoskopischen Konfigurationen mit offenen Perspektiven indes werden so nicht bleiben. Neue Strukturen werden sichtbar. Diese werden in Kapitel 5 in Form von Fallgeschichten gezeichnet und im Rahmen des Schlußkapitels noch einmal aus der Vogelperspektive betrachtet.

Zunächst aber wird das Konzept der alltäglichen Lebensführung als eine Handlungstheorie des Alltags vorgestellt. Mit seiner Hilfe werden die einzelnen Handlungen der Akteure in verschiedenen Bereichen und zu verschiedenen Zeitpunkten des Alltags in einen Zusammenhang gebracht.

4. Das Konzept 'Alltägliche Lebensführung': Eine Handlungstheorie des Alltags

In diesem Kapitel wird das theoretische Konzept dieser Arbeit vorgestellt und im Lichte der empirischen Ergebnisse weiterentwickelt: das Konzept der alltäglichen Lebensführung.[1] Ausgangspunkt ist ein Konzept, das all das, was Personen tagaus tagein tun, im Zusammenhang betrachtet und damit - jenseits der üblichen Arbeitsteilungen in der Soziologie von Beruf vs Familie, Arbeit vs Freizeit oder Arbeit vs Reproduktion - als ein selbständiges empirisches, aber auch als ein selbständiges theoretisches Problem wahrnimmt. Für meine Zwecke soll *das, was Personen tagaus tagein tun*, über den Systemwechsel hinweg verfolgt werden, also *in seinem Verlauf* und *innerhalb sich verändernder Rahmenbedingungen*.

Das von der Projektgruppe „Alltägliche Lebensführung" vorgelegte Konzept alltäglicher Lebensführung wird hier erstens *an ein handlungstheoretisches Rationalmodell angeschlossen*.[2] Unter 'Handlungstheorie' verstehe ich im folgenden Theorien rationalen Handelns und damit solche Theorien, die bei der Erklärung sozialer Tatbestände mehr oder weniger umstandslos auf das Handeln von Individuen zurückgreifen und dieses erstens als intentional, zum zweiten als resultatsorientiert betrachten, d.h. davon ausgehen, daß der Aktor wünschenswerte und erwartbare Handlungsfolgen antizipiert. Handlungstheorien sind damit gegen Makrotheorien gerichtet, in denen individuelles Handeln vornehmlich als regelgeleitet verstanden wird und deshalb bei der Erklärung von gesellschaftlicher Dynamik keine besondere Berücksichtigung erwarten darf. Daß Strukturmerkmale Strukturdynamik erklärten, wird von Handlungstheorien verworfen.[3] Deshalb kann aus der Perspektive des Konzepts alltäglicher Lebensführung eine handlungstheoretische Fundierung erhellen, wie denn alltägliche Lebensführung zustandekommt und funktioniert und damit deren in der momentanen Ausformulierung etwas metaphysisches Verständnis als

---

[1] Die hier entwickelte Handlungstheorie des Alltags ist einerseits empirisch angewendetes Untersuchungsinstrument, andererseits aber auch selbst Ergebnis der empirischen Forschung (vgl. dazu Kap. 2.1).

[2] G. Günter Voß betont in seiner Verortung des Konzepts 'alltägliche Lebensführung' (Voß 1991b), was es gerade nicht ist, um seinen Stellenwert als „missing link" hervorzuheben und grenzt es daher von anderen Theorieansätzen ab. Diese separatistische Konzeptualisierung will ich mit dem Versuch, die handlungstheoretische Basis herauszuarbeiten, konterkarieren. Dieses Vorhaben verdankt sich dem zweiten Forschungszusammenhang, in dem meine Arbeit steht: den Bemühungen, die Soziologie auf einer rationalen Entscheidungstheorie aufzubauen, wie sie Michael Schmid am Institut für Soziologie und Gesellschaftspolitik der Fakultät für Pädagogik der Universität der Bundeswehr München unternimmt.

[3] vgl. dazu Wiesenthal 1987; Schmid 1996b

eines „Systems sui generis"[4] an konkrete Situationen und 'gebundene' Rationalitäten rückbinden; vor allem aber kann sie dazu dienen, unmißverständlich klarzumachen, daß gesellschaftliche Regelsysteme - in unserem empirischen Fall die komplette Auswechslung eines Gesellschaftssystems durch ein anderes - keinesfalls das Verhalten der Akteure determinieren und damit folgerichtig die kollektiven Handlungsfolgen nicht kontrollieren können. Ein gerichteter Verlauf des Transformationsprozesses kann deshalb nur erhofft und nicht erwartet werden.[5]

Mithilfe des Konzeptes alltäglicher Lebensführung soll zweitens *eine Erweiterung handlungstheoretischer Überlegungen betrieben* werden. Denn am Mainstream der Handlungstheorien wird der Punkt zurecht kritisiert, daß unter dem Paradigma der rationalen Wahl das Zustandekommen der meisten Alltagsentscheidungen nicht zufriedenstellend erklärt werden kann, da die Person reduziert wird auf einen Aktor, der in der Regel in einer idealisierten Handlungssituation vor einem (relativ) klar strukturierten Problem steht und bei seiner Handlungsentscheidung nach einer Optimierungsregel verfährt - was in den konstruierten Situationen gut modellierbar ist[6], nicht aber im richtigen Leben.[7] Freilich erheben aufgeklärte Theorien rationalen Handelns wie die Rational choice-Theorie, so wie sie Esser ausformuliert, den Anspruch, keine irrealen Konstanzannahmen zu machen. Doch kommen auch diese Handlungstheorien, von denen eine „selbstbewußte Variante des 'homo sociologicus'" erwartet wird (Wiesenthal 1987), zu falschen Schlußfolgerungen, wenn es darum geht, individuelles Handeln und gesellschaftliche Transformation zu verknüpfen. Dabei müßten sie in unserem besonderen Fall erklärungsrelevant sein, haben sie doch dann Konjunktur, wenn „sich die aus normierten Selbstverständlichkeiten entlassenen Akteure zu 'wählen' gezwungen sehen" (Wiesenthal 1987, S. 442). Was auf die Individualisierung westlicher Gesellschaften gemünzt ist, sollte auf die aus der Organisationsgesellschaft (Pollack 1990) schlagartig freigesetzten Akteure in besonderem Maße zutreffen. Wie diese entscheiden und in welchem Rahmen sie das tun, wird, so meine theoretische Annahme, eine Handlungstheorie dann erklären können, wenn sie die alltägliche Lebensführung als ein Hilfsmittel der Akteure erkennt, das diese einsetzen, um mit Situationen verfahren zu können, die sich zweckrationalem und kosten-nutzen-orientiertem Handeln sperren - und solche Situationen sind keineswegs ein Ausnahmefall, sondern die meisten im Leben. Das Konzept der alltäglichen Lebensführung rückt damit an die Stelle der Brückenannahmen im Sinne

---

[4] siehe vor allem Voß 1991b, S. 260; Projektgruppe „Alltägliche Lebensführung" 1995, S. 39
[5] zur ideologiekritischen Bedeutung der Rational choice-Theorie siehe Schmid 1996b, S. 238ff
[6] aber auch da nicht immer. So haben Kahneman u.a. 1982 gezeigt, daß man die Wahrscheinlichkeit unwahrscheinlicher Ereignisse systematisch überschätzt.
[7] vgl. hierzu z.B. Burkart 1993, 1995; Miller 1994

Lindenbergs[8], läßt aber gleichzeitig ein zugrundegelegtes „dünnes" Handlungsmodell[9] für die Erklärung von Alltagshandeln nicht zu; ebenso mag ich mich dem engen Lindenbergschen Empirieverständnis nicht anschließen. Die rasante Veränderung gesellschaftlicher Rahmenbedingungen erfordert es, daß das Konzept alltäglicher Lebensführung über seinen handlungstheoretischen Anschluß hinaus erfasse, auf welche Weise es Akteure vermögen, ihr Leben zu führen, wenn dessen vertraute Rahmenbedingungen ganz plötzlich verschwunden und durch neue ersetzt werden. Wenn Vergangenheit, Gegenwart und möglichst auch Zukunft in Zusammenhang gebracht werden müssen, wird eine Aufgabe in unserem Untersuchungsfall, wie die Interviews zeigen, besonders dringlich: Es ist die Arbeit des Aktors an seiner Biographie und seinen Lebenskonstruktionen, die deshalb in der Konzeptionalisierung alltäglicher Lebensführung stärkere Berücksichtigung finden wird, als dies bislang geleistet wurde.

Rational choice-Theorien sowie das Konzept alltäglicher Lebensführung haben nicht vor, auf der Mikroebene stehenzubleiben. Beiden geht es endlich darum, eine Verknüpfung zwischen individuellem Handeln und gesellschaftlicher Dynamik zu leisten. Während Rational choice-Theorien über die Modellierung kollektiver Handlungsfolgen zur Makroebene gelangen, werde ich dasselbe versuchen, indem ich alltägliche Lebensführung als den Zusammenhang einzelner Handlungen modelliere, den der Aktor über den Weg seiner internen Arbeitsteilung[10] herstellt.[11] Die Logik der Selektion greift dann dort, wo gesellschaftliche Institutionen ins Spiel kommen: Denn letztendlich muß alltägliche Lebensführung anschlußfähig sein an das gesellschaftliche Regelsystem. Wenn dieses schlagartig außer Kraft tritt und durch ein neues ersetzt wird, wird sich die Frage der Anschlußfähigkeit für die Akteure empirisch stellen. Das Kapitel ist folgendermaßen aufgebaut:

- In einem *ersten* Schritt wird das handlungstheoretische Werkzeug eingeführt, das in dieser Studie verwendet werden soll; gleichzeitig werden die Grenzen deutlich gemacht, an die seine Verwendung im Kontext eines Modells rationaler Wahl stößt.

---

[8] Brückenannahmen meinen dort „theoriereiche" Zusatzannahmen, die so heißen, weil sie die „Kluft von der (relativ) leeren Nutzentheorie zur Realität überbrücken" (Lindenberg 1996, S. 560), und die theoriereich sind, weil sie „wesentlich das mitbestimmen, was die Theorie behauptet" (Lindenberg 1996b, S. 361); ihre empirisch induktive Gewinnung lehnt Lindenberg deshalb ab. Vgl. hierzu auch Lindenberg 1996a und die Replik von Kelle und Lüdemann 1996 und Friedrichs/ Opp 1996.

[9] vgl. hierzu Taylors „thin theory of rationality" (Taylor 1992, S. 66), die dem Grundmodell der Mikroökonomie entspricht.

[10] Diese interne Arbeitsteilung wurde von der Projektgruppe „Alltägliche Lebensführung" als „Arbeitsteilung der Person" bezeichnet; daraus wurde schließlich das Konzept alltäglicher Lebensführung entwickelt (vgl. Bolte u.a. 1988, S. 53ff).

[11] vgl. dazu Wiesenthal 1987, S. 446, wo er diese Logiken explizit als dieselben benennt.

- In einem *zweiten* Schritt wird nach handlungstheoretischen Erweiterungen gesucht, die erklären können, wie Handlungssituation und Handlungsentscheidung miteinander verknüpft sind. Hierzu wird die Mikroebene verlassen und danach gefragt, welche Rolle die gesellschaftlichen Rahmenbedingungen spielen. Es werden sozialtheoretische Angebote herangezogen, die auf handlungstheoretischer Grundlage Mikro- und Makroebene zu verbinden versuchen.
- In einem *dritten* Schritt werden die Probleme benannt, die handlungstheoretischen Modellen dann eignen, wenn sie komplexere Handlungszusammenhänge modellieren sollen; diese sind die Anschlußstellen für das Konzept alltäglicher Lebensführung.
- Zum *vierten* wird endlich das Konzept alltäglicher Lebensführung eingeführt und handlungstheoretisch umformuliert. Damit wird das, was Menschen tagaus tagein und ihr Leben lang tun, als *ein* Gegenstand erfaßt, als ein Handlungszusammenhang nämlich, den die Person in Auseinandersetzung mit ihrer Umwelt selbst erstellt hat und reproduziert, in dem all das, was tagtäglich und über die Zeit hinweg zu tun ist, arrangiert wird, dessen Form von den verfügbaren Ressourcen und gegebenen Restrktionen abhängig ist und dem ein spezifisches Regelsystem unterliegt. Neben der praktischen dient alltägliche Lebensführung auch der sinnhaften Integration[12] und hat damit sowohl für die Person als auch für die Gesellschaft eine stabilisierende Funktion.
- In einem *fünften* Schritt wird nach den Voraussetzungen der Reproduktion von Institutionen und der Reproduktion von Lebensführungsmustern gefragt. Der Zusammenhang wird über eine Selektionstheorie hergestellt. Selektionen entscheiden über die Reproduktionsmöglichkeiten von Lebensführung und damit über des Aktors Chancen, die neuen Zwänge und Chancen zu seiner eigenen Zufriedenheit nutzen zu können. Gleichzeitig aber sind auch die neuen und alten Institutionen davon abhängig, daß sie im Handeln der Akteure reproduziert werden.

4.1. Handlungstheoretische Vorschläge und ihre Kritik

4.1.1. Rational choice als Idealmodell

Es ist die Basisannahme von rationalen Handlungstheorien in entscheidungstheoretischer Absicht, daß einer Handlung eine Handlungsentscheidung zugrundeliegt, die vom Aktor mittels rationaler Wahl aus einer Mehrzahl möglicher Handlungsalternativen getroffen wird. Am Beispiel der Rational choice-Theorie als einem „moder-

---

[12] vgl. hierzu Dunkel 1994, S. 63ff

nen" Theorieprogramm[13] möchte ich das zugrundeliegende Handlungsmodell entwickeln und die Anschlußpunkte benennen, an denen aktuelle handlungstheoretische Erweiterungen ansetzen. Ein solches Modell bietet die Basis meiner Analyse, ohne ihr freilich Genüge zu leisten.

- Ein Aktor, so die erste Annahme, verfolgt Ziele; diese müssen einer Präferenzordnung genügen: Im Idealfall sollten die Ziele einander nicht widersprechen, nicht indifferent und in eine eindeutige Ordnung zu bringen sein; da dieser Idealfall empirisch nicht haltbar ist, wird die Präferenzbildung als Konsequenz eines Kalkulationsprozesses behandelt (vgl. Schmid 1996, S. 224).

- Weiter verfügt der Aktor über bestimmte Mittel oder Ressourcen, die er einsetzen kann, um seine Ziele zu erreichen; gleichzeitig findet er sich Restriktionen gegenüber, die der Zielerreichung entgegenstehen: Der Aktor befindet sich also in einer Handlungssituation, die durch die verfügbaren Ressourcen und wirkenden Restriktionen bestimmt ist. Zu den Restriktionen zählt immer auch die Begrenztheit der verfügbaren Informationen.

- Die Entscheidung nun, eine bestimmte Handlung durchzuführen, besteht in der Notwendigkeit, zwischen Handlungsalternativen auszuwählen. Dies geschieht aufgrund einer Abwägung der Zielerreichungswahrscheinlichkeit und der Höhe der Zielbewertung. Da jede Handlung Kosten hat, weil zur Durchführung zumindest Energie eingesetzt werden muß und weil ebenso in jedem Falle Opportunitätskosten entstehen, da auf die Ausführung der Handlungsalternative verzichtet werden muß, stellt der Aktor für jede der verfolgten Zielsetzungen eine Kosten-Nutzen-Rechnung auf, nach deren Ausgang es feststeht, ob die jeweilige Handlung durchgeführt wird oder nicht. Da diese Rechnung davon abhängig ist, wie gut der Aktor über die Beschaffenheit der Situation informiert ist, vollständige Information aber nur als Grenzfall denkbar ist, kann er sich über seine Handlungsfolgen täuschen.

Der Aktor handelt demnach unter Restriktionen, unter findiger Nutzung seiner Mittel und entsprechend der Verrechnung von Erwartungen und Bewertungen der Ziele gemäß einer Maximierungsregel: Das ist das RREEMM-Modell des Handelns[14], das Esser, auf den ich im folgenden Bezug nehmen werde, favorisiert: Der Aktor sei ein Ressourceful, Restricted, Expecting, Evaluating, Maximizing Man (vgl. Esser 1993, S. 238ff).

---

[13] Freilich sind das die Annahmen der aufgeklärten Varianten; der ökonomische Kern des Rationalmodells nimmt demgegenüber an, daß der Aktor 1. über einen endlichen und widerspruchsfreien Zielkatalog verfügt, ihm 2. alle Handlungsalternativen bekannt sind, er 3. aus den Zielbewertungen und Situationsinformationen eine widerspruchsfreie, transitive und irreflexive Präferenzordnung erstellen kann und 4. sich auf eine Nutzenmaximierungsregel als Auswahlregel festlegt. Sind alle Bedingungen erfüllt, gilt ein solches Handeln als rational (vgl. Schmid 1994, S. 2).

[14] das auf Lindenberg 1985 zurückgeht

Sollen Theorien rationaler Wahl in der Soziologie eingesetzt werden, muß die Handlungssituation als eine soziale konzipiert werden: Dazu müssen die Handlungen der Mitakteure in das Handlungsmodell integriert werden, was in der Rational choice-Theorie darüber geschieht, daß diese entweder als Mittel oder Restriktion für den Aktor betrachtet werden.[15] Da deren Handeln systematisch kontingent ist, muß mit dem Erwartungsbegriff operiert werden: Der Aktor stellt Erwartungen an das Handeln seiner Mitakteure, von denen er sich nie sicher sein kann, daß sie auch zutreffen - und vice versa. Freilich können sich die Akteure hierzu an gesellschaftlichen Regeln orientieren: an Normen, die Sollenserwartungen beschreiben und an Rechten, die Freiheitsgrade bestimmen. Diese Regeln sind der erste Schritt einer Konzeption gesellschaftlicher Institutionen. Letztere kann man sich als ein vergleichsweise dauerhaftes Regelgefüge vorstellen, quasi als geronnene Verhaltenserwartungen, die es erlauben, einigermaßen zuverlässig ein bestimmtes Verhalten von seinen Mitakteuren erwarten zu können, auch wenn man mit ihnen in keinem Interaktionsverhältnis steht. Denn dann produziert deren Handeln zusammen mit dem Handeln unseres Aktors kollektive Handlungsfolgen, die nicht intendiert waren und unter Umständen die Realisation des Ziels unseres Aktors verhindern.

Corsten (1995) definiert Institutionen als „Komplexe von gesellschaftlich verbürgten Verhaltenserwartungen" (S. 43), was der Unterteilung von Regeln in Normen und Rechte insofern folgt, als daß hier Ansprüche und Verpflichtungen zusammengenommen werden, der Aktor also einmal „auf gesellschaftliche Anerkennungsprozeduren" (Corsten 1995, S. 43) bauen kann, wenn er sein Handeln an diesen Regeln orientiert, andererseits aber mit Sanktionen rechnen muß, wenn er die Regeln nicht erfüllt. Insofern haben Institutionen - so sich die Akteure an ihnen orientieren - eine regulierende soziale Funktion: Sie bieten „Musterlösungen" (Kopp 1991, S. 248f) an. Daß unser Aktor auf diese Weise einigermaßen zuverlässige Erwartungen in das Verhalten anderer setzen und in seine Entscheidungsfindung einbeziehen kann, wird ihn allerdings nicht vor nichtintendierten Handlungsfolgen bewahren können. Was das für die Modellierung dieser Handlungsfolgen bedeutet, werde ich in Abschnitt 4.2. behandeln.

4.1.2. Institutionen und Ziele

Handlungstheoretisch betrachtet orientiert sich der Aktor auch bei der Wahl seiner Ziele und dem Einsatz seiner Mittel an eben diesen Institutionen. Mit welcher Absicht, auf welche Weise und mit welchen Folgen er das tut und was das für meine

---

[15] James S. Coleman, der die wohl ausgereifteste Variante einer Rational choice-Theorie vorgelegt hat, modelliert andere Akteure als Tauschpartner für die Kontrolle von Rechten (Coleman 1991; Coleman 1992).

Forschungsfrage bedeutet, werde ich im folgenden an Hartmut Essers Aufbereitung einer Rational choice-Theorie rekonstruieren. Das hat seine Gründe darin, daß Esser ein solches Modell zur Grundlage der „Soziologie" (Esser 1993) macht und es explizit auf die Empirie des ostdeutschen Transformationsprozesses anwendet.[16] In diesem Grundmodell werden zwei Ebenen der institutionellen Verfassung der Gesellschaft unterschieden: kulturelle Ziele und institutionalisierte Mittel. „Die kulturellen Ziele sind solche Objekte, Ressourcen oder Zustände, die für *alle* Mitglieder einer Gesellschaft von hohem Wert sind ... Die kulturellen Ziele 'definieren', wonach es sich in einer bestimmten Gesellschaft überhaupt zu leben lohnt" (Esser 1993, S. 438). Das meint, daß sie nicht das sind, was Menschen eigentlich anstreben: Sie sind selbst Mittel, „die zentral wichtigen, allgemein anerkannten und auch höchst wirksamen *letzten* 'Mittel', die benötigt werden, um die 'eigentlichen' Bedürfnisse der Menschen zu erfüllen: physisches Wohlbefinden und soziale Anerkennung" (Esser 1993, S. 438f).[17] In westlichen Industriegesellschaften gehören Einkommen und Lebensstandard zu den kulturellen Zielen. „Erst über das Geldeinkommen werden dort physisches Wohlbefinden und soziale Anerkennung zuteil. In anderen Gesellschaften sind (oder waren) es die Ehre, Land- oder Frauenbesitz oder die Verfügung über magische Fähigkeiten. Geld wäre dort ganz und gar unwirksam. Und die Folge: Je nach Definition der kulturellen Ziele rennen die Menschen (mancherorts nur die Männer, M.W.)[18] hinter ganz verschiedenen Dingen her: Geld hier, Ehre, Land, Frauen und magisches Können anderswo. Dies tun sie aber nicht, weil sie plötzlich eine andere Natur angenommen haben oder mit einem Male 'eigentlich' an Geld, Ehre, Land, Frauen und magischen Gaben 'an sich' interessiert sind, sondern nur, weil die Verfassung der Gesellschaft dies als *institutionelle* Bedingung für die

---

[16] Ich rekonstruiere das Modell aus Essers soziologischem Grundlagenband „Soziologie. Allgemeine Grundlagen". Frankfurt/ New York 1993, der vom gesellschaftlichen Transformationsprozeß Ostdeutschlands nicht unbehelligt geblieben ist, wie die Beispiele zeigen, mit denen Esser operiert.

[17] Die Rational choice-Theorien sind sich darüber einig, daß Akteure „by economic/material incentives alone or by these together with social incentives" motiviert werden (Taylor 1992, S. 66, FN 8). Siehe aber neuerdings Opp/ Friedrichs (1996, S. 550f), die sich mit der „Setzung" der Präferenzen des physischen Wohlbefindens und der sozialen Anerkennung nicht zufriedengeben wollen, sondern für die empirische Ermittlung von Präferenzen plädieren.

[18] Nicht nur aufgrund dieses sprachlichen Indizes drängt sich der Verdacht auf, es könne sich beim hier diskutierten handlungstheoretischen Grundmodell um ein männliches Modell handeln, dem ein universales Erkenntnissubjekt unterstellt ist, das jedoch „mit bestimmten, aus den kulturellen Männlichkeitskonstruktionen (und in der Folge männlichen Erfahrungen) gewonnenen Eigenschaften ausgestattet ist" (Seifert 1992, S. 277): Der RREEM-Man wird in der Tat zum Mann. Es erscheint plausibel, daß in weibliche Subjektivität „die Vorstellung des autonomen und selbstbewußten Subjekts ... weniger stark eingelassen" sein könnte als in die männliche (Seifert 1992, S. 276). Vgl. hierzu auch die jedenfalls geschlechtsspezifisch gefärbte Vorstellung Essers „Über Frauen und Lebenswelten" (Esser 1994, S. 30f), wo er Feministinnen anträgt, sie hätten Gary S. Becker vom Nobelpreis vorschlagen müssen, da er „in die Ökonomie auch den - bis dahin sehr ungewohnten - Gedanken eingebracht (hat, M.W.), daß Haushalte (und damit: Hausfrauen) nicht bloß konsumieren - wie viele Männer nach wie vor meinen" (Esser 1994, S. 30).

Erlangung von physischem Wohlbefinden und sozialer Anerkennung voraussetzt" (Esser 1993, S. 439).

Ändert sich die Verfassung der Gesellschaft, können sich auch die kulturell definierten Ziele ändern, so sie nicht mehr als Mittel taugen, die letzten Ziele zu erreichen. „Diese Ziele können sich daher auch rasch ändern - zum Beispiel durch eine Revolution der institutionellen Verfassung der Gesellschaft. Da die Menschen an den kulturellen Zielen nur als Mittel für die eigentlich erstrebten Güter - physisches Wohlbefinden und soziale Anerkennung - hängen, werden die gleichen Menschen unter unterschiedlichen Definitionen der kulturellen Ziele sich jeweils gänzlich anders verhalten" (Esser 1993, S. 439). Als Beispiel führt Esser das „Phänomen der Wendehälse" in der DDR an: „Mit einem Male werden ganz andere kulturelle Ziele wichtig, um das Leben materiell abzusichern und soziale Anerkennung zu erhalten" (Esser 1993, S. 439).[19]

Lassen wir Esser selbst zusammenfassen: „Die Definition der *kulturellen Ziele* legt die *Interessen* der Menschen fest: Sie gibt an, was alle Menschen in einer Gesellschaft tun *müssen*, um an soziale Anerkennung und physisches Wohlbefinden zu gelangen. Die Art der *Institutionalisierung der Mittel* regelt die Verteilung der erlaubten und der unerlaubten Ressourcen zur Erlangung dieser Ziele und damit die Verteilung unterschiedlicher Grade von *Kontrolle* über die Mittel, die nötig sind, um an die kulturellen Ziele heranzukommen" (Esser 1993, S. 440). Diese, so weiß Esser, werden von allen Gesellschaftsmitgliedern angestrebt; in Bezug auf die institutionalisierten Mittel jedoch gibt es keine solche Interessensgemeinschaft. Die soziale und funktionale Differenzierung moderner Gesellschaften zwinge die Akteure dazu, sich nach deren jeweiligen Unterzielen zu richten: „Die konkreten Akteure können - und müssen oft genug - zwischen den verschiedenen, typischerweise ganz anders codierten Sphären hin- und herwechseln. Da sie dann jeweils immer mit ganz anderen institutionellen Vorgaben konfrontiert sind, müssen solche Akteure schon sehr anpassungsfähig - oder skrupellos - sein. Aus dem subjektiven Erlebnis, daß man je nach Aufenthalt in der einen oder anderen Sphäre ein ganz anderer ist, entsteht die gerade den modernen Menschen oft sehr bedrängende Frage nach einer stabilen, die verschiedenen Sphärenvorgaben übergreifenden Identität" (Esser 1993, S. 444). Daß dieses „Identitätsproblem" ein Handlungsproblem ist, das Handlungstheorien nicht als ein solches wahrnehmen oder gar konzeptualisieren können, liegt an der Engführung ihres Handlungsmodells.

---

[19] Daß Akteure diese Ziele mit einem Male ändern, betont Esser besonders: „Die dominanten Ziele und Präferenzen der Menschen ändern sich sofort mit der Änderung der Definition der sozialen Produktionsfunktion für bestimmte primäre Zwischengüter" (Esser 1996a, S. 7).

Es fällt auf, daß die Konzeption dieser letzten Ziele merkwürdig unbestimmt bleibt.[20] Physisches Wohlbefinden erreichen zu wollen, scheint zwar plausibel, als Handlungsziel von sinnhaftem sozialen und damit ganz konkretem Handeln aber weit entrückt. So kann ich dem physischen das psychische Wohlbefinden an die Seite rücken und damit das Streben nach sozialer Anerkennung als ein Mittel unter anderen konzipieren, psychisches Wohlbefinden zu erreichen. Wie dem auch sei: Eine Ausrichtung an diesen letzten Zielen erleichtert eine konkrete Entscheidung in alltäglichen Handlungssituationen nicht. Die letzten Ziele können deshalb auch ohne große Konsequenzen für die Theoriekonstruktion stabil gehalten werden.[21]

Vor allem aber spricht einiges dafür, daß individuelle Präferenzen auch nicht ohne weiteres an institutionalisierten Zwischenzielen ausgerichtet werden. Folgt man Zintl (1993), sind individuelle Präferenzen ein nicht einfach zu rekonstruierendes Resultat des Aufeinanderstoßens von Meinungen und Interessen. „Speziell die Existenz sozialer Normen, die den Akteuren als Restriktionen gegenüberstehen, an die sie sich 'rational' anpassen, setzt voraus, daß es Akteure gibt, für die diese Normen nicht Restriktion, sondern Motiv sind" (Zintl 1993, S. 113). Sinnhafte Integration ist der Prozeß, infolge dessen sich Präferenzen konstituieren und übrigens laufend modifiziert werden. Hier kommt Sinn ins Spiel, und es wäre nicht unplausibel, aber auch nicht viel genauer, die Erzeugung von Sinn als ein universelles Ziel den beiden oben genannten hinzuzufügen. Freilich ist es für Esser kein Problem, die Internalisierung von Normen unter die Nutzenmaximierungsregel zu fassen: „Dann sind die Normen ... nichts anderes als ein Teil der *Präferenzen* des Akteurs: Er *will* jetzt das selbst, was die Norm ihm vorschreibt. Und wenn er der Norm folgt, 'maximiert' er also nichts als *seinen* - intrinsischen - Nutzen" (Esser 1994, S. 27).

Wenn man physisches Wohlbefinden danach bemißt, ob man der Strafe des ökonomischen Unterganges entgehen kann und Erwerbsarbeit als das in westlichen Gesellschaften institutionalisierte Mittel hierzu betrachtet, das einem, so man Glück hat, auch noch soziale Anerkennung beschert, ist ein Modell, das davon ausgeht, daß eine befriedigende Erwerbsarbeit als Grundlage der Erreichung physischen Wohlbefindens und sozialer Anerkennung angestrebt wird, zweifelsohne nicht falsch - es ist auch nicht falsch, davon auszugehen, daß jemand, der beispielsweise hohe Arbeitsnormen internalisiert hat, bei deren Einhaltung seinen Nutzen maximiert.

---

[20] Der Boxer Graciano Roccigiani darf hier als Gewährsmann der Evidenz der letzten Ziele zitiert werden; allerdings faßt er sich ein bißchen konkreter und bezieht die Dimension des Alltagshandelns mit ein: „Was braucht der Mensch schon zum Leben? Glotze schaun, 'n bißchen bumsen, 'n bißchen Anerkennung" (zitiert aus SZ, Nr. 300, 31.12.95; 1.1.96, S. 8).

[21] Siehe hierzu Lindenbergs Kritik an Opps Begründung seiner Empirie in seinen Untersuchungen über Protestverhalten. Opp beansprucht, Präferenzen direkt und damit theoriearm erheben zu können, während Lindenberg ihm nachweist, daß er in jedem Falle nach den Auswirkungen auf soziale Wertschätzung und physisches Wohlergehen fragt, was ausschließlich eine theoretische Entscheidung sei (Lindenberg 1996a, S. 133f).

Doch für mein Untersuchungsthema muß mehr erklärt werden: Konkretes Alltagshandeln nämlich, unter das diejenigen Handlungen, die Tag für Tag ausgeführt werden ebenso gezählt werden wie das Treffen biographischer Entscheidungen; bei deren Analyse reicht es nicht aus, zu konstatieren, daß sich ein Aktor darum bemüht, seinen Arbeitsplatz zu erhalten, sei es als Mittel zum Zweck oder internalisierter Normen wegen. Es reicht auch nicht aus, die Handlungslogiken der ganz unterschiedlich codierten Subsysteme unter der Maßgabe zu modellieren, daß gilt, daß alle in den jeweiligen Subsystemen agierenden Akteure die dort institutionalisierten Ziele verfolgen, „weil nur darüber auch die privaten Ziele zu verwirklichen sind" (Esser 1993, S. 443).

4.1.3. Beschränkte Rationalität

Wir haben bislang drei Probleme handlungstheoretisch verhandelt, die für das Untersuchungsthema relevant sind:
- Es wurde ein Handlungsmodell vorgestellt, nach dem der Aktor seine Entscheidung gemäß dem Ergebnis einer Kalkulation von Einsatz und Folgen in einer bestimmten Handlungssituation trifft.
- Die Präferenzen des Aktors hängen von den institutionalisierten Zielen ab; der Aktor wird sie ändern, wenn andere Ziele institutionalisiert werden, da er sie als Mittel zur Erreichung seiner eigentlichen Ziele - sozialer Anerkennung und physischen Wohlbefindens - braucht.
- Mit den in den unterschiedlichen gesellschaftlichen Sphären institutionalisierten Unterzielen verfährt er ebenso. Da sie widersprüchlich sind, ist ein „Identitätsproblem" wahrscheinlich.

Wenn empirisch untersucht werden soll, wie Akteure in ihrer nachwendlichen Lebenssituation ihr Leben führen, ist eine empirische Rationalitätsannahme nach der Maßgabe, daß der Einzelne aus seiner Nahsicht heraus Entscheidungen trifft, bei denen er sich an seinen Möglichkeiten und an den erwarteten Folgen seines Tuns orientiert und mit dem knappen Gut der Information klug und maximierend umgeht, zu modifizieren: „Maximierung" nämlich kann nicht meinen, daß der Aktor die in seiner Handlungssituation beste Möglichkeit wählt. „Ausgehend von einer mehr oder weniger präzisen Vorstellung einer für ihn akzeptablen Lösung (wobei er einige Kriterien im Kopf hat, die eine Lösung mindestens erfüllen muß, damit sie ihm akzeptabel, d.h. vernünftig erscheint), untersucht er nacheinander die verfügbaren Optionen und beendet seine Wahl mit der ersten Option, die dieser Vorstellung entspricht. Diese Lösung ist nie die beste, weder absolut gesehen (Optimierung) noch innerhalb der Zufriedenheitskriterien, die der Entscheidungsträger erfüllt sehen will (Maximierung), da man nicht ausschließen kann, daß er nicht eine noch bessere Lösung hätte finden können, wenn er nur weiter danach gesucht hätte. Kurz, die gewählte Lösung ist 'nur' die beste aller untersuchten Lösungen: Sie ist einfach eine gute Lösung, d.h. man beurteilt sie als vernünftig" (Friedberg 1995, S. 238). Das ist Simons Modell der „bounded rationality", und dieses enthält die Forderung, „die Situation jedes Entscheidungsträgers ... nachzuvollziehen und seine Entscheidungslogik zu rekonstruieren, um zu verstehen, wie sich ihm seine Handlungsmöglichkeiten darstellen und um dieserart seine 'guten Gründe' hinter scheinbar irrationalen Entscheidungen aufzuspüren" (Friedberg 1995, S. 39). Wie Festinger gezeigt hat, muß ein Aktor keineswegs handeln, wenn er vor einem Problem steht. Er kann auch seine Präferenzen ändern, um kognitive Konsonanz herzustellen. Obschon RC-Theoretiker das selbstverständlich wissen und in ihre Modellogik einbeziehen, genügt es ihnen, „für den Vorgang der Selektion des Handelns eine zwar einfache, aber präzise Entscheidungsregel" (Esser 1994, S. 19) festzusetzen.

Ich will indes in den Mittelpunkt rücken, daß die Entscheidung für eine einzelne Handlung nicht nur auf eine einzige bestimmte Situation verwiesen ist. Die Rationalität des Aktors hängt immer gleichzeitig von seiner gegenwärtigen und seiner früheren Lage ab und damit von der Position, die ein Aktor im Handlungsfeld einnimmt sowie von der „geistigen, kognitiven und affektuellen Verfassung des ... Entscheidungsträgers, die stets zum Teil von einer früheren Sozialisation vorgeformt ist" (Friedberg 1995, S. 40*). Damit hat die Entscheidungsfindung eine Geschichte.* Daß der Aktor verschiedene Handlungssituationen in den unterschiedlichen gesellschaftlichen Sphären und Systemen jeweils einzeln und unabhängig voneinander abarbeitet, erscheint empirisch unwahrscheinlich. Muß man nicht eher davon ausgehen, daß der Aktor einen Zusammenhang zwischen all den einzelnen Handlungen herstellt, und daß damit auch die jeweiligen Handungsentscheidungen in einem Zusammenhang stehen, wie immer dieser Zusammenhang aussehen mag?

Wenn es diesen Zusammenhang gibt, wird die Annahme, daß der Aktor sein Handeln umstandslos an den neu institutionalisierten Zwischenzielen ausrichten wird, unwahrscheinlich. Um physisches und psychisches Wohlbefinden sowie soziale Anerkennung zu erreichen und Sinn zu produzieren, mögen gerade die Mittel für geeignet genug gehalten werden, nach denen man bislang strebte - zumal dort, wo die neuen Mittel nicht kontrolliert werden können. Um Essers Beispiel von vorhin aufzunehmen: Es wurde nicht jeder mit dem Ende der DDR zum Wendehals.

Auch wenn die Grundregel der hier vorgestellten Modellogik lautet, Annahmen sollten so einfach wie möglich sein, muß sie für meine Zwecke ein bißchen komplizierter werden. Die „positive" Rolle der Komplizierung, auf die Zintl verweist, indem er von „nichtinstrumentellen Determinanten" spricht (Zintl 1993, S. 113), liegt darin begründet, daß Erkenntnisse über den Zusammenhang von Einzelhandlungen einer Person erzielt werden. Denn was eine Person tut, wenn sich das Gesellschaftssystem ändert, in dem sie lebt (aber auch das, was sie unter stabilen gesellschaftlichen Verhältnissen tut), wird nicht in erster Linie durch rationales Kalkül auf die Erreichung der neu (oder noch) institutionalisierten Mittel hin bestimmt, sondern auch dadurch, was sie vorher getan hat, wie sie es getan hat, was andere und sie selbst von ihr erwarten. Man bedenke für unser Thema, daß die neuen Mittel sich gerade dadurch auszeichnen, daß sie (noch) nicht institutionalisiert sind; die Annahme ist nicht unplausibel, daß die alten Mittel und Ziele (noch) institutionalisiert sind, also in Verhaltensmustern verfestigt sind und dadurch stabilisiert werden.

Freilich kann solches Handeln im Sinne des handlungstheoretischen Grundmodells rational sein - wahrscheinlicher indes ist es, daß die Rationalität nicht in der Kalkulation der Mittel und Folgen *einer* Handlungsentscheidung zu suchen ist. So kann sich Handeln vom Beobachterstandpunkt bzw. ex post als rationales im Sinne der Verfolgung der letzten Ziele und Mittel erweisen; freilich kann es auch in dem Sinne rational sein, daß der Aktor beispielsweise anstrebt, seine Biographie zu retten. Sich deshalb den neuen gesellschaftlichen Normen zu versagen, wäre damit rational und irrational zugleich. Sein Handeln kann aber auch nicht rational gewesen sein: Der Aktor kann traditionell gehandelt haben, seinem Handeln also kein Kalkül zugrundegelegt haben. Trotzdem kann von einem Beobachter ein Kalkül entdeckt werden: Denn situationsangemessen kann der Aktor trotzdem gehandelt haben, und sein Handeln kann auch zur Verfolgung der letzten Ziele dienlich gewesen sein.

Der zweite Sachverhalt betrifft die Definition der Situation.[22] Die Präferenzen des Aktors sind immer auch das Resultat von sozialen Konstruktionsprozessen. Was der Aktor als relevant erachtet, hängt von der Anwendung erlernter Interpretationsmuster ab, die ihn in einem Prozeß der Typisierung verstehen lassen und so lange beibehalten werden, solange sie adäquat erscheinen. Diese konstitutiven Bedingungen für die kognitiven Leistungen der Akteure werden in Theorien zur rationalen Wahl zum Verschwinden gebracht (siehe Stichweh 1995, S. 398). Die Wahrnehmung einer Situation ist damit nicht nur durch prinzipielle Unvollständigkeit der Information über sie gekennzeichnet, sondern ebenso durch die Sinnsetzungsprozesse der Akteure selbst; diese freilich stehen wiederum in Abhängigkeit von der *gesellschaftlichen* Konstruktion der Wirklichkeit. Alltägliche Lebensführung wird in diesem Zusammenhang als ein sozialer Konstruktionsprozeß thematisiert werden: als ein In-

---

[22] was Esser selbstverständlich ebenfalls berücksichtigt und (selbstverständlich?) auch dort die Regeln der Theorie rationaler Wahl eingehalten sieht (Esser 1996a). Vgl. hierzu Opp/ Friedrichs (1996, S. 556), die die Fehlerhaftigkeit theoriearmer Messungen dadurch beheben wollen, daß sie eine bestimmte Entscheidungssituation so genau und vollständig wie möglich vorzugeben versuchen. Gelingt dies nicht, „werden die Antworten der Befragten nicht reliabel geschweige denn valide sein". Solche Versuche, der befragten Person zu ermöglichen, „die Situation zu definieren", vernachlässigen die individuellen und situationsspezifischen Grundlagen der Situationsdefinition.

strument der Typisierung von Situationen, wobei das Ergebnis von der Beschaffenheit des Instrumentes abhängig ist.

In einem nächsten Schritt wird die einzelne Handlungssituation in einen gesellschaftlichen Kontext gestellt. Versuchen wir hierbei zu vermeiden, den Aktor anonymen Rahmenbedingungen gegenüberzustellen. „Denn wenn", wie Manfred Kopp formuliert, „man auf ein 'mikro-makro-link' als Problem stößt, ist es bereits zu spät" (Kopp 1991, S. 239, Fn 3). Es kann natürlich sein, daß die Vereinigungsbetreiber darauf hoffen, durch die Implementierung von Rahmenbedingungen kalkulierbare Folgen auf der Makroebene zu erreichen; es wird gezeigt, daß es wenig gute Gründe für solche Hoffnung gibt.

4.2. Die Handlungssituation aus sozialtheoretischer Perspektive

4.2.1. Der ganze Prozeß

Sehen wir uns also die Handlungssituation genauer an; daß der Aktor hierbei in einem prozessualen Geschehen steckt, sollte, folgen wir paradigmatisch Hernes (1995), bei jeder Analyse sozialen Handelns berücksichtigt werden; das tut auch die Rational choice-Theorie. Eine stabile Struktur ist danach immer als ein Prozeß zu betrachten, der sich in einem aktuellen Gleichgewicht befindet. Handlungstheoretische Analysen sind damit immer auch Analysen sozialen Wandels.

Weiter - und ganz folgerichtig - muß ein- und dasselbe Modell, ein- und dieselbe Theorie in der Lage sein, Stabilität *und* Wandel zu erklären: Der „gesamte Zyklus" (Hernes 1995, S. 85) also muß im Auge behalten werden, der so modelliert wird, daß die Effekte von Handlungen die Voraussetzungen weiterer Handlungen bereitstellen. Schließlich fungiert die Handlungssituation als Anreiz oder Ressource, eine bestimmte Handlung auszuführen. Das Grundmodell der Rational choice-Theorie bleibt also erhalten. Doch betont wird hier, daß sich durch das Handeln des Aktors - vermittelt über die kollektiven Folgen des Handelns von Mitakteuren - die Handlungssituation immer verändert. Auch eine einfache Reproduktion ist in dieser Lesart ein Wandlungsprozeß. Nichts bleibt statisch, auch wenn das Ganze stabil bleibt, und dies gilt auch für die Wahrnehmung der Situation.[23]

Die Analyse des Handelns von Akteuren wird in den hier angesprochenen Handlungstheorien zur Mikrofundierung von Wandlungen und Stabilitäten auf der Makroebene genutzt. Diese Prozesse dort sind - so das Paradigma auch der Rational choice-Theorie - nur über die Analyse der Handlungssituation der Akteure zu erklä-

---

[23] Jeder Schritt im Entscheidungsprozeß verändert bereits die Wertigkeit der Alternativen, so daß Burkart (1995, S. 69) in diesem Zusammenhang von einer „Unschärferelation" spricht, auf deren Bedeutung gerade für biographische Entscheidungsprozesse ich noch zu sprechen komme.

ren, was man folgendermaßen modellieren kann: Makrovariablen, zumeist Verteilungen, bestimmen die soziale Situation, die als Rahmenbedingung für das Handeln des Aktors fungiert. Diese Rahmenbedingung stellt Restriktionen oder Anreize für die Entscheidung, eine bestimmte Handlung durchzuführen, bereit; der Aktor zieht diese für seine Handlungsentscheidung unter Berücksichtung seiner Ressourcen heran. Die Folgen der durchgeführten oder auch unterlassenen Handlung schließlich verändern die ursprüngliche Handlungssituation, und diese veränderte Situation stellt nun wiederum Anreiz oder Restriktion für des Aktors nächste Handlung dar.

So haben Ansätze wie der von Esser und der von Hernes den Anspruch, den „gesamten Zyklus" sozialen Wandels in den Blick zu nehmen, nämlich „wie die Menschen auf Bedingungen reagieren, die sie selber schaffen, und wie sie diese Bedingungen ihrerseits verändern, indem sie das tun" (Hernes 1995, S. 85). Die Aggregierungsebene freilich, die Ebene der kollektiven Handlungsfolgen, die sich oft hinter dem Rücken des einzelnen Aktors und ohne eine Chance, steuernd eingreifen zu können, realisieren, bestimmt die nächste Handlungssituation.

Freilich kann ich in dieser Arbeit nicht den ganzen Prozeß untersuchen. In einer Paneluntersuchung der Lebensführung von 12 Einzelfällen kann ich nicht auf Verteilungsstrukturen schließen, die zwar von allen Individuen abhängen, nicht aber von jedem Einzelnen von ihnen.[24] Gleichwohl kann einmal innerhalb des ganzen Prozesses der Ort bestimmt werden, an dem meine Untersuchung ansetzt: eben solche Handlungsanalysen zu betreiben, in denen die Unternehmungen einzelner Akteure daraufhin untersucht werden, auf welcher Grundlage und mit welchen praktischen und theoretischen Folgen sie sie betreiben; zum anderen kann genau derselbe Zusammenhang, der zwischen einzelnen individuellen Handlungen und den kollektiven Handlungsfolgen besteht, auch auf individueller Ebene hergestellt werden, geht es doch um den Zusammenhang einzelner Handlungen ein- und desselben Aktors.

---

[24] Freilich stehe nicht nur ich vor diesem Problem. Solche Analysen sind nur dann möglich, wenn die Situation in ihrer Komplexität so weit reduziert werden kann, daß möglichst eine Entscheidungsalternative zur Analyse des Situationsverlaufes genügt. Wie ich noch ausführen werde, sind die wenigsten Handlungssituationen so beschaffen. Im übrigen ist zu berücksichtigen, daß es für einen zu untersuchenden Prozeß gar keinen kausalen Zusammenhang zwischen Mikro- und Makroebene gibt (vgl. Stichweh 1995, S. 403), was zumindest die Probleme bei der Rekonstruktion der Logik der Aggregation erklären würde. Wohl aber können Ereignisse auf der Makroebene Selektionen für Ereignisse auf der Mikroebene darstellen.

4.2.2. Die „Grundstruktur soziologischer Erklärungen"[25]

Bleiben wir vorerst im Mikro-Makro-Modell. Besonders zu berücksichtigen ist hierin, daß Makrovariablen die Handlungssituation der Akteure keinesfalls direkt bestimmen: Sie begegnen den Akteuren vielmehr in Gestalt von spezifischen Handlungssituationen, in denen diese Entscheidungen treffen müssen, in einem „den Subjekten zugekehrten Aspekt" (Holzkamp 1995, 838).[26] Mithin müssen die konkreten und ganz unterschiedlichen Situationen rekonstruiert werden, mit denen Akteure verfahren können oder müssen; diese müssen von ihnen definiert werden und auf Handlungsmöglichkeiten hin untersucht werden: „Das Subjekt kann aus den Bedeutungsanordnungen, mit denen es jeweils konfrontiert ist, bestimmte Aspekte als seine *Handlungsprämissen extrahieren*, aus denen sich dann (implikativ bzw. 'inferentiell') gewisse (für das Subjekt) 'vernünftige' (d.h. in seinem Lebensinteresse liegende) Handlungsvorsätze ergeben, die es, soweit dem keine Widerstände/ Behinderungen aus der kontingenten Realität entgegenstehen ... als Handlungen realisiert" (Holzkamp 1995, S. 838). Dies verweist wieder über die einzelne Handlung hinaus: Was das Individuum als seine Handlungsprämissen wahrnimmt, wahrnimmt im Sinne von „sinnlicher Erkenntnis"[27], verweist zwangsläufig auf eine Situation vor der zu analysierenden Handlungssituation und damit darauf, daß soziale Konstruktionsleistungen zu berücksichtigen sind.

Hartmut Esser rekonstruiert die „Grundstruktur soziologischer Erklärungen" im Rückgriff auf James S. Coleman folgendermaßen:

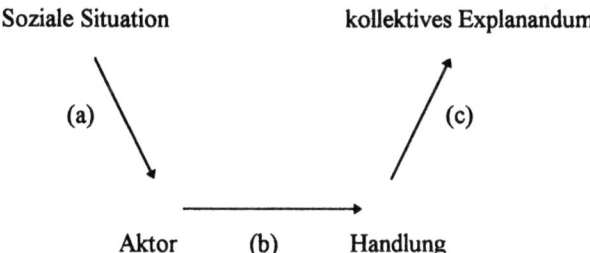

Wir sehen hier, was wir bei der Behandlung des handlungstheoretischen Grundmodells schon erwähnt haben: daß Prozesse auf der Makroebene immer mikrofundiert

---

[25] Esser 1993, S. 83ff
[26] Klaus Holzkamp hat sich in den Monaten vor seinem Tod mit Lebensführung beschäftigt und in diesem Zusammenhang das Konzept alltäglicher Lebensführung aufgearbeitet; sein Ziel war eine subjektwissenschaftliche Erweiterung des Konzepts, deren Anriß mit meinen handlungstheoretischen Überlegungen kompatibel ist. Ich werde seine Abhandlung daher für meinen Erweiterungsversuch heranziehen.
[27] Holzkamp 1978

werden müssen, sollen sie erklärt werden. Dabei verändert der Aktor, der sein Handeln an der sozialen Situation bemißt, in der er sich befindet, seine Umwelt nicht alleine, sondern über eine Verknüpfung mit den Handlungsfolgen anderer Akteure. Diese kollektiven Handlungsfolgen können intendierte Folgen sein; im Regelfall aber sind es nicht-intendierte, da sie die Folgen von Interdependenzen sind, was meint, daß der Aktor in den meisten Handlungssituationen nicht weiß, wie andere Akteure handeln und welche Folgen ihr Handeln für seine Handlungssituation hat und somit auf diese Akteure keinen Einfluß nehmen kann. Der Aktor kennt demnach im Regelfall nicht die Konsequenzen seines Handelns, weil er nicht nur über seine Handlungssituation und die Folgen seines eigenen Handelns unzureichend informiert ist, sondern systematisch auch deshalb, weil er das Handeln der anderen Akteure, dessen Folgen das kollektive Explanandum mitbestimmen, nicht vorhersagen kann.

Um das Handeln der Akteure unter solchen Bedingungen erklären zu können, müssen die folgenden drei Erklärungsschritte unternommen werden:

- Im ersten Schritt geht es um „die *Rekonstruktion* der *sozialen Situation* (a), der sich die Akteure ausgesetzt sehen" (Esser 1993, S. 94). Beschrieben werden „die Konstruktionen *erster* Ordnung der Akteure: die subjektiven Modelle und Vorstellungen über ihre Situation" (Esser 1993, S. 94).

- Mithilfe der *Logik der Selektion* (b) wird im zweiten Schritt erklärt, warum Akteure unter gegebenen Bedingungen eine bestimmte Handlungsalternative selegieren. Es geht hier um ein „'Gesetz' des Handelns", das „einen Ursachenteil, einen Folgenteil und eine präzise funktionale bzw. kausale Verbindung" zwischen beiden aufweisen muß (Esser 1993, S. 95).

- Der dritte Schritt schließlich, die *Logik der Aggregation* (c), „meist der komplizierteste der drei Schritte" (Esser 1993, S. 97), soll das kollektive Explanandum erklären, wobei der Art der Aggregation vom jeweiligen inhaltlichen Problem abhängt, was heißt, daß die jeweiligen institutionellen Regeln besondere Beachtung finden müssen.

Wir stehen nun vor folgendem Problem: Wie kann man sich auf der Basis der bislang diskutierten Modellogik das Handeln eines Aktors in einer Situation vorstellen, in der nichts mehr sicher scheint? Wie definiert er die Situation? Wie versetzt er sich in die Lage, eine zufriedenstellende Option zu ergreifen? Welche Folgen resultieren, und welche davon konnte der Aktor antizipieren?

4.2.3. Kritik und Anbindung

Essers Ziel- und Mittel-Vorgaben zufolge hätte ein rationaler Aktor die neu institutionalisierten Mittel und Ziele zu wählen, wenn er sich in der Lage sieht, ihnen entsprechend zu handeln, die dazu nötigen Mittel also kontrollieren kann.

Was denn aber treibt die Akteure um? Wie sieht ihre Situationsdefinition, wie sehen ihre wählbaren Alternativen aus? Erkennt der Aktor sofort, daß in einem neuen Institutionensystem andere Mittel zur Erreichung der letzten Ziele eingesetzt werden müssen? Wenn ja, welche? Erkennt er, welches die 'richtigen' sind, was beibehalten werden muß, was nicht beibehalten werden darf[28], ist er hinreichend informiert? Was tut er, wenn er die Mittel, die er meint wählen zu sollen, nicht kontrollieren kann? Und was passiert, wenn etablierte Normen internalisiert, einer situationsabhängigen Kosten-Nutzen-Abwägung also gar nicht zugänglich sind - oder wenn wertrational an ihnen festgehalten wird? Gibt es vielleicht daneben genügend bewährte Mittel und erreichbar scheinende Ziele, für die ich das neue Institutionensystem gar nicht brauche, für die es gar hinderlich ist? Gelten also die obigen Annahmen nur für diejenigen Akteure, die das Institutionensystem bereits zu reproduzieren beginnen? Kann man sich auch weigern?

Die Mikrofundierung lehrt uns, daß die zu implementierenden Institutionen ihrerseits darauf angewiesen sind, reproduziert zu werden. Das muß heißen, daß für die geglückte Implementierung eines neuen Institutionensystems - für die Erhöhung der Chance, entsprechende Verhaltensmuster zu verfestigen mithin - drei Voraussetzungen zutreffen müssen:

1. Die institutionell gesetzten Ziele müssen normativ anerkannt werden.
2. Das Institutionensystem muß einen Beitrag für die individuell gesetzten Ziele der Akteure leisten.
3. Es müssen Erwartungen und Handlungsorientierungen vorhanden sein, die mit den Zielen und Verfahren der Institutionen korrespondieren. Dazu bedarf es eines Unterbaus informeller sozialer und kultureller Strukturen, aufgrund derer das neue Institutionensystem inkorporiert wird.[29]

Keine dieser Bedingungen, so vermute ich, ist im ostdeutschen Transformationsprozeß umstandslos vorauszusetzen. Keinesfalls ist gesichert, daß die institutionell gesetzten Ziele normativ anerkannt werden, zumal die Demokratie zusammen mit der Marktwirtschaft eingeführt worden ist, mit dem *„Kapitalismus"* mithin, von dem

---

[28] Das zu erkennen, ist nicht selbstverständlich, wie der Prozeß der Transformation des Sozialismus zum Kapitalismus zeigt. Nicht immer weiß das zur Transformation entschlossene Gesellschaftssystem, welche Institutionen es übernehmen muß, um die gewünschten Effekte auch tatsächlich zu erzielen (vgl. Burns/ Dietz 1995, S. 356f, Fn 20).

[29] siehe hierzu Berking/ Neckel 1992, S. 152

meine InterviewpartnerInnen sprechen, was keineswegs einen Beitrag für die individuell gesetzten Ziele *aller* Akteure zu leisten vermag[30]; der dritte Punkt indes ist mein Thema und auf dieser Ebene ist meine zentrale These angesiedelt: Es werden neben veränderten Orientierungen, Erwartungen, Routinen und Präferenzen auch solche zu finden sein, die, etabliert in einem anderen Institutionensystem, nicht umstandslos außer Kraft gesetzt werden, bloß weil sie nicht mehr 'passen'; und es wird Routinen und Präferenzen geben, die nicht außer Kraft gesetzt werden - und trotzdem passen.

Sicherlich ist es die Schärfe jeder Modellbildung, idealtypisch und sparsam zu sein, also einen bestimmten Handlungstyp als Analyseinstrument zu benutzen und davon abweichende empirische Befunde in ihrer Besonderheit erklären zu können.[31] Für meinen Untersuchungsfall aber brauche ich gerade für die Empirie eine Maßstabsvergrößerung und damit ein theoretisches Instrumentarium, das es erlaubt, komplexe Arrangements von Handlungen und deren zugrundeliegende Rationalitäts- (oder Irrationalitäts)kriterien zu analysieren. Mit dieser Instrumentenschärfung will ich im folgenden anhand der Abarbeitung von Engführungen der Theorie rationalen Handelns beginnen:

- Da ein handlungstheoretisches Modell „Beziehungsformen und deren Prozeßdynamik ... in der Regel nach Maßgabe einer formalen Funktion behandelt wird", also „Handlungs- oder Akteursvariablen in einer eindeutigen Weise relationiert" (Müller/ Schmid 1995a, S. 33), muß eine solche Erklärungslogik zwangsläufig einfach sein, d.h. der Akteur bzw. die Situation, in der er handelt, muß auf handhabbare Variablen im Sinne des Modells reduziert werden. So wird der Aktor doch zumeist - bei aller Kritik an ökonomischen Rationalitätsannahmen - als kostenreduzierendes und nutzensuchendes Wesen konzipiert und die Situation in Mittel und Bedingungen, also einsetzbare und behindernde Parameter zur Erreichung des vom Aktor gesetzten Zieles gefaßt. Man thematisiert zwar, daß sich das 'richtige Leben' dem Aktor als komplex und uneindeutig darstellt, und man versucht auch, dies in die Modellogiken einzuarbeiten. Doch es ergeben sich Erklärungsmängel,

---

[30] siehe dazu Offe 1991a, der die gleichzeitige Einführung von Demokratie und Marktwirtschaft mit dem Problem behaftet sieht, daß der Einzelne sich mit seiner Schlechterstellung einverstanden erklären muß.

[31] Rational choice-Theoretiker wissen selbstverständlich über die Grenzen der Gültigkeit ihrer Theorie Bescheid; trotzdem sind sie sich einig, daß die Rational choice-Theorie „the worst available action-theory apart from all the others" ist (Esser 1996b, S. 164); sie wünschen, eine „general theory of motivation" zu haben, in die „thin theory" ein Spezialfall „specially to zones of 'scarsity' and 'constraint' wäre. „But we do not have such a theory and I doubt if we ever will" (Taylor 1992, S. 92). Zur Begründung eines Rational choice-Modells als Grundlage der Untersuchung kollektiver Effekte siehe Coleman 1991, S. 16ff

solange dem Aktor eine Handlungslogik unterstellt wird, die nach derselben idealtypischen Vereinfachung der Entscheidung sucht, wie das die Theoretiker tun.[32]
- Dem Mainstream handlungstheoretischer Modellbildung (Poppers Situationslogik, Rational choice-Theorie, individualistisch-strukturellen Modellen und auch Colemans Sozialtheorie) liegt der unit act zugrunde. Man untersucht eine einzige Handlung eines Aktors, die dieser deshalb benötigt, weil er ein Problem vor sich hat, das er lösen will, indem er eine Entscheidung trifft; diese ist in der Regel eine Entscheidung zwischen mehreren angebotenen Optionen.[33] Weiter hat der Aktor diese Entscheidung innerhalb einer sozialen Situation zu treffen, die er dadurch, daß er schließlich eine Handlung ausführt, entweder reproduziert oder verändert, in jedem Fall aber so, daß er sich, nachdem seine Handlung abgeschlossen ist, statt in der sozialen Situation 1 in der sozialen Situation 2 befindet. Doch Situation 1 und Situation 2, so weiß der Handlungstheoretiker und auch der von ihm konstruierte Aktor, sind leider viel zu komplex, als daß der Einzelne alle für sein Handeln relevanten Parameter erkennen kann. Demnach handelt er unter Unsicherheit oder bestenfalls unter Risiko und produziert so neben den intendierten auch nicht-intendierte Handlungsfolgen, die die Rahmenbedingungen seines Handelns, also Situation 1, ebenfalls verändern. Gegenstand der Analyse ist also immer eine einzelne Handlung in einer grundsätzlich nicht letztlich überschaubaren Handlungssituation mit systematisch nicht vorhersehbaren Handlungsfolgen. Will ich untersuchen, wie sich einzelne Akteure mit der sozialen Situation auseinandersetzen, die ihnen der Systemwechsel beschert hat - oder will ich überhaupt Alltagshandeln untersuchen -, so werde ich die theoretische Fiktion nicht nutzen können, daß Handeln in diesem Sinne ein Aufeinanderfolgen einzelner unit acts ist, die miteinander - und das ist zumindest die Folge handlungstheoretischer Modellbildung - lediglich dadurch verbunden sind, daß Situation 2 durch die Folgen meines Handelns mit Situation 1 verknüpft ist. Vielmehr werde ich thematisieren müssen, daß die Analyse der einzelnen Handlung etwas in den Blick nimmt, was es in der Empirie nur als Grenzfall gibt: Nicht ein Aktor, sondern eine Person ist es, deren Handeln zur Debatte steht. Diese steht nur selten vor einem klar isolierten Entscheidungsproblem, sondern vielmehr mitten im unübersichtlichen Leben. Dort ist es kaum einmal möglich und übrigens auch nicht hinreichend, sich pro Handlungssituation ein Ziel

---

[32] vgl. Ramb/ Tietzel 1993. Taylor (1992, S. 88) veranschaulicht dieses Aktormodell folgendermaßen: „... the thin theory makes of the individual a *Plastic Man*. He is a causally determined automaton who (which?), faced with externally given opportunities and subject to externally given constraints, simply translates into action given preferences and beliefs which themselves have casual origins external to him".

[33] Wenn mehrere Handlungen eines Aktors untersucht werden, so werden sie im Sinne einer Zweck-Mittel-Kette verbunden, so daß Handlung 1 ausgeführt werden muß, um Handung 2 realisieren zu können (vgl. hierzu Ramb 1993) oder als aufeinander bezogene Handlungen kooperierender oder defektierender Akteure über einen bestimmten Zeitraum hinweg thematisiert (Axelrod 1987), nicht aber als ein vom Aktor herzustellendes Handlungsarrangement.

zu bestimmen, die heranziehbaren Mittel, Eintrittswahrscheinlichkeiten und Opportunitätskosten zu prüfen und all das, was vorher war, vor die Klammer zu setzen.[34]

- Daraus folgt, daß die einer Handlung zugrundezulegende Präferenzordnung, von deren Idealtyp man sich ohnehin verabschieden mußte, gar nicht hergestellt werden braucht. Wenn Ziele konfligieren, eindeutige Rangfolgen nicht bestehen und unterschiedliche Entscheidungsregeln aufeinandertreffen, wird der Aktor auch für eine abgeschwächte Präferenzordnung keine Rechengrundlage besitzen. Die Tatsache, daß alle Handlungssituationen so modelliert werden können, daß der Aktor zu einer rationalen Entscheidung kommt - schließlich ist auch der Aktor dazu in der Lage (und vielleicht auch dazu genötigt), Rationalisierungen anzustellen, indem er „Weil"- in „Um-zu"-Motive umdeutet - bedeutet eben nicht, daß der Aktor deshalb überhaupt eine Präferenzordnung haben muß, bevor er seine Handlung ausführt. Sein Ziel kann es sein, all die unterschiedlichen Anforderungen, denen er nachkommen und zwischen denen er sich zumindest in der Reihenfolge der Abarbeitung entscheiden muß, dahingehend auszubalancieren, daß er mit dem Ergebnis einigermaßen zufrieden ist; sein Ziel kann es also sein, eine Präferenzordnung erst einmal zu finden und festzuhalten. So ist es unwahrscheinlich, daß ein Aktor sich empirisch dem Modell gemäß entscheidet, in dem eine rationale Abwägung der in Frage kommenden Ziele und der zur Auswahl stehenden Mittel in der jeweiligen Entscheidungssituation als unabhängig von seinen anderen Entscheidungen angenommen wird. Da ein Aktor nur selten klare Ziele hat, diese im Verlauf des Handelns ändern oder sogar nachträglich entdecken kann[35] und in einem Augenblick etwas als Mittel erkennt, was im anderen Ziel gewesen war, „wäre es illusorisch und falsch zu glauben, daß sein Verhalten ständig genau durchdacht ist, das heißt, vermittelt durch ein klar denkendes Subjekt, welches seine Bewegungen im Hinblick auf anfangs festgelegte Ziele berechnet" (Crozier/ Friedberg 1979, S. 33). Dennoch, und das ist entscheidend, ist sein Handeln aktiv und niemals direkt determiniert, immer ein sinnvolles Verhalten und damit rational, wenn auch beschränkt. Nach Crozier/ Friedberg verpflichtet eine solche Analyse dazu, „die beobachteten Verhaltensweisen ernstzunehmen, d.h. die 'guten Gründe' der Akteure auszuloten" (Crozier/ Friedberg 1979, S. 48). Das Handeln eines Akteurs wird

---

[34] Freilich wissen das Handlungstheoretiker und fordern gerade wegen solcher Komplexität die größtmögliche Vereinfachung. Doch muß sich ein solches Verfahren die Frage gefallen lassen, wozu Abläufe simuliert werden sollen, die wenn nicht auf falschen, so mindestens auf unwahrscheinlichen Annahmen beruhen.

[35] „Woher weiß man", fragt Lindenberg (1996, S. 129f), „welchen Einfluß die Entscheidung selbst auf die subjektive Rekonstruktion der Erinnerung ausübt? Wenn das Resultat der Entscheidung (wie so oft) nicht dem antizipierten Resultat entspricht, gibt es einen Konsistenzdruck, der Ziele im Nachhinein den tatsächlichen Resultaten anpaßt?" Da man das nicht weiß, plädiert Lindenberg für theoriereiche Brückenannahmen und damit gegen ihre empirische Gewinnung; man kann mit diesem Problem natürlich auch anders verfahren.

demnach einer rationalen Analyse unterzogen, ohne vorab zu bestimmen, worin genau diese Rationalität liegt. Für einen externen Beobachter mag es durchaus rational erscheinen, sozialen Regeln zu genügen, ohne daß die Entscheidung über ihre Befolgung einem rationalen Kalkül des Aktors entsprungen sein muß. Was den Aktor selbst betrifft, „muß zu den wichtigen Thematiken der sozialwissenschaftlichen Theorie jederzeit auch gehören, die Reproduktionsbedingungen zahlreicher (wenn nicht aller) Institutionen nachgerade in den weniger rationalen Handlungen ihrer Mitglieder zu suchen" (Schmid 1996a, S. 208). So kann es für den Aktor funktional - aber nicht intentional - sein, in einer komplexen und tendenziell undurchschaubaren Welt auf untergründige Handlungssteuerungen zu vertrauen. Hirschman (1967) hat auf solche Auswirkungen einer „hiding hand" hingewiesen, die all die möglichen und unter Umständen katastrophalen Folgen unserer Handlungen vor uns verbirgt; wäre dem nicht so, würden bestimmte Risiken nicht in Kauf genommen: Unserem Aktor erginge es wie dem Seiltänzer, der sich bewußt machte, wie voraussetzungsreich die Stabilität seiner Position auf dem Hochseil tatsächlich ist. Der Seiltänzer würde abstürzen, und unser Aktor wäre handlungsunfähig geworden. Wie ich zeigen werde, kann genau in diesem Sinne die Aufrechterhaltung einer etablierten Lebensführung über den Umbruch hinweg die Voraussetzung dafür sein, daß das neue Institutionensystem überhaupt etabliert werden kann; auch dem Aktor kann sie nützen, muß es aber selbstverständlich nicht, wie ich ebenfalls zeigen werde: Sie kann - in Kenntnis der Folgen und vom Standpunkt des Beobachters aus - auch alles andere als rational gewesen sein.

- Mithilfe der Konzeptualisierung beschränkter Rationalität ist es möglich, ohne die Forderung nach einer Präferenzordnung als Grundlage rationaler Entscheidung auszukommen und die Vergangenheit als entscheidungsrelevant zu berücksichtigen. Lebenszeit, so folgt daraus, muß in unser Handlungsmodell eingeführt werden, was in Form eines Handlungszusammenhangs in der Länge geschehen muß; die Notwendigkeit der Balance der tagtäglichen Anforderungen und Wünsche führt zur Konzeption eines Handlungszusammenhangs in der Breite. Auch das Zugrundelegen der Regel, die kostengünstigste Alternative zu wählen, wird verworfen, so damit der Normalfall von Handlungsentscheidungen gemeint ist; Zielorientiertheit und Wissenssteuerung bleiben dem Modell erhalten. An welchen Regeln aber orientiert sich der Aktor stattdessen oder zugleich, wenn nicht an der, seinen Nutzen zu maximieren? Daß es eine rationale Entscheidung ist, die institutionalisierten Mittel und Zwischenziele eines Gesellschaftssystems zu verfolgen, sei unbestritten. Doch selbstverständlich kann der Aktor das auch nicht tun wollen. Aber selbst wenn er es tun will und die entsprechenden Mittel kontrollieren kann, ist nicht exakt geklärt, was dann geschieht. Nach Burns/ Dietz (1995) werden Individuen in eine Kultur hineinsozialisiert und erwerben auf diese Weise eine bestimmte Teilmenge der innerhalb dieser Kultur vorhandenen Regeln. Da das soziale Leben komplex ist, erfordert die Anwendung einer Regel bei der Ausrichtung des Handelns einiges an Interpretationsleistung. Diese Interpretation erlaubt einige Variabilität im Handeln, das sich von Individuum zu Individuum entsprechend unterscheidet und den Akteuren eine begrenzte Flexibilität verschafft. „Im allgemeinen gilt, daß nur die generellsten Handlungsprinzipien hochgradig integriert und spezifiziert sind, was den Akteuren erlaubt, innerhalb dieser Prinzipien ihre Handlungsfähigkeiten ins Spiel zu bringen" (Burns/ Dietz 1995, S. 372). Die Regeln, über die die Akteure verfügen, beinflussen ihr Verhalten in einer gegebenen Situation. Dazu muß das Individuum die Regeln deuten, und diese Deutung setzt voraus, daß der Kontext erst einmal definiert, sogar sozial konstruiert werden muß. Wenn der Kontext definiert ist, wird man sehen, daß es mehr als eine Regel gibt, an die man sich halten kann. Das Drehbuch sieht Improvisationsmöglichkeiten vor; auch Rational choice-Theorien würden, so die Autoren, dem Handlungsvermögen der Akteure nicht gerecht, ließen sie doch lediglich strategische Kalkulation gelten (Burns/ Dietz 1995, S. 370). Freilich unterliegt das Handlungsvermögen Beschränkungen. Außer physikalischen Hürden kann es einmal dadurch beschränkt sein, daß jedes Individuum innerhalb derselben Kultur durch Sozialisationsdifferenzen und unterschiedliche Lebenserfahrungen mit unterschiedlichen Regeln vertraut gemacht wird. Weiter kann die Reichweite des Handlungsvermögens auch von ihm selbst abhängen. Unbewußte Determinierungen lassen Handlungen außerhalb der Steuerungsfähigkeit der Akteure ablaufen, weil diese die aktuellen Ursachen ihres Verhaltens nicht wahrnehmen. In dieser Richtung arbeitet die Psychoanalyse, und solche „Irrationalitäten" mögen häufiger Entscheidungen zugrundeliegen als das rationale Kalkül. Außerhalb der Steuerungsfähigkeit der Akteure liegt auch das, was Ideologiekritik sichtbar machen will: alternative Regeln zur Interpretation der sozialen Realität als Handlungsalternativen. Keinesfalls bedeutet dies m. E., daß solche Handlungssteuerungen nicht als Strategien zu begreifen wären: Sie können ein Handlungsproblem der Akteure lösen, auch wenn ihnen das im Augenblick der Handlungsentscheidung nicht bewußt ist. Wichtig an diesem Programm ist an dieser Stelle, daß Essers institutionalisierte Mittel und Ziele von Aktor zu Aktor unterschiedlich interpretiert werden, Manipulationen unterliegen können oder mit anderen Regelsystemen in Konflikt geraten können.

- Freilich mögen Entscheidungstheoretiker einwenden, daß es sich beim Gegenstand meiner Untersuchung gar nicht um Entscheidungen handelt. Wenn es zutrifft, daß meine Gesprächspartner das neue Institutionensystem nicht umstandslos reproduzieren, kann dieser Tatbestand dann nicht als eine unreflektierte Weiterbefolgung von Regeln thematisiert werden, als Routinehandlungen also, die letztendlich gar nicht Gegenstand entscheidungstheoretischer Überlegungen sein können? Doch alltägliche Lebensführung setzt sich aus einer Vielzahl miteinander verknüpfter, tagaus tagein zu treffender Entscheidungen zusammen; daß diese eben gerade nicht immer nach einem rationalen Kalkül berechnet werden, spricht ihnen nicht ihren Entscheidungscharakter ab; solche Entscheidungen haben nur einen höheren Komplexitätsgrad als handlungstheoretische Modelle zu bearbeiten imstande sind, und es liegen ihnen andere Kalküle zugrunde, als Entscheidungstheorien landläufig bearbeiten können und wollen. Schütz' Konzeption der Alltagswelt mag verdeutlichen, warum es sich bei meinem Untersuchungsgegenstand um Entscheidungen handelt: Danach liegen in den meisten Fällen des Alltagshandelns gleichsam nur virtuelle Entscheidungssituationen vor; bewußte Entscheidungen sind nicht gefordert. Die Person agiert mithilfe von Rezeptwissen, das erst einmal fraglos gilt. Dieses Alltagswissen, bestehend aus stereotypisierten, sozial geteilten, normativ und rituell abgesicherten Alltagserfahrungen basiert auf der Idealisierung des „und so weiter" und des „ich kann immer wieder".[36] Es muß keineswegs konsistent sein, aber es ist ganzheitlich, ein zusammenhängender, gedachter Komplex von Vorstellungen über die Welt - und damit von Handlungsanleitungen, Rezepten. Doch wenn der Aktor in bestimmten Situationen einer Routine folgt, muß er zuvor erkennen, daß ein vertrauter Fall vorliegt, einer also, in dem die Routine angewendet werden soll oder kann. Denn die Nagelprobe des Alltagswissens besteht in seiner Problemlösungsadäquatheit: Ich muß damit mein Leben meistern können. Es ist daher potentiell reflexiv; Reflexivität wird dann nötig, wenn die bisherigen Orientierungsmuster angesichts neu auftauchender Probleme versagen, oder, noch vorher, eine nicht vertraute Situation aufgetreten ist, in der ich keine Routinehandlung ausführen mag. Eine solche Entscheidung macht die Existenz von Handlungsalternativen bewußt.[37] Alltagswissen ist daher keineswegs irrational; es erleichtert dem Einzelnen allerdings sein Leben dadurch, daß nicht jede Handlung neu abgewogen werden muß. Man vollzieht solche Handlungen, ohne sie zu problematisieren, aber innerhalb eines ganzheitlichen Rahmens, der sich allerdings nicht nur durch Wissen, sondern auch durch Praxis bestimmt. Die Tätigkeiten selbst werden handlungsleitend für nachfolgende Tätigkeiten; freilich ist die Person in der Lage, darüber Auskunft zu geben, warum sie etwas tut. Das muß sie aber nur dann tun, wenn es nötig ist: wenn die Handlung nicht zum gewünschten Erfolg führt - oder wenn InterviewerInnen danach fragen. Nach Schütz folgt Alltagshandeln so lange Habitualisierungen, bis Situationsdefinitionen zum Problem werden, also institutionalisierte Typisierungen und Routinen bei der Lösung von Alltagsproblemen versagen. Erst in solchen Situationen ist die Wahl zwischen Handlungsentwürfen erforderlich; bis dahin genügt es, auf „sozial bedingtes" Handeln zu achten. Erst der Fall des „Fremden" macht eine komplexere Theorie des Alltagshandelns erfor-

---

[36] Schütz 1972, S. 153
[37] vgl. auch Fritze 1996, S. 119f

derlich (vgl. Wippler 1994, S. 112f), eine Unterfütterung einer allgemeinen Handlungstheorie, die auf „Sondersituationen" anwendbar ist.

Unsere InterviewpartnerInnen sind in einer solchen Sondersituation. Die Schützsche Ausnahmesituation wird zum Normalfall, denn die wirtschaftliche und gesellschaftliche Transformation Ostdeutschlands besteht - so kann man annehmen - in nichts geringerem als in der plötzlichen Umformung sämtlicher Teilbereiche gesellschaftlichen Lebens. Die umstandslose Ausdehnung der politischen, wirtschaftlichen und rechtlichen Ordnung Westdeutschlands auf die neuen Länder wirbelt deren ganze Gesellschaft mit ihren Institutionen, Normen, Werten und Normalitätskonstruktionen durcheinander. Die Frage allerdings, inwieweit bisherige Handlungstypisierungen greifen, scheint beantwortet: Der Mainstream der Transformationsforschung ist sich einig, daß nicht mehr viele davon ins neue Umfeld passen. Ich zitiere stellvertretend Alheit, der feststellt, „daß beinahe alle Orientierungen wertlos geworden" sind. „Denkstile müssen möglichst umgehend durch Lebensstile ersetzt werden. Aber dieser Transformationsprozeß mißlingt, weil für die ehemaligen DDR-Bürger nicht nur die materiellen Mittel und die symbolischen Techniken fehlen, sich angemessen zu 'stylen', ein ganz entscheidendes Orientierungskriterium ihrer eigenen Distinktionspraxis ist schlicht verschwunden: jener 'strukturfeudale' Rahmen der apparativen Interventionen, die zwar in aller Regel verabschuet wurden, aber doch eine erstaunliche Konsistenz und Berechenbarkeit besaßen" (Alheit 1995, S. 108). Dies habe „tiefgehende Entwertungserfahrungen zur Folge. Wichtige Wissensbestände, wie man sich beispielsweise in bestimmten Schlüsselsituationen des Alltags verhält, wie man zu 'seinem Recht' kommt, wie man sich knappe Güter beschafft usw., sind in unglaublich kurzer Zeit nutzlos geworden. Auch das Hintergrundwissen, die fraglos geteilten und reflexiv gar nicht zugänglichen Gewißheiten nominal-sozialistischer Lebenswelten, die Routinen und Selbstverständlichkeiten des Alltagstrotts verlieren dramatisch an Orientierungskraft" (Alheit 1995, S. 110).

Woran orientiert der Einzelne dann sein Handeln? Welchen Regeln soll er bei der Organisation seines Handelns nun folgen, und wie kann man die Folgen seines Handelns antizipieren? Während zumindest theoretisch die Optionen zunehmen, ist die allumfassende Sicherheit verschwunden, ohne daß andererseits neue Orientierungshilfen für Alltagsgestaltung und Lebensplanung existierten - die Orientierung an Essers „letzten" Mitteln greift für die Organisation des Alltagshandelns zu kurz. Alheit indes übertreibt ins Anomische. Wenn der ganzen Gesellschaft nichts geringeres abverlangt wird, als eine neue „soziale Konstruktion der Wirklichkeit" (Berger/ Luckmann 1980) zu leisten, wie denn soll dies geschehen, wenn sie nicht auf der alten aufbauen kann?

Es kann durchaus eine Strategie der Akteure sein, sich Sicherheit zu verschaffen in der Illusion des „und so weiter" und des „ich kann immer wieder". Die Aufrechterhaltung oder „Wiedergewinnung" des Alltags, „die zyklischen Routinen alltäglicher Lebensführung" mögen das sein, was mich wissen läßt, „wie es weitergehen soll bzw. daß es schon irgendwie weitergehen wird" (Holzkamp 1995, S. 884) - vielleicht verlieren solche Routinen nicht, sondern gewinnen im Gegenteil dramatisch an Orientierungskraft.[38]

Wie also können wir uns ein Handlungsmodell vorstellen, das den aufgezählten Kritikpunkten gerecht wird und dabei eine Mikrofundierung über interessengeleitetes und folgenorientiertes Handeln eines Aktors beibehält?

Die Person wird jede Handlung auch an ihren anderen Handlungen orientieren, und zwar nicht nur nach deren Zielerreichungserfolg, sondern um all die Handlungen, die tagaus tagein ausgeführt werden, untereinander zur Stimmigkeit zu bringen. Sie wird also nach einer *zufriedenstellenden Koordinationslösung* suchen. Denn die bereits ausgeführte und die demnächst geplante Handlung bilden Anreize und Restriktionen für die gerade auszuführende; einmal wird die Vergangenheit in die Entscheidungsfindung miteinbezogen (und gegebenenfalls auch umgedeutet): Eine biographische Logik mag zugrundeliegen, nicht nur die Abwägung von in der Zukunft zu erwartenden Handlungsfolgen. Zum anderen bringen uns vergangene Handlungen überhaupt erst in die Situation, eine Entscheidung treffen zu müssen - ärgerlicherweise oft dann, wenn gerade nur eine Option angeboten ist, die ich gegen eine andere nicht abwägen kann. Burkart verweist auf die Bedeutung der Schützschen „Weil"-Motive für Entscheidungsfindungen, die nicht, wie die „um-zu"-Motive, „unmittelbar auf eine Veränderung der Zukunft gerichtet sind, sondern die man als eine Art biographische Zwangsläufigkeit interpretieren kann" (Burkart 1995, S. 67). Wir entscheiden demnach, weil wir entscheiden müssen, und wir tun dies unter Berücksichtigung der kollektiven Folgen unserer eigenen Handlungen: Diese Folgen sind das, was im Fortgang 'alltägliche Lebensführung' genannt wird. Diese ist der vom Aktor hergestellte Zusammenhang all der einzelnen Handlungen in verschiedenen Sphären und über die Zeit hinweg, die Integration von Handlungen in ausdifferenzierten, von einander unabhängigen Bereichen: „Die Koordination vergangener und zukünftiger Kognitionen und Präferenzen ... erweist sich als ein Problem von derselben Logik wie das der synchronen Koordination mehrerer Akteure" (Wiesenthal 1987, S. 446).

---

[38] Die Orientierungsunsicherheit unserer InterviewpartnerInnen kam auch durch ihre Fragen an uns zum Ausdruck, was wir denn darüber wüßten, wie unsere anderen Interviewpartner, also ihre Landsleute, mit der neuen Situation verfahren würden. Das zeigt gleichzeitig, daß die Orientierung am Verhalten anderer einen hohen Stellenwert hat und daß Informationen darüber nicht im gewünschten Maße zugänglich sind.

Überträgt man das Essersche Modell der Grundstruktur soziologischer Erklärungen auf den Handlungszusammenhang, den ein Aktor herstellt, ergibt sich folgendes Bild:

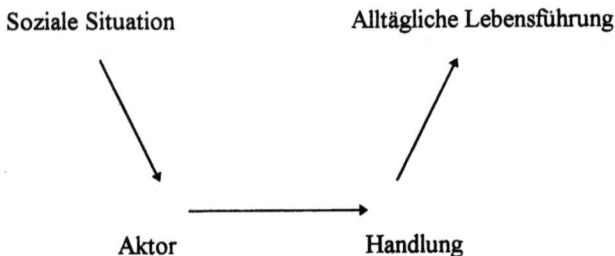

Alltägliche Lebensführung wird modelliert als das Arrangement der einzelnen Handlungen eines Aktors, als das Ergebnis der arbeitsteiligen Organisation seiner Tätigkeiten. Es handelt sich damit um die Mikrofundierung der Handlungen eines einzelnen Aktors. Wir müssen nun freilich die Logik der Selektion und die Logik der Aggregration erklären. Der Handlungszusammenhang stellt hier die Form alltäglicher Lebensführung vor; über die zugrundeliegende Logik können wir bislang sagen, daß der Aktor nicht nur die 'richtigen' Entscheidungen in einer ganz bestimmten möglichst gut modellierbaren Situation treffen, sondern sein ganzes Leben 'auf die Reihe kriegen' muß. Deshalb nimmt das Konzept der alltäglichen Lebensführung ein Arrangement von Handlungen zum Analysegegenstand.

4.3. Alltägliche Lebensführung

Das Konzept der alltäglichen Lebensführung ist aus der Forschungsperspektive der subjektorientierten Soziologie heraus entwickelt worden, die sich - wie die oben angeführte sozialtheoretische Konzeption - des „gesamten Zyklus" sozialen Wandels annimmt. Ich werde im Folgenden die Grundannahmen der subjektorientierten Soziologie darstellen und in einen weiteren Theoriezusammenhang stellen (4.3.1.), danach das Konzept der alltäglichen Lebensführung aus dieser Tradition entwickeln und es handlungstheoretisch fassen (4.3.2.), danach die empirische Umsetzung durch die Projektgruppe „Alltägliche Lebensführung" charakterisieren (4.3.3.) und schließlich für meine Zwecke Biographie und Lebenskonstruktion in das Konzept integrieren (4.3.4.).

4.3.1. Subjektorientierte Soziologie

Bolte definiert das analytische Programm dieser Forschungsperspektive folgendermaßen: „Das zentrale Anliegen der Forschungsperspektive 'subjektorientierte Soziologie' besteht ... darin, das wechselseitige Konstitutionsverhältnis von Mensch und Gesellschaft besonders ins Blickfeld zu rücken. Dies geschieht dadurch, daß gesellschaftliche Strukturen oder Strukturelemente ... daraufhin analysiert werden, (1) in welcher speziellen Weise sie menschliches Denken und Handeln prägen, (2) wie Menschen bestimmter sozio-historisch geformter Individualität innerhalb dieses strukturellen Rahmens agieren und so u.a. zu seiner Verfestigung oder Veränderung beitragen und (3) wie schließlich die betrachteten Strukturen selbst einmal aus menschlichen Interessen, Denk- und Verhaltensweisen hervorgegangen sind" (Bolte 1983, S. 15f).[39]

Die subjektorientierte Soziologie ist eine Forschungsperspektive, ein „spezifisches 'in-den-Blick-Nehmen' eines Problems, wobei es darauf ankommt, vorhandene Theorieansätze so zu verwenden, daß der Forderung optimal entsprochen wird, gesellschaftliche Strukturen hinsichtlich ihrer menschenprägenden Wirkung sowie als spezifischen Rahmen und spezifische Resultante menschlichen Verhaltens darzustellen" (Bolte 1983, S. 16). Damit fordert Bolte implizit nichts anderes als eine Mikrofundierung des Handelns, allerdings ohne analytisch in die Handlung eines einzelnen Aktors und die Folgen kollektiven Handelns zu trennen. Es handelt sich hier um einen Dreischritt.

Weiter ist eine solche Forschungsperspektive nicht ein für alle mal fertig, sondern muß immer wieder „neu zurechtgemacht" werden. Dieses „Zurechtmachen" bedeutet, daß „stets spezifische Reflexionen vorhandener theoretischer und empirischer Ergebnisse bzw. eigener theoretischer Überlegungen und empirische Forschungen" nötig sind, „um die wechselseitigen Vermittlungen und Konstitutionsprozesse von gesellschaftlichen Gegebenheiten einerseits und menschlichen Denk- und Verhaltensweisen andererseits in bestimmten Gegenstandsbereichen systematisch aufspüren zu können" (Bolte 1983, S. 16). Ich verstehe dieses „Zurechtmachen" offensiv im Sinne von Anselm Strauss als ein Verfahren, das in die Lage versetzt, erst innerhalb des Forschungsprozesses Hypothesen über den Forschungsgegenstand aufzustellen sowie ein theoretisches Modell oder eine Theorie als Ergebnis des Forschungsprozesses zu präsentieren.

Daß „das Wissen um die wechselseitige Konstitution von Mensch und Gesellschaft heute praktisch Allgemeingut soziologischer Erkenntnis" ist, war schon 1983 kein Geheimnis. Bolte benennt zum einen die klassischen Ökonomen und vor allem

---

[39] Für eine aktuelle Bestandsaufnahme der subjektorientierten Soziologie siehe Voß/ Pongratz (Hrsg.) 1997

Marx, die bestimmte sozio-ökonomische Institutionen daraufhin untersuchen, welche Lebensbedingungen sie produzieren und zum anderen die Phänomenologen, die menschliches Verhalten und Interagieren in den Blick nehmen und zieht den Schluß, „daß das Ausweisen dieser gegenseitigen Verbundenheit bisher nicht wirklich der soziologischen Bedeutung dieses Verknüpfungsprozesses entsprechend geschieht" (Bolte 1983, S. 33).

Dem würde Archer heute noch zustimmen, die Marx' und Schütz' Herangehensweise als „upward und downward conflation" bezeichnet. Die Bemühungen von Anthony Giddens, mit der Theorie der Strukturierung eine Verknüpfung von Mikro- und Makroebene zu leisten, unterliege einer „central conflation", da die Handlungsmöglichkeiten der Akteure nun weitgehend losgelöst von institutionellen Zwängen und dadurch viel zu offen definiert wären (Archer 1995).[40] Damit sind wir inmitten der aktuellen theoretischen Reflexionen über die Verknüpfung von Mikro- und Makroebene angelangt: Die subjektorientierte Perspektive bzw. Soziologie ist eine handlungstheoretische Forschungsperspektive, ein spezifisches „In-den-Blick-Nehmen" dessen, was Akteure unter bestimmten Bedingungen tun und wie diese Bedingungen dadurch reproduziert oder verändert werden. Spätestens seit Giddens' Strukturationstheorie haben diese Reflexionen den Stand erreicht, daß man sich darüber zu einigen beginnt, daß die Frage nach der Verknüpfung von Makro- und Mikroebene falsch gestellt ist. Mikro- und Makroebene müssen dann gar nicht mehr thematisiert werden, wenn - wie das die allgemeine Handlungstheorie tut - das zu erklärende Phänomen ganz im Boltesche Sinne die Handlungen der Akteure in einer Umwelt sind, die entweder als Handlungsrestriktion oder als Handlungsressource gefaßt werden kann. Holzkamp hat in seinem Versuch, die subjektorientierte in eine subjektwissenschaftliche Perspektive zu übersetzen, Handlungstheorie und subjektorientierte Soziologie zu vereinen versucht und damit von makrosoziologischer Gesellschaftstheorie abgegrenzt: „'Gesellschaftliche Verhältnisse' werden von uns nicht auf ihre üblichen soziologisch-gesellschaftstheoretischen Bestimmungen beschränkt, sondern in ihrem 'den Subjekten zugekehrten Aspekt' als Bedeutungen, Bedeutungskonstellationen, Bedeutungsanordnungen etc. ... aufgefaßt, nämlich als Inbegriff gesellschaftlich produzierter verallgemeinerter Handlungsmöglichkeiten (und -beschränkungen), die das Subjekt im Interessenzusammenhang seiner eigenen Lebenspraxis in Handlungen umsetzen kann, aber keinesfalls muß: Welche der ihm in einer derartigen 'Möglichkeitsbeziehung' als Handlungsalternativen gegebenen Bedeutungsaspekte das Subjekt tatsächlich in Handlungen umsetzt, dies hängt ... von den Gründen ab, die es - nach Maßgabe seiner (auf Weltverfügung/Lebensqualität gerichteten) Lebensinteressen dafür hat." Das gilt natürlich nur, „soweit

---

[40] siehe auch Burns/ Dietz 1995, S. 371

dem keine Widerstände/Behinderungen aus der kontingenten Realität entgegenstehen" (Holzkamp 1995, S. 838).

Auch eine subjektorientierte Konzeptualisierung sozialen Wandels stoppt - ähnlich wie Hernes, Esser und Coleman - nach dem Schritt in Richtung der neuen sozialen Situation, den der Einzelne zu ihrer Herstellung und Veränderung unternimmt. Doch nach der Aggregation wird ein weiterer Prozeßabschnitt virulent: Die 'neue' Situation, in der sich der Aktor jetzt befindet, muß als Selektor begriffen werden. An ihr entscheidet sich, welche Handlungen der Aktor anschließen kann: Kann er so weitermachen wie bisher oder muß er seine Strategie ändern? Kann er in der neuen Situation auf seine Ressourcen zurückgreifen oder steht er vor ungekannten Restriktionen? Kann er sein Leben so weiterleben oder muß er es ändern? Diese Fragen entscheiden sich allzuoft allerdings hinter seinem Rücken. Denn in den meisten Handlungssituationen weiß der Aktor nicht, ob die Art und Weise, wie er in einer Situation verfährt, seinen Zielen auch dienlich ist. Unabhängig von seiner Einsicht in den Lauf der Dinge glückt oder scheitert ein Unterfangen.[41]

Boltes Forderung, Mikro- und Makroebene so direkt wie möglich miteinander zu verknüpfen, ist damit weiterhin zentrales Anliegen der Soziologie. Einen Teil dieses Desiderats hat die Handlungstheorie eingelöst. Durch die Mikrofundierung von Ereignissen auf der Makroebene kann sie erklären, „warum bestimmte inputs zu einem ganz anderen output führten" (Bolte 1983, S. 30), hat also einen Teil jener „inneren Prozesse" aufgeklärt, die Bolte monierte.[42]

Daß es für die Akteure Sinn macht, rationale Entscheidungen zu treffen, ist, wie die allgemeine Handlungstheorie weiß, hoch voraussetzungsreich. Ihre Modellogik sagt uns, daß rationale Akteure Ziele haben müssen, die möglichst eindeutigen Präferenzordnungen genügen sollten. Sie weiß, daß Akteure in der Regel entweder nicht wissen, welche Mittel zur Erreichung ihrer Ziele herangezogen werden sollten, oder daß sie, falls sie es doch wissen, nicht über diese Mittel verfügen. Weiter weiß sie, daß Akteure über die Folgen ihres Handelns nicht hinreichend Bescheid wissen können, weil diese Folgen von kontingenten Handlungen anderer Akteure abhängen. Und damit weiß sie, daß rationale Akteure nach Mitteln suchen, die dieses grundsätzliche Dilemma zu lösen in der Lage sind: Sie werden anderen vertrauen, sie werden Routinen etablieren, sie werden vielleicht darauf verzichten, Handlungsabläufe detailliert zu planen, sie werden vielleicht sogar darauf verzichten, ihre Biogra-

---

[41] Ein eindringliches Beispiel für nichtintendierte Handlungsfolgen ist der sog. Schweinezyklus. Beginne ich beispielsweise eine Ausbildung, weil ich mir - nach Prüfung der Sachlage - gute Berufsaussichten verspreche, können viele in dieser Richtung kalkulierende Akteure ihre Chancen kollektiv verschlechtern. Als ein aktuelles Beispiel können die im Laufe des Jahres 1991 überall in Leipzig auftauchenden Imbißbuden und ihr späteres Verschwinden gelten.

[42] Einen Zusammenhang von Rational choice-Theorie und subjektorientierter Perspektive hat Bolte meines Wissens jedoch niemals thematisiert; auch seine Schüler tun das nicht, siehe Voß/ Pongratz (Hrsg.) 1997.

phie zu planen, um sich dadurch Optionen offenzuhalten. Vielleicht werden sie darauf verzichten, konkrete Ziele zu haben, vielleicht werden sie sich ausschließlich auf konkrete Ziele konzentrieren. Sie werden vielleicht aus ganz rationalen Gründen auf rationales Handeln verzichten. Kurz: Sie werden Strategien entwickeln, mit denen sie diese Probleme - und auch noch unter der Bedingung einer neuen gesellschaftlichen Verfassung - besser in den Griff bekommen als die Handlungsanalytiker das können. Bei all diesem aber darf die Annahme als sicher gelten, daß Akteure nicht bewußt gegen ihre Interessen handeln.

4.3.2. Das Konzept 'Alltägliche Lebensführung' handlungstheoretisch rekonstruiert

4.3.2.1. Die Form alltäglicher Lebensführung

Aus der subjektorientierten Forschungsperspektive heraus ist 'alltägliche Lebensführung' als ein theoretisches Konzept entwickelt worden, das empirisch umgesetzt wurde, und von dem ich glaube, daß es an unser handlungstheoretisches Grundmodell angeschlossen werden kann: das Konzept der alltäglichen Lebensführung.[43]

Modellen rationaler Wahl und damit einer voluntaristischen Handlungstheorie ist das Konzept näher als Vergesellschaftungsmechanismen wie zum Beispiel dem Bourdieuschen Habitus, in dessen Fängen das Individuum keine Wahlmöglichkeiten mehr hat.[44] Denn hier stellt der Aktor seine Lebensführung unter Rückgriff auf Ressourcen und Anforderungen und im Hinblick auf seine Wünsche selbst her, ist ihr damit aber gleichzeitig doch unterworfen - freilich nicht nur ihr, sondern all den bereits gesammelten der Handlungssituation immanenten Restriktionen. Er macht sich, in Anlehnung an Marx, seine Lebensführung selbst, aber er macht sie nicht unter

---

[43] Ich grenze das hier verwendete Modell nicht im einzelnen gegen andere Lebensführungskonzepte ab, da ich keines kenne, das in einer für mein Vorhaben vergleichbar geeigneten theoretischen Ausarbeitung und empirischen Operationalisierung vorliegt. So wird Lebensführung entweder als Synonym für Lebensformen verwendet (Schneider 1994), zwar konzeptuell entwickelt, aber eher sozialstrukturanalytisch als Medium von Lebenschancen thematisiert (Vetter 1991), in Abgrenzung zu Lebensweise und Lebensstil systematisch verortet, aber nicht weiter ausgearbeitet (Müller/ Weihrich, 1991) oder im Sinne alltäglicher Lebensführung verwendet, aber nicht eigenständig konzeptualisiert (Zeiher/ Zeiher 1994, Berger 1993, Hradil 1992b); Geiger (1967, zuerst 1932) fordert als Grundlage der Konstruktion von Typen des „Lebensductus", den „tausend Einzelheiten des Alltagslebens im ensemble" bilden, „Lebensbeschreibungen" ein (Geiger 1967, S. 80). Für einen Überblick zur Begriffsgeschichte von Lebensstil, Lebensweise und Lebensführung siehe Müller/ Weihrich 1990, 1991.

[44] Habitus meint dort ein Wahrnehmungs-, Denk- und Beurteilungsschema, das durch die Klassenstruktur erzeugt wird und Praxisformen gebiert, die die Klassenstruktur reproduzieren (vgl. Müller/ Weihrich 1990, S. 36). Der Habitus ist damit „ein Mechanismus, der die Praxis der Struktur anpaßt und damit die praktische Reproduktion der Struktur gewährleistet" (Müller 1986, S. 23); obwohl er als kompatibel mit der Verfolgung individueller Interessen gedacht wird, ist er klassenspezifisch, und die individuelle Praxis erfolgt „in der Mehrzahl aller Fälle automatisch und unbewußt" (Müller 1986, S. 26).

selbstgewählten Verhältnissen; immer also muß er restriktive Situationsbedingungen berücksichtigen, was ihn daran hindert, sein Leben in frei gewähltem Modus zu gestalten.

Schon der Wortsinn macht fest, um was es dabei geht, denn der Begriff Lebensführung erinnert nicht umsonst an Max Weber. In dessen religionssoziologischen Schriften ist Lebensführung ein zentraler Begriff; einmal verortet Weber Lebensführung modernisierungstheoretisch, zum zweiten komparativ nach ihren empirisch vorhandenen Gestaltungsprinzipien und drittens nach deren strategischen Funktionen.[45] Diese Gliederung liegt implizit auch den hier zitierten Arbeiten zur alltäglichen Lebensführung zugrunde. Was aber meint nun 'alltägliche Lebensführung'?

Das *Alltägliche* an der Lebensführung meint, daß, wie es Voß kurz und bündig in Bezug auf Marx formuliert, „die Basis von Lebensführung die Pragmatik der konkreten Alltagstätigkeiten" ist, oder, wie er weiter sagt, „die sprichwörtliche Tretmühle des Alltags" (Voß 1995, S. 30), die alltägliche, tagtägliche Wiederholung von Tätigkeiten. Nicht einzelne Handlungen stehen dabei im Zentrum der Aufmerksamkeit, sondern die „alltägliche Synchronie des Lebens"; damit will ich die diagnostizierte systematische Blindstelle handlungstheoretischer Modelle erhellen, die aus deren Konzentration auf einzelne Handlungen resultiert.

Für meine Zwecke muß das Konzept allerdings dahingehend erweitert werden, daß Sinn und Biographie systematisch miteinbezogen werden können. Denn in der von Voß ausgearbeiteten theoretischen Fassung ist alltägliche Lebensführung eine Art selbstgebauter Tätigkeitskoordinationsmaschine, die mit handlungstheoretischen Programmen insoweit übereinstimmt, daß Tätigkeiten untersucht werden, der „Überbau" aber ausgeklammert wird. Das meint, daß auch hier die guten Gründe, die der Aktor für sein Handeln haben kann, systematisch unterbelichtet bleiben, wenn das Interesse des Forschers auf der Ebene der Tätigkeiten bleibt und die dahinterliegenden Strategien in erster Linie im Hinblick auf ein zu erstellendes Arrangement beachtet.

Alltägliche *Lebensführung* bezeichnet denn auch das Arrangement der Tätigkeiten einer Person in den einzelnen Sphären des Alltags. Nicht die Tätigkeiten in den einzelnen Bereichen des alltäglichen Lebens wie Erwerbsarbeit, Familie, Freizeit stehen im Mittelpunkt des Konzepts, sondern die Art und Weise, wie diese Tätigkeiten miteinander verbunden sind. „Es geht um den alltäglichen *Zusammenhang* des praktischen Lebens und nicht um die Fülle seiner Elemente" (Voß 1995, S. 32). Die Formen des Zusammenhangs der Alltagstätigkeiten werden nach zeitlichen, räumlichen, sachlichen, sozialen, sinnhaften, medialen und emotionalen Dimensionen auf-

---

[45] Dabei identifiziert Weber die „methodische Lebensführung" als einen dem Kapitalismus wahlverwandten Typus und nicht als eine Anpassung der Lebensführung an bestimmte Rahmenbedingungen. Darauf komme ich im Zusammenhang mit der Bedeutung von Selektionstheorien in meinem Kontext zurück.

geschlüsselt[46], identifiziert und beschrieben. „Mit anderen Worten: Die Form der Lebensführung einer Person besteht darin, zu welchen *Zeitpunkten*, an welchen *Orten*, in welcher inhaltlichen *Form*, in welchen *sozialen Zusammenhängen* und orientiert an welchen *sozialen Normen*, mit welchen *sinnhaften Deutungen* sowie mit welchen *Hilfsmitteln* oder *Ressourcen* und schließlich mit welchen *emotionalen Befindlichkeiten* eine Person im Verlauf ihres Alltags typischerweise tätig ist. Eine Lebensführung ist also dadurch gekennzeichnet, wie sich eine Person auf die verschiedenen Sozialsphären, auf die sie verwiesen ist, bezieht und sich mit diesen zeitlich, räumlich, sachlich usw. *arrangiert*. Mehr noch: Die Lebensführung ist eine als solche deskriptiv bestimmbare Art und Weise, eine *Form*, wie diese sozialen Einzelarrangements individuell zu einem funktionierenden *Gesamtarrangement* verbunden werden - sie ist, kurz gesagt, das *Arrangement der einzelnen Arrangements* einer Person" (Voß 1995, S. 32). Was hier beschrieben ist, ist die *Form* alltäglicher Lebensführung; Voß versucht im weiteren, diese Form als ein System zu fassen (vgl. Voß 1995, S. 32ff).

Handlungstheoretisch gefaßt heißt das, daß die Person in ihrer alltäglichen Lebensführung eine Koordination all der Handlungen leistet, die sie tagaus tagein in ganz unterschiedlichen Sphären und Subsystemen ausführen muß, in denen jeweils unterschiedliche Ziele und Mittel zu setzen und einzusetzen sind: in Erwerbsarbeit, Freizeit, Familie usf. Innerhalb der Sphäre der Erwerbsarbeit beispielsweise verdiene ich meinen Lebensunterhalt, indem ich innerhalb einer bestimmten Zeit die Leistungen erbringe, die mein Arbeitgeber von mir erwartet. Mittel hierzu ist meine berufliche Qualifikation. Im Bereich der Familienarbeit werden andere Ziele verfolgt (Hausarbeit, Versorgung der Kinder, Aufrechterhaltung von Beziehungen); meine berufliche Qualifikation taugt hierzu nicht als Mittel. In der Freizeit kann das Ziel z.B. die Befriedigung persönlicher Ansprüche sein, vielleicht läge es darin, mir ein bestimmtes Erlebnis zu verschaffen: wieder ein anderes Ziel, wieder andere Mittel. Die Frauenforschung weist seit langem darauf hin, daß die Vereinbarkeit dieser Bereiche ein Problem darstellt[47], und zwar nicht in erster Linie ein Identitätsproblem, wie oben von Esser angedacht, sondern ein Handlungsproblem: das 'auf die Reihe kriegen' bzw. 'unter einen Hut bringen' ganz unterschiedlicher Anforderungen, die zeitlich und räumlich schwer zu koordinieren bzw. zu organisieren sind.

Jede Person muß - und das ist die Grundannahme des Konzepts - ihre Tätigkeiten, welche immer das sein mögen, zu einem Arrangement binden; alltägliche Lebensführung „arrangiert in gewisser Weise, wo, wann und wie lange, mit welchem Inhalt, mit wem, warum und mit welchen Hilfsmitteln man in den verschiedenen

---

[46] Diese Dimensionen werden in der letzten Fassung des theoretischen Konzepts (Projektgruppe „Alltägliche Lebensführung" 1995) genannt. Im Vergleich zu früheren Fassungen (Voß 1991a) kamen die sinnhafte und die emotionale Dimension hinzu.

[47] vgl. z.B. Ostner 1978

Bereichen tätig ist" (Voß 1991a, S. 76). Alltägliche Lebensführung meint also etwas Ganzheitliches: Nicht die Tätigkeiten in den einzelnen Bereichen des alltäglichen Lebens stehen im Mittelpunkt des Konzepts, sondern die Art und Weise, wie diese Tätigkeiten miteinander verbunden werden. Das Bestreben, seinen Alltag zumindest auf einigermaßen zufriedenstellende Art und Weise auf die Reihe zu kriegen, kann dabei, wieder handlungstheoretisch gefaßt, als Ziel verstanden werden: Anforderungen und Ansprüche, Notwendiges und Machbares müssen integriert werden.

Alltägliche Lebensführung ist damit ein von der Person erstelltes Produkt. Es ergibt sich nicht von selbst, nicht automatisch und nicht problemlos, daß der Einzelne all das, was er tagaus tagein tun muß und will, koordiniert, synchroniert und ausbalanciert, mithin 'auf die Reihe kriegt'. Es ist seine Leistung, seine Lebensführung herzustellen und aufrechtzuerhalten, anzupassen und eventuell auch zu verändern.

4.3.2.2. Die Logik alltäglicher Lebensführung

Eine bestimmte Form von Lebensführung, ihre Gestalt, kann man von einer Ebene aus erkennen, von der aus man das erstellte Arrangement beobachtet; die Beobachter sind andere Personen, in meinem Falle eine Soziologin, aber auch der Aktor selbst. Von einer solchen Perspektive aus scheint es, als bestünde eine gewisse Selbstläufigkeit eines einmal erzielten Arrangements. *„Es hat sich so ergeben"*, wie unsere Interviewpartner sagen, daß jemand z.B. alles, was er tut, sehr methodisch angeht, ohne in jedem Falle Überlegungen über die Angemessenheit der Herangehensweise anzustellen; es ist im Gegenzug für den Aktor in diesem Beispiel auch nicht einfach, auf nicht planbare Zwischenfälle spontan zu reagieren.

Obgleich also Lebensführung von der Person in Auseinandersetzung mit ihren persönlichen Interessen und den Bedingungen, an denen sie sich abarbeitet und unter Rückgriff auf die Ressourcen, über die sie verfügt, hergestellt wird, etabliert sie gleichzeitig etwas, das eine strukturelle und funktionale Eigenständigkeit gegenüber Person und Umwelt einnimmt, ein Drittes sozusagen. Man kann annehmen, daß alltägliche Lebensführung „partiell einer eigenen, von den Personen nur teilweise gewußten und nicht immer so gewollten Logik folgt, eine Logik, die aus dem komplexen Zusammenspiel der vielfältigen Lebensbedingungen auf der einen und den partiellen Steuerungsversuchen der Personen auf der anderen Seite resultiert" (Voß 1991a, S. 77). Hier nun ist von der *Logik* der Lebensführung die Rede.

Handlungstheoretisch umformuliert meint dies, daß die Person Regeln aufgestellt hat, nach denen sie handeln soll bzw. kann, also Strategien entwickelt hat, die in verschiedenen Situationen befolgt bzw. eingehalten werden können oder müssen, ohne sie in jedem Falle auf ihre Problemlösungsadäquatheit hin zu überprüfen, ohne also rationales Kalkül immer wieder neu anzusetzen. Dabei kann man davon ausgehen, daß diese Strategien zumindest auf längere Sicht hin dem Aktor nicht schaden dürfen. Sie müssen so konstruiert sein, daß der Aktor nicht beständig bei der Verfolgung seiner Ziele scheitert.

4.3.2.3. Alltägliche Lebensführung als Restriktion und Ressource

Alltägliche Lebensführung dient der Person zum einen als Ressource, also als Erleichterung der Bewältigung von Anforderungen, kann aber auf der anderen Seite auch eine Restriktion darstellen; sie zählt dann mit zu den Bedingungen, mit denen sich die Person auseinandersetzen muß. Denn eine einmal etablierte Lebensführung kann, so wird angenommen, nicht so ohne weiteres außer Kraft gesetzt werden, selbst wenn die Person das möchte. Warum das so ist, ist damit freilich noch nicht geklärt. Begnügen wir uns derweil mit einer Gegenannahme: Wenn ein Aktor seine jeweiligen Handlungen ausschließlich der Logik der jeweiligen Situation anpassen würde und dabei die Ziele verfolgte, die das jeweilige System oder die jeweilige Sphäre, in der er gerade agierte, angeraten sein lassen, kann man sich in der Tat nicht denken, wie Identität[48] möglich sein sollte. Deren Herstellung wird nicht über vom Handeln losgelöste Kognition möglich, sondern durch Handeln selbst. In der Herstellung eines Handlungszusammenhangs ist es möglich, sich seiner selbst zu vergewissern.[49] Gerade in der Tagtäglichkeit der alltäglichen Lebensführung wird klar, was damit gemeint ist: „... wenn man den Fall der (vorübergehenden) Zerstörung der Alltags-Zyklizität, etwa durch schwere Krankheit, Tod eines Angehörigen, Krieg etc. in die Betrachtung zieht: Man weiß in solchen Extremsituationen buchstäblich nicht, was man (zuerst) tun soll, verliert die Verfügung über seine Lebensbedingungen, sieht sich in seiner Existenz elementar gefährdet. Die Überwindung solcher Krisen ... ist entsprechend die Wiedergewinnung des Alltags, d.h. der zyklischen Routinen alltäglicher Lebensführung" (Holzkamp 1995, S. 843f).

Im Sinne der oben entwickelten Modellogik der sozialen Situation heißt das, daß die Lebensführung selbst zu den situativen Parametern zu zählen ist, die Anreize oder Restriktionen bieten. Der Einzelne muß sich nicht nur mit externen situativen Bedingungen, sondern auch mit seiner eigenen Lebensführung auseinandersetzen. Er etabliert - im Gegensatz zur Unit act-Rationalität der Rational choice-Theorie - eine systemische Rationalität (vgl. Stichweh 1995, S. 399).

---

[48] zum Verhältnis von Identität und alltäglicher Lebensführung siehe Behringer 1998

[49] Taylor 1992, S. 85f macht auf die Kritik aufmerksam, nach der einer „thin theory of rationality" entgehe, daß sich Akteure - neben altruistischen Motivationen und dem Vergnügen, das sich während der Ausführung einer Handlung selbst einstellt - von „expressive motivations" leiten lassen: „the desire to be 'true to one's self', to act consistently with one's deeply held commitments" (Taylor 1992, S. 86). Taylor stimmt der Einschätzung zu, daß „individuals' selves or identities ... are constituted by the characters or roles and the principles, ideas and projects which the individual has chosen to commit himself to or identify with". Doch vermißt er eine Erklärung „of how such commitments and identifications are made". Vielleicht kann das Konzept alltäglicher Lebensführung hierfür einen Beitrag leisten.

Eingefügt in unser Modell, rückt Lebensführung damit in die neue Ausgangssituation, mit der sich der Aktor konfrontiert sieht:

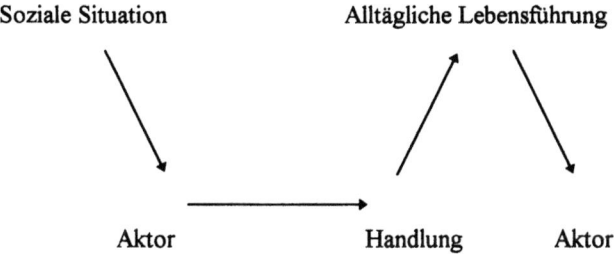

4.3.2.4. Alltägliche Lebensführung als Regelsystem

Von der handlungstheoretischen Ebene aus betrachtet ist alltägliche Lebensführung eine aktiv von der Person zu erbringende Leistung, die in Abarbeitung mit bestimmten Restriktionen und unter Rückgriff auf bestimmte Ressourcen ihr Muster erhält. Diese Muster können als Strategien begriffen werden, und zwar auch da, wo die Person den strategischen Charakter dieser Regelmäßigkeiten nicht sieht. Solche Muster bzw. Strategien freilich haben institutionalisierte Vorbilder, denen sich auch die Forscherin nicht entziehen kann. So kann man Lebensführungsmuster ausmachen, in denen die einzelnen Tätigkeiten bspw. über Tradition verbunden werden: Man macht es so, wie es auch schon die Eltern gemacht haben. Desgleichen kann man auch - sozusagen als Gegenstück - sein Leben methodisch führen, indem die einzelnen Tätigkeiten nach ihrer Effektivität im Hinblick auf bestimmte Ziele angelegt werden. Als Strategien mögen beide Muster taugen; es kommt dabei nicht auf das Muster, sondern auf dessen Problemlösungskapazität an.

Diese Logik kann erfaßt werden, indem man das Regelsystem rekonstruiert, das der Aktor im Lauf seines Lebens erstellt, modifiziert und reproduziert hat und wonach er sich bei der Führung seines Lebens richtet. Regeln werden dabei sowohl als Bestandteile von 'gesellschaftlichen' Institutionen wie Planwirtschaft, Markt, Partei, Recht, parlamentarischer Demokratie usw. gesehen, als auch als Bestandteile der vom Aktor etablierten Lebensführung selbst, also in Routinen, Lebensphilosophien, Planungsmethoden, familialen Arbeitsteilungsmustern und Ritualen: Strategien mithin, mit deren Hilfe die Person ihr Leben führt, ohne sich im einzelnen immer klar darüber sein zu müssen, daß es sich dabei um Strategien handelt. Diese werden eben nicht jeweils in Bezug auf eine ganz konkrete Situationslogik erstellt, sondern über all die tagtäglichen und damit lebenslänglichen unterschiedlichen und widersprüchlichen Situationslogiken hinweg. Der Lebensverlauf, seine biographische Konstruktion und deren sinnhafter 'Überbau' fallen damit in den 'Zuständigkeitsbereich' alltäglicher Lebensführung.

Mit einem solchen Regelsystem muß der Aktor all die konkreten (und widersprüchlichen) Anforderungen bewältigen können, die tagaus tagein anfallen: Kinderbetreuung, Erwerbsarbeit, persönliche Ansprüche, soziale Kontakte, Nahrung, Waschen und Bügeln, die Frage nach dem Sinn des eigenen Lebens, die Herstellung von Biographie, also Konsistenz, eben die Arbeit des Alltags. Diese Arbeit des Alltags, eingefügt in unser Handlungsmodell, vertieft den Mittelbegriff, indem sich all die alltäglichen Tätigkeiten und Konstruktionsleistungen zu einem komplexen Netzwerk von Präferenzen fügen, die eben gerade keiner starren hierarchischen Ordnung genügen dürfen. Sie fügen sich nicht 'wie von selbst' zusammen, sondern werden in ihrer Ordnung vom Aktor hergestellt. Dabei können, wenn es das empirische Material erlaubt, auf strukturalistischer Ebene eine oder mehrere Metaregeln konstruiert werden, die der etablierten alltäglichen Lebensführung unterliegen.

Dabei muß dieses Regelsystem innerhalb eines institutionellen Rahmens funktionieren, der die gesellschaftliche Legitimation von Präferenzen bestimmt. Besser als Essers rationale Wahl der Präferenzen eignet sich indes Giddens' Dualität der Struktur.[50] Indem der institutionelle Rahmen Zwang auf menschliches Verhalten ausübt, ermöglicht er es auch. Der Aktor kann gesellschaftliche Institutionen nützen, wenn seine Lebensführung anschlußfähig ist, was nicht heißt, daß er den institutionellen Verhaltenserwartungen umstandslos nachkommen muß. Seine Lebensführung wird selegiert, und das kann aufgrund nicht erkannter Bedingungen ebenso geschehen wie eine Reproduktion durch Überanpassung scheitern kann.

Doch lassen wir das zweckrationale Argument nicht außer acht: Ein Beobachter kann alltägliche Lebensführung als ein Instrument des Aktors betrachten, Nutzen, Kosten und Eintrittswahrscheinlichkeit der Handlungsfolgen nicht in jeder Handlungssituation berechnen zu müssen, um sich danach anhand des erwartbaren Ausgangs für die Ausführung der Handlung oder deren Unterlassung zu entscheiden. Es kommen so Strategien in den Blick, die sich in vielen Handlungssituationen bewährt haben mögen. Sind Lebensführungsmuster auffindbar, die einem Beobachter keineswegs als zieladäquat erscheinen, so zum Beispiel die Lebensführung eines Interviewpartners, der alle nur möglichen Chancen zur beruflichen Selbständigkeit gleichzeitig ergreift und damit die Wahrscheinlichkeit erhöht, sein Ziel nicht zu erreichen, kann man immer noch den Handlungsnutzen des gesamten Arrangements berücksichtigen. Dann kann es empirisch durchaus so sein, daß der Aktor in einer bestimmten Handlungssituation 'gegen alle Vernunft' agiert, der Nutzen aber darin liegt, daß er das Handlungsmuster nicht gefährdet, das *meistens* zu einem Zustand führt, den der Aktor erreichen wollte. Dies erklärte auch die empirischen Befunde

---

[50] siehe Giddens 1984a, S. 198

der Projektgruppe „Alltägliche Lebensführung", daß Lebensführung entgegen aller Erwartung innerhalb flexibilisierter Rahmenbedingungen keineswegs flexibler werden muß. Gerade die Stabilität von Lebensführung würde es demnach dem Aktor erlauben, in einer feinkörnigen Umwelt, die sich häufig und unregelmäßig verändert, Anpassungskosten zu sparen.[51] Daß der Aktor solche Überlegungen bei der Etablierung seiner Lebensführung anstellen muß, muß damit nicht gemeint sein. Als Strategie kann dennoch betrachtet werden, was er tut, und zwar sowohl von der Forscherin als auch von ihm selbst. So mag ein Interview durchaus den Effekt haben, daß, vergleichbar einer Psychoanalyse, der Aktor die Regeln seiner Lebensführung re- bzw. konstruieren kann. Idealiter wäre hier das zu praktizieren, was Holzkamp „Selbstverständigung" nennt: ein „Mitforscher-Verhältnis", das es nicht zuläßt, einen „wissenschaftlichen Außenstandpunkt" zu vertreten, sondern sich gemeinsam mit dem Forschungsobjekt, das so seinen Objektstatus verliert, über Lebensführung zu verständigen (Holzkamp 1995, S. 834f). Freilich macht gerade die Psychoanalyse das nicht.

Jedenfalls ist es das Ziel der subjektorientierten Perspektive, aufzuzeigen, wie sich die Situation für den Aktor darstellt. Dieser kann Auskunft darüber geben, warum er bestimmte Handlungen ausführt, und das müssen keine positiven Begründungen sein. Er kann z.B. einfach keinen vernünftigen Grund dafür sehen, seine Handlungsprämissen zu überprüfen geschweige denn sein Arrangement zu ändern. Er kann indes damit auch eine Strategie verfolgen, die er nicht als Strategie erkennt. Freilich muß sein Handeln - aus seiner Sicht - anschlußfähig sein an das jeweilige Institutionensystem; der Aktor wird sich in die Lage gesetzt sehen wollen, die Kontrolle über seine Handlungen behalten zu können. Ob ihm das in der Situation, die ich hier untersuche, überhaupt gelingt, und ob es ihm unter Einsatz der vertrauten und verfügbaren Mittel gelingt oder ob er seine Lebensführung ändern muß, ist eine empirische Frage.

4.3.2.5. Alltägliche Lebensführung als Vergesellschaftungsinstanz

Durch die Stabilitätsneigung, die alltäglicher Lebensführung unterstellt wird, wird sie zum Vergesellschaftungsmedium, indem sie Anschlußfähigkeit zwischen Person und Institution ermöglicht: Identität, wenn man so will und Vergesellschaftungsgrundlage, einen Teil des oben angemahnten Unterbaus informeller sozialer und kultureller Strukturen, aufgrund derer das neue Institutionensystem inkorporiert wird - oder verändert. Denn dadurch, daß die Akteure in ihrem tagtäglichen Handeln (aufstehen, Zähne putzen, frühstücken, in die Arbeit gehen usf.) immer wiederkehrende Regelmäßigkeiten aufweisen - und diese, wie ich zeigen werde, auch in

---

[51] vgl. hierzu Hannan/ Freeman 1995, S. 314ff, 323

außergewöhnlichen Situationen aufrechterhalten - reproduzieren sie gesellschaftliche Strukturen: Der PDS-Ortsverein versteht sich ebenso wie die weiterbestehende Arbeitsteilung im Haushalt und der tägliche Gang zur Erwerbsarbeit - wenn nicht mehr vorhanden, der Besuch des Motivationskurses - als letztendlich durch die regelmäßigen und regelgeleiteten Handlungen von Personen ermöglichte Institution.

Die Logik der Aggregation wird hierfür dort betrachtet, wo die etablierte Lebensführung ihre Rolle für das Zustandekommen einer neuen sozialen Situation spielt:

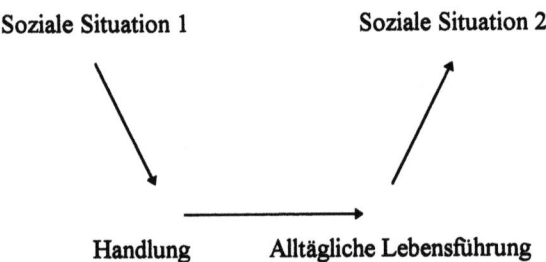

4.3.2.6. Alltägliche Lebensführung als Wahrnehmungsinstrument

Wo der Aktor freilich in der Lage ist anzuschließen, mag auch davon abhängen, inwieweit die in der alltäglichen Lebensführung gebundene Rationalität die Analyse verschiedener Situationslogiken zuläßt. Ganz im Holzkampschen Sinne kann man sich die alltägliche Lebensführung als ein Instrument selektiver Wahrnehmung vorstellen: Was ich nicht im Rahmen meiner alltäglichen Lebensführung bearbeiten kann, nehme ich nicht als handlungsrelevant wahr. In unserem Modell wird alltägliche Lebensführung dann zum Erfassungsinstrument der Logik der Situation:

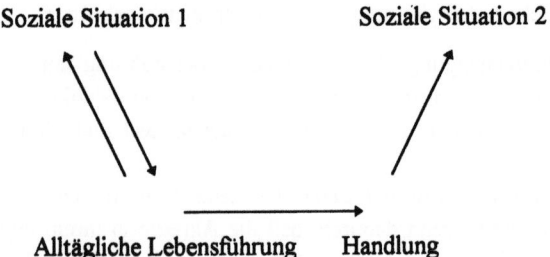

So kann die systemische Komponente der alltäglichen Lebensführung zwar handlungstheoretisch aufgelöst, aber nicht aufgegeben werden: Denn die Perspektive, alltägliche Lebensführung als ein System zu betrachten, verweist auf das Arrangement selbst. Durch die theoretische Vorentscheidung, die Gestalt eines Zusammenhangs von Handlungen zu betrachten, bekamen wir unseren Gegenstand überhaupt erst in den Blick. Es ist der Blick des Beobachters, den Forscher und Akteur teilen können: So wie ich die Lebensführung einer Person beobachte, kann der Aktor das auch selbst tun.

Lebensführung kann so als etwas Emergentes, als ein von den Intentionen des Aktors analytisch Trennbares, wahrgenommen werden und damit nicht nur als intendierte oder nicht-intendierte Handlungsfolge, sondern als ein System, das nach Regeln abläuft, an denen sich der Aktor orientiert, ohne eine bewußte Entscheidung zu ihrer Einhaltung zu treffen. Denn wenn es denkgewohnt ist, Institutionen als Regelsysteme zu betrachten, deren Einhaltung nicht in jedem Falle eine bewußte Entscheidung vorangeht, wieso sollte es dann weniger wahrscheinlich sein, daß sich der Aktor zur Bewältigung der tagtäglichen Anforderungen selbst eine Institution schafft, indem er ein Regelsystem etabliert, das seine eigene Logik hat?

4.3.3. Empirie

Alltägliche Lebensführung bleibt nicht nur theoretisches Konzept: Das empirische Korrelat des theoretischen Modells 'alltägliche Lebensführung' ist die 'Arbeit des Alltags', die das Projekt in empirischen Studien erhoben hat.[52] Die Verknüpfungsleistung der unterschiedlichen Lebensbereiche einer Person wird dort im gesellschaftlichen Modernisierungsprozeß verortet und bekommt damit einen zeitdiagnostischen Stellenwert: Im Zuge des fortschreitenden Modernisierungsprozesses würde es immer schwieriger, das, was tagein tagaus zu tun ist, „auf die Reihe zu kriegen" (Jurczyk/ Rerrich 1993, S. 12). Zunehmender Organisationsaufwand wird erforderlich, und Lebensführung, so die Hypothese, wird damit immer mehr zur Arbeit.[53]

Anhand zweier Entwicklungen demonstriert die Forschungsgruppe den zunehmend arbeitsförmigen Charakter alltäglicher Lebensführung: zum einen anhand der Zunahme ganz unterschiedlicher Arbeitszeitmodelle, zum zweiten anhand der Auflö-

---

[52] siehe vor allem Jurczyk/ Rerrich 1993; Dunkel 1994; Projektgruppe „Alltägliche Lebensführung" 1995

[53] und, so kann man hinzufügen, deren Regeln als handlungsleitende Größe immer wichtiger. Auch ein solches Argument ist anschlußfähig an eine Rational choice-Theorie. Taylor 1992 vertritt das Argument, daß pure ökonomische Rationalität eher dann empirisch zutrifft, wenn „scarcity and the coersive potential of the community" wenig Raum lassen für „such motivations as pleasure, genuine altruism ... or moral self-expression" (Taylor 1992, S. 92). Diese „luxuries" indes würden in modernen Gesellschaften eher handlungsleitend (Taylor 1992, S. 93). Dieses Argument kann man auch für die Regeln alltäglicher Lebensführung als handlungsleitende Größe anführen. Die zitierte Projektgruppe meint allerdings die anstehende Bewältigung steigender Koordinationsanforderungen.

sung der Selbstverständlichkeit geschlechtspezifischer Arbeitsteilung. Hierzu hat die Projektgruppe „Alltägliche Lebensführung" seit 1987 Interviews mit ca. 140 berufstätigen Männern und Frauen in Bayern durchgeführt, die in unterschiedlichen Arbeitszeitsystemen arbeiteten und mit Partnern und Kindern zusammenlebten[54]; aufgrund erzählungsgenerierender Leitfadeninterviews wurde eruiert, wie die Person all das, was Tag für Tag in den verschiedenen Bereichen des Alltags getan werden muß, arrangiert (vgl. Kap. 2.4.4.).

Verfahrensweisen mit unterschiedlichen Rahmenbedingungen des Alltags korrespondierten, so die Annahme, mit unterschiedlichen Formen alltäglicher Lebensführung. Operationalisiert wurde diese These hinsichtlich dreier Auswahlkriterien: Geschlecht, Rigidität und Flexibilität der Arbeitszeit sowie städtische und ländliche Wohngegend. Man interviewte Schichtarbeiter und Verkäuferinnen in einer ländlichen Region, AltenpflegerInnen in einer Groß- und einer Kleinstadt, JournalistInnen und Erwerbstätige in den unterschiedlichen Hierarchien eines industriellen Großbetriebs in einer Großstadt und hochmobile EDV-Spezialisten. Der Abschlußband des Projekts stellt Typen von Lebensführung zusammen, die unter spezifischen Konstellationen von Lebens- und Arbeitsbedingungen zu finden sind.[55]

Obwohl das Projekt eine einmalige Befragung durchgeführt hat, thematisiert es Veränderungen. Denn die spezifischen Verfahrensweisen mit unterschiedlichen Rahmenbedingungen werden über eine Modernisierungstheorie miteinander verknüpft: Anhand des Grades von Arbeitszeitflexibilisierung und anhand der Wohnregion hatte man Settings ausgewählt, die sich in ihrem Modernisierungsgrad unterscheiden sollten. Damit wurde ein Prozeß der Veränderung von Lebensbedingungen in Richtung steigender Koordinationsanforderungen an die alltägliche Lebensführung konstruiert; und so man spezifische Lebensführungsmuster pro Setting eruierte, deutete man diesen Befund als eine Veränderung von Lebensführungsmustern über die Zeit hinweg: als Abfolge generationsspezifischer Typen im Modernisierungsprozeß.[56] Diese Konstruktion beinhaltet demnach drei Annahmen auf verschiedenen Ebenen:

1. korrelieren mit bestimmten Lebensbedingungen spezifische Anforderungen an die alltägliche Lebensführung;

2. werden entsprechend dieser Anforderungen bestimmte spezifische Typen von Lebensführung entwickelt;

3. können diese Typen von Lebensführung - wie die Lebens- und Arbeitsbedingungen selbst - in eine historische Entwicklungslinie eingereiht werden. Traditionale

---

[54] Kinder sollten vorhanden sein, um den Organisationsaufwand im Sample zu maximieren, Partner, um Arrangements familialer Arbeitsteilung erfassen zu können.
[55] siehe Projektgruppe „Alltägliche Lebensführung" 1995
[56] vgl. Dunkel 1994

Arbeitsbedingungen werden von moderneren abgelöst, und modernere Arbeitsbedingungen erfordern modernere Lebensführungsmuster. Deshalb bestand das Untersuchungsdesign darin, Lebensführungsmuster in bestimmten Berufen zu untersuchen, die sich durch unterschiedliche Gewährung von Zeitsouveränität auszeichneten: Auf der 'traditionellen' Seite standen AltenpflegerInnen, Verkäuferinnen und Schichtarbeiter in der Industrie, auf der 'modernen' Seite zeitoffene Berufe: die sogenannten festen freien JournalistInnen und räumlich mobile Spezialisten der EDV-Branche. Dazwischen - noch nicht modern, aber auch nicht mehr traditionell - Angestellte eines Großunternehmens. Die Stadt/ Land - Unterschiede wurden als moderne/ weniger moderne Lebensbedingungen in das Sample eingearbeitet.

4.3.4. Lebenskonstruktionen und Biographie

Wie nun aber ein- und dieselbe Person mit sich verändernden Rahmenbedingungen über die Zeit hinweg verfährt, ist bislang noch nicht unter der Perspektive alltäglicher Lebensführung untersucht worden. Ich will im Rahmen dieser Arbeit zu zeigen versuchen, daß mithilfe des handlungstheoretisch reformulierten Konzepts alltäglicher Lebensführung rekonstruiert werden kann, warum sich ein konkreter Aktor in bestimmten Situationen im Transformationsprozeß so und nicht anders verhält.

Ausdrücklich betont Voß in seinen konzeptuellen Arbeiten zum Lebensführungskonzept die „alltägliche Synchronie" des Lebens[57] und grenzt das Konzept von „der lang-zeitlichen Sicht auf den Ablauf des gesamten Lebens" ab. „Das Konzept thematisiert nicht in erster Linie den langfristigen Wandel des Alltags, sondern erst einmal die Form des Alltags selber und damit das, was - für eine gewisse Zeit - eher stabil bleibt: Routinen, Regelmäßigkeiten, Tätigkeitsstrukturen usw. Erst in zweiter Linie ist für uns dann von Interesse, wie sich dies langfristig im Verlauf des Lebens von Personen und schließlich im historischen Wandel verändert" (Voß 1995, S. 31).[58]

Gerade das aber muß mich interessieren, denn meine Untersuchung thematisiert Veränderungsprozesse und Stabilitätspotential von Lebensführung in einer Zeit rasanten sozialen Wandels. Hierfür dient einmal die Konzeption der Studie als eine qualitative Paneluntersuchung, kann ich damit doch alltägliche Lebensführung zu

---

[57] Im Laufe der empirischen Arbeit der Forschungsgruppe drängten biographische Daten und damit auch Lebenskonstruktionen immer mehr in den Vordergrund und wurden z.T. sogar als letztendliche Erklärung spezifischer Lebensführungsmuster herangezogen (vgl. z.B. Dunkel 1994). Ihren konzeptuellen Stellenwert haben sie jedoch nicht bekommen.

[58] Diese Abgrenzung der Biographie von der Lebensführung ist freilich kritisiert worden (vgl. Brose u.a. 1994); Kudera arbeitet an einer konzeptionellen Weiterentwicklung in biographischer Absicht, aber noch ohne eine methodische Umsetzung, siehe Kudera 1995c.

zwei verschiedenen Zeitpunkten rekonstruieren: zum ersten Befragungszeitpunkt in der turbulenten Wendezeit, zum zweiten Befragungszeitpunkt zwei Jahre später. Wenn Lebensführung eine Stabilitätsneigung hat, dann ist es von ganz außerordentlichem Interesse, welche Regeln zur Lebensführung eine Person etabliert hat, wie ihre Lebensführung verändert, wo sie angepaßt werden kann, also Anschlüsse ermöglicht und wo sie inkompatibel ist, also Anschlüsse verhindert - und warum das so ist.

Hierfür muß freilich auch eine Vorstellung darüber entwickelt werden können, wie die Person vor dem ersten Befragungszeitpunkt ihr Leben geführt hat, hat sie das doch in der DDR getan, einem ganz anders organisierten Gesellschaftssystem. Die biographische Erzählung erfüllt hier zweierlei Zweck: Einmal können aus ihr Anhaltspunkte für die Rahmenbedingungen des Handelns gewonnen werden, indem der Lebensverlauf sowie spezifische Handlungssituationen rekonstruiert werden können; zum anderen kann die biographische Erzählung selbst als Material benutzt werden, aus dem Indizien für die Konstruktion der alltäglichen Lebensführung gewonnen werden können.

Damit wird auch der von Voß ebenfalls beiseitegeschobene „Überbau" systematisch berücksichtigt: Die der biographischen Erzählung zugrundeliegenden Lebenskonstruktionen dienen als Indizien sinnhafter Integration. Die sozialistische Lebensweise hat sowohl als herrschende Ideologie als auch als institutionalisiertes Vorbild ihre Gültigkeit verloren; damit müssen sich unsere InterviewpartnerInnen auseinandersetzen und - wie die Interviews zeigen - Umbauten an ihren Lebenskonstruktionen vornehmen, „auf der Suche nach der anerkennungsfähigen Lebenskonstruktion" (Bude 1995, S. 13). Eine qualitative Paneluntersuchung kann hier zweierlei entdecken helfen: Sie kann Auskünfte erheischen über die gerade stattfindenden Bauarbeiten und sie ermöglicht es der Forscherin - wie oben - rückblickend Vergleiche anzustellen. In zweierlei Richtung muß das Konzept demnach zugespitzt werden:

1. Das Konzept alltäglicher Lebensführung muß *dynamisiert* werden; dazu muß eine Integrationsleistung von Lebensführung ins Blickfeld rücken, die bislang theoretisch vernachlässigt wurde und empirisch nur marginal Berücksichtigung fand: die Integration von Vergangenheit, Gegenwart und Zukunft.

2. Es muß dahingehend *erweitert* werden, daß Lebenskonstruktionen dem Konzept zugänglich gemacht werden, das also, was 'mein Leben' ausmacht; dies ist nicht deckungsgleich mit der Art und Weise, in der ich mein Leben führe.

4.3.4.1. Biographie und Lebensführung

In der alltäglichen Lebensführung muß zusammengebracht werden, was nicht von selbst zusammengeht: Das sind nicht nur die alltäglichen Tätigkeiten mit ihren unterschiedlichen Zeitstrukturen, das ist auch das Leben in seiner Länge; diese Länge muß mit dem Leben in seiner Breite verknüpft werden, denn in der Person treffen zwei verschiedene Zeitordnungen zusammen: eine diachron-lebenslaufspezifische und eine synchron-alltägliche, Lebenslauf also und alltägliches Handeln. Diese unterschiedlichen Zeitordnungen fördert analytische Trennung zutage: Die erste Zeitordnung ist von irreversibler begrenzter Dauer, die zweite eine immer wiederkehrende Abfolge ähnlicher oder gleicher Handlungen, Anforderungen und Ereignisse, die sich in ihrem zeitlichen Ablauf allerdings selbst im Wege stehen können. In modernisierten modernen Gesellschaften ist ihre Integration zur Aufgabe des Aktors geworden; in der Form seiner alltäglichen Lebensführung muß er integrieren, was zu anderen Zeiten mit Traditionen, Ritualen und Mythen erleichtert wurde. Die Biographie ist damit eine Konstruktion des Aktors, die die fragmentierte Wirklichkeit in eine lineare und stimmige Form bringt; die alltägliche Lebensführung indes ist eine Konstruktion der Forscherin, die den Handlungen einen Zusammenhang und dem Leben einen Verlauf gibt. Denn wenn - wie es unser Modell vorsieht - alltägliche Lebensführung das Arrangement von Einzelhandlungen über Zeiten und Lebensbereiche hinweg ist, so ist sie auch das Ergebnis selbsterzeugter Handlungsfolgen, ein Handlungskurs mithin, der sich - wie ich das tue - rekonstruieren läßt aus dem Vergleich der Erzählungen der Personen über ihre Tätigkeiten in den verschiedenen Sphären des Alltags zu verschiedenen Zeitpunkten und der biographischen Erzählung selbst.

Alltägliche Lebensführung stellt damit ein Integrationsinstrument des Aktors vor, das Lebenszeit und Alltagszeit sinnhaft miteinander verknüpft. Die alltäglichen repetitiven Handlungen bekommen ihren Sinn vor der Etablierung einer individuellen Lebensgeschichte - und vice versa. Denn zur Zufriedenheit der Person sollte sich möglichst nicht „die resignative bis verzweifelte Frage aufdrängen, warum, für was ich eigentlich jeden Morgen wieder aufstehen soll" (Holzkamp 1995, S. 845). Im Wortsinne gleichzeitig müssen die einzelnen Lebensbereiche mit ihren unterschiedlichen Anforderungen und Chancen integriert werden, und zwar - wenn auch nicht gleichzeitig - lebenslang. Beruf, Familie bzw. private Beziehungen und Freizeit, also individuell verfügbare Zeit gehorchen ebenso wie die Zeitordnungen unterschiedlichen, sogar widersprüchlichen Logiken. Alltägliche Lebensführung ist hier das Mittel, das es möglich macht, diesen Balanceakt auszuführen. Im Anschluß an Mutz, für den der „Gegenstand der Institution Biographie ... die erzählbare Verknüpfung sozialer und individueller Momente zu einer Lebensgeschichte" (Mutz 1995, S. 132) ist, ist für das hier vorliegende Konzept der Gegenstand der Biographie eine erzählbare Verknüpfung fragmentierter Wirklichkeit und alltäglicher Lebensführung. Die biographische Erzählung indes steht im aktuellen historischen Transformationsprozeß zur Disposition.[59] Allein die Tatsache, daß unsere InterviewpartnerInnen sich von uns fragen lassen, warum sie in für ihren weiteren Lebensverlauf relevanten Situationen in der Vergangenheit so und nicht anders gehandelt haben, ist ein Indiz dafür, daß sie diese Fragen als rechtmäßig empfinden, weil sie sich das selbst fragen. Auf die Institutionalisierung ihres Lebenslaufes können sich unsere InterviewpartnerInnen in beiden Richtungen nicht mehr verlassen, nicht in der Vergangenheit und nicht in der Zukunft. Ihr „Orientierungskapital" (Luhmann) erscheint nicht nur zukünftig nicht unbedingt kompatibel; seine Gültigkeit wird auch für vergangene Handlungen oder Entscheidungen hinterfragt (vgl. Fritze 1996).

4.3.4.2. Lebenskonstruktionen und Lebensführung

Das elementare Problem alltäglicher Lebensführung besteht für Kudera - und dabei geht er über Voß hinaus - „in der Vereinbarkeit dessen, was man selber möchte, mit dem, was von einem erwartet oder einem zugemutet wird; mit dem, was - gemessen an bestimmten Standards - notwendig ist und schließlich mit dem, was einem selbst möglich ist" (Kudera 1995a, S. 345); persönliche Ansprüche und Vorstellungen müssen also vereinbart werden mit normativen und alltagspraktischen Anforderungen und vorhandenen Ressourcen.[60] Hier treffen wir die Rational choice-Theorie wieder, von der Wiesenthal erwartet, daß sie eine „selbstbewußte Variante des 'homo sociologicus'" vorantreibe. Diese komme dann ins Spiel, „wenn Akteure mit sich und anderen aushandeln, ob und wie Identität, Zugehörigkeiten und Verantwortung als 'constraints' des Wahlhandelns Berücksichtigung finden; keineswegs schon dann, wenn es bloß das Vorhandensein von Normen und Identitätskonzepten zu registrieren gilt" (Wiesenthal 1987, S. 447). Bedenkt man weiter, daß es richtig sein könnte, daß Aktorkonzepte, die „stillschweigend Integration, Homogenität und Stabilität unterstellen ... weitaus häufiger als vermutet Momente eines sozialen Mythos transportieren" (Wiesenthal 1987, S. 446), kann mithilfe des Konzeptes alltäg-

---

[59] Wie durch die Institutionen der DDR selbst Biographie enteignet wurde, zeigt Wensierski 1993 am Beispiel der Rekonstruktion der Rolle der Staatssicherheit als tatsächliche Gestalterin der als selbstbestimmt empfundenen Lebensbereiche einer betroffenen Person.

[60] vgl. dazu auch Müller/ Weihrich 1990, S. 43f, wo Lebensführung in einem Spannungsfeld zwischen individueller Gestaltungsmöglichkeit und gesellschaftlichen Verhaltenserwartungen und damit zwischen Lebensstil und Lebensweise verortet wird. Lebensführung ist die zwischen diesen Polen vermittelnde Kategorie. „Wir fassen sie als individuelle Bewältigungsleistung auf, die auf die aktive Auseinandersetzung mit den gesellschaftlichen Bedingungen gerichtet ist und zugleich das Bemühen verrät, dem eigenen Tun subjektiven Sinn zu verleihen" (Müller/ Weihrich 1990, S. 45).

licher Lebensführung die Herstellung und Aufrechterhaltung solcher Stabilität untersucht werden.

„Den tragenden Sinnzusammenhang, aus dem die Überzeugungen, Beweggründe und Haltungen einer Person erwachsen", nennt Heinz Bude „Lebenskonstruktion" (Bude 1987, S. 75). Für „dieses Gefüge subjektiver Handlungsorientierungen" zieht er drei Bestimmungen heran, die sich beinahe deckungsgleich lesen mit dem, was wir alltägliche Lebensführung nennen, zumal in der von mir angebotenen handlungstheoretischen Formulierung. Zum ersten benennt Bude das Individuum als ein „eigenkonstruktives Wesen ... Er (sic!) antwortet in einer ihm eigenen Weise auf das, was ihm geschieht, und setzt natürlich auch von sich aus, durch seine Handlungen und Unterlassungen, bestimmte Bedingungen für den Spielraum möglicher Geschehnisse" (Bude 1987, S. 75f). Auch Bude sieht, daß rationale Kalkulationen nicht die bestimmende Größe des Alltagshandelns seien und macht - als zweite Bestimmung - Regeln aus, die das Leben einer Person leiten. „Und schließlich als dritte Bestimmung ergibt sich, daß der Wirkungsbereich dieser Regeln sich auf das gesamte Lebensgeschehen erstreckt. Gerade weil alles mit allem zusammenhängt, die Einrichtung der Wohnung mit der Stellung im Betrieb, die Intonation der Stimme mit der Beziehung zum Ehepartner, die Körperhaltung mit dem Expansionsdrang, ziehen wir den Schluß, daß in den mannigfaltigen Lebensäußerungen sich eine Schlüssigkeit und Konsequenz eigener Art offenbart. Unter einer Lebenskonstruktion soll das tragende Regelgerüst eines individuellen Lebens verstanden werden" (Bude 1987, S. 76). Bude untersucht die Lebenskonstruktionen bestimmter Generationen[61]; er nimmt an, daß Lebenskonstruktionen ihre Zeit haben, und damit interessiert ihn auch die Frage, wie sich Lebenskonstruktionen im Laufe der Zeit verändern. Bestimmte Zeitpunkte, zu denen er z.B. geschichtliche Ereignisse zählt, „geben den Anstoß für lebensgeschichtliche Kristallisationen, aus denen eine neue Gestalt einer Lebenskonstruktion hervorgeht. An jedem dieser Punkte entscheidet sich etwas: Es werden bestimmte Lebenschancen ergriffen und andere gelassen, was für die Zukunft bestimmte Lebenschancen eröffnet und andere ausschließt. So entwickelt sich aus den Umstrukturierungen der Lebenskonstruktion eine Lebenslinie ... Zwischen den Veränderungen jedoch bestehen Anschlüsse, so daß eine strukturelle Kontinuität in der Veränderung sichtbar wird. Die gegenwärtige Gestalt einer Lebenskonstruktion ist Resultat der vorhergehenden Lebenslinie. Die zuletzt eingerollte Struktur enthält irgendwie ihre strukturellen Vorläufer und ihre strukturellen Nachfolger. Von der gegenwärtigen Lebenskonstruktion weisen Verbindungslinien sowohl in die Vergangenheit als auch in die Zukunft" (Bude 1987, S. 82f) - wir haben also eine „Weil"-Theorie des Handelns vor uns.

---

[61] Bude 1987, 1995

Bude sucht in seiner empirischen Arbeit mithilfe stark psychologisch orientierter Interpretationen biographischer Interviews nach dem „Erzeugungszusammenhang" des Lebens; die quer dazu liegende alltägliche Lebensführung, in ihrem engen Sinne verstanden als „die Tretmühle des Alltags", kommt nicht vor. Bei Voß ist das Konzept alltäglicher Lebensführung sehr viel präziser gefaßt und klarer operationalisiert, unterliegt allerdings der spiegelbildlichen Problematik: Die Kosten hierbei liegen in einem Überhang der Alltagspraxis.

Für meine Untersuchung ist die Voßsche Konzentration auf das Arrangement von Alltagstätigkeiten deshalb zu kurz gegriffen, weil - und das ist freilich erst Ergebnis meiner empirischen Untersuchung - tatsächlich Lebenskonstruktionen verhandelt werden. Wie die Geschichte des Forschungsprojekts zeigt, lag das Problem der Interviewten bei der Bewältigung der neuen Anforderungen durchaus auch darin, ihre bisherige Lebenslinie fortführen zu können. Der gesellschaftliche Systemwechsel entwertete in den Augen mancher InterviewpartnerInnen ihr *„ganzes Leben"*; zur Disposition steht die eigene Biographie.

Das 'Experiment Vereinigung' liegt für die Suche nach den Mechanismen von Lebensführung darin, daß seine Krisenhaftigkeit wie ein Brennglas unsere Aufmerksamkeit auf die Konstruktionsleistungen des Individuums legt, die bei langsamem sozialen Wandel als Selbstverständlichkeiten gelten und damit nicht problematisiert und u. U. gar nicht wahrgenommen werden. In diesen Interviews fielen sie auf, ohne daß wir zu Beginn - wie Bude - danach suchten: die generativen Regeln, die gleichsam offen vor uns lagen, ihrer strukturellen Einbindung beraubt. Man kann diese generativen Regeln aller rekonstruierten Lebensführungen, die Lebenskonstruktionen also, rekonstruieren: So richtet ein Interviewpartner sein Leben an der Wichtigkeit sozialer Beziehungen aus, ein anderer strebt immer danach, sein eigener Herr zu sein. Eine Interviewpartnerin gibt nie auf, worin sie investiert hat, wieder eine andere macht das Sich-Wehren zum Prinzip. Neben diesen strukturalistischen Regeln ist manches Mal auch die Psycho-Logik eines Falles rekonstruierbar, die geheime Geschichte, die den Lebenskonstruktionen zugrundeliegt: Das mag eine chronische Krankheit oder Behinderung und der Umgang mit ihr sein, das kann auch die Erfahrung mit dem Alkoholismus des Vaters sein oder - ganz in Budescher Perspektive - die Kindheitserfahrungen der letzten Kriegsjahre. In unserem ursprünglichen Handlungsmodell sind diese Lebenskonstruktionen als Handlungsziele faßbar; sie dienen aber auch als Ressourcen - und können sich als Restriktionen erweisen.

Ihre Dynamik und Tiefenschärfe bekommen diese strukturalistischen und psychologischen Interpretationen in der Konfrontation mit dem Leben in seiner Breite: Das ganze Leben lang müssen die unterschiedlichen Anforderungen der einzelnen Lebensbereiche koordiniert und arrangiert werden; dabei muß das 'eigene Leben' gerettet und der Anschluß an die jeweiligen Ausprägungen gesellschaftlicher Institutionen gehalten werden.

An die Stelle von Ziel-Mittel-Beziehungen tritt ein Balanceakt, bei dem man freilich auch leicht das Gleichgewicht verlieren kann. Das Bild eines Balanceakts, beispielsweise auf dem Hochseil mit einer Balancierstange, veranschaulicht mein Modell von Lebensführung: Es ist in keinem Augenblick statisch, gleichwohl aber - hoffentlich - über eine gewisse Zeit hinweg stabil. Schwindelfreiheit und Sicherheitsbedürfnis, Waghalsigkeit und Bodenständigkeit, aber auch ein doppelter Boden, eine artistische Ausbildung und die Materialgüte des Seiles sind Ressourcen oder Restriktionen für die Aufrechterhaltung des Gleichgewichts. Und es ist nicht ausgeschlossen, daß mit einer anderen Seilhöhe, neu geforderten Kunststücken oder vielleicht sogar ohne Balancierstange weitergemacht werden muß; dabei ist es sehr wahrscheinlich, daß eine allzu genaue Kenntnis der Handlungsfolgen für den Seiltänzer kontraproduktiv werden kann.

Freilich wird gerade in Krisensituationen zuerst auf die etablierten Techniken zurückgegriffen, soweit das möglich ist. Schwindelfrei freilich wird man in der Regel nicht so einfach, auch wenn es noch so praktisch wäre.

4.4. Alltägliche Lebensführung in neuem Rahmen: Selektionsprozesse

„Um die Dynamik des institutionellen und kulturellen Wandels zu verstehen, muß man die Selektionsprozesse begreifen. Sie bestimmen, welche institutionellen Arrangements, welche Kulturformen und Regeln überdauern und reproduziert werden" (Burns/ Dietz 1995, S. 353). In solch evolutionstheoretischen Programmen stehen Anpassungsprozesse nicht im Mittelpunkt. Vielmehr liegt ein darwinsches Theorieverständnis zugrunde: Danach muß eine gewisse Variabilität von Regeln vorhanden sein bzw. erzeugt werden, um Selektionsprozesse greifen lassen zu können, die darüber entscheiden, welche Regeln im „strategischen (Lebens)spiel" funktionieren (Burns/ Dietz 1995, S. 364). „In einem bestimmten Sinn kann man ein reproduzierbares Regelsystem, das verschiedene Handlungsstrategien enthält, insgesamt als eine evolutionär stabile Strategie betrachten, d.h. als ein Strategiebündel, das innerhalb einer gegebenen physikalischen und sozialen Umwelt überdauert" (Burns/ Dietz 1995, S. 364). Schmid faßt die dahinterstehende soziologische Evolutionstheorie folgendermaßen: „Will man das Kernmodell der revidierten soziologischen Evolutionstheorie in einem Satz beschreiben, dann wird man sich auf den Hinweis beschränken können, daß Akteure auf der Suche nach einer Lösung ihrer unausrottbaren Abstimmungsprobleme Regulierungsvorschläge machen, über deren differentielle Reproduktionschancen ihrerseits regelorientierte, resourcenabhängige Selektionsmechanismen entscheiden. Deren kaum vorhersagbare Evolution verläuft nach demselben Muster von Regelvariation und Regelselektion, wobei veränderte Interessenlagen, unerwartete bzw. aversive Handlungsfolgen sowie die Erschöpfung von

Ressourcenausstattungen und Kompetenzen jenen Veränderungsdruck hervorrufen, auf den die Akteure mit gleichbleibend unsicheren Erfolgsaussichten reagieren oder aber die soziale Bühne verlassen müssen. Die soziale Evolution verläuft demnach als ebenso unvorhersehbare wie unabschließbare *differenzielle Selektion* kollektiv gewählter Schadensregulierungen" (Schmid 1995, S. 208). Dieses Programm soll im Folgenden auf die Reproduktion von Formen und Logiken alltäglicher Lebensführung übertragen und ausgeführt werden.

Meine Entscheidung, Selektions- statt Anpassungsprozesse zu thematisieren, ist bereits eine Reaktion auf ein empirisches Ergebnis. *Alltägliche Lebensführung zeichnet sich durch eine bestimmte Stabilität aus: Ihre Logik wird im Transformationsprozeß nicht außer Kraft gesetzt.* Das bedeutet, daß die Art und Weise, oder, wie auch Burns/ Dietz formulieren, die Regeln, nach denen der Alltag organisiert wird, erst einmal beibehalten werden. Innerhalb meines ersten Samples habe ich ganz unterschiedliche Lebensführungsmuster rekonstruieren können; dies wiederum bedeutet, daß Variationen alltäglicher Lebensführung in den Transformationsprozeß geraten. Und da Anpassungsprozesse vor dem Hintergrund nach wie vor gültiger Regeln alltäglicher Lebensführung stattfinden, ist es sinnvoll, Selektionsprozesse zu verfolgen, um festzustellen, welche Logiken von Lebensführung mit welchen Folgen reproduziert werden.

Daß in unterschiedlichen Gesellschaftssystemen auch unterschiedliche Lebensführungsmuster selegiert werden, liegt nahe; eine in der DDR erfolgreiche Lebensführung muß deshalb nicht auch jetzt erfolgreich sein - aber sie muß auch nicht scheitern.[62] Auf der Suche nach der Generationsspezifik von Lebenskonstruktionen folgert Bude: „Jeder hatte in einer anderen Zeit seine Chance, das heißt, die objektiven Bedingungen paßten zu den in der verborgenen Lebenskonstruktion angelegten Möglichkeiten" (Bude 1987, S. 82); auch er also verfolgt eine Theorie der Selektion. Bestimmte Kombinationen von Lebensführung und sozialstrukturellen Merkmalen passen zu bestimmten institutionellen Arrangements; diese Passung ist eine Wahlverwandtschaft, was meint, daß nicht an der Passung gearbeitet werden kann, bevor man weiß, wie die neue Situation aussieht. Es ist dies unser handlungstheoretisches Grundargument: Der Aktor handelt immer unter Unsicherheit; wechselt das gesamte Institutionensystem, ist diese Unsicherheit hoch; er weiß nicht, woran er sich anpassen und wie er es tun soll. Zeichnet sich eine Wahlverwandtschaft zwischen Institution und alltäglicher Lebensführung ab, weiß der Aktor zudem nicht, wie es sich mit der Reproduktionsfähigkeit auf die Dauer verhält: Denn „Selektionsmechanismen, die kurz- oder mittelfristig Effizienz aufweisen, mögen auf die lange Dauer desaströse Folgen nach sich ziehen" (Burns/ Dietz 1995, S. 377).

---

[62] Daß von einer vorschnellen Konstatierung der Entwertung sämtlicher in der DDR erlernter und angewandter Fertigkeiten abgerückt werden muß, werde ich in dieser Arbeit zeigen.

Kommen wir noch einmal auf das Schaubild zurück, in dem die Beziehung zwischen alltäglicher Lebensführung und Makroebene thematisiert wurde. Die *Empirie* spricht dafür, dieses Aggregationsproblem als einen Selektionsprozeß zu fassen: Die soziale Situation 2 selegiert bestimmte alltägliche Lebensführungen, entscheidet somit darüber, welche Logiken und Formen von Lebensführung reproduziert werden können, ohne daß der Aktor scheitert.

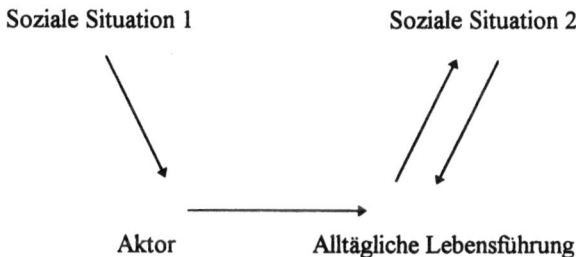

Füllt man das Modell mit unseren empirischen Daten, so zeigt sich, daß über den 'Umweg' der Rekonstruktion alltäglicher Lebensführung eine Mikrofundierung des Transformationsprozesses vorgenommen wurde. Aussagen über Aggregationen von Lebensführung freilich können nur fallspezifisch getroffen werden: in Partnerschaften, im Betrieb, in der Partei oder auf der Straße.

Mit der Thematisierung von Selektionsprozessen wird noch einmal betont, daß Glück und Scheitern nicht in den Händen der Akteure liegt. Nicht nur das, was die Akteure mit den neuen Institutionen machen, sondern auch das, was die neuen Institutionen mit den Akteuren machen, verdient Aufmerksamkeit. Etablierte Lebensführung kann an ihre Grenzen geraten[63], ihre vormalige Funktionalität verlieren und sogar kontraproduktiv werden: Sie kann Chancen verstellen.

Freilich kann es im Gegenzug funktional sein, daß eine etablierte Lebensführung nicht umstandslos mit der Veränderung der Situation ebenfalls verändert wird: Denn dann können ihre Regeln für den Aktor zur Entscheidungshilfe gerade in Situationen werden, in denen man nicht über ausreichende Informationen darüber verfügt, welche Folgen welche Handlung hat. Das „Experiment Vereinigung" läßt uns auch die Selektionsprozesse, die im Alltag langsamen sozialen Wandels unmerklich versikkern, empirisch abbilden.

Funktional - diesmal hinter dem Rücken der Akteure - ist die Stabilität alltäglicher Lebensführung aus einem weiteren Grund: Sie ermöglicht Vergesellschaftung, und das gerade innerhalb rasanten sozialen Wandels. „Eine stabile soziale Ordnung

---

[63] Lebensführung kann im übrigen auch ihre eigenen Ressourcen aufbrauchen und nicht mehr reproduzierbar sein, obschon sich extern Entscheidendes nicht geändert hat.

hängt nachgerade davon ab, daß sich Gegenwart und Vergangenheit gleichen" (Giddens 1995, S. 152), nur so ist eine kontinuierliche Strukturation möglich, die es wiederum sozialen Systemen ermöglicht, zu existieren. Stabilität und Wandel stehen somit nicht im Gegensatz: Folgt man Giddens, so werden gerade in kritischen Situationen Routinen bemüht. Genau dies geschieht durch die Aufrechterhaltung alltäglicher Lebensführung: Aufrechterhalten werden damit Verläßlichkeiten, Institutionen mithin als Verhaltenserwartungen und Orientierungshilfen, für sich selbst und die anderen. Letztendlich ermöglichen es die Akteure den gesellschaftlichen Institutionen, an Regeln anzudocken; der Zustand der Anomie wird durch ihr im Sinne ihrer alltäglichen Lebensführung rationales Handeln verhindert.[64] Freilich kann das, wie wir sehen werden, auch auf Kosten des Aktors gehen.

Eine Gesellschaft von Akteuren, die sich in dem Sinne als rationale verhalten würde, daß die Akteure ihre Mittel und Ziele an den institutionalisierten Mitteln und Zielen eindeutig ausrichteten, würde mit der Deinstitutionalisierung, wie wir sie in den letzten Jahren in Ostdeutschland erlebt haben, zusammenbrechen. Vergesellschaftung geschieht auf der Ebene von Lebensführung, nicht auf der des Rechts, des Marktes oder gar des Staats, auch nicht auf der von Familie, Beruf oder Freizeit. Dadurch, daß der Einzelne gezwungen ist, das zu integrieren, was nicht zusammengehört, aber zusammengebracht werden muß, stellt er ein Zwischendeck her, das die Rationalität der gesellschaftlichen Institutionen einerseits bricht und andererseits erst ermöglicht.

Für Ost- und Westdeutschland aber stellt sich das gemeinsame Problem, daß der Aktor „immer nachdrücklicher und offensichtlicher von Verhältnissen und Bedingungen abhängig (wird, M.W.), die sich seinem Zugriff vollständig entziehen" (Beck 1986, S. 211). Seine Präferenzen daran auszurichten, was Beck die „Marktabhängigkeit der Lebensführung" (Beck 1986, S. 212) nennt, genügt nicht, um einen Arbeitsplatz zu bekommen und zu halten. „Der Schlüssel der Lebenssicherung liegt im Arbeitsmarkt. Wem das ... vorenthalten wird, steht vor dem materiellen Nichts" (Beck 1986, S. 214). In diesem Sinne ist der Aktor gezwungen, die definierten kulturellen Ziele zu verfolgen, will er materielles Wohlbefinden und soziale Anerkennung erreichen. Er ist vom Arbeitsmarkt abhängig - und dies gilt in Ostdeutschland um so mehr, als dort private Vermögensbildung ohnehin keine Rolle spielte. Nur: Was macht man, wenn einem - im Zuge eines Selektionsprozesses - dieser Schlüssel vorenthalten wird - und was macht man, wenn man ihn hat? In beiden Fällen wollen und müssen Personen ihr ganzes Leben auf die Reihe kriegen. Was sie zu integrieren versuchen, vor allem aber, *wie* sie das tun, werde ich im Folgenden anhand von zwölf Fallgeschichten rekonstruieren.

---

[64] siehe zur Bedeutung von Organisation für die Institutionalisierung von Herrschaft Popitz 1986, S. 40f

4.5. Vorgehensweise

Hierzu wird das Handlungsgeflecht 'alltägliche Lebensführung' zu unterschiedlichen Zeitpunkten rekonstruiert und herausgearbeitet, was dessen Stabilität und Veränderung ausmacht. Alltägliche Lebensführung wird als ein Regelsystem gefaßt, das der Einzelne in einem lebenslangen Prozeß erstellt. Es ist stabil, ohne statisch zu sein, und dieser Stabilität liegt ein Arrangement der einzelnen Handlungen in den unterschiedlichen Sphären eben nicht nur des Alltags, sondern auch der eigenen Geschichte zugrunde. Nicht nur die Diversivitäten der gesellschaftlichen Teilbereiche müssen integriert werden, es muß auch über die gesellschaftliche Zeit hinweg ein Arrangement getroffen werden, das die Handlungen von früher mit den jetzigen und den zukünftigen Handlungen verbindet. Beides macht die Logik und die Dynamik alltäglicher Lebensführung aus; und gleichzeitig - so nehme ich an - stiftet alltägliche Lebensführung Kontinuität und Stabilität auf der Ebene der Person und der sozialen Beziehungen - und damit gesellschaftliche Ordnung.

Wir brauchen nicht auf das modernisierungstheoretische Argument zurückgreifen, daß im Zuge eines Individualisierungsprozesses Biographie und Lebensführung als individuelle Konstruktionen Lebensverlauf und Alltagspraxis abgelöst haben[65] und damit Eindeutigkeiten, Verläßlichkeiten und Regelhaftigkeiten gegenüber einer Zunahme verfügbarer Orientierungs- und Handlungsalternativen in den Hintergrund treten und reflexiv Entscheidungen getroffen werden müssen; auf Ostdeutschland trifft dies zweifelsohne zu, ohne daß deshalb eine modernisierungstheoretische Zeitdiagnose gestellt werden muß. Wenn Lebensführung die Funktion zukommt, all das Widersprüchliche auszubalancieren und sinnvoll miteinander zu verknüpfen, dann, so kann man annehmen, muß unter den untersuchten historischen Verhältnissen schwere Lebensführungsarbeit geleistet werden. Wenn man so will, kann man annehmen, daß innerhalb des eifrig diagnostizierten sozialen Wandels der letzten Jahrzehnte in Westdeutschland alltägliche Lebensführung vor dem Hintergrund einer schleichenden Deinstitutionalisierung des Lebenslaufs immer wieder justiert werden konnte[66]; in Ostdeutschland wurde die alltägliche Lebensführung in jedem Falle in Auseinandersetzung mit ganz anderen institutionellen Bedingungen erarbeitet, als diejenigen es sind, die nun bearbeitet werden müssen. Zudem hat sich die Institutionenordnung rasant geändert und verändert sich weiter. Nun kommt es darauf an, wie schnell das Instrument justiert werden kann.

Der Anforderungsdruck, das bisherige Arrangement zu verändern, trifft alle unsere Interviewpartner, und doch ist eine Veränderung nur vor dem Hintergrund des

---

[65] vgl. Kudera 1995a, S. 369

[66] was keineswegs für alle gesellschaftlichen Gruppen wegen deren ganz unterschiedlicher Betroffenheit von Deregulierungsprozessen gilt

bislang etablierten Arrangements denkbar. Wo freilich die Anschlußstellen an die neuen Institutionen sind, darüber entscheidet auch die soziale Umwelt. So sind einerseits der Anpassungsfähigkeit der Individuen Grenzen gesetzt: Diese verfügen nicht über alle relevanten Informationen, sie haben nicht immer eine eindeutige Präferenzordnung, sie haben nicht all die Mittel zur Verfügung, die sie brauchen, und sie wissen über ihren Einsatz nicht immer hinlänglich Bescheid, sie produzieren nichtintendierte Handlungsfolgen, und sie gehorchen den Regeln der selbst erstellten Lebensführung, die nur innerhalb und unter Zuhilfenahme des gesellschaftlichen Regelsystems etabliert werden kann und nicht zuletzt niemals ein individuelles Projekt ist: Sie ist abhängig von der Lebensführung zumindest der Bezugspartner. Auf der anderen Seite sind die Akteure strukturellen Selektionsprozessen unterworfen, die über die Realisierbarkeit bestimmter Lebensführungsmuster entscheiden. So können, wie ich zeigen werde, früher ganz problemlos realisierbare Präferenzen nicht mehr verwirklicht werden, oder es kann umgekehrt immer Gewünschtes nun möglich sein, Restriktionen können sich in Ressourcen verwandeln und vice versa oder bestimmte Mittel nicht mehr oder plötzlich zur Verfügung stehen.

Wir haben in Kapitel 3 drei historische soziale Situationen vorgestellt, über die die InterviewpartnerInnen berichten: die Zeit vor der Wende, die Wendereignisse selbst und die Transformationsphase im ersten Halbjahr des Jahres 1991. Die Transformationsphasen der Jahre 1992 und 1993 und damit die Phase erster Konsolidierung, wie die Empirie zeigen wird, haben wir bislang ausgespart. In den folgenden Fallgeschichten werden die ganz unterschiedlichen Verfahrensweisen unserer Akteure mit individuellen oder kollektiven Schlüsselsituationen in diesen Zeiten herausgearbeitet: Wie man sich zur SED gestellt hat, wie man mit den Leipziger Montagsdemonstrationen verfahren ist, auf den Arbeitsplatzverlust reagiert hat, seinen Urlaub vorbereitet, mit dem wäscheaufhängenden Ehemann umgeht oder eine neue Partnerschaft beginnt. Den Verfahrensweisen einer Person mit all diesen sozialen Situationen - so meine These - unterliegen bestimmte Regelmäßigkeiten; diese werden in den Fallgeschichten herausgearbeitet, miteinander verglichen und als die alltägliche Lebensführung einer Person im ersten Teil der jeweiligen Fallgeschichte aus der retrospektiven Erzählung heraus entwickelt. Im zweiten Teil der jeweiligen Fallgeschichte wird aus dem Wiederholungsinterview die Verfahrensweise der Person mit einer neuen historischen Situation rekonstruiert und mit der bereits eruierten alltäglichen Lebensführung verglichen. Letztendlich wird mit diesem Verfahren eine Grundannahme der Rational choice-Theorie konterkariert: das Gedankenexperiment, daß die Handlungen einer Person in gar keinem Zusammenhang zueinander stünden. In vielen Fällen eignet sich diese Annahme zur Aufklärung kollektiver Effekte, aber sie ist nicht richtig: Die Handlungen einer Person stehen in einem Zusammenhang, der als alltägliche Lebensführung theoretisch entwickelt wurde und im folgenden empirisch rekonstruiert wird.

Alltägliche Lebensführung stellt einen Handlungszusammenhang dar, der vom Aktor über die Zeit hinweg in der Auseinandersetzung mit ganz unterschiedlichen Situationen etabliert wurde; er steuert die Wahrnehmung von Situationen, dient dem Aktor als Ressource oder wird zur Restriktion und ist damit Selektionsprozessen unterworfen; er kann selbst zum Handlungsziel werden und ist damit ein Mittel, Sinn herzustellen. Für gesellschaftliche Institutionen bedeutet dies, daß sich die jeweiligen Bezugspartner unserer Akteure auf Verläßlichkeiten einstellen können; die Etablierung von Institutionen im hier stattfindenden gesellschaftlichen Transformationsprozeß wäre noch schwieriger als sie ist, wenn es solche Handlungszusammenhänge nicht gäbe. Denn indem die Akteure die *Prozeßstruktur*[67] ihrer Lebensführung beibehalten, reproduzieren sie die Basisinstitutionen, auf denen die Organisation der Erwerbsarbeit, die neue Wirtschaft und das Rechtssystem aufsitzen können: Partnerschaften mit geregelten Zuständigkeiten, Arbeitskollektive und etablierte soziale Netzwerke bilden das Gerüst des neuen Gesellschaftssystems.

So hat die erweiterte Konzeption von sozialem Handeln als einem Handlungszusammenhang, der aus einer lebensgeschichtlichen Auseinandersetzung mit gesellschaftlichen Rahmenbedingungen in den unterschiedlichen Sphären des Alltags entstand und tagaus tagein reproduziert werden muß, für die empirische Untersuchung von menschlichem Handeln den Vorteil, daß dessen Kontingenz eingeschränkt werden kann. Auch wenn ich eine voluntaristische Handlungstheorie beibehalten will, kann ich doch darüber Aussagen treffen, daß der Einzelne über die (zweck)rationale Einschätzung einer Situation hinaus nicht nur gesellschaftliche Verhaltenserwartungen berücksichtigen wird, sondern auch die, die er in sein eigenes Verhalten setzt. Er kann sich in seiner alltäglichen Lebensführung seiner selbst vergewissern.

Daß die Akteure die neu institutionalisierten Verhaltenserwartungen nicht umstandslos erfüllen können und wollen und warum das so ist, davon handelt diese Arbeit; und sie handelt auch davon, warum solche 'Widerständigkeit' für Person und Gesellschaft so wichtig ist.[68]

---

[67] Der Begriff der Prozeßstruktur geht auf Hernes 1995 zurück: Sie meint die logische Form eines Prozesses, die eine Verteilung generiert, also ein generatives Prinzip auf einer Ebene, dem ein Ergebnis auf einer anderen Ebene folgt; als Beispiel zieht Hernes den Prozeß von Geburten - und Todesfällen (Prozeßstruktur) heran, der eine bestimmte Bevölkerungspyramide (Outputstruktur) zum 'Ergebnis' hat. Das Verhältnis von Logik und Form von Lebensführung ist dasselbe wie das Verhältnis der Prozeß- zur Outputstruktur.

[68] Auf diese Chance, die in einer Entdeckung der Langsamkeit stecken würde, weist auch Hradil hin (1992a).

5. Die Fallgeschichten

„Man muß immer willkürlich irgendwo anfangen."
(Heiner Müller 1995, S. 100)

5.1. Das erste Sample: Herr Tikovsky, Herr Belzow, Herr Pattermann

Herr Tikovsky/ 1. Interview: *„Ich bin eigentlich zum Leben da".*

Der Fall des Herrn Tikovsky stand chronologisch am Anfang meiner Arbeit; wie bereits berichtet, konzentrierten sich meine ersten Analysen auf Angehörige eines Betriebs in einer strukturell merkwürdigen Situation: der der Null-Stunden-Kurzarbeit.

Herr Tikovsky war ein „markanter Fall" (Brose u.a. 1993, S. 80). Meinen westdeutschen Blick überraschte bereits das, was während des Interviews auf seine alltägliche Lebensführung hindeutete: das Fehlen jedweder Karriereorientierung, ein starkes gesellschaftspolitisches Interesse und die Wichtigkeit von Familie und Freunden, dazu ein hedonistischer Lebensstil. Auch die berufliche Konstellation der Ehepartner interessierte mich: Frau Tikovsky hat sich weiterqualifiziert und ein Studium abgeschlossen, während Herr Tikovsky nach seiner Werkzeugmacherlehre Industriearbeiter blieb. Nicht zuletzt verblüffte mich Herrn Tikovskys Zuständigkeit für Kinder und Haushalt. Dabei fiel bei Herrn Tikovsky auf, was Günter Gaus bereits früher so charakterisiert hatte: „Der Bevölkerung der DDR fehlt in ihrem allgemeinen Bewußtsein so gut wie jede Vorstellung von gesellschaftlichem Auf- oder Abstieg, der durch Mithaltenkönnen in einer bestimmten sozialen Schicht bestimmt wird. Es fehlen also mehrheitlich jenes Bewußtsein und die daraus resultierenden Verhaltensweisen, die von der Größe des PKW und dem Umzug in die grüne Vorstadt, in der die Aufsteiger wohnen, abgeleitet werden: materielle Umstände und ihre immateriellen Folgen" (Gaus 1987, S. 89). Inzwischen hat die Lebensstilforschung in ihren vergleichenden Milieustudien in der Tat eine geringere Lebensstildifferenzierung in Ostdeutschland im Vergleich zu Westdeutschland ausgemacht; freilich ist man sich auch der Grenzen der Übertragbarkeit der Milieus bewußt geworden.[1] Was die familiale Arbeitsteilung betrifft, blieben Tikovskys in meinem Sample die Ausnahme; und

---

[1] vgl. Vester u. a. 1995

Herrn Tikovskys Lebensstil würde, wie ich zeigen werde, durch eine Zuordnung zu einer westdeutschen Entsprechung verwässert. Am Beispiel des Herrn Tikovsky will ich nun aufzeigen, was alltägliche Lebensführung empirisch meint und Hypothesen über ihre Funktionsweise entwickeln. Denn Herr Tikovsky befindet sich in einem Moratorium, in einer Situation zwischen einem 'Nicht mehr' und einem 'Noch nicht', in der er zwar formal seinem Betrieb noch angehört, aber praktisch freigesetzt worden ist. Für mein Unterfangen, an einem konkreten Fall zu entwickeln, was das Konzept 'alltägliche Lebensführung' empirisch meint, ist diese Situation deshalb interessant, weil sie den Aktor gleichsam zwischen alle Stühle setzt: Schließlich ist ja nicht nur die Arbeit weg; die Rahmenbedingungen, unter denen Lebensführung etabliert und aufrechterhalten wird, sind allüberall in Bewegung, so daß, wenn es denn eine gewisse Selbstläufigkeit von Lebensführung gibt, sie quasi losgelöst von den Bedingungen ihrer Etablierung sichtbar werden müßte. Nutzen wir diese besondere Situation.

Das Interview findet im Frühsommer 1991 bei Herrn Tikovsky zu Hause statt; er wohnt mit seiner Familie in einem Viertel nahe seines Betriebs in einem Mietshaus neben einer Schrebergartenkolonie. Das Wohnzimmer, in dem das Interview stattfindet, hat die Aufteilung beinah aller von uns betretenen Leipziger Wohnungen: ein Wohnzimmertisch mit Couch und Stühlen, ein Eßzimmerbereich, gemütlich-traditionell.[2]

Biographie

„Ah naja ich bin hier in diesem Haus geboren", beginnt Herr Tikovsky auf unsere Eingangsbitte, *„über Ihren persönlichen Werdegang zu erzählen"*. Von Kindheit an körperlich leicht behindert, war er bis zum Abschluß seiner Ausbildung zum Werkzeugmacher in speziellen Bildungseinrichtungen untergebracht. Seither arbeitete er zuerst in seinem erlernten Beruf, später in einer körperlich weniger anstrengenden Position im Rahmen der Maschinenwartung im selben Betrieb - inzwischen sind das 20 Jahre -, in dem auch sein Vater und zwei seiner Geschwister arbeiteten. Herr Tikovsky arbeitete im Normalschichtbetrieb, der von 6 Uhr bis 15.30 Uhr dauerte. Neben der Wartungstätigkeit war er in der Praktikumsbetreuung und auch als Aushilfe an anderen Arbeitsplätzen eingesetzt.

---

[2] Die Gemeinsamkeiten der Wohnungseinrichtungen spiegeln die enge Produktpalette wider; die Stilisierungen der Bewohner könnten typisiert werden. Wie schnell Wohnen in der DDR zum musealen Projekt wurde, zeigt die Ausstellung „Tempolinsen und P2", die Ende 1995 in Eisenhüttenstadt zu sehen war.

Herr Tikovsky ist verheiratet, seine Frau hat - als Ingenieurin - ebenfalls im gleichen Betrieb gearbeitet.[3] Die beiden Töchter gehen noch zur Schule. Seine Frau lernte Herr Tikovsky kennen, als sie mit ihrem damaligen Ehemann in das Mietshaus einzog, in dem Herr Tikovsky wohnte. *„Nu und da is die Ehe kaputtgegangen, die war schwanger, als er sie alleine gelassen hat, mit der Kleinen, also mit unserer, mit unserer Großen jetzt, ja? Naja und da hab ich gedacht, kümmerst dich eben noch a bissl mehr drum, wir hatten uns sowieso gut vertragen ... und ich fand 's Baby auch ganz süß ... und dann is einfach alles so, wie 's auch im täglichen Leben so is, das ist auch mit uns beiden gewachsen".* Obgleich einer festen Bindung nicht gewogen - *„ 's war am Anfang nicht so, daß ma nu unbedingt zusammenbleiben wollten"* - zogen sie nach einem Jahr zusammen, heirateten allerdings erst vor einigen Jahren - auf Wunsch der Kinder.

Zum Zeitpunkt des Interviews ist Herr Tikovsky seit fünf Monaten auf Null-Stunden-Kurzarbeit gesetzt, seine Frau hat einen neuen Arbeitsplatz in der Leipziger Filiale einer westdeutschen Firma. *„Da hat sie Glück gehabt, viel Glück gehabt, daß wenigstens einer in der Familie da relativ sicher untergebracht ist".* Die finanzielle Situation der Familie ist daher (noch) nicht prekär; Herr Tikovsky bekommt bislang 90% seines Gehaltes. Er glaubt nicht so recht an die Wiederaufnahme der Produktion: *„.... ich gehöre zu den wenigen, die da angeblich bleiben sollen, kann ich nicht so recht dran glauben, aber ich würd 's mir wünschen natürlich".* Herr Tikovsky geht jede Woche zur Belegschaftsversammlung in der Hoffnung, positive Neuigkeiten über die Verkaufsverhandlungen der Treuhand zu erfahren; die Hoffnung der Personalleiterin, die Belegschaft bliebe dem Betrieb fern, erfüllt sich hier nicht.

Alltag in der DDR

Als es die DDR - und seinen Arbeitsplatz - noch gab, sahen Herrn Tikovskys Tage so aus: Er stand um 4.30 Uhr auf, denn *„ich brauch ne Stunde, eh ich so aus 'm Haus komm".* Seine Frau mußte eine halbe Stunde später als er das Haus verlassen, und so machte meist er das Frühstück, *„dann hab ich meine Frau geweckt, dann hama gefrühstückt und wenn ich gegangen bin, hat sie dann 's Kind geweckt, erst eins, dann später alle zwei und dann hat sie in die Krippe und dann Kindergarten, wir hatten Betriebskindergarten, der war fast am Betrieb, das war ganz günstig".*

Hausgemeinschaft, langjährige Freunde und Arbeitskollegen bildeten einen weiten Raum für enge Kontakte: Man besuchte sich häufig, auch über größere Entfernungen hinweg, machte mit Freunden zusammen regelmäßig Urlaub auf einer Hütte

---

[3] Daß die ganze Familie im selben Betrieb arbeitete, ist kein Einzelfall, da die Arbeitsplatzsuche - vor allem bei den Arbeitern - in erster Linie über soziale Netzwerke verlief. Die Betriebsschließung betrifft deshalb nicht selten den gesamten Familienverband.

im Erzgebirge. Auf dem Balkon und im Schrebergarten fanden gesellige Abende statt, wochenends fuhr man in die nähere Umgebung, zuletzt mit dem eigenen Auto, einem Trabant, den sie sich kurz vor der Wende für 13.000 Mark gekauft hatten. Man ging öfter mal essen und ins Kino. Herr Tikovsky spielte Skat mit Arbeitskollegen und trank mit ihnen zusammen nach der Arbeit schnell mal ein Bier in der Eckkneipe. Herr Tikovsky zeichnet das Bild eines geselligen, gemütlichen Alltags in der DDR.

Termine wegen sogenannter gesellschaftlicher Arbeit gab es nicht; denn Herr Tikovsky war mit 18 Jahren in die Partei eingetreten und kurz danach wieder aus, denn *„das ging ganz schnell, daß wir aneinandergeraten sind". „Ich konnte während der Parteiversammlung sagen, das ist Mist und das ist Mist ... Aber dann stand genau 's Gegenteil in der Zeitung und zu meinen Kollegen durft ich das gleich gar nicht sagen. Und na hab ich gesagt, ihr spinnt doch".*

Leipziger Herbst

Im Herbst 1989 war er *„einer der ersten hier, obwohl 's mir schwergefallen ist, der immer mit am Ring mit rumgelaufen is, an den Montagsdemos". „Es fing ja schon im September an",* erzählt er, *„im August. Im Sommer 89, das hat ja früher überhaupt noch keiner zur Kenntnis genommen ... das waren Ausreisewillige, die sich da an der Kirche immer getroffen hatten ... Da hama immer mal Blumen hingelegt an der Nikolaikirche".*

Als aktiver Demonstrant und Sympathisant des Neuen Forums war Herr Tikovsky von der rasenden politischen Veränderung und vor allem der der politischen Einstellungen hautnah betroffen. Er berichtet von Stimmungsumschwüngen in verschiedenen Bereichen. Über die Reaktionen in seinem Betrieb erzählt er: *„... am Anfang waren wir* (das Neue Forum, M.W.) *ja sehr beliebt, muß ich sagen ... Aber in der Firma nachher, wo das dann um Wahlkampf ging, rotgrünes Schwein und was weiß ich alles".* Über die eigene Organisation klagt er: *„Die brachten 's ja soweit, daß sie .... noch mit der CDU zusammenarbeiten wollten",* und vor allem auf der Straße ist er vom Meinungsumschwung betroffen: *„Dieselben, die vorher zum 1. Mai gegangen sind, so dann kam Helmut sein Auftritt, da bin ich mit 'm Neuen Forum am Ende drunter, wollten sie uns auch alle verprügeln, da konnt ma grade noch machen, daß wir fortkommen ... also gegen Einmischung der Westpolitiker hat ma da a bissl protestiert. Aber war 'n ma schon a kleines Häufchen. Wollten uns die Fahne in den Mund stecken und was weiß ich alles, an dem Tag. Und wir, da hab ich Spruchbänder gesehn, da konnten dir die Tränen kommen. Lieber He-, werd ich nie vergessen ... nimm uns an die Hand und führe uns ins Wunderland und lauter solche, ernst erwachsene Menschen, die ham vor Rührseligkeit geheult, als der Kohl da oben stand vor der Oper. So und jetzt, vor zwei Wochen, da ham* *dieselben Leute wieder dagestanden ... da stehn sie nu wieder und bläken Helmut weg ... und ... vorher hätten sie dich noch, wenn du nicht gleich gejubelt hättest, hätten sie dich noch verprügelt".*

Betroffen war er jedoch vor allem vom Niedergang seines Betriebs, privat, und wenn man so will, auch politisch. Wir erfahren wenig über den Inhalt seiner Arbeit, viel jedoch über die Geschichte seines Betriebs nach der Wende. *"Das war ne blöde Zeit, wo das damals entschieden wurde, wer sofort gehn muß"*, charakterisiert er die Stimmung. *"Da ham se doch unsere Maschinen ... unsere Halle hier ham sie da schwarz verscheuert hier unter der Hand ... fast alle Maschinen ... da war was los, ... da hab ich Kollegen fast auch heulen sehen. Die sind plötzlich in ihre Halle gekommen, die Maschine war weg, mit Privatschrank und Werkzeug und alles verscheuert unter der Hand. Keiner wußte was vorher. Jaja das is nun mal so in der Marktwirtschaft"*. Er kritisiert die Fehler, die seiner Ansicht nach gemacht wurden - *"da sind unsere jetzigen Geschäftsführer meiner Meinung nach total überfordert"* - und die Verhandlungen mit potentiellen Interessenten aus dem Westen: *"Ich war immer der Meinung, wir brauchen so schnell wie möglich einen gestandenen seriösen Geschäftsmann bei uns zur Unterstützung, aber leider sind da bloß Gangster gekommen".*

Alltag 1991

Herr Tikovsky ist nun den ganzen Tag zu Hause. Während er früher als erster aufgestanden ist und das Frühstück gemacht hatte, bleibt er jetzt im Bett, bis die Familie das Haus verlassen hat. *"Ich warte jetzt meist, bis sie raus sind, damit ich sie nicht störe"*. Dann macht er Hausarbeit, nicht ohne vorher ausgiebig gefrühstückt zu haben: *"Frühstück ist heilig"*. Er wäscht, kauft ein, räumt auf. *"Also selbst wenn ma viel zu tun hat, auch mit zwei Kindern, is es nicht so, daß ma nu unbedingt von Früh bis Abend rund um, is ne Sache der Einstellung oder der Einteilung, was weiß ich ... Muß ja nicht unbedingt, daß man vom Fußboden essen kann, es muß sauber sein"*. Dann holt er sich Zeitungen - er liest sich systematisch durch die neue Presselandschaft - oder fährt auch mal in die Stadt. *"Ich setz mich gern einmal in a Café ... hat mir schon immer Spaß gemacht"*. Mittags gibt es meist ein Fertiggericht, eine Errungenschaft des Umbruchs, die er als Vorteil ansieht. Mitunter kommen die Kinder zum Essen nach Hause, meist aber erst am Nachmittag. *"Wenn kaum noch was anfällt, dann schlaf ich 'n Stündchen, Mittagsruhe oder lese, kucke mir um 13 Uhr die Tagesschau an ... dann wenn schönes Wetter is, geh ich in Garten ... und dann is es eigentlich a bissl, das ist eigentlich die langweiligste Zeit, wenn schlechtes Wetter is, nachmittags"*. Bis um fünf Uhr seine Frau nach Hause kommt, kümmert er sich noch um die Hausaufgaben seiner kleinen Tochter. Dann fährt man gemeinsam zum Einkaufen oder geht in den Garten. Abends liest er, sieht fern und redet mit seiner Frau, so sie nicht zu müde ist, über die Erlebnisse des Tages: *"Passiert ja auch zur Zeit jeden Tag was, worüber ma sich unterhalten kann, das is ja nich so, daß es langweilig is. Ich hab da so viele Themen, wieviele wieder zur Demo waren oder was der Politiker gesagt hatte ... sie erzählt mir, was im Betrieb, da passiert auch immer wieder was neues"*. Hier herrscht nicht unbedingt Ausgewogenheit: *"Du hörst dich gerne reden"*, zitiert er seine Frau.

Im Leben des Herrn Tikovsky hat sich fast alles verändert. Eine allgemeine Unsicherheit darüber, was in Zukunft zu erwarten sei, beherrscht die Stimmung: Wie es mit dem Betrieb weitergeht, weiß man nicht. Frau Tikovskys Probezeit ist noch nicht zu Ende, das Schulsystem wird geändert, die Besitzer des Hauses, in dem sich die Wohnung der Tikovskys befindet, haben sich gemeldet. Da die Möglichkeit, eine andere Wohnung zu finden, nahezu ausgeschlossen sei, sieht Herr Tikovsky durch mögliche Mieterhöhungen eine enorme finanzielle Belastung auf sich und seine Familie zukommen.

Auch der Bekanntenkreis und das Freizeitverhalten haben sich verändert. Daß die regelmäßigen Kontakte zu den Arbeitskollegen fehlen, vermißt Herr Tikovsky sehr: *"Aber das geht fast allen so, daß denen das fehlt, unsere Blödelei immer. Das war eigentlich ... das was sie sich immer gewünscht haben unsere Politiker, das war bei uns fast so, das ging nicht bis in 's ... in 's Private rein, aber auf Arbeit war 'n ma doch eigentlich immer ein gutes Kollektiv, das fehlt. Das fehlt schon. Das fehlt mir persönlich, fehlt 's sehr"*.

Auch seine Eckkneipe als Kommunikationspunkt fehlt ihm. Das Bier sei zu teuer, er treffe dort auch niemanden mehr; früher sei er mit einem Arbeitskollegen oft noch ein Glas Bier nach der Arbeit dort trinken gegangen, aber *"da muß ma eben jetzt scho halb organisieren, wann treff ma uns mal wieder, früher is das eben auch so, wie sich 's grad ergeben hat. Aber ich nehm an, das kann auch wiederkommen. Ich hoff 's"*. Die Familie muß Abstriche an ihren Essens-, Trink- und Ausgehgewohnheiten machen, ein Umstand, der Herrn Tikovsky untragbar scheint. Während man früher jedes zweite Wochenende mittags zum Essen ging, stimme jetzt das Preis-Leistungsverhältnis nicht mehr. Ebenso wurde der Urlaub gestrichen, weil die Preise *"unverschämt erhöht"* wurden; außerdem wolle er hierbleiben, solange er nicht wisse, was aus seiner Firma wird.

Als *"Einschnitt in 's Leben"* bezeichnet er die zunehmende Kriminalität. *"Wir sind sonst von hier früh um zweie nach Hause gelaufen. Da brauchteste hier nicht drüber nachzudenken. Aber jetzt überlegst du dir das schon. Das is schon a Einschnitt in 's Leben. Da überlegst du dir auch, ob du am Sonntag Nachmittag in die Stadt gehst, weil Fußball gespielt wird"*.

Alltägliche Lebensführung

Herr Tikovsky führt einen Begriff ein, der darauf schließen läßt, daß er selbst ein Konzept davon hat, daß es so etwas wie Regelmäßigkeiten in seinem Alltag gibt: *"Lebensrhythmus"* nennt er es. *"Nu wird alles ein bißchen anders. Aber ich glaube sehr wesentlich anders auch nicht. Also mal jetzt von den finanziellen Sachen, die da auf uns einstürzen, steuerlich, aber vom Lebensrhythmus hama uns eigentlich fest vorgenommen, man weiß es nicht, also nicht groß zu ändern".*

Lebensrhythmus ...

Was bezeichnet Herr Tikovsky mit *"Lebensrhythmus"?* Was will er nicht groß verändern? Er präzisiert: *"Wir ham uns öfter drüber unterhalten, weil mir eben manches auch nicht gefallen hat, wie die da drüben[4] so gelebt ham, die Einstellung ... wenn man einkaufen geht, gucken, was der Fußabtreter wo billiger zu kaufen ist, also das hat mich wahnsinnig abgeschreckt ... Also so hier unbedingt in der Gegend rumrasen und wo man noch a paar Pfennige sparen kann oder das Schnäppchen machen, also das find ich, das ist was, wovor ich bissl Horror hab".* Im Anschluß erzählt er, daß Kino und Essen gehen teurer geworden seien und man sich daher einschränken müsse, *"aber das wollen wir auf alle Fälle wieder einführen. Weil das einfach dazugehört".*

Mit dem Ausdruck *"Lebensrhythmus"* bezeichnet Herr Tikovsky zum einen eine Verfahrensweise. Er charakterisiert sie in ihrer Negativform, als Zwang zum Sparen, zum einen bedingt durch eine Einstellung, die man mit Kleinlichkeit bezeichnen kann, zum andern durch die Gefahr der Preiserhöhung. In jedem Fall sei sie Herrn Tikovskys *"Horror".* Doch die Tatsache, daß Herr Tikovsky von *"Lebensrhythmus"* spricht, nicht etwa von der Art und Weise, Einkäufe zu tätigen, legt nahe, daß es sich bei der Schnäppchenmacherei zum anderen um ein Prinzip handelt, das eine bestimmte Form, sein Leben zu führen, nach sich zieht: einen bestimmten Rhythmus des Lebens eben. Die inhaltliche Ergänzung, daß zu seinem Lebensrhythmus Kino und Restaurantbesuche dazugehörten, verweist auf die Vorstellung, daß *"Lebensrhythmus"* neben einer Verfahrenskomponente ein Tätigkeitsspektrum beinhalte - und zwar ein rhythmisches, ein regelmäßiges, ein typisches.

Der Grund, warum Herr Tikovsky an dieser Stelle vom *"Lebensrhythmus"* spricht, ist nun nicht die Tatsache, daß er sein Konzept hiervon zugänglich machen will. Es ist der Tatbestand, daß er seinen Lebensrhythmus beibehalten will, daß *"wir uns fest vorgenommen haben, man weiß es nicht, also nicht groß zu ändern".* Sicher ist er sich nicht, aber seine Familie hat sich vorgenommen, ganz bewußt eine

---
[4] Herr Tikovsky war schon vor der Wende in Westdeutschland gewesen.

bestimmte Art und Weise, ihr Leben zu führen, aufrechtzuerhalten. Dieser Vorsatz impliziert die Annahme, daß diese Art und Weise, sein Leben zu führen, aus irgendeinem Grund gefährdet sei. Der Grund wird expliziert, und es sind zwei Gründe: eine in Westdeutschland ausgemachte Einstellung, die darin besteht, zu gucken, wo man billiger als anderswo einkaufen könne sowie die Angst vor dem Zwang, sich aus finanziellen Engpässen heraus ebenso verhalten zu müssen. Herr Tikovsky befürchtet offensichtlich, daß solche Verhaltensweisen einen veränderten *„Lebensrhythmus"* nach sich ziehen würden. Daß er davon spricht, daß *„wir uns"* fest vorgenommen hätten, diesen Lebensrhythmus beizubehalten, weist darauf hin, daß dieser Lebensrhythmus a) ein gemeinsames Projekt ist und daß man b) sich vornehmen kann, ihn beizubehalten, also auf eine bewußte Entscheidung, die aktive Unternehmungen nach sich zieht. Daß er meint, nicht zu wissen, ob ihm die Aufrechterhaltung dieses Rhythmus gelingen wird, weist darauf hin, daß er sich Restriktionen ausgesetzt sieht und dieses bereits antizipiert.

... und Mentalität

Einen weiteren Begriff bringt Herr Tikovsky auf die Frage nach seiner Lebensphilosophie ein: den der *„Mentalität"*. *„Ich würde nicht gerne von meinem relativ beschaulichen, ruhigen Leben irgendwelche Abstriche da machen, um irgendwas Höheres zu erreichen, im Luxus oder im Leben ... Ich bin nicht zum Höheren geboren ... ich bin eigentlich zum Leben da, deswegen sag ich, die Mentalität der Franzosen gefällt mir oder die Ungarn ... höchstens a Bruchteil vom Verdienst in die Wohnung stecken, 's restliche Geld verleben. Gibt 's ja so statistische Erhebungen, wo der Deutsche extrem viel Geld in seine Wohnung und Klamotten steckt, das is fast schon Schwachsinn"*. *„Mentalität"* setzt hier einen etwas anderen Akzent als *„Lebensrhythmus"*. Damit bezeichnet Herr Tikovsky über konkrete Verfahrensweisen hinaus bestimmte Gewichtungen bzw. Relevanzen. Diese ordnet er einer Art Volkscharakter zu: Dem Statusgebaren der Deutschen stellt er das Leben und Leben lassen der Franzosen und Ungarn gegenüber; das Bild, das er davon zeichnet, ist seinen eigenen Relevanzen - und, wie ich meine, auch seiner Lebensführung - nicht unähnlich.

„Ich möchte eben einfach schön leben", resümiert Herr Tikovsky. *„Eigentlich will ich viel mit Freunden zusammensein ..., relativ gut leben, am Essen und Trinken nicht sparen und, wenn ma sich 's leisten kann, auch mal wegfahren. Eigentlich braucht ma ja fast nicht mehr, meiner Meinung nach. Wenn ma noch Erfüllung im Beruf hat, das fehlt mir natürlich. Ne schöne sinnvolle Arbeit müßte ma schon haben"*. So würde er sich auch am wohlsten fühlen: *„Wenn ich ne regelmäßige Arbeit hätte, zufrieden nach Hause komme, daß ich irgendwas Sinnvolles getan hab, und dann mit meiner Familie so leben wie bisher ... Also einschränken hier mein*

persönliches Leben, und, wie gesagt, an die Fußmatte denken und billigen Wein trinken oder billiges Bier, das will ich nicht".

Während das, was hier als *„Mentalität"* bezeichnet wird, Essers „eigentlichen Zielen" nicht unähnlich ist, bezeichnet *„Lebensrhythmus"* die Regelmäßigkeiten des Alltags, die Art und Weise, ein Leben zu führen, wie Herr Tikovsky es gern hätte - und die Rahmenbedingungen für die Möglichkeit der Aufrechterhaltung.

Konzeptualisierung

Im Folgenden will ich Herrn Tikovskys Lebensrhythmus- und Mentalitätskonzept mithilfe des Konzeptes der alltäglichen Lebensführung rekonstruieren, will also nachzeichnen, wie Herr Tikovsky die einzelnen Tätigkeiten, die er in verschiedenen sozialen Sphären unternimmt, zu einem Arrangement bindet. Auch Herr Tikovsky stellt sich ein solches Arrangement vor bzw. setzt es sich zum Ziel. Eine Vorstellung von einem synthetischen Ganzen unterliegt seiner Schilderung davon, wann er sich am wohlsten fühle: Wenn er eine regelmäßige Arbeit hätte, zufrieden nach Hause komme, etwas Sinnvolles getan habe und dann mit seiner Familie so lebe wie bisher. Auch sein persönliches Leben einschränken wolle er nicht. Genau diese drei Sphären mit ihren sehr wahrscheinlich widersprüchlichen Anforderungen an die Person muß alltägliche Lebensführung mindestens integrieren: die der *Arbeit*, die der *Familie bzw. der Bezugspersonen* und die der *persönlichen Ansprüche*. Sehen wir uns die Art und Weise, wie das empirisch geschehen kann, an.

Herrn Tikovskys alltägliche Lebensführung

Ich will nun versuchen, die Strukturen von Herrn Tikovskys alltäglicher Lebensführung über die verschiedenen Sphären des Alltags hinweg und vor allem über den Systemwechsel hinweg herauszuarbeiten und zeigen, daß die Strukturen seiner Lebensführung auf drei Ebenen stabil geblieben sind: auf der Ebene der sozialen Beziehungen, auf der Ebene der Interessen und auf der Ebene der personalen Ressourcen.

Soziale Beziehungen

Die Beziehung zu Frau und Kindern ist der Mittelpunkt von Herrn Tikovskys *„Lebensrhythmus"*, der letztendlich ein gemeinsamer Rhythmus ist. Als seine Frau vor kurzem wegen eines Lehrgangs *„wochenlang nicht da"* war, *„hat uns das ... schon ganz schön aus 'm Rhythmus gebracht ... Wenn du so reingewachsen bist und dann so längerer Zeitraum getrennt, andere kommen da leichter, also uns is es allen dreien schwer gefallen"*. Die Familie Tikovsky ist eingebettet in ein stabiles Netzwerk von Verwandten, Freunden und Nachbarn; gerade die Eingebundenheit in die

Hausgemeinschaft erleichtert Herrn Tikovsky sein jetziges Zuhausesein. Sie korrespondiert mit der großen Bedeutung der räumlichen Umgebung für Herrn Tikovskys Lebensführung: Haus, Balkon, Schrebergarten und Eckkneipe - letztere ist schon weggefallen, was er sehr bedauert - sind als Kommunikationszentren zu sehen und stellen die örtlichen Dreh- und Angelpunkte des Alltags. Der große örtliche Dreh- und Angelpunkt ist seine Stadt. *„Nein, nie"* würde er von hier weggehen, *„noch nie hat das für mich in Frage gestanden, aus Leipzig wegzugehn"*. Er ist *„richtig bißchen stolz"*, Leipziger zu sein.

Die sozialen Beziehungen sind nicht in erster Linie traditional organisiert; Herrn Tikovsky kommt es auf ein gutes Verhältnis an. So hat er nur zu den Geschwistern regelmäßigen Kontakt, mit denen er sich auch gut versteht; umgekehrt werden die Beziehungen nicht instrumentalisiert. Entgegen der oft betonten großen Bedeutung der Großmütter für das Funktionieren der Alltagsorganisation grenzt er sich ausdrücklich davon ab: *„Was heißt brauchen? Ich brauch meine Mutti, weil 's meine Mutti ist"*.

Der gemeinsame Rhythmus der Familie Tikovsky besteht weiter in einem schon immer praktizierten egalitären Umgang mit Erwerbs- und Hausarbeit. Frau Tikovsky war immer berufstätig und ist diejenige gewesen, die sich weiterqualifiziert hat: *„... einer konnt es bloß* (sich weiterqualifizieren, M.W.) *und die Frau hat 's intensiv machen müssen, viele Jahre, immer wieder auf Schule, Fachschule ... zweie ging nicht, auch noch Schule, einer Kinder großziehn, ohne daß das ne ... allzugroße Belastung wird"*. Herr Tikovsky macht im Haushalt jetzt mehr als früher, aber die Tätigkeiten sind ihm nicht fremd, zumal hier auch eine gewisse Unkonventionalität ohne Anspruch an Perfektion und perfekte Planung herrschte. Herr Tikovsky erzählt als Beispiel den Ablauf eines Sonntagvormittags. Während des Fernsehens mit den Kindern *„hat eben meine Frau sich die Kartoffeln reingeholt und dabei schon geschält oder ich hab 'n Rosenkohl geputzt, hat mein Kollege gesagt um Himmels Willen, auch oftmals die Frauen seltsamerweise, das könnt ich mit meiner Frau nie machen in die Stube ... das machen wir eigentlich alles so, ohne ganz große strenge Planung"*. Herr Tikovsky führt diese Art der Arbeitsteilung auf die Geschichte seiner Beziehung zurück: *„... das hat sich bei uns eingespielt, nu waren wir auch nie 'n normales Ehepaar, vielleicht lag das da dran, das is alles so langsam gewachsen"*. Er grenzt sich explizit ab: *„Natürlich hama da anders gelebt als manche oder viele andere meiner Kollegen"*.

Interessen

Ein weiteres Kennzeichen von Herrn Tikovskys Lebensführung ist ein ausgeprägtes politisches Interesse und Engagement. Während des gesamten Interviews kommt er immer wieder auf politische und wirtschaftliche Entwicklungen, ihre Gründe und

Bewältigungsmöglichkeiten zu sprechen. Dieses Interesse scheint zum einen zu verhindern, daß er die Gründe für seine Lage individualisiert[5], zum andern sichert ihm die dazu nötige Informationsbeschaffung eine genügende Beschäftigung in seiner ausgedehnten freien Zeit, zumal er sich auch mit den rechtlichen Gegebenheiten auseinandersetzt, die seine persönliche Situation betreffen. *„Gibt auch 'n Mieterbund und was weiß ich alles ... hab ich ja nun Zeit, mich zu informieren, was es alles so gibt. Was mich eigentlich auch früher interessiert hatte, als es mich überhaupt noch nicht betroffen hat. Als es nur Sie* (die InterviewerInnen, M.W.) *betroffen hat".* Sein gesellschaftspolitisches Interesse bekommt durch die sozialen Beziehungen seinen Sinn und seine Dynamik: Er diskutiert leidenschaftlich gern im Bekanntenkreis über Politik und kann aufgrund seiner Informiertheit auch Verhaltensratschläge geben und *„so die andern ein bißchen aufbauen ".* Die dadurch gewonnenen Einsichten trösten ihn: *„Vielleicht fällt 's mir leichter, weil ich 's hab kommen sehn ... das klingt nu vielleicht überheblich, aber ich hab 's geahnt, daß es so kommt ... Na ja, das nützt mir ja auch nischt ... aber deswegen wundert 's mich vielleicht nicht mehr so ".*

Personale Ressourcen

Darüberhinaus kann man zwei personale Ressourcen benennen, die es Herrn Tikovsky erleichtern, mit der großen persönlichen Unsicherheit umzugehen, in der er sich befindet. Diese Unsicherheit ist ein weitaus größeres Problem als die konkrete Bewältigung des neuen Tagesablaufs, der ihm auch gut nutzbare Freiräume bereitstellt: Neben dem vielen Lesen und den gelegentlichen Fahrten in die Stadt kommt er nun dazu, laut Rockmusik zu hören, was seine Frau sonst stört.

Die erste Ressource ist eine optimistische Lebenseinstellung, die aus der Geschichte seiner Behinderung entstanden ist: *„Ja ansonsten bin ich eigentlich 'n Optimist ... Blieb mir gar nischt anderes übrig ... Wenn ma als Behinderter noch pessimistisch ist, na dann kann ma sich eigentlich vergessen, da muß ma optimistischer als andere ".* Die zweite Ressource ist ein hohes Maß an Interesse und Empathie seinen Freunden gegenüber. Er erzählt uns viel von den konkreten Problemen seiner Freunde und von seinen Gesprächen mit ihnen und benennt diese Anteilnahme selbst als Strategie: *„... ich bau mich eigentlich auch 'n bißchen auf, daß ich den andern mal Mut mache, wenn ich die treffe, das hilft ".*

---

[5] Mutz spricht typisierend von einer Kollektivierung der Diskontinuität in ostdeutschen Erwerbsbiographien im Gegensatz zu westdeutschen Individuierung (Mutz 1995, S. 139). Herrn Tikovskys gesellschaftspolitische Kritik kann in diesem Kontext als eine Methode spezifiziert werden, eine solche Kollektivbiographie herzustellen.

Die Logik der Lebensführung

Der Motor von Herrn Tikovskys Lebensführung ist seine Orientierung an sozialen Beziehungen; diese Logik bestimmt die Raum- und Zeitstruktur von Herrn Tikovskys Lebensführung, die Relevanzstruktur und das Tätigkeitsspektrum. Und sie bestimmt auch - so meine These - die Form der Auseinandersetzung mit den neuen Verhältnissen.

Die große Bedeutung seiner Familie, seines Nachbarschafts- und Freundeskreises korrespondiert mit seinen Lieblingstätigkeiten wie diskutieren und beim Rotwein zusammensitzen und erklärt die immense Bedeutung, die der soziale Raum für ihn hat. Seine Stadt, seine Wohnung und sein Schrebergarten sind die räumlichen Voraussetzungen für die Pflege seiner sozialen Beziehungen und haben daher einen hohen Stellenwert in Herrn Tikovskys Alltag. Er wartet erst mal ab, was mit seinem Betrieb geschieht, da ihm die Weiterarbeit dort die liebste Alternative wäre. Denn auch der Betrieb war ein wichtiger Orientierungspunkt auf Herrn Tikovskys sozialem Stadtplan, wichtiger als seine konkrete berufliche Tätigkeit. Sein Selbstvertrauen erleichtert ihm das Abwarten, zumal er aufgrund seiner Hobbies imstande ist, seine Tage einigermaßen zu genießen. Die Unsicherheit seiner Situation versucht er, intellektuell zu verarbeiten. Genausowenig wie früher kommt eine methodische Rationalisierung der Lebensführung in Betracht. Er plant nicht, zumal die planbaren Zukunftsentwürfe wie z.B. Pendeln ohnehin letzte Wahl für ihn wären. Er will ja so weiterleben wie bisher, und das explizit, in seiner Lebensführung eher auf die Freizeit bzw. „vermischtes Tun"[6] hin orientiert als auf die Berufsarbeit. Denn soziale Beziehungen brauchen frei verfügbare Zeit. Diese hat er immer gehabt, und er hat sie in den Ausbau dieser Beziehungen investiert. Rigide Planung und strenge selbstgesetzte zeitliche Zäsuren wären hier kontraproduktiv. Die Ligaturen sind die Lust und Laune des Familien- und Freundeskreises und dessen zeitliche Strukturen, und natürlich Herrn Tikovskys Lust und Laune. *„Ich geh gern mal in die Stadt und setz mich in ein Cafe"*: Das ist Ausdruck des französischen Lebensstils, der Herrn Tikovsky so gefällt. Dieser bescheidene Hedonismus ist das Metronom von Herrn Tikovskys alltäglicher Lebensführung. *„Es reicht, wenn 's gemütlich ist"*, beendet er das Interview. Die perfekte Gemütlichkeit setzt indes Stimmigkeit voraus; Herrn Tikovskys Liebe zum Rotwein und das passende Setting symbolisieren seine Idealvorstellung vom Umgang mit dem Leben: *„Man möchte auch mal in ner richtigen schönen alten Dorfkneipe in Südfrankreich sitzen. Und dort den Rotwein trinken"*.

Soziale Beziehungen strukturieren auch seine Wahrnehmung. Ob es die SED oder das Neue Forum, die Politik oder der Kapitalismus ist, bei Herrn Tikovsky gibt es Schlüsselfiguren. Diese kennt er, diese machen ihm den Zugang möglich. Und

---

[6] siehe hierzu z.B. Pieper 1983

ganz gleich, wo Herr Tikovsky sich befindet: Es müssen intakte soziale Beziehungen vorherrschen. Deshalb haben ihn auch die Feindseligkeiten im Wahlkampf so getroffen - Herr Tikovsky nimmt das persönlich. Das Produkt, das das Kollektiv in seinem Betrieb erstellt und das für Herrn Tikovsky interessant ist, ist soziale Nähe. Jetzt, wo Kollektiv und Produkt gefährdet sind, will Herr Tikovsky die sozialen Beziehungen selbst zum Arbeitsgegenstand[7] machen: Er liebäugelt mit einer Arbeit im sozialen Bereich.

Bisher hat er allerdings noch keine konkreten Schritte in diese Richtung unternommen, ja nicht einmal Informationen eingeholt, welche Möglichkeiten er da hätte, was aufgrund der ansonsten sehr guten Informiertheit des Herrn Tikovsky verwundern mag. Der Grund hierfür liegt, mag dies auch paradox klingen, in der Unsicherheit seiner Situation. Diese Unsicherheit ist so beschaffen, daß Herr Tikovsky eben Chancen sieht, in seinem Betrieb weiterzuarbeiten, ohne daß er hierfür konkrete Schritte unternimmt. Im Augenblick setzt er auf sein Vertrauen in den Lauf der Dinge. Diese Haltung wird durch die Handlungsweise von Betrieb und Arbeitsamt gestützt, nämlich durch die Hoffnungen erweckende Zusage einer Weiterbeschäftigung im Falle einer Wiederaufnahme der Produktion und den dadurch bedingten Ausschluß von Umschulungs- oder Weiterbildungsangeboten des Arbeitsamts. Erst wenn Herr Tikovsky sicher ist, daß es nicht mehr weitergeht in seinem Betrieb, will er etwas unternehmen: *"... ja wie gesagt, dann geh ich sofort zum Arbeitsamt und erkundige mich erstmal ... ich hab mich noch nicht damit beschäftigt, ich hab ... vermieden das Arbeitsamt, weil ich 's noch nicht wußte ... Das lohnt sich ja noch nicht, die vermitteln mich noch gar nicht"*, eine aus seiner Perspektive durchaus rationale Handlungsweise, rational auch im Sinne unseres handlungstheoretischen Grundmodells.

Diese Handlungsweise wird indes erst gänzlich erklärt durch die Logik von Herrn Tikovskys alltäglicher Lebensführung. Sein entspannter Lebensrhythmus ist von seiner Familie, seinem Freundeskreis und den vertrauten Räumlichkeiten abhängig - und damit nicht zuletzt von seinem Betrieb. Da er seinen Lebensrhythmus aufrechterhalten will, wäre es ihm das liebste, dort weiterzuarbeiten; und das ist letztendlich wahrscheinlich auch seine einzige Alternative, wenn er im Erwerbsleben bleiben will. Seine Behinderung und seine fehlende Qualifikation bestimmen nun seine Arbeitsmarktchancen zu seinem Nachteil; das war zu DDR-Zeiten nicht so, eher das Gegenteil war der Fall.

---

[7] Auch das sozialistische Betriebskollektiv hat soziale Beziehungen zum Arbeitsgegenstand gehabt, vgl. Kap. 3.2.1.1. Daß mit dem Verschwinden der Kollektive auch die sozialen Beziehungen eine andere Qualität bekommen, führt Schmidt 1995 darauf zurück, daß man diese nur unter Zwang aufgebaut hatte. Herr Tikovsky indes sieht die Vorteile, die Institutionen für Verhalten haben können.

Mit seinen Zweifeln, ob es ihm denn wirklich gelingen wird, seinen Lebensrhythmus aufrechtzuerhalten, verstünde sich Herr Tikovsky mit Max Weber: Befindet er sich nicht auch in einem Rationalisierungsprozeß im Zeitraffer, innerhalb dessen geschieht, „was immer und überall die Folge eines solchen 'Rationalisierungs'-Prozesses ist: wer nicht hinaufstieg, mußte hinabsteigen. Die Idylle brach unter dem beginnenden erbitterten Konkurrenzkampf zusammen, ansehnliche Vermögen wurden gewonnen und nicht auf Zinsen gelegt, sondern immer wieder im Geschäft investiert, die alte behäbige und behagliche Lebenshaltung wich harter Nüchternheit, bei denen, die mitmachten und hochkamen, weil sie nicht verbrauchen, sondern erwerben *wollten*, bei denen, die bei der alten Art blieben, weil sie sich einschränken *mußten*" (Weber 1988, S. 52). *„Ich möchte einfach schön leben"*, sagt Herr Tikovsky, *„ich bin eigentlich zum Leben da"*. Seine alltägliche Lebensführung ist der Weberschen methodischen Lebensführung in einem „ethischen" Sinne diametral entgegengesetzt: „Der Mensch ist auf das Erwerben als Zweck seines Lebens, nicht mehr das Erwerben auf den Menschen als Mittel zum Zweck der Befriedigung seiner materiellen Lebensbedürfnisse bezogen" (Weber 1988, S. 36). „Sinnlose Umkehrung" (Weber 1988, S. 36) erschiene dies sicherlich auch Herrn Tikovsky; doch ist die Gefahr, solchem Zwang zur Methodisierung zu unterliegen, für ihn nicht klein: Auch Herr Tikovsky sieht den Zwang zur Einschränkung und zum *„Abstriche machen"*.

Gleichwohl: Eine *„sinnvolle Arbeit"* hätte er schon gern. Das „'Sichhingeben' an die Berufsarbeit" mit seinem „irrationalen" Element widerspricht nach Weber wiederum dem „praktischen Rationalismus", jener „Art Lebensführung, welche die Welt bewußt auf die diesseitigen Interessen des *einzelnen Ich* bezieht und von hier aus beurteilt" (Weber 1988, S. 62). Das Bedürfnis, *„was Sinnvolles getan zu haben"*, verstärkt dies: Herr Tikovsky spricht sogar von der *„Erfüllung"* im Beruf. Er hängt dieses Thema indes hintan: *„... wenn man auch noch Erfüllung im Beruf hat, das fehlt mir natürlich"* und benutzt das ein bißchen pathetische Wort *„Erfüllung"*, was das Zitat als eine erwünschte Antwort erscheinen läßt: gegenüber den InterviewerInnen und vielleicht auch gegenüber der sozialistischen Ideologie, nach der „sinnvolle" Arbeit das „Herzstück der sozialistischen Lebensweise" ist (DDR-Handbuch 1985, S. 394). Die *„Erfüllung"* lag für Herrn Tikovsky in der Zugehörigkeit zu seinem Betrieb und zu seinen Arbeitskollegen, und die Angst, die er jetzt hat, ist es, diese *„Erfüllung"* gegen eine methodische Rationalisierung seiner Lebensführung eintauschen zu müssen.

Die Nische

Alltägliche Lebensführung verstehe ich als ein vom Aktor über die Zeit hinweg erstelltes und ausgearbeitetes System von Tätigkeiten; es wird hergestellt in Auseinandersetzung mit all den Rahmenbedingungen, mit denen der Aktor in seinem Handeln konfrontiert ist. Diese Rahmenbedingungen sind freilich ihrerseits Stützen alltäglicher Lebensführung: Regeln und Ressourcen mithin, denen sich der Aktor unterwerfen, die er sich aber auch zunutze machen kann (und muß). Fallen sie weg, hat der Aktor zwei idealtypische Handlungsmöglichkeiten: Einmal kann er versuchen, funktionale Äquivalente zu finden, denn seine etablierten „Musterlösungen"[8] sind von den Problemen abhängig, für die sie Lösungen darstellen, und will er sie weiter benutzen, muß er sehen, wo an den neuen Institutionen die etablierte Lebensführung andocken kann - oder wie er die alten weiter reproduzieren kann. Er kann auch eine neue alltägliche Lebensführung etablieren; unser Konzept indes geht davon aus, daß mit der etablierten Lebensführung auch eine bestimmte Situationswahrnehmung verknüpft ist.

Sehen wir die spezifischen Anforderungen noch einmal genau an, denen Herr Tikovsky in der DDR ausgesetzt war und wie er sich damit arrangiert hat sowie die Anforderungen, die sich seit dem Systemwechsel neu stellen. Wofür muß er funktionale Äquivalente finden?

„*Ich bin ein ganz normaler DDR-Bürger*", sagt Herr Tikovsky. „*Ich bin in die Schule gegangen, bin erzogen worden, mir ging 's nicht schlecht, um mich wurde sich gekümmert, also auch wegen meiner Behinderung, ich brauchte mich um nichts zu kümmern. Wurde gut versorgt, ich hab eine Schule gehabt, die sehr gute Verhältnisse hat*". Der Arbeitsplatz, den er innehatte, war ein Schonarbeitsplatz. Man richtete Arbeitszeiten und Anforderungen an seiner körperlichen Konstitution aus, seine Springertätigkeit paßte obendrein gut zu seiner kommunikativen Kompetenz. So kam er herum im Betrieb. Es scheint so, als habe es keine Koordinationsprobleme zwischen den Anforderungen der einzelnen Sphären gegeben. Sie liegen (noch) räumlich nahe beieinander: Wohnung mit Balkon, Betrieb und Betriebskindergarten, Schrebergarten und Eckkneipe. Widersprüche zwischen den einzelnen Sphären sind nicht das Problem des Herrn Tikovsky gewesen. Es war ihm möglich, alle Lebensbereiche in erster Linie - seinem Lebensrhythmus entsprechend - in seinem Sinne zu nutzen: als Kommunikationsorte, mit dem Einsatz sozialen Kapitals, ohne methodische Planung.

Doch einen Reibungspunkt in der Auseinandersetzung mit den alltäglichen Anforderungen gab es: die Partei. „*Über einen ganz linken Sozialdemokraten*" kam Herr Tikovsky zur Partei, mit dem man „*so richtig offen und ehrlich reden*" konnte, „*und der hat gesagt, weißte, das nützt doch alles nischt, wir brauchen mehr solche wie dich. Ich will dich nicht werben und so, aber warum, probier 's doch mal*". Er probierte es - und trat nach eineinhalb Jahren wieder aus. Entscheidend war letztendlich ein Streit über eine von Herrn Tikovsky geleitete Jugendgruppe, die Herr Tikovsky nicht als eine FDJ-Gruppe verstanden wissen wollte. Herr Tikovsky sieht

---

[8] vgl. hierzu Kopp 1991, S. 247ff

sich als idealistischen Sozialisten - *„Ich glaube auch heute noch an die linken Ideen im Großen und Ganzen"* -, der sich innerhalb der SED nicht arrangieren konnte und wollte.

Welche Folgen hatte dieses Verhältnis zur Partei für seine alltägliche Lebensführung?

„Übrigens", erzählt er, - wir haben ihn nicht danach gefragt - *„hab ich keinerlei Nachteile davon gehabt, daß ich aus der Partei ausgetreten bin. Das is auch so ne Sache. Das is das, was viele immer wieder behaupten. Ich sage, du hast sicher große Schwierigkeiten gehabt in der DDR, wenn du ganz offiziell was gegen dieses System gemacht hast. Ich war kein Held, ich hab 's nie probiert ... also das is nicht so, daß hier jeder mit absoluten Repressalien bedroht worden ist, wenn er da nicht in die Partei gegangen ist. Du hattest sicher irgendwann, wie meine Frau, Schwierigkeiten im Fortkommen ... Also vor zwei Jahren hat noch keiner gewußt, daß es mal die DDR nicht mehr gibt, und wenn dann a junger Kerl mit Mitte 20 sagt, Mensch ich will nicht ewig hier unterstehn, ich trete in die Partei ein und quatsche so, wie die hören wollen und* (gehe, M.W.) *einmal im Monat zu meiner Parteiversammlung, das kann man doch eigentlich keinem übelnehmen"*.

Er selbst aber habe *„überhaupt nicht a bissl gegrübelt"*, als er das Angebot der Partei, eine Parteikarriere zu machen, ausschlug. *„Die sind zu mir gekommen, nachdem ich dann Genosse geworden bin ... willst du dir ewig die Hände dreckig machen ... na hab ich gesagt, ihr seid doch doof. Ihr sagt immer, Arbeiterklasse und herrschend und alle, wo ihr denkt, die sind gut, die holt ihr weg ... Ich glaube, wir brauchen auch a paar linke Leute, die Arbeiter bleiben, basta"*. Doch der Nachsatz klingt desillusioniert: *„Ich hab halt dann nur noch meine Arbeit gemacht"*.

Obgleich *„ein großer Gegner des Systems"*, waren die Lebensverhältnisse in der DDR für Herrn Tikovsky so beschaffen, daß er im Großen und Ganzen zur eigenen Zufriedenheit in ihnen zurechtkam, auch ohne Partei bzw. Karriere. Das hatte allerdings die Kosten, daß er seine Kritikfreudigkeit im Zaum halten und sich davon verabschieden mußte, seine Ideale öffentlich vertreten oder umsetzen zu können. Da ihm Familie und Freundeskreis sehr wichtig sind, wichtiger jedenfalls als Karriere oder eine 'heldische' Lebensweise, war das Arrangement mit der DDR nicht so schwierig. Als Behinderter konnte ihm nichts passieren, und er brauchte die Partei nicht. Er lebte wohl tatsächlich in einer Nische. Erinnern wir uns an die These von Lay 1993, nach der der Arbeiter, der keine Karriereabsichten hatte, der freieste Mensch in der DDR war - und freier als sein Kollege im Westen, mithin freier als Herr Tikovsky in der neuen Welt.

Denn diese Nische gibt es nicht mehr lange. Es gibt sie gerade noch solange, als die institutionellen Rahmenbedingungen für das Moratorium aufrechterhalten werden können. Daß die sozialen Kontakte bereits abgenommen haben, habe ich gezeigt. Einige ihrer Eigenschaften hat die Nische bereits verloren, allen voran die Antizipation ihrer dauerhaften Existenz.

Herr Tikovsky hat sich vorgenommen, seinen Lebensrhythmus nicht zu verändern; ich habe zu zeigen versucht, daß mehr stabil geblieben ist als das, was sich Herr Tikovsky explizit vorgenommen hat.

Sehen wir uns in einem nächsten Schritt seine beiden Kollegen an, Herrn Belzow und Herrn Pattermann. Im selben Betrieb angestellt, befinden sie sich ebenfalls in Kurzarbeit, Herr Belzow in Null-Stunden-Kurzarbeit, Herr Pattermann arbeitet 0,8 Stunden/ Tag. Die beiden sind - wie Herr Tikovsky - Mitte bis Ende dreißig und haben - wie er - berufstätige Partnerinnen und Kinder, die noch zur Schule gehen. Wir haben damit Personen vor uns, die sich in wesentlichen sozialstrukturellen Merkmalen gleichen und die sich in einer ähnlichen Ausgangssituation befinden. Was sie tun, läßt sich, so meine These, verstehen, wenn man nach den Regeln sucht, nach denen sie ihr Leben bislang ausgerichtet haben. Versuchen wir also, die alltägliche Lebensführung der beiden Kollegen von Herrn Tikovsky zu rekonstruieren.

Herr Belzow/ 1. Interview: *„Ich hab immer zu tun. Ich bin voll beschäftigt".*

Alltag in der DDR

Herr Belzow lebt mit seiner Partnerin und deren nun 12jähriger Tochter zusammen. Auch er arbeitet seit beinah 20 Jahren in unserer Firma; er hat gerne gearbeitet, wie er sagt, und das lag vor allem daran, daß er in einer Leistungsabteilung gearbeitet hat. Eine Maschine mußte in einer bestimmten Zeit zusammengesetzt werden, und Herr Belzow ist stolz auf seine Brigade, weil sie ihre Maschine oft schneller gefertigt hat als dies die Vorgabe war und hierfür eine Zulage bekam. *„War da jeder bestrebt, gut zu wirtschaften, gut zu arbeiten"*, sagt er, denn das verdiente Geld wurde erst mal *„in een Topf"* geworfen und dann je nach individueller Leistung aufgeteilt. Daß *„wir uns alle gut verstanden ham"*, führt er auf diese Art der Zusammenarbeit zurück und grenzt seine Brigadekollegen gegen andere Kollegen ab, die Stundenlohn statt Leistungslohn bekamen: *„Und wenn der sich eben fünf Stunden hinsetzt und Skat spielt, da kriegt er sechs Mark"*. Mit seinen Brigadekollegen hat Herr Belzow auch einiges privat unternommen: Es gab einen Kegelabend, es gab Betriebsfeste *„mit Frauen"*, man feierte am Männertag[9], und man ging auch mal *„in ne Gaststätte, ... mal zwei, drei Stunden ..., a Bierchen trinken. Ohne Frauen"*. Belzows haben gut verdient und *„gut gelebt. Wir sind regelmäßig fortgegangen, wir ham Feten gefeiert, wir sind mit 'm Auto viel rumgefahren, wir sind jedes Jahr*

---

[9] in Westdeutschland Vatertag

in Urlaub gefahren an die See hoch, nu wir ham nicht irgendwie gesagt, wir tun jetzt knausern, warum. Meine, es blieb Geld übrig, muß ich sagen und das hama weggelegt". In der Partei war Herr Belzow nicht; gesellschaftliche Arbeit fiel also nicht an.

Der Arbeitsplatzverlust

Der Verlust seiner Arbeit geht einher mit Verbitterung; Herr Belzow gibt denen, die im Betrieb geblieben sind, die Schuld: *„Ich hab da eigentlich ne negative Einstellung, weil die lassen, die wollen wahrscheinlich nicht, daß wir arbeiten, so seh ich das. Denn heutzutage arbeitet mein Meister mit seinen guten Freunden, so seh ich das ... Wenn ich sehe, daß die ganzen ehemaligen Genossen immer noch in dem Betrieb dort arbeiten, und die guten Facharbeiter auf Kurzarbeit gesetzt sind, ja ich weiß nicht, was da nun werden soll"*. Dabei habe er *„19 Jahre jetzt dort gearbeitet, mein, ich kann davon ausgehen, ich hab nie ne Fehlschicht gemacht, ich war immer pünktlich auf Arbeit, ich war also nie, wie ma sagt, asozial ... so seh ich das. Nu bin ich jetzt a halbes Jahr schon fast zu Hause"*.

Doch auch außerhalb seines Betriebs sieht er nicht, daß seine Qualifikation gefragt wäre: *„Ich geh auf Arbeitssuche, nicht daß ich zu Hause hocke, ich habe schon oft viele Bewerbungen geschrieben, so und na war ich jetzt bei ner Teilzeit-Firma, mal angefragt, ja die wollten ungelernte Arbeitskräfte ham. Mit meinem Facharbeiter und mit meinen Fähigkeiten, das wollten die gar nicht. Die wollten ungelernte Leute für München und Augsburg, am Fließband. Ja"*. In den alten Bundesländern hat er sich notgedrungen beworben; lieber würde er in Ostdeutschland arbeiten, damit hier was vorangehe, wie er sagt, *„aber wo kann man sich da bewerben, wo steht das geschrieben?"*

Und noch etwas ärgert ihn: *„Man sagt, die Ossis sind dumm, aber das glaub ich nicht. Wir ham alle gearbeitet. Meine, wie wir gearbeitet ham, unter welchen Bedingungen ... Wir waren ja 1600 Mann im Betrieb. Daß wir davon 300 Arbeiter waren und den Rest mit durchgeschleppt ham, ist ja nicht unser Problem gewesen, wir ham ja gearbeitet"*.

Hier setzt Herr Belzow andere Akzente als Herr Tikovsky. Wo Herr Tikovsky bei der Analyse der Lage seines Betriebs und seiner Erwerbssituation auf der politischen Ebene ansetzt und letztendlich bei den Spielregeln der Marktwirtschaft anlangt, pocht Herr Belzow auf seine Leistungsfähigkeit. Ob man gut gearbeitet hat oder nicht, ist Herrn Belzows Frage, und so macht er dann keinen Unterschied zwischen Genossen und Nicht-Genossen, wenn er ermessen kann, zu welchem Lager sie in puncto Arbeitsleistung gehören: Auch in seiner Brigade habe es Genossen gegeben, die tatsächlich gut gearbeitet hätten; gegen die habe er nichts.

Ein anderer Alltag?

In der Folge der Null-Stunden-Kurzarbeit hat sich auch für Herrn Belzow vieles geändert:

Wie bei Herrn Tikovsky sind die so wichtigen Kontakte zu den Kollegen *„gar nicht mehr groß da"*; ebenso fühlt er sich durch die *„Entwicklung der Kriminalität"* eingeschränkt und hat Angst um Frau und Tochter. Wenn seine Frau später am Abend unterwegs ist, holt er sie mit dem Auto ab. Geld bleibt jetzt auch kaum mehr übrig. *„Früher sind wir mehr fortgegangen, jetzt hat des ja alles nachgelassen ... die Gastronomie bei uns hier, die hat noch nicht den Stand wie ich drüben gegessen habe. Und die wollen das gleiche Geld hier ham"*. Auch das ist ein Problem, das auch Herr Tikovsky hat.

Und es gibt noch eine Gemeinsamkeit: Auch Herr Belzow hat ausgefüllte Tage. Doch im Gegensatz zu Herrn Tikovsky füllt er sie mit anderem: Herr Belzow ist stolz auf seine handwerklichen Fähigkeiten; diese auszuüben ist jetzt wie früher seine hauptsächliche Beschäftigung. Er baut nun ausgiebig an seiner Laube im Schrebergarten herum, mit der er bereits seit Jahren beschäftigt ist. *„In so 'm Garten is immer was zu tun. Auch wenn ma mal fertig is. Trotzdem muß ma Rasen mähn, ma muß eben immer was streichen ... Also da is immer was zu tun ... Zur Zeit verlegen wir jetzt Schleusenrohre, weil wir uns an die Schleuse anschließen. So. Und da müß ma schachten. So"*. Auch in der Wohnung gibt es anscheinend immer was zu bauen: *„Da geht mal das kaputt und dann wird das gemacht, dann war die Waschmaschine kaputt, da hab ich sie neu gemacht, mal durchgebrannte Heizung, nuja und so"*. Daneben hilft Herr Belzow auch anderen: Sein Schwager bezieht gerade eine neue Wohnung und er wird beim Malern helfen. *„Da bin ich also voll ausgebucht. So. Wenn ich jetzt sogar wieder arbeiten muß oder oder darf, nicht muß. Dann muß ich das auf so Nachmittag verschieben, daß ich nach der Arbeit das dann mache ... also ich hab immer zu tun"*.

Das ist nicht die Entdeckung eines neuen Hobbies: An seinem Tagesablauf, so Herr Belzow, habe sich im Vergleich zur Zeit vor der Wende *„eigentlich nichts geändert ... Wenn ich jetzt was mache, was baun, da muß ma, fang ich früh an ... wenn ich jetzt erst Mittag anfange, da wird nischt ... Is genau noch so wie früher jetzt der Ablauf. Ich komm nach Hause und dann geht mal 's Auto kaputt, dann muß das gemacht werden"*. Nicht nur der Ablauf, auch der Inhalt hat sich in einem wesentlichen Punkt nicht geändert: Es ist der der handwerklichen Arbeit. Herr Belzow arbeitet weiterhin den ganzen Tag, nur tut er das nicht mehr in seinem Betrieb, sondern im Schrebergarten und bei seinen Freunden. Wenn er nach Hause kommt, geht dort das Handwerkern weiter, wie es auch früher der Fall war. Das Ausüben seiner handwerklichen Tätigkeit bewahrt seinem Alltag somit zeitliche und inhaltliche Kontinuität: *„Ich hab immer zu tun. Ich weeß nicht. Ich bin voll beschäftigt".*

Die Werkelei ist indes nicht das einzige, was beibehalten wurde. Im Haushalt herrscht wie früher traditionale geschlechtsspezifische Arbeitsteilung, obgleich Herrn Belzows Partnerin voll berufstätig ist. Herr Belzow trägt den Müll runter und holt Kohlen hoch; *„... die schweren Sachen und ... die technischen Sachen, na die kann ma doch von ner Frau nicht machen lassen, is doch erst mal klar ... meine Frau kann doch ... keene Waschmaschine reparieren".* Dafür *„macht sie Ordnung ... is schon sehr auf Ordnung gehalten, meine Frau".* Und er? *„Aufwaschen, na warum nicht ... Denn a bißchen mal hier Staub wischen und so, na klar, ich meine, ich bin doch zu Hause, das kann ich doch machen. Meine, wenn ich arbeiten bin und nicht da bin, na dann ... kann ich 's nicht machen".* Alltägliche Routinearbeiten im Haushalt macht Herr Belzow nur dann, wenn er Zeit dazu hat - und Zeit hat er kaum, da er nach wie vor den ganzen Tag handwerklich arbeitet.

Während Herrn Tikovskys alltägliche Lebensführung in erster Linie durch seine sozialen Beziehungen geprägt ist, steht und fällt Herrn Belzows alltägliche Lebensführung mit seiner handwerklichen Tätigkeit. *„Was Produktives"* zu machen, ist ihm sehr wichtig: *„Ich sitze nicht hier da und tu Zeitung lesen ... Wenn ich was gemacht habe, dann will ich 'n Objekt sehn, also sagen wir mal, was ich anschaun kann, was läuft ... Es muß was fertig sein, was dastehn. Zum Schluß. Und das muß sich drehn oder laufen".*

Ein weiterer Unterschied im Vergleich zu Herrn Tikovsky fällt auf: *„Du hörst dich gern reden",* wird von ihm niemand sagen. Er ist kein Mann großer Worte, er ist ein Mann der Praxis; seine Redebeiträge enden häufig mit Wendungen wie: *„So seh ich das", „Ich geh mal davon aus", „Was soll das",* oder einfach mit einem abschließenden *„So".*

Die Wichtigkeit der produktiven Tätigkeit bestimmt die weiteren Dimensionen der Lebensführung:

Freizeitorientierung und Entspannung sind ihm erst nach getaner handwerklicher Arbeit gestattet, die oft bis in den Abend hinein dauert. Er ist *„meistens dann noch unten, irgendwo was machen im Keller oder im Auto ... dann komm ich eben erst um neune hoch und dann trink ich mein Bierchen, das trink ich jeden Abend ... und meine Frau trinkt noch ne kleine Mischung".* Während Herrn Tikovskys Lebensführung eher durch 'vermischtes Tun' gekennzeichnet ist, trennt Herr Belzow Arbeit und Freizeit strikt voneinander; der Beginn der Freizeit wird durch das Ritual des Biertrinkens eingeleitet. Bei Belzows ist es schwer vorstellbar, daß beim Fernsehen Kartoffeln geschält werden.

Auch der Bekanntenkreis konstituiert sich über das Handwerkern: Herrn Belzows Gartengemeinschaft ist eine Arbeitsgemeinschaft, sie verstehen sich *„bombig, weil wir alle zusammen gebaut ham",* seine Verwandtschaft ebenso. Prüfstein für gelungene soziale Beziehungen ist das Zusammenarbeiten. So läßt er sich denn auch für handwerkliche Hilfe bezahlen, wenn er das Vertrauen in die reziproke Unterstützung bei seinen Vorhaben nicht hat. Beziehungen, die nicht auf Zusammenarbeit basieren, mißtraut er. Daher sieht er auch den Arbeitszusammenhang in seiner Firma empfindlich gestört: Diejenigen Kollegen, die *„noch nie was gearbeitet haben"*, seien immer noch in der Firma, die guten Facharbeiter hingegen nicht mehr.

Gelingen kann diese Art der Lebensführung ganz genau so lange, wie Herr Belzow in der Lage ist, seinen Tag mit handwerklichen Tätigkeiten auszufüllen. Oder andersherum betrachtet: So lange das möglich ist, hat der eigentliche Umbruch im Leben des Herrn Belzow - trotz aller anderen Veränderungen - noch gar nicht stattgefunden. Die Aufrechterhaltung seiner Lebensführung ermöglicht es Herrn Belzow, aus der faktischen Arbeitslosigkeit eine Vollzeitbeschäftigung zu machen, mag das auch mitunter recht anstrengend sein.

Wichtig ist ihm daher für seine Zukunft vor allem eines: Er will weiter handwerklich arbeiten, am liebsten natürlich in der Metallbranche. Dafür würde er seine sozialen Beziehungen hintanstellen und pendeln. Da bei ihm produktive Zusammenarbeit die Grundlage von Freundschaftsbeziehungen ist, hängt er nicht unbedingt an seinem Betrieb; er ist ja verbittert darüber, daß alle, die noch arbeiten, ehemalige Genossen sind: *„Ich kann mich mit bestimmten Leuten nicht anfreunden ... Und die hocken jetzt noch im Betrieb rum"*. Ein Argument hat er allerdings, das für eine Weiterarbeit in seinem Betrieb spricht: *„Wenn ich in einem andern Betrieb hier irgendwo anfange, weeß ich nicht, was der mal früher gemacht hat und ob der oben in der Partei war oder nicht ... aber bei den Leuten weiß ich 's. So"*.

Herrn Belzows alltägliche Lebensführung

Herrn Belzows alltägliche Lebensführung dreht sich um die handwerkliche Tätigkeit; diese strukturierte Herrn Belzows Alltag schon zu DDR-Zeiten und wird mit der Veränderung der Rahmenbedingungen nicht unterbrochen, sondern ausgebaut; ihre Aufrechterhaltung verleiht seinem Alltag durch die Wende und die Null-Stunden-Kurzarbeit hindurch Kontinuität. In seinem Betrieb konnte er seine Fähigkeiten einsetzen und wurde dafür entsprechend entlohnt. Deshalb hat es ihm auch Spaß gemacht, denn er hat auf diese Weise direkte Anerkennung seiner Leistung bekommen. Auf diese Fähigkeiten vertraut er; er sagt an einer Stelle, er sei da *„sehr begabt"*, und sein Produktionsstolz ist unübersehbar. Daher möchte er im Rahmen seiner Fähigkeiten weiterarbeiten - Versicherungs- oder Finanzberatungstätigkeiten zu übernehmen, fiele ihm, wie er meint, sehr schwer.

Trotzdem wird die Erwerbsarbeit in erster Linie als Mittel zum Geldverdienen gesehen, kann Herr Belzow doch in seiner Freizeit werkeln und dafür Anerkennung im Bekanntenkreis und für sich selbst im Betrachten seines Produkts erzielen. Mit einem großen Lottogewinn würde er aufhören zu arbeiten. Damit meint er, er würde aufhören, einer Erwerbsarbeit nachzugehen. Denn dann würde er sich für vier oder fünf Stunden pro Tag „*eine kleine Tätigkeit*" vornehmen, „*was bauen*". Wichtig ist ihm demnach, daß erstens mit Erwerbsarbeit Geld verdient wird, wobei diese Erwerbsarbeit das sein soll, was Herr Belzow „*arbeiten*" nennt, nämlich mit körperlicher Arbeit ein Produkt erstellen, zweitens, daß die Durchführung seiner handwerklichen Tätigkeiten außerhalb der Erwerbsarbeit gewährleistet ist, und drittens, daß man mit dem verdienten Geld auch etwas anfangen kann, nämlich seine verdiente Freizeit zu genießen.

Diese Lebensführung bleibt beständig, wenn ihre Voraussetzungen gegeben sind: Erwerbsarbeit, Handwerkern in der Freizeit und Familie, die den Ort von Herrn Belzows Arbeiten und seine arbeitsfreie Zeit gestaltet. Kursänderungen gelingen ihm nicht, wenn seine Partnerin das nicht will: Sie bestimmt nicht nur die Urlaubsziele und entscheidet, ob am Abend außerhäusige Aktivitäten unternommen werden. Sie hat sich auch geweigert, nach der Maueröffnung mit ihm in den Westen zu gehen. Herr Belzow arrangierte sich mit ihrer Weigerung und sah die Vorteile: Schließlich hätte er ja seine Wohnung und seinen Garten hier.

Die Form seiner alltäglichen Lebensführung ist somit eindeutig strukturiert gewesen: An die fest definierte Arbeitszeit im Betrieb mit produktivem Inhalt - auch Herr Belzow arbeitete nicht im Schichtbetrieb - schloß sich die Handwerkszeit zu Hause, im Garten oder im Bekanntenkreis an. Freizeit war davon wiederum deutlich abgetrennt; ein „*Bierchen*" markierte den unwiderruflichen Übergang.

Diese Form kann er in seiner Kurzarbeitszeit im Großen und Ganzen dadurch aufrechterhalten, daß er aus seiner tatsächlichen Arbeitslosigkeit eine Vollbeschäftigung zu machen imstande ist: Er beginnt früh mit seiner ganztätigen Werkelei - „*wenn ich erst mittag anfange, da wird das nichts*" - und kann deshalb sagen, daß sich im Tagesablauf „*eigentlich nichts geändert*" hat.

Herr Belzow braucht - im Gegensatz zu Herrn Tikovsky - keine frei disponible Zeit. Er kann seinen Produktionsvorgang zeitlich planen und läßt sich dabei auch nicht stören; Freizeit ist für Freizeit da, über deren Verwendung er seine Partnerin bestimmen läßt. Wohnung und Schrebergarten sind als Produktionsstätten wichtig, aber nicht unersetzbar. Für Herrn Tikovsky sind sie nicht austauschbar, da sie ihre Bedeutung durch die in ihnen gepflegten sozialen Beziehungen haben, die man nicht so einfach räumlich verlegen kann. Seine handwerkliche Begabung hingegen kann Herr Belzow mitnehmen.

Welche Ressourcen kann nun Herr Belzow für die Verfahrensweisen mit den neuen Verhältnissen nutzen?

Herr Belzow vertraut auf seine handwerkliche Könnerschaft. Sie ist sein Kapital. Wie wir gesehen haben, kann er sie dazu nutzen, die Zeit der Null-Stunden-Kurzarbeit in für ihn als sinnvoll definierter Art und Weise zu verbringen. Und er vertraut -

trotz Frustrationen - darauf, mit dieser Fähigkeit durch sein weiteres Leben zu kommen. Damit steht ihm auch das Pendeln als eine Alternative offen, und daran hegt er trotz bereits erlebter Rückschläge keinen Zweifel. Für Herrn Tikovsky stellt sich diese Möglichkeit nicht.

Sehen wir uns die DDR-Zeit noch einmal an: Wie konnte Herr Belzow mit seiner alltäglichen Lebensführung unter ihren Bedingungen verfahren, wo gab es Widerständigkeiten?

Die Rahmenbedingungen für die beschriebene Lebensführung waren im DDR-System gegeben: Herr Belzow konnte produktiv handwerklich tätig sein, sowohl in seinem Betrieb, in dem die Leistungsbrigade Herrn Belzows arbeitsbezogenen Vorlieben entgegenkam, als auch außerhalb des Betriebs, wo ihm genügend Zeit und Anwendungsgebiete blieben. So konnte die Freizeit nach Herrn Belzows Vorstellungen gut genutzt werden. Statusgewinne hatten die *„begabten"* Handwerker zu DDR-Zeiten allemal. Das einzige Problem mit der DDR, worüber wir erfahren, lag darin, daß seiner Ansicht nach die Genossen faulenzten und Trittbrettfahrer derer waren, die, wie er, gearbeitet haben. Diese Aufteilung überstand die Wende problemlos und strukturiert weiter Herrn Belzows Wahrnehmung. Außer daß er sich darüber ärgerte, gefährdete zu DDR-Zeiten nichts die Aufrechterhaltung seiner Lebensführung. Explizit sagt er nichts darüber, warum er nicht in der Partei war. Kritik am alten wie am neuen System bringt er kaum an, wohl aber eine Gemeinsamkeit: *„Bestimmte Gruppen ... die nicht arbeiten wollen, die gab 's ja schon immer"*.

Offensichtlich kam er mit der DDR zurecht - bis sich die Revolution abzeichnete. Er hat an den Demonstrationen teilgenommen, und zwar aus folgendem Grund: Es brachte ihn auf, daß die DDR-Regierung sagte, *„wo die alle abgehauen sind über Ungarn, wären eben alles Verräter und Verbrecher gewesen. Derweile waren 's ganz normale Kollegen von mir, die eben gesagt ham, ich mache jetzt Schluß hier, den Leuten drüben geht 's genauso gut oder noch besser wie bei uns"*. Auch hier bestimmt seine Einstellung zur Arbeit seine Einstellung zur Politik und zum Engagement. Wenn *„ganz normale Kollegen"* diskriminiert werden, geht auch Herr Belzow auf die Straße.

Sehen wir uns nun Herrn Pattermann an.

Herr Pattermann/ 1. Interview: *„Mein eigener Herr zu sein, das is mein Ziel seit eh und je".*

Alltag in der DDR ...

Herr Pattermann begann nach 10 Jahren Schule und einer Lehre als Schweißer - *„ich war zu faul gewesen ... ich habe mit zwei abgeschlossen die 10. Klasse und hätte eigentlich auch was anderes lernen können"* - mit der Arbeit in unserer Firma. 15 Jahre lang fuhr er zu den Kunden, wo die Maschinen vor Ort aufgestellt wurden. Da seine Vorbildung für die spezielle Funktion dieser Maschinen nicht ausreichte, mußte er sich hart einarbeiten. *„Die ersten Jahre bin ich generell mit Fachliteratur auf die Baustelle gefahren".* Die angebotene Alternative der Schichtarbeit im Betrieb lehnte er kategorisch ab, *„weil die Maschine den Ton angibt".* Zwischendurch war er bei der Armee, eine schreckliche Zeit für ihn, denn *„das was mir am schwierigsten gefallen ist, war das Unterordnen ... daß andere total ..., aber wirklich total bestimmt haben, was wir tun".*

Vor einigen Jahren ist er mit seiner Familie vom Dorf nach Leipzig gezogen, wo er nach langem Hin und Her endlich eine Wohnung bekommen hat: Voraussetzung dafür, daß er nun sein Chemieingenieurstudium beginnen konnte. Er ging einen Tag pro Woche zur Universität; um das möglich zu machen, wechselte er in seinem Betrieb in die Abteilung für Ersatzteillieferung. *„Klang ja prima. Unsere Artikel kannt ich, ich wußte eben bloß nicht, daß wir nichts hatten".* Er regt sich auf: über falsche Einkäufe, über Bevorzugung bestimmter staatlicher Stellen, über Rubel-Verrechnungseinheiten, hinter denen kein Geld stand usw., hatte aber, wie er sagt, kaum eine Chance, irgendetwas zu verändern.

Daß *„ein Ausbrechen eigentlich gar nicht denkbar war"*, kommt ihm heute lächerlich vor. Dem *„Trott, den wir eigentlich unser Leben lang marschiert sind, den andere schon vierzig Jahre lang liefen"*, steht im Falle des Herrn Pattermann allerdings eine eher unkonventionelle Erziehung gegenüber. Sein Vater, ein überzeugter Kommunist, der *„diesen Staat mit aufbaun wollte, ... hat beizeiten erkannt, daß die Fahne hier total woanders hinlief"* und *„hat uns als kleene Kinder so erzogen, daß wir in keine Partei gehn ... wir haben ne Christenlehre besucht* (einen protestantischen Religionsunterricht, M.W.)*, und das war unter Ulbricht 'n halbes Verbrechen".* Was ihn an der Parteizugehörigkeit am meisten gestört hätte, war wieder, daß *„die mir dann auch noch erzählen, wie ich mich zu verhalten habe, um Gottes Willen, ne, das wär 's Letzte gewesen".*

In der Zeit des Umbruchs hat er sich *„heimlich, still und leise"* dem Neuen Forum angeschlossen. *„Ich wollte irgendwas mit tun. Ich wollte wissen, wie 's vorwärts gehen kann, was gemacht werden kann, um diese Wirtschaft hier zu ändern".*

Er besorgt Papier und Briefumschläge, organisiert heimliche Treffs und befördert Informationen. Mit der Logistik kennt er sich aus und das macht ihm auch Spaß.

... und nach der Wende

Zum Zeitpunkt des Interviews arbeitet Herr Pattermann kurz, und zwar 10%; das heißt, seine tägliche Arbeitszeit beträgt 0,8 Stunden. In der Praxis sieht es allerdings ganz anders aus: Herr Pattermann ist in der Regel mindestens den halben Tag im Betrieb, wenn sein Chef nicht da ist - *„der is Gott sei Dank auch viel unterwegs"* -, denn Herr Pattermann darf sich *„im Betrieb nicht erwischen lassen"*, da er ja Kurzarbeitergeld bezieht. Warum er trotzdem dort arbeitet? *„Wenn ich überhaupt noch ne Überlebenschance für den Betrieb sehe, dann auf jeden Fall nur dann, wenn wir auch da sind"*.[10] Zusammen mit einer Kollegin versucht er, eine durchgängige Besetzung des Telefons zu gewährleisten; er arbeitet auch Angebote aus und versucht, Bestellungen auszuführen. Sein Tagesablauf hat sich in diesem Punkt kaum verändert - er geht weiter in die Arbeit, als ob nichts gewesen wäre - und sieht in etwa so aus:

Herr Pattermann steht kurz vor sechs Uhr auf, nimmt - wie die anderen Familienmitglieder auch - sein Frühstück im Stehen ein und fährt dann in den Betrieb; seine Frau, die gerade eine Fortbildung macht, fährt mit ihm in die Stadt. Sie war Verwaltungsangestellte in einer anderen Firma und ist ebenfalls in Null-Stunden-Kurzarbeit - freiwillig, um die Fortbildung machen zu können. Ihre Stelle ist inzwischen neu besetzt. *„Die Kinder, leider Gottes ... die müssen ziemlich eigenständig sein"*. Wenn Herr Pattermann nachmittags nach Hause kommt, geht es allerdings erst so richtig los: *„Umziehn, in Anzug reinschmeißen, Steuerberatung ... was ich angefangen habe im November"*. Herr Pattermann hat hierfür eine Kurzausbildung gemacht, die jetzt kurz vor dem Ende steht. Die Arbeit nimmt immer mehr zu, da Herr Pattermann nun bereits einen festen Kundenstamm zu betreuen hat und weiter neue Kunden anwirbt. Darüberhinaus hat er mit seinen Geschwistern zusammen ein Gewerbe im Bereich der Industrievertretung angemeldet; er hat den städtischen Bereich übernommen, wo am meisten investiert wird, und er hat daher auch am meisten zu tun. Auch hier mußte er sich einarbeiten. Er betreut Kunden, schreibt Angebote aus und handelt sich immer mehr Arbeit ein. Da es um Großprojekte geht, von denen bislang noch keines realisiert wurde, hat er noch nichts dabei verdient. Wenn er mal wirklich einen freien Abend hat? Dann *„setz ich mich nu endlich mal hin und mache für mein Studium was und schreibe meine Arbeit"* - seine Abschlußarbeit, die er besser machen könnte, wenn er, wie er sagt, mehr Zeit dafür hätte.

---

[10] Dies erinnert an 'freiwillige' sublegale Leistungen zur Planerfüllung zu DDR-Zeiten, vgl. Kohli 1994, S. 49

Den Haushalt macht seine Frau alleine; sie macht, meint Herr Pattermann, *„eigentlich zu viel"*. *„Wenn ich 's Zepter in der Hand habe, dann sind die Kinder eingespannt"*. Er erzählt vom vorjährigen Kuraufenthalt seiner Frau, *„da hatten wir hier ne Männerwirtschaft, das florierte. Also es ging nur dadurch, daß ich die Arbeit verteilt habe"*. Delegieren kann Herr Pattermann auch sonst recht gut. So ist er gerade auf der Suche nach einer Mitarbeiterin bei seiner Steuerberatungstätigkeit, die ihn entlasten kann und an deren Abschlüssen er prozentual beteiligt wird. Bei seiner neugegründeten Firma wird seine Schwester jetzt mehr eingespannt, und in seinem Stammbetrieb ärgert es ihn, daß die anderen Kurzarbeiter in der Regel zu Hause bleiben, denn er *„möcht 'n anderen ins Lager schicken"*, während er die Kunden vertröstet, *„der ... vielleicht genauso dumm ist wie ich und hingeht in den Betrieb"*.

Für das Familienleben bleibt nicht mehr viel Zeit übrig; es besteht derzeit darin, sich abends ab neun Uhr noch ein bißchen zusammenzusetzen. Für Freunde oder zum Ausgehen ist *„am Wochenende vielleicht mal"* Zeit. *„Ich nehm mir dann die Zeit ... Ich mach 's, weil ich 's meiner Frau schuldig bin und der Familie schuldig bin"*. Doch das ist nicht immer so: *„Oftmals sieht 's dann so aus, daß ich mir am Sonnabend Kunden vornehme für die Steuerberatung oder aber über meinem Studium sitze"*. Er lobt das Verständnis seiner Frau für seine viele Arbeit; obgleich sie ihm manchmal Familientermine setzt, hat sie *„mir meine Ruhe gelassen, wenn ich sie brauchte"*, und das schon seit fünf Jahren, also seit er studiert. Gerade jetzt, wo er bei seiner Kundenbetreuung *„nicht mit so 'm Gesicht zu jemanden kommen"* kann, ist es *„schon ganz günstig, daß ich zu Hause hier keen Ärger habe"*. Das ist das Verständnis von Familie als *„Hinterland"*, auf das wir auch bei anderen Interviewpartnern stoßen werden. Hier wird die Familie instrumentalisiert und dient als Ressource für Herrn Pattermanns Erwerbsarbeit; er schätzt es, wenn dort keine eigenen Interessen angemeldet werden.

Tagesablauf, Familienleben und familiale Arbeitsteilung haben sich - zumindest in den letzten fünf Jahren - qualitativ nicht geändert, quantitativ allerdings wohl: Die Arbeit ist noch mehr geworden, für das Familienleben und die Familienarbeit bleibt noch weniger Zeit.

Herrn Pattermanns alltägliche Lebensführung

Will man Herrn Pattermanns Handlungsweise als ein rationales Vorgehen im Sinne eines handlungstheoretischen Grundmodells so deuten, daß er sich mehrere berufliche Standbeine schaffen will, muß man sich fragen, warum er dann noch weiter jeden Tag in seinen Betrieb geht.

Es sieht so aus, als wäre sich Herr Pattermann darüber selbst nicht im klaren. Er spricht in diesem Zusammenhang mehrmals von einem *„Fehler"* und weiter davon, daß seine Kollegen nicht so dumm seien wie er. Neben dem schon zitierten Grund, daß die Anlaufstelle besetzt sein müsse, wenn es mit dem Betrieb weitergehen soll (was auch an einer aus DDR-Zeiten resultierenden Überschätzung der Ersatzteilbeschaffung liegen mag), hat er natürlich auch eigennützige Gründe: *"... wenn ich nicht hingehe, dann brauch ich in zwee Monaten gar nicht mehr kommen, dann kennt mich keiner mehr"*. Allerdings ist er nicht optimistisch, was die Zukunft des Betriebs betrifft, setzt also die Zielerreichungswahrscheinlichkeit gering an, sei es wegen der Politik der Treuhand, sei es wegen der jahrzehntelangen Mißwirtschaft oder sei es aufgrund der Zahlungsunfähigkeit potentieller Kunden. Der Sache näher kommen wir, wenn wir ihm dabei zuhören, welche detaillierten Pläne er anzubieten hat, um die Firma wieder zum Laufen zu bringen. Über betriebswirtschaftliche Fakten wie die Errechnung von Marktpreisen für die Ersatzteile bishin zu Personal- und Unternehmenspolitik reichen Herrn Pattermanns Vorschläge zur Sanierung des Betriebs, *„und was mich persönlich noch viel mehr ärgert, das is ja halt, daß die Treuhand die Sachen verhökert, sonst kriegt sie sie ja gar nicht los, aber warum muß sie die überhaupt verkaufen? Warum krieg ich denn nicht den Kredit ...? Warum kann ich ... nicht hingehn und sagen, ich kauf den Betrieb für viereinhalb Millionen? Den Kredit nehm ich mir auf. Und da muß aber Power gemacht werden, da muß ordentlich an Märkte rangegangen werden"*. Hierin mag die Erklärung für sein Engagement in seinem alten Betrieb zu suchen sein: Er kann dort, und wenn auch nur in seiner Abteilung, *„Power"* machen, sein Organisationstalent einsetzen und seine Phantasie spielen lassen. Seine Rationalität ist lebensführungsgebunden. So ist denn eine Weiterarbeit in seiner Firma nach dem eventuellen Verkauf für ihn vor allem von einer Voraussetzung abhängig: Er will *„gewisse Handlungsfreiheiten"* haben, *„daß mir keiner vorzeigt, das haste zu machen ... und das darfste nicht ... Das hab ich noch nie gekonnt ... dort bin ich immer wieder ... mit 'm Betrieb oder mit 'm Gesetz angeeckt, an solchen Stellen, wo ich gegängelt worden bin"*.

Der Wunsch, sein *„eigenständiger Herr zu sein"*, hat dazu geführt, daß Herr Pattermann seine berufliche Karriere vergleichsweise stark selbst organisiert hat. Er arbeitete sich mühevoll und engagiert in neue Tätigkeiten ein, zuerst, um nicht Schichtarbeit machen zu müssen, und später, um sein Studium durchziehen zu können. Jetzt scheint es, als habe Herr Pattermann alle sich bietenden Optionen wahrgenommen, die ihm das neue System beruflich bot. Sein Bestreben, sein eigener Herr zu sein, läuft jetzt Gefahr, daß schließlich die beruflichen Anforderungen Herr über ihn werden. Er kann sich nicht entscheiden, welche Option er fallenlassen soll, obschon er sieht, daß er sich entscheiden muß: *„Ich muß mich irgendwann mal finden, muß sagen also, Schluß ... irgendwas muß ich sein lassen"*. Nur - er kann sich nicht entscheiden: Das bisher ungekannte Ausmaß der Optionen zusammen mit seinem Unternehmungsdrang und der bisher unbekannten Existenzangst zwingt ihn, alles auf einmal machen zu wollen. Seiner alltäglichen Lebensführung ist es geschuldet, daß er alle sich bietenden Optionen abarbeitet.

Herr Pattermann kommt der geforderten 'individualistischen Lebensweise' von den bislang hier vorgestellten Interviewpartnern am nächsten. Dies ist nicht erst mit dem Umbruch so: Er hat sein Leben schon immer in die eigenen Hände genommen, es geplant und organisiert, soweit ihm dies möglich war. Ein Grund hierfür mag in seiner protestantischen Erziehung zu suchen sein: im Denken gegen den Strom und vielleicht auch in einer dadurch eher angeregten methodischen Rationalisierung seines Lebens. Wie dem auch sei: Das Streben danach, *„sein eigener Herr sein"*, ist das logische Prinzip seiner Lebensführung. Wie er seine berufliche Arbeit handhabt, so verfährt er auch mit seiner Familie und überträgt neben dem betriebswirtschaftlichen Organisationsprinzip auch den dazugehörigen Wortschatz auf die Familiensphäre: seine *„Männerwirtschaft"*, die *„florierte"*. Darüberhinaus betrachtet er seinen Familienalltag derzeit explizit als Reproduktionssphäre: Er ist froh, daß er keinen Ärger zu Hause hat, da dies seine Arbeit beeinträchtigen würde. Auch seine Verwandtschaft ist betriebsförmig organisiert: Die Partner im neuen Gewerbebetrieb sind seine Geschwister, und seine Pläne über die künftig stärkere Einbeziehung einer Schwester weisen darauf hin, daß auch hier Herr Pattermann der Organisator ist.

Jetzt meint er, machen zu können, was er schon immer versuchte: Er nimmt sein Leben in die Hand. Nur läuft er dabei Gefahr, sich zu überfordern, weil er sich nur für, nicht aber gegen eine Option entscheiden kann. Diese Selbstüberforderung läßt ihn schon seit fünf Jahren, also nicht erst seit der Wende, weder dazu kommen, *„eigentlich für die Familie da sein"* zu können, noch das zu machen, *„was mir richtig Spaß macht"*, nämlich Briefmarken zu sammeln. Das stahlharte Gehäuse, an dessen Wänden Herr Pattermann bisher beharrlich scheiterte, ist plötzlich durchlässig geworden: Ohne sich den Kopf einzuschlagen, kann er jetzt in jede nur erdenkliche Richtung laufen. Man muß befürchten, daß er die Orientierung verliert, bevor er gewahr wird, daß es sich bei dem neuen Gehäuse durchaus um eine Gummizelle handeln kann.

Es ist diese Orientierung, die ihn von seinen beiden vorgestellten Kollegen unterscheidet. Herr Pattermann plante seine Biographie und arbeitete an seiner Karriere. Niemals gab er sich mit dem erreichten Ziel zufrieden, oft ist das erreichte Ziel das Mittel zur Erreichung der nächsten Etappe: Er zieht in die Stadt, um sein Studium machen zu können, dafür wechselt er auch im Betrieb die Abteilung. Doch auch die berufliche Karriere verfolgt er nicht um ihrer selbst willen: Wäre er in die Partei eingetreten, hätte er es leichter haben können. Es geht ihm darum, selbst entscheiden zu können.

Alltägliche Lebensführung im Moratorium: Thesen

Im Alltag unserer drei Interviewpartner ist vieles anders geworden: Neben der radikalen Veränderung ihrer beruflichen Situation stehen ihre Kinder vor den Problemen des neuen Schulsystems oder der veränderten Ausbildungssituation, wichtige Gewohnheiten des Alltags sind weggefallen, auch die Bürokratie und der Umbau der Institutionen betreffen den Alltag. Bekannte und Verwandte sind von Arbeitslosigkeit betroffen, Mieterhöhungen stehen ins Haus, und keiner weiß definitiv, wie sich die finanzielle Situation weiterentwickeln wird, zumal auch die jeweiligen Partnerinnen nicht wissen, wie es um ihre Arbeitsplätze in Zukunft bestellt sein wird.

Überraschenderweise jedoch hat sich aus der Sicht unserer Interviewpartner gar nicht soviel geändert. Herr Tikovsky hat seinen *„Lebensrhythmus"* bislang beibehalten können, Herr Belzow sagt ganz klar, daß sich eigentlich gar nichts geändert hätte und Herr Pattermann geht ohnehin weiter in seinen Betrieb und verbringt seine Abende seit fünf Jahren mit zusätzlicher Arbeit, die jetzt allerdings viel mehr geworden ist. Ich will folgende Thesen aufstellen:

1. Der Eindruck der Herren Tikovsky, Belzow und Pattermann, daß sich in ihrem Alltag gar nicht so viel geändert habe, ist darauf zurückzuführen, daß die Art und Weise, *wie* die drei ihr Leben führen, dieselbe geblieben ist. Die eingeübten Strategien der Lebensführung, also die Art und Weise, wie sich der Einzelne in seinem Handeln mit den gesellschaftlichen Optionen und Zumutungen auseinandersetzt, werden nicht automatisch mit der Transformation des Gesellschaftsgefüges außer Kraft gesetzt. Eher im Gegenteil kann man sich diese Strategien der Lebensführung als ein Gerüst vorstellen, anhand dessen die Personen versuchen, sich an dem neu entstehenden Gesellschaftsgebäude festzuhalten, um nicht selbst zusammenzubrechen. Der explizit gefaßte Vorsatz des Herrn Tikovsky, seinen *„Lebensrhythmus"* beibehalten zu wollen, weist zudem darauf hin, daß dieses Gerüst auch ganz bewußt aufrechterhalten wird - und daß womöglich gar nicht gesehen werden will, was sich alles verändert hat.

2. Das Bild eines Gerüstes, dessen Verstrebungen von den einzelnen Lebensführungsstrategien gebildet werden, soll veranschaulichen, auf welche Weise alltägliches Leben unter sich extrem verändernden gesellschaftlichen Bedingungen weitergehen kann. Da die Lebensführungsstrategien ganz unterschiedlich sind, führt das dazu, daß sich unsere drei Interviewpartner, obschon in einer strukturell sehr ähnlichen Situation, jeweils ganz anders verhalten. Herr Tikovsky, dessen entspannter Lebensrhythmus von Familie, Freundeskreis und vertrauten Räumlichkeiten abhängig ist, wartet ab mit der Hoffnung, daß sich das Vertraute erhalten bzw. wiederherstellen wird. Herr Belzow, der in seiner handwerklichen Tätigkeit

aufgeht, bemüht sich, wieder eine ebensolche Tätigkeit zu finden; er stellt sich aufs Pendeln ein, ist aber in der Lage, die Zeit, in der er Kurzarbeitergeld bekommt, mit seinem Handwerkern nach seinen Vorstellungen sinnvoll auszufüllen. Herr Pattermann hingegen ist in seinem Unternehmungsdrang nicht zu bremsen, da er meint, endlich sein Leben in die Hand nehmen zu können, worunter er selbständiges Arbeiten versteht.

3. Dieses Gerüst, an dem sich der Einzelne festhalten kann, verhindert aber auch umgekehrt, daß das Gesellschaftsgebäude noch während des Aufbaus wieder in sich zusammenfällt. Da der Einzelne durch die Aufrechterhaltung seiner Lebensführung für seine soziale Umwelt ein verläßlicher Interaktionspartner bleibt, indem er die in ihn gesetzten Erwartungen weiter erfüllt, trägt er zugleich zur Aufrechterhaltung von Institutionen, verstanden als Handlungszusammenhänge vor dem Hintergrund geronnener Verhaltenserwartungen, bei. So zeigen die Beispiele von Herrn Belzow und Herrn Pattermann, daß traditionelle geschlechtsspezifische Arbeitsteilungsmuster, die sich im Zuge der Arbeitslosigkeit der Männer zugunsten der Frauen verändern könnten, reproduziert werden. Die eingespielten außerfamiliären informellen Arbeitszusammenhänge von Herrn Belzows Freunden und Verwandten werden ebenso aufrechterhalten wie - im Falle von Herrn Pattermann - sogar der Arbeitszusammenhang in einem nicht mehr produzierenden Betrieb. Diese These ist theoretisch vielleicht die interessanteste, kann man doch an ihr und ihrer empirischen Explikation die Richtung weisen, in der Handeln und Struktur, subjektive Intentionen und gesellschaftliche Rahmenbedingungen miteinander verknüpft sind, wo und auf welche Weise gesellschaftliche Ordnung hergestellt wird, wenn die gesellschaftlichen Institutionen als etablierte Regelungsapparate gerade nicht funktionieren.

Offen bleibt allerdings, ob das unter ganz anderen Umständen erworbene Gerüst denn auch längerfristig zu den veränderten objektiven Bedingungen paßt. Was geschieht, wenn das Moratorium abgelaufen ist und der Betrieb seine Produktion nicht wieder aufnimmt?

Die drei hier vorgestellten Interviewpartner hatten sich in spezifischer Weise mit ihrem Betrieb arrangiert: Während er für Herrn Tikovsky eine wichtige Grundlage für seine sozialen Beziehungen darstellte, ermöglichte er Herrn Belzow die Ausübung und Anerkennung seines speziellen Könnens sowie eine produktive Zusammenarbeit. Herr Pattermann hatte eine Position erreicht, in der er zumindest in Ansätzen selbständig arbeiten konnte und die ihm die Durchführung seines Studiums garantierte. Fällt der Betrieb als Säule der Lebensführung weg, kommt es darauf an, hierfür jeweils ein funktionales Äquivalent zu finden. Wenn dies nicht gelingen sollte, geraten die Grenzen der Stabilität der Lebensführung in den Blick.

Herr Pattermann versucht bereits jetzt, sich dauerhaft selbständig zu machen und nimmt getreu der Devise der 'individualistischen Lebensweise' sein Leben in die Hand. Er läuft hierbei allerdings Gefahr, sich zu überfordern. Herr Tikovsky liebäugelt mit einer Arbeit im sozialen Bereich und will sich damit die sozialen Beziehungen selbst zum Arbeitsinhalt machen. Ob sein Abwarten ihm hierbei schadet, muß vorerst offenbleiben. Herr Belzow schließlich, dessen Lebensführung auf der Grundlage handwerklicher Tätigkeit aufgebaut ist, muß eine solche Tätigkeit seiner Qualifikation entsprechend weiter ausführen können. Ob ihm das möglich ist, hängt in erster Linie von der Entwicklung des Teilarbeitsmarkts der Metallfacharbeiter ab.

Bislang habe ich gezeigt, daß bei Angehörigen desselben Betriebs, die zur gleichen Zeit in die Kurzarbeit geschickt wurden, die Auswirkungen der Wende der DDR zu verschiedenen Zeitpunkten und in unterschiedlicher Form in ihren Alltag einzogen. So wie sich Lebensführungsmuster einerseits durch die Auseinandersetzung mit gesellschaftlichen Verhältnissen überhaupt erst herausbilden, fungieren sie andererseits als eine Art Filter, durch den die jetzt veränderten Verhältnisse ganz spezifisch wahrgenommen werden, als ein praktisches, ein sinnliches Erkenntnisinstrument: Aufgrund der gewohnten Artikulation seines politischen Interesses, seiner Diskussionsfreude und der Bedeutung sozialer Beziehungen begann der Umbruch im Leben des Herrn Tikovsky bereits im Vorfeld der Montagsdemonstrationen; kommunikativ - und als kommunikative Störung - erlebt er den Umbruch weiter. Bei Herrn Belzow hat sich erst durch den Verlust seiner Arbeit etwas verändert; durch fortgesetztes Handwerkern gelingt es ihm noch immer, so zu tun, als wäre alles beim alten. Ganz wörtlich arbeitet er Probleme durch Handwerkern ab und lokalisiert sie auch in dieser Sphäre. Herr Pattermann hingegen hat - aufgrund seines Unternehmungsdrangs und des ausgeprägten Bemühens, sein Leben selbst in die Hand zu nehmen - schon früh alternative Betätigungsmöglichkeiten als Chancen wahrgenommen; er sieht die DDR und den Umstrukturierungsprozeß in Terms von Effektivität, Einsatz und „Power" und kann sich, ganz folgerichtig, selbst keine ruhige Minute gönnen.

So wenig, wie individuelle Lebensführungsmuster durch die sozialistische Lebensweise eingeebnet werden konnten, sowenig wird nun abstrakte Marktlogik das Handeln der Individuen bestimmen. Der Einzelne wird nicht umstandslos das tun, was Politiker von ihm fordern. Was er tut, wird erst vor dem Hintergrund seiner etablierten Lebensführung verständlich; diese freilich muß die strukturellen Angebote und Zwänge berücksichtigen. Zumindest in der Moratoriumsphase ermöglicht die Beibehaltung der alltäglichen Lebensführung etwas Unabdingbares, nämlich die Aufrechterhaltung von Stabilität: die Stabilität der Person und die Stabilität von Institutionen. Sie erlaubt die Herstellung von Zukunft, wie immer sie auch aussehen mag.

Dieses Kapitel diente der Grundsteinlegung für die weitere Untersuchung, indem folgende Ziele verfolgt wurden:

Zum ersten sollte gezeigt werden, wie 'alltägliche Lebensführung' empirisch aussehen kann. Unterschiedliche Verfahrensweisen mit einer ähnlichen Situation wurden aus der Logik der Lebensführung heraus erklärt, die wiederum in Auseinandersetzung mit im Lebensverlauf anstehenden Anforderungen und Zumutungen geprägt wurde.

Zum zweiten wurde herausgearbeitet, daß alltägliche Lebensführung Stabilität aufweist. Ihr Muster wird selbst dann nicht außer Kraft gesetzt, wenn inmitten eines Systemwechsels auch noch der Arbeitsplatz verlorengeht. Freilich ist Lebensführung dabei nicht statisch. Ihre Flexibilität ist die Voraussetzung für ihre Stabilität.

Zum dritten wurde die These aufgestellt, daß die Stabilität alltäglicher Lebensführung auch die Stabilität des Systems ermöglicht. Ostdeutschland befindet sich nicht in einem anomischen Zustand, und alltägliche Lebensführung wird als ein Medium gesellschaftlicher Ordnung betrachtet.

Gleichwohl ist völlig ungeklärt, was passiert, wenn der Betrieb - was erwartet wird - seine Produktion nicht wieder aufnimmt. Genau dies ist passiert, und dem wende ich mich im Folgenden zu.

Ein Jahr später, im Sommer 1992, hat keiner unserer drei Interviewpartner mehr beruflich mit dem alten Betrieb zu tun; die Produktion wurde nicht wieder aufgenommen. Wir erfahren, daß lediglich eine kleine Abteilung versucht, sich aus dem Betrieb heraus selbständig zu machen.

Das Ende kam in Raten. Herr Pattermann hat noch einige Monate in seinem Betrieb weitergearbeitet - offiziell weiter mit 0,8 Stunden pro Tag. Dann wurde auch er auf Null-Stunden-Kurzarbeit gesetzt und gab damit die Hoffnung auf einen Aufschwung des Betriebs auf. Er begann einen Lehrgang in einem betriebswirtschaftlichen Institut, brach ihn aber ab, als er einen neuen Arbeitsplatz als Ingenieur bei einem Kundendienst fand. *„Es ist nicht 's Richtige, aber erstmal Arbeit"*, sagt er. Herr Belzow wurde bald nach unserem Interview wieder in den Betrieb geholt; es wurde ihm eine ABM-Stelle angeboten, was er ablehnte: *„Was sollste ABM in meinem Alter, hab ich gesagt, da kann ich woanders hingehen"*. Das gelang ihm auch: Er ist jetzt in den alten Bundesländern unterwegs und montiert die Innenausstattung einer Supermarktkette. Herr Tikovsky ist seit ein paar Wochen arbeitslos. Bis Juli 1992 dauerte seine Null-Stunden-Kurzarbeit, für deren Verlängerung er sich engagierte; seit Jahresende war er nicht mehr in seinem Betrieb, sondern bei einer Auffanggesellschaft angestellt.

Im folgenden werde ich nachzeichnen, wie unsere drei Interviewpartner mit der geänderten Rahmenbedingung 'Betriebsschließung' verfahren sind und was sie jetzt tun und danach fragen, was mit der alltäglichen Lebensführung geschehen ist.

Herr Pattermann/ 2. Interview: *„Es ist eigentlich immer ein Nicht-fertigwerden".*

Beginnen wir mit Herrn Pattermann; obwohl er wieder einen Arbeitsplatz hat, hält er am Projekt seiner eigenen Firma und der Hoffnung, einmal davon leben zu können, fest: *„Das soll meine Zukunft werden, nach wie vor"*. Sein Studium hat er inzwischen abgeschlossen, die Steuerberatung eingefroren: Seine bestehende Kundschaft betreut er weiter, wirbt aber keine neue mehr an. Trotz der Liebe zu seiner eigenen Firma scheint sich Herr Pattermann mit seiner neuen Beschäftigung zu identifizieren: Sein erster Einsatzort *„is ne Zeitbombe eigentlich gewesen, ham wir angefangen, weil 's nicht mehr ging, den technischen Stand zu verändern. Damit mußten wir die Regierungsbehörde ... unterrichten davon ... daß es uns gab ... deswegen brauchten die auch im Dezember unbedingt jemanden, der da anfangen ... sollte"*. Ein Betrieb, marode wie seine alte Firma, wird mithilfe von Herrn Pattermanns Einsatz zum Laufen gebracht: Da redet er schon in der ersten Person Plural von dem Kundendienst für die Zeit, in der er dort noch gar nicht gearbeitet hat. Wir erinnern uns an seine Begründung für das Engagement für seinen alten Betrieb: *„Wenn ich über-*

haupt ne Überlebenschance seh für den Betrieb, dann auf jeden Fall nur dann, wenn wir auch da sind".

Doch Herrn Pattermanns Herzblut hängt an der neuen Firma so wenig wie an der alten: Es hängt an seiner eigenen Firma. Wenn er aus der Arbeit nach Hause kommt, schaltet er um auf das, was ihm wirklich wichtig ist. *„Ich schmeiß also wirklich meine Gedanken raus. Wenn ich dort aus 'm Betrieb rausgehe ... das existiert für mich nicht mehr ... Es ist machbar, weil ich ja das andre will. Dort muß ich hin und da will ich hin. Deswegen geht 's ... Wären die gleichrangig angesiedelt, würd ich irgendwas da wegschmeißen".* Hatte er ein Jahr zuvor gemeint, er müsse sich irgendwann entscheiden, was er aufgeben werde und was weiterverfolgen, hat er das Problem nun kognitiv gelöst. Er definiert, was ihm wichtiger ist und behält trotzdem mehrere Schienen bei.

Die Arbeit beim Kundendienst ist indes nicht nur kognitiv Mittel und nicht Ziel. Da er den ganzen Tag im Leipziger Umland unterwegs ist, nutzt er seine Arbeitsbedingungen dazu, seine eigenen Geschäfte weiterzubetreiben: *„Da müssen solche Dinge halt mal mit abfallen"*, nämlich Kundenbesuche während der Dienstfahrten zu den Einsatzorten. Er rechtfertigt dies wiederum damit, daß er auch mal länger für seinen Arbeitgeber unterwegs sei, als er von seiner Arbeitszeit her müßte. Die praktische Arbeitsteilung nimmt er also in gewohnter Manier vor. Er hat auch seine Arbeitszeit bei seiner früheren Firma dazu benutzt, seine Geschäfte voranzutreiben: Zu DDR-Zeiten hat er seinen Arbeitsplatz innerbetrieblich gewechselt, um studieren zu können.

Und die Arbeitsteilung zu Hause? Seine Frau unterstützt seine Berufsarbeit - wie früher - durch Verständnis und Zurückstellung eigener Interessen sowie durch die Übernahme der gesamten Hausarbeit. Indes ist das noch nicht alles: *„Wenn ich nach Hause komme, mich hinsetze, irgendwas ausarbeite, anstandslos wird das geschrieben durch sie, die bringt 's in den Computer rein".* Die Familie ist zum Familienbetrieb mutiert, gemeinsam verbrachte Zeit gibt es trotzdem kaum: *„Man sieht sich weniger"*, resümiert Herr Pattermann, aber wegen der Familie *„mach ich diesen Kram tatsächlich noch. Ich will 's eigentlich schon lange nicht mehr machen, diese Kundendienstgeschichte".*

Schon im 1. Interview hatte Herr Pattermann betont, daß das Wichtigste für ihn seine Familie sei; trotzdem kennen wir sie nur als instrumentalisiertes Hinterland. Wie dem auch sei: Der Ernährer der Familie hat auf jeden Fall einen Grund parat, warum er seiner Familie seine Zeit entziehen müsse. Denn die Integration seiner Frau in den Familienbetrieb ist ein riskantes Unterfangen und verstärkt zweifelsohne Herrn Pattermanns Workoholismus. Wie auch im Fall seiner eigenen Firma unterscheidet er zwischen Zwischenzielen und letzten Zielen; auch für seine Firma hat er *„Herzblut"* übrig, aber viel zu wenig Zeit.

Herr Pattermann hat „*eens begriffen in der ganzen Zeit, der Kapitalismus is ne feine Sache. Es geht alles recht freundlich ab, aber glashart*". Nicht zuletzt zieht er diese Einsichten aus den Erfahrungen mit seinen Existenzgründungsversuchen; doch trotz aller Vorbehalte und Mühseligkeiten sieht er nur eine Möglichkeit: „*Ich mach das weiter, ich mach das weiter. Es wird nichts anderes geben, ich hab immer neue Hirngespinste*". Warum? „*Ich bin 'n Löwe vom Sternbild her, ich brauch irgendwo meine eigene Strecke*". Am Sternbild wird es wohl nicht liegen - aber diese Metapher bezeichnet das generative Prinzip der Lebensführung des Herrn Pattermann aus seiner Sicht: den Wunsch nach der „*eigenen Strecke*", den er gerade nicht als eine rationale Strategie angesichts der momentanen Situation begreift, sondern als metaphysisches Kennzeichen seiner Person. Gewänne er im Lotto, würde er den Gewinn „*investieren in die Wirtschaft*", in sein „*eigenes Geschäft*". Es mag auch an seiner protestantischen Erziehung liegen, daß Herr Pattermann die scheinbar zum Unternehmertum passende Lebensführung etabliert hat. Er will seinen „*eigenen Rhythmus nach vorne bringen, mir zu sagen, ich muß in der Wirtschaft irgendwo tätig sein, ich muß was machen*". Über sein Leben in der DDR meint er rückblickend, „*es wär zu leben gewesen, es hatte bloß keen Inhalt. Bin früh ofgestanden, bin of Arbeit gegangen, habe 'n paar Pfennige dabei verdient, bin nach Hause gekommen, habe mich hingesetzt, das war 's dann, dann hab ich auf 'n nächsten Tag gewartet, bis es wieder losgeht. Das Leben hatte im Grunde genommen keinen Sinn gehabt ... Ich hab zu wenig verdient, um auf irgendwas zu sparen ... Genauso hab ich das damals schon gesagt ... wozu bin ich denn da?*" Sparen meint investieren, in die eigene Firma. Wie wir wissen, hatte Herr Pattermann auch in der DDR Reste protestantischer Ethik zu leben verstanden, und das weiß er auch: „*Also ich bin noch nie irgendwann mal um 16 Uhr nach Hause, habe mich dann hingesetzt und habe nun gewartet, was der Tag mit mir macht. Das hätte mich mal interessiert*". So konnte er zwar nicht in den eigenen Betrieb investieren, doch „*was der Tag mit mir macht*" - darauf zu warten, war und ist Herrn Pattermanns Gegenhorizont, früher wie heute. Er weiß übrigens ohnehin, was dann passieren würde. „*Wohl, wo würd ich mich wohlfühlen? Wenn ich mal richtig abschalten kann und dann feststelle, daß ich doch nicht abschalten kann ... Dann weiß ich, daß ich wieder weitermachen muß*". Für eine solche Lebensführung scheint ihm jetzt die Stunde gekommen zu sein.

So sehr das neue System Herrn Pattermanns Lebensführung nachfragt, Nachteile sieht er doch: Seiner Diagnose gemäß „*ham sich hier zwei Sorten Menschen herausgebildet, die een, die Arbeit ham ... die ham enorm viel zu tun, die ham für andere keene Zeit mehr und andere, die nicht mehr gebraucht werden ... die keener mehr haben will, die ham zu viel Zeit. Das ganze System richtet sich reinweg nur nach den Finanzen. Man baut auf Geld auf, man richtet nach Geld ... ich bin fast soweit, um zu sagen, man hat seine Freunde nach 'm Geld, es is ... nicht schön. Wir kannten 's anders*". Der Kapitalismus hat sich von der Ethik getrennt, der Sozialismus allerdings hatte die Ethik ohne den Kapitalismus. Herrn Pattermann ist ersteres lieber: „*Das Geld, das ich jetzt verdiene, kann ich anwenden*". Er sagt „*anwenden*", nicht 'ausgeben'.

Der persönliche Preis dieser Investitionsspirale ist hoch: „*Es ist eigentlich immer ein Nicht-fertig-werden*". Doch liegt für Herrn Pattermann die Lösung in der Zukunft: In der eigenen Firma könne er seine Fähigkeiten optimal einsetzen. Und hier, am Ende des Interviews, sagt er, daß er sich derzeit frage, wo er Fehler gemacht habe, wenn jemand die Angebote, die er ausarbeitet, nicht annimmt. Daß er Fehler gemacht haben muß, steht für ihn außer Frage, wäre doch sonst sein Angebot angenommen worden. Hier wird der Druck sichtbar, unter dem Herr Pattermann steht: Ein Scheitern rechnet er sich selbst an, niemandem sonst, nicht einmal fehlender Nachfrage.

Was wir im ersten Interview als die Logik der alltäglichen Lebensführung des Herrn Pattermann ausgemacht haben, finden wir wieder: Er arbeitet weiter daran, sein eigener Herr zu sein, seine eigene „*Strecke*" zu haben. Er hatte, wie ich gezeigt habe, dieses Ziel zumindest seine ganze Berufskarriere hindurch verfolgt, und es gelang ihm auch, freilich den Umständen entsprechend: Er vermied Partei und Schichtarbeit, er bildete sich innerhalb und außerhalb des Berufes weiter, er wechselte hierfür Wohnung und Betriebsabteilung. Nach der Wende ergriff er - der Logik seiner Lebensführung entsprechend - so ziemlich alle Optionen, die sich ihm boten, gleichzeitig. Ein Jahr später hat er ein Arrangement getroffen, das dem zu DDR-Zeiten gar nicht unähnlich ist: Er hat einen Arbeitsplatz zur Sicherung des Lebensunterhalts und eine „*Strecke*", die die seine ist. Es ist im Wortsinne eine „*Strecke*", denn der Weg ist sein Ziel. Freilich hat er jetzt breitere Gestaltungs- und Investitionsmöglichkeiten, was ihn rückblickend und im Vergleich sein Leben in der DDR ohne Sinn erscheinen läßt.

Herr Belzow/ 2. Interview: „*Ich kann jetzt meine Arbeitskraft verkaufen*".

Herr Belzow hat die ihm angebotene ABM-Stelle nicht angenommen. Sie bot ihm keine Perspektive, zumal er dazu da gewesen wäre, den Betrieb aufzuräumen, nicht nur in Herrn Belzows Lesart das Gegenstück zur produktiven Arbeit. Doch war das auch nicht seine einzige Chance: Eine neue Stelle bei einer Leipziger Firma, die Innenausbauten von Supermärkten in den alten Bundesländern übernahm, fand er über einen Kollegen, „*der hat 'n Skatbruder und der hatte sich selbständig gemacht und da kamen die ins Gespräch, er sucht Arbeitskräfte*". Von dort aus wechselt er zu einem westdeutschen Arbeitgeber, der Arbeitsinhalt bleibt derselbe. Er habe gewechselt, „*weil der nu mehr Geld geboten hat, also der hat mich im Prinzip sogar abgeworben, kann ma sagen*". Herr Belzow sieht seine Qualifikationen bestätigt -

„der hat mich gefragt, ob ich nicht gerne bei ihm anfangen möchte, weil er im Prinzip sagt, gute Leute brauch ich, auf die Verlaß ist" - und ist stolz auf das Vertrauen, das sein Chef ihm entgegenbringt: *„Der hat so 'n Vertrauen gehabt, da hast 'n Bus, haste Werkzeug, da haste Geld und fahr los"*. Herr Belzow fährt meist gleich von zu Hause aus mit diesem Bus zur Baustelle. Sein Selbstvertrauen, basierend auf seinen handwerklichen Fähigkeiten, die er selbst an sich am meisten schätzt, bekam Auftrieb durch die besondere Anerkennung, die ihm nun auch von anderen zuteil wurde: durch gute Bezahlung, durch Abwerbung und das *„Vertrauen"* seines Chefs.

Doch die Betonung dieser Vertrauensbeziehung hat einen aktuellen Grund: *„Nuja"*, resümiert er nach wenigen Interviewminuten, *„und jetzt arbeit ich drüben. Momentan ham se mich ein bißchen kaltgestellt"*. Vierzehn Tage vor unserem Interviewtermin haben Sicherheitskräfte des Supermarkts, in dem er arbeitete, bei einer Taschenkontrolle - eine Routineangelegenheit, wie Herr Belzow erklärt - *„für drei Mark fünfundneunzig so 'n Werkzeug, noch zu, in Verpackung"* in Herrn Belzows Tasche gefunden, *„und da ham se ... mir nu angelastet, ich hätte das geklaut. Na ... ist erst mal ne Anzeige gemacht worden und nun streiten die sich jetzt schon 14 Tage rum, ob sie 's nun weiterleiten oder nicht weiterleiten, deswegen bin ich zu Hause"*. Die Aussichten, die er hat, sind nicht gerade beruhigend: *„Nun kann 's sein, wenn ich ne Strafanzeige kriege, ich hab ... so ne schriftliche Anzeige gekriegt erst amal von dem Kaufmarkt, nun kann 's ooch passieren, daß sie das vor Gericht bringen und gleichzeitig kann 's passieren, daß mein Arbeitgeber mich kündigt. Weil ich a Hausverbot habe dort momentan, a halbes Jahr und das bezieht sich wahrscheinlich auf die ganzen ***-Supermärkte in Deutschland"*. Diese Kette ist ausschließlicher Kunde seines Arbeitgebers. *„Ich habe für 10000 Mark Werkzeug mit ... nagelneues Werkzeug"*, erklärt er mir; *„und ich schätze, mir hat das eener reingelegt, schätz ich. Also mir hat eener irgendwo eben dort 'n Streich gespielt. Na muß ich hier abwarten"* - abwarten, daß der Chef anruft.

Was die Urheber des *„Streichs"* betrifft, verdächtigt er seine Kollegen, *„alle aus 'm Osten"*, nicht. *„Die sind alle froh, daß sie Arbeit ham. Wir verstehn uns blendend, wenn wir auf Baustellen sind. So und da spielt keener 'n Streich"*. Die Belzowsche Arbeitsgemeinschaft gibt es wieder: Wo gut zusammengearbeitet wird, ist alles andere auch in Ordnung. Aber *„da gibt 's Aushilfskräfte, die trinken während der Arbeit ... und das sind auch solche, die jetzt ... ne kurzzeitige Arbeit für ein, zwei Monate ham ... die also bestimmte Probleme zu Hause ham und überall, die also nich so groß auf die Beine kommen, solche Leute sind das"*. Diese verdächtigt er schon eher, stellen sie doch für Herrn Belzow all das dar, was ihm aus seiner Sicht nie passieren würde; und es sind keine Kollegen, mit denen Herr Belzow gut zusammenarbeitet.

Nun habe ich ihn wiederum in einem Moratorium vor mir; wäre die Geschichte mit dem Werkzeug nicht passiert, hätte ich ihn gar nicht erreicht. Der Diebstahlsverdacht ist nicht nur in diesem Sinne Voraussetzung für das Zustandekommen des Interviews, er ist auch das Thema, worum das ganze Gespräch kreist. Daß Herr Belzow bereits zu Beginn des Interviews die Vertrauensbeziehung zwischen ihm und seinem Chef erwähnt, hat nicht nur damit zu tun, daß er stolz darauf ist, daß seine handwerklichen Fähigkeiten geschätzt und honoriert werden. Das Vertrauen seines Chefs ist die einzige Chance, die er im Augenblick hat, seinen Job zu halten, also beschwört er sie: *„Also im Prinzip hält der voll zu mir. Ich habe also so 'n Verhältnis, so 'n Vertrauen zu ihm, was er mir ooch entgegengebracht hat"*. Nun, da die Parameter nicht mehr zu kontrollieren sind - für die Zukunft hat er sich eine Rechtsschutzversicherung besorgt -, spielt Vertrauen als kognitive Bewältigungsstrategie von Unsicherheit eine große Rolle, nämlich das Vertrauen, das Herr Belzow in das Vertrauen seines Chefs setzt. *„Naja, mal sehn, was da wird"*, antwortet er zögerlich auf die Frage, was in ihm vorgehe, *„wenn ich eben ne Kündigung kriege, muß ich mich dagegen wehren, das mach ich ooch, irgendwie, naja mal sehn, vielleicht muß ich mir eben was anderes suchen. Nützt da nischt"*.

Nach einigen Sätzen des Mitgefühls versucht die Interviewerin eine Normalisierungsstrategie, merkt aber während ihrer Frage, daß das nicht so einfach ist: *„Wie gefällt Ihnen denn eigentlich so so so insgesamt, also so die letzten Monate, die Arbeit?"* Herr Belzow spielt mit: *„Ach die Arbeit macht Spaß"*. Ein Problem sei die lange Abwesenheit von zu Hause, in der Regel Montag früh bis Freitag nacht, manchmal aber auch eineinhalb Wochen. *„Das sind eben die Nachteile, und da wird nischt mehr viel hier gemacht. Malern oder sonst was"*. Kontakte zu den früheren Kollegen gäbe es, *„wenn sich 's ergibt ... aber so großen Kontakt ooch nicht mehr. Weil sich das ja, jeder macht seins ... Na die ham alle andere Interessen, dann hat der keene Zeit, ich hab keene Zeit, das ist ganz klar. Wenn ich Freitag nach Hause komme, na da fahr ich nich noch zu Leuten hin, was soll das. Bei dem Wetter fahr ich in mein Garten ... weil mir das mehr bringt als wie hier irgendwo rumzuglukken"*.

„Was sagt 'n die Familie eigentlich dazu, wenn Sie so die ganze Woche weg sind?" *„Tja, was sollen sie sagen, meiner Tochter, der geht 's gut, is ja keener da hier, der kontrolliert, ja nu, bleibt vieles liegen hier, die Frau, die muß auch viel organisieren"*. *„Und die Sachen, was so Ihre Arbeit war im Haushalt, so die technischen Sachen und die schweren Sachen, was ist mit denen?"* Herr Belzow: *„Das mach ich alles noch. Die Küche hier, sehn Sie 's, ich hab die Küche aufgebaut jetzt hier"*. Er müsse *„nun jetzt am Wochenende bißchen mehr machen, weil ich ja sonst innerhalb der Woche bißchen was gemacht hab"*. Die Routinearbeiten im Haushalt meint er damit nicht, und natürlich hält ihn das Interview davon ab, weiteren Werkeleien nachzugehen: *„Ich will heut noch in meinen Garten nachher, und das Dach*

teeren will ich noch" - den neuerlichen unfreiwilligen Aufenthalt zu Hause nutzt Herr Belzow in gewohnter Manier. Ob denn die Zeit reiche, mit der Partnerin darüber zu reden, was während der Woche passiert ist? *"Ja. Reicht schon",* sagt Herr Belzow. Daß die familiären Kontakte abgenommen hätten, beklagt er nirgends. Sein Thema ist die Erwerbsarbeit draußen und die Werkelei zu Hause, und wo Herr Tikovsky *"wir"* sagt, sagt Herr Belzow *"ich",* auch wenn es sich ganz eindeutig um familiäre Angelegenheiten handelt.

Für andere aber arbeitet er nicht mehr, *"das wimmel ich ab ... also kann nicht jeder verlangen, wenn ich freitags komme, daß ich dann am Sonntag bei dem malern tu. Weil da soll er sich ne Firma holen ... früher hat man ja alles umsonst gemacht. Ma kriegt ja ooch keen Dank mehr". "Wieso kriegt man keinen Dank mehr?" "Ich meine, wenn ich die ganzen Preise sehe ... und ma hat früher alles umsonst gemacht, vielen geholfen, und heute denken sie aber immer noch, daß es ooch noch umsonst geht. Ich will nich die Stunde 60 Mark ham, wenn ich was mache, aber doch amal ein Dankeschön und wenn 's nur ne Pulle Schnaps is".* Herr Belzow hat weniger Zeit als früher; aber das ist nicht der einzige Grund, warum er seine Hilfe eingestellt hat. Seine Arbeit ist nun Geld wert, und das war sie vorher nicht. An anderer Stelle frage ich ihn danach, was im einfalle zu einem Vergleich seiner früheren Situation in der Fabrik mit seiner jetzigen. *"Ich kann jetzt meine Arbeitskraft so verkaufen, ich sag 's mal so, früher ham sie gesagt, du kriegst den und den Stundenlohn. Mehr biste nicht wert. Heutzutage kann ich eben noch was fordern, weil da kann ich vielleicht noch sagen ... ich mache die Arbeit für das und das Gehalt".* Daß er nun seine Arbeitskraft für gutes Geld verkaufen kann, setzt auch die Nachbarschaftshilfe in ein neues Licht, denn auch sie ist nun Geld wert. Der Wert des Geldes ist es auch, der ihm einfällt, wenn er an die alte DDR zurückdenkt. *"Die DDR? Was soll ich dazu sagen? Da muß ich eigentlich eins sagen ... wir ham zwar jetzt momentan Probleme mit der Arbeit und mit bestimmten anderen Dingen, aber ... so gut, wie mir 's jetzt geht, ging 's mir in den ganzen Jahren vorher nischt. Muß ich feststellen. Meene, wir ham vieles gehabt, wir ham uns vieles geschaffen, aber an die Dinge, an die ich jetzt rankomme, was ich jetzt mit meinem Geld, das ich erarbeite, anstellen kann, konnt ich vorher nicht".* Gespart wird nicht: *"Ja was hab ich 'n davon? Ich will 's schön ham und dafür geht eben mein Geld weg".* Man war in Griechenland, will jetzt nach Spanien fahren und zwischendurch noch in die CSSR, man möbliert die Wohnung neu. *"Ich hab zwei Autos". "Aha. Wieso zwei?" "Nuja ich hab noch meiner Frau 'n Auto gekauft".* Auch innerhalb der Partnerschaft steckt Herr Belzow mit Hilfe des Erlöses seiner Arbeitskraft das Feld ab.

Das neue Selbstbewußtsein erstreckt sich auf weitere Bereiche: *"wie ich behandelt werde, wenn ich jetzt ... im Prinzip ... na mir irgendwas kaufe";* daß er seine Firma nach außen vertreten muß und *"ja dann ooch so akzeptiert* (werde, M.W.), *daß ich was bin";* und *"als Bundesbürger, da is ma eigentlich ein angesehener*

Mann, wenn ich, wenn ma irgendwohin fährt, jetzt CSSR, Polen, sonst wo rüber".
Daß er im Gegenzug die Auflösung von Kinderkrippen und Polikliniken sowie die Abschaffung des Rechtes auf Arbeit „nischt richtig" findet, klingt viel weniger engagiert. Schließlich hat Herr Belzow aufgrund seiner Fähigkeiten wieder Arbeit gefunden - wenigstens kann er sich das so begründen: Innerhalb seines neuen Arbeitsverhältnisses kann er seine Fähigkeiten einsetzen und bekommt laufend ihre Anerkennung - durch Abwerbung, Vertrauen, Vorarbeiterposition und Vertretung seiner Firma nach außen - zu spüren, er kann seine Arbeitskraft zu einem guten Preis verkaufen, und schließlich kann er das Geld auch noch in einer für ihn befriedigenden Weise ausgeben.

Die handwerkliche Tätigkeit bestimmt nach wie vor Herrn Belzows alltägliche Lebensführung: Zum einen eignet er sich die neue Wirklichkeit ausschließlich durch Arbeit an und erklärt sie sich auch damit. Zum zweiten ist es ihm gelungen, eine Arbeit zu finden, die im Großen und Ganzen seinen Vorstellungen entspricht. Er kann handwerklich tätig sein, und seine Fähigkeiten wurden aufgewertet. Die ihm wichtige Freizeit ist kurz, aber dafür sind die Möglichkeiten des Konsums umso größer geworden. Die beiden Autos, die neue Küche und die Urlaubsreisen symbolisieren seine Fähigkeit, seine Arbeitskraft gut verkaufen zu können, weil seine Qualifikation gefragt ist.

Die Brigade als Arbeits- und Freundschaftsgemeinschaft pendelt mit ihm mit; er konnte die Leistungsbrigade in seinem alten Betrieb durch seine ostdeutschen Montagekollegen ersetzen. Da seine Kontakte ohnehin fast ausschließlich über Arbeitsbeziehungen laufen, ist er imstande, die Montagearbeitsgemeinschaft zum Freundeskreis zu machen.

Herr Belzow hat funktionale Äquivalente für die Pfeiler seiner Lebensführung gefunden. Die Tätigkeit ist eine handwerkliche geblieben; zwar hat das Produkt gewechselt, seine Eigenschaften aber hat es beinah behalten: Es muß was fertigsein, es muß was dastehen, auch wenn es sich nicht immer drehen oder laufen sollte. Die Brigade ist wiederhergestellt: Es gilt als ausgemacht, daß Ostdeutsche, die pendeln, auch arbeiten wollen. Auch diejenigen, die nicht arbeiten wollen oder können, gibt es wieder: die Aushilfskräfte, die während der Arbeit trinken, und die früheren Kollegen, die zu Hause im Rumpfbetrieb verblieben sind; obschon ohnehin nur wenige Leute und nach Herrn Belzows Wissen ohne Arbeitsvertrag, seien darunter nach wie vor die zitierten „besten Freunde" des Betriebsleiters. Die Handwerkerei zu Hause wird am Wochenende betrieben; „zu Hause is doch immer am besten, am schönsten. Oder dann im Garten oder wo wir sind", meint er. Dieser Bereich gerät jedoch ins Hintertreffen: Das Arrangement der Lebensbereiche ist schwierig geworden, es erfordert einen hohen Aufwand, die Familie, die Wohnung und den Garten an den freien Tagen zu erreichen. Die Ausübung einer produktiven und anerkannten Tätigkeit allerdings überwiegt die Nachteile, zumal er nun Freizeit durch Konsum substituiert.

Die jeweiligen Tätigkeiten strukturieren nach wie vor die Tagesabläufe, an denen Herr Belzow zu Hause ist; sie sind davon bestimmt, was anfällt. Arbeits- und Freizeitrhythmen sind nun sehr rigide durch seinen Einsatzplan auf Montage bestimmt; er geht praktisch damit so um, daß er, sobald es irgendwie geht, nach Hause fährt. Kognitiv verfährt er so damit: Seiner Erfahrung nach *„fahren alle rum ... bloß zu uns sagen alle Pendler"*. Auch ein Leipziger Arbeitgeber helfe ihm da nichts, wie er ja gesehen hätte. Er arrangiert sich also mit den Nachteilen des Pendelns, die er seiner Einschätzung nach länger als die geplanten zwei Jahre auf sich nehmen muß, mit einer Normalisierungsstrategie: Pendeln wird als selbstverständliche Arbeitssituation im neuen System betrachtet.[1] Zudem hat Herr Belzow hierfür in der DDR einen Gegenhorizont gefunden, auch wenn er die Formulierung *„bei uns"* benutzt, auf die wir noch öfter stoßen werden: *„Bei uns war das ja früher nicht so gang und gäbe, da durften immer nur bestimmte Leute fahren"*. Die Arbeit in den alten Bundesländern war früher eine ersehnte Tätigkeit, zumal für Herrn Belzow, der sich für Montage in der BRD beworben hatte und nicht fahren durfte.

Sehen wir uns nun genauer an, welchen Anteil das neue Institutionensystem daran hat, daß es Herrn Belzow gelang, funktionale Äquivalente für die Säulen seiner alltäglichen Lebensführung zu finden - oder andersherum: Was an Herrn Belzows etablierter Lebensführung paßt zu den neuen Anforderungen und Zumutungen, die sich ihm stellen?

Die starke Arbeitsorientierung, aufgrund derer er es selbstverständlich in Kauf nimmt, auf Montage zu gehen, erhöhte seine Chancen extrem, einen neuen Arbeitsplatz zu finden. Dieselbe Logik ermöglicht es ihm auch, es darin auszuhalten. Daß er sich früher schon für die Montage in der BRD beworben hatte und nicht fahren durfte, mag vielleicht einen gewissen Anreiz für seine jetzige Tätigkeit gegeben haben. Schließlich wollte er nach der Wende sogar ganz übersiedeln, wäre seine Frau mitgegangen; ein früherer Plan war auch der Ural-Trassen-Bau - hätte er seine Frau nicht kennengelernt, sagt er, wäre er dorthin gegangen. So betrachtet ist es ihm überhaupt kein Problem, wenn nicht sogar ein Wunsch, auswärts zu arbeiten. Seine Familie kann ihn jetzt weder hindern - schließlich kann er nur in dieser Form zum Familieneinkommen beitragen, und das auch noch gut -, noch muß er ganz auf sie verzichten.

Für die Persistenz von Herrn Belzows Lebensführung indes ist eine Ressource unerläßlich: Die Aufrechterhaltung einer traditionalen geschlechtsspezifischen Arbeitsteilung, was die Zuständigkeit für Haus- und Familienarbeit betrifft. Würde auch seine Frau auswärts arbeiten, wäre das momentane Arrangement nicht denk-

---

[1] Diese Konstruktion werden wir später bei Frau Pfeiffer wiederfinden.

bar. Die Aufrechterhaltung des Familienlebens zu Hause ist Frau Belzows Aufgabe und wird in keiner Weise in Frage gestellt.

Da seine frühere Brigade eine Leistungsbrigade und Herrn Belzows Stolz war, hat er mit den neuen Arbeitsbedingungen keine Probleme; das Gegenteil ist der Fall: Er kann seine Arbeitskraft jetzt verkaufen, die Wertschätzung seiner Fähigkeiten ist wesentlich höher als sie das in der DDR war. Und da für Herrn Belzow Freundschaften immer auch Arbeitsgemeinschaften sein müssen, kann er in seiner neuen Brigade auch seine Geselligkeitsbedürfnisse ausleben. Man macht gemeinsame Stadtbummel, sieht nach der Arbeit zusammen fern, trinkt zusammen ein Bier und geht auch mal in die Disko.

Mit dieser Leistungsorientierung und ihrer Wertschätzung kann Herr Belzow auch sein Problem mit der ostdeutschen Identität bearbeiten: Wenn ihn jemand fragen würde, als was er sich fühle, als Bundesbürger, als Leipziger, als Sachse? *„Also wenn mich jemand fragt, nu klar bin ich, sind wir durch die Vereinigung Bundesbürger geworden. Is erstmal klar. Daß ich aber oder man hört das ja ooch an der Sprache, daß man irgendwo woanders herkommt ... Ja Bundesbürger, da is ma eigentlich ein angesehener Mann, wenn ich, wenn ma irgendwo hinfährt jetzt CSSR, Polen, sonst wo rüber".* Im Gegensatz zur CSSR und Polen ist der Ostdeutsche in Westdeutschland nicht umstandslos ein angesehener Mann; da kommt er *„irgendwo woanders"* her. Doch Anerkennung bekommt auch Herr Belzow, denn er kann arbeiten.

Die *„Kaltstellung"* indes, die ihn jetzt ereilt hat, entzieht ihm genau diese Grundlage. Die erwogenen gerichtlichen Schritte - die Rechtfertigung - scheinen ihm zwar angemessen, aber zur Situationskontrolle völlig ungeeignet: Die befürchtete Kündigung steht erst einmal unabhängig davon ins Haus. Herrn Belzow bleibt Vertrauen als Strategie, und das gelingt ihm deshalb einigermaßen, weil er auf ein Deutungsmuster zurückgreifen kann, das in seiner Situation gut zu passen scheint: Wenn man gut zusammenarbeitet, kann man sich auch in anderen Dingen aufeinander verlassen. Denn gute Zusammenarbeit ist der Prüfstein für gute Beziehungen. Da sein Chef ihn ja abgeworben hat und Herr Belzow auch die spätere Zusammenarbeit so interpretieren kann, daß sein Chef seine Leistung schätzt, wird dieser zu ihm stehen, da für Herrn Belzow gute Arbeitsbeziehungen auch Vertrauensbeziehungen sind.

Ob er mit Freunden oder mit seiner Frau über seine *„Kaltstellung"* rede, will ich wissen. *„Ach, des wissen alle meine Freunde, mir ham jetzt Fußball geguckt hier überall[2], und naja, da kommt man ins Gespräch, wieso bist denn du da und das. Na hab ich gesagt, ham mich kaltgestellt und nuja, lachen die ja bloß".* Mit seiner Frau *„hab ich drüber gesprochen, muß ma sehn, muß ma abwarten, was da kommt. Oder ich sage, es könnte dann kommen das und das vielleicht, muß ma sehn. Was*

---

[2] Zum Zeitpunkt dieser Interviews war Fußball-Europameisterschaft.

soll ich da rumjammern". Der pragmatische Herr Belzow redet nicht lange, denn das ist in seinem Sinne nicht produktiv.

Das Ende des Interviews indes klingt noch einmal wie eine Beschwörung: Er spricht über *„die Einstellung zur Arbeit"*, die einem Kollegen fehle und grenzt sich von ihm ab: *„Nu deswegen hat ja ooch mein jetziger Arbeitgeber mich abgeworben ... er wußte, was ich für ein Auftreten hab und wie ich arbeite und daß ich selbständig arbeiten kann, na hat er mir eben das Auto gegeben ... und a Werkzeug gegeben und hat gesagt, hier, wenn du was brauchst, koofste irgendwas, gibste Rechnung und fährst los ... so 'n Vertrauen hat der gehabt. Der hat 's noch. Muß ich sagen. Ich hoff 's. So"*.

Daß es gerade ein Werkzeug war, das Herr Belzow gestohlen haben soll, paßt fast zu gut zu seiner alltäglichen Lebensführung.

Herr Tikovsky/ 2. Interview: *„Das is für mich wichtig, ne Arbeit zu kriegen, ohne Zweifel. Aber es gibt wirklich viel wichtigere Sachen"*.

Als wir Herrn Tikovsky wiedertreffen, ist er seit ein paar Tagen arbeitslos. Noch bis Dezember 1991 war er bei seiner Firma in Null-Stunden-Kurzarbeit; daß er nicht mehr eingestellt wurde, war indes schon länger klar. Er besuchte im letzten Sommer einen Motivationslehrgang des Arbeitsamtes, der ihm gefallen hat; er habe *„richtige Vorlesungen gehabt"*, Wirtschaft, Recht und Psychologie, *„das hat mich alles interessiert, und ich hab gestaunt, wieviel ich weiß, ohne daß ich das jemals gelernt hab"*. Der Kurs habe ihm *„unwahrscheinlich gutgetan ... da hab ich mich echt wohlgefühlt"*. Anschließend ging es gleich weiter mit einem vierwöchigen Computerkurs, *„da ging 's um mehr Geld, wer noch ne Qualifikation anfängt bis zum 2. September, der kommt in ne andere Tarifklasse"*. Was Sinnvolles wollte er da schon machen, also entschied er sich für den Computerkurs. Ende des Jahres - Herr Tikovsky hatte sich schon arbeitslos gemeldet - wurde eine Auffanggesellschaft gegründet und der Null-Stunden-Kurzarbeitsstatus weiter aufrechterhalten, nun allerdings ohne Weiterbildungsangebote und mit nur sporadischen Zusammenkünften. Dies habe ihm *„nicht viel gebracht, außer Zeit"*, Zeit, in der er noch nicht arbeitslos geworden ist.

Seine Arbeitslosigkeit begann er mit einer Urlaubsbeantragung: Er will mit Familie und Freunden wieder ins Erzgebirge fahren - im letzten Jahr fiel der Urlaub aus - und witzelt über den Ausdruck der Nichtverfügbarkeit, sagte ihm doch sein Berater, *„ich bin doch ganz froh, wenn du nicht da bist, Arbeit hab ich sowieso nicht ... 40 Jahre und behindert, nicht vermittelbar. Muß ich dir so hart sagen, sagt er"*. Für eine Verlängerung der Übernahme durch die Auffanggesellschaft hatte Herr Tikovsky sich engagiert, zuletzt am Tag vor dem Interview bei einer Versammlung der

IG-Metall vor dem Rathaus, wo ihn Betroffene und Politiker verärgerten. *„Weil der nu so nett war und da rausgekommen is"*, habe der Oberbürgermeister Beifall bekommen, ungeachtet der Tatsache, daß er sich nicht mit den Betroffenen solidarisch erklärt hatte. *„Ich glaub, ich spinne"*. Die Politiker, so Herr Tikovsky, *„machen eigentlich dasselbe wie früher hier 's ZK und die Gremien, die sind weit ab vom Bürger"*, während letztere *„sich mehr und mehr in ihr Schneckenhaus zurückziehen"*. Auf seine Mitbürger ist er nicht gut zu sprechen: *„Ich sag ja immer den bösen Satz ... die Mehrheit ... ist dumm. Politisch dumm und uninteressiert und lassen sich manipulieren"*. Jedenfalls war der Versuch, die Null-Stunden-Kurzarbeit zu verlängern, erfolglos.

„Ich hatte mich natürlich überall beworben", berichtet er. Gescheitert ist er systematisch an denselben Gründen: an seiner Behinderung, an seiner fehlenden schulischen Vorbildung, an Vorbehalten gegen die jeweiligen Träger bzw. dem Unwillen, Beziehungen ausnützen zu müssen und an durchaus rationalen Überlegungen hinsichtlich seiner weiteren finanziellen Absicherung. Im Falle einer Bewerbung um eine ABM-Stelle zur Betreuung einer Behindertengruppe trafen fast alle Gründe zusammen: Aufgrund seiner eigenen Behinderung wäre - so sein erstes Argument - die Arbeit körperlich für ihn zu schwer gewesen. Des weiteren hätte eine ABM-Stelle die Höhe seines Arbeitslosengeldes gedrückt: *„Und da wär ich jetzt mit so wenig Geld in die Arbeitslosigkeit gegangen, ohne jede Garantie"*. Denn ihm sei *„klipp und klar gesagt"* worden, *„ein Jahr ABM und keine Garantie, daß wir dich behalten können"*. Ein drittes Argument fällt Herrn Tikovsky ein: *„Nu is das auch noch ganz streng, relativ streng kirchlich gewesen"*, und damit habe er *„einfach nischt am Hut"*. Viertens witterte er *„selbst unter solchen Leuten ... schon wieder Beziehungen ... da werd ich erst mal wütend. Ich kann das einfach nicht"*.

Am meisten trifft ihn die schwindende Aussicht auf eine Umschulung für eine Arbeit im sozialen Bereich. Da *„hab ich überhaupt keene Chance reinzukommen, weil ich keene Vorbildung hab"*. Denn *„ungünstigerweise"* war es der falsche Zeitpunkt, als er mit einer Ausbildung in der Jugendhilfe sympathisierte. *„Da bin ich ... damals grad da aus der Partei ausgetreten, na dann ging gar nischt mehr ... Sonst hätte mir sicher mein Betrieb geholfen, in dem Fall standen ja Tür und Tor offen, wenn du dich da bissl engagiert hattest und denen bissl nach 'm Maul geredet hättst ... und jetzt is es nu wieder so, weil ich eben die schlechten Voraussetzungen hab und weil 's genügend Ausgebildete gibt ... is für mich eben ein persönlicher Nachteil. Denn das würde mir nach wie vor am meisten Spaß machen"*. Die Nachteile, die ihm sein damaliger Parteiaustritt brachte, haben den Systemwechsel problemlos überstanden. Verbittert ist Herr Tikovsky nicht, aber *„wahnsinnig geärgert"* habe ihn das schon. Diese Geschichte erklärt auch seine Vorbehalte gegen Beziehungen: *„Wenn mir eener helfen kann, ja so hier* (klatscht in die Hände), *aber wenn ich schon hinten rum und tricksen, da hab ich meine Probleme damit ... das hama so* *viele Jahre gehabt und da hab ich nicht mitgemacht, ich hab ja immer gesagt, ich will mich eigentlich nicht ändern. So in meinen persönlichen Sachen, in meiner Einstellung. Ma soll sich ja verbessern, aber in groben Zügen will ich keen anderer Mensch werden, bloß weil wir jetzt in einem anderen System leben. Wär ja fürchterlich. Ich will eigentlich immer so etwa bleiben, wie ich bin". "Ist Ihnen das gelungen?" "Ja, ich denke doch. Ich weeß ja nich, wenn ich ... von der Lehre an, ich hab gelernt, war vom Sozialismus überzeugt, in der Theorie bin ich das wie gesagt immer noch ... hab begriffen, daß es so, wie 's hier, als ich dann in die Partei einge-, ganz normal, der Staat hat viel für mich getan, ich war behindert, meine Lehre machen können, hab nichts zu leiden gehabt in dem Staat. Hab immer offen und ehrlich meine Meinung gesagt, da die nicht so weit abgewichen is von den großen Ideen, hatt ich erst mal wenige Schwierigkeiten ... nun als ich aber dann hier älter wurde, bin ich eigentlich dadurch, daß ich von den Ideen des Sozialismus überzeugt war, konnt ich ja in der SED nischt bestehn, weil die eben nischt davon überzeugt waren oder was vollkommen anderes, nich mehr, was mit mir übereinstimmt. Und so bin ich eigentlich immer geblieben. So bin ich bis zur Wende geblieben ... deswegen bin ich aber in der Wendezeit als übelster Kommunist beschimpft worden, von allen, obwohl ich eigentlich mich für meine Verhältnisse, war keen Held, aber mich stark engagiert hab, ooch schon zu Zeiten, wo 's noch nicht ganz so ungefährlich war, daß es endlich hier eine Wende wird. Hab bissl andere Ideen gehabt, bloß die, bin ich wieder angeeckt. Nu und jetzt will ich mich ooch nicht ändern".* Herr Tikovsky kann es sich nicht leisten, ein Spiel zu spielen, das er bislang abgelehnt hat. Denn das würde seine bisherige Widerständigkeit entwerten - oder vielleicht auch nur seine diesbezügliche Konstruktion. Denn man darf nicht darüber hinwegsehen, daß es Herrn Tikovsky sicherlich guttut, eine selbstbestimmte Verweigerung früher wie heute als einen Grund für das Scheitern seiner beruflichen Pläne zu stilisieren.

Teils amüsiert, teils entsetzt beobachtet er hingegen, wie sich seine Mitmenschen verändern: *"Viele Bürger hier ... die ham ihr Leben wirklich umgestellt. Echt umgestellt".* Gewährsfrau Nummer eins ist seine Frau, von deren Arbeitsplatzsituation er ausgiebig berichtet. Neben der schlechteren Bezahlung gegenüber den in dieser Firma arbeitenden Westkollegen und der Betriebshierarchie, die, wenn der Chef anreist, Herrn Tikovsky an die Parteihierarchie der DDR erinnert (*"ich sage, Mensch, is ja wie früher, wenn hier so 'n Parteisekretär gekommen is"*), staunt er über die Gehaltsunterschiede zwischen Innen- und Außendienst, *"obwohl die eigentlich füreinander leben, ne, fast die gleiche Arbeit machen"*. Hinzu komme die Angst vor dem Verlust des Arbeitsplatzes und die davon abhängige Zurückhaltung von Kritik. *"Aber ich kann, wo ich schon arbeitslos bin, ooch nich sagen, ja nu hau mal da schön auf die Pauke und dann is sie ooch noch arbeitslos. Das sind alles solche Sachen, wo ma dann doch scho wieder Opportunist sein muß. Bißchen".* Aber bloß ein bißchen; denn „*das hab ich immer gesagt, wenn ma ehrlich bleiben will, sich selbst gegenüber in seiner Überzeugung, kann ma eigentlich nie ganz nach oben wollen. Schafft ma sicher in keener Gesellschaft*". Herr Tikovsky sieht seine Lebensphilosophie bestätigt.

Seinen Lebensrhythmus indes hat er nicht ganz beibehalten können: Tikovskys sind inzwischen zur Einschränkung gezwungen. „*Wir ham hier 'Marktfrisch', und da könn ma nicht einkaufen gehn ... Wenn ich 'n Brotaufstrich für eins neunzig oder eins vierzig, dann geh ich immer dorthin, wo ich den für ne Mark vierzig kriege, weil das Sachen sind, die sich wiederholen und dadurch wird 's in der Summe einfach deutlich weniger*". Das war ihm vor einem Jahr als Vorstellung ein „*Horror*" gewesen. Immerhin verbindet er seine Einkäufe weiterhin mit Stadtspaziergängen. „*Mein Hobby hab ich beibehalten. Ich geh in die Stadt, setz mich irgendwohin, Kaffeetrinken und dann probier ich mich zu unterhalten. Da find ich fast immer interessante Gesprächspartner*".

Auch beim Frühstück wird weiterhin ein gemütlicher, genießerischer Lebensstil zelebriert: Der Tag beginnt mit „*Frühstück in aller Ruh. Ich genieße erstmal mein schönes Frühstück*". Doch dann wird es geschäftig: Im Garten „*kann ich mich körperlich betätigen*", „*Behördenwege*" fallen an, „*AOK-Ärger und ABS-Ärger und Arbeitsamt-Ärger, die Woche is eigentlich immer rum, obwohl ma gar nicht arbeiten geht*". Die Hausarbeit gibt es ja auch noch; die Kolleginnen seiner Frau sagen zu ihr, „*du hast doch gut, du brauchst überhaupt nischt machen, du hast ja 'n Mann, der dir daheeme die Wirtschaft macht*". „*Machen Sie denn alles?*" „*Das, was anfällt, mach ich alles. Das hab ich früher auch schon gemacht, wir ham immer alles zusammen gemacht. Bloß jetzt mach ich 's eben alleene, wär ja Blödsinn, wenn ich da was übrig lasse, bloß damit ich nich alles alleene machen muß ... Da würd ich ja noch mehr Langeweile ham. Die fragt mich jetzt schon, wenn sie mal noch ne Waschmaschine anschalten will, ob sie meinen Haushalt durcheinanderbringt*".

Ausgelastet ist Herr Tikovsky nicht: Der Wochenablauf schützt Geschäftigkeit vor, die Hausarbeit sieht er als Mitttel gegen die Langeweile an. Dabei ist jetzt ja Sommer, und er kann sich im Garten körperlich betätigen. „*In den Wintermonaten sah 's bissl anders aus*", erzählt er. „*So wenn schlechtes Wetter is, also da fällt eenem die Decke auf den Kopf. So von Oktober so bis es dann wieder schöner wurde, das war ne, teilweise ne schlimme Zeit für mich. Da hab ich echt aus 'm Fenster geguckt, wann endlich jemand nach Hause kommt*". Die freie Zeit kann auch Herr Tikovsky nicht mehr genießen.

Da man „*bissl anders jonglieren*" müsse mit dem Geld, wurden auch Unternehmungen eingeschränkt: „*Wir sind früher häufiger noch mit 'n Kindern am Wochenende in die Stadt gegangen oder ins Kino ... ne, das kann man jetzt natürlich nich mehr in der Häufigkeit wie früher*". Wie früher würde „*operativ*" entschieden, was man unternehme, nur im Ergebnis ist es anders: „*Da sitz ma eben gemeinsam am*

Frühstückstisch, dann sagen ma, was mach ma nu, wenn ma noch nischt vor ham sollten ... oder Stadtfest war, gehn ma ooch bloß een Tag, denn zwee Tage, das verlockt ja ooch immer mal was zu naschen, was Exotisches zu essen und so weiter ... noch amal so viel Geld ausgeben, laß ma des, gehn ma lieber in Garten. Das wird dann operativ gemacht. Große Planungen sind da nich, is vielleicht nicht richtig, aber wir machen 's halt so. So mit ganz starrem Haushaltsplan ... da sind ma noch zu sehr Ossi". „Nicht richtig?" *„Ja vielleicht is es nich richtig, weil ich ja nich weiß, wie die Entwicklung noch kommt, ich hoffe, daß wir so weiterleben können. Aber die Mehrheit macht 's schon nicht mehr. Wenn ich so höre, wie viele sagen, is doch viel zu teuer, wenn ich sage, wir waren dort und dort, zum Beispiel in Mecklenburg an den Seen, waren überall Dampfer, wir mußten jeden Dampfer mitnehmen".* Auch *„jeden Monat eenmal Billard spielen"* muß sein, *„so mit unseren Nachbarn, das is ooch 'n Fünfzigmarkschein am Abend, weil man ja da ißt und trinkt, aber das muß sein. Also wenn ma das uns nicht mehr leisten könnten, wär fürchterlich".*

Herr Tikovsky sieht seinen Lebensstil bedroht. Trotz der Beteuerungen, daß man immer noch versuche, *„so weiterzuleben"*, hat er einmal deutliche finanzielle Einschränkungen zu verzeichnen, die es ihm erschweren, *„schön zu leben"*, zum anderen aber auch Einschränkungen seiner sozialen Beziehungen: *„Meine Frau geht ja meistens ... eher ins Bett als ich, ich bin einfach nicht mehr so müde und da guck ich dann, mach ich 's mir immer gemütlich und na guck ich, wenn welche sind, Talkshows an".* „Ich gucke ja fast jede Talkshow an ... die vielen Diskussionsrunden ... da kann man sehr sehr viel mitkriegen". Sein Informationsbedürfnis kann er so stillen, aber bezeichnend ist vor allem die Art und Weise der Information: das Gespräch. Das holt sich Herr Tikovsky nun per Fernseher, wenn seine Frau schläft. Und *„gemütlich"* soll es dabei natürlich auch sein.

Auch sein bester Freund fehlt ihm; der ist nach Westdeutschland gegangen, und Herr Tikovsky konzentriert sich auf dessen fehlende Kontakte: *„Er hat Glück ... Aber ... Arbeitswelt is ganz anders. Die Arbeit macht ihm sehr viel Spaß, aber Kollegen, hat er keen Kontakt ... Das is a ganz wesentlicher Unterschied".* Diesen Kontakt hat Herr Tikovsky allerdings auch nicht mehr: *„Da fehlt mir nu mein kleener Kollege, mit dem bin ich früher ooch alleene mal losgezogen".*

Kürzlich ist er doch ohne seinen Kollegen losgezogen: Er hat sich Schorlemmer angehört, eine Leitfigur der Bürgerbewegung. *„Es gibt einige Persönlichkeiten, wenn ich die Chance kriegen würde, mit denen persönlich noch was zu bewegen, wie hier Schorlemmer ... alles, was der Mann sagt, mit der Idee tät ich mich stellen".* Schlüsselfiguren haben ihre Bedeutung behalten, nur sind sie persönlich für Herrn Tikovsky nicht verfügbar.

Sein politisches Interesse ist ungebrochen, die Frustration nimmt allerdings zu. Zum Zeitpunkt des Interviews ist er ohnehin aufgebracht, hat er doch tags zuvor

„gekocht vor Wut da vorm Rathaus". „Na selbstverständlich" hätte er Lust, sich politisch zu engagieren. Nur „ich weeß nich, bei wem ich mich engagieren soll ... die probieren sofort, einen für ihre Sache zu vereinnahmen. Und das ist schlecht". Wegen seiner Nähe zu ihm hat ihn das Neue Forum am meisten enttäuscht: „Die ham den Kontakt zu den Leuten, die sie eigentlich wählen sollen, schon wieder verloren". So gingen sie mit den Bundesgrünen nur zusammen, „damit sie eventuell wiedergewählt werden, und das sagen die den Leuten ooch noch". Daß es „immer zu wenig um die Sache" geht, „das is 's eenzige, wo ich von der Demokratie unwahrscheinlich enttäuscht bin ... Daß die Parteien alle gleich sind, alle, auch die, wo ich eigentlich denke, das müßte ne gesunde Opposition, daß die da mitmachen, das ist für mich eene der größten Enttäuschungen. Die ma hier gesagt ham, wir wollen a bißchen was einbringen und a bissl demokratischer sein, das is das eenzige, wo ich mich verrechnet hab ... Die Leute, die sich da engagiert ham, sind weg, die ham sich zurückgezogen, reden untereinander mit sich, aber nich mehr mit den anderen. Und das is das, was mich so wahnsinnig ärgert". Das kann man mit Herrn Tikovsky nicht machen: den Dialog einstellen. Der lief in der Nische viel besser..

Daß er sich mit dieser einen, aber wesentlichen Ausnahme nicht verrechnet hat, betont er auch in diesem Interview. Das Chaos habe ihn „nischt überrascht". „Ich kann zynisch ooch sein", meint er, wenn er seine jetzt arbeitslosen Verwandten, die damals „sofort die DMark" wollten, darauf hinweise, daß er ihnen ja gesagt habe, „ihr seid die ersten, die drunter leiden". Doch seine hellsichtige Vorausschau kann ihn nun nicht mehr trösten: „Wir ham ja immer so aus Boshaftigkeit gesagt, ja die andern werden sich alle mal wundern, aber die sind eben halt nicht so klug wie wir. Aber es nützt mir im Endeffekt auch nischt". Seine Skepsis reicht weiter: „Am allermeisten Angst" habe er vor der politischen Entwicklung in Richtung Rechtsradikalismus. Vor solchen Szenarios kann er seine persönliche Situation relativieren: „Ja was nützt mir ne Arbeit, wenn wenn wenn wir wieder a rechter Staat werden oder wenn wir ... uns nich um die dritte Welt kümmern, das ist, mir geht 's ja noch gut ... Das is für mich wichtig, ne Arbeit zu kriegen, ohne Zweifel. Aber es gibt wirklich viel wichtigere Sachen".[3]

Wenn Herr Tikovsky darüber redet, wie er die Zeit verbringt, wenn er den ganzen Tag zu Hause ist, wird die Belastung der Arbeitslosigkeit sehr deutlich: „Ich bin nicht zufrieden mit meiner Situation" sagt er, „ganz und gar nicht. Bloß ich kann

---

[3] vgl. Strehmel 1989, S. 28, die die Erstellung solcher Szenarios als einen Hinweis auf eine spezifisch weibliche Bewältigungsstrategie von Arbeitslosigkeit ausmacht; Frauen gehen danach „eher gedanklich als handelnd, eher selbstbezogen als problembezogen und eher defensiv" mit der Arbeitslosigkeit um. „Wenn man sich dann überlegt" - so eine Probandin - „was alles passiert und was für ein Elend überall ist, dann kannst du auch sagen, also jetzt sei doch nicht gar so hysterisch".

ja ooch nich darüber versauern, das bringt ma nischt ... Aber wie gesagt, ich bin eben, probiere immer Optimist zu bleiben". Daß das Mühe macht, ist offensichtlich.

Auch sein Traum rückt in immer weitere Ferne: *„Ich hatte schon erzählt, ich wollt gern mal nach Südfrankreich. Und das möcht ich natürlich nicht erst, wenn ich sechzig bin. Aber ich werd wohl erst dazu kommen, wenn ich, nicht sechzig, das war jetzt übertrieben. Aber das sind zum Beispiel so Sachen, also jetzt könnte mir a Arbeit gut tun, denn mit eener Arbeit ... könnt ma das angucken"*. Herr Tikovsky ist weiterhin *„einfach zum Leben da"*, und das zu ermöglichen, ist für ihn der Sinn von Arbeit. Doch es wird immer schwieriger, diesen Lebensstil aufrechtzuerhalten. *„In der Situation war ich ja ooch noch nicht"*, sagt Herr Tikovsky über seinen Arbeitslosenstatus, *„und das Jahr is ja verdammt schnell rum, da mach ich mir ooch keene Illusion"*.

Alltägliche Lebensführung in neuem Rahmen: Thesen

Die Fortsetzungsgeschichte zeigt, daß - wie das die Stabilitätsthese vermuten läßt - die Logik der Lebensführung auch nach dem Ende des Moratoriums beibehalten wird, das Integrationsprinzip also dasselbe bleibt. Herr Tikovsky praktiziert das aushandlungs- und diskursgeleitete Agieren in seinem sozialen Netzwerk und überträgt es auch auf die Arbeitssuche, Herr Belzow hat versucht, sein handwerkliches Talent beruflich umzusetzen und Herr Pattermann arbeitet weiter daran, sein *„eigener Herr"* zu werden. Nur läuft die etablierte Lebensführung jetzt innerhalb eines ganz anderen gesellschaftlichen Rahmens ab, und ich möchte zwei Implikationen diskutieren, die die Persistenz der Lebensführungslogik im neuen Institutionengefüge hat.

1. Die etablierte alltägliche Lebensführung kann das Arrangement der einzelnen Tätigkeiten einer Person in den verschiedenen Sphären des Alltags nicht mehr leisten. Sie verändert ihre Form. Herr Pattermann und Herr Belzow gehen fast ausschließlich ihrer Erwerbsarbeit nach, andere Lebensbereiche kommen kaum mehr vor. Herrn Pattermanns Familie ist zum Familienbetrieb mutiert, und er hat noch sein einziges Hobby, das Briefmarkensammeln, an seine Sekretärin delegiert. Herr Belzow sieht seine Familie kaum noch, hat nur wenig Zeit zum heimischen Handwerkern und ersetzt die Freizeit durch die Anschaffung teurer Konsumartikel. Die Form der Lebensführung unterliegt der Logik der Erwerbsarbeit, die anderen Sphären des Alltags bleiben auf der Strecke. Genauer gesagt werden sie von den Partnerinnen mitübernommen, ohne die die beiden ihr Leben anders organisieren müßten. Herr Tikovsky hat den Arbeitsplatz verloren; er findet sich in der Rolle des Hausmanns wieder und teilt damit das Schicksal vieler ostdeutscher Frauen, für die das neue System plötzlich eine Alternativrolle[1] bereit hält, die es vorher nicht gab. Er ist - zumindest vorläufig - draußen aus dem Erwerbsleben; den Beruf, den Betrieb, das Kollektiv gibt es nicht mehr. In der Organisationsgesellschaft DDR lagen die einzelnen Lebensbereiche näher beieinander, übrigens auch räumlich: Fast alle der von uns befragten ArbeiterInnen wohnten in der Nähe ihres Betriebes. Die Lebensführungsarbeit, die ja in der Integration dieser Bereiche liegt, wurde vor allem dadurch erleichtert, daß, folgt man Pollack 1991, die gesamte Gesellschaft als eine Organisation eingerichtet war. Waren die persönlichen Ansprüche mit den gegebenen Lebensführungsmöglichkeiten vereinbar - das allerdings ist Voraussetzung - war (zumindest für Männer) die Vereinbarkeit von Beruf, Familie und Freizeit wenig problematisch, da die Eigenlogik der Bereiche stark gebremst war. Nun treibt die Logik des Arbeitsmarktes bei gleichzeitiger hoher Arbeitslosigkeit die Sphären auseinander. Herr Pattermann hat beschrieben,

---

[1] vgl. hierzu die weiter hochaktuelle Analyse von Offe/ Hinrichs 1977

was passiert ist: „*Es ham sich hier zwei Sorten von Menschen herausgebildet, die een, die Arbeit ham, die ham enorm viel zu tun, die ham für andere keene Zeit mehr und andere, die nicht mehr gebraucht werden, die keener mehr haben will, die haben zu viel Zeit. Aber kein Geld. Und das ganze System richtet sich reinweg nur nach den Finanzen. Der Kapitalismus is ne glasharte Sache. Man baut auf Geld auf, man richtet nach Geld, ich bin fast soweit zu sagen, man hat seine Freunde nach'm Geld. Wir kannten's anders"*.

2. Doch nicht nur die Sphären driften auseinander. Unsere Interviewpartner befinden sich plötzlich in ganz unterschiedlichen sozialen Lagen. Herr Tikovsky, zu denen zu zählen, die Zeit haben, aber keinen Arbeitsplatz, hat früher, und durchaus rational, nicht in die Bereiche investiert, die jetzt zählen. Er hat sich nicht weiterqualifiziert, weil die 8. Klasse ausreichte, einen Arbeitsplatz zu bekommen, und weil seine Lebensführung eine andere war als die seiner hier vorgestellten Kollegen: Für seine Ziele brauchte er soziales Kapital[2], das es ihm ermöglichte, die Beziehungen zu erhalten, die ihm wichtig sind. Dieses soziale Kapital allerdings ist unter den neuen Verhältnissen nicht mehr einsetzbar. Er bekommt damit keinen Arbeitsplatz; nun plötzlich zählt formale Bildung, und eine körperliche Behinderung wird zum unüberwindlichen Hindernis nicht nur in der Industrie. In der DDR war beides in dieser Hinsicht überhaupt kein Problem. Im Gegenzug erweist sich Herrn Tikovskys soziales Kapital sogar zuweilen als Handicap: Er versetzt sich in die Lage potentieller Mitbewerber und schreckt vor der Konkurrenz zurück. Und mit räumlicher Mobilität kann er gar nichts anfangen. Der örtliche Dreh- und Angelpunkt seiner Lebensführung steht nicht zur Disposition: „*Wenn ich von hier weggehen würde, dann müßte etwas, was ich mir nicht vorstellen kann, passieren*", sagt er. Was Herr Tikovsky tut, ist demnach mit seiner Lebensführung kompatibel, nicht aber mit der Logik des neuen Systems. Herr Pattermann hingegen, der Unruheverbreiter, hatte zu DDR-Zeiten vor allem eine Schiene zur Verfügung, auf der er sein Leben vorantreiben konnte, nämlich die Weiterbildung. Die Konzentration darauf zog zwar den Wohnungswechsel und den Abteilungswechsel im Betrieb nach sich, hatte aber kaum Einfluß auf seine soziale Position im Gesellschaftsgefüge. Seine beruflichen Unterfangen wurden kanalisiert, jetzt muß er sie in einem ersten Schritt selbst kanalisieren, was er nicht gelernt hat und was zur Folge hat, daß „*er eigentlich viel zu viel macht*", wie er selber sagt. Allerdings hat er sich dadurch mehrere berufliche Standbeine und eine vergleichsweise gute Position auf dem Arbeitsmarkt verschafft. Auch Herr Belzow hat in seiner Sichtweise einen beruflichen Aufstieg hinter sich: Bemüht, in erster Linie seine handwerkliche Tätigkeit fortzuführen, nimmt er das Pendeln und die langen Abwesenheiten von zu Hause in Kauf; seine eigene Wertschätzung produktiver

---

[2] siehe Bourdieu 1983

Arbeit erfährt plötzlich gesellschaftliche Wertschätzung in Form von Geld, „*mit dem ich mir was kaufen kann*". Gerade der Umstand, daß die Logik der Lebensführung gleichgeblieben ist und als Musterlösung auf die neue Situationslogik angewandt wird, hat die sozialen Positionen unserer drei Interviewpartner im Vergleich zueinander verändert. Sie hatten, wie wir gesehen haben, unterschiedliche Lebensführungsmuster etabliert, die innerhalb des DDR-Systems kaum Statusunterschiede nach sich zogen. Für die Position im Gesellschaftsgefüge waren sie nicht ausschlaggebend. Jetzt ist die Situation völlig anders geworden: *Die etablierten Lebensführungsmuster werden zu Ressourcen oder zu Restriktionen für die Partizipation am Arbeitsmarkt und leiten damit ganz neue soziale Ungleichheiten ein*. Denn Chancen und Zumutungen, ganz gleich, ob es interne oder externe Faktoren sind, werden wahrgenommen aus dem Interesse, den Gewohnheiten, den Fähigkeiten und den Zielen der Person heraus. Sie im Zusammenhang zu betrachten, die Logik der Lebensführung zu thematisieren, öffnet den Blick auf die unterschiedlichen Möglichkeiten, sein Leben zu führen und auf deren Voraussetzungen. Inwieweit die ergriffenen Umgangsmöglichkeiten helfen, die etablierte Lebensführung zu stabilisieren oder zu sprengen, ist freilich nicht vorhersehbar. Denn weder sind Herr Pattermann und Herr Belzow ganz eindeutig auf der Gewinner-, noch ist Herr Tikovsky eindeutig auf der Verliererseite. Die Ressourcen der beiden Erwerbstätigen können sich auch als Restriktionen erweisen: Herr Pattermann überfordert sich, kann nicht mehr abschalten und in keiner Weise sicher sein, daß er nicht in eine Sackgasse läuft. Herr Belzow ist bereits in einer Krise. Den Diebstahlverdacht und die drohende Kündigung bearbeitet er in gewohnter Manier: Er setzt voll auf das Vertrauen seines Chefs, der „*ja gute Leute braucht*", wie Herr Belzow sagt. Er vertraut weiter auf seine handwerklichen Fähigkeiten und darauf, daß aus gutem Zusammenarbeiten Vertrauensbeziehungen entstehen und denkt, damit jedes Problem lösen zu können. Man kann daran sehen, wie die etablierte Lebensführung die Wahrnehmung und Bearbeitung neuer Situationen steuert; ob es Herrn Belzow glückt, seinen Arbeitsplatz zu erhalten, wissen wir nicht. Und schließlich bietet auch Herrn Tikovskys Lebensführung eine wichtige Ressource: Er hält seine Sozialkontakte aufrecht, lernt über sein politisches Engagement und durch seine Kontaktfreudigkeit neue Leute kennen und verfügt damit über ein Netz von sozialen Beziehungen, das die beiden anderen nicht mehr haben. In seiner spezifischen Situation ist es nicht ausgeschlossen, daß dieses Netzwerk eine Ressource für den Wiedereinstieg in die Erwerbsarbeit darstellt, auch wenn Herr Tikovsky seine sozialen Beziehungen ausdrücklich nicht instrumentalisiert.[3]

---

[3] Freilich spricht einiges dafür, daß das enge Zeitfenster genau zwischen unseren Interviewterminen eine entscheidende Phase für die berufliche Zukunft war. Wer in dieser Zeit seinen Ar-

Herr Tikovsky, Herr Belzow und Herr Pattermann müssen ihr Leben jetzt unter anderen Umständen 'auf die Reihe kriegen', als die es waren, unter denen sich ihre Lebensführung etabliert hat; die neuen Umstände verändern sich dabei noch weiter. Ein Aktor verfügt, wie auch unser handlungstheoretisches Grundmodell weiß, niemals über alle für sein Handeln relevanten Informationen. Im Ostdeutschland nach der Wende ist das schon gar nicht der Fall, und so verfügen weder die drei Interviewpartner noch die Forscherin über das Wissen über die 'beste' Lösung. Die etablierten Lebensführungsstrategien allerdings fungieren als Richtschnur in der Unübersichtlichkeit, und das hat Folgen. Denn sie können Mittel sein oder Restriktion und zusammen mit anderen Ressourcen und Restriktionen entscheidend dafür sein, wie die Integration ins neue System vonstatten geht. Dabei stehen, um noch einmal daran zu erinnern, Motive und Konsequenzen des Handelns in keiner linearen Beziehung.

Worin sich unsere Interviewpartner hier befinden, ist zweifelsohne ein Individualisierungsprozeß idealtypischer Art. Der Einzelne kann, wenn er will - und er sieht sich genötigt, wenn ihn andere danach fragen - sein Handeln begründen und auf seine eigenen Entscheidungen an im Nachhinein als strategisch wichtig definierten Zeitpunkten zurückführen; gleichzeitig steigt seine Abhängigkeit von Rahmenbedingungen, in diesem Falle vom Arbeitsmarkt. Es tut sich eine Schere auf zwischen der Möglichkeit, eigene Entscheidungen zu treffen und der Möglichkeit, die Folgen seines Handelns zu antizipieren. Auf allen Ebenen finden Freisetzungen statt. Die betriebliche Einbindung ist außer Kraft gesetzt, und zwar in zweierlei Hinsicht: Das Kollektiv ist ebenso verschwunden wie die Sicherheit des Arbeitsplatzes. Die bislang zugewiesene Wohnung findet sich auf dem Wohnungsmarkt wieder, und neben der nun nicht mehr antizipierbaren Zukunft ist auch die Vergangenheit entscheidungsabhängig geworden. Ging es früher seinen Gang, muß sich Herr Tikovsky nun erklären, warum er seine Ausbildung nicht gemacht hat, und Herr Pattermann kann sich nicht mehr vorstellen, *„daß ein Ausbrechen gar nicht denkbar war"*. Vor allem aber sind die mit der DDR verbundenen Restriktionen auf einmal verschwunden, auf die man reagiert und mit denen man sich arrangiert hat. Die in Auseinandersetzung mit den jeweiligen Reibungspunkten entstandenen Verhaltens- und Denkweisen aber gibt es noch. Sie wurden mit dem Verschwinden des Systems nicht außer Kraft gesetzt und strukturieren jetzt die Einbindung ins neue.

Ich will nun in einem nächsten Schritt die alltägliche Lebensführung von Frau Barzel rekonstruieren. Frau Barzel hat im zweiten Industriebetrieb gearbeitet, in dem wir Interviews gemacht haben. Obschon gelernte Köchin, hat auch sie in der Produktion gearbeitet; später war sie als ungelernte Sachbearbeiterin tätig. Auch sie

---

beitsplatz verlor und den Wiedereinstieg nicht schaffte, steht vor deutlich schlechteren Chancen (vgl. hierzu Grünert/ Lutz 1994).

ist Ende dreißig, hat Partner und Kinder und war zum Zeitpunkt des 1. Interviews ebenfalls in Null-Stunden-Kurzarbeit. Ich habe sie ausgewählt, weil ich den drei Männern in Null-Stunden-Kurzarbeit eine Frau gegenüberstellen will. Freilich findet sich ein weiterer interessanter Unterschied: Frau Barzel war bis zur Wende Parteimitglied. Inwieweit ist dies relevant für die Auseinandersetzung mit dem alten und dem neuen System?

Sehen wir uns die Rolle der Partei im Leben unserer parteilosen Interviewpartner noch einmal an:

Für Herrn Pattermann ist eine potentielle Restriktion weggefallen, die die Organisation der Gesellschaft und vor allem die seines Betriebs betraf. Als Gängelband empfunden, wäre eine Parteizugehörigkeit für ihn nie in Frage gekommen, und mit seinem Drang zur Selbständigkeit hat ihm die Partei weniger als persönliche, sehr wohl aber als allgemeine Ressourcenvorenthaltung geschadet: Er konnte eben nicht sein eigener Herr sein. Herr Belzow betrachtet die Partei - seiner Lebensführung entsprechend - ausschließlich als Verhinderungsinstrument ordentlicher Arbeit: in seinem Betrieb als Reservoir arbeitsscheuer Leute, für ihn persönlich als Hinderungsgrund, in die BRD auf Montage gehen zu können. Nur Herr Tikovsky hat sich aktiv auf die Partei eingelassen. Er trat enttäuscht wieder aus und verzichtete auf eine Parteikarriere. Ob er tatsächlich diesbezügliche Chancen hatte oder nicht, muß uns nicht interessieren. Entscheidend ist, daß sein Austritt seine Außenseiterrolle beförderte. Er stand neben der Organisationsgesellschaft und war insofern in der Gausschen Nische, als seine Vergemeinschaftung über Balkon und Schrebergarten, ein bißchen über den Betrieb, aber gar nicht über die Partei lief.

Eva Barzels Lebensführung indes funktionierte gerade innerhalb der Organisationsgesellschaft: in Betrieb und Partei.

5.2. Das zweite Sample: Frau Barzel, Herr Flieger, Herr Dalloff, Herr Rabe, Frau März, Frau Bohm, Frau Günther, Frau Volkmann, Frau Pfeiffer

Ich will im Folgenden Frau Barzels alltägliche Lebensführung herausarbeiten und dabei den Blick vor allem darauf richten, wo ihre etablierte Lebensführung mit den Institutionen korrespondierte, mit denen sie zu DDR-Zeiten verfahren mußte und wie die Korrespondenz mit den neuen Institutionen aussieht. Mit Frau Barzel beginnt das zweite Panel. Zwischen dem ersten und dem zweiten Interview liegen zwei Jahre; es wird verfolgt werden, inwieweit sich Logik und Form alltäglicher Lebensführung über einen längeren Zeitraum hinweg verändert oder weiter stabilisiert haben werden und welche Folgen für den Aktor und das neue Institutionensystem resultieren.

Frau Barzel

1. Interview: *„Wir hatten Arbeit, wir hatten Wohnung, wir hatten Familie".*

Zwischen allen Stühlen

Frau Barzel, auch sie Ende dreißig, arbeitet im zweiten Industriebetrieb, in dem wir Interviews durchgeführt haben, einem Kombinat der Metallindustrie. Wie unsere eben vorgestellten Interviewpartner ist auch sie seit fünf Monaten in Null-Stunden-Kurzarbeit, allerdings mit der sicheren Aussicht, nicht weiterbeschäftigt zu werden. Ihr Mann, mit dem sie seit 20 Jahren verheiratet ist, ist Hilfsarbeiter im selben Betrieb; er arbeitet derzeit noch voll, weiß aber, daß seine Arbeitszeit in den nächsten Monaten reduziert werden wird. Das Paar hat zwei Söhne; der ältere Sohn sucht gerade eine Lehrstelle.

Man sieht es gleich: Frau Barzel ist im Sommer 1991 in einer Situation, die prekärer ist als die der Herren Pattermann, Belzow und Tikovsky zu diesem Zeitpunkt. Ihr Arbeitsplatz im Kombinat ist bereits verloren; sie kann nicht auf Weiterbeschäftigung hoffen. Denkbar wäre freilich, daß die Klarheit der Verhältnisse vor illusionären Erwartungen schütze: Denn abwarten, so wie Herr Tikovsky das tat, erscheint erst einmal nicht rational. Doch bleiben wir beim eindeutig Prekären: Hier ist die ganze Familie akut von Arbeitslosigkeit bedroht. Frau und Herr Barzel sind im selben Betrieb tätig, einem Kombinat, von dem schon im Sommer 1991 klar ist, daß keine Chance auf Erhalt besteht. Beide sind gering qualifiziert und haben Schonarbeitsplätze. Frau Barzel macht Botengänge und Registrierarbeiten, Herr Barzel ist für Reinigungsarbeiten und einfache Hausmeistertätigkeiten zuständig. Das dritte beinah erwachsene Familienmitglied ist derzeit ohne Ausbildungs- bzw. Arbeitsplatz.

„*Nun ist das nicht mehr wie bei uns*", sagt Frau Barzel, „*die Sicherheit ist auf alle Fälle weg*". Doch es ist nicht nur die Sicherheit weg; der Ernstfall scheint bereits eingetreten: „*Jetzt wo mer wirklich sagen kann*", kommentiert sie ihre momentane Situation, „*daß ma mal a bissl Geld verdient, jetzt kommt die Wende und dann is alles am Boden*". „*Also für Sie is das im Grund genommen das Schlimmste gewesen, was Ihnen hat passieren können, oder?*" fragt der Interviewer. „*Im Moment schon*", sagt Frau Barzel.

Warum ist „*alles am Boden*"? Und was ist „*alles*"?

Biographie

In der Provinz als älteste Tochter eines Zollbediensteten und einer Archivarin[1] mit vielen Geschwistern aufgewachsen, hat sie „*zu Hause das Regiment geschmissen*". Es war ein „*offenes Haus*", in dem viele Leute „*aus- und eingingen*". Dauernden Streit mit ihrem Vater nennt sie als Grund, von zu Hause weggewollt zu haben. Sie habe sich ihren Mann, einen Leipziger, „*bewußt ausgeguckt*" und heiratet ihn gleich nach ihrer Lehrlingsprüfung zum Facharbeiter Köchin: „*Ich hab 's ziemlich eilig gehabt*". Sie zieht zu ihm nach Leipzig in die beengten Verhältnisse der Wohnung der Schwiegermutter und fängt als Hilfsarbeiterin am Band in der Aluminiumfabrik zu arbeiten an, in der ihr Mann beschäftigt ist; die Arbeit „*hat Spaß gemacht*". In der Gastronomie wollte sie wegen des geringen Verdienstes nicht arbeiten. Aus der Zeit ihrer Beschäftigung in der Aluminiumfabrik erzählt Frau Barzel eine Episode, in der zwei wichtige Motive ihrer alltäglichen Lebensführung angestimmt sind: ihr Verhältnis zu ihrem Mann und ihr Verhältnis zur Arbeit. „*Wir ham gern gearbeitet. Grade in dieser Blechbude ... Wenn mal was war, konnten die sagen, Eva, Mensch, kannste nicht mal dableiben ne zweite Schicht. Ich saach, naja gut, müßt ihr meinem Mann Bescheid sagen, da bleib ich mit da. Ich hab 's ooch schon fertig gekriegt, hab nicht Bescheid gesagt, weil die Anlage gut lief, da ham ma an die Spätschicht, die ging bis um elf Uhr abend, ham wir noch eens angehängt, bis früh um sechs. Die Anlage lief wunderbar, da kam die Stückzahl, es hat Spaß gemacht*". Während einer solchen Extraschicht kam ihr Mann „*in Betrieb. 'In fünf Minuten bist du angezogen'. Ich saach, ach so, aber wenn Du 's so machst, dann is es in Ordnung. Ich hab das da immer a bissl ungerecht empfunden, wenn een Mann irgendwas macht, dann is 's okay, aber sobald die Frau das gleiche macht, wird mit einem anderen Maß gerechnet ... Ich saach, Mensch, das hat alles so wunderbar geklappt mit unserer Maschine und allem und du kommst jetzt angestiefelt und ich muß hinterherdackeln*". Das hat sie dann auch gemacht, übrigens letztendlich deshalb, weil ihre Kollegin gesagt hat, „*bevor du dich da rumstreitest, geh lieber mit*".

---

[1] Im Falle der Frau Barzel gibt es keine Milieukonsistenz.

Es streiten sich hier zwei Interessen: *„Die Anlage lief wunderbar"*, und da ist Frau Barzel dazu zu bringen, eine weitere Schicht dazubleiben. Wenn die Stückzahl kommt, macht, so scheint es, die Arbeit Spaß; ebenso will sie vielleicht ihre KollegInnen nicht im Stich lassen, wenn sie sie darum bitten, weiterzuarbeiten. Doch kann sie auch ihrem Mann Gefolgschaft nicht versagen; obschon Ungerechtigkeit ortend, ordnet sie sich ihrem Mann unter, allerdings nicht ohne Protest. Frau Barzel handelt, um dies gleich vorwegzunehmen, innerhalb für sie letztlich nicht hintergehbarer Zuständigkeiten und Anforderungen; zwei davon sind hier bereits angesprochen: die Unterordnung unter ihren Mann in Krisensituationen und die selbstverständliche Erbringung der im Kollektiv eingeforderten Arbeitsleistungen.

Nach drei Jahren bekommt Frau Barzel ihr erstes Kind und bleibt danach drei Jahre zu Hause. Daß sie zu Hause bleibt, *„das war von vornherein für mich das A und O. Krippe und früh raus die kleenen Geister, das machst du nicht, und wenn du jeden Groschen umdrehst"*. Das ist ihre eigene Entscheidung, und es ist eine in der DDR unübliche und unerwünschte, die sie mit eigenen Sozialisationserfahrungen und dem Mißtrauen gegen Kinderkrippen begründet: *„Wer weiß, was die in der Krippe lernen den Kindern"*. *„Von der Hand in den Mund gelebt"* hätten sie in dieser Zeit tatsächlich, doch war Geld immer knapp; ihr Mann ist die ganzen zwanzig Jahre über *„pfuschen"*, also schwarzarbeiten gegangen.

Nach den drei Jahren zu Hause arbeitete Frau Barzel in einer Kantine: *„Hab ich dann dort alles gemacht, was anfiel, vom Abwasch bis Rouladen oder Essen ausgeben"*. Sie hatte sich mit der Chefin bestens verstanden, *„das ging wirklich Hand in Hand und mir ham auch viel Spaß gehabt dort. Und noja dann ... is mein Mann die treibende Person gewesen, die 'n zweites Kind wollte"*. Frau Barzel wollte nicht. *„Aber es hat mir nicht viel geholfen. Ich mußte dann doch nachgeben. Was bleibt eben übrig"*. Hier haben wir eine der Episode aus der Alumimiumfabrik ähnliche Figur vor uns: Sie hat protestiert und Unterstützung bei den Frauen in ihrer Familie gesucht, aber mit Ausnahme ihrer Freundin nicht gefunden und *„mußte dann doch nachgeben"*.

Nach der Geburt ihres zweiten Kindes blieb sie wiederum drei Jahre zu Hause und begann danach dort zu arbeiten, wo ihr Mann inzwischen angestellt war: in dem Kombinat, in dem sie bis heute geblieben ist. *„In der ersten Zeit hatte ich ja gar nich allzuviel zu tun. Und da hat mein Chef damals. Mir ham uns gut verstanden, mein Chef und ich, mir sind, was absolut dazu beigetragen hat, weiß ich nicht, wir waren beide in der Partei, und Mischa sagte dann mal zu mir, saach mal Eva, der war Ökonom, willst nicht wenigstens Schreibmaschine lernen in der Zeit? Ich bring Dir 's bei ... die ham sich dann dahintergeklemmt, die ham die Maschine mir runtergebrach, ham die abgedeckt und ham gesagt, Eva, du lernst des 10-Finger-System blind. Ich sag, ich und 10 Finger blind, na so seht ihr aus. Ich hab 's gelernt. Es is schwer gewesen, aber ich hab 's gepackt"*. Nun konnte sie *„nebenbei"*

Schreibarbeiten erledigen. *"Der Parteisekretär kam mal: Eva schreib mir mal. Oder ein Technologe kam: Eva schreib uns des mal"*, und sie bilanziert: *"Es war ein wunderbares Kollektiv. Wir ham zusammengehalten, es gab kein böses Wort"*.

Auch diese Passage erinnert ans Aluminiumwerk: *"Eva, Mensch, kannste nicht mal dableiben ne zweite Schicht?"* Auch hier geht es um eine zu erbringende Stückzahl im übertragenden Sinne, nämlich die Erledigung von Schreibarbeiten für die statushöheren Kollegen; Frau Barzel wird gebeten, dazu beizutragen, und so ist es eine Ehre für sie, Schreibmaschine lernen zu dürfen. Ihre Schilderung, wie die Schreibmaschine gebracht und abgedeckt wurde, hat beinah etwas Sakrales. Ihr, Eva Barzel, haben sie, die Vorgesetzten, die Maschine gebracht; der Chef traut ihr die Fähigkeiten hierzu zu, und sie enttäuscht ihn nicht.

Nach der Wende

Nun hat sie nichts *"Greifbares"* in der Hand, da sie sich ihre Bürokenntnisse ohne formale Ausbildung angeeignet hat. *"Und das rächt sich jetzt. Ich sollte ja damals auf die Abendschule gehn. Da hatt ich aber gesagt, für die fuffzich Mark mehr geh ich nich auf die Abendschule und strample mich ab"*. Das lohnte sich für Frau Barzel weniger als die betriebsinterne, aber inoffizielle Fortbildung. Denn dort war ihr die soziale Anerkennung ihrer Kollegen sicher.

Jetzt hat sie vor, eine Umschulung zu beginnen. *"Im September fang ich ... an, da krieg ich dann zweiundzwanzig Prozent wieder dazu, was die IG-Metall rausgeschunden hat für uns ... wie nur nannte sich des, Bürokauffrau"*. Sie ist sich über die korrekte Berufsbezeichnung nicht sicher, aber schließlich war das ja nicht ihre Idee. *"Das hat man mir nahegelegt. Selbst interessiert hab ich mich dafür nicht. Ich wär lieber wieder irgendwo als Hilfskraft gegangen. Aber da sieht 's ja genauso belämmert aus"*. Sie habe sich wohl *"gekümmert"* um eine solche Arbeit, *"aber ich hab gemerkt, das hat keen Sinn. Man kommt wirklich an nischt ran. Und da hab ich mir gesagt, wartest erst mal ab. Vielleicht überstehste sogar die Schule ganz gut. Wenn ich 's nicht packe, dann werd ich mich in der Zeit um Arbeit bemühn. Ansonsten muß ich halt dann auf 's Arbeitsamt. Mal sehen, wie 's wird"*. Alternativlosigkeit sprach für die Umschulung, und - wie die Erwähnung des Finanziellen nahelegt - eine rationale Überlegung: In jedem Falle bekommt Frau Barzel mehr Geld als jetzt, und für eine spätere Arbeitslosigkeit ist eine höhere Einstufung wichtig. Auch Herr Tikovsky hatte solche Überlegungen angestellt.

Interessanter aber erscheint mir eine andere Spur: Auf ihrer Arbeitssuche läßt sie sich sofort frustrieren, denn das ist nicht nur eine wenig aussichtsreiche, sondern auch eine für sie völlig ungewohnte Verhaltensweise. Es erscheint ihr zweifelsohne vertrauter, das Ansinnen an sich herantragen zu lassen, sich umzuschulen, also darauf zu warten, daß jemand sagt: *"Eva, mach mal"*. Ermuntern freilich muß sie sich selbst: *"Vielleicht überstehste sogar die Schule ganz gut".* Schreibmaschineschreiben hat sie schließlich auch gelernt, und das hat ihr eine befriedigende berufliche Position eingebracht.

Doch als sie in ihrer 41a-Maßnahme[2], die in der Null-Stunden-Kurzarbeit stattfindet, über den formalen Ablauf der Arbeitslosenkarrierestufen aufgeklärt wird, ordnet sie sich sofort in eine angenommene Kollektivbiographie ein: *"Na prima, da werden wir ein Heer von Sozialhilfeempfängern ... Das ham ma uns alle erträumt".* Daß am Ende des bürokratischen Verwaltungsprozesses der Arbeitslosigkeit Sozialhilfe steht statt Arbeit, entspricht nicht Frau Barzels Vorstellung eines fürsorglichen Staates.

Vom Sozialismus enttäuscht

Es klingt verbittert und das meint es auch. Sie sei *"so enttäuscht worden",* sagt Frau Barzel selbst. Die Enttäuschung bezieht sich indes nicht auf die Hoffnungen, die mit der Wende verbunden waren, schon gar nicht auf eine demokratisierte Demokratie, den *"Geist von 89",* wie das bei Herrn Tikovsky der Fall ist. Frau Barzel ist vom Sozialismus enttäuscht worden: *"Wir ham da dran geglaubt und sind so betrogen worden. Wenn die oben nicht so geschachert und gerafft hätten, wär 's uns anders gegangen. Grad dieser Schalk-Golodkowski mit seinen paar Tonnen Gold im Keller ... Ich saach, wie is sowas möglich, wie kann ma bloß mutwillig ein ganzes Volk ins Unglück stürzen".* Sie zieht daraus folgenden Schluß: *"Für mich war Sozialismus nie was Schlechtes. An und für sich is es immer noch für mich nichts Schlechtes. Es war eben bloß wie 's praktiziert wurde nicht richtig. Das is sicher ne Sache, die gehn kann, aber da muß der Mensch reif sein dafür. Und unsere Menschen sind nicht da dafür im Geist reif. Sehn ma unsere lieben Bonzen an. Die ham ja jeder nur an sich gedacht".* Das ist nicht das, was sozialistische Moral meint.

Arbeit und Kollektiv

Nehmen wir an dieser Stelle eines der bereits erwähnten Motive von Frau Barzels Lebensführung auf: die unbedingte Wichtigkeit der Erwerbsarbeit. Sie hat einen so hohen Stellenwert im Leben von Frau Barzel, daß sie unsere Frage, ob sie sich vorstellen könnte, ganz zu Hause zu bleiben, seltsam findet: Sie sei das kürzlich bei ihrer 41a-Maßnahme schon mal gefragt worden. *"Wir sind 's gewöhnt, daß wir arbeiten gehn ... Ich möchte mein eigenes Geld haben. Ich möcht nich abhängig sein finanziell von meinem Mann. Ich weeß nich, wie das die Frauen drüben machen. Ob*

---

[2] 41a-Maßnahmen waren Kurse, die das Arbeitsamt veranstaltete, um Arbeitssuchende zu motivieren und ihnen die Grundlagen der Funktionsweise des neuen Systens nahezubringen.

die da ihren Mann fragen, ob se was kriegen". Ein emanzipatorisches Argument also, und Frau Barzel sagt das auch. *„Ich bin ein Mensch, der gern über sich selbst bestimmt".*

Der Arbeitsinhalt hingegen scheint ihr gleichgültig zu sein. Sie hat - mit Ausnahme der Kantine - in fachfremden Bereichen gearbeitet; zwei ihrer drei Arbeitsstellen waren in den Betrieben, in denen ihr Mann gerade arbeitete. Das war das Kriterium, und das sieht nun wiederum nicht nach Selbstbestimmung aus. Auch Zuarbeit zu leisten, war ihr überhaupt kein Problem; das machte ihr im Gegenteil Freude, erzielte sie schließlich darüber soziale Anerkennung. Ein Kriterium, das der Arbeitsplatz zu erfüllen hatte, war jedoch unabdingbar: Es mußte ein gutes, ein *„wunderbares Kollektiv"* sein, in dem sie arbeitete. Das *„wunderbare Kollektiv"* gab es denn auch an allen ihren Arbeitsplätzen: im Aluminiumwerk, in der Kantine und vor allem im Kombinat: Hier ordnet sie sich begeistert ein und unter. Mit ihrem Chef versteht sie sich prima, das 'Du' beschwört die nicht-hierarchische Zusammenarbeit.

Betrachten wir die Kennzeichen des idealen Kollektivs genau: Man hat *„zusammengehalten", „es gab kein böses Wort",* es *„muß alles auf den Tisch kommen".* Dieses letzte Kennzeichen korrespondiert zum einen mit einem personalen Merkmal von Frau Barzel: mit ihrer *„Ehrlichkeit",* die für Frau Barzel eine Tugend ist, bei ihr selbst aber ihrer Einschätzung nach die Grenze zur Blauäugigkeit erreicht habe. Sie trage *„ihr Herz auf der Zunge",* was ihr Prophezeiungen eintrage wie: *„Dich legen sie nochmal richtig rein".* Ein gutes Kollektiv aber bewahrt sie vor solcher Gefahr, denn dort *„gab 's wirklich a offenes Wort, was ja immer von Vorteil is. Wenn man hinterm Rücken redet, kann man nix ändern. Es muß alles auf den Tisch gepackt werden".*

Die Zusammenarbeit scheinbar ohne Konkurrenz und unter paternalistischer Fürsorge stand aber noch für etwas zweites, nämlich für die augenfällige Umsetzung der sozialistischen Ideale. Das Kollektiv ist für Frau Barzel die Operationalisierung des Sozialismus. Vor diesem Hintergrund ist das bereits in Kapitel 3 zitierte Statement zu lesen: *„Ich hätte gern gesehen, daß der Sozialismus geblieben wär. So real und ordentlich wie er sein sollte. Nicht wie 's unsere Herren Bonzen gemacht haben. Aber es is nun mal nicht so".* So real und ordentlich wie er sein sollte, war der Sozialismus für Frau Barzel in den Kollektiven, in denen sie gearbeitet hat; daß diese rückblickende Darstellung nicht heißt, daß sie die Zusammenarbeit immer als eine ideale empfunden haben muß, ändert nichts daran, daß das Kollektiv unter paternalistischer Fürsorge Frau Barzels erwünschtes Arbeitsverhältnis war und ist: *„Ich bring dir 's bei",* zitiert sie ihren Chef.

Im Gegensatz zu Herrn Belzow tritt die Produktorientierung hinter der Orientierung an der Arbeitsform zurück. Will dieser *„was dastehen sehn",* so ist für Frau Barzel die Zusammenarbeit selbst das Wichtigste. Das gilt auch für die Arbeit außerhalb der Erwerbssphäre, wie ihre euphorische Schilderung der gemeinsamen Gartenarbeit mit ihrer Freundin in deren Schrebergarten zeigt: *„Wir haben die ganzen Wurzeln und alles rausgeholt, sind wir wirklich auf allen Vieren gekrochen, aber wir hatten ooch viel Spaß, muß ich sagen. Mir ham da oft viele Bilder gemacht, da war 's schon a bissl frisch, da hab ich Mütze und Handschuhe auf und es war wirklich toll ".*

Die Arbeit des Alltags

Was Haus- und Familienarbeit betrifft, kann Frau Barzel indes nicht darauf setzen, zusammen mit ihrem Mann ein Kollektiv zu bilden. Er hilft nur dann, wenn *„ich saach, Mensch, das schaff ich nicht aleene, mach mal mit".* Ob das von vornherein klar war, daß sie für Hausarbeit alleine zuständig sei? *„Ja, wissen Se"*, meint Frau Barzel, *„das hat sich so ergeben. Ich weeß ooch nicht. Naja, klar"*, fällt ihr ein, *„dadurch, daß mein Mann ja wenig da war. Der war ja immer nebenbei arbeiten. Und da mußte ich 's ja machen".* So hat sie die Kartoffelmasse für Klöße auch schon mal in die Wäscheschleuder getan. *„Man hat sich schon a bissl zu helfen gewußt".*

Die gesamte Hausarbeit, Organisatorisches, Behörden, *„Kinder, Schule, Elternabend"* ist Frau Barzels Aufgabenbereich, und sie akzeptiert das im Großen und Ganzen, zumal sie keine Chance auf Veränderung sieht. Über einen Vorstoß berichtet sie jedoch: *„Ich hab ja auch schon mal gesaacht, du, in Filmen sieht man immer, daß der Mann mal Frühstück macht. Daß da abgewechselt wird. Aber irgendwie hat er da nicht reagiert und da hab ich dann auch nicht nochmal was gesagt. Da mach ich lieber mei Zeuch selber".* Solchen Rollentausch, und sei er auch noch so situativ begrenzt, verweist sie ins Reich der Fiction. In ihrem Bekannten- oder Verwandtenkreis, im richtigen Leben also, scheint es hierfür keine Vorbilder zu geben.

Dabei meint Frau Barzel von sich, sie hätte zu Hause *„ein bißchen die Hosen an".* Wie ist diese Einschätzung nachvollziehbar? *„Und ich sag zu meim Mann, weißte was ... "*, beginnen viele Sätze im Interview. *„Dann sagte ich zu meinem Mann, du gehst jetzt dahin und stellst den Antrag".* So findet man eine Wohnung, so wird das Bankkonto verwaltet: *„Da saach ich zu ihm, hol erst mal 1000 Mark ab und dann werden ma sehn, wie weit wir kommen".* In der Organisation des Alltags nimmt sie die Dinge in die Hand, indem sie festlegt, was zu tun ist und - so sie es für sinnvoll hält - Aufgaben an ihren Mann delegiert. Freilich hat dies Kosten: Neben den tagtäglich anfallenden Routinearbeiten bleibt auch die gesamte Organisation der Arbeit des Alltags in ihrer Zuständigkeit.

Dazu gehört auch, daß sie es ist, die über all die Jahre ihrer Ehe hinweg Freundschaftsbeziehungen etabliert hat. Ihre langjährige Freundin, ein Kollege ihres Mannes, den sie in die Familie integriert hat und zuletzt der Freund ihres älteren Sohnes ersetzen ihr ein Stück weit die Beziehung zu ihrem Mann: einmal durch gelegentliche Unterstützung in den Dingen des Alltags, zum anderen in emotionaler Hinsicht, früher wie heute: So wurde sie vom Kollegen ihres Mannes zusammen mit ihrem Neugeborenen bei der Rückkehr aus der Klinik in ihrer Wohnung empfangen, so macht sie mit dem Freund ihres Sohnes einen Fremd- und Selbsteinschätzungstest aus der 41a-Maßnahme, der für die Ehepartner gedacht ist. Warum sie das nicht mit ihrem Mann gemacht habe? *"Mein Mann, wie gesaacht, der hält nicht so viel davon. Mit dem kann ma da auch schlecht drüber reden. Ich unterhalt mich mit ihm zwar über 's Notwendigste ... Aber wo man sich sagt, da könnste mal drüber reden. Des kann ich in dem Sinn gar nich"*. Frau Barzel stellt uns gegenüber ihre Ehe in Frage. *"Wenn man so lange verheiratet ist, da macht man sich schon Gedanken, ob es richtig war"*, meint sie. Doch bislang hat sie ihren Mann nicht verlassen; sie leistet im Gegenteil Beziehungsarbeit und versucht, die Familie zusammenzuhalten. Beim Streit zwischen Vater und Sohn vermittelt sie, *"da saach ich dann schon, das meint der Vati nicht so"*. Und auch in anderen Situationen ist sie *"immer diejenige, die ihn immer bissl besänftigt, ich bilde mir ein, ich bin da bissl stärker als mein Mann. Ich bin ooch a bissl härter im Nehmen als mein Mann"*.

Die Kontakte zu Freunden und Verwandten bilden die zeitlichen Rhythmen von Frau Barzels Alltag außerhalb der Erwerbsarbeit: *"Montags ist Oma-Tag, da fahrn wir zu meiner Schwiegermutter"*. Freitags kommt ihre Freundin mit ihrem Mann zu Barzels, samstags besuchen Barzels die beiden. Mittwochs trifft sie ihre Freundin allein oder geht mit ihr aus, weil da ihr Mann beim Kegeln ist. *"Dienstags und donnerstags"* - die beiden Tage bleiben frei - *"ist es dann manchmal ja so gewesen, daß du deine Arbeit nicht geschafft hast, dann hast eben noch ein bissl was gemacht"*. Urlaub gab es selten und wurde ausschließlich in der DDR verbracht.

Die Parteiarbeit, die anfiel - Frau Barzel war in der Wohngebietsgruppe der SED - nahm im Vergleich zu anderen im Sample wenig Zeit in Anspruch, so daß Frau Barzel die hierfür aufgebrachte und jetzt verfügbare Zeit nicht extra thematisiert, so wie, wie wir später sehen werden, Frau März dies tut.

Alltägliche Lebensführung und Biographie

Die biographischen Entscheidungen von Frau Barzel sind durch eine eigentümliche Verschränkung von Selbstbestimmung und Unterordnung gekennzeichnet: Frau Barzel trifft selbstbestimmte Entscheidungen und führt sie aus, um sich danach in die Lebensführung anderer und in den Rahmen der Organisation der Gesellschaft einzuordnen. So verläßt sie ihr Elternhaus, um dann selbstverständlich zur Schwiegermutter zu ziehen und in der Firma ihres Mannes zu arbeiten. Die Entscheidung jedoch, die Kindererziehung der Erwerbstätigkeit vorzuziehen, war nicht nur unerwünscht in der DDR, sondern verwundert auch angesichts der sozialen Anerkennung, die Frau Barzel aus der Erwerbsarbeit zog. Das zweite Kind wollte sie nicht haben. Sie setzte nicht nur diesen Wunsch nicht durch, sondern gab auch ihre Arbeit in der Kantine auf, diesmal allerdings wieder wegen ihrer eigenen Prinzipien.

Dieselbe Verschränkung finden wir auch in der alltäglichen Lebensführung wieder: *„Ich bin ein Mensch, der gern über sich selbst bestimmt, und der sich vom Ehepartner nicht gern was sagen läßt"*, meint Frau Barzel; die Alltagsorganisation hat sie zweifelsohne in der Hand, freilich auch die ganze Arbeit. Und wenn Herr Barzel, wie das die Episode in der Aluminiumfabrik zeigt, droht, gibt sie klein bei.

Die Logik dieser Verschränkung kann man präzisieren: Den jeweiligen Rahmenbedingungen paßte sich Frau Barzel ein, mal mit größerer, mal mit geringerer Neigung.

Sozialistische ...

Sehen wir uns die Rahmenbedingungen an:

Der alles überspannende Rahmen war die DDR, verstanden als sozialistische Lebensweise. Frau Barzel hat sich nahezu idealtypisch den ideologischen Anforderungen unterworfen: Sie hat *„daran geglaubt"*, wie sie selbst sagt. Systemmoral und Alltagsmoral waren für sie deckungsgleich. Sie legte diesen Maßstab an ihr eigenes Verhalten ebenso wie an das Verhalten der jeweiligen Herrschaftsträger an. Das Kollektiv als Operationalisierung des Sozialismus war der Ort, an dem die sozialistische Lebensweise in der Form der paternalistischen Zusammenarbeit praktiziert wurde. Die Parteizugehörigkeit war der Kitt, der die Kollegen zusätzlich zur Zusammenarbeit verband: *„Mir ham uns gut verstanden, mein Chef und ich ... was absolut dazu beigetragen hat, weiß ich nicht, wir waren beide in der Partei"*. Die sozialistische Lebensweise gab nicht nur den Rahmen ab für die Arbeit im Kollektiv: Alle Grundpfeiler von Frau Barzels alltäglicher Lebensführung waren in ihrer Lesart Produkte des sozialistischen Paternalismus. Frau Barzel charakterisiert ihr Leben in der DDR so: *„Es ging uns ja relativ gut. Wir hatten Arbeit, das war uns immer das Wichtigste ... Und dann hatten wir Wohnung, wir hatten Familie"*. Diese unabdingbare Grundausrüstung war in ihren Augen eine Errungenschaft des Sozialismus: Arbeit wurde in der Form angeboten, die Frau Barzel Spaß machte, und sie war ihr garantiert. Half sie ein bißchen nach - und in ihrer alltagspraktischen Kompetenz ist Frau Barzel unschlagbar - fand man eine passende Wohnung und konnte sie behalten. Paradoxerweise stand auch ihre Familie unter paternalistischem Schutz: Beide Ehepartner hatten vor der Wende Arbeitsplätze, die ihre Existenz der sozialistischen Arbeitspolitik verdankten. Die Betriebe kümmerten sich auch insofern um ihre Angestellten, als sie nach dem Rechten sahen, wenn man nicht zur Arbeit kam. Frau Barzel erzählt von einer Bekannten, die aufgrund ihrer Suizidgefährdung von ihrem

Betrieb betreut wurde - daß damit gemeint ist, daß auch ihr Mann durch den sozialistischen Paternalismus vor dem Abrutschen ins Asoziale bewahrt wurde, ist nicht ausgeschlossen. Schließlich *„verträgt er nischt, und das erste Bier schmeckt ihm so gut wie das zehnte"*. Der Alkohol ist Streitthema Nummer eins bei Familie Barzel.

... und individualistische Lebensweise

Mit dem Systemwechsel nun ist alles gefährdet: Arbeit, Wohnung und Familie. Arbeit hat Frau Barzel nicht mehr, auch ihr Mann muß sich auf den Arbeitsplatzverlust einstellen; für immer verschwunden scheint *„das wunderbare Kollektiv"*. Frau Barzel hat sich nicht weiterqualifiziert - wozu auch hätte sie das tun sollen. Das aber *„rächt sich jetzt"*, wie sie selbst weiß. Wenn auch ihr Mann seinen Arbeitsplatz verliert und niemand seinen Alkoholismus auffängt, ist die Familie gleich in doppelter Hinsicht gefährdet: finanziell und psychisch. *„Ich möcht wissen, wo wir das Geld hernehmen sollen für die Miete"*, fragt sich Frau Barzel schon jetzt. Und sie reiht sich antizipatorisch, wie wir bereits gehört haben, in eine kollektive Abstiegsbiographie ein, an deren Ende das *„Heer von Sozialhilfeempfängern"* als kollektives Schicksal wartet.

Die Partei ...

Im Gegensatz zu den drei vorhergehenden Interviewpartnern war Frau Barzel bis zur Wende in der SED gewesen. Sehen wir uns ihr Verhältnis zur Partei genauer an:
    Der Eintritt verstand sich von selbst: *„Mein Vater war in der Partei und da blieb 's nicht aus, daß ich auch in die Partei ging, das war vorgeschrieben schon bald. Und dadurch, daß ich ja auch nicht passiv war. Ich hab immer meine Meinung gesagt, hab nie hintern Berg gehalten"*. Ihre FDJ-Sekretärin sagte ihr, *„Eva, solche wie dich brauchen wir in der Partei, die ooch mal die Gosche aufmachen. Und im Nachhinein hab ich aber gemerkt, solche ham sie in der Partei gar nicht gebraucht"*.
    Hier zeigt sich wieder das spezifische Mischungsverhältnis von Unterordnung und Selbstbestimmung, Engagement und Außenleitung. Obgleich *„vorgeschrieben"*, war in Frau Barzels Lesart auch eine persönlich Fertigkeit der Grund für ihren Eintritt: Kritikfreudigkeit. Das paternalistische Verhältnis spielt auch hier wieder seine Rolle. Dieses Mal war es die FDJ-Sekretärin, die sagte, 'Eva, mach mal'. Es war für Frau Barzel nicht einfach, in der Partei zurechtzukommen, doch im Unterschied zu Herrn Tikovsky blieb sie und arrangierte sich unter Mühen. Sie identifizierte Schwachstellen und verstand es, sich, wie wir das schon von ihr kennen, auch hier im Kleinen durchzusetzen: So erreichte sie, wegen ihres kleineren Kindes nicht regelmäßig in die Parteiversammlung gehen zu müssen und rebellierte - als begei-

sterte Leserin - gegen das Verbot des Sputnik. Sie ließ sich jedoch - im Falle des Sputnik vom Parteisekretär - leicht beschwichtigen oder redete sich selbst ihre Zweifel wieder aus. Ihre beste Freundin, nicht in der Partei, sagte „*immer, du, wir machen nicht einen Schritt vorwärts*". „*Das wird an der Weltwirtschaftskrise liegen*", habe sie geantwortet, „*des wird schon richtig sein, des wird schon richtig laufen*". Damit hat Frau Barzel nun zu kämpfen: „*Also wir ham schon gewußt, daß da irgendwas nicht stimmt. Ganz so dumm waren wir ja nu ooch nich. Aber uns hat 's eben dann des Genick gebrochen, daß wir immer auf Biegen und Brechen Parteidisziplin gehalten ham ... Ich hab schon immer gesaacht, mich wurmt das ganz doll, daß nicht wir als Genossen auf die Straße gegangen sind. Daß erst die auf die Straße gegangen sind, die ausreisen wollten*". „*Wir ham da dran geglaubt*", so ihr Fazit, „*und sind so betrogen worden*".

Frau Barzel muß differenzieren zwischen den Genossen, denn nicht zuletzt muß sie sich nun ja vor sich selbst rechtfertigen: „*Es gab solche und solche Genossen. Und mir tun die leid, die 's wirklich ehrlich gemeint haben. Die wirklich dahinterstanden und ich war ja ooch so*".

... hinterläßt Verdruß

Politisch engagieren werde sie sich daher nie mehr: „*Sie ham ja gesehen, es hat uns nischt gebracht, daß ma uns engagiert haben. Na denken Se, daß das jetzt was bringt, wenn ich mich wieder irgendwo einhänge?*" Das paternalistische Verhältnis hat sie enttäuscht, und die Enttäuschung wird übertragen: Auf der Ebene politischen Engagements ist ihre Reaktion der trotzige Boykott. „*Meinungsfreiheit generell gibt 's gar nicht. Jeder Staat läßt nur soviel zu wie ihm paßt. Und da bin ich dann ja genauso wieder bevormundet*". Sie stellt eine pessimistische Zeitdiagnose: Sie befürchtet Krieg, „*wenn 's den Deutschen wieder mal viel zu wohl geht*". Frieden wäre immer das wichtigste gewesen in der DDR - eine Referenz Frau Barzels an die sozialistische Lebensweise -, sie glaube nicht daran, daß „*die Vernunft siegt*". Frau Barzel liest gerade ein Buch über ein Konzentrationslager, was in ihr Assoziationen zur Stasi weckt, aber auch die Angst auslöst, daß sich ähnliches im neuen Deutschland wiederholen könne. „*Wenn ich diese Ausländerfeindlichkeiten immer höre, da denk ich mir, der Deutsche ist nicht tolerant genug, der sieht sich immer noch als den, der maßgeblich ist und gut. Das ist nicht meins*".

Alltägliche Lebensführung im neuen Rahmen

Der Systemwechsel schlägt voll auf Frau Barzels Lebenssituation durch, da die Organisation der DDR-Gesellschaft den Rahmen für ihre alltägliche Lebensführung abgegeben hat, sinnhaft wie praktisch. Die Arbeit ist weg, das Kollektiv scheint unwiederbringlich verloren, Wohnung und Familie sind gefährdet, das Vertrauen in Partei und Paternalismus grenzenlos enttäuscht. Unter diesen Bedingungen weigert sie sich, positive Erwartungen ins neue System zu setzen. Daß sie nun lesen könne, was sie wolle, *„is der einzige Vorteil, den die Wende uns gebracht hat"*. Sie zweifelt an ihrer Ehe, macht sich Sorgen um die Kinder, um Mann und Kinder auch in dem Sinne, daß sie meint, daß *„die fehlende Sicherheit auch vielen zu schaffen machen wird, die sehr labil sind, die nicht irgendwie mit sich selber ins Reine kommen. Die dann ins Nichts stürzen"*.

„Früher", sagt Frau Barzel, *„hat man einfach so drauflos gedacht und gelebt, jetzt muß ma sich schon a weng mehr 'n Kopf machen. Zumal war ja die Zeit auch so, daß man nicht viel überlegen brauchte im Grunde genommen. Man hat ja alles gesaacht gekriegt, was man zu machen hat und was man zu lassen. Und das is das Schlechte"*. Nun hat sie keine Strategien zur Verfügung, was ihre Lebensplanung betrifft, denn zu DDR-Zeiten hat sie sich genau darum nicht kümmern müssen - und es auch nicht gemacht.

Im Umgang mit den offenen Lebensverhältnissen wird nun auf eine vertraute Strategie zurückgegriffen: auf die Übertragung der Richtlinienkompetenz für ihr Leben auf andere, eine *„in der alten Zeit"* rationale Strategie. Frau Barzel läßt sich weiter paternalisieren, vor allem ihre berufliche Zukunft an sich herantragen; das ist die Strategie, die sie in Bezug auf die Wahl und den Inhalt ihrer Arbeit ihr Leben lang praktiziert hat. Den Familienalltag behält sie dabei weiter in der Hand, *„obwohl des nicht immer leichtfällt"*: neue Preise und Kaufgewohnheiten, die Verwaltung der knappen Geldmittel, Probleme mit den neuen Behörden. Ihr Alltag hat einen Teil seiner zeitlichen und räumlichen Struktur verloren: Das Leben findet jetzt ausschießlich in der Trabantenstadt statt, in der Barzels wohnen; der Hausarbeitstag, der früher zur Fahrt in die Innenstadt genutzt wurde, ist weggefallen und damit auch die Routine der Stadtfahrt. Ihre Unternehmungslust kann sie nicht ausleben: *„Ich interessiere mich doch für Museen. Und Sie werden lachen, ich war erst ein einziges Mal in Dresden. Ich hätte ja jetzt Zeit. Aber jetzt fehlt 's Geld"*. Sie versucht, sich vom Grübeln abzuhalten: *„Ich experimentiere jetzt mit den Haaren rum ... dann bin ich ja wieder abgelenkt ... wenn ich mich dann eben beschäftige, dann komm ich ja ooch nich in die Gefahr, daß ich mich da gehn laß"*. Der Gegenhorizont, der hier anklingt, wird an anderer Stelle deutlicher gezeichnet: *„Eins verstehe ich eben nich, viele junge Leute, wenn ich früh losziehe oder mittach losziehe, die sitzen schon mit 'm Bier da. Und ich hab mir immer gedacht, mit Alkohol hat ma noch nie was gelöst ... obwohl ich mir überlegt habe, wie das wirklich mal sein sollte, wenn wir unsere Miete mal nicht mehr bezahlen könnten. Wo wir dann hinsollen"*. Das Bild der herumsitzenden trinkenden Leute am hellen Tag wird uns noch öfter begegnen. Es dient nicht nur Frau Barzel als Sinnbild für die Gefahren des *„Kapitalismus"*, für das Leben jenseits der Grenzen der Stabilität.

Die Betriebsblindheit alltäglicher Lebensführung

"Ich würde gern mal wegfahrn. In ein ganz fremdes Land. Am liebsten immer, wovon ich lese. Zu den Indianern oder in die Karibik. Wo nich viele Touristen sind. Wo wirklich mal, wo wirklich mal Ruhe ist. Ruhe von allem. Vielleicht kriegt man dann ein anderes Bild, eine andere Einstellung. Vielleicht ist ma jetzt wie betriebsblind. Daß man so manches gar nicht mehr sieht, was vielleicht doch da ist und du nimmst es gar nicht wahr".

Mit dem Wort „*Betriebsblindheit*" beschreibt Frau Barzel ihre momentane Situation. Es benennt eine Fixiertheit auf etwas, was in ganz bestimmten vorgeschriebenen Organisationsabläufen funktional ist, unter Umständen aber nur dort. In genau diesem Sinne ist auch alltägliche Lebensführung betriebsblind. Sie ist auf den Betrieb abgestimmt, innerhalb dessen sie etabliert wurde. So wie Frau Barzel meint, daß etwas da sei, aber nicht wahrgenommen werden könne, ist auch die Funktionsweise alltäglicher Lebensführung beschreibbar: Alltägliche Lebensführung fungiert als eine Art Filter, durch dessen Poren nur ganz bestimmte Chancen und Zumutungen dringen, als ein Instrument selektiver Wahrnehmung mithin. Solche Selektionen stellen Orientierungshilfen in einer Zeit, in der nichts mehr sicher ist, können aber auch Folgen haben für die Person, deren Alltag so zwar stabilisiert wird, die unter Umständen aber auf die neuen Anforderungen und Chancen nicht angemessen reagieren kann. Frau Barzel agiert so, als lebte sie weiterhin innerhalb eines paternalistischen Systems; weil dies nicht so ist, verändert sich ihr Leben.

Frau Barzels Orientierung am Paternalismus läßt sie die Umschulung zur Bürokauffrau ergreifen, weil man diese an sie herangetragen hat. Da aber damit in keiner Weise ein Arbeitsplatz garantiert ist, ein paternalistisches Verhältnis also nicht vorliegt, wird sich Frau Barzel - ihrem Szenario entsprechend - vielleicht tatsächlich im „*Heer von Sozialhilfeempfängern*" wiederfinden. Sie kann ihre Paternalismusorientierung aufrechterhalten, doch steht sie damit inmitten eines Individualisierungsschubs ungeheuren Ausmaßes. Die Orientierung am Paternalismus ist unversehens zur individuellen Entscheidung geworden: Die Konsequenzen ihres Handelns werden nun an Frau Barzel zurückdelegiert.

Ihr Wunsch, weitab der hiesigen Zivilisation einen anderen Blick auf ihr Leben zu bekommen, drückt sehr klar aus, daß sie die Notwendigkeit sieht, etwas zu verändern. Nur was sie verändern und wie sie das tun soll, weiß sie nicht. Für den Umgang mit der Unsicherheit hat sie keine Strategie, für den Umgang mit dem „*Kapitalismus*" immerhin praktische Vernunft und Organisationstalent, das sie allerdings nur zur situativen Bewältigung von Alltagsanforderungen, nicht aber zur Lebensplanung einsetzen kann. Hierfür bleibt ihr nur ihre sozialistische Kapitalismuskritik, die sie zwar hellsichtig, aber (ideologiegerecht) ohne jede praktische Lösungsmöglichkeit verwenden kann. Unter den neuen Rahmenbedingungen der Arbeitsmarktindividualisierung hat sie für eine berufliche Einbindung schlechte Voraussetzungen: Sie war in einem Industriezweig und in einer Betriebsform tätig, die beide in Auflösung begriffen sind, sie hat sich nicht formal qualifiziert, weil hierfür keinerlei Notwendigkeit oder Anreiz bestand, sie kann und will in ihrem erlernten Beruf nicht mehr arbeiten, und ihr Alter und nicht zuletzt ihr Geschlecht verringern ihre Chancen auf dem Arbeitsmarkt. So sieht Frau Barzel ihre ganze Familie vom finanziellen Ruin gefährdet.

2. Interview: *"Ich wünsch mir nur eins. Daß ich wieder Arbeit hab".*

Als wir uns zum zweiten Interview treffen, kommt Frau Barzel gerade vom Arbeitsamt zurück und kommt sich vor *"wie die, die sich immer melden müssen, die auf Bewährung raus sind, ich finde das so erniedrigend"*. Man habe ihr dort unterstellt, daß sie einer Arbeit nachgehe, weil sie darauf hinwies, daß sie einen Termin habe.

Arbeitslos

Frau Barzel ist seit ein paar Tagen arbeitslos gemeldet. Die Umschulung ist zu Ende, und Frau Barzel hat die Abschlußprüfung nicht bestanden. Sie hätte die Prüfung wiederholen können - es war nur eine, die übrigen Prüfungen hatte sie bestanden -, sah aber davon ab. Eine Freundin, die eine ganz andere Prüfung nicht geschafft hätte, weil sie sich beim zweiten Mal auf das Falsche vorbereitet habe, ist der angegebene Hinderungsgrund. Frau Barzel hat *"schon überlegt, da hängt ja an und für sich viel dran. Immerhin is es a zweiter Facharbeiter"*. Daß der Abschluß notwendige, wenn auch nicht hinreichende Voraussetzung für eine Arbeit als Bürokauffrau ist, spricht sie nicht an. Aber sie stellt sich darauf ein, daß *"ich wohl ne ganze Weile warten darf, daß ich überhaupt Arbeit kriege"*.

Erwerbsarbeit ...

In der Umschulung hatte sie wieder ihr *"Kollektiv, wir kannten uns untereinander, das war schon mal gut"*. Frau Barzel konnte ihre frühere Rolle wieder spielen: *"Ich bin früh zum Bäcker, ich hatte Pfannkuchen für alle mit"*. Wären alle anderen auch durch die Prüfung gefallen, Frau Barzel hätte sicher wiederholt.

Ihr Mann hat gleich nach seiner Entlassung eine neue Stelle in einem Schnellimbißunternehmen angetreten. Diese Stelle hat Frau Barzel beschafft. *"Durch einen Bekannten ham mir dann gleich Arbeit für ihn gefunden"*, erzählt sie und versucht, ihre Aktivitäten zu verbergen, was ihr aber nicht gelingt: *"Wie er damals angerufen hatte, wegen Arbeit, ham die nein gesagt. Da wollt ich schon bald auflegen ..."*.

Das hat sie nicht gemacht, und schließlich wurde Herr Barzel engagiert. Schon vorher plante Frau Barzel seine berufliche Zukunft: *„Für meinen Mann hatt ich ooch mal überlegt"*, ob er nicht pendeln solle. *„Ich sag, Bernhard, wenn wirklich mal alle Stränge reißen, mußt du eben nüber".*

... und Alltagsorganisation

Die Organisation der Familie ist weiterhin Frau Barzels Domäne: Ihren Sohn, der eine Lehrstelle gefunden, sie aber wieder gekündigt hat, ermahnt sie dazu, sich zu bewerben, Anschaffungen für den Haushalt nimmt sie in die Hand, *„ich hab schon mal mit dem Gedanken gespielt, mir sogar ne andere Wohnung suchen zu wollen",* ist doch die Miete zu hoch für ihr Budget. Bei ihren Alltagsentscheidungen, ihrer Meinungsbildung und auch bei weichenstellenden biographischen Fragen orientiert sie sich nun an den Erfahrungen des Bekanntenkreises. Dadurch bekommen ihre Entscheidungen etwas Erratisches, denn sie bedenkt den jeweiligen Entscheidungszusammenhang nicht mit, weder bei der Prüfungswiederholung noch beim Kauf einer Waschmaschine: So wird eine sehr teure gekauft, weil ihre Bekannten sie leise finden, und Frau Barzel hat ihren finanziellen Engpass weiter verengt.

Denn das Familieneinkommen reicht gerade für den Lebensunterhalt; es muß strikt gespart werden. Frau Barzel träumt von einer Reise nach Österreich oder in die Schweiz, aber auch für Ungarn oder Tschechien reiche das Geld nicht. Auslandsreisen sind nicht möglich, heute so wenig wie früher. Auch die alltägliche Freizeitgestaltung muß Einschränkungen verzeichnen: Frau Barzels Freunde haben mehr Geld als sie, und mit ihnen auf ein Glas Wein ausgehen zu können, ist finanziell nicht mehr drin.[3] Das Hobby der Köchin, Freunde und Verwandte zu bekochen, mußte ebenfalls aufgegeben werden; für sich selbst neue Kleider zu kaufen, steht völlig außer Diskussion. Doch in ihrer Wohnung hat sie ein *„Obdachlosenasyl mit allem drum und dran"* etabliert, in dem die Freunde ihres älteren Sohnes ihre Tage und Nächte verbringen. Der Stellenwert dieser erweiterten Familie hat mehrere Aspekte: Zum einen stammt Frau Barzel aus einem offenen Haus mit vielen Geschwistern, sie ist den Rummel gewohnt und hat ihn gern; zum zweiten ersetzen ihr die Freunde zum Teil den Partner; zum dritten kann sie ihren pädagogisch-psychologischen Alltagsverstand einsetzen: Sie 'erzieht' die Freunde ihrer Kinder und hält den Kontakt zu ihren Kindern über die Einbindung des Freundeskreises. Und zum vierten hört sie gerne, daß sie *„kameradschaftlich"* sei, *„die Eva, die hilft und die macht".* Sie definiert sich als hilfsbereit, sogar als selbstlos - *„ich bin immer diejenige, die immer*

---

[3] Daß auf diesem Wege finanzielle Einschränkungen den Freundeskreis gefährden, weist die Arbeitslosenforschung aus (vgl. Wacker 1976).

zurücksteckt" - und schätzt das eine positive Eigenschaft. *„Warum soll ich 'n nee sagen, wenn ich denjenigen helfen kann. Ich bin da nicht so"*, meint sie. Diese Eigenschaft hält sie nach wie vor auch für die einem Staate angemessene. Doch die vormalige paternalistische Fürsorge sieht sie nun gegen einen rücksichtslosen Egoismus eingetauscht, der ihren persönlichen Werten so diametral entgegengesetzt ist wie das frühere System in seiner ideologischen Form diesen Werten entsprach. System- und Alltagsmoral sind nun nicht mehr eins. Ihr *„Obdachlosenasyl"* ist als ein Versuch zu sehen, den fehlenden Systempaternalismus wenigstens im Kleinen zu substituieren, vor allem in seiner Ausprägung als Kollektiv.

Abstieg und Radikalisierung

Doch unter diesen Verhältnissen sind Alltagsroutinen nur mehr schwer aufrechtzuerhalten - die Wohnung macht einen verwahrlosten Eindruck, im übrigen auch der ganze Wohnblock. Frau März, die ein paar Straßenzüge weiter wohnt, wird uns später erzählen, daß sie hin und wieder an Auszug denke, mutiere das Wohngebiet doch zum Armenghetto. *„Ich glaube, so richtig weit unten sind wir noch gar nicht"*, kommentiert Frau Barzel selbst ihre momentane Situation: ein Blick in einen Abgrund, dessen Tiefe sie nicht abzuschätzen weiß.

Der untrügliche Indikator für den Niedergang ist der endgültige Verlust des Kollektivs: *„Das Kollektiv auf alle Fälle"* hätte sie gerne wieder, *„weil wir ham wirklich gerne miteinander gearbeitet"*. Doch inzwischen weiß sie: *„Das kriegen wir ooch nicht so wieder. Jetzt ist einer dem andern sein Teufel und der beste Zustand ist, daß jeder für sich ist. Das kenn ich gar nicht, daß jeder seins macht. Aber das ist jetzt aber so"*.

Frau Barzel spürt die Konkurrenz, die sich jetzt etabliert; ihre Institutionalisierung brauche, so ihre Schlußfolgerung, die Ehrlichkeit nicht mehr: *„Der Kapitalismus bringt uns ooch nicht das, was wir an und für sich erstreben. Diejenigen, die immer noch mehr kriegen, des sind die, die unehrlich sind. Wenn man da die Jugend hört, die sagt, na mit Ehrlichkeit kommste heute zu nichts mehr, dann muß ma dann leider sagen, mitunter ham die recht"*. Diese *„andere Einstellung zur Moral"* führt sie auf die Unmoralität der Regierung zurück. *„Wie kann dann ein Volk moralisch sein oder bleiben?"* Denn *„der Vater Staat tut sich gesundstoßen an denen, die sowieso nischt ham"*. Und da ist Frau Barzel *„nah dran zu sagen, da war mir der Sozialismus schon lieber"*.

Was ihre politische Einstellung betrifft, hat Frau Barzel eine systemübergreifende Gesellschaftstheorie entwickelt: *„Wir müssen 's hinnehmen, ändern können wir 's nicht. Weder so noch so. Wir konnten zu DDR-Zeiten nischt ändern und jetzt genauso nicht. Ja, na gut, dann machste die Jalousien dicht"*. Politisches Engagement komme nicht mehr in Frage, *"denn was jetzt läuft, is genau dasselbe in Grün"*, und *"eh ich irgendwas bin, bin ich lieber gar nischt"*.

Alltägliche Lebensführung ...
Die Form von Frau Barzels alltäglicher Lebensführung hat sich völlig verändert, wenn nicht sogar aufgelöst. Sie ist chaotisch geworden, weil die Voraussetzungen zur Aufrechterhaltung der Alltagsroutinen fehlen: *"Jetzt gammel ich doch nur"*, sagt sie, denn seit die Umschulung zu Ende ist, ist als letztes das zeitliche Gerüst ihrer Lebensführung umgefallen. *"Richtig wie 'n Arbeitstag"* war das, sagt sie von ihrer Umschulung; *"ich muß sagen, ma hat auch Beschäftigung eben dadurch gehabt, du kamst dir nicht vor, als wenn de hier überflüssig bist"*.

Nicht verändert hat sich jedoch die Logik der Lebensführung: Die etablierten Regeln der Lebensführung werden beibehalten. Frau Barzel managt selbstbestimmt den Alltag, auch wenn das zunehmend schwieriger wird, legt aber ihre berufliche Zukunft - und damit nun auch ihre Existenzsicherung - weiter in die Verfügungsgewalt anderer. In der Organisationsgesellschaft DDR war diese Logik mit der sozialistischen Lebensweise synchronisiert, jetzt aber ist die Angewiesenheit ihrer Lebensführung auf Außenleitung dysfunktional geworden. Obwohl es ihr mit alltagspraktischer Findigkeit gelungen ist, ihren Mann in den Arbeitsmarkt einzubinden, richtet sie sich selbst weiterhin nach den institutionellen Angeboten. Sie ließ sich die Umschulung nahelegen, überläßt sich nun dem Arbeitsamt und schätzt den weiteren institutionellen Zugriff auf ihr Leben realistisch ein: Sie sieht sich die verschiedenen Stufen der Arbeitslosenkarriere ablaufen, an deren Ende sie sich im *"Heer von Sozialhilfeempfängern"* finden wird.

Frau Barzels Lebensführung funktioniert nicht mehr, obwohl sie noch genauso funktioniert wie früher. So bleibt ihr nur die Möglichkeit, das Scheitern zu einem Arrangement zu binden, und das gelingt ihr zumindest sinnhaft in der Systemkritik. Der Kapitalismus habe ihr Leben durcheinandergebracht, er habe vor allem das zerstört, was für sie die praktische Umsetzung des Sozialismus war: das Kollektiv. Sie versteht ihren Sohn, der seine Lehrstelle gekündigt hat, denn daß er unter den neuen Arbeitsbedingungen nicht arbeiten will, ist ihr verständlich, ist doch *"jetzt jeder dem andern sein Teufel"*. Sie versteht nicht, wie *"die sich das vorstellen, wovon wir leben sollen"*, erkennt langsam, daß *"die"* sich davon gar keine Vorstellung zu machen brauchen, und ihre Verbitterung wächst. Ihre abwägende Beurteilung des neuen Systems ist starker Politikverdrossenheit gewichen; ihre Einschätzungen sind populistischer geworden. Sah sie vor zwei Jahren die Ausländerfeindlichkeit als großes Problem an, sind es nun die Ausländer selbst. *"Die machen sich wirklich ihre Feinde selber"*.

„Wenn Sie sich drei Dinge wünschen könnten, was würden Sie sich wünschen?" fragen wir am Ende des Interviews. *„Arbeit"*, sagt Frau Barzel. Nach fünf Sekunden Pause fährt sie fort: *„Meine Güte, die andern zwei Sachen, fällt mir nischt ein".*

... und neues Institutionensystem

Frau Barzel unterstützt die Implementierung des Arbeitsmarkts, indem sie mitspielt, bezahlt aber letztlich dafür. Neben den objektiven - und für sie nachteiligen - Kennzeichen ihrer sozialen Lage (Qualifikation, Branche, Alter, Geschlecht, familiäre Situation) bewegt sie auch die Logik ihrer Lebensführung innerhalb einer nun vertikalen Hierarchie von sozialen Lagen bergab. Frau Barzel verläßt sich weiter darauf, daß ihr angeraten wird, was sie zu tun hat. Das fast unbedingte Vertrauen in den Paternalismus, verknüpft mit der Liebe zur Arbeit im Kollektiv, vorher eine Ressource für Frau Barzel im Sinne ihrer Präferenzen, wird nun zur Restriktion, und das weiß sie auch selbst: Sie erkennt, daß *„die"* sich ja gar nicht darum kümmern müssen, wovon sie leben soll. Die 'individualistische Lebensweise', daß *„jeder seins macht"*, akzeptiert sie freilich deswegen noch lange nicht. Sie versucht weiterhin, ihre Interpretation der sozialistischen Lebensweise, nämlich den Zusammenhalt untereinander, zu leben, jetzt reduziert auf die eigene Wohnung: Sie erduldet das dort etablierte *„Obdachlosenasyl"* nicht nur, sondern ist stolz darauf, dadurch den Kontakt zu ihrem älteren Sohn und seinen Freunden zu halten und ihre Kameradschaftlichkeit unter Beweis zu stellen. Die Folge davon ist, daß die Wohnung verslumt und ein geregelter Tagesablauf kaum mehr aufrechtzuerhalten ist.

Mit dieser Falldarstellung rückt ins Blickfeld, daß Akteure in der Lage sein müssen, die gesellschaftlichen Strukturen in ihrem Handeln zu reproduzieren. Dazu müssen die Institutionen anschlußfähig sein an das Handeln der Akteure, müssen in ihre alltägliche Lebensführung integrierbar sein - denn daß die Akteure ihre Lebensführung umstandslos an das neue Institutionengefüge anpassen, erscheint unwahrscheinlich. Haben die Akteure ihre Lebensführungsmuster zu Beginn des Umbruchs - ihrer Logik entsprechend - noch variieren können, so haben die mittlerweile implementierten Institutionen die jeweiligen Lebensführungsmuster nach ihrer Anschlußfähigkeit selegiert. Frau Barzels Lebensführung ist im Augenblick nicht anschlußfähig an den Arbeitsmarkt, ironischerweise auch deshalb, weil sie das institutionelle Angebot des neuen Systems, die Umschulung, angenommen hat. Frau Barzel sieht letztendlich nur eine Institution, die an ihre alltägliche Lebensführung anschließen kann: die Sozialhilfe. Frau Barzel ist nicht schuld daran, daß sie eine Lebensführung etabliert hat, die, wenn sie den Spielregeln des Marktes unterworfen wird, nur hierüber ans neue System andocken kann. Über die Paßform der Lebensführung - so meine These - entscheidet die Umwelt, zumal dann, wenn der Optionsraum sehr schnell sehr klein geworden ist.

Alltägliche Lebensführung erweist sich hier als Medium der Stabilisierung von Institutionen: Individuelles Handeln wird damit zum Kitt gesellschaftlicher Ordnung. Dies kann freilich, wie wir gesehen haben, auf Kosten des Aktors gehen.

Frau Barzel und Herr Tikovsky

Herr Tikovsky ist in einer ähnlichen Situation. Wie Frau Barzel in der DDR eingebunden ins Erwerbssystem, ist auch er im Zuge der Arbeitsmarktindividualisierung nicht in der Lage, seine Arbeitskraft zu verkaufen; beide sind zum Zeitpunkt des zweiten Interviews arbeitslos. Beide haben geringe formale Bildung, waren in inzwischen abgewickelten Betrieben in einer sterbenden Branche beschäftigt und sind für den Arbeitsmarkt in ihrem Beruf in einem kritischen Alter. Geschlecht und Behinderung waren in der DDR für beide keine Hindernisse für eine subjektiv befriedigende berufliche Position; nun sind sie es geworden: Frau Barzel und Herr Tikovsky sind nicht zuletzt deswegen in ihrer Bewegungsfreiheit auf dem Arbeitsmarkt eingeschränkt. Und auch ihre alltägliche Lebensführung, funktional für ihre unter früheren Rahmenbedingungen verfolgten Interessen, kann man zu den Restriktionen hinzuzählen, mit denen sich die beiden auseinandersetzen müssen: Beide warten ab, was passiert. Dieses Abwarten in dieser Situation schließt sie an die bürokratische Verwaltung ihrer Arbeitslosigkeit an: über Motivationslehrgänge und Umschulung bzw. Auffanggesellschaft in die nun auch formale Arbeitslosigkeit. Ihr Abwarten hat indes unterschiedliche Gründe:

Herr Tikovsky war schon immer Außenseiter; seine Behinderung war hierfür die Ausgangsbasis. Neben der im Interview praktizierten Stilisierung seines abweichenden Lebensstils unterstreichen seine Lebenslaufzäsuren sein Außenseitertum. Herr Tikovsky hat sich der Partei entzogen; war eine solche Entscheidung bereits Resultat seiner Distanzierung von der politischen Ideologie, so wurde diese Distanzierung in der Folge durch seine Entscheidung zementiert. Durch seine Karriereverweigerung konnte ihn niemand „vor den Karren spannen" (Lay 1993), und er konnte sich seine hintergründigen Widerständigkeiten im Betrieb leisten. So hing er zu den Zeiten des Anti-Gorbatschow-Kurses in seinem Betrieb ein Plakat auf: „*Von der Sowjetunion lernen heißt siegen lernen*". Auch im Privatleben verweigerte er Konformität: So wurde erst vor drei Jahren geheiratet, auf Wunsch der Kinder, wie er sagt. Den Weg in die neue Gesellschaft begann Herr Tikovsky vor der Nikolaikirche; er hat Demokratie eingefordert und hat insofern ein Handeln an den Tag gelegt, das den Prozeß der reflexiven Demokratisierung (Beck 1996, S. 69ff) vorantrieb. Denn aufgrund dessen, daß im Herbst des Jahres 1989 Demokratie allzugut funktioniert hat, wurden die daraufhin eingeführten demokratischen Institutionen im Beckschen

Sinne reflexiv, indem „die Prinzipien der Demokratie selbst" (Beck 1996, S. 75) zum Thema wurden: Es wurde zunehmende klar, daß auf Bürgerbewegungen die deutsche Vereinigung nicht aufgebaut werden konnte; diese mußte von oben organisiert werden, und dagegen verwehrte sich Herr Tikovsky. Diese kritische Position behält er nach der Wende bei: Er beobachtet die arbeitsmarkt- und gesellschaftspolitische Entwicklung von außen, und tragischerweise kann er die Kontinuität seiner Lebensführung als Außenseiter auch deshalb erhalten, weil er durch die Funktionsweise des neuen Systems wiederum im Abseits steht, diesmal allerdings aus anderen Gründen als zuvor. Dabei ist es nicht sicher, ob das neue Abseits auch weiterhin eine Nische bietet. Doch noch kann Herr Tikovsky zu seinem Außenseitertum stehen und sich dadurch vor Frustrationen besser schützen als Frau Barzel. Freilich dürfen wir nicht vergessen, daß das zweite mit Herrn Tikovsky geführte Interview ein Jahr länger zurückliegt als das mit Frau Barzel. Wir wissen nicht, ob er seine vergleichsweise hohe Frustrationstoleranz hat retten können.

Frau Barzel kann sich nicht danebenstellen; sie kämpft im Strudel der Ereignisse. Sie hat sich ihr Leben lang eingeklinkt in die Rahmenbedingungen ihrer jeweiligen Situation. Wurde Herrn Tikovskys Außenseitertum durch den Parteiaustritt zementiert, so war es bei Frau Barzel spiegelverkehrt: Je länger sie in der Partei blieb, desto besser ausgebildet wurde ihre Fähigkeit zur kognitiven Dissonanzreduktion. Die Tatsache, daß sie *„daran geglaubt"* hat, läßt sie nun *„enttäuscht"* zurück. Sie ist verbittert und wünscht sich die alten Verhältnisse zurück, während Herr Tikovsky eine Radikalisierung der Demokratie einklagt. An diese denkt Frau Barzel immer weniger. Am liebsten ginge sie gar nicht zur Wahl. Durch ihre Parteizugehörigkeit hat Frau Barzel nicht nur eine am Paternalismus orientierte Lebensführung etabliert; sie hat auch die sozialistische Moral inkorporiert und darauf vertraut, daß sich die Partei selbst an die von ihr aufgestellten moralischen Prinzipien hält. Die Orientierung am Paternalismus wird darüberhinaus durch die Inkorporierung eines geschlechtspezifischen Unterordnungverhältnisses gestützt, das staunen macht. Bei aller Kompetenz, Entscheidungsfreude und Verantwortungsübernahme im Alltag ist die Akzeptanz der Richtlinienkompetenz ihres Mannes unübersehbar. Beim Management seines Lebens vergißt sie das ihres eigenen. Daß dieses für sie schwierig zu organisieren ist, ist gleichzeitig offensichtlich. Während sie ihren Mann unterstützt und aufmuntert, gibt es niemanden, der sie entlasten oder gar unterstützen würde und niemanden mehr, der jetzt 'Eva, mach mal' sagt. So ist Frau Barzel ausschließlich auf die Steuerung ihrer Lebensführung durch die neuen Institutionen angewiesen.

Zur Anschlußfähigkeit alltäglicher Lebensführung: Thesen

Anhand von vier Fallgeschichten wurden bislang
1. die Regelmäßigkeiten des Alltagslebens, die wir mit dem theoretischen Konzept der alltäglichen Lebensführung fassen wollen, rekonstruiert und
2. über die Zeit hinweg weiterverfolgt. Dabei wird angenommen, daß durch die Implementierung eines neuen Institutionensystems die alltägliche Lebensführung unter Veränderungsdruck steht.

Die bislang vorgestellten vier Personen befanden sich zum Zeitpunkt des ersten Interviews in einem Moratorium, in dem der Arbeitsplatz nicht mehr da, Arbeitslosigkeit aber noch nicht eingetreten war. In solcher Situation, so meine These, mußten die etablierten Regeln alltäglicher Lebensführung zu rekonstruieren sein. Folgende Thesen konnten plausibilisiert werden:

- Die etablierte alltägliche Lebensführung wird in diesem Moratorium im wesentlichen aufrechterhalten. Ihre Logik, das generative Prinzip, wird nicht außer Kraft gesetzt; das System 'alltägliche Lebensführung' bleibt dabei stabil, ohne statisch zu sein, denn seine Form kann sich durchaus ändern, müssen doch veränderte Alltagsanforderungen integriert werden.

- Die alltägliche Lebensführung trägt so Züge einer Institution, die den gesellschaftlichen Institutionswechsel zumindest erst einmal unbeschadet überlebt. Das hat Folgen für Person und Gesellschaftssystem, und zwar stabilisierende: Der Person dient ihre etablierte Lebensführung als Richtschnur in einer Zeit, in der nichts mehr sicher ist; im Gegenzug kann das neue Institutionensystem anschließen an die Verhaltensregelmäßigkeiten seiner Mitglieder: Es muß keine anomischen, sondern institutionalisierte Verhältnisse regeln.

- Doch wie die Wiederholungsinterviews zeigen, muß solche Stabilität der Person nicht auf längere Sicht hin nützen. Denn es ist nicht sicher, ob die etablierte Lebensführung so an die neuen Institutionen andocken kann, daß zweierlei gewährleistet ist: ihre weitere Stabilität und die Zielrealisation ihres Trägers. Bei Frau Barzel sehen wir beides deutlich gefährdet: Durch ihre am Paternalismus orientierte Lebensführung überläßt sich Frau Barzel der Verwaltung der Arbeitslosigkeit; gleichzeitig geraten die Grenzen der Stabilität ihrer Lebensführung in Sicht, denn die drei Grundpfeiler, auf denen sie aufliegt, sind ins Wanken geraten: Arbeit, Wohnung und Familie, deren Einbettung in die sozialistische Lebensweise durch Frau Barzels alltägliche Lebensführung reproduziert wurde. Das bedeutet, daß zu den 'harten' Ressourcen und Restriktionen in Bezug auf den Umgang mit neuen Zumutungen und Chancen und für den Platz im System sozialer Ungleichheit neben Alter, Geschlecht, Qualifikation und Branche auch die alltägliche Lebensführung zu zählen ist.

- Die Anforderungen des neuen Institutionensystems - so deshalb meine letzte These - selegieren die jeweiligen alltäglichen Lebensführungsmuster in Bezug auf ihre Anschlußfähigkeit. So mag, was früher rational war, plötzlich hinderlich sein und umgekehrt.

Die Anschlußfähigkeit wird hier zuallererst als die Teilnahme am Erwerbssystem thematisiert; das entspricht auch der Sicht unserer InterviewpartnerInnen: Der Erhalt des Arbeitsplatzes hat absolute Priorität. Freilich kann, wie wir noch sehen werden, die Erreichung dieses Ziels mit hohen Kosten verbunden sein, auch mit so hohen, daß davon abgesehen wird.

Herr Flieger, unser nächster Interviewpartner, hat einen erfolgreichen beruflichen Neustart hinter sich. Sehen wir uns an, auf welche Ressourcen er hierbei zurückgreifen konnte, welche Rolle seine alltägliche Lebensführung dabei spielte und welchen Metamorphosen sie unterlag.

Herr Flieger ist Mitte dreißig; er war Politoffizier bei der Nationalen Volksarmee und ist zum Zeitpunkt des ersten Interviews seit fünf Monaten Außendienstmitarbeiter bei einer Versicherung. Seine Frau, eine an der Universität tätige Wissenschaftlerin, befindet sich derzeit in der sog. 'Warteschleife', einer Art Null-Stunden-Kurzarbeit für Angestellte; das Paar hat einen Sohn und eine Tochter im schulpflichtigen Alter. Mit Herrn Flieger haben wir jemanden vor uns, der sich selbst als Wendegewinner betrachtet. Ich werde nachzeichnen, auf welche Ressourcen er zurückgreifen konnte. Denn auch Herr Flieger war selbstverständlich Parteiangehöriger, und diese Tatsache haben wir bei Frau Barzel als Restriktion im Umgang mit dem neuen System ausgemacht. Wir werden sehen, daß Herr Flieger im Gegensatz zu Frau Barzel durchaus Nutzen daraus ziehen konnte, daß er freilich auch noch andere Ressourcen hatte - und daß seine Karriere auch Kosten hat: für ihn und auch für andere.

Herr Flieger

1. Interview: *„Über den Durchschnitt mich zu erhäben, die Schangs hab ich hier".*

Der Karrierebericht

Auf unsere Eingangsbitte, über seinen Werdegang zu erzählen, *„einfach, damit ma sich so kennenlernt"*, beginnt er: *„Okay, also, Vorname Herbert, Einzelkind, meine Eltern beide Arbeiter"* und zählt danach die Stationen seines beruflichen Werdegangs auf. Der gebürtige Leipziger hat nach dem Abitur und einer Facharbeiterausbildung die NVA-eigene Hochschule absolviert; eine Weiterqualifikation zum Politoffizier schloß sich an. Zwei Jahre vor der Wende nahm er ein Studium für Politoffiziere auf, das er nicht mehr abschließen konnte.

Der nach der Wende noch als 'Offizier für staatsbürgerliche Arbeit' tätige Herr Flieger bewarb sich bereits im Frühjahr 1990 bei Banken und Versicherungen und begann noch im selben Jahr bei einer Versicherung als Außendienstmitarbeiter zu arbeiten; damit verbunden ist eine Ausbildung zum Versicherungskaufmann.

Die uns angebotene Biographie ist eine Ausbildungs- und Berufsbiographie, ein Karrierebericht eines Arbeiterkindes, dem ein Wendeknick kaum anzumerken ist. Beinah scheint es so, als sei Herrn Fliegers 'Aussteigen' aus der NVA eine folgerichtige berufsbiographische Entscheidung gewesen, die die Wende nur als willkommenen Anlaß nahm.[1] Denn er sah seine Karriere in der NVA blockiert: *„Ich ha-*

---

[1] Die Biographieforschung sieht solche biographischen Konstruktionen als Bewältigungshilfen der Wende an, so z.B. Alheit 1995, S. 94f: „Neue Orientierungen werden lebensgeschichtlich gewissermaßen 'nach hinten verlängert'. Gesellschaftliche Legitimationszwänge und das Bedürfnis nach biographischer Konsistenzsicherung lassen den dramatischen Zusammenbruch

be schon in den letzten Jahren irgendwo bißchen darunter gelitten, ob das nu alles war, ausgebildeter Offizier, Dienstgrad Major, vielleicht irgendwann noch ein Dienstgrad, ne kleine Steigerung". Er berichtet über die vormaligen Barrieren in seiner Berufskarriere, so von seinem vergeblichen Bemühen, an die Offiziersschule als Lehrer zu kommen. *"Das hat mit dazu beigetragen, daß ich schon manchmal gesagt habe, du könntest ooch noch sicher was anderes tun. Bloß war das zu der Zeit vor der Wende niescht möglich gewesen".* Er sah sich *"bißchen kaltgestellt"* und mutmaßt, daß der Grund hierfür *"dieses nicht ganz systemtreue Verhalten von mir"* gewesen sei; Herr Flieger berichtet, mit der Perestroika sympathisiert zu haben. So kann er nicht nur die Wende als Gelegenheitsstruktur betrachten, die er genutzt habe, um die NVA abzuschütteln. Er hat auch einen Beleg für seine gehemmte Karriere anzugeben, mit dem er sich im neuen System sehen lassen kann. Am 7. Oktober 1989 habe er nicht auf dem Karl-Marx-Platz gestanden - freilich nicht als potentieller Demonstrant, sondern als bewaffneter NVA-Angehöriger -, sondern sei in die Kaserne geschickt worden, weil er den geplanten Einsatz von Gewalt hinterfragt habe.

Eine Übernahme in die Bundeswehr jedoch erschien ihm nicht als Alternative; das *"hängt mit dem persönlichen Frust zusammen"* und erinnert an Frau Barzel: *"Man ist von bestimmten Leuten, bestimmten Mächten mißbraucht worden und jetzt hab ich die Nase voll davon, weil ooch in der Bundesrepublik und in diesem System 'n gewisser Mißbrauch des Einzelnen durch die Politik stattfindet ... es ist oft nicht viel sauberer das Geschäft als bei uns".* Doch ist der *"Frust"* nicht der einzige Grund: Er hat abgelehnt, *"weil ich auf lange Sicht ... mir ausgerechnet habe, daß das niescht geht. Wenn ma ne andere Gesellschaftsform annehmen, is das niescht denkbar, daß die Träger der Ideologie, der alten Ideologie übernommen werden. Unabhängig davon, was der Einzelne tut".*

Ob er nun übernommen worden wäre oder nicht - eine Führungsposition wie in der NVA hätte er seiner Einschätzung nach keinesfalls einnehmen können, und so wählte er diese Alternative ab. Denn mit seiner Qualifikation ist er keineswegs auf eine Tätigkeit beim Militär angewiesen, jedenfalls nicht in der *"freien Marktwirtschaft". "In der freien Marktwirtschaft, daß dort 'n höherer Erfolgsdruck da is, hab ich in relativ kurzer Zeit begriffen. Daß man viel mehr sälber entscheidet, wie man sich entwickelt, was man vor allen Dingen dann für nen finanziellen Spielraum hat, daß das von einem sälber abhängt. Und da gibt 's nur einen Weg, entweder ich geh den oder ich geh den nicht. Entweder geh ich den bequämen Trott weiter, da wär ich möglicherweise bei meinen Kollegen in irgendeinem Umschulungslehrgang, oder ich geh den Weg, den ich sehr zeitisch wahrscheinlich erkannt habe,*

---

der DDR-Gesellschaft wie die längst überfällige Ratifizierung individueller Wertpräferenzen erscheinen". Ich werde zeigen, daß ein Grund für solch erlebte Kontinuität auch die Stabilität alltäglicher Lebensführung ist.

'n Neuanfang ... Startchancen, die ich bisher nicht hatte und die ich jetzt selber bestimmen kann". Hier bringt er neben den „*Startchancen*" den Zwang zum Ausdruck, sich umorientieren zu müssen, denn wahrscheinlicher als die Übernahme in die Bundeswehr, ganz gleich in welcher Position, sieht er „*irgendeinen Umschulungslehrgang*" als Alternative. Deshalb gibt es für ihn nur einen Weg, und er ist aus seiner Perspektive alles andere als „*irgendein Umschulungslehrgang*": Die Ausbildung zum Versicherungskaufmann ist „*der Weg, den ich zeitisch erkannt habe*", seine eigene Entscheidung zum Neuanfang.

Vom Politoffizier in die Versicherungsbranche: Ideologieverkauf als Qualifikation

Herr Flieger ist Stratege. Er wählt den frühest möglichen Zeitpunkt, „*denn bei ner Bewerbung is es immer günstiger zu saachen, man möchte sich verändern, aber man ist noch dabei, als von vornherein schreiben zu müssen, ich bewerbe mich, weil ich arbeitslos bin*". Er sucht sich eine seiner Ansicht nach solide Versicherung aus, der es „*nicht um die schnelle Mark*" geht, sondern die ihm eine Ausbildung bietet; die „*schnelle Mark*" ist dabei trotzdem nicht ausgeschlossen, denn schließlich gehört Herr Flieger „*zur ersten Generation*" - damals waren Ostdeutsche noch kaum bei den neuen Gesellschaften versichert. Überhaupt eine Versicherung als Startchance zu wählen, war eine rationale Entscheidung: „*Die Leute wissen, daß sie Versicherungen brauchen*"; und Herr Flieger kann seine Fähigkeiten, die er beim Militär erworben hat, hervorragend einsetzen. Denn neben dem strategischen Vorgehen und seinen logistischen Fähigkeiten kann er auch auf das Erlernte zurückgreifen, was die spezifischen Qualifikationen für seinen neuen Beruf betrifft: „*Ich hab ooch deshalb keine Probleme in der Arbeit mit Menschen*", sagt er selbst, „*weil ich jahrelang in dieser Funktion gearbeitet hab. Meine Handhabung war weniger die des Militärs als des Feldgeistlichen*". Außerdem kann man als Politoffizier „*schon mal bitte sagen, und das hab ich ooch getan. Isch mußte ideologische Zusammenhänge erklären, das kann man nicht mit Befehl. Gut, ich kann den Soldaten zwingen, daß er das wiederkaut. Aber wenn ich den Ehrgeiz habe, ihm ooch was nahezubringen und bestimmte eigene Schlußfolgerungen daraus zu ziehn, muß isch überzeugen. Insofern hab ich nich viel anderes gemacht*".

Drei Rollen führte er aus beim Militär, die des Indoktrinateurs, des Feldgeistlichen und des Vorgesetzten, und alle drei kann er auf das Versicherungsgeschäft übertragen: Die Kunden werden erstens indoktriniert und zweitens dabei beseelsorgt, denn ihre Probleme hört er sich an, um ein Vertrauensverhältnis aufzubauen, drittens werden die nebenberuflichen Mitarbeiter, die er bereits anleitet, „*geführt*".

Denken wir an Frau Barzel. Ist Herr Flieger nicht enttäuscht vom Sozialismus? Schließlich sprach er bereits selbst vom Mißbrauch durch die Politik. „*Wie werden Sie damit fertig, daß Sie früher halt doch, wenn man so will, anders gepolt waren und sich jetzt irgendwie anders orientieren müssen?"* Wie Frau Barzel zieht auch er die Konsequenz, *"politisch läßte disch nirgendwo mehr ein".* Und auch er ist der Meinung, *"daß wa Fehler gemacht ham und daß wa uns vielleicht ooch für die falsche Sache engagiert ham, oder zumindest so, wie sie dann gemacht worden ist. Isch saache nach wie vor, die Idee, die der Marx und der Engels gemacht ham, war von den Grundlagen her nicht falsch. Aber zu dem Zeitpunkt nicht machbar. Und vor allen Dingen, sie ist verfälscht worden, mißbraucht worden".* Doch *"was mir eben wahrscheinlich den Übergang erleichtert hat gegenüber vielen anderen, daß ich mich politisch befaßt hab mit den Dingen, die Unzulänglichkeiten und Unmöglichkeiten der letzten Jahre begriffen hab, so daß der Bruch nicht so hart kam".*

Hier nun unterscheidet sich Herr Flieger von Frau Barzel. Er ist nicht im Wortsinne enttäuscht worden, denn er hat *"die Unzulänglichkeiten und Unmöglichkeiten begriffen".* Entscheidend dabei ist, daß er weder, wie Herr Tikovsky, aus der Partei ausgetreten ist, noch, wie Frau Barzel, Vertrauen investiert hat. Er war Politoffizier, und er hat die *"Unzulänglichkeiten und Unmöglichkeiten"* weiter aktiv vertreten, auch wenn er sich und uns glaubhaft machen kann, daß er auch Kritik geübt hat. Er hat Ideologie verkauft, und dazu muß man nicht unbedingt an sie glauben. Das nützt ihm nun zweierlei: Der 'Ideologievertreter' kann sich von dem Produkt, das er 'vertreten' hat, distanzieren, und er kann sein Know-How, das er erworben hat, in seinem neuen Beruf als 'Versicherungsvertreter' nutzen.

Seine Selbstcharakterisierung spricht für diese Lesart: *"Ich kann in den Spiegel schaun. Ich habe bis jetzt aktiv, denk ich, gelebt, bewußt gelebt, aber immer versucht, irgendwo die Welt zu verstehn, mir meine eigene Meinung zu bilden, die hab ich mir nie nehmen lassen. Und natürlich, ohne daß ich meine Existenz gefährdet habe. Anpassungsfähig, ich glaub nischt, daß ich engstirnig bin. Ehrgeizig, bißchen schlitzohrig, gehört aber glaub ich zum Versicherungsverkäufer dazu, oder zu jeder Art von Verkäufer".* Sie gehört damit auch zum Ideologieverkäufer. Denn, wie wir schon gehört haben, *"wenn ich den Ehrgeiz habe, ihm* (dem Soldaten, M.W.) *ooch was nahezubringen und bestimmte eigene Schlußfolgerungen daraus zu ziehn, muß isch überzeugen. Insofern hab ich nich viel anderes gemacht".* Diese Strategie ist nichts anderes ist als ein Verkaufsgespräch; auch die jeweiligen Produkte haben eine entscheidende Gemeinsamkeit: Man kauft sie nicht einfach ein, sondern man muß davon *"überzeugt"* werden. Hierzu muß Herr Flieger nicht nur kompetent sein: Er muß Vertrauen schaffen.

Daß er *"bewußt gelebt"* habe und versucht hat, *"irgendwo die Welt zu verstehn"* und sich seine *"eigene Meinung"* nicht habe nehmen lassen, steht für ihn unter einer Bedingung: *"Natürlich, ohne daß ich meine Existenz gefährdet habe".* Diese Zusatzbedingung scheint für Herrn Flieger völlig selbstverständlich, und er unterstellt diese Handlungslogik auch den Regimekritikern. Denn diese hätten *"nich von der Gnade oder Ungnade des Regimes abgehangen. Viele, ich denke an Leute wie*

Biermann, ham ja gewußt, wenn sie rübergehen, werden sie auf 'm goldenen Schild getragen".

Privilegierte Verhältnisse

Fliegers gehörten in der DDR zur privilegierten Klasse; *„bei relativ hohem, für DDR-Verhältnisse, Einkommen ham wa ooch so gelebt, daß ma die Mark nich umgedreht ham"*. Frau Barzels Vorstellung von sozialistischer Lebensweise hätte diese Privilegierung eklatant verletzt; *„nach den kleinen Sachen rennen"* war für sie das Charakteristikum ihres Alltags in der DDR. *„Muß ich erst mal rückfraachen, was meinen Sie mit einkaufen und schwierig?"* ist Herrn Fliegers Antwort auf unseren Einwurf, *„daß es früher ja also nicht ganz einfach war, immer da einzukaufen, was man wollte. Daß man zum Teil hat lang warten müssen, viel Zeit drauf hat verwenden müssen, überhaupt des zusammenzukriegen"*. Nachdem wir ihm nochmals ausführliche Beispiele für die Probleme bei der Organisation der Waren des täglichen Bedarfs in seinem Land gegeben hatten, und ein *„das is uns halt so gesagt worden, vielleicht stimmt 's gar nicht"*, hinzugesetzt hatten, zeigt er, daß er verstanden hat. *„Ah, isch seh das nich ganz so. Wir ham uns, is schon Jahre her, nen Tiefkühlschrank gekauft ... nu gut, ich hatte auch Beziehungen zu ner Großmetzgerei, so daß ich also bestimmtes Fleisch, brauchte sich meine Frau nich regelmäßig anzustellen, sondern wir hatten ooch schon mal was besseres gekriegt, sprich Rouladen oder Lende oder so 'n Zeug"*. Ein *„Freund von Billigprodukten"* war Herr Flieger nie.

Dem Einkommen alleine ist der privilegierte Lebensstil nicht geschuldet: Herr Flieger hatte Beziehungen, und die, so Frau Barzel, *„die hatte man als einfacher Arbeiter nicht"*. Nicht nur die Filetstücke, auch der Urlaub wurde über Beziehungen organisiert: *„Im großen Urlaub sind wir weggefahren, wir hatten noch diese Armeeheime ... So daß isch also jetzt, saach mal, zur engeren Führung gehörend, immer gut weggekommen bin bei der Vergabe"*. Denn *„durch 'n gutes Verhältnis zum Verantwortlichen, über den des lief, hab isch da ziemlich am Anfang die Plätze mitbekommen, ehe die überhaupt wieder weiterverteilt wurden, dann ham wir uns schon a paar Sachen rausgesucht"*. Herrn Flieger ist das nicht peinlich, es klingt eher so, als sei er stolz darauf.

Seine Fähigkeit, systematisch Beziehungen aufzubauen und zu nutzen, kann er auch jetzt brauchen, beruflich wie privat: *„Über eigene Bekannte und Verwandte, über Weiterempfehlung"* funktioniert die Anwerbung vieler seiner Kunden, über (vermutete) Beziehungsnetze die Anmietung einer Ferienwohnung: Er hat den Vermieter *„angeschrieben. Isch hab noch keine Antwort, aber wenn der saacht, da is schon ausgebucht, wird sich sicher im Ort jemand anders finden, da hatt ich den* *drum gebeten, daß der sich umschaut. Die helfen sich ja gegenseitig über 's Fremdenverkehrsamt ".*

In seinem Lebensstil habe sich nicht viel verändert, meint Herr Flieger, er lebe *„wie früher. Wenn man jetzt von bestimmten technischen Ausrüstungen mal absieht, der Fernseher oder der Staubsaucher, oder daß ma jetzt so ein schönes Auto ham, eigentlich nischt ".* Denn *„hinterm Mond ham ma ja hier ooch nicht gelebt, und gemessen am durchschnittlichen Einkommen war isch ja als Offizier nicht schlecht gestellt ".* Das Einkommen habe ausgereicht, *„um uns, gemessen am DDR-Schnitt, einigermaßen vernünftig einzurichten, technisch auszustatten, immer 'n Auto zu fahrn, jedes Jahr mindestens einmal zu verreisen, ooch nicht überlegen zu müssen, ob ma jetzt mal in ein gutes Lokal geht oder sich irgendwelche anderen Dinge leistet. So, und sicher sträb ich das heut auch an ".* Das gelingt ihm auch; er kann sich auch heute *„die Dinge weitestgehend leisten, die ich für notwendig erachte, die ich möchte ".* Wofür er gern mehr Geld hätte? Er macht eine lange Pause vor der Antwort und sagt schließlich mehrmals, daß ihn die Frage verblüffe. *„Na, mein Gott",* sagt er schließlich, *„ich könnt mir vorstellen, statt 'n Ascona vielleicht 'n Vectra mit ein bißchen mehr Ausstattung zu haben ".*

Das Hinterland

Sehen wir uns endlich seine Familie an; Herr Flieger erzählt erst auf unsere Nachfrage von ihr, in seiner biographischen Erzählung thematisiert er sie nicht. Was ihm wichtiger sei, Familie oder Beruf? Er differenziert: *„Der Beruf im Sinne eener Lebenserfüllung ... die Familie einfach auch eben das Hinterland, die, wenn ma so will, Geborgenheit ".* Solche Ausdrücke für die Funktion der Familie benutzt nicht nur der Kriegsspezialist; wir wissen bereits von Herrn Pattermann, daß dessen Frau *„ihm den Rücken freihalten"* sollte. Ist das auch Frau Fliegers Funktion?

Frau Fliegers berufliche Karriere hatte weniger die Unterstützung ihres Mannes, sondern - neben der Entlastung der Kindererziehung durch die staatliche Betreuung - die Unterstützung ihrer Mutter zur Voraussetzung. Man wohnte bis vor wenigen Jahren mit Frau Fliegers Mutter zusammen; sie hat die Kinder betreut und Frau Flieger bei der Hausarbeit unterstützt, denn Herrn Fliegers Aufgabe war das nur ausnahmsweise.

In der Wohnung, in der Fliegers jetzt wohnen, hat sich an seiner Beteiligung nicht viel geändert. Frau Flieger managt den Haushalt. Sie versorgt uns während des Interviews mit Kaffee und Gebäck, während Herr Flieger die Rolle der Frau in der DDR charakterisiert: *„Das war von der Erziehung der Frauen her so, daß die Frauen zum großen Teil selbst das Bedürfnis hatten und noch haben, berufstätig zu sein und nisch am Kochtopf zu versauern ".* In der neuen Wohnung verlegte Frau Flieger einen großen Teil ihrer Berufsarbeit nach Hause, *„das hing damit zusam-*

men, daß in der Universität in den Räumen mehrere Assistenten drin sind, wo man wissenschaftlich nicht arbeiten kann", erklärt ihr Mann. „Wir haben also im Schlafzimmer 'n Schreibtisch eingerichtet, sie hat dann dort gearbeitet und konnte sich dadurch ooch bißchen die Sachen einteilen, ich meine Hausrat ist ja trotzdem, so daß sie jetzt ooch unter Umständen mal jetzt was Haushalt erst machen konnte vormittags und sich dann hingesetzt hat".* Da die Mutter nun nicht mehr durchgehend verfügbar war, mußte sich Frau Flieger selbst verfügbar halten.

Nun hat sie einen beruflichen Einbruch erlebt. Sie ist in Warteschleife, sieht keine Chance, an der Universität zu bleiben und steht, wie ihr Mann das ausdrückt, *„vor dem sozialen Problem des Abgeschobenseins. Bloß da kann isch ihr im Prinzip ooch nischt weiterhelfen, da kann isch also bloß sagen, Mädel, bewerben, und helfen in der Weise, Bewerbung schreiben im Computer, daß das ordentlich aussieht und solche Geschichten, Dinge vervielfältigen oder sowas".*

Das klingt nicht so, als wäre Herr Flieger angesichts ihrer Situation sehr betroffen. Es spricht auch einiges dafür, daß er dazu keinen Grund hat, hat er sich doch durch die Karriere seiner Frau und ihren intellektuellen Bekanntenkreis, obwohl stolz darauf, unter Druck gefühlt. So bemüht er sich einerseits, seinen Lebensstil als einen „intellektuellen" zu handeln: *„Ich glaube, das is ohnehin ein Unterschied zwischen Intellektuellen, ooch hier immer schon gewesen, und dem normalen, saach mal Arbeiter, der vielmehr auf den Konsum im Prinzip ausgerichtet war. Man hat sich viel mehr mit geistigen Dingen befaßt als damit, was es noch zu kaufen gibt".* Andererseits erschien ihm seine formale Bildung nicht hinreichend: *„Auf eigenes Drängen hab ich direkt an der Universität ein Fernstudium aufgenommen für Politoffiziere, diese Richtung wissenschaftlicher Kommunismus. Isch hatte da keine Wahl, misch hätte viel mehr Philosophie und Geschichte interessiert, aber es gab nur diese Möglichkeit, und ich sag, lieber das als gar nischt. Denn wir ham an der Schule kein Diplom gemacht. Isch meine, meine Abschlußarbeit war am Ende vom Umfang und vom Inhalt her wahrscheinlich ooch fast ne Diplomarbeit. Aber wir ham den Abschluß nich gehabt".* Als er es beinah geschafft hatte, ein richtiger Intellektueller geworden zu sein, *„kam die Wende dazwischen".*

Jetzt aber boten sich plötzlich ganz andere Chancen: Er konnte nun überholen, ohne einzuholen. Die akademische Qualifikation seiner Frau wurde entwertet, während er durchstartete. Die Familie muß seinen 14-Stunden-Tag hinnehmen, schließlich bringt Herr Flieger das Geld nach Hause: *„Die akzeptiert das. Geht ja nich anders".* Beziehungsarbeit investiert er in Kundenbetreuung und Mitarbeiterführung: *„Gestern bin ich um halb eins* (nachts, M.W.) *heimgekommen, da hat meine Frau schon ein bißchen geknurrt".* Er habe mit einem nebenberuflichen Vermittler und dessen Familie *„noch ein bißchen geplaudert. Wir ham einfach die Zeit verplaudert. Sind angenehme Menschen und es gehört ooch irgendwo dazu. Die wolln ja ooch das Gefühl bekommen, daß ma sich um sie kümmert und ooch der private Be-*

reich irgendwo mit angetastet wird". Seine Frau, so signalisiert der nächste Satz, brauche dieses Gefühl nicht. Sie hatte derweilen *„ach wissen Sie, da war das ganze Zimmer voller Schnipsel, Papiere aussortiert und so weiter, alte Studienunterlagen"*. Damit sagt er uns nicht nur, daß sie in der Zeit seiner Abwesenheit ohnehin beschäftigt war; er weist uns darauf hin, daß ihre Studienunterlagen nun kein Kapital mehr darstellen. Während sie mit den *„Schnipseln"* beschäftigt ist, ist ihr Mann im erfolgreichen tage- und abendelangen beruflichen Einsatz. Herr Flieger hat gesiegt, das muß beiden klar sein. Frau Flieger mag *„knurren"*, aber sie wird keine Chance sehen, seine Zeit einfordern zu können, zumal Herr Flieger ihr ohnehin ihre Rolle zugedacht hat: *„Jetzt nach der Wende sind vielleicht viele Familien noch mehr zusammengewachsen. Des packste nur zusammen, wenn du auch das Hinterland hast"*. Er ist *„zuständig für alles, was mit Behörden zu tun hat"* und verwaltet seit der Währungsreform alleine das Geld: *„Ich bin der Finanzminister"*. In der Erziehung ist er zuständig für 's Drohen. *„Wenn der Vati heut abend kommt- weil sie ooch wissen, daß unter Umständen dann drastische Maßnahmen ergriffen werden, Fernsehverbot oder Stubenarrest oder so"*. Die Kinder kommen im Interview kaum zur Sprache; sein Sohn sei zu faul in der Schule, erzählt er uns, und wegen der Kinder würde er einen Kundentermin nur dann zu verschieben versuchen, wenn *„eines der Kinder zum Arzt müsse und der Behandlungstermin wichtig ist"*. Daß Frau Flieger für die Arbeit des Alltags zuständig ist, scheint außer Frage.

Für Herrn Flieger herrscht im Zusammenspiel von Arbeit und Freizeit Kontinuität über die Wende hinweg: *„Es war ja ooch früher nie ein Acht-Stunden-Tag, und es war ja ooch nie so, 16 Uhr fiel der Hammer aus der Hand. Im Grunde brauch ma uns nich so ... umzustellen"*. Daß seine Frau sich umstellen muß, scheint ihn nicht zu betreffen; Hauptsache ist, daß das *„Hinterland"* still und ihm den Rücken frei hält. Herr Flieger macht nun im Haushalt überhaupt nichts mehr: *„Und jetzt komm ich nach Hause, und da ist im Prinzip die Wohnung sauber"*.

Karrierepläne

Das ganze Interview ist ein Karrierebericht. Der neuerliche furiose Start in der Versicherungsbranche erscheint nur folgerichtig; er ist strategisch exzellent angelegt worden, Herr Flieger scheint nichts falsch gemacht zu haben. Für seine Zukunft braucht er keinen Lottogewinn: *„Was würd isch machen? Ich würde meiner Frau sicher erst mal sagen, Mädel, hier, wieviel brauchst, wieviel tausend Mark, geh von mir aus ne Woche lang einkaufen, und dann hat sich erst mal dieser offenbar immer noch bestehende Hunger nach Modischem dann mal gegeben"*. Er selbst würde versuchen, *„früher den Schritt zur Selbständigkeit zu wagen, sozusagen das Geld vernünftig anlegen, so daß ich von den Zinsen was zusetzen kann. Ich würde erst mal diese Ausbildung beenden, um dieses Zertifikat in der Hand zu haben und* *würde dann wahrscheinlich beginnen, mich umzusehen nach einem gescheiten Büro".* Außer daß er seine Frau ihren „Hunger nach Modischem" befriedigen lassen würde, würde er genau das machen, was er auch ohne Lottogewinn machen will. Er würde seine Pläne nur etwas beschleunigen wollen, was aber an systematische Grenzen stieße, will er doch seine Ausbildung absolvieren, deren Bedeutung er hoch veranschlagt. Wichtig ist der solide Abschluß und das solide Geschäft, nicht die schnelle Mark.

Wie Herr Tikovsky will Herr Flieger in Leipzig bleiben, aber er hat einen anderen Grund dafür: *„Was mich heute davon abhält, nach Westdeutschland zu gehen, is vielleicht ooch, daß ich hier ne viel größere Chance hab, mich zu etablieren und beruflich und, wenn Sie wolln, auch materiell, ne sehr schnelle Entwicklung machen kann, die ich in den westlichen Bundesländern nie hätte. Und dann die Mentalität, ob die mich überhaupt annimmt, die Bevölkerung und all diese Dinge. Und wissen Sie, es gibt ja das Sprichwort: Lieber der Erste im Dorf als der Dritte in der Stadt. Über den Durchschnitt mich zu erhäben, die Schangs hab ich hier, weil der Durchschnitt relativ niedrig ist. Wenn ich zu Ihnen komm, bin ich ein armer Ossi".* Daß in seiner Lebensführung die schnelle berufliche und materielle Entwicklung im Mittelpunkt steht, daran läßt er jetzt keinen Zweifel mehr. Die Kenntnis der Mentalität seiner Kunden und die Tatsache, daß diese ihn als einen Landsmann akzeptieren und mit einem Vertrauensvorschuß versehen, ist hierfür zweifelsohne eine gute Voraussetzung. Sehen wir uns seine Lebensführung im Zusammenhang an.

Die Stabilität der Lebensführung

Herr Flieger macht das, was er schon immer gemacht hat: Er verkauft Ideologie mit den Methoden, die er beherrscht, um damit Karriere zu machen. Der entsprechende Idealtypus wäre die vollkommene Distanzierung vom jeweiligen Produkt: die Reduzierung auf die Strategie, die Ideologie zu verkaufen, die unter gegebenen Bedingungen am meisten einbringt, materiell und statusbezogen. Ganz so glasklar ist Herrn Fliegers Lebensführung nicht. Ein gerüttelt Maß an Glauben an die Sache ist dabei, erfordert das doch die Eigenart der feilgebotenen Waren: Herr Flieger mußte für ihren Absatz früher und heute Vertrauen schaffen, und ohne die Vermittlung seines eigenen Glaubens an die Sache läuft der Verkauf nicht. Es ist plausibel anzunehmen, daß dem „surface acting" mit der Zeit auch ein „deep acting" entspricht, Herr Flieger also durch seine tägliche Propaganda selbst ein Stück weit an die Güte der vom ihm zu vertretenden Produkte glaubte bzw. glaubt.[2] So hat er *„geglaubt, einer guten Sache meine Arbeitskraft zur Verfügung zu stellen, ohne mir jetzt völlig die eigene Meinung nehmen zu lassen"* und glaubt jetzt daran, daß seine Versiche-

---

[2] siehe hierzu Hochschild 1983

rungsfirma eine seriöse Firma mit soliden Angeboten ist. Denn Herr Flieger will „*in den Spiegel schauen können*", und dazu ist Begründungsarbeit nötig. Auf politisches Engagement aber kann er jetzt verzichten. Für seine jetzige Karriere hat er es nicht nötig, und Weltverbesserungsideen sind ihm fremd. Politik kommt in seinem Alltag folgerichtig überhaupt nicht mehr vor.

Herr Flieger verstand es vorzüglich, seine Präferenzen so zu wählen, daß innerhalb der jeweiligen Rahmenbedingungen seinem Streben nach Karriere bei hohem Lebensstandard wenig entgegenstand. „*Ich bin in diesem Lande großgeworden, ich kannte ja ooch nischt anderes*", also hat er sich „*mit dem Lande und dem Staat identifiziert*". Er konnte selbständig arbeiten, indem er einer Einheit vorstand, und in dieser Position konnte er auch ein bißchen Kritik in seine Arbeit einfließen lassen, freilich nicht so viel, um seine „*Existenz zu gefährden*". Trotzdem verlief seine Karriere nicht so, wie er sich das gewünscht hätte. Er konnte nicht Lehrer an der Offiziersschule werden, und die absehbare Dienstgradsteigerung reichte ihm bei seinem Ehrgeiz nicht aus. So nahm er ein Fernstudium an der Universität über wissenschaftlichen Kommunismus auf, trotz seines Desinteresses am Thema und seiner zitierten Probleme mit den sozialistischen Dogmen: Er studierte „*lieber das als gar nischt*". Es ging ihm um den sozialen Status; den bemaß er am Status von Frau und Bekanntenkreis und an einem eher bürgerlichen Ideal des „*Intellektuellen*".

Dem Abschluß kam die Wende dazwischen, doch Herrn Flieger gelang auch ohne einen akademischen Abschluß ein furioser Start. Er mußte sich umorientieren, denn mindestens war ihm klar, daß beim Militär die Leute in der alten Führung nicht mehr in die neue Führung kämen, und mit weniger gibt sich Herr Flieger nicht zufrieden. Er macht sich kundig und trifft zum frühestmöglichen Zeitpunkt die Entscheidung für eine Branche, die ihm die besten Chancen verspricht, seinen Bedürfnissen gerecht zu werden. Er verkalkuliert sich nicht: Zum einen verspricht er sich in der Versicherungsbranche zurecht einen Boom, zum zweiten hat er genau die Fähigkeiten, die man dort braucht, und zum dritten erkennt er die Funktionsweise von Versicherungen als eine Regel des neuen Systems, die einzuhalten außer Frage steht: Man hat sich um sich selbst zu kümmern. Versicherungen sind der Ausbund dieses Prinzips, dem zu gehorchen Herrn Flieger ohnehin Spaß macht; seiner Einschätzung nach wissen auch die Kunden, daß sie Versicherungen brauchen. Zudem bemißt das Provisionssystem seine eigene Leistung exakt: „*Wenn die Arbeit Erfolge zeigt, die ooch deinem eigenen Vermögen geschuldet sind*", fühle er sich wohl.

Herrn Flieger ist es gelungen, die in seiner Position im alten System etablierten Strategien nahtlos und erfolgreich ins neue zu übertragen. Seine detaillierten logistischen Kenntnisse, seine Qualifikationen im Aufbauen, Pflegen und Nützen von Beziehungen und die Fähigkeit, mit Menschen zu arbeiten, sind auch im neuen System Ressourcen zur Erreichung seines Ziels, eine berufliche Karriere zu machen, die ihm inhaltlich Spaß macht, materiell belohnt wird und Status verleiht - seines Zieles, das er schon immer hatte. Herr Flieger weiß, was er will, und er packt es auch an: „*Ich geh eigentlich geradlinig auf die Sache zu*". Er entscheidet sich bewußt für eine Option, indem er ihre Vor- und Nachteile abwägt und sich den besten Weg zur Verwirklichung aussucht; im Gegensatz zu Herrn Pattermann macht er nicht alles gleichzeitig. Er ist Stratege, das hat er gelernt, und „*die innere Disziplin is vielleicht ooch irgendwo die Erziehung bei der Armee*".

Seine Bindung an Leipzig ist der von Herrn Tikovsky ganz entgegengesetzt: Er bleibt nicht in erster Linie deshalb in Leipzig, weil er sich dort wohlfühlt und seine Freunde hat, sondern weil er selbigen eine Versicherung verkaufen kann. Im sich neu etablierenden System sozialer Ungleichheit hat er sich schon verortet: Er ist lieber der Erste im Dorf als der Dritte in der Stadt.

Doch hat diese Karriere auch Kosten: Auch im Falle des Herrn Flieger sind Lebensbereiche, die vorher - ganz gleich, wie wichtig sie waren - in die Lebensführung integrierbar waren, ins Hintertreffen geraten. Die Familie wird „*Hinterland*", stille Ressource für die geradlinige und ausschließliche Verfolgung seiner beruflichen Interessen. Wie Herr Pattermann verpflichtet auch Herr Flieger seine Frau auf die Rolle, ihn zu entlasten oder zumindest nicht seine Berufsarbeit zu behindern. Die Ressource 'unterstützende Partnerin' ist für Herrn Fliegers Karriere unabdingbar; ganz nebenbei löst er damit auch noch das Problem, sich seiner Frau unterlegen fühlen zu müssen. Er überholt, ohne einzuholen. Sehen wir weiter. Herr Flieger hatte vor, sich in zwei Jahren selbständig zu machen.

2. Interview: „*Im Rahmen des Möglichen das Möglichste rausholen*".

Die Fortsetzung des Karriereberichtes

Was sich inzwischen ereignet habe „*im Großen und Ganzen in Ihrem Leben?*", fragen die InterviewerInnen Herrn Flieger zwei Jahre später. „*Ja, was hat sich ereignet. Ich habe die Prüfung gemacht, Versicherungskaufmann*". Danach wurde „*sagen wir mal, den erfolgreicheren Kollegen die Selbständigkeit angeboten*". Herr Flieger hat nicht gleich zugeschlagen, sondern „*erstmal bißchen of 'm Markt geprüft, wie denn jetzt meine Chancen bei verschiedenen anderen großen Versicherungsgesellschaften sind*". Die Chancen wären gut gewesen und hätten sein Selbstbewußtsein stabilisiert. Da die Konditionen der anderen Unternehmen ähnlich wie bei seiner Versicherung gewesen wären, er aber seinen Kundenstamm verloren hätte, entschloß er sich, Kosten und Nutzen kalkulierend, Hauptvertreter bei seinem Arbeitgeber zu werden.

Seit einem Jahr ist Herr Flieger selbständig, hat ein eigenes Büro und eine Sekretärin. „*Ansonsten kann ich nicht klagen*", das Geschäft laufe hervorragend. Auf dessen Besonderheiten - z.B. daß der arbeitsintensive Kraftfahrzeuganteil zu hoch sei - kommt er das ganze Interview über immer wieder zu sprechen.

Die Partnerin

Seine Frau erwähnt Herr Flieger wiederum erst dann, als wir nach ihr fragen. Sie arbeitet seit Anfang des Jahres in der Verwaltung eines Verbands, nachdem sie eine Lehrtätigkeit bei einer Bildungseinrichtung wieder aufgegeben hatte, weil sie zu arbeitsintensiv war. *„Es gibt ooch schon von der Seite her ein Einkommen, was vielleicht nicht unbedingt die Familie ernähren würde, aber zumindestens ne ganze Menge beitragen kann"*, meint Herr Flieger. Sie hätte an der Universität bleiben können, erzählt er, aber *„ich hab sie bestärkt, aus diesem Apparat rauszugehen"*. Für ihre jetzige Stelle wäre ihr die *„Vorbildung"* zugute gekommen, die Perspektive, eine Fachausbildung abzuschließen, stünde ihr offen. Die Karriere seiner Frau stellt keine Bedrohung mehr dar für Herrn Flieger: Frau Flieger hat die Universität verlassen, von ihrem Studium bleibt ihr nur *„Vorbildung"* übrig, die Ausbildung, die ihr offensteht, hat keinen allzu hohen Status und ihr Einkommen ist ein Zuverdienst. Ob er sich mal überlegt hätte, mit seiner Frau zusammenzuarbeiten? Entschieden wehrt er ab. *„Familiär und Firma möchte ich doch getrennt wissen, und ich möchte am Ende mein eigener Herr sein. Und mir nich dreinreden lassen"*. Dagegen spricht auch die nach wie vor bestehende Funktion der Ehefrau, ihren Mann zu entlasten: *„Beide Ehepartner jetzt in die Außendienste, das geht schon gar nicht, wegen der Familie"*.

Wir fragen, ob er den Eindruck habe, ein anderer Mensch geworden zu sein. *„Sicher hat man sich nicht entziehen können dem verstärkten Streben nach Geld verdienen, viel Geld verdienen, noch dem Umstellen an bestimmte Gepflogenheiten, ob das nu jetzt das Verhalten gegenüber dem Finanzamt is, wo jeder irgendwo ganz gern dran vorbeigehn möchte. Aber wenn Sie jetzt meinen, sage mal bin überheblich geworden oder so was, wahrscheinlich nich, denn wenn ich solche Charakterzüge angenommen hätte ... dann würd ich wahrscheinlich ooch keen Erfolg mehr beim Kunden ham"*. Und seine Frau? Meint sie, er habe sich verändert? *„Ja sicher, ooch mit diesem ganzen Umstellen, kaufmännisches Denken, sicher, ja, vielleicht ooch irgendwo ne Versachlichung der familiären Beziehung. Will ich nicht ganz ausschließen"*. Auf unsere Nachfrage hin, was das denn hieße, schlägt er vor, die Frage zu überspringen. Was die Kinder betrifft, meint er, er *„versuche, ein guter Vater zu sein, wie soll ich das anders bezeichnen"*. Seine biographischen Erfahrungen entlasten ihn ein bißchen von der Aufgabe, ein guter Vater zu sein. Sein Sohn, der die Grundschule besucht, hat *„ne Freundin, die is zum Gymnasium gegangen und das Mädel hat sicher 'n ordentlichen Einfluß"* - wohl ähnlich der Rolle, die Frau Flieger als Katalysator der Bildungskarriere ihres Gatten spielte. Herrn Fliegers

Äußerung zu seiner Vaterrolle ist sachlich und knapp. Das Fliegersche Familienleben beansprucht nicht viel Interviewzeit.

Kolonisierung

Wo er von seiner Familie spricht, kolonisiert sie der Beruf. So wird die Berufswahl seines Sohnes *„sicher in Richtung kaufmännische Ausbildung gehn"*. Denn *„irgendwo dort vielleicht beim Vater einzusteigen, perspektivisch langfristig, das is ja so ungewöhnlich nich, das is sehr häufig, daß Versicherungshauptvertreter oder Generalagenten ihre Kinder dann in diese Richtung auch entwickeln"*. Der Sohn wird auf die beruflichen Pläne reduziert, die sein Vater mit ihm hat; diese bleiben im Rahmen des nun in seinen Kreisen und im neuen System als üblich Eingeschätzten. Auch der *„Einschitt"* im Bekanntenkreis - *„man sieht sich zwei-, dreimal im Jahr, relativ sittsam, betreibt Konversation"* - wird in sein Bild von Normalität unter den neuen Verhältnissen eingepaßt, indem er konstatiert, daß *„natürlich insgesamt sich die Tendenz dahingehend entwickelt hat, Verhältnisse anzunehmen, wie sie wahrscheinlich bei Ihnen schon immer sind, daß die Leute viel mehr auf sich selbst sich konzentrieren"*. Wenn man sich trifft, *„gibt 's keene existenzbedrohenden Dinge"* zu besprechen. *„Heute spielen andere Dinge ne Rolle, Qualifizierung im Job, also Karriere, materielle Konsumgüter, ob er sich 'n BMW oder 'n Audi koft"*. Daß der Beruf, der auf ihn verweisende demonstrative Konsum und vor allem das kaufmännische Denken nun die anderen Lebensbereiche kolonisieren, ist für Herrn Flieger nicht nur Tatsache, sondern auch normal.

Von der Anwerbung zum Service

Inzwischen haben sich die beruflichen Anforderungen verändert. In der Euphorie nach der Wende wären viele Versicherungsabschlüsse gemacht worden, *„wo die Leute gar nicht überschaut ham, daß sie sich das nicht leisten können, da ham wir Versicherungen abgeschlossen, so, jetzt wird aber einer hier arbeitslos"*. Den Einwurf des Interviewers, daß dieses Überschauen doch die Sache des Versicherungsvertreters wäre, bestätigt er uns nur zum Teil. *„Das ist richtig. Aber ich sag ja, dann wird eben einer arbeitslos oder die Lebenshaltungskosten steigen"*. Doch ganz gleich, ob Herr Flieger solche Fälle vorausgesehen haben mag oder nicht: Entscheidend ist, daß Kunden nun zahlungsunfähig werden oder *„sehr, sehr vorsichtig"*. Für die *„Drückerkolonnen, die ne Menge unsauberes Geschäft"* betrieben haben und von denen sich Herr Flieger nachdrücklich abgrenzt, aber auch für ihn selbst sind *„die schnellen Abschlüsse, die am Anfang hier getätigt worden sind, alle vorbei"*.

Die Neuanwerbung läuft jetzt so: Herr Flieger rechnet die vom potentiellen Kunden bereits getätigten Versicherungsabschlüsse mit anderen Agenturen durch, „*und wenn ich ihm dann sage, also diesen Vertrag würd ich belassen, weil er vom Preis-Leistungsverhältnis her paßt, wenn der Kunde das rüberkriegt, meine Verfahrensweise, dann sagt er okay, der will mich jetzt nicht über 'n Tisch ziehen oder irgendwas neues ofschwatzen, dann sag ich ihm, aber dort is ne Lücke und die Versicherung, die is nicht zweckmäßig aus dem und dem Grund*". Die Überzeugungsarbeit hat zugenommen und mußte raffinierter werden. Davon auszugehen, daß der Kunde weiß, daß er Versicherungen braucht, reicht nicht mehr hin.

Der Verdienst resultiert nun immer mehr aus dem Bestand, und Herr Flieger weiß, was jetzt zählt: „*Wünschenswert ist eine gewisse Stabilisierung, wo jeder den anderen kennt. Wo ooch der Kunde weiß, Flieger ist da, wenn ich ihn brauche. Ooch dann, wenn ich 'n Schaden hab, steht der nach drei Tagen spätestens auf der Matte und hilft mir*". Es ist ihm kein Problem, sich mit seiner Versicherungsgesellschaft zu identifizieren: „*Ich sag immer wieder, wir sind keine Billigversicherung. Aber wir sind recht ordentlich im Service*".

Da nach den schnellen Abschlüssen nun auch die Arbeit der Schadensregulierungen zunimmt, will Herr Flieger einen Teil seines Kundenstammes verkaufen. „*Ich selektiere das natürlich ... Geschäfte, die für mich nicht lukrativ sind*". Zum Beispiel sind das Kunden, „*wo das von der Entfernung her nicht paßt ... damit stoß ich faktisch alle Kunden ab, die vom Territorium her nicht passen*". Hier versuchen wir, eine Frage zu stellen, aber Herr Flieger läßt uns keine Chance: „*Möcht bloß mal den Gedanken noch zu Ende führen*", und baut sich vor der Landkarte auf, die in seinem Büro hängt. Auf dieser ist sein Territorium mit Pins abgezirkelt: „*Sie sehn ja da oben die Karte, der rote Punkt ist das Büro, wo wir sitzen, blau ist meine Wohnung ... das hier ist die Filialdirektion ... Die grünen, das sind nu alles Orte, wo ich Kunden hab ... Das hier, der kleine Punkt, das ist das Dorf ***. Das behalt ich, und alles was nördlich und östlich davon ist, fliegt raus*" - mit Ausnahme einiger lukrativer Kunden natürlich. „*Und damit schaff ich mir natürlich Freiräume ... und meine Versicherung ist mir nicht böse, ich bin einer der Ostvertreter, die mit dem höchsten Bestand hier sitzen*". Die generalstabsmäßige Planung läßt uns an seine Nachschubregulierung bei der NVA denken - oder gleich an eine Schlachtordnung.

Selbständiger Vertreter sei er auch deshalb geworden, weil er dadurch die Anleitung und Betreuung der nebenberuflichen Vermittler abgeben konnte. „*Ich wäre also ooch an Ziele gebunden, was die sogenannte Produktivität von nebenberuflichen Vertretern betrifft. Und dann bleibt mir nichts anderes übrig, um deine Ziele halbwegs zu erreichen, denen Geschäft rüberzuschieben, wo sie gar keen Anteil ham, aber das Geld kassieren dafür und das war mir einfach zu zerrig und das hat mir keen Spaß gemacht*". Es reicht nicht mehr aus, daß sein Verdienst von seiner

Leistung abhängt; er muß sich auch lohnend mit dem dafür betriebenen Aufwand verrechnen lassen.

Lebensstilpolitik

Herr Flieger betreibt Lebensstilpolitik und beherrscht das Spiel von Distinktion und Zugehörigkeitsdemonstration virtuos. Sein Auto hat er ausgewählt, weil es *„innere Qualitäten"* hat. *„Der kostet soviel wie ein BMW, aber dem sieht man das nicht so an"*. Es ist ihm wichtig, daß *„nicht unbedingt der Wert sofort ins Auge sticht, zumindest für den Otto Normalverbraucher*.[3] *Wer sich a kleines bißchen auskennt, weeß, daß das keen normales Auto oder keen Durchschnittsauto ist, sondern mehr schon ist"*. Mit dem teuren Auto kann er seinen Status symbolisieren, ohne zu protzen; das Solide ist ihm schon immer wichtig gewesen. Das Spiel mit Abgrenzung und Zuordnung sieht nun so aus: *„Dieses Auto ist eben dann doch volkstümlicher. Ich muß einen Kompromiß finden zu dem Privatkunden, der ja möglicherweise um seinen Arbeitsplatz kämpft oder den verloren hat ... Mit 'm Porsche reinfahren, ja, das paßt dort nicht rein ins Bild ... und ich muß aber ooch 'n Auto ham, weil da drauf schon geschaut wird, wenn ich of 'n Firmenhof fahr. Wenn der Chef 'n Daimler hat, muß es wieder auf beiden Seiten passen"*. Eine perfekte Inszenierung: Das von ihm ausgewählte Auto ermöglicht die Zuordnung zu dem armen (und im Hinblick auf Autos als uninformiert, zumindest aber gegenüber zur Schau gestelltem Reichtum empfindlich geltenden) Privatkunden und dem reichen (statusbewußten und solch demonstrativen Konsum erkennenden) Geschäftskunden. Dabei müssen Herrn Fliegers ganz persönliche Vorlieben nicht zurückstehen: Wichtig ist ihm *„die Ausstattung, mehr Fahrspaß. Denn ich verbring relativ viel Zeit in dem Ding"*. Wir wissen ja bereits: Herr Flieger ist kein Freund von Billigprodukten; er hat es zu DDR-Zeiten schon vorgezogen, in den Exquisitläden einzukaufen.[4] Ein Funktelefon dient ebenfalls der Statusdemonstration: Klar brauche er es, *„damit ooch ich erreichbar bin"*. Doch er setzt nach, daß es auch *„ein Spielzeug"* sei und erklärt uns das Spiel: Die Nummer haben nur *„wirklich gute größere Kunden"* und seine Freunde, bei Notfällen kann die Sekretärin durchstellen. Wenn das Telefon klingelt, wenn er im Auto unterwegs ist, geht er nicht ran; anders ist das bei Geschäftsterminen: *„Wenn ich dort im Gespräch in der Firma bin, leg ich das Ding auf den Tisch"*. Das Funktelefon dient ihm in erster Linie nicht zur tatsächlichen Erreichbarkeit, sondern zur Inszenierung seiner Wichtigkeit.

---

[3] Neben *„Otto Normalverbraucher"* kommt auch *„Lieschen Müller"* im Interview vor. Sie ist die Verkäuferin, die nebenbei Versicherungen vermittelt.
[4] Diese Läden gehörten zum Schalck-Imperium und waren vor allem dazu gedacht, Westbesucher zum Kaufen zu animieren.

In der Fliegerschen Wohnung hat sich einiges getan: *„Anbauwand aus Mahagoniholz, aus Westberlin ist die gekommen, 'n Fernseher, Sony, später is 'n Videorecorder von Sony dazugekommen, passend dazu 'n Hifi-Turm, Polstergarnitur* (die alte hat er im Büro, M.W.), *Kühlschrank hat natürlich 's Zeitliche gesegnet, der Sohn hat 'n Jugendzimmer gekriegt, das andere hat die Kleene gekriegt. Das ist das, was mir jetzt sofort einfällt".* Alles neu und aus dem Westen, edel und ohne Skrupel wegen Tropenholz, Markenprodukte, keine Verschwendungssucht: Die alten Sachen werden weiterverwendet, wenn es sich anbietet.

Kaufmännisches Denken

Zusammen mit seinem Beruf hat vor allem eine bestimmte Art des Denkens Herrn Fliegers Alltag geprägt: das kaufmännische Denken, die Überlegung, *„ob sich das rechnet",* genauer: das versicherungstechnische Kalkül.

So hat Herr Flieger sein Wochenendhaus *„unter dem Gesichtspunkt eener Anlage"* renoviert; wie es sich gehört in seiner Position, trägt er sich mit Grundstückskauf- und Hausbauplänen. Damit muß er nun allerdings warten: Seine Großmutter *„hat also in Torgau ein Eigentumshaus, mit Grund und Boden, 89, der Opa is voriges Jahr verstorben mit 85, Testament lautet auf mich".* Die Chancen stehen gut, *„eventuell dieses Haus mal direkt für uns zu nutzen".* Doch *„wir müssen dort vorsichtig rangehen. Wenn ich jetzt irgendwo im Raum Leipzig bauen würde und sie kriegt das mit, kann 's sein, daß ein neues Testament kommt. Sie möchte natürlich, daß das im Familienbesitz bleibt".* Herr Flieger kalkuliert das Risiko wie in einem Versicherungsfall: Er beobachtet den Immobilienmarkt und plant derweil auch die Nutzung des Hauses in Torgau, wobei ein Verkauf selbstverständlich zur Debatte steht. Die Großmutter allerdings darf hiervon nichts bemerken.

Das Geld für einen Hauskauf reiche ohnehin noch nicht, denn *„keine Rücklage, das ist nicht unser Stil".* Wichtig ist ihm ein *„Sicherheitspolster",* das *„man sich anlegen sollte"* als Selbständiger. Bevor er leichtfertig in der Welt herumreise, was er gerne täte, hatte und hat anderes Vorrang, zeitlich wie finanziell: *„Qualifizierungsmaßnahmen, bestimmte Anschaffungen, Modernisierung des eigenen Hausstandes, Autos und und und".*

Wann er sich am wohlsten fühle? *„Ich sollte vielleicht sagen, wenn und wo ich sicheren Erfolg sehe, der mir nicht zugefallen ist"* und der ihm zeige, daß seine Kalkulation, auf *„das beständige, langfristige, stabile Geschäft"* zu setzen, der richtige Weg war. Warum sagt er, er *„sollte"* das sagen? Es mag sein, daß sein Beruf und sein kaufmännisches Denken seinen Alltag so weit durchdrungen haben, daß er zwischen einem Personalentwicklungsgespräch und diesem Interview nicht mehr klar unterscheiden kann.

Soziale Verortung: Erster im Dorf?

Ist er nun der Erste im Dorf? Suchen wir Herrn Fliegers Verortung im neuen gesellschaftlichen Gefüge: *„Du gehörst zu denen, die es geschafft haben"*, hört Herr Flieger von seinen westdeutschen Verwandten, *„weil sie selber die Ärmel hochgekrempelt haben und durch sind und sich engagieren"*. Dabei wäre es, so Herr Flieger, *„unverkennbar, daß tausende, Millionen Ostdeutscher keine Chance ham. Vom Alter her, von der Mentalität her, es is nich jeder dazu in der Lage, sich irgendwo auf eigene Füße zu stellen, in das Risiko zu gehen"*. Er widerspricht seinen Verwandten nicht eigentlich. Er sieht nur, daß er auf personale Ressourcen zurückgreifen kann, die andere nicht haben, neben dem Alter auf eine spezifische *„Mentalität"*: Risikobereitschaft.

Ob er als einer, der es geschafft habe, eine soziale Kluft bemerke zwischen sich und anderen? *„Das hängt sicher von Fall zu Fall davon ab, ob der das geschafft hat, mit ner gewissen Überheblichkeit gegenüber seinen Mitbürgern das kundtut. Also der jetzt faktisch den tollen Geschäftsmann rauskehrt, mit der S-Klasse vorfährt und im Nadelstreifenanzug kommt"*. So plump ist Herr Flieger nicht; er könne das also so nicht sagen, *„aber Sie müssen aber ooch mal das so sehn, daß natürlich die Berührungspunkte nur gering sind. In meinem Bekanntenkreis gibt 's solche Leute kaum, die wirklich jetzt am Existenzminimum rumknaubeln und ansonsten hab ich höchstens jetzt mit Kunden zu tun, die solche Probleme haben, ja gut, das sind aber ooch nich die Kunden, wo ich mich stundenlang aufhalte, weil da kann ich höchstens nur sagen, also Versicherungsbereich, das oder jenes solltet ihr vielleicht weglassen"*.

Daß wegen der Einkommensunterschiede *„in den modernisierten Wohnsiedlungen ne Scheibe eingeschmissen wird"*, glaubt Herr Flieger nicht; doch sagt er Eskalationen im Zusammenhang mit Asylbewerbern voraus: *„Weil das paßt nicht, ich kann hier nicht Millionen von Menschen reinschicken, die nie ne eigene Chance haben oder eigene Einkommen. Das geht nicht. Mir is das a bißchen unverständlich, was in Westdeutschland passiert*[5]*, ich hab Türken, ich hab Italiener kennengelernt, die schon seit 20 Jahren arbeiten im Ford-Werk ..., die in normalen Wohnungen wohnen, gut eingerichtet sind, vernünftiges Einkommen haben, dort versteh ich 's nich ... die stehen neben mir am Tresen in Köln, trinken ihr Kölsch, du kannst dich normal unterhalten ... weil das sind für mich im Prinzip keine Ausländer ... Aber was hier in Ostdeutschland gemacht wird, in sozial brisanten Strukturen irgendein Haus zu sagen, das wird jetzt Ausländerheim, da tun wir noch amal 500 Rumänen reinschicken oder Jugos oder sonst was, die da nachts ihre Feldzüge machen und Autos knacken, da gibt 's Mord und Totschlag"*. Herr Flieger zieht

---

[5] Herr Flieger spricht damit die Attentatswelle auf Ausländer im Jahr 1993 an.

eine klare Unterscheidung zwischen zweierlei Ausländern: Dem Ausländer mit dem *„vernünftigen Einkommen"* und der *„normalen Wohnung"*, der, am Tresen Kölsch trinkend, für Herrn Flieger gar keiner mehr ist, steht der autoknackende, Feldzüge unternehmende und nur in Horden auftretende Asylbewerber gegenüber.

Konfliktlinien also sieht Herr Flieger zwischen Inländern und Asylbewerbern; auch zwischen West- und Ostdeutschen sieht er eine *„soziale Kluft"*. Innerhalb Ostdeutschands - zwischen seinesgleichen und den Ostdeutschen, *„die am Existenzminimum rumknaubeln"* - sieht er keine.

Spiegelbild

„Was ham Sie für 'n Gefühl, wenn Sie an die alte DDR zurückdenken?" fragen wir. *„Ist für mich erst mal absolut Geschichte, also Geschichte, 'n Teil meines Lebens. Einerseits bedauere ich nix oder würd nie sagen, ich hab damals en masse aber alles falsch gemacht. Ich bin in den Staat reingeboren, in dem Staat großgeworden, habe mich weitestgehend mit seinen Idealen identifiziert, habe mich bildungs- und berufsmäßig im Rahmen des Möglichen entwickelt oder entwickeln können"*, was er vielleicht außerhalb der DDR als Arbeiterkind nicht so gut geschafft hätte, wie er meint; jedenfalls *„hab ich mich damals engagiert, vielleicht politisch zu weit, deshalb ooch 'n gewisser Frust, weil erst mit der Wende bestimmte Dinge ans Tageslicht gekommen sind, die ich nicht für möglich gehalten hätte ... aber ansonsten würd ich sagen, im Rahmen des damals Möglichen hab ich mein Leben nicht schlecht gestaltet, hab mich berufsmäßig in diesen Staat eingebunden, meine Möglichkeiten genutzt"*. Mit der Konstruktion, seine Möglichkeiten genutzt zu haben, kann er mit seiner Geschichte leben.

Doch Kontinuität sieht er deshalb noch lange nicht: *„Ansonsten ist für mich ein glatter Schnitt. Das war gestern, und ich bin kein Mensch, der irgendwo immer in der Vergangenheit lebt ... Letztendlich bin ich ein Mensch, der immer nach vorne guckt und sieht, daß er im Rahmen des Möglichen, ohne daß er sich früh nich mehr im Spiegel anschaun kann, das machbar Mögliche, das Möglichste rausholt"*. Da jedenfalls gab es keinen glatten Schnitt: Einen solchen Menschen hat er auch in den Spiegeln aus DDR-Produktion gesehen.

Was denn passieren müßte, damit er sich nicht mehr im Spiegel anschauen könnte? *„Wenn ich Ihnen jetzt, wenn Sie keen Hund ham, ne Hundehaftpflicht verkaufen will"*. Er erklärt ausführlich an Beispielen aus der *„Grauzone"* des Versicherungsgeschäftes, was er damit meint, und endet mit einer Art Grundsatzerklärung: *„Ich möchte von meinem Gefühl her den Kunden vernünftigerweise beraten und vernünftige Angebote machen. Die bezahlbar sind, auf seine Lebenssituation zugeschnitten sind, auf seine Einkommensverhältnisse zugeschnitten sind. Das mein ich mit früh in Spiegel gucken"*. Daß er diese Grundsatzerklärung wirklich verinnerlicht hat, versucht er uns (oder auch sich?) aus seiner Versicherungsbiographie zu belegen: Schließlich hätte er sofort bei anderen Agenturen einsteigen können, *„wo ich möglicherweise kurzfristig die fettere Mark hätte machen können, aber das ist nicht meine Art, wie die Geschäfte schreiben".* Doch nicht nur, weil er in den Spiegel schauen können möchte, hat er das nicht gemacht, sondern auch deshalb, weil er weitsichtig genug war: *„Die haben nämlich inzwischen einen sehr schlechten Leumund, in Ost wie in West, und deshalb hab ich von vornherein diese Gesellschaften abgelehnt".* Herr Flieger hat die richtige Entscheidung getroffen: Der Kunde ist schlauer geworden, und in seiner Grundsatzerklärung benennt er genau die Anforderungen, die er an sich stellen muß, soll das Geschäft weiter florieren. Hält er sich daran, wird er nicht nur einen anständigen, sondern auch einen erfolgreichen Herrn Flieger im Spiegel sehen.

Politikverdrossenheit

Für Politik *„interessiere ich mich überhaupt nich mehr. Das gehört zu den Dingen, wo ich 'n Schnitt gemacht habe. Ich bin zur Bundestagswahl nicht gegangen, ich hab keine Tageszeitung im Abonnement".* Nachrichten *„konsumiert"* er im Auto, *„aber große Politik interessiert mich nicht. Das ist für mich ein Geschäft mit mehr oder weniger Betrug und davon will ich nichts wissen. Das war 's früher ... und heut is es dasselbe".* Die Erfahrung der Enttäuschung des Politischen wird generalisiert, übrigens ein Befund über alle Interviews hinweg.

Eine schon in der Auswertung des ersten Interviews angerissene Erklärung für diese Abwendung von der Politik ist die, daß Herr Flieger Politik nun nicht mehr für die Karriere braucht. Als Ideologieverkäufer hatte er Politik zum Beruf, und nur unter der Bedingung konnte er *„aus dem Möglichen das Möglichste rausholen"*, daß er sich als *„aufrechter Staatsbürger"* (Mühler/ Wippler 1993) verhielt. Das braucht er jetzt nicht mehr tun. Loyalität muß nicht mehr demonstriert werden. Ein dezidiertes politisches Anliegen aber hat Herr Flieger doch: *„das rechte Potential nicht stark werden lassen".* Dieses Interesse würde ihn *„bewegen, an den Wahlen teilzunehmen"* - und er erwähnt eine höchst bemerkenswerte Strategie, nämlich die, *„dafür vielleicht 'n paar Wahlzettel ungültig zu machen".*[6] Herr Flieger aber ist nicht nur gegen das *„rechte Potential",* sondern auch gegen die von der Regierung praktizierte Ausländerpolitik. So spricht er von *„Wirtschaftsflüchtlingen, die wir en gros hier reinkriegen",* und über *„Zigeuner, die regelmäßig hier unsere Läden heimsuchen, ooch bei meinen Kunden, und da mausen, was nicht niet- und nagelfest ist".* Ob die Kunden so schlau sind, solche Vorkommnisse zum Versicherungs-

---

[6] Die Regeln, nach denen die bundesdeutschen Wahlen stattfinden, sind Herrn Flieger noch fremd; auch Herr Tikovsky möchte zu der etwas ungewöhnlichen Maßnahme greifen, für eine Kandidatur als Bundeskanzler Unterschriften zu sammeln.

betrug zu nutzen, wissen wir natürlich nicht. Herr Flieger jedenfalls hegt da keinen Verdacht, sondern begründet „*das Mausen*" mit der Unterbringungssituation der Asylbewerber: „*Wenn man die massiv hier reinbringt, in Lager pfercht und füttert wie die Tiere im Zoo*", dann würden die versuchen, sich „*vom relativen Reichtum 'n Teil der Scheibe abzuschneiden*". Der Fehler läge vor allem darin, „*mitten in ein Wohngebiet so ein Asylantenheim reinzupferchen*". Warum solche Ereignisse wie in Rostock-Lichtenhagen nicht in Grünau passierten, sei ihm ein Rätsel. Schließlich würden „*vietnamesische Warenumschlagplätze und nur alle paar Monate ne Razzia zu echtem Frust im Wohngebiet*" führen, „*zumal es relativ viel Unfälle gibt, weil die wahrscheinlich ihren Führerschein of der Rikscha gemacht haben*". Angesichts dieser massiven Vorbehalte wird es erklärungsbedürftig, warum Herr Flieger das „*rechte Potential*" so sehr ablehnt. Es kann sein, daß soziale Erwünschtheit von Antifaschismus aufgrund einer antifaschistischen Sozialisation der ebenfalls sozialisierten Ächtung von Anderssein gegenübersteht.[7] Im übrigen hat Herr Flieger Einwände gegen alle Parteien, und so bleibt ihm schließlich nur, noch einmal die Absicht kundzutun, „*Stimmzettel abzugeben, aber ungültig machen*".

Restkategorie Familie

Wir wissen bereits Bescheid über die „*Versachlichung der Beziehung*" zu seiner Frau und kennen seine neue Wohnungseinrichtung. Wie aber sieht sein Familienalltag aus, was macht er in der Wohnung? Er macht das Frühstück. „*Wenn die alle abgefüttert sind und das Haus verlassen haben*", führt er einige Kundentelefonate und fährt dann ins Büro. Nach Hause kommt er mal um 10, mal um 6 Uhr abends. Je nachdem, wann er heimkommt, ißt er „*alleine oder mit der Familie. Austausch der normalen Gegebenheiten des Alltags, was passiert is und was nicht, brauch ich Ihnen doch nichts erzählen, das wissen Sie doch selber, sind doch selbst verheiratet*". Obwohl Herr Flieger sicher ist, daß wir auch selbst versichert sind, hält ihn das nicht davon ab, einen Großteil des Interviews darauf zu verwenden, zu erzählen, wogegen man sich versichern kann und wie man das macht. Er will nicht über seine Familie reden und transportiert mit seiner Barschheit einen Eindruck gespannten Familienlebens. Der „*Austausch der normalen Gegebenheiten des Alltags*" läßt eher an einen Geschäftstermin denken, eben an die bereits angesprochene „*Versachlichung*" der Beziehung.

Ab und an geht man zum Essen aus oder besucht Freunde, aber das kann auch mal zwei, drei Wochen gar nicht vorkommen, „*weil ma dann zu abgespannt is und*

---

[7] vgl. hierzu noch einmal Krüger-Potratz 1991, die die These aufstellt, daß durch die Distinktion sozialistisch - nicht sozialistisch alle anderen Distinktionen ihrer Existenz beraubt wurden. So waren z.B. Gastarbeiter Staatsbürger der DDR bzw. der sozialistischen Bruderländer, während ihre ethnische oder religiöse Zugehörigkeit nicht thematisiert und damit tabuisiert wurde.

sagt, jetzt will ich nur meine Ruhe ham, Fernseher und dann irgendwann vielleicht noch a Schläfchen of 'm Sofa. Das hängt ja aber nicht bloß von mir ab, das kann ooch sein, daß die Kinder Fernsehen gucken und die Frau schläft vorm Fernseher schon die erste Runde, weil sie geschafft is, noch a bißchen Haushalt und so". Mit dem „*bißchen Haushalt*" hat Herr Flieger mit Ausnahme des Zubereitens des Frühstücks nichts zu tun. Auch für sein Hobby - den Dreißigjährigen Krieg - nimmt er sich keine Zeit mehr, *„denn es gibt ja doch heute mehr Möglichkeiten, wenn ma entsprechend Einkommen hat, kulinarische Genüsse, Reisen oder mal ins Kino gehen"*. Fliegers waren in Dänemark und in Tirol, *„wandern, mit 'm Auto, mal ausgestiegen"*. Auch hier bevorzugt man das Bodenständige. Darüberhinaus baut man das Gartenhaus aus, mit allem *„Firlefanz"*. Materielle Ausstattung und statusgerechter Konsum verdrängen soziale Kontakte von der Präferenzskala der Freizeitgewohnheiten.

Stabilität und Veränderung der Lebensführung

„Kaufmännisches Denken", strategische Planung und die Inszenierung seiner Person bestimmen die Form von Herrn Fliegers Lebensführung. Ihm scheint die perfekte Mimikry gelungen zu sein, die der Beruf des Versicherungsvertreters im Kapitalismus erfordert. Zweifelsohne hat er die Funktion der Inszenierung seiner Person und von Verkaufs- und Betreuungsgesprächen wie auch die Techniken ihrer Etablierung in seiner Ausbildung gelernt. Verblüffend ist indes zweierlei: die Perfektion der Inszenierung, ohne daß man die Mühen ihrer Herstellung heraushört oder ihm ansieht, und die Inszenierung auch der anderen Teilbereiche des Lebens gemäß seines *„kaufmännischen Denkens"*. Der Schlüssel zum Verständnis liegt darin, daß es sich dabei gar nicht um Mimikry handelt: Die Inszenierung ist so sehr Bestandteil von Herrn Fliegers Lebensführung, daß sie für ihn nicht mehr als Inszenierung erlebt wird. Nehmen wir das Beispiel der Wahl seiner Automarke: Allen angeführten Begründungen der Wahl im Hinblick auf die Wirkung nach außen zum Trotze ist sich Herr Flieger sicher, daß er für sich persönlich das richtige Auto gefunden hat. Das solide Auto, das teuer ist und Fahrkomfort hat, ohne *„Überheblichkeit"* zu signalisieren, entspricht so sehr seinen persönlichen Ansprüchen, daß das Spiel seinen Inszenierungscharakter verliert. Wenn man so will, ist Herr Flieger auf seine eigene Lebensstilpolitik hereingefallen. Er hat die von ihm in seiner Position geforderte Inszenierung eines bestimmten Lebensstils als seinen persönlichen Lebensstil angenommen. Er hat ihn internalisiert. Ebenso hat er die dazugehörige Denkart, eben die *„kaufmännische"*, internalisiert. Sie hat bereits seine Sprechweise durchdrungen.

Das 'Problem mit der DDR' nimmt in allen Interviews breiten Raum ein; man 'löst' es auf ganz unterschiedliche Weise: Man glaubt wie Frau Barzel an den Sozialismus und daß *„die da oben sich schon was dabei denken würden"*; man zog sich wie Herr Tikovsky ins Private zurück, nicht ohne einen gewissen Gesinnungssozialismus zu retten; man machte mit, wie wir später an Frau Bohm zeigen werden, weil man sonst seine Position nicht halten konnte, drückte sich aber um die Parteiarbeit herum; man hatte, wie Frau Bohms Kollegin März, eine Kaderfunktion inne und hohe Investionen in kognitive Dissonanzreduktion zu leisten.

Herr Flieger aber vermittelte Ideologie, ohne mit der Ideologie Probleme zu haben, aber auch ohne sozialistische Ideale zu haben. Daß man Marx *„mißbraucht"* habe, meint zwar auch er; das Argument aber, das er letztendlich dazu benutzt, zu begründen, daß er nichts bereue, ist, daß er *„im Rahmen des Möglichen das Möglichste herausgeholt"* habe - für sich.

Es wäre zu kurz gefaßt, sich damit zufrieden zu geben, Herrn Flieger als Opportunisten zu charakterisieren, der sich wie das Fähnchen nach dem Wind richte. Er hatte immer ein Ziel gehabt, das außer Frage stand, und das verfolgte er über den Systemwechsel hinweg: *„im Rahmen des Möglichen das Möglichste rauszuholen"*, und zwar das Möglichste an Karriere, an Status, an materiellem Wohlstand. Dazu gehörte es, den Rahmen des Möglichen gut einschätzen zu können und zu akzeptieren, daß es ihn gab. Herr Flieger hielt sich an die institutionell definierten Mittel, nicht aber deshalb, um auch die definierten kulturellen Ziele zu erreichen. Ein Parteifunktionär zu werden, der Status, Ansehen und natürlich auch materielle Vorteile erzielt, weil er sich hinter die sozialistische Idee stellt (oder dies vorgibt), war nicht sein Ziel. Herr Flieger verfolgt eine Bildungskarriere, die das Ideal hat, ihn als einen Menschen voranzubringen, der selbständig denkt und selbständig entscheidet. Er will Karriere machen, aber nicht jede. *„Die schnelle Mark"* ist nicht das, was er anstrebt; er sucht eine Berufskarriere zu machen, in der es Sicherheit und Solidität gibt und in der Qualifikation eine wichtige Rolle spielt. Seine Berufsbiographie stellte er in der DDR auf zwei Beine: auf die *„solide"* Tätigkeit des Politoffiziers (dem eine technische Ausbildung vorher nicht geschadet hat) und auf die Weiterqualifizierung innerhalb seines Berufes. Daß es gerade die akademische Karriere sein mußte, ist seiner Frau geschuldet. Herr Flieger sah sich selbst als Intellektuellen - im Gegensatz zum *„normalen Arbeiter"*. Von letzterem versuchte das Arbeiterkind sich zu emanzipieren, und der Emanzipationsversuch in Form der Erreichung seiner Position in der NVA reichte dann nicht aus, um auch noch mit seiner Frau schrittzuhalten. Daß ihm zum Intellektuellen, so wie er in seinem Bekanntenkreis verstanden wurde, der *„richtige"* Hochschulabschluß noch fehlte, wußte er genau. Ein Ersatz wäre wohl die Lehrtätigkeit an der Offiziersschule gewesen, deren Verweigerung er in seiner partiellen Ideologiekritik sieht. Ob das so war oder nicht: Entscheidend ist, daß Herr Flieger sich in der NVA kaltgestellt sah und ihm deshalb die Wende ganz recht kam.

Seine Berufsbiographie nach der Wende nun ist uneingeschränkt eine Erfolgsstory gemäß Herrn Fliegers Präferenzen. Auch wenn er sein Versicherungsunternehmen als solide einschätzt, war es doch seine Entscheidung, zu dieser Versicherung zu gehen und bei ihr zu bleiben: Den Erfolg kann er sich alleine zuschreiben. Herr Flieger war weitsichtig genug, um „*von hier aus in die Zukunft*" zu sehen; der Abschluß als Versicherungskaufmann war für ihn unabdingbare Weiterqualifizierung. Seine Fähigkeit, excellent „*mit Menschen arbeiten*" zu können, läßt sich im direkten materiellen Erfolg und der Vergrößerung und Konsolidierung seines Bestandes messen. Er kann gut verkaufen, und er kann auch vermitteln, daß er ein solides Produkt verkauft. In den letzten zwei Jahren hat er gelernt, auf sein Produkt zu vertrauen. Doch es geht ihm um mehr: Das Interview hat Züge eines Verkaufsgespräches, im Rahmen dessen Herr Flieger keine Versicherung verkaufen will, sondern den erfolgreichen Versicherungsvertreter, der er geworden ist - und zwar sowohl an uns als auch an sich selbst. Seine anderen Lebensbereiche tritt er dabei selbstverständlich an seine Versicherung bzw. an seine berufliche Karriere ab. Dafür erwartet er für sein Leben das, was seiner Meinung nach ein erfolgreicher Versicherungsvertreter von sich zu erwarten hat. Ein eigenes Büro mit Sekretärin im Vorzimmer, irgendwann ein eigenes Haus, einen Sohn, der in das Geschäft des Vaters einsteigt, einen gehobenen, aber soliden Lebenswandel, das richtige Auto und die richtige Wohnungseinrichtung und, nach seiner Meinung dem neuen System geschuldet, das „*vermehrte Streben nach Geld verdienen, viel Geld verdienen*". Das neue System, dessen politische Vertreter er überhaupt nicht leiden kann, belohnt seine Fähigkeiten und entwertet gleichzeitig den akademischen Abschluß seiner Frau. Deren Situation ist nicht Herrn Fliegers Problem. Der Preis dafür, nämlich die „*Versachlichung*" seiner familiären Beziehung, scheint ihm nicht zu hoch zu sein.

Herrn Fliegers Karriere verläuft geradezu spiegelbildlich zu der von Frau Barzel: Denn neben den 'objektiven' (und für ihn vorteiligen) ungleichheitsrelevanten Kennzeichen seiner sozialen Lage (Geschlecht, Qualifikation, sozialem Alter in Verbindung mit seinem Beruf) treibt ihn auch die Logik seiner Lebensführung in eine berufliche Karriere hinein. Seine Lebensführung ist gar nicht besonders flexibel - sie paßt nur gut zu den jetzigen Rahmenbedingungen, allerdings einzig und allein hinsichtlich seiner beruflichen Karriere. Denn wie bei Frau Barzel ist auch hier die Familie gefährdet, allerdings aus ganz anderen Gründen. Denn Herr Flieger hat keine Zeit mehr für die Familie zur Verfügung, zudem sein „*kaufmännisches Denken*" die Beziehung zu seiner Frau versachlicht hat. Doch da Familie in erster Linie als „*Hinterland*" für Herrn Flieger von Bedeutung ist, muß er sich über die Reduktion von Familienzeit nicht grämen; wichtig ist vor allem, daß die Funktion des Hinterlands gewahrt bleibt, seine Frau ihm also als Ressource zur Verfügung steht, die sich um Haushalt und Kinder kümmert und die eigene Karriere mit diesen Aufgaben verbindbar hält.

Genaugenommen wird Herrn Fliegers Lebensführung im wesentlichen nicht von 'den' neuen Rahmenbedingungen selegiert, sondern von der Organisationsstruktur der Versicherungsbranche. Im Sinne von Brose, Holtgrewe und Wagner 1994 (und natürlich in Anlehnung an Max Weber) kann man hierbei von einer Wahlverwandtschaft von Lebensführung und Organisationstypus sprechen, von einem Inklusionsverhältnis von Organisation und Biographie. Brose u.a. folgen ohnehin dezidiert dem Konzept alltäglicher Lebensführung: Ihr Kern sei ihre Gestaltungsleistung, die innerhalb funktional differenzierter Gesellschaften darin bestehe, „die Teilhabe an den ausdifferenzierten Funktionssystemen - mit deren eigenen Logiken und Semantiken - aufeinander zu beziehen und zu ordnen" (Brose u. a. 1994, S. 255). So wird eine „lebensweltlich und kulturell notwendige Ergänzung des ökonomischen und organisatorischen Rationalisierungsprozesses" erzeugt; die über die Mitgliedschaft in (Arbeits-)Organisationen laufende Inklusion der Wirtschaftssubjekte in das Wirtschaftssystem verläuft indes selektiv, so daß sich die oben so bezeichneten Wahlverwandtschaften entwickeln. Die Kombinationen von Lebensführung und Organisationsstruktur variieren: In unserem Falle hat das Versicherungsunternehmen die Fähigkeiten unseres Politoffiziers so gut eingeschlossen und verfeinert, daß seine soziale bzw. berufliche Identität mit seiner persönlichen verschmolzen ist - und zwar sehr viel fester, als dies in der DDR der Fall war, ist gegenwärtig doch Herrn Fliegers Karrierestreben ausdrücklich gefordert, und zwar ohne das Beiwerk bekennender Ideologie.

Da Herr Flieger selbst völlig geradlinig auf den beruflichen Erfolg setzt und diesen im langfristig steigerbaren materiellen Erfolg bemißt, mit dem er sich wiederum ausschließlich Statusgüter beschaffen kann, die beruflichen Erfolg symbolisieren, hat er mit dem Anforderungsprofil an den Karrieristen keine Schwierigkeiten. Von 'postmateriellen' Werten wie Selbstverwirklichung oder tendenzieller Gleichgewichtigkeit von Arbeit und Freizeit ist nicht die Rede.

Wir wollen Herrn Flieger nun zwei 'Kollegen' zur Seite stellen, Kollegen in mehrfacher Hinsicht. Wie Herr Flieger sind sie Männer, die in der DDR Berufe hatten, die ohne Parteizugehörigkeit nicht denkbar waren. Auch sie mußten sich nach der Wende umorientieren und haben das auch gemacht. Während Herr Flieger eine neue Berufsausbildung absolvierte, haben sich die beiden anderen gleich selbständig gemacht. Herr Dalloff und Herr Rabe waren zu DDR-Zeiten sogenannte Kulturschaffende, 'richtige' Intellektuelle also: Herr Dalloff war Journalist, Herr Rabe war als freischaffender Autor tätig. Ihr politisches Problem lösten sie nicht mit „einem klaren Schnitt" wie Herr Flieger: Herr Dalloff und Herr Rabe sind in der PDS, auch 1993 noch.

Herr Dalloff

1. Interview: *„Drüben braucht man Ellenbogen, ich hab keine ".*

Herr Dalloff ist Anfang 40, mit einer Ökonomin verheiratet und hat zwei Töchter im Teenager-Alter. Noch früher als Herr Flieger, nämlich bereits Anfang 1990, hat Herr Dalloff sich selbständig gemacht, indem er zusammen mit zwei Kollegen *„Die Bildungspresse e.V. "* gründete, eine Bürogemeinschaft für journalistische Berichterstattung aus Kultur, Wissenschaft und Bildungspolitik. Bis zu diesem Zeitpunkt war Herr Dalloff Journalist und Redakteur bei einer Leipziger Zeitung. Hier wird ein Journalist interviewt: Er baut Reportagen in das Interview ein und spielt professionell mit unseren Fragen. Beginnen wir wieder damit, daß wir uns seine Biographie ansehen:

DDR-Biographie

Diese sei *„eine ganz normale DDR-Biographie ",* beginnt Herr Dalloff und erzählt retrospektiv seine biographischen Pläne, die sich so normal nicht anhören: *„Ich wollte eigentlich nicht Journalist werden, sondern Schriftsteller eher, aber mit 18 Jahren kann man eben schlecht Schriftsteller sein. Da wollt ich Schriftsteller werden, das war schon ziemlich fest, erst Seemann werden und was von der Welt erleben und anschließend sich hinsetzen und Schriftsteller werden".* Schließlich sei er Journalist geworden, und zwar bei der Zeitung seiner Wahl. *„Ich hatte im Grunde genommen einfach Glück, daß ich da reingerutscht bin ... und bin dann 23 Jahre bei der Zeitung gewesen"* - bis zur Wende. Schriftsteller ist er nicht geworden. Bei seiner Zeitung war er richtig: *„Für mich war das Prinzip richtig, in dem ich hier gelebt hab und die Partei richtig im Prinzip. Wenn auch nicht im Detail. Also war meine Parteizeitung richtig. Und wenn ich für meine Parteizeitung rausgegangen bin, da bin ich rücksichtslos gewesen. Obwohl ich persönlich überhaupt nicht rücksichtslos bin ".*

Der Parteiarbeit widmete sich Herr Dalloff eifrig: in der FDJ, in der Parteigruppe der Zeitung, im Eltern-Aktiv. Im Wohngebietsausschuß war er auch mit den Wahlen befaßt: *„Eine sehr schwierige Aufgabe, aber ich hab mich gestellt. Ich wußte auch, die Wahlen waren gefälscht. Ich dachte immer, sind die bekloppt. Wir haben auch so 90%, auch wenn die nicht fälschen. Deswegen schimpf ich natürlich jetzt auf die vielen Widerstandskämpfer, die 's angeblich gegeben hat. Jeder, der mitgegangen ist und gefaltet hat, hat das System mitgetragen. Und das sind 90% etwa ".* Herr Dalloff stellt sich zwei Jahre nach der gefälschten Kommunalwahl auf den Standpunkt, die Wahlfälschung wäre sinnlos gewesen und zieht aus dieser Einschätzung den Schluß, die Zahl der Wahlverweigerer wäre gering gewesen. Das bislang Zitierte spricht dafür, daß wir einen SED-Hardliner vor uns haben. Doch Herr Dalloff hat eine biographische Zäsur zu verzeichnen: Bereits vor 15 Jahren wären ihm Zweifel an der Effektivität und Sinnigkeit der DDR-Politik gekommen. Seinen Wechsel in die Zeitungsredaktion einige Jahre vor der Wende schildert er in diesem Zusammenhang als Konsequenz dieser Zweifel: Er wollte nicht mehr gegen seine Überzeugung schreiben und mit vorzensierten Informationen arbeiten.

Wegen der Menge seiner Parteiarbeit hatte es immer wieder Reibereien in seiner Familie gegeben, doch Herr Dalloff thematisiert explizit seine glückliche Ehe. Die Auseinandersetzungen gingen nie so weit, *„daß man sich manchmal zumindest insgeheim fragt und das ganze Leben mit dem Partner in Frage stellt. Ich glaube auch nicht, daß es das bei meiner Frau gibt".* Herr Dalloff wählt nicht die Metapher des *„Hinterlandes"*, sondern betont die Harmonie: *„Das, was ich zum Leben brauch, is ne harmonische Ehe".* Auch die Kinder nehmen in diesem Interview vergleichsweise viel Platz ein. Gemeinsame Freizeitunterfangen mit den Kindern werden hoch bewertet, wenn auch an Effizienzkriterien orientiert: *„Ich halt 's für Blödsinn, wenn die Leute erzählen, man muß jeden Tag zwei Stunden mit seinen Kindern rumspielen, damit das richtige Verhältnis da ist. Wenn ich mit meiner kleinen Tochter mal an nem Wochenende alleine eine Tour mach, da zehren wir alle beide vier Wochen davon".* Es folgt eine Reportage über einen Ausflug mit einer seiner Töchter ins Leipziger Umland, mit der er in die Rolle des Journalisten wechselt, der Münchnern über Leipzig berichtet.

Seine Familienbiographie hatte er geplant. Die Heirat stand für ihn bald nach dem Kennenlernen seiner zukünftigen Frau fest, obgleich diese vorerst anderer Ansicht war. Man studierte zusammen; nach dem Studium arbeitete seine Frau ein Jahr in einem Betrieb, dann kamen, hintereinander, die beiden Töchter zur Welt. *„Das konnte man ja planen, wann man 's Kind haben will und wann nicht".* Nach dem Babyjahr für das zweite Kind nahm seine Frau ihre Arbeit wieder auf, und man hatte inzwischen, nach einigen Problemen, die Wohnung bezogen, in der die Familie bis jetzt wohnt.

Wie Herr Flieger betont auch Herr Dalloff rückblickend die Engführung seiner beruflichen Zukunft. *„Hier ging man ja in den Betrieb arbeiten, wo ma erwartet hat, dort geht ma auch in Rente";* er habe sich *„davor gefürchtet, mein Leben lang dort zu bleiben".* Für seinen Wechsel in die Redaktion bietet er in diesem Zusammenhang eine neue Begründung an: *„Es war so 'n Versuch, irgendwie auszubrechen",* und zwar aus der Berufsbiographie, war doch der Grund für den Wechsel, *„daß ich eigentlich mit 'm Schreiben immer noch a bissl weiterkommen wollte ... daß ich dachte, wenn ich da Spätschicht arbeite jede zweite Woche, hab ich also dann früh auch freien Raum, weil ich kann nicht, wenn die Familie da ist, kann ich nicht arbeiten".* Das ist ein weiteres Indiz dafür, daß die Familie hier keine Hinterlandfunktion übernimmt; ein Schriftsteller ist Herr Dalloff indes trotz des Bereichswechsels nicht geworden. Er hat seine Texte nicht untergebracht, und er hat eine Erklärung dafür: *„Mein Vater hat 's ... zum Schriftsteller gebracht. Und der is viel kritischer gegenüber der DDR gewesen als ich ... Mein Vater war im Grunde gegen Sozialismus. Das wußte er natürlich, daß er das nie schreiben darf. Also hat er 's durch 'n Kakao gezogen. Und das ging. Ich war für 'n Sozialismus, aber ich wollte 'n besseren ham, als den, den wir hatten. Und das ging nicht".*

Trotz seines Parteiengagements und seiner Ambitionen war die DDR-Zeit eine beschauliche Zeit. Herr Dalloff hatte nicht zu viel Arbeit, man ging Essen, ins Kabarett, ins Kino, ins Konzert. Das Kabarett vermißt er sehr, denn das war *„ein Ventil, ein Genuß".* Er bietet uns eine weitere Reportage dar, indem er die Wirkungsweise des Kabaretts in einer *„geschlossenen Gesellschaft"* analysiert. Im Westen würde der hintergründige Humor des DDR-Kabaretts nicht verstanden. *„Und so gab 's eben vieles vor der Wende",* resümiert er, *„was ich dann auch mitgenommen hab und was heute eben einfach nicht mehr da ist. Ist nicht mehr nötig, aber es ist auch nicht mehr da".*

Die Probleme der Warenbeschaffung managte er mithilfe von Beziehungen: *„Es gab in der DDR alles, was nicht Standard war, nicht. Es gab natürlich alles. Aber man mußte eben dann losrennen. Ich hab in dieser Wohnung elektrische Leitungen, die es nicht gab, ich hab eine Wanne, die es nicht gab, ich hab eine Gasheizung, die es noch überhaupt nicht gab. Man muß bloß einen finden, der einen kennt, das ist alles".* Dalloffs waren weniger privilegiert als Fliegers. Die Wohnung ist klein und liegt an einer Hauptverkehrsstraße; die Beziehungen, die Herr Flieger schon deshalb hatte, weil er *„zur engeren Führung"* gehörte, mußte Herr Dalloff erst herstellen.

Die Wende

Sehen wir uns die Wendezeit an. Herr Dalloff berichtet über Kontakte zum Neuen Forum. Er wollte *„versuchen, dort einen vernünftigeren Staat mit aufzubauen ",* doch traf er auf Leute, die *„irgendwo eingesperrt worden waren ... für die kam das natürlich nicht in Frage. Also da die DDR zu retten".* Sie wollten, im Unterschied zu Herrn Dalloff, *„in erster Linie die SED zum Teufel jagen".* So sah er sich die Montagsdemonstrationen als Journalist an, denn die SED zum Teufel jagen wollte er nicht.

Die DDR wurde nicht gerettet, die SED zum Teufel gejagt, und Herr Dalloff verläßt seine Zeitung. *„Aus diesen Erlebnissen des 89er Herbst raus hab ich dann gesagt, also es ist so vieles falsch gemacht worden in dem Land, in Berlin ist falsch entschieden worden, wo ich immer wußte, es ist falsch, in Leipzig ist falsch entschieden worden, wo ich wußte, das ist falsch, an meiner Zeitung ist falsch entschieden worden, jetzt will ich endlich mal für mich selber entscheiden und für* *mich selber gradestehn. Und deshalb bin ich raus".* Herr Dalloff unternimmt einen Rationalisierungsversuch ex post. Denn daß seine Kündigung nicht nur eine freie Entscheidung war, liegt auf der Hand; Herr Dalloff bringt diesen Verdacht schließlich selbst zur Sprache: *„Hinterher hab ich mir überlegt, es ist vielleicht nicht klug, weil dann möglicherweise irgendwann in der Biographie mal auftaucht, na wer in der Zeit freischaffend werden mußte, der hat was auf 'm Kerbholz".* Richtig daran ist mindestens, daß Herr Flieger, Herr Dalloff und, wie wir später sehen werden, auch Herr Rabe keine reale Chance hatten, an ihrem Arbeitsplatz bzw. bei ihrer Tätigkeit zu bleiben. Doch Herr Dalloff überhöht die Gründe für seinen Arbeitsplatzwechsel ins Dramatische: *„Es sind eigentlich alle Illusionen und Vorstellungen und Wünsche und Glauben zusammengebrochen. Und da paßt es einfach rein, sich zu sagen, im Grunde genommen verlierst du alles, alles, woran du geglaubt hast, was du gehabt hast, alles geht zum Teufel. Weil andere Leute woanders entschieden haben. Und eben ganz wesentliche Entscheidungen, wo ich vor 10, 15 Jahren wußte, die sind falsch. Aber die ham eben entschieden und ham das ganze Ding zugrundegewirtschaftet. Und auch mein eigenes Leben. Und jetzt will ich mal selber entscheiden".* Was seinen Anteil an dieser Katastrophe betrifft, steht Herr Dalloff zwischen Herrn Flieger und Frau Barzel. Er war wie Herr Flieger Ideologieträger, sieht aber, wie Frau Barzel, Erklärungsbedarf für seine Loyalität. *„Da kann ma sich selber nur sagen, wie bin ich blöd gewesen. So lange drauf zu vertrauen, daß die auch nachdenken".* Doch im Gegensatz zu Frau Barzel hat Herr Dalloff gewußt, daß *„ma alles hätte viel besser machen können"* - er wußte sogar, daß die Wahlen gefälscht waren. Im Gegensatz zu allen vorherigen Interviewpartnern verteidigt Herr Dalloff nicht nur den *„Sozialismus im Prinzip"* und die soziale Sicherung, sondern den Partei- und Machtapparat selbst; ohne Denunziation seiner Landsleute geht das nicht: *„Das ist nicht so, daß alle Widerstandskämpfer waren und alle bespitzelt wurden und, na, bespitzelt wurden sie ja offensichtlich doch, aber wenn im Telefon 'n Knack war, hab ich auch vor drei oder vier Jahren gesagt, na das wird wohl die Stasi sein. Ob die da mit zugehört hat oder nicht, war mir egal, mir wär nie was passiert deswegen".* Mit diesem Zynismus hat er wieder die Rolle eingenommen, uns über die Verhältnisse zu DDR-Zeiten aufzuklären: So schlimm, sagt er uns damit, wie es jetzt dargestellt wird, war das Überwachungssystem nun auch wieder nicht.

Wie Herr Flieger ist Herr Dalloff bemüht, seinen beruflichen Neuanfang als seine eigene Entscheidung zu stilisieren. Was er sagt, gemahnt an eine Entscheidung für ein neues, selbstbestimmtes Leben. Freilich hat er seine Entscheidung nicht alleine getroffen, und er ist auch nicht alleine gegangen.

Die Selbständigkeit

"Wir sind zu dritt gegangen, jeder von uns wußte, daß er auf seiner Strecke gut ist. Jeder alleine hätte sicher Angst gehabt", sagt Herr Dalloff über die Gründung der Bürogemeinschaft. Bildungspolitik, das Gebiet, das Herr Dalloff bei seiner Zeitung betreute, ist weiterhin sein Ressort geblieben, doch auch andere Themen sind nun nicht mehr tabu, wie es früher der Fall gewesen sei. Freilich ist das nicht das einzige, was sich geändert hat.

Die fehlende materielle Sicherheit belastet ihn; er arbeitet deshalb jeden Tag, Samstag eingeschlossen, von acht Uhr früh bis in die Nacht hinein; solange sein Einkommen sich nicht stabilisiert habe, wage er es nicht, kürzer zu treten. Daß er seinen Arbeitstag nun freiwillig Punkt acht Uhr beginnt, begründet Herr Dalloff mit seinem Bedürfnis nach *"etwas preußischer Disziplin"*. So sitze er gerne um acht Uhr am Schreibtisch und gönne sich gleichzeitig bewußt die Viertelstunde, die er nun im Vergleich zu seiner Redaktionsarbeit später anfangen kann. Leider *"kommt immer alles anders"*, weil die unterschiedlichen Aufträge, Vorhaben und Ereignisse den Tag strukturieren. Mit seiner *"preußischen Disziplin"* komme er da nicht weit.

Der Inhalt seiner Arbeit ist ihm wichtig: *"Ohne meine Arbeit des Journalismus, ohne das könnt ich nicht leben"*, lautet seine pathetisch anmutende Grundsatzerklärung. Wollte er nicht Schriftsteller werden? Sein Ziel, *"mal was anderes zu schreiben"*, hat er nicht vergessen; er würde es tun, *"wenn ich nicht immer diese Manschetten hätte, ich muß die Familie ernähren"*. Schließlich ist offen, ob seine Frau ihren Arbeitsplatz behält; und Herr Dalloff will allemal *"so viel verdienen, daß wir nicht sparen müssen"*.

Wir erinnern uns: Neben dem Journalismus, ohne den er nicht leben könne, ist auch eine harmonische Ehe das, *"was ich zum Leben brauch"*. In seiner Antwort auf die Frage, wann er sich am wohlsten fühle, bringt er selbst die Bereiche zusammen, die ihm wichtig sind: *"Mit der Familie, ohne dienstlichen Druck. Wandern oder Spazierengehn, auch so Familienplausch nur ... Wohl fühlen tu ich mich auch, wenn ich richtig schreibe. Also eine gute Sache, eine Reportage, die Spaß macht"*. Familie und Berufsarbeit müssen zusammengebracht werden, und zwar ohne daß, wie bei Herrn Flieger und Herrn Pattermann, die Familie zum Hinterland wird. Beide Lebensbereiche scheinen Herrn Dalloff gleich wichtig zu sein. Doch hat Herr Dalloff nun nicht nur für's Familienleben, sondern auch für die dort anfallende Arbeit kaum mehr Zeit. So wird die Familie doch zum Hinterland. Ergebnis ist Herrn Dalloffs *"schlechtes Gewissen"*. Er hat es gegenüber seiner Familie, seiner Arbeit und auch den verschiedenen Auftraggebern gegenüber, weil er ja nicht für alle gleichzeitig arbeiten kann. *"Sobald einer anruft und mal nachfragen will, da hab ich sofort 'n schlechtes Gewissen. In der Hinsicht bin ich sowieso kein idealer Typ für diesen Job"*. Jede Tätigkeit, die Herr Dalloff derzeit unternimmt, hat dieses

schlechte Gewissen den anderen Bereichen seines Lebens gegenüber zur Folge. Das gilt auch für einen Bereich, den wir bislang noch nicht angesprochen haben, und für den er sich „*die Zeit stehlen*" muß:
„*Machen Sie denn jetzt noch was, was damit vergleichbar wäre mit dem* (politischen, M.W.) *Engagement, das Sie hatten?*" „*Ja- jetzt weiß ich bloß nicht, ob das noch gut ist, wenn ich das erzähle. Weil die Wende da dazwischenliegt. Ich bin immer noch in der gleichen Partei*". Der damit verbundene Zeitaufwand wirft in seiner Familie die bekannten Probleme auf: „*Bei uns hat 's immer Krach gegeben, daß ich mich so engagiere. Da gab 's immer Auseinandersetzungen*". Doch das Verhältnis Beruf - Partei ist ein anderes geworden. Hier trifft er nicht auf Vertrautes, denn diese Bereiche treten jetzt in Widerspruch zueinander. Als selbständiger Journalist, der Beiträge für Zeitungen verschiedener Couleurs schreibt, kommt Herr Dalloff in für ihn neue Konfliktsituationen. Seine Parteizugehörigkeit kann er nun nicht mehr als Rückenstärkung nehmen, sondern er muß sie verschweigen, weil sie nicht opportun ist. Auch arbeitsinhaltlich wirft seine politische Einstellung Probleme auf: „*Hetzartikel*" auf die SED schreibe er nicht und müsse deshalb Aufträge ablehnen, ohne die wahren Gründe zu offenbaren; seine Tätigkeit für konservative Medien muß er vor sich selber (und wohl auch vor den linken Medien) rechtfertigen. So bemühe er sich, seinen Artikeln „*einen Zungenschlag zu geben, der auch eine schwarze Leserschaft zum Aufhorchen zwingt*". Diese Argumentation erinnert an die vorhin beschriebene Taktik seines Vaters. Dieser wußte, daß er nicht schreiben dürfe, daß er nichts vom Sozialismus halte und wählte deshalb die Satire. Ähnlich verfährt jetzt Herr Dalloff selbst. Statt der Satire wählt er den „*Zungenschlag*". Das ist praktisch, wie wir sehen werden, weil er nicht allzu klar Farbe bekennen muß, aber trotzdem eine Rechtfertigung für seine Arbeit hat.

Bevor wir Herrn Dalloffs alltägliche Lebensführung über die Wende hinweg rekonstruieren, sehen wir uns das Ende des Interviews an. Dort erst vervollständigt er seine Biographie um einen entscheidenden Baustein: „*Mit 14 Jahren wollt ich in den Westen abhaun. Weil ich 's für ne bessere Gesellschaft gehalten hab. Und mit 18 wollt ich in die Partei eintreten. Weil ich irgendwo zwischen 14 und 18 eben so zu der Einsicht kam, drüben braucht ma Ellbogen, ich hab keine. Wer Ellbogen hat, kommt hoch. Aber ich habe keine. Also ist die Gesellschaft für mich besser, die jedem 'n gewissen Standard garantiert. Auch ohne Ellbogen*". Herr Dalloff bietet uns eine rationale Wahl eines Gesellschaftssystems an. Die Richtigkeit seiner Entscheidung findet er nun bestätigt: Jetzt merke er, „*es ist wahr, ich hab wirklich keine Ellenbogen*". Ob er versucht habe, sich künstliche Ellenbogen zuzulegen? „*Vieles kann man ja trainieren*", antwortet Herr Dalloff. „*Ich bin, seit ich 17 bin, ständig unter ärztlicher Aufsicht. Da lernt ma vieles ja auch beherrschen ... ich weiß, was ich machen muß, wie ich hier oben umgehen muß, um um den Anfall rumzukommen*". Zwischen seiner Entscheidung für eine Gesellschaft, in der man keine Ellenbogen braucht und dem Ausbruch einer Krankheit, unter der er seitdem leidet, stellt er keinen expliziten Zusammenhang her. Und doch siedelt er seine Entscheidung, in die SED einzutreten, anstatt in den Westen zu gehen, in der Zeit des Krankheitsausbruchs an. Die Krankheit machte ihn zweifelsohne anfechtbarer in einer Ellenbogengesellschaft. Gleichzeitig lehrte ihn der Umgang mit ihr, sich zu beherrschen, eine Ressource, auf die er in der gewählten DDR-Gesellschaft zurückgreifen konnte.

Seine fehlenden Ellenbogen hat Herr Dalloff, folgt man seinen Ausführungen, durch die Organisationsgesellschaft ersetzt. Nehmen wir dieses Erklärungsmuster an und untersuchen, welches die funktionalen Elemente waren und welche es im neuen System sind.

Vom Rückgrat zur Selbsthilfe: Die Partei

„Ich hab nicht mehr meine Parteizeitung", sagt Herr Dalloff, „das war früher selbstverständlich. Für mich sollen die Leute nischt tun, die sollten was für die Zeitung tun. Da bin ich auch brutal gewesen, wenn mir mal einer da keine Auskunft geben wollte ... Bloß jetzt hab ich die Zeitung nicht mehr' hinter mir ... Und da merk ich meine fehlenden Ellenbogen sehr". Herrn Dalloffs Beruf war mit seiner Parteizugehörigkeit untrennbar verbunden. Die SED als die Operationalisierung des *„richtigen Prinzips"* stärkte Herrn Dalloff den Rücken: Nicht das bei Herrn Flieger identifizierte Interesse an der eigenen Karriere und am eigenen materiellen Wohlstand war das generative Prinzip von Herrn Dalloffs Lebensführung in der DDR, sondern die Suche nach der Vereinbarung eines schreibenden Berufes mit einem harmonischen Familienleben. Da er sich nicht - wie sein Vater - mit seinen eigenen Produkten unabhängig von der Zeitung durchsetzen konnte oder wollte, entlastete ihn die Tätigkeit bei einer renommierten Parteizeitung von der Organisation eines solchen Lebens und von einer eigenen inhaltlichen und politischen Verortung. Permanente kleine Abweichungen von inhaltlichen und politischen Vorgaben aber unterläßt er nicht; sein Rückzug in die Redaktion zwei Jahre vor der Wende wird mit beiden Argumenten begründet: Zeit für 's Schreiben wollte er haben, und der politischen Abhängigkeit wollte er mit Rückzug begegnen.

Daß er seine Texte nicht unterbrachte, kann man auf das Fehlen des Ellenbogenersatzes zurückführen: Hier konnte er die Zeitung nicht als Grund für seine Hartnäckigkeit vorschieben, und die 'Reformorientierung' - falls vorhanden - wäre kaum goutiert worden, hätte sie doch zu nahe an der 'Opposition' gelegen.[1] Die Chuzpe seines Vaters fehlte ihm, stand er doch hinter der sozialistischen Ideologie und großenteils auch hinter ihrer Umsetzung. Schließlich bezeichnet er sich selbst als *„or-*

---

[1] Siehe hierzu Mühler/Wippler 1993

dentlichen sozialistischen Staatsbürger". So führte er trotz des Rückzugs seine Parteiarbeit unverdrossen weiter, war doch das gesellschaftspolitische System in Ordnung für Leute ohne Ellenbogen, Leute wie ihn. Seine frühe Einschätzung, der Westen wäre das bessere System, korrigiert er nicht eigentlich; er erkennt nur, daß er in einem solchen System nicht hochkäme. Folgerichtig tritt er in die Partei ein und unterstützt das System nach Kräften, das in der Lage ist, für alle eine gewisse Grundversorgung zu bieten. Der Einsatz für dieses System gelingt ihm gut, da er Ellenbogen nicht braucht; die Ideologie verhilft ihm dazu, sich durchzusetzen. Er tut es nicht für sich selbst, er tut 's für die Partei. Jetzt aber treten Partei und Beruf auseinander und in Widerspruch zueinander. Würde Herrn Dalloff seine Berufsarbeit nicht leichter fallen, wenn er nicht *„immer noch in derselben Partei"*[2] wäre? Ich denke nicht. Denn entscheidend ist, daß Herr Dalloff die Partei zuerst einmal für nichtberufliche Zwecke braucht: Der PDS-Ortsverband hat die Funktion einer Selbsthilfegruppe übernommen.

Betrachten wir eine Schilderung der Inszenierung seiner Umgangsweise mit Leuten in seinem Ortsverband, die bei der Staatssicherheit waren: *„Jedenfalls hab ich da gesagt, ich möchte, daß ihr minutiös erzählt, was ihr gemacht habt. Das müßt ihr nicht heute machen, aber wir wollen 's von euch minutiös wissen. Der eine ist nicht wiedergekommen, dann hatte sich der Fall geklärt. Und der andere hat erzählt und hat geheult dabei, der hat Rotz und Wasser geheult, der hat an 's Gute geglaubt, der hat wirklich uns erzählt, was er gemacht hat, da kann ich nur sagen, das ist harmlos gewesen, der hat keinem was wirklich Böses getan, aber er hat trotzdem geflennt, weil ihm klar war, daß der natürlich gebraucht wurde, um mehr zu erreichen ... und er ist weiter bei uns".* „Also da sind Sie mit Vergangenheitsbewältigung beschäftigt", konstatieren wir. *„Auch. Wenn 's die PDS nicht tut, die andern tun 's sowieso nicht. Die anderen sind ja alle Widerstandskämpfer".* Was er von den Widerstandskämpfern hält, wissen wir bereits. *„Die wirklichen Widerstandskämpfer der DDR waren die Asozialen. Die ham nicht dazu beigetragen, daß der Staat funktioniert. Alle andern ham irgendwo dazu beigetragen".* Zwei Jahre später wird er das anders sehen.

Doch sehen wir die Inszenierung der Absolution der Stasi-Tätigkeit genauer an: Es werden einmal - ähnlich einem gruppenpsychoanalytischen Verfahren - Elemente einer gemeinsamen Vergangenheit gemeinsam durcherlebt. *„Der hat ans Gute geglaubt"* ist ein Identifikationsangebot für die früheren Parteigänger. Gleichzeitig finden wir die Elemente eines religiösen Ritus: Durch eine öffentliche Beichte wird ein Schuldeingeständnis dargebracht; von Reue gefolgt, ist der Kandidat dann absolutionsfähig, wenn die Sünde nicht allzu groß ist. Bezeichnenderweise ist es Herr

---

[2] Das ist eine interessante Formulierung, wenn man die eifrigen Diskussionen in der PDS betrachtet, in denen man sich von der SED abzugrenzen und ein eigenes Profil zu entwickeln sucht.

Dalloff, der mithilfe dieses Rituals aufrechte Parteimitglieder von *„hundsföttischen Dogmatikern"* scheiden darf, *„die der Partei nicht helfen können".* So kann er hier zum einen eine vertraute Verhaltensweise aus DDR-Zeiten konservieren: Er darf *„brutal werden",* wenn es um die Partei geht. Die PDS wird durch diesen Vorgang zur gesäuberten SED und darf sich nach Herrn Dalloff als einzige Gruppierung verstehen, die Vergangenheitsbewältigung betreibt.

Netzwerke und Auftraggeber: Der Beruf

Zum anderen ist die PDS-Zugehörigkeit eine Stütze für seine berufliche Tätigkeit. Einmal in moralischer Hinsicht: Wenn Herr Dalloff für die CDU-nahe Presse schreibt, braucht er dafür seinerseits eine Absolution. Die Rede vom *„Zungenschlag",* die Camouflage mithin, kann er vor sich selbst und vor anderen glaubhaft machen, wenn er einen moralischen Auftraggeber hat: die PDS. Zum zweiten fungieren die früheren Genossen auch als praktische Auftraggeber oder zumindest Vermittler: *„Da ich die Leute eben kenne, die vorher da saßen und vieles bloß den Platz gewechselt hat, ist das auch nicht schlecht ... die kennen mich eben. Wir waren vorher in einer Partei ... die wissen auch, wo der andere öffentlich die Klappe gehalten hat, die wissen, was ich geschrieben hab und das is ne Vertrauensbasis, von der ich ganz gut leben kann".* Diese Netzwerke sind das funktionale Äquivalent für die Organisationsgesellschaft. Schon den Schritt in die Selbständigkeit machte Herr Dalloff nicht allein: Die Teilhaber ergänzen sich in ihren Themen, teilen sich Kosten und Risiken, unterstützen sich beim Redigieren und nehmen und geben einander Aufträge ab.

Ein Freiberuflerstammtisch spannt den Rahmen ein bißchen weiter: *„Wir beraten uns";* das ist eine echte Selbsthilfegruppe auf beruflichem, finanziellem, steuerlichem Terrain, und, wie die PDS, auf psychologischem: Herr Dalloff hört dort von den *„bösen Erfahrungen",* die ein Stammtischmitglied in der DDR gemacht hat und hat jetzt *„a bissl mehr Verständnis über sein Mißtrauen";* vor allem aber sei sein Gesprächspartner verblüfft gewesen, daß man unter Genossen darüber geredet habe, *„wie uns das anstinkt, daß die hier so dumm getan ham".* In diesem Stammtisch gibt es *„kein Statut oder irgend so was, das einzige Kriterium, was wir einstimmig akzeptiert ham, ist, die nächsten zwei Jahre darf kein Wessi rein".* Keine Experten und gemeinsame Betroffenheit: der Prototyp der Selbsthilfegruppe.

Harmonie statt Hinterland? Die Familie

Obgleich es Herr Dalloff nicht selbstverständlich wie Herr Pattermann oder Herr Flieger findet, daß seine Frau ihm den Rücken freihält, sieht die Realität indes auch nicht sehr anders aus. Während er früher abgewaschen hatte, für 's Aufhängen und

Abnehmen der Wäsche zuständig war, einkaufte und die Kohlen holte, ist es damit jetzt vorbei: „*Heute ist es im Grunde so, daß meine Frau alles macht. Fast alles*". Hierfür hat sich Herr Dalloff vor seinem Schritt in die Selbständigkeit das Einverständnis seiner Frau eingeholt: „*Ich hab vorneweg gesagt, du mußt bereit sein, alles zu machen. Wenn du das machst, dann kann ich mich auf das Ding einlassen*". Zumindest was die augenblickliche Situation betrifft, fordert Herr Dalloff eine geschlechtsspezifische Arbeitsteilung ein. Freilich stellte man das Thema zur Debatte; von selbst versteht sich solche Arbeitsteilung hier nicht und soll auch für die Zukunft nicht beibehalten werden: „*Das wird sich dann in vernünftigen Bahnen bewegen, wenn ich weiß, was ich verdiene*". Pessimistisch ist er da nicht: „*Ist eigentlich erst jetzt im Frühjahr offensichtlicher geworden, daß sich das doch stabilisiert*". Ob sich auch die neue Hausarbeitsaufteilung stabilisiert, wissen wir noch nicht. Schließlich ist auch Frau Dalloffs berufliche Zukunft ungeklärt.

Der Verlust des Stabilitätsglaubens

Herr Dalloff hat „*lernen müssen*", wie er sagt, „*wie man bei Ihnen wahrscheinlich überall denkt*". Er erzählt eine Parabel von einem kleinen Unternehmen, das West- und Ostdeutsche zusammen gegründet haben. Als das Projekt pleite war, hatten die Westdeutschen schon lange wieder andere Jobs, „*und sämtliche Ossis, die beteiligt waren, standen da und guckten in den Mond. Das war für mich so eine Lehre, der Westbürger weiß, daß es zusammenbrechen kann*". Dieses Wissen hat die Möglichkeitsform seiner Lebensführung verändert. Wie Frau Barzel ist auch Herr Dalloff nicht schwindelfrei, aber viel besser abgesichert; deshalb konnte er Streckenabschnitte erschließen, die für Frau Barzel unzugänglich sind. Daß trotzdem der ganze Weg abbrechen kann, wissen beide, Frau Barzel und Herr Dalloff. Doch kann Herr Dalloff diese Einsicht als Ressource nutzen: Erst jetzt, wo er alles verloren habe, könne er endlich selbst entscheiden. Da er eine Seilschaft hat, kann er es sich leisten; die einzige Versicherung ist das natürlich nicht.

Sphärendrift

Was man am Beispiel des Herrn Dalloff sehr gut sieht, ist das Auseinanderdriften der einzelnen Sphären des Alltags im neuen System. Obgleich Herr Dalloff es nicht selbstverständlich findet, hat er einen Eineinhalb-Personen-Arbeitsplatz. Auch er braucht ein Hinterland, auch wenn er das nicht so nennt. Die Vereinbarkeit von Familie und Beruf wird zum Problem, das der Thematisierung bedarf. Doch trotz der Thematisierung und trotz des fehlenden Deutungsmusters Hinterland leistet Frau Dalloff die Haus- und Familienarbeit wie Frau Flieger, Frau Pattermann, Frau Belzow und Frau Barzel. Herrn Dalloffs Berufsarbeit entzieht der Familie nicht nur seinen Hausarbeitsbeitrag, sondern beinah seine gesamte freie Zeit. Auch innerhalb der Berufsarbeit konkurrieren die Ansprüche an Herrn Dalloff untereinander: Verschiedene Kunden fordern prompte Bedienung; für die dritte Alltagssphäre, die Parteiarbeit, muß er sich *„Zeit stehlen"*. Die Parteiarbeit kollidierte schon früher mit der Familienzeit, nicht aber mit dem Beruf; diese beiden Sphären driften nun nicht nur auseinander, sondern widersprechen sich. Seine alltägliche Lebensführung gerät unter Koordinationsdruck.

Zu DDR-Zeiten hat Herr Dalloff die sich ausdifferenzierenden Sphären seines Alltags mit ihren Anforderungen an ihn mithilfe der SED integriert: Die Partei stellte er hinter sich, wenn er für seine Zeitung recherchierte, sie nahm er her, um den Konflikt Familienzeit - Parteizeit zu entscheiden, und sie half ihm, seine Schriftstellerambitionen zumindest die meiste Zeit hinter der Arbeit an der Zeitung zurücktreten zu lassen.

Jetzt dominiert die Berufsarbeit bei Strafe des ökonomischen Untergangs die anderen Lebensbereiche. Als Folge bleibt Herrn Dalloffs schlechtes Gewissen. Es ist der Ausdruck der neuen Schwierigkeiten, seine Lebensbereiche zu koordinieren und wohl auch Strategie, mit diesem neuen Problem zu verfahren. Schließlich läßt er die anderen Lebensbereiche nicht außen vor - wie Herr Pattermann und Herr Flieger könnte er das tun. Auch seine *„preußische Disziplin"* als personale Ressource reicht zur Integration nicht mehr hin, zumal die Anforderungen in seinem Beruf *„Ellenbogen"* nötig machen, die er nicht hat.

Die Logik der Lebensführung

Wenn wir Herrn Dalloffs Stilisierung folgen, bestand die Logik seiner Lebensführung im Bemühen um funktionale Äquivalente seiner schon immer fehlenden Durchsetzungsfähigkeit. Eine solche Ressource hatte er, wie er es darstellt, in der DDR nicht nötig, zumindest aber weniger nötig als im *„Kapitalismus"*. Doch hatte er von Anfang an ein Substitut: die Partei. Sie war Schutzschild vor Angriffen und Vorwand bei der Durchsetzung seiner Interessen, in der Familie und im Beruf. Sie war ihm auch dienlich zum Aufbau von Netzwerken, wenn er das auch nicht *„Beziehungen haben"* nennen will. Daß Herr Dalloff auf diese Netzwerke auch jetzt noch zurückgreifen kann und in der Lage ist, neue zu knüpfen wie z.B. seinen Stammtisch, ist unabdingbare Voraussetzung für seinen beruflichen Erfolg. Denn jetzt gilt es, Ersatz zu finden für das, was es nicht mehr gibt. So wird zuallererst viel Zeit und Energie in die berufliche Arbeit gesteckt, die Familienarbeit übernimmt seine Frau. Doch steckt die Berufsarbeit selbst voller neuer Tücken. Neben den bereits thematisierten Schwierigkeiten zerfällt jetzt, wenn man so will, der 'Sinn' seiner Berufsarbeit in zwei Teile: den materiellen und den ideellen. Die journalistische Arbeit macht ihm zwar als Tätigkeit Spaß, ihren Inhalt aber sah er in den alten Zeiten durch die

Partei abgesichert. Diese Rückendeckung hat sich nun ausdifferenziert: Was macht der PDS-Anhänger, wenn er für 'Die Welt' schreibt? Will er seine Seele nicht verkaufen, erfordert das Arbeit. Neben seinem Bemühen, diesen Artikeln einen bestimmten *„Zungenschlag"* zu geben, erfordert es vor allem kognitive Dissonanzreduktion, Arbeit im Kopf: So inszeniert er sich als Undercover-Agent, der Aufträge der CDU-nahen Presse ablehnt, ohne die wahren Gründe preiszugeben, und der, wenn er sie denn annimmt, seinen Artikeln den gewissen *„Zungenschlag"* gibt. Diese Inszenierung wird er, wie wir sehen werden, zwei Jahre später perfektioniert haben.

Mit sich selbst geht Herr Dalloff strategisch um: Er ist sich seiner Schwächen und Stärken bewußt, und er weiß auch, daß er seine Schwächen ausgleichen muß und wie er das tun kann. Das weiß er wohl nicht zuletzt aus der Umgangsweise mit seiner Krankheit. Ihr Verlauf korreliert mit biographisch wichtigen Daten: Sein Parteieintritt fällt mit dem Ausbruch der Krankheit zusammen, das Ende der Anfälle mit den Zweifeln an der DDR-Führung. Mit dieser Krankheit *„lernt man vieles ja auch beherrschen"*. Vielleicht hat er damit auch ein Instrument trainiert, mit dem er Unstimmigkeiten in seiner Lebensführung ausgleichen kann. Für kognitive Dissonanzreduktionen eignet sich sein Beruf ohnehin gut: Herr Dalloff erfindet sich seine Geschichte professioneller als andere. Er kann es gut, so zu tun, als ob. Ob er auch früher eine kritische Leserschaft zum Aufhorchen gebracht oder gemeint hat, das zu tun, können wir nicht klären. Aber mit den Möglichkeitsformen von Lebensführung hat er gespielt. Daß er Schriftsteller werden wollte, bedeutet in diesem Zusammenhang zweierlei: Einmal eine halbwegs realistische nebenberufliche Option, hatte er doch seinen Vater zum Vorbild, der tatsächlich Schriftsteller war und mit Ironie gearbeitet hat, und zum anderen eine Möglichkeit, mit den Möglichkeiten zu spielen, ohne sich auf sie einlassen zu müssen.

Bislang greift Herr Dalloff auf das Vorbild seines Vaters in einem anderen Sinne zurück: Wenn man die gesellschaftlichen Verhältnisse nicht mehr zur Glaubensfrage machen muß, kann man mit ihnen spielen. Dazu braucht man keine Ellenbogen, sondern die Fähigkeit zur Camouflage. Die veränderten Rahmenbedingungen machen die Fähigkeit zur Camouflage zur Ressource; auf den ersten Blick mag es so scheinen, als hätte Herr Dalloff als aufrechter Staatsbürger zu DDR-Zeiten von dieser Fähigkeit keinen Gebrauch gemacht oder sie gar nicht gehabt. Beim zweiten Blick aber wird sie als Grundlage von Herrn Dalloffs Lebensführung erkennbar: Obwohl er das westliche für das bessere System gehalten hat, ist er in der DDR geblieben und hat sich vor seine Parteizeitung gestellt: als ordentlicher Staatsbürger, der, wie er sagt, *„nie was gegen meine Überzeugung gemacht hat"*. Seine Überzeugung war die, daß der Sozialismus für ihn selber das bessere System ist. Sehen wir uns an, was Herr Dalloff weiter mit dem System gemacht hat, in das er nun doch geraten ist - ohne Wahlmöglichkeit und entgegen seiner besseren Einsicht.

2. Interview: *„Scouts sind Leute, die die Bräuche ihrer Landsleute kennen und die den Weißen geholfen haben, das Land zu erobern".*

Beruflicher Erfolg: Voraussetzungen und Kosten

Zwei Jahre später hat sich Herrn Dalloffs Bürogemeinschaft konsolidiert; er ist beruflich sehr zufrieden: *„Es läuft geistig, es läuft fachlich, beruflich ungewöhnlich gut, damals ham wir ja noch gedacht, es is 'n Wunder, daß für unsere 'Bildungspresse' keene richtige Konkurrenz ofgetaucht is und die is bis jetzt immer noch nicht da. Also die einzige Konkurrenz, die wir haben könnten, Leute die in ner ähnlichen Bürogemeinschaft arbeiten, mit denen ham wir ein so gutes Verhältnis, daß wir uns gegenseitig die Kunden bearbeiten".* Die *„einzige Konkurrenz, die wir haben könnten"*, wurde ins Beziehungsnetz integriert. Herr Dalloff schreibt für Zeitungen und *„Fachblätter im Westen"*, die meisten Kunden bekommt das Büro über Empfehlungen, Werbung braucht es kaum. Vorhandene Netzwerke werden genutzt, neue geknüpft. Herrn Dalloffs Strategie erinnert an Herrn Fliegers Selektion seiner Kunden, wenn er sagt, *„man muß sich von den allen entfernen, die auf einmal die Zahlungsmoral nicht mehr so ernst nehmen".* Denn bei der guten Auftragslage könne man überlegen, *„wen laß ma wegfallen, wer zahlt am schlechtesten".*

Was seine journalistische Arbeit betrifft, habe er sich daran gewöhnen müssen, *„alles in Eile zu machen. Pfusch darf man nicht liefern, da is ma als Freier weg, es muß trotzdem immer Qualität bleiben und das streßt schon. Wenn man nie mehr nen Chef hat, der sagt, nochmal drüber".* Die gegenseitige Kontrolle im Team funktioniere nicht so richtig, *„ma hat immer das Gefühl, man behelligt die anderen, das kostet den andern sofort ooch ne Stunde von seiner Arbeitszeit".* Die Arbeit ohne Kontrolle hat also Kosten: entweder den Streß, nun selbst verantwortlich zu sein für das, was man schreibt, oder die Umgangsweise mit den Kosten in Form des Verdienstausfalls[3] der Kollegen, wenn sie die Endkontrolle spielen - schlechtes Gewissen also. Andererseits genießt Herr Dalloff auch seine Autonomie: Wie im ersten Interview betont er, daß sich sein Themenspektrum im Vergleich zu seiner früheren Anstellung verbreitert habe, seine vormalige Zeitung dient ihm noch immer als Vergleichsfolie. Der finanzielle Spielraum sei größer geworden; er müsse *„nicht mehr alles machen"*, kann Aufträge, die ihn nicht interessieren, ablehnen.

---

[3] Hier taucht ein Thema wieder auf, auf das uns Herr Belzow bereits aufmerksam machte: Die Arbeit für andere, die Nachbarschaftshilfe, der Gefallen u.ä. sind jetzt Geld wert. Das weiß Herr Belzow in seiner Rolle als Anbieter und Herr Dalloff in seiner Rolle als Nachfrager.

Die Familie

„Und wie hat sich Ihr Privatleben entwickelt?" „Stressig muß ich sagen", und zwar deshalb, weil „meine Frau in die Weiterbildung gegangen ist". In der Familie Dalloff hat sich die nachwendliche geschlechtsspezifische Arbeitsteilung nicht stabilisiert: „Sie hat eben keine Zeit, sie muß jeden Tag Stunden vorbereiten, das hat 's vorher nicht gegeben. Naja und das war eigentlich meine Bedingung, als ich gesagt hab, ich geh ins Freiberufliche, die ganze Familie muß erstmal alles erledigen, was ich nicht mehr mache, was ich früher gemacht habe ... Nun aber geht das bei meiner Frau nicht mehr". Die Folge für Herrn Dalloff: „Ich muß einfach meinen Arbeitstag mal wieder reduzieren". Überraschenderweise berichtet er, es wäre seine Idee gewesen, daß seine Frau in die Weiterbildung gehe, obschon sie in ihrem Betrieb hätte bleiben können. „Jetzt ist sie wieder bißchen wie in unseren jungen Jahren, als sie furchtbar mit ihrem Studium gekämpft hat. Daß ich jetzt für sie mit Vorbereitung mache und so Geschichten. Durch den Computer kann ma ja nu vieles vereinfachen, aber sie traut sich nicht richtig ran, mir fällt 's eben ooch leichter, was zu formulieren. Daß ich dann lieber sage, ehe sie sich da rumquält, da schreib ich lieber schnell. Und dadurch hab ich ooch nicht so sehr viel schlechtes Gewissen, wenn ich dann mal später komm". Herrn Dalloff kommt das Arrangement entgegen: Er fühlt sich in der Rolle des Paternalisten durchaus wohl und kann sein schlechtes Gewissen dadurch beruhigen, zumal er es sich jetzt auch leisten kann, seinen Arbeitstag zu reduzieren: „Ich muß nicht mehr alles machen, man muß manches sausen lassen. Man weiß inzwischen, man verhungert deshalb nicht". So kann er „jetzt mal drei Tage gar nix machen, was ich mir vor zwei Jahren nicht getraut hab". Daß die berufliche Veränderung seiner Frau den Anstoß zu solchem Mute gab, kam ihm sicherlich entgegen. „Ich mach dann auch mal 16 Uhr Schluß, geh nach Hause, mach a bissl Holiday mit der Familie und schreib abends nochmal zwei Stunden. Irgendwo is wieder vieles stabilisiert". Diese Stabilisierung gelingt ihm, indem er die Flexibilität seiner Arbeitszeit zur Gewinnung von Familienzeit nutzt. Die ausgewogene Gewichtung von Familie und Beruf ist ihm wichtiger als Herrn Pattermann und Herrn Flieger.

Neuer Lebensstil in Sicht

Dabei bemerke er an seinem Verdienst, daß ihm noch immer Ellenbogen fehlen. „Es gibt Kollegen, die arbeiten nicht mehr als ich und verdienen viel mehr. Weil sie die Ellenbogen benutzen. Manche bauen zum Beispiel. Das ist irgendwo ein Maßstab. Die ham 's Eigenkapital zusammen, was sie dafür brauchen". Auch Dalloffs sparen für dieses Eigenkapital, denn Herrn Dalloff ist die Wohnung nun doch zu klein geworden. Daß das Mobiliar seit dem Einzug dasselbe ist, fällt ihm auf. Vor allem aber will er aus seinem Viertel wegziehen: *„Die Kreuzung hier ist in diesen Jahren regelrecht militant geworden. Da is drüben die Kneipe of und der hat of die Jugend gesetzt und da kommen die mit ihren geklauten Autos da ringsrum, ham sämtliche Fenster of und sämtliche Sender drauf und da schallt 's hier bis früh um zwei".* Er würde auch eine teure Wohnung mieten, denn *„ich würd gern in ner Stadtwohnung bleiben, mir gefällt das durchaus mit Leuten so Tür an Tür zu wohnen, nich meine Gartentür hinter mir zumachen, dann möglichst bissigen Hund noch zwischen Gartentür und Haustür, ne".* Doch bislang ist seine Frau dagegen, *„die sagt, da muß ich ja in der Weiterbildung bleiben, daß wir die Miete bezahlen können. Die hat Angst gekriegt, und mittlerweile isses eben so, daß sie genau weeß, sie könnte aufhören, wir verdienen trotzdem genug, ich verdiene genug, daß wir davon leben könnten".*

Eigenheim und neue Wohnungseinrichtung werden zwar thematisiert, aber keinesfalls in Fliegerscher Stringenz verfolgt. *„Wir kaufen uns mal jetzt so Sachen, was ma früher nicht gekauft hätten"*, zum Beispiel ein Videogerät, von dessen Benutzung sich Herr Dalloff sofort distanziert; seine Frau brauche es für den Unterricht, und *„wenn Ihr mich fragt, wie ma des Ding überhaupt bedient außer ne Kassette einlegen, das weeß ich, aber wie ma hier was mitschneidet oder Zeit schneidet, weeß ich nich ... Ich brauch 's nicht".* Geld wird ausgegeben für Kleidung und Reisen. Dalloffs waren in Niederbayern, in Paris und in der Schweiz, nicht gerade eine übliche Palette von Reisezielen von Ostdeutschen in diesen Jahren. Das weiß auch Herr Dalloff. *„Tunesien is billiger als Niederbayern, aber ich hab keene Lust, nach Tunesien zu fahren".* Vom *„normalen"* Urlaub hält er nichts, hier grenzte er sich bereits im ersten Interview explizit ab: *„Wenn ich reise, dann will ich nicht diese Reisen machen, die der normale Bundesbürger, vielleicht ist es anmaßend, der normale Bundesbürger, ich geh mal davon aus, was unsereinem von Bundesbürgern erzählt worden ist, warum sie die Welt so toll finden, in der sie leben. Daß sie nach Mallorca fahren können, also das interessiert mich nu weiß Gott nicht. Urlaub, da fahr ich lieber in den Thüringer Wald oder in die Berge, keine Menschen sehen und will hoch und runter".* Das Interesse für *„Menschen und Länder"*, wie er sagt, hat er beruflich befriedigt und umgesetzt, *„unheimlich intensiv dann dort gelebt, dort jeweils wo ich war"*, in der Sowjetunion, in Polen, in der CSSR. *„Insofern würd ich natürlich auch keine Hemmungen ham, nach Bayern fahren zu wollen und dort die Leute kennenzulernen. Dienstlich. Aber jedenfalls nicht nach Mallorca".* Nun ist er zwar nicht dienstlich nach Bayern gefahren, hat aber für uns eine Reportage über niederbayerische Dorfkultur parat. Geld wird auch für 's Essen ausgegeben: *„Mein Gewicht hat sich sehr verändert ... Schlank war ich vor zwei Jahren auch nicht grade, aber ich habe bestimmt seitdem sechs Kilo zugelegt. Ich glaube sieben ... Mir schmeckt 's".*

Im Vergleich zu Herrn Flieger prägen hier Hedonismus und ein Hauch von postmaterialistischen Werten das Lebensgefühl; die Hektik im Beruf und in der Familie hat das Tempo von Herrn Dalloffs Lebensstil nur zwischendurch beschleunigt, und auf Herrn Fliegers Statussymbole legt er wenig Wert. So hat er immer noch kein Auto; früher nahm er, wie er sagte, davon Abstand, weil seine Landsleute „*mehr Zeit für das kaputte Auto verbrauchten, als sie jemals mit dem Auto fahren*". Aber einen Journalisten ohne Auto konnte er sich vor zwei Jahren längerfristig nicht vorstellen. Jetzt stellt er sein autoloses Dasein als eine positive Ressource für die Recherche dar: Wenn ihn gerade kein Zug von seinem Ortstermin wegbringe, „*na dann geh ich zum Bürgermeister oder zum Pfarrer oder führ Gespräche in ner Kneipe oder irgend so was, woraus ich dann noch ne Reportage über den Ort machen kann*". Das hatte er auch früher so gemacht, aber bei seiner Zeitung „*hat das nicht auf große Gegenliebe gestoßen*".

Kapitalismuskritik

Doch als wir ihn bitten, das neue Gesellschaftssystem zu beurteilen, ist vom Spaß an der Arbeit erst mal nicht die Rede: „*Ich hab mein Leben hart gearbeitet, also für Engagement und nicht für 's Geld. Wenn bissl mehr Geld rausprang, hab ich mich drüber gefreut. Das hat sich da völlig verkehrt, inzwischen sind 90% Geld, 10% Spaß*". Während sich sein Stammtisch seltener trifft, „*weil die Marktwirtschaft jeden in ihren Krallen hat*", ist er doch mit seiner Familie in diesem Frühjahr soviel gewandert wie die ganze Zeit nach der Wende nicht. Der neue Spaß am Leben fällt ihm auch ein, als wir ihn fragen, ob er so etwas wie DDR-Nostalgie hege. „*Ja, an ein paar Punkten, aber es überlagert sich zu viel, ich meine, ich finde es dermaßen angenehm, wenn ich eine Wanderung machen kann und genau weiß, irgendwo find ich was zu essen. Was damals natürlich ein großes Wunder gewesen war. Und wenn, dann war 's sowieso die gleiche Bockwurst*". Wenn ihn der Bäcker anschnauze, gehe er dort nicht mehr hin. „*Das war in der DDR unmöglich. Solche Dinge vergißt man leider, aber das war das, was einen krank gemacht hat. Daß ma eben so ausgeliefert war, dem festen Netz, in dem alles seine Ordnung hat. Das is weg. Insofern macht 's ma wieder mehr Spaß. Es is auch so, ma kann jetzt mit viel mehr Leuten eben über manche Dinge lachen. So waren sie alle gegen die da oben ... Man kann in verschiedenen Kreisen anders lachen*".

Seine Abneigung gegen den Kapitalismus hat er trotz der für ihn allenthalben positiven Auswirkungen beibehalten. Diese Ambivalenz bringt er auf den Punkt, als wir ihn fragen, wie ihm seine Stadt gefalle: „*Is so 'n zwiespältiges Gefühl, also of der einen Seite kann ich den Kapitalismus nicht leiden, der kommt, auf der anderen Seite find ich 's schon schön, die Stadt boomt ja bloß, weil der Kapitalismus ge-*

kommen is, sonst würd es nicht so aufblühn". Das gleiche kann man von Herrn Dalloffs Leben wohl auch sagen.

Der Wendegewinner in der PDS

Denn er gehört zu den Wendegewinnern, und zwar in vielerlei Hinsicht. Sein Einkommen erscheint ihm so hoch, daß er sich selbst zur *„Oberschicht"* gehörig verortet - *„wenn man die Ossis anguckt, nur die Ossis, bin ich eindeutig dabei"* -, die Arbeit scheint ihm mehr Spaß zu machen, als er zuzugeben bereit ist, und inzwischen kann er sich durchaus Arbeitsunterbrechungen leisten, in denen er seine persönlichen Ansprüche verfolgen kann.

Derweil ist der Wendegewinner weiterhin in der PDS. Herr Dalloff braucht sie als Ventil: *„Was ich dort loswerden kann, das kann ich nicht irgendwo schreiben. Da brech ich mir 'n Hals"*. Er kann das auch nicht in der linken Zeitung loswerden, für die er gelegentlich schreibt: Denn *„man muß vorsichtig sein. Werden ja doch sehr beschimpft und angefeindet, daß ich das nicht übertreiben will. Ich lese sie mit mehr Engagement, als ich für sie schreibe"*. Der *„Zungenschlag"* wird weiterhin vorsichtig dosiert, selbstverständlich auch in der linken Presse. Neben der Ventilfunktion hat seine Mitgliedschaft in der PDS einen weiteren Vorteil: *„Ich merke, daß eben ooch dort viele Leute inzwischen abgewickelt und rausgeschmissen sind und keine Bindungen mehr ham und ich erfahre so unheimlich viel"*. Der Ortsverband spielt auch als Informationsquelle und Stofflieferant für seine Arbeit eine Rolle.

Der Scout

Denn so harsch Herrn Dalloffs Kapitalismuskritik nach wie vor ist, die Spielregeln des verhaßten Systems hat er begriffen und beherrscht sie: *„Ich muß sagen, ich bin jetzt insofern sehr enttäuscht gegenüber dem, was ich vor zwei Jahren noch geglaubt hab. Damals hab ich wirklich noch an die größere Effizienz geglaubt ... Wenn ich sehe, daß 80% der Bevölkerung bloß mit Umverteilen von Geld beschäftigt sind und der größte Teil völlig sinnlos is, wenn ich an diese ganzen Versicherungen und diesen ganzen Müll denke, Steuerverwaltung und so was, die verdienen alle ein furchtbares Geld, aber es kommt eigentlich keine echte Leistung. Die Leistung kommt ja nur aus der Produktion, alles andere ist dazuerfunden, damit Geld verdient wird. Inzwischen mach ich 's ja selber, ich erfinde selbst Leistung, die eigentlich niemand braucht, aber ich verdien Geld, wir erfinden zur Zeit einen Radiosender ... Wir erfinden das Ding ganz gezielt, obwohl wir wissen, eigentlich braucht 's niemand. Aber damit läßt sich Geld verdienen"*. Ob er sich darüber amüsiere, daß er etwas erfinde, das keiner brauche? *„Im Grunde genommen find ich 's doof. Es gibt vieles, was die Leute wirklich brauchen würden hier. Auch of mei-*

nem Gebiet. Ne linke Zeitung, ne vernünftige". Herr Dalloff zieht auf der neuen Orgel alle Register, wohl wissend, daß er spielt, und zwar ein „doofes" Stück. Aber auch für so etwas muß man sein Instrument beherrschen, und das weiß er. Politikberatung macht er auf ähnliche Weise. „Zu mir ham unheimlich viele Leute Vertrauen, auch von politischen Denkrichtungen, mit denen ich nischt im Sinne hab". Er erzählt von einem bevorstehenden Treffen mit einem Bildungspolitiker der FDP, „der will wiedergewählt werden, von mir kriegt er dann 'n Rat. Ich sag dem, ich bin Journalist. Wenn Sie 'n Rat haben wollen, geb ich Ihnen den gern".

Diese Vorgehensweise beschreibt uns der Journalist mit den schriftstellerischen Ambitionen in einer Parabel als Antwort auf unsere Frage: „Wie geht 's Ihnen denn selber mit Ihrer Identität? Als was definieren Sie sich denn?"[4] „Ich hab kürzlich nen Rundfunkbeitrag geschrieben über Scouts. Scouts sind Leute, die die Bräuche, Intrigen ihrer Stämme kennen und die den Weißen geholfen haben, das Land zu erobern. Und dann hab ich von der heutigen Zeit erzählt, daß es eben heute auch Leute gibt, die die Bräuche, Intrigen der Einheimischen kennen. Und die Treuhand wäre auf viele Einfälle nie gekommen, wenn sie keine Scouts gehabt hätte. Die ihnen gesagt ham, wo 's langgeht". „Und Sie definieren sich selber auch als Scout?" „Natürlich. Es hat gar nich mit moralisch oder nicht moralisch zu tun, aber es hat mit unserer Sprache und Identität zu tun. Ich schreib ja vorwiegend für Westzeitungen und versuche, den Leuten klarzumachen, was hier läuft und was hier nicht läuft, die Insiderkenntnis behalt ich nicht für mich, ich versuch, sie so rüberzubringen, daß ich uns nicht denunziere". Seine Tätigkeit so zu sehen, ist nicht einfach. Herr Dalloff ist nicht nur Scout, Herr Dalloff ist Doppelagent. Er paßt sich dem Westjournalismus an, um als Voraussetzung für ein Engagement auch verstanden zu werden. Inhaltlich bringt er die Bräuche seiner Genossen den Westdeutschen bei, die sie in seiner Lesart ja gegen seine Landsleute verwenden. Doch an dieser Stelle stilisiert er sich zum Botschafter seines Landes und distanziert sich vom Scout, und das ist nachweispflichtig. Als ein Nachweis gilt zweifelsohne die PDS-Mitgliedschaft und - damit verknüpft - das Vertrauen seiner früheren Klientel: „Mein Wohngebiet kommt nach wie vor zu mir wie früher in sozialistischen Zeiten" - und mit ihm auch die westdeutschen Zeitungen. Die Gratwanderung scheint ihm ganz ausgezeichnet zu gelingen.

Was ihm einfalle, wenn er an die DDR zurückdenke? „Kadavergehorsam und soziale Sicherheit, beides. Kadavergehorsamkeit gibt 's heute auch, aber es war damals offensichtlicher. Man hatte nicht zu widersprechen. Man hat jetzt auch nicht zu widersprechen, aber es ist nicht so offensichtlich, man kann ja in verschiednen Tonlagen widersprechen, als SPD angezogen oder als CDU angezo-

---

[4] Man sieht, daß wir uns unserem Interviewpartner gut angepaßt haben. Solche Fragen haben wir bislang nicht gestellt.

gen". Die Ansicht, das neue System unterscheide sich, was seinen Demokratiegrad betrifft, nicht sehr vom alten, führt bei ihm nicht zur Frustration. Denn parallel zu den als vergleichbar erachteten Systemdefekten hat er in seinem eigenen Verhalten Kontinuität entdeckt. Sagte er vor zwei Jahren, daß er wegen der falschen Entscheidungen auf allen Ebenen nun endlich selber entscheiden wolle, hat er jetzt mit dieser damals für die DDR-Zeit diagnostizierten Passivität nichts mehr im Sinn: *„Ich hab am Ende der DDR oft genug gesagt, das Volk hat die Regierung, die es verdient. Weil ich selber oft aufgemuckt habe, und mir ist noch nie was passiert, ich bin deswegen trotzdem in meiner SED gewesen und nicht raus, innerhalb dessen konnte man ne ganze Menge. Wenn das viele gemacht hätten, dann wäre ooch vieles anders gelaufen. Das ham aber viele nicht gemacht. Die meisten waren ordentliche Staatsbürger, sind ooch ordentlich ausgetreten, als es an der Zeit war, das zu tun".* Damit hat sich Herr Dalloff die Kontinuität eines politisch korrekten Verhaltens über die Wende hinweg erschaffen. Hat er vor zwei Jahren die Einsicht *„Das Schicksal ist hart, aber gerecht"* deshalb zu seiner Lebensphilosophie gemacht, weil er andere habe falsch entscheiden lassen und nun deshalb die Folgen ausbaden müsse, die Folge nämlich, daß er alles verloren habe, Illusionen, Vorstellungen und Wünsche, so sieht er jetzt sein damaliges Verhalten als Vorbild für eine bessere DDR.

Das kostet allerdings die Denunziation der *„paar Bürgerrechtler"*. So versuche er, im Rahmen seiner Scouttätigkeit dem *„normalen Westmenschen"* klarzumachen, daß die Rolle der Staatssicherheit im Westen übertrieben werde. *„Grad die Stasi, das interessiert inzwischen niemanden mehr außer ein paar Bürgerrechtlern, und die tun mir wirklich manchmal leid, weil sie unter der Stasi gelitten ham. Das will keen normaler Mensch mehr hören".* Normale Menschen sind die Bürgerrechtler für Herrn Dalloff nicht.[5] *„Daß ma gleichzeitig kaum Menschen findet, die die Stasi als Belastung vor der Wende empfunden ham, also wer das hinterher behauptet außer ein paar Bürgerrechtlern, der lügt einfach. Ich hab vor der Wende, wenn 's Telefonnetz geknackt hat, hab zu jedem, ganz egal mit wem ich telefoniert hab, gesagt, ach guck an, die Stasi hört wieder mit. Man hat sich öffentlich darüber amüsiert, und allen meinen Bekannten is nie was dafür passiert. Ich kenne niemanden, dem was passiert ist. Ich hab mich selber genauso lustig gemacht und mir ist nie was passiert. Diese furchtbare Bedrohung und wie dieses Volk geknechtet worden ist, das ist alles lächerlich. Bloß viele verinnerlichen 's inzwischen. Die glauben das nu schon selber, obwohl sie nie so gelebt haben".* Herr Dalloff hat sich die Geschichte mit dem Telefon zu seiner Geschichte gemacht: Wäre alles so schlimm gewesen, hätte auch er es zu spüren bekommen, hat er sich doch über die Stasi lustig

---

[5] Siehe hierzu Berking/Neckel 1992 und Pollack 1990, die die Kontinuität der Außenseiterrolle der Bürgerrechtler in der DDR und im vereinten Deutschland betonen.

gemacht. Wir kennen die Geschichte bereits aus dem 1. Interview, wo er sie schon einmal als Beispiel dafür angeführt hat, wie es in der DDR mit der Stasi wirklich war - und als ein Beispiel seines kritischen Verhaltens.

Auch seine im 1. Interview geschilderte neue Erkenntnis, daß ein System zusammenbrechen könne, hat er ausgebaut: *„Ich bin auch nicht davon überzeugt, daß die Bundesrepublik in 20 Jahren noch so steht wie sie jetzt ist. Wie sie zugrunde geht und woran, wie sie sich verändert, das weiß ich einfach nicht, ich glaub nicht, daß dieses Land, denn das ist nach 40 Jahren schon so verfettet und verfilzt, wie ich 's vorgefunden hab als Neubundesbürger. Das glaub ich nicht, daß es noch lang, es ist im Grunde genommen fast wie vor 89 in der DDR. Ma sieht überall, wo es brodelt und kocht".* Ob diese Bedenken auch sein Leben beeinflußten? *„Ich würde keinen Bausparvertrag abschließen, ich würde keine Lebensversicherung auszahlbar mit 70 Jahren abschließen, weil ich nicht glaube, daß das noch existiert, wenn ich sie dann brauche". „Doch, das glaub ich ernsthaft",* setzt er hinzu. *„Is 'n völlig anderes Leben als in der DDR. Insofern ist es wirklich völlig anders. Ich war sicher, welche Rente ich mit 65 kriege, Honecker bald gehn muß, aber daß das zusammenbricht, nie und nimmer. Und das ist jetzt völlig anders. Ich habe damals gedacht, dieses System ist einfach nicht kaputtzumachen, es funktioniert zwar hinten und vorn nicht, aber es ist nicht kaputt zu machen. Das hab ich jetzt gesehn, wie ein System, was scheinbar sicher ist, kaputtgeht. Ja nu weiß ich, daß alle Systeme kaputt gehn können".*

Mit der Betonung dieser Erkenntnis unterstreicht Herr Dalloff, daß all das, was sich im neuen System ereignet, wirklich nur ein Spiel ist; gleichzeitig bleibt das Schicksal *„hart, aber gerecht"*: Sein gutes Leben im falschen System geht irgendwann zu Ende, und dieses Wissen spricht ihn frei.

Anschlußfähigkeit

Herrn Dalloffs alltägliche Lebensführung ist anschlußfähig an den Arbeitsmarkt gewesen: Er hat beruflichen Erfolg, ohne dabei familiale und persönliche Interessen zurückstellen zu müssen. Stellen wir die Ressourcen zusammen, auf die Herr Dalloff zurückgreifen konnte:

Für seine fehlenden Ellenbogen hat er funktionale Äquivalente ausgebaut, indem er auf eine Ressource zurückgegriffen hat, die er in der DDR bereits hatte: auf sein soziales Kapital. Ganz selbstverständlich baute er sich seine berufliche Position mithilfe der Leute aus, die er von früher kannte. Ein engmaschiges Netzwerk all derjenigen, mit denen er in Leipzig berufliche oder private Kontakte hatte, liefert ihm Aufträge und nimmt ihm Kunden ab, ohne Konkurrenz zu werden.

Eine zweite Ressource ist die Fähigkeit zur Camouflage. Herr Dalloff verdient viel Geld, und er verdient es, indem er für die von ihm hochgeschätzte linke Presse schreibt, aber auch für die rechte Presse. Dieses erachtet er als begründungspflichtig, und es gelingt ihm, indem er darauf pocht, den bekannten „*Zungenschlag*" in seine Arbeit einfließen lassen zu können, was er durch seine PDS-Mitgliedschaft glaubhaft machen kann; darüberhinaus weiht er den Kapitalismus dem Untergang.

Herrn Dalloffs ironische Selbstthematisierung ist dabei eine personale Ressource, die ihm dieses Spiel erleichtert: So darf er genießen, was er kritisiert, kann schreiben, was er mag und kann „*mit verschiedenen Leuten anders lachen*". Sein Humor läßt ihn den Pluralismus auf dieser Ebene schätzen.

Anschlußfähig zu seiner Zufriedenheit ist Herrn Dalloffs Lebensführung deswegen, weil er daran glauben kann, sich systemkritisch zu verhalten. Er ähnelt ein bißchen dem klassischen Bild vom Altachtundsechziger, der Karriere macht und weiterhin seine Seele zu retten meint. Dabei bringt ihn die Findigkeit im Ersatz der Ellenbogen voran. War es früher die Zeitung, mit der er „*brutal*" sein konnte, ist es jetzt die Verachtung der Spielregeln. Denn die Selbstwahrnehmung, sich nicht gut durchsetzen zu können, zwang ihn dazu, sich die bestehenden Regeln ganz genau anzusehen und sie für sich zu nutzen. Scout zu sein bezieht sich daher nicht nur auf eine Tätigkeit für andere; Scout zu sein ist auch eine Strategie, sich im eigenen System selbst zurechtzufinden, jetzt wie früher.

Herr Dalloff spielt natürlich auch mit den InterviewerInnen. Diese sind in der Interviewsituation die Weißen, denen der Scout demonstriert, daß er die Regeln des neuen Systems sehr wohl beherrscht, aber nicht gutheißt. Er stilisiert sich auch uns gegenüber als Botschafter seines Landes, indem er uns darüber aufklärt, daß die Stasi niemanden mehr interessiert. Der Ostdeutschland-Experte mit dem Sendungsbewußtsein muß sich über unser Interesse freuen: Das Interesse an seiner Spurensuche ist groß und wissenschaftlicher Art. Freilich benutzt er auch uns als Ventil: Hier kann er ein bißchen mehr sagen als in seinen Artikeln, obschon er sich überlegt, „*ob das gut ist*". Er tut es trotzdem.

Herr Rabe

1. Interview: *„Ich hatte mit diesem Staat nicht viel Kritisches am Hut, ich habe auch gut verdient".*

Die Selbständigkeit

Herr Rabe ist seit über 20 Jahren als freier Journalist, Herausgeber und Autor tätig: ein richtiger Schriftsteller also, der Herr Dalloff immer werden wollte. Nach einer Ausbildung zum Archivar hatte er zuerst als Museumsangestellter und dann als Redakteur einer Zeitschrift gearbeitet, bevor er freischaffend wurde.
  „*Was heißt das denn, freier Journalist zu sein hier?*" fragen wir. „*Freier Journalist ... heißt sozusagen sein Geld sich durch Eigeninitiative zu verdienen, durch Aufträge, die man mit Redaktionen abspricht und die man dann an die Redaktionen wieder verkauft. Mein Arbeitsgebiet ist Sozialgeschichte, also Kulturgeschichte im weitesten Bereich, da ist das nicht so problematisch gewesen eigentlich*". Herr Rabe hatte also schon zu DDR-Zeiten das gemacht, was Herr Dalloff heute tut - freilich, wie wir sehen werden, unter anderen Bedingungen.
  Dennoch sollte er mit solcher Berufserfahrung, zumal mit der der Selbständigkeit, eigentlich gute Voraussetzungen haben, im neuen System erfolgreich weiterarbeiten zu können. Herr Rabe hat einen Verlag gegründet, „*weil die ganzen Auftraggeber sozusagen fast alle zusammengebrochen sind ... die ganzen Verlage der DDR sind abgewickelt worden oder werden abgewickelt ... Die gehn nicht, die werden kaputtgemacht. Es darf von der DDR nichts bleiben, auch die Verlage nicht. Das ist das erklärte Ziel der Bundesregierung und das sieht man ja täglich*".
  Herrn Rabes neugegründeter Verlag vertreibt neben den eigenen die Bücher von einigen „*ehemals bundesdeutschen Verlagen exklusiv für 's Gebiet der DDR*". Aus diesem „*Vermittlungsgeschäft*" bezieht Herrn Rabes Verlag „*die ökonomische Knete, um unsere Autoren bezahlen zu können und die Bücher*". Auch Herr Rabe ist also Scout. Seine Frau arbeitet im Verlag mit und tut damit nichts für sie Ungewöhnliches: Sie hat ihre Anstellung lange Jahre vor der Wende aufgegeben, um ihren Mann beruflich zu unterstützen. Herr Rabe beurteilt die Chancen seines Verlages eher skeptisch: „*Wenn 's uns nicht gelingt, in den alten Bundesländern Fuß zu fassen, dann ist sozusagen das Aus vorprogrammiert. Weil da mit den neuen Bundesländern, die Leute ham ganz einfach kein Geld, um Bücher zu kaufen*". Doch sieht er Probleme, was den Marktzugang in den alten Bundesländern betrifft: „*Ein Newcomer ist ja nicht so sehr gern gesehen*", denn der ist „*ein Konkurrent für die Westverlage*".
  Im Augenblick dominiere der ökonomische Aspekt sein Leben, betont Herr Rabe. Das Wirtschaftliche „*wird uns ja aufgezwungen. Ich zahle für diese Wohnung*

hier im Moment 80 Mark Miete, ich bezahle ab April mindestens 400 Mark, das will ich erstmal verdienen. Kein Lebensmittel hat noch den Preis von vorher. Kein Honorar, des is die andere Seite, is gestiegen, im Gegenteil, alles Geld is den Bach runtergegangen ... und gerade nun die Freischaffenden hat 's ja nun ganz besonders getroffen". So findet er nur zwei Vorzüge am neuen System: *„Das Warenangebot ist besser, heißt, daß ich jetzt nicht mehr die Wahl zwischen zwei, sondern zwischen dreißig Rotweinsorten habe"* - was nicht ganz so klingt, als sehe er das wirklich als einen Vorteil an - und *„daß ich reisen kann ... das is das einzige, was ich der DDR wirklich übelnehme. Daß sie die Leute eingesperrt hat. Ich wär ja der Meinung gewesen, die L-, 'n Großteil wäre ja doch wiedergekommen".* Ursprünglich wollte er wohl *„die Leute"* sagen, bremst aber ab. Der Ersatzausdruck *„Großteil"* meint, daß Herr Rabe weiß, daß nicht alle wieder zurückgekommen wären; man kann seine Äußerung so interpretieren, als daß man auf den kleineren Teil, der das Land dauerhaft verlassen hätte, verzichten könne. Die Passage erinnert an Herrn Dalloffs Einstellung zu den Wahlen: Der fand die Fälschungen *„bekloppt. Wir ham auch so 90%, wenn die nicht fälschen".* Wie Herr Dalloff stand auch Herr Rabe hinter dem politischen System der DDR; beide hielten dessen Methoden weniger für illegitim als für überflüssig.

„Konnten Sie denn reisen früher?" *„Wenn ich sag, ich konnte reisen, is das falsch. Wenn ich mir eine Begründung gesucht habe, die plausibel war ... da durfte ich nach Westberlin fahren beispielsweise".* Und *„ich war einige Male in Frankreich, im Elsaß. Das war ein ganz großes Entgegenkommen seinerzeit, also daß das eben so als Entgegenkommen hingestellt wurde, das war ja immer so skandalös. Und ich war ja nicht dort, weil 's im Elsaß so schön ist, sondern weil ich dort nen Nachlaß von nem Bekannten gefunden habe und da 'n Buch draus gemacht habe".* Daß er sich hatte gängeln lassen müssen, hatte ihm nicht gepaßt.

Mit dieser einzigen Ausnahme hatte er sich mit der DDR gut arrangiert. Herr Rabe hatte *„mit diesem Staat nicht viel Kritisches am Hut. Ich habe auch gut verdient. Ich habe für mich keinen Grund gesehen, sozusagen diesen Staat, der sollte auch nicht gestürzt werden, es ging ja eigentlich um die bessere DDR";* das sagt Herr Rabe im Zusammenhang mit seinen Erlebnissen bei den Montagsdemos, mit denen wir uns später beschäftigen. *„Früher hatt ich, ich hatte im Prinzip überhaupt keine Geldsorgen ... ich hatte ein ganz gutes Konto, muß ich schon sagen, und daß das dann plötzlich nur noch zur Hälfte zu finden und daß diese Hälfte dann nicht mehr so viel wert ist wie vorher, das ist schon, das ist schon bedrückend an der ganzen Geschichte. Nach wie vor. Das ist das, was einen immer wieder bewegt".*

Indes zieht Herr Rabe folgende Bilanz des neuen Systems: *„Wir wissen doch sowieso ... daß der Mensch nicht mehr das Maß aller Dinge ist, sondern das Geld das Maß aller Dinge".* Man kann sich des Eindrucks nicht erwehren, daß das Materielle für Herrn Rabe auch früher so unwichtig nicht war. Sein *„gutes Konto",* die Fünf-

299

Zimmer-Wohnung und „*Schiffsreisen in der Sowjetunion*" weisen ihn als privilegiert aus: In diesem Sinne war Geld freilich vergleichsweise unwichtig. Das Maß aller Dinge - und damit die legitime Bemessungsgrundlage für diese Privilegien - war trotzdem nicht der Mensch: Es war Herrn Rabes Rolle im Kulturbetrieb.

Der Autor und Herausgeber

Gehen wir an den Anfang des Interviews zurück. „*Können Sie uns einfach mal erzählen, was Sie sind, wer Sie sind und wo Sie herkommen, sozusagen einfach ein bißchen so den Hintergrund Ihrer Persönlichkeit?*" „*Ja ich heiße Ernst Rabe, schreibe unter Ernst Oswald Rabe, bin Jahrgang 41, bin gelernter Archivar, habe dann als Journalist gearbeitet und Schriftsteller, das läßt sich nicht immer so trennen*".

Nach der Nennung seines Namens folgt die Nennung seines Autorennamens: Ernst Oswald Rabe, der Schriftsteller und Herausgeber, ist die vollständige Person. Der zweite Vorname wird dem Namen hinzugefügt. Im Gegensatz zu Herrn Dalloff trennt Herr Rabe den Journalismus nicht von der Schriftstellerei: „*Ich hab da auch nie ne Unterscheidung gemacht zwischen Journalismus und Literatur*", unterstreicht er noch einmal. „*Diese Unterscheidung ist mir eigentlich fremd*". Ernst Oswald Rabe versteht sich als Autor, und da unterscheidet er nicht, wie das Herr Dalloff tut, zwischen bestimmten Erzeugnissen. Nach seinem Autorennamen nennt Herr Rabe seine Kohortenzugehörigkeit. Doch dazu später.

Als er uns vorhin erklärte, was es denn heiße, freier Journalist in der DDR gewesen zu sein, sagte er, daß das „*nicht so problematisch*" gewesen sei. Was meinte er damit? Einmal unterstellt er den InterviewerInnen aus dem Westen, daß sie das dächten: Ihrem von ihm unterstellten Bild des unabgesicherten Freiberuflers habe er nicht entsprochen, da sein Themengebiet „*Kulturgeschichte weitesten Bereich*" gewesen sei. Eher lag die Problemlosigkeit seiner Karriere im engeren Bereich: Herrn Rabes Themenschwerpunkt war die „*Geschichte der Arbeiterbewegung im 19. Jahrhundert, da sind vor allem die Buchprojekte entstanden, ich hab da eine Menge Bücher rausgegeben*". Herr Rabe hatte seine „*Strecke*", und es war eine erwünschte, kümmerte er sich doch im besonderen um „*das sozialistische und kulturelle Erbe aus dieser Zeit*". Er tat dies als aufrechter Staatsbürger; daß es deshalb unproblematisch war, an Aufträge zu kommen, ist wahrscheinlich.

Der Parteifunktionär

Herr Rabe ist seit seinem 23. Lebensjahr in der Partei. Warum er nicht mit 18, wie es die SED-Normalbiographie nahelegte, eingetreten ist, wissen wir nicht. Aber er sagt, daß er „*absolut aus Überzeugung*" eingetreten sei.

Er wurde Funktionär; im Verband seiner Berufsorganisation war er Sekretär der Parteiorganisation gewesen, *„also das hieß APO-Sekretär"*. *„Bei uns war die APO die außerparlamentarische Opposition"*, sagt die Interviewerin. *„Ja, das ist was"* - Herr Rabe lacht - *„ne, mit APO hat das nix zu tun. Alle die, die freiberuflich tätig waren ... wurden organisatorisch im Verband durch die Abteilungs-Partei-Organisation vertraut, äh betreut ... und da wurde dann die ideologische Arbeit, die aktuelle Lage beraten ... aber die Parteigruppe im Verband, die hat keinerlei Einfluß gehabt oder ausgeübt auf Veröffentlichungen etwa. Was ma jetzt heute darstellt, daß nur Bestimmtes veröffentlicht wurde oder daß nur, wer in der SED war, durch die Verlage gedruckt wurde, das ist absoluter Schwachsinn. Das hat 's nicht gegeben. Und was die Parteigruppe hier im Verband angeht, da kann ich sagen, daß es da auch keine Repressionen seitens, so was hat 's sicher gegeben, aber bei uns hat 's das nicht gegeben".*

Herr Rabe geht sofort in Verteidigungsposition und dann in Angriff über, indem er etwaige Ansinnen in Richtung kritischer Fragen als *„absoluten Schwachsinn"* qualifiziert. Er muß sicherstellen, daß es nicht so erscheint, als habe er seine Position im Verband im Sinne der Partei genutzt. Doch ist es nicht vermessen, anzunehmen, daß seine Arbeit nicht nur deshalb *„nicht so problematisch"* war, weil er ein weites bzw. legitimiertes Thema hatte; sie mag auch deswegen vergleichsweise unproblematisch gewesen sein, weil er selbst dem Gremium vorsaß, das zumindest theoretisch über Veröffentlichungschancen bestimmen konnte.

Die InterviewerInnen indes interessiert anderes: *„Was heißt das, ideologische Arbeit?"* *„Wir haben"*, erzählt Herr Rabe, *„hochrangige Leute von der Universität geholt, die über interessante Entwicklungen Rede und Antwort standen"*. Diese wären *„nicht in jedem Fall Mitglieder der SED"* gewesen; selbst *„über die Geschichte des Stalinismus"* hätte man diskutiert. *„Das hat 's in unserem Verband also alles schon gegeben. Aber das war halt die Ausnahme von der Regel"*. Der Berufsverband mit der APO in seiner Mitte ist Herrn Rabes Ideal-DDR; diese erfreut sich auch der Anerkennung durch andere: So sei man zur Mitgliederversammlung *„gerne gekommen, weil da immer was Interessantes beredet wurde. Und die redeten vor allem über das, was nicht in der Zeitung stand so"*.

Daß Herr Rabe keinerlei Vorteile von seiner Parteizugehörigkeit gehabt hatte, betont er ausdrücklich und ungefragt. *„Also ich wüßte nicht einen Punkt, daß ich irgendwo nen Vorteil davon hätte, im Gegenteil, ich hab viel Freizeit geopfert"*. Die InterviewerInnen fragen nach und signalisieren Erstaunen: *„Also Sie meinen, Sie hätten auch alles das, was Sie erreicht haben, auch ohne Partei-"*. *„Absolut, das hat mit Partei überhaupt nichts zu tun"*, unterbricht Herr Rabe. *„Gar nichts. Das is was völlig anderes. Ich hätte meine Arbeit über die Arbeiterbewegung genau so gemacht, ob ich in der SED oder in der LDPD oder oder oder in der CDU gewesen wäre. Ich hätte sicher einige andere Wertungen getroffen, wenn ich in ner* *anderen Partei wäre"*. Das nun klingt plausibel: Wäre Herr Rabe Mitglied in einer der Blockparteien gewesen, hätte er seine inhaltliche Strecke genau so verfolgt - von einigen anderen Wertungen abgesehen. Eine Parteizugehörigkeit als Rahmen seiner Berufstätigkeit ist ihm so selbstverständlich, daß es ihm nicht einmal im Gedankenexperiment möglich ist, seine berufliche Tätigkeit außerhalb einer Partei zu verorten - und sei es nur dazu, um zu behaupten, Parteizugehörigkeit hätte keine Rolle gespielt. *„Natürlich hat 's Vorteile gegeben"*, räumt er nun ein, *„sind Posten verschoben worden und sonst was, und der große Schwachsinn, daß eben jeder Direktor SED-Mitglied sein muß, ob der nun die Qualifikation hatte oder nicht, das mußte ja dem Opportunismus Tür und Tor öffnen, das ist doch klar"*. Herr Rabe wehrt unsere Unterstellung ab, indem er ihr entgegenkommt; die Feststellung, das sei doch klar, signalisiert uns, daß er am besten weiß, wie der Tausch von Vorteilen gegen Loyalität funktionierte und dieses deshalb nicht der Rede wert sei. Unter *„Vorteilen"* freilich versteht Herr Rabe nur Vorteile, die man unverdient erringt, und in diesem Sinne sieht er bei sich keine Bevorteilung: *„Für mich nehm ich absolut in Anspruch, keinerlei Vorteile gehabt zu haben"*. Schießlich war er erstens qualifiziert und zweitens aus Überzeugung bei der Partei; drittens aber war seine berufliche Position offensichtlich ohne Parteizugehörigkeit ganz wörtlich undenkbar: Es ist wahrscheinlich, daß für ihn die Alternative überhaupt nicht bestanden hatte, freiberuflicher Autor mit oder ohne Parteizugehörigkeit zu sein. Was also sollte er der Partei verdanken? Er hat bekommen, was ihm rechtmäßig zustand und gemacht, was von ihm erwartet wurde. Daß er seine Reisen begründen mußte, erscheint ihm vor diesem Hintergrund ganz selbstverständlich als Schikane.

Doch Herr Rabe ist mit seiner Klarstellung noch nicht fertig: *„Da war mal ne Nürnberger Kollegin hier, die hat gesagt, naja, wie fühlen Sie sich denn jetzt, wo Sie frei sprechen können. Ich hab der versucht klarzumachen, daß ich, daß ich immer frei gesprochen habe, daß ich nie irgendwo 'n Blatt vor 'n Mund nehmen mußte, also das konnte die auch nicht so recht nachvollziehen. Das Bild, das von der DDR in den bundesdeutschen Medien vermittelt war, is ja so, daß ja die Leute nur mit Maulkorb rumgelaufen sind und sich nicht getraut haben, natürlich hat 's viele Spitzel gegeben und alles, aber was den Verband angeht, ist das so nicht gewesen. Da hat 's immer ne freie Diskussion gegeben"*. Das ist an die InterviewerInnen adressiert, um das Bild zu korrigieren, das in den westdeutschen Medien vermittelt wurde: *„... das konnte die auch nicht so recht nachvollziehen"*, sagt Herr Rabe und unterstellt uns damit dasselbe. Ob *„die Leute"* nun mit Maulkorb herumgelaufen sind oder nicht: Im Verband bzw. in der APO konnte Herr Rabe frei sprechen. Das allerdings ist uns inzwischen nicht mehr neu. Herr Tikovsky hatte erklärt, warum er anfangs keine Probleme hatte, seine Meinung kundzutun: Seine Ansichten wichen nicht groß von denen der Partei ab; zum zweiten bestehen alle unsere InterviewpartnerInnen, die in der Partei waren, darauf, daß es innerhalb der Parteigremien andere Redefreiheiten als draußen gegeben habe; die Partei selbst war schließlich daran interessiert, Kritik im geschützten Raum zu halten. Herr Tikovsky macht genau diesen Punkt, das Zulassen von Kritik innerhalb und das Verbot von Kritik außerhalb der Partei, zum Zentrum seiner Kritik an der Partei und tritt letztendlich deswegen aus ihr aus; Herr Rabe hingegen versucht, diesen Punkt zum Beleg für eine allgemeine Redefreiheit zu machen, räumt dann doch ein, daß es *„viele Spitzel"* gegeben habe und rettet sich schließlich in seinen Berufsverband, in dem ideale Verhältnisse herrschten.

Der Hierarchist

Bei der Formulierung der Logik von Herrn Rabes Lebensführung hilft der kabarettistische Blick des Herrn Dalloff weiter. Das spezifische DDR-Theater und Kabarett, analysierte dieser, *„das funktionierte nur in einer geschlossenen Gesellschaft. Die Dinger funktionierten nur hier"*, und macht uns damit auf die Rolle der Rahmenbedingungen aufmerksam. Solche Situationsparameter sind auch für die Lebensführung des Herrn Rabe Bedingung. Der Status des Freiberuflers assoziiert auf den ersten Blick eine gewisse Unabhängigkeit von Autoritäten; daß Westdeutsche deshalb in der DDR Probleme mit dieser Unabhängigkeit unterstellen, unterlegt auch Herr Rabe unserer Frage danach, was freier Autor in der DDR geheißen habe, indem er antwortet, daß dieser Status *„nicht so problematisch"* gewesen sei.

Herr Rabe entspricht einem sozialen Typus, den Heinz Bude ausmacht, wenn er nach der Rationalität von Lebensführung fragt: dem Hierarchisten. Einen sozialen Typus kann man einmal dazu nutzen, einen Fall besser zu verstehen; man kann im weiteren danach fragen, unter welchen Bedingungen ein sozialer Typus seine Hoch-Zeit hat. Des Hierarchisten „kognitives Ideal ist die gedankliche Geschlossenheit und die begriffliche Durchstrukturiertheit der Welt" (Bude 1995, S. 87), während die Daseinsformen, die zu diesem Ideal passen, feste Gruppen mit klaren Positionen und Rangordnungen sind. „Dann sind sie (die Hierarchisten, M.W.) bereit, sich voll und ganz für die Sache einzusetzen, und sie schauen mit unverhohlener Verachtung auf die, die nur um sich selbst bekümmert sind. Der Ursprung der Sache kann durchaus mysteriös bleiben. Entscheidend ist nur, daß es sich um große Aufgaben handelt, die höchstes Engagement fordern" (Bude 1995, S. 87). Bude bezieht diesen sozialen Typus auf den „marxistischen Welterklärer" (Bude 1995, S. 86) der 68er-Bewegung. Doch Herrn Rabes Vorliebe und Findigkeit, in den Hierarchien der DDR-Gesellschaft zu agieren und seine Position darin als Ausdruck seines beruflichen Erfolges zu sehen, stimmen damit durchaus überein, zumal ihm neben der Verachtung des Geldes *„als Maß aller Dinge"* auch ein „soziales Geschick" eignet, ein „untrüglicher Instinkt für Risse im Gefüge" (Bude 1995, S. 87), den Bude den Hierarchisten zuschreibt: „Sobald sie spüren, daß das Ganze zu kippen droht, steigen sie aus, wechseln die Seite oder ziehen sich auf die Sicherung ihrer Macht und ihres Einflusses zurück" (Bude 1995, S. 87).

Sieht man sich die innere Ordnung des Schriftsteller- und Journalistenbetriebes der DDR an, die Herr Rabe zeichnet, so war diese gut geeignet, solch „soziales Geschick" einzusetzen. So kritisiert Herr Rabe, die Presse habe ihre Arbeit nicht richtig gemacht, indem sie „*die Leute für unmündig erklärte*". Hatte Herr Rabe damit nichts zu tun? „*Naja, dazu hatt ich ja als Freier keinen Einfluß. Und alle, das ist ja das Kuriose, alle Kollegen, mit denen ich gesprochen habe, die wußten das auch, was sie für Mist verzapfen ... sind ja alles kluge Leute letztendlich. Die wußten alle, daß sie keine Zeitung für den Endverbraucher machen*". Er selbst habe keine politischen Artikel geschieben, sondern höchstens „*mal was zur Wahl geschrieben oder so was, aber auch das hab ich an meine Arbeit aufgehangen*". Daß er in seiner Arbeit „*Wertungen*" vorgenommen hat, die mit seiner Parteizugehörigkeit zu tun hatten, wissen wir bereits.

Sehen wir uns also dieses „Gefüge" genauer an. Es gab „*Holzköpfe*" und „*auf verschiedenen Ebenen ein paar gute Leute*" - letztere vor allem auf der Ebene des Verbands. Auf diese verlassen konnte man sich indes nicht: „*Da konnte man schon mit denen teilw-, manchm-, manchmal waren sie auch borniert, aber im Großen und Ganzen konnte man mit ihnen dann doch viel anders reden*". Das hört sich an, als wäre ordentlich Theater gespielt worden. Es mag so gewesen sein, daß man sich gegenseitig für borniert hielt. Herrn Rabes Aussage, daß man, da man ja intelligent war, durchaus wußte, welchen „*Mist*" man warum „*verzapfte*"[1], spricht allerdings dafür, daß es ein sehr kompliziertes Drehbuch gab. Bei manchen Leuten wußte man, daß sie wußten, daß sie sich „*borniert*" verhielten. Bei anderen nahm man an, daß sie das nicht wußten. Das waren die „*Holzköpfe*", und die anderen waren die „*guten Leute*"; letztere wiederum verhielten sich nach Herrn Rabes obiger Einschätzung „*kurios*". Dabei hielten sie sich, wie Herr Rabe auch, an das Drehbuch. Erinnern wir uns an eine Szene bzw. an Herrn Rabes Bericht über die Dreharbeiten: die Teilnahme an der „*berühmten Montagsdemonstration*" (vgl. Kap. 3.2.2.3.). Mitgegangen ist er, „*als der Verband aufgerufen hatte, sich zu beteiligen und gesagt, wir gehn da mal mit, um zu dokumentieren, daß wir hinter den Forderungen stehen, das hab ich dann gemacht*". Das kommt ihm nicht kurios vor, obwohl er gleich zwei Begründungen hat, die gegen eine Teilnahme sprechen: Er hat mit der DDR „*nichts Kritisches am Hut*" gehabt, und der registrierte Rechtsruck in den Demonstrationen hat ihm auch nicht gefallen. Doch wenn der Verband aufruft, geht der Hierarchist mit.

---

[1] vgl. hierzu Pirker u.a. 1995

Distanz

Was aber macht der Hierarchist, wenn ihm das oben beschriebene Setting abhanden gekommen ist? Herr Rabe wird PDS-Mitglied. Nach Bude stellen „Parteiaufbauorganisationen, verschworene Projektgruppen und minoritäre Einheitsparteien" eine „günstige soziale Ökologie für das Gedeihen des hierarchischen Typus" dar; an dieser Stelle interessiert nicht das Gedeihen, wohl aber die Bedingungen der Stabilität der Lebensführung, und hier garantiert die PDS eine wichtige Fortführung der „günstigen sozialen Ökologie". Zumindest verkümmert der hierarchische Typus so nicht.

Überraschenderweise hebt Herr Rabe an der PDS die Unterschiede zur Hierarchie der SED hervor. Die Parteiarbeit sei *„glücklicherweise"* anders als in der SED, *„es gibt also so diese ganze Hierarchie, die 's vorher in der SED gab, also ... Montag wäre die Parteigruppe, dienstags wäre die APO gewesen, donnerstags wäre die Mitgliederversammlung, also immer die Stufe höher ... das gibt 's hier nicht mehr"*. Genau diese Hierarchie gibt es wohl nicht mehr, aber Hierarchie gibt es, vor allem „Rituale und Zeremonien, bei denen sich das Ganze zur Schau stellt" (Bude 1995, S. 90). Wir brauchen uns nur an Herrn Dalloffs Inszenierung der Stasi-Zugehörigkeits-Verhöre zu erinnern. Wenn die Hierarchisten, so Bude, „spüren, daß das Ganze zu kippen droht, steigen sie aus, wechseln die Seite oder ziehen sich auf die Sicherung ihrer Macht und ihres Einflusses zurück" (Bude 1995, S. 87). Der Seitenwechsel hat nichts mehr genützt; es bleibt der Rückzug auf halbwegs vertraute Strukturen, um wenigstens noch etwas von der Macht und dem Einfluß von früher zu sichern.

Am Ende des Interviews weiß Herr Rabe *„jetzt heute auch nicht mehr, worin ich das Besondere der SED gesehen habe eigentlich"*. Von der Grundaussage der Partei sei *„nichts übriggeblieben, nichts eingehalten worden ... aber es gab ja doch mal ne Zeit, wo man dieser Partei doch 'n ganz anderes Vertrauensverhältnis entgegengebracht hat. Bis in die 70er Jahre vielleicht noch. Wo man also auch viel Hoffnung mit ihr verbunden hat. Und die man, hat man dann wieder mit Modrow verbunden beispielsweise, das war aber so das letzte Aufflackern"*.

Haben wir plötzlich den großen SED-Kritiker vor uns, der schon Ende der 70er Jahre sein Vertrauensverhältnis gekündigt hat? Herr Rabe merkt wohl selbst, daß seine Aussage klärungsbedürftig ist und setzt nach: *„Ich habe natürlich auch meine Probleme trotz allem gehabt mit der Partei. Ich hab allerdings nie ne Parteistrafe komischerweise ... is mir nie passiert"*. Aus dem bisher Berichteten ist nicht nachvollziehbar, wofür Herr Rabe eine Parteistrafe bekommen haben sollte; freilich ist nachvollziehbar, daß ihm einiges nicht gepaßt hat an der Partei, zumal da, wo seine Arbeit behindert wurde und sei es nur dadurch, daß er begründen mußte, warum er nach Frankreich fahren wolle. Dieses Privileg hätte er gern völlig selbstverständlich in Anspruch genommen. Aber daß er seit den 70er Jahren bis zu Modrow nur noch wenig Hoffnung mit der Partei verbunden habe, ist merkwürdig. Gehörte Herr Rabe ab diesem Zeitpunkt zu den *„guten Leuten"*, die gewußt hätten, *„welchen Mist sie verzapfen"*? Herr Rabe war Parteifunktionär. Es drängt sich ein weiteres Mal die Vermutung auf, daß man in solcher Position sehr gut gewußt hat, welchen Stellenwert Ideologie hatte. Frau Barzel hat den Sozialismus an den *„reifen Menschen"* gekoppelt und deshalb an ihn geglaubt; sehen wir uns an, welche Stützen wir für das Argument finden, daß Herr Rabe die Partei für seine Zwecke instrumentalisiert hat und damit andere hat daran glauben lassen.

Seinen Satz vom Menschen als dem Maß aller Dinge hat er bereits da entzaubert, wo er den Sozialismus wegen seines damals vollen Kontos lobte. Im Zusammenhang mit dem Niedergang seines Stammtisches, der *„sozusagen auch ein Opfer der Wende geworden"* ist, denn *„der hat keine Zeit mehr, jeder hat keine Zeit mehr, ich selber hab auch keine Zeit mehr"*, berichtet er uns folgendes: *„Ich habe schon vorher nie nen großen Bekanntenkreis gepflegt. Und so das zu sagen, das is 'n Freund von mir, das hab ich mir schon vor 20 Jahren abgeschminkt, weil 's im Prinzip keine Freunde gibt, jeder ist sich selbst der Nächste und das ist heute noch viel stärker als bisher. Da hat sich eigentlich überhaupt nichts geändert"*. Seine Aussage, der Mensch sei unter den neuen Verhältnissen nicht mehr das Maß aller Dinge, versteht sich so als eine rein ideologische Aussage. Für Herrn Rabe *„gibt 's im Prinzip keine Freunde"*, und vergleicht man nochmal Frau Barzels politisches Engagement, das gekoppelt ist an *„das wunderbare Kollektiv"*, mit Herrn Rabes Einstellung, so hat man einen Baustein in der Hand, der genau an die Stelle paßt, wo unterschiedliche Gruppen von Akteuren aufeinandertreffen: die Elite und die Bürger. Sicherlich ist auch der Glaube der Elite in das, was sie vertritt, nicht zu vernachlässigen; indes gibt es Anhaltspunkte dafür, daß Herr Rabe zu denen gehörte, die *„genau wußten, welchen Mist sie verzapfen"*. Unbestreitbar ist die Gruppe der Elite diejenige, die den Bürgern Angebote macht, die diese annehmen können oder nicht. Mit dem Dilemma, das zweifelsohne für die Elite entstehen kann, wenn sie weiß, daß es ausschließlich um die Machterhaltung der Partei geht, kann mit drei idealtypischen Strategien verfahren werden: mit der Stilisierung des Glaubens an die Sache, mit Zynismus oder mit Kritik an den eigenen Strategien, was nach Pollack im Herbst des Jahres 1989 zur Differenzierung der Partei und schließlich zum Zusammenbruch der DDR führte. Rabe hat die zweite Strategie gewählt.

Beruf und Familie

„Hat sich denn auch Ihr persönliches Leben verändert, Ihr Alltagsleben?" *„Nicht so sehr wesentlich, muß ich sagen, das hat sich natürlich verändert, aber nicht prinzipiell, ich arbeite ja weiter auch journalistisch und weiter über Sozialge-*

schichte ... und da hat sich eigentlich sehr wenig geändert". Sein *"persönliches Leben"*, sein *"Alltagsleben"* ist das eines Journalisten, der seine *"Strecke"* hat; sein Statement klingt wie ein Programm, mit dessen Einhaltung er zufrieden ist.

Rabes haben keine Kinder[2]; die Beziehung der Ehepartner zueinander scheint sehr eng zu sein. Man berät sich gemeinsam, was Entscheidungen aller Art anbelangt, man hat ein gemeinsames Konto[3], *"das ist ein Topf und da wird rausgenommen. Und dann geht auch wieder alles rein"*. Auch in seiner Ehe geht das persönliche mit dem beruflichen Leben in eins; Frau Rabe stellt das intellektuelle Hinterland: *"Also es war nicht nur, ist nicht nur ne mechanische Mithilfe, sondern auch eine geistige gewesen"*. Freunde gibt es für Herrn Rabe nicht, und so bleibt seine Frau seine einzige enge Bezugspartnerin. *"Wir ham beide studiert zusammen"*, berichtet er. Hört man sich an, wie Herr Flieger über sich und seine Frau spricht, kommen einem das *"wir"*, das *"beide"* und das *"zusammen"* in einem so kurzen Satz schon fast rührend vor.

Frau Rabe ist jetzt im Verlag angestellt. Gegenüber der *"diskriminierenden Bezeichnung mithelfende Ehefrau"* hat sich zwar ihr Status verbessert, freilich nicht die ökonomische Sicherheit: Jetzt, wo die Existenz dem Arbeitsmarkt überantwortet ist, sind beide von der Markttauglichkeit desselben Verlags abhängig. Im Haushalt ist Frau Rabe nach wie vor gefordert, *"das macht fast alles meine Frau, na gut, ich hol die Kohlen hoch und ich kaufe gelegentlich ein, aber die Hauptlast des Haushalts lastet auf meiner Frau"*. Er sei da *"ein schlechtes Beispiel"*. Es fällt nun auch mehr Arbeit an, denn man bringe die Wäsche nicht mehr in die Wäscherei. *"Das ham wir aus Kostengründen dann sein lassen, machen das also, was heißt wir, meine Frau wäscht dann selber"*.

So kann Herr Rabe Kontinuität in der Organisation seiner Arbeit herstellen. Die Tagesabläufe unterscheiden sich kaum: Früher recherchierte er vormittags in Bibliotheken und Archiven und arbeitete das nachmittags auf, jetzt geht er morgens seiner Lektorentätigkeit nach und geht nachmittags in den Verlag. Freizeit gab es früher so wenig wie heute: Konnte man zu DDR-Zeiten *"doch ne ganze Menge Geld durch Lesungen verdienen"*, geht er jetzt - durchaus zum Spaß - ins Kino, um danach Rezensionen zu schreiben. Der Beruf trifft das Hobby, wie früher, das *"vermischt sich immer"*. Nur am Sonntagnachmittag arbeitet er nicht: *"Da wird dann also wirklich Holiday gemacht, in Ruhe Kaffee getrunken, wenn Sport is, dann guck ich ne Sportsendung an"*.

---

[2] Herr Rabe ist durch einen Übermittlungsfehler im Schneeballsystem in unser Sample geraten.
[3] Was allerdings in unserem Sample keine Ausnahme darstellt.

Die Paßform der Lebensführung

Nehmen wir die oben eingeführte Theatermetapher wieder auf: Herrn Rabes Lebensführung, durch Berufsverband und Partei bestimmt, war davon abhängig, daß es eine Bühne und Mitspieler gab, die sich an das Drehbuch hielten, sowie ein Publikum, das sich das Spiel anschaute, zumindest aber es nicht störte. Es war eine kafkaeske Spielsituation: Man wußte offensichtlich, daß man das Stück nicht für die Allgemeinheit spielte; es bezahlte der Intendant, das wichtige Publikum waren die Kritiker. Deren Kritik konnte vernichtend sein, also forderte man sie nicht heraus. Das Ganze funktionierte nicht zuletzt deshalb, weil es einen Raum hinter der Bühne gab, in dem man zumindest einigermaßen „*frei sprechen*" konnte, freilich nicht ganz frei, denn man wußte nie genau, ob sich nicht einer der Kritiker oder deren Zuträger mit hinter der Bühne befanden. Zu großes Mißtrauen war allerdings nicht erforderlich, da zumindest Herr Rabe keine großen Kunststücke vollführen mußte, um seine Meinung zu verschleiern; schließlich war er - zumindest bis in die 70er Jahre - ohnehin aus Überzeugung beim Ensemble, und später hätte er sich gehütet, die Intendanten zu kritisieren, die ihn für gutes Geld beschäftigten. In ihrer Bedeutung nicht zu unterschätzen ist die Garderobe. Dort empfing Frau Rabe ihren Mann, die alles andere in ihrem Leben offensichtlich zugunsten seiner Rolle zurückgestellt hatte. Die Garderobe verließ Herr Rabe beinahe nur, um sich auf die Bühne zu begeben; einige andere Räume des Theaters betrat er noch gelegentlich, aber das back-up besorgte seine Frau. Aus dem Publikum kannte er kaum jemanden.

Jetzt hat das Theater pleite gemacht, der Intendant ist verschwunden, das Gebäude ist abgerissen worden. Nur die Garderobe darf Herr Rabe behalten, wenn er mehr dafür bezahlt als früher. Die früheren Mitspieler gibt es noch; man hat mit einigen von ihnen ein neues kleines Theater gebaut, in dem man zum einen neuerdings Rücksicht auf das Publikum nehmen muß. Zum anderen gibt es keinen Intendanten mehr. Man ist sich selbst verpflichtet, und das macht Herrn Rabe Probleme, wie übrigens Herrn Dalloff auch. Doch hat Herr Rabe nicht die Wahl, sein Engagement aufzugeben; es gibt im Augenblick keine Alternative. Zur Beruhigung gibt es wenigstens noch den Raum hinter der Bühne, die PDS nämlich, in der man weiter frei sprechen kann, über die fehlenden Subventionen klagen kann und auch - wie früher - ein bißchen aufpassen muß, daß die neuen Kritiker das nicht hören. Vor allem aber durfte Herr Rabe bislang seine einstudierte Rolle behalten.

Die Lebensführung des Herrn Rabe war perfekt in die vorgesehenen Arbeitsbedingungen von freiberuflichen Kulturschaffenden in der DDR eingepaßt. Der Verband war der soziale Raum, innerhalb dessen Herrn Rabes Arbeit angesiedelt war, die Partei war der Code, über den er sich verständlich - und erfolgreich - machen konnte, die Zusammenarbeit mit seiner Frau bestimmte die Besonderheit seiner Arbeitsweise. Seine Funktion im Verband und der Inhalt seiner Arbeit waren die Medien, über die er sein Geld verdienen konnte. Damit war er zweifelsohne privilegiert, was den Umstand betrifft, seine „*Strecke*" verfolgen zu können. Er war es aber auch darüberhinaus: Rabes haben eine angenehme, große Wohnung, Herr Rabe konnte beruflich sein Land verlassen, und er konnte es sich leisten, seine Frau als „*mithelfende Familienangehörige*" zu engagieren. Deshalb hatte er mit „*diesem Staat nicht viel Kritisches am Hut*". Das neue System hat ihm zuallererst seine Privilegien geraubt, und jetzt stehen materielle Sorgen an. Das ist der Kern seiner Kritik an den neuen Verhältnissen: Die Einbuße wird in der Halbierung des Kontos auf den Punkt gebracht.

Kann Ernst Oswald Rabe seine alltägliche Lebensführung aufrechterhalten? „*Ich arbeite ja weiter auch journalistisch und weiter über Sozialgeschichte*", meint er, „*und da hat sich eigentlich sehr wenig geändert*". Seine Rolle indes ist abhängig vom Stück, und dieses wiederum braucht ein Theater: Das muß reproduziert werden, will Herr Rabe seine Lebensführung aufrechterhalten können. Das weiß er natürlich; er geht sogar zu einer Konkurrenzvorstellung, als es so aussieht, als wäre dieses Theater seine zukünftige Arbeitsstätte. Als es ernst wird mit dem Niedergang seiner Arbeitgeber, engagiert ihn indes kein neuer Intendant. Seine Verlagsgründung ist keine umstandslose Anpassung an die neuen Regeln: Er versucht, die alten Netzwerke so gut es geht zu konservieren und die für seine Lebensführung so wichtigen Kulissen neu zu konstruieren. Die alltägliche Lebensführung ändert sich damit erst einmal kaum: Die Zusammenarbeit mit seiner Frau bleibt bestehen bzw. wird sogar in neuer rechtlicher Form institutionalisiert; der Tagesablauf wird beibehalten; die Arbeit wird ähnlich wie früher strukturiert. Nur haben seine Produkte größere Absatzschwierigkeiten, und so ist das vordringliche Problem des Herrn Rabe die ökonomische Situation.

Freilich hat Herr Rabe auch eine politische Desillusionierung zu überwinden. Es mag so aussehen, als hätte er weder an den Sozialismus, noch an den Kapitalismus geglaubt. Doch was soll man machen, wenn man 50 ist und innerhalb der sozialistischen Gesellschaftsordnung Karriere gemacht hat? Freilich hat er den Sozialismus auch deshalb gestützt, weil es sich gut mit ihm leben ließ. Den Kapitalismus aber verachtet er, und seine Deprivilegierung unter den neuen Verhältnissen treibt diese Verachtung weiter, perfektioniert freilich auch seine mentale Stütze: „die gedankliche Geschlossenheit und begriffliche Durchstrukturiertheit der Welt" als sein „kognitives Ideal" (Bude 1995, S. 87). Außer den mehreren Sorten Rotwein und dem Reisenkönnen kann er der neuen Situation nichts abgewinnen. Gerechtigkeitsvorstellungen, Demokratie oder diesbezügliche Hoffnungen oder Enttäuschungen kommen nicht zur Sprache. Wenn wir wieder Bude folgen wollen, erscheint dem Hierarchisten Pluralität „als Abweichung, die einem imaginären Feind die Wahrheit in die Hände spielt" (Bude 1995, S. 87). Mit der Wahrheit freilich setzt das neue System auch Herrn Rabes persönliche Situation dem freien Spiel der Kräfte aus. Mit ihrem

„starren Blick aufs System" haben sich, so Bude, die Hierarchisten „um die intellektuelle Geschmeidigkeit gebracht, die man braucht, um gemachte Fehler für die eigene Denkentwicklung nutzen zu können". Sie „finden sich der Absurdität der Existenz schutzlos ausgeliefert" (Bude 1995, S. 88), wenn, so meine These, es ihnen nicht gelingt, funktionale Äquivalente für das aufzubauen, was ihre Lebensführung am Laufen hielt und nun verschwunden ist.

Bilanz und Krise

Hier nun müssen wir in Rechnung stellen, was Herrn Rabe von unseren anderen Interviewpartnern unterscheidet: Es ist sein Alter. *„Bin Jahrgang 41"*, teilt uns Herr Rabe bei seiner Vorstellung gleich nach seinem Namen mit. Daß seine Kohorte im Umbruch besonders betroffen sei, was die Arbeitsmarktchancen betrifft, merkt er später explizit an, und da hat er in jedem Falle recht.[4] Was er nicht explizit thematisiert, ist die subjektive Dimension eines Lebensgefühls, das Bude „das Gefühl der Lebensmitte" (Bude 1995, S. 95ff) nennt. In seiner Untersuchung über „Das Altern einer Generation", der 68er Generation nämlich, zu deren Altersgruppe Herr Rabe zu zählen ist, bezeichnet Bude die Phase, in der sich diese Generation heute befindet, in Anlehnung an Luhmann als „Prominenzphase" ihres Lebenslaufs. „Wer um die fünfzig ist, sieht sich mit der Erwartung konfrontiert, eine Art überpersönliches Interesse an der Erhaltung und Erneuerung der gesellschaftlichen Institutionen und der kulturellen Werte zu zeigen. In der Konstellation der Generationen kommt es der mittleren zu, die Autorität und den Charme der Gesellschaft zu verkörpern" (Bude 1995, S. 95). Dieser Erwartung würde Herr Rabe sicherlich gerne entsprechen. Doch Autorität und Charme welcher Gesellschaft soll er verkörpern? Er läuft Gefahr, für eine gescheiterte, eine tragische Gesellschaft Modell zu stehen.

Bude bezieht sich auf die in Eriksons Modell des Lebenszyklus in dieser Phase konzipierte Krise der Entscheidung zwischen Integrität und Verzweifung. „Es muß an die Selbstachtung des Einzelnen rühren, wenn er nach seinen lebensgeschichtlichen Bilanzierungsversuchen in der Lebensmitte zu dem Ergebnis kommt, aus seinem Leben nichts gemacht zu haben, was er weitergeben könnte. Es geht um den eigentlich paradoxen Anspruch, ein individuelles Modell darstellen zu können. Daran hängt das Gefühl für die eigene Integrität, oder, wenn es nicht gelingt, die Stimmung der Verzweiflung" (Bude 1995, S. 95).

---

[4] vgl. Diewald/ Huinink 1996, S. 777 für die Geburtskohorte 1939 - 1941: „Die zum Zeitpunkt der Befragung etwa 53 Jahre alten Frauen und Männer befinden sich insofern in einer schwierigen Situation, als sie vergleichsweise hohe biographische Investitionen in ein zerfallenes System getätigt und gleichzeitig wegen der begrenzten (erwerbs-)aktiven Lebenszeit eher geringe Möglichkeiten für einen Neuanfang bzw. eine Umgestaltung zur Verfügung haben ... Daher sind Auswirkungen sowohl von Kapitalentwertung und Kompetenzverlust als auch von Perspektivenverlust sowie Enttäuschung plausibel".

Herr Rabe verankert seine Bilanz an seiner schriftstellerisch-journalistischen Tätigkeit und ihrer Kontinuität. Bislang waren seine Unterfangen gesellschaftlich anerkannt und hoch prämiert worden: Der Autor und Herausgeber Ernst Oswald Rabe war geschätzt und stand auch materiell gut da. Nun muß er versuchen, die Krise, die nach Erikson ja unabhängig von äußeren Krisen auftaucht, gleich doppelt zu managen: Denn seine Berufsbiographie ist durch den Entzug der Privilegien entwertet worden. Kann er vor diesem Hintergrund die lebenszyklusspezifische Krise des Dilemmas Integrität versus Verzweiflung in Richtung der Integrität lösen?

Herr Rabe weiß um die Krise. Danach gefragt, ob es denn eine Situation gebe, wo es ihm richtig gut gehe, sagt er: *„Das weiß ich nicht, ob 's mir richtig gut geht, also im Moment würd ich das mit nein beantworten, weil eben die ganzen Einflüsse, negativen Einflüsse zu groß sind, aber ich denke, daß man über diesen Moment hinwegkommen wird, daß es wieder Situationen geben muß, anders geht 's ja gar nicht, wo es einem wieder richtig gut geht".*

Am Ende das Interviews wendet er seine Enttäuschung wieder gegen die Interviewerin, die ihm die letzte Frage stellt: *„Jetzt hab ich eigentlich nur ne allerletzte Frage, nämlich ob Sie an uns irgendwelche Fragen haben?" „Nur eine Frage, was das Ganze soll. Wird das ne Dissertation oder wird das eine soziologische Befragung?"* Er fragt, *„was das Ganze soll"*, was heißt, daß er den Sinn dieses Interviews nicht sehen kann oder will. Auch Herr Dalloff wußte nicht, worauf unser Gespräch hinauslaufen sollte: *„Ich mach mir bewußt keene solchen sehr intensiven Gedanken, weil ich jetzt also auch Interviews mache, also wie Sie das aufmachen, wie Sie die Fragen stellen. Wenn ich zu jemandem komm, dann macht der sich ooch keene Gedanken, wie ich die Fragen stelle".* Damit sagt er uns auch, daß er nicht sehen kann, was das Ganze soll. Nur unterstellt er uns im Gegensatz zu Herrn Rabe, daß wir Gründe haben für unsere Art, Fragen zu stellen, und daß diese Art durchaus von inhaltlichem Erfolg gekrönt sein kann, so wie seine Interviews auch. Herr Rabe indes hat Vorbehalte - es klingt mit, daß wir ihn mißbrauchen - und er hat nicht, wie das Herr Dalloff kann, den Rückzug darauf parat, daß er das mit anderen schließlich auch mache. Herr Dalloff interessiert sich für die neuen Regeln, und er wendet sie auch an; Herr Rabe tut das nicht. Herr Dalloff kann und will die Perspektive des anderen übernehmen; Herr Rabe kann oder will das nicht.

Doch er läßt sich ohne Zögern auf ein zweites Interview ein. Wir werden den Gründen für seine Bereitschaft später nachgehen.

2. Interview: „Da sitz ich zwischen Baum und Borke".

Ich nehme es gleich vorweg: Herrn Rabe ist es weniger gut als Herrn Flieger und Herrn Dalloff gelungen, funktionale Äquivalente zu finden, die es seiner Lebensführung erlauben würden, an das neue System zu seiner subjektiven Zufriedenheit anzudocken.

Berufliche Probleme

Der Verlag hat nur noch wenige Mitarbeiter, *„und wir wissen also nicht, ob wir überleben werden"*. *„Im Moment"*, so Herr Rabe, *„stehen die Zeichen eher auf nein"*. Man erwarte die Steuerforderung, die die Zahlungsunfähigkeit zur Folge haben könne.

Für Herrn Rabe ist klar, wer die Hauptschuld an dieser Misere trägt. Zwischenzeitlich ging das Geschäft ganz gut. Herrn Rabes Verlag hatte eine Nische gefunden, *„in die aber jeder dritte westdeutsche Verlag gesprungen ist"*. Sein Verlag hat, wie wir bereits wissen, bei dieser Politik geholfen: *„Das waren also Unternehmen, die daran interessiert waren, hier Fuß zu fassen, natürlich ham die uns sozusagen nur als Mittel zum Zweck benutzt, das ist uns aber damals auch klar gewesen. Aber für uns war 's zu der Zeit ne große Hilfe, weil wir mit den Provisionen, die wir erwirtschaftet haben, doch unsere ersten Bücher finanzieren konnten und so weiter und so fort. Das is alles nicht mehr, weil die ham alle ihr eigenes Vertriebssystem aufgebaut, nachdem wir denen die Wege gezeigt hatten, wie 's im Osten langgeht, dann ham 's uns nicht mehr gebraucht, naja, und dann war 's erledigt"*. Herr Rabe betont, gewußt zu haben, welche Rolle sein Verlag bei diesem Spiel spielte und daß das Mitspielen ihm genutzt habe. Er ist ein Geschäft eingegangen, das ihn jetzt nicht mehr trägt. Er hat sich als Scout verdingt wie Herr Dalloff auch, doch Scouts wie Herr Rabe waren wirklich nur Pfadfinder, und die brauchte man - im Gegensatz zu den Doppelagenten - nicht mehr, als der Wilde Westen kolonialisiert war.

Die schlechten Startchancen gegenüber dem Westen, nämlich diejenigen aus finanziellen Gründen, hat er freilich nicht vergessen: *„Ein neu gegründetes Unternehmen in Ostdeutschland kann nie so effizient sein wie eins, was schon 30 Jahre existiert. Weil das finanzielle Hinterland nicht da ist ... Allen Gesellschaftern des Verlages wurden die Konten halbiert"*. Sein Fazit verwundert nicht: *„Ich habe im Prinzip keine guten Erfahrungen mit Westleuten gemacht, in keiner Weise ... Wenn ich da irgendwo hinkomme und an den Entscheidungshebeln sitzen Westdeutsche, da wußt ich sofort, du hast hier als Ostdeutscher keine Chance. Und fast immer ist es so gewesen"*. Das weist auf die Bedeutung der Seilschaft hin, da ist sich Herr Rabe mit Herrn Dalloff einig; Herrn Dalloffs Erfahrungen sind freilich gegensätzlich: *„Da ich die Leute eben kenne, die vorher da saßen und vieles bloß den Platz ge-*

wechselt hat, ist das auch nicht schlecht ... Wir waren vorher in einer Partei ... die wissen auch, wo der andere öffentlich die Klappe gehalten hat, die wissen, was ich geschrieben hab und das is ne Vertrauensbasis, von der ich ganz gut leben kann", sagt dieser.

Nun mag man einwenden, daß die Verlagslandschaft durchgreifender kolonialisiert worden ist als die Zeitungslandschaft. Aber Herrn Rabes Netzwerke greifen auch dort nicht mehr. Um an die Öffentlichkeit zu kommen, ist er auf Pressemitteilungen angewiesen, und *„das ist mir eigentlich ganz gut gelungen. Aber so nach und nach sind an den Stellen, in der Leipziger Volkszeitung, da sitzen grad noch ein paar von hier, aber bei der Bildzeitung, da ist also sozusagen tabula rasa, was Ostleute sind".*

Fatal ist das auch deswegen, weil Herr Rabe jetzt auf sein zweites Standbein setzen muß: Er schreibt weiter für Zeitungen, jetzt aber in erster Linie *„Rezensionen über dies und das".* Die *„mehrgleisige Arbeit ... hab ich ooch eigentlich bisher immer schon gemacht und das wäre nix Neues für mich". „Ham Sie solche Rezensionen ... auch schon zu DDR-Zeiten geschrieben?"* fragen wir. Herr Rabe bejaht und setzt hinzu: *„Es gab ja vieles, was der Westen nicht wahrgenommen hat ... Die Kritiken waren genauso lang wie jetzt ... und mit dem gleichen Honorar wie damals, nämlich 40 Mark pro Kritik, was damals viel war, heute nicht".* Diese rhetorische Figur ist charakteristisch für dieses Interview: Eine inhaltliche Antwort auf eine Frage wird umstandslos mit einer Kritik am neuen System verbunden und gleichzeitig mit einem indirekten Vorwurf an uns. Wir sind hier *„der Westen"*, der nicht wahrgenommen hat, daß Herr Rabe Kritiken schrieb, und das ist nur eine von vielen Ignoranzen des Westens. Doch zum Inhalt: Herr Rabe betont weiter die Kontinuität in der schriftstellerischen Arbeit; aus dem Zwang zum zweiten Standbein wird so die selbstverständliche Fortsetzung des Vertrauten.

Eigene Buchprojekte indes macht er zur Zeit nicht, würde das aber tun, *„wenn sich die Gelegenheit ergibt".* Doch sitzen *„die dementsprechenden Auftraggeber in den Altbundesländern, bloß da müßte ich erst mal Klinken putzen, sagen, guten Tag, ich hab 30 Bücher gemacht in der DDR, da ist keines SED-belastet und so weiter und so fort und da muß ich aber sagen, bin ich mir zu schade. Ich weiß, was ich gemacht habe, ich steh zu meinen Büchern, und wenn sich 's ergibt, daß der eine oder andere draufkommt, daß ma mit dem vielleicht was machen könnte, naja gut dann, dann wird 's gemacht".*

Die Erfahrung mit der Selbständigkeit zu DDR-Zeiten nutzt dem Autor und Herausgeber Rabe als Ressource für den Umgang mit westlichen Auftraggebern offensichtlich wenig. Jetzt müßte er eine Strategie einschlagen, die er nicht gewohnt ist und als erniedrigend empfindet und deshalb *„Klinken putzen"* nennt. Hier ist Kontinuität für Herrn Rabe nicht herstellbar; daß es die Aufgabe des Autors oder Herausgebers sein könnte, einen Verlag zu gewinnen, kommt ihm gar nicht in den Sinn. Die

Tatsache, daß sich bislang niemand von sich aus an ihn gewandt hat, empfindet er als persönliche Beleidigung, als Ignoranz des Westens gegenüber seinen Leistungen - und wir sind im Augenblick die Statthalterinnen.
Immerhin war Herr Rabe auf der Frankfurter Buchmesse. Seine Erfahrungen mit der *„Messe der Eitelkeiten"* bestätigten sein Bild vom Westen: *„Ich kannte die Frankfurter Buchmesse nicht, und ich muß ehrlich sagen, ich war also entsetzt über diesen Trubel und diesen Literaturzirkus, das hat also mit Literatur nix zu tun. Des is also in meinen Augen ne Messe, die ihre Sinnlosigkeit eigentlich genügend unter Beweis gestellt hat"*. Hinfahren will er nicht mehr.
Doch nicht nur mit den Geschäftspartnern aus dem Westen hat er Probleme; auch in seinem Verlag ist die Kooperation zum Erliegen gekommen. *„Unsere Fronten sind so verhärtet, daß es da keine gemeinsamen Besprechungen oder Unternehmungen gibt, wie wir das Ruder rumreißen könnten"*. Gerade erst hätten ihn seine Gesellschafter bei einer für ihn persönlich wichtigen Sache *„klipp und klar überstimmt. Das is eben demokratisch"*. Hier bringt er einen Seitenhieb gegen die Demokratie an. Doch auch ihr Fehlen wird dem System angelastet, diesmal in seiner Eigenschaft als *„Kapitalismus"*. So seien *„ein paar selbstherrliche Entscheidungen gefallen, zum Schaden des Verlages kann man sagen, es müßte nicht so schlecht aussehen"*; einer seiner Mitarbeiter habe sich als *„regelrechter Manchester-Kapitalist"* entpuppt. Herr Rabe hat nicht nur *„die Westdeutschen"* zum Gegner, sondern auch seine als mittlerweile korrumpiert eingeschätzten Mitunternehmer. Es scheint schwer zu sein, ein richtiges Leben im falschen zu führen. Die Seile sind gerissen, Herr Rabe hat nun - außer seiner Frau - beinah nur Gegner um sich. Neben den Westverlagen, die ihn ausgenutzt haben und nicht mit ihm kooperieren wollen und den Buchhändlern, die seinem Verlag mißtrauen, versteht er seine Landsleute nicht mehr. Auch hier ist eine angenommene Verwestlichung der Lebensweise der Grund des Anstoßes: *„Da gibt 's negative Beispiele, einer, der bei ner Werbefirma arbeitet, der war früher a großes Tier bei der SED, der hat sich nun so gewandelt, daß der mehr unangenehmer Wessi als 'n angenehmer Ossi is"*. Das heißt einmal, daß selbst die *„großen Tiere bei der SED"* der aggressiven Kolonialisierung (oder Verlockung?) nicht standhalten konnten, zum anderen, daß die *„großen Tiere"* für Herrn Rabe *„angenehme Ossis"* sein konnten; zum dritten hat die binäre Codierung *„angenehmer Ossi - unangenehmer Wessi"* auch zum Ziel, uns vorzuführen: Wir sind die Adressaten dieser Aussagen und sollen seine Aufteilung der Welt zu hören bekommen. Die Metamorphose seiner Landsleute geht nach Herrn Rabe in die Richtung des *„unangenehmen Wessis"*. Der Kapitalismus trägt die Schuld, und dieser macht auch vor Herrn Rabe nicht halt: Er nämlich glaubt auch von sich, *„daß ich sicher egoistischer geworden bin, ganz einfach, weil das mit 'm Geldverdienen zusammenhängt und daß ich eben manches mache, weil ich das Geld brauche"*. Seine Konsequenz aus den schlechten Erfahrungen mit den anderen ist der Allein-

gang: *"Ich habe Pläne, ich werde mich sicher umsehen, ob ich, ob ich woanders ne Stelle kriege, was sehr schwer wird, das ist mir völlig klar, wenn ich sie nicht kriege, werd ich den Verlag alleine weitermachen oder meinen eigenen Verlag ganz für mich allein. Mit meiner Frau zusammen".* Das klingt eher trotzig als durchdrungen von Gründerzeitstimmung. Herr Rabe hat sich aus Not selbständig gemacht und wird aus Not selbständig bleiben.

Zwar antwortet er auf unsere Frage, ob es ihm eher sympathisch oder eher unsympathisch sei, freiberuflich tätig zu sein, es sei ihm sehr sympathisch. Freilich bezieht sich diese Sympathie nicht auf die ökonomische Situation: *"Also, wenn Sie sich 's jetzt aussuchen könnten, bei ner Zeitung oder irgendwo anders fest angestellt zu werden für gutes Geld"*, schlagen wir als Alternative vor. *"Ja natürlich würd ich die ... Festanstellung bevorzugen. Das ist doch klar, 'n Redakteur beim MDR, der verdient 6000 Mark, das kann ich als Freischaffender nie zusammenpinseln".*

Sozialer Rückzug

Wie sieht sein Bekanntenkreis aus? *"Meine Freunde, die ich hatte, die sind in ähnlich existenziellen Situationen, da is kaum noch Umgang, da is also kaum noch mal Zeit, daß ma sich mal zusammensetzt, wie das früher in der DDR ja sehr häufig war, daß ma also sich alle vier Wochen mal eingeladen hat ringsum, und der eine is im Vorruhestand, der andere is arbeitslos, der dritte ist von Arbeitslosigkeit bedroht, da macht ma keine großen Feten mehr und guckt da auf 's Geld, weil ma nicht weiß, hab ich in vier Wochen meine Arbeit noch. Das war in der DDR nicht, da hatt ich die soziale Sicherheit, und da konnt ich dreißig Leute einladen, das hab ich nicht gemacht, aber so zehn oder so".* Wir fragen nach, ob man nicht gerade in existenziellen Situationen näher zusammenrücken könne. *"Einige Verbindungen"* seien schon geblieben, meint er, *"alles meistens Leute, mit denen man ideologisch irgendwie auf einer Wellenlänge funktioniert und ich bin 'n Linker, muß ich uneingeschränkt sagen".*

Auf einer Wellenlänge ist er nach wie vor mit seinen Freunden im Elsaß, *"heimatlose Linke ... die sind da alle aus der Kommunistischen Partei ausgetreten, aber damals schon, 56, beim Einmarsch der Russen in Ungarn".* Inzwischen hat er einige Male dort richtigen Urlaub gemacht, um *"die Seele baumeln"* zu lassen. *"Linker"* zu sein, zeigt sich hier als Lebensgefühl: Die *"heimatlosen Linken"* im Elsaß hatten Herrn Rabe schon zu DDR-Zeiten eine Rekreationsmöglichkeit geboten; jetzt flüchtet er - selbst heimatloser Linker geworden - vor den Wessis ins linke Paradies. Dieses Paradies ist als einzige Lebenssphäre von der Wende nicht abgewertet worden. Zum einen ist es weiterhin für soziale Distinktion geeignet, zum anderen hat sogar eine Aufwertung stattgefunden: Nicht mehr abhängig von der DDR-

Währung, kann sich Herr Rabe in seinem Freundeskreis emanzipieren, wie wir auf die Frage nach neuerlichen Urlauben erfahren. *„Wo sind Sie denn sonst noch hingefahren?" „Also nach der W., nach der sogenannten Wende, die ja keene Wende war, sondern mehr ne Konterrevolution, waren wir also noch zu DDR-Zeiten mal in Paris, dann waren wir mal in Venedig paar Tage, ja, und das war 's, und Elsaß eigentlich, das war 's schon".* Die Frage nach dem Urlaub beantwortet er zuerst einmal in bekannter rhetorischer Manier mit der Aufklärung, daß es sich bei der Wende um eine Konterrevolution gehandelt habe; in der Tat hat er seit dem letzten Interview keine Reise mehr unternommen, mit Ausnahme derer ins Elsaß. Wie er indes die Umstände der neuerlichen Elsaß-Besuche schildert, läßt darauf schließen, daß sich auch für Herrn Rabe seit der *„Konterrevolution"* etwas zum Positiven verändert hat: *„Sag mal so, daß ich nich mehr wie zu DDR-Zeiten denen auf der Tasche liegen muß und bei denen wohnen, wir wohnen da richtig in ner Pension oder im kleinen Hotel und bezahlen das und so weiter, und dann gehn wir mal zu denen und essen mal Abendbrot oder laden die mal ein oder so".* Diese Passage enthält in ihrer Negation eine treffliche Charakterisierung des Aufenthalts von DDR-Bürgern bei Freunden außerhalb ihres Landes. Die Freunde einladen zu können, weil man Geld hat, sie besuchen zu können, weil man nicht darauf angewiesen ist, ohnehin schon dort sein zu müssen, *„richtig"* in einer Pension zu wohnen und das auch bezahlen zu können - das sind Hinweise auf Deprivilegierungen zu DDR-Zeiten, deren Verschwinden Herr Rabe sehr wohl sieht und schätzt. Das jedoch explizit als Vorteil zu benennen, kommt ihm nicht in den Sinn, er muß sogar den Hinweis auf die *„Konterrevolution"* vorausschicken.

Ideologische Verhärtung

Ob er es lieber gesehen hätte, wäre alles beim Alten geblieben? *„Nein, ich bin schon für die Vereinigung als solche, wenn 's eine gewesen wäre. Aber es war ja keine Vereinigung. Es is ja ne Besetzung gewesen ... Uns is ja sozusagen ein 40 Jahre praktiziertes Modell, ob gut oder schlecht, übergestülpt worden. Und alle Fehler, die in den 40 Jahren gemacht worden sind, werden jetzt weitergemacht".* Herr Rabe ist also nicht für die Vereinigung. Er hat auch keine reformorientierten Verbesserungsvorschläge wie Herr Tikovsky. Seine Einstellung ähnelt eher der von Frau Barzel. Ansatzpunkt ist die totale Kritik: daß und wie die Westdeutschen versuchen, alles *„kaputtzumachen",* was es noch DDR-Spezifisches gibt. An einer Stelle fügt er zwar ein, daß es *„och vieles* (gab, M.W.), *was Mist war in der DDR",* so daß er *„keene DDR-Nostalgie betreiben will".* Was er betreibt, ist dennoch DDR-Nostalgie, und er kommt immer wieder auf den Grund zurück: seine verlorenen Privilegien. *„Die Häuser wollen aussehen, wie sie wollen, aber die Mieten waren eben niedrig. Ich hab für die Wohnung hier 60 Mark bezahlt und ich zahl jetzt*

600 ". Seine Wohnung aber hat nicht ausgesehen, wie sie wollte, und die *„ Würde ",* die eine Interviewpartnerin an den Leipziger Häusern vermißt hat, vermißte er nicht. Daß er seine Landsleute denunziert, paßt in diesen Zusammenhang: *„Der Deutsche ist ja bekanntlich viel zu träge, der hat ja noch nie ne Revolution zustande gebracht, ooch 89, das war ja keine ".* Interessant in diesem Zusammenhang ist, daß er sich auch selbst als träge bezeichnet, im ersten Interview als phlegmatisch. Der geborene Revolutionär ist Herr Rabe ebensowenig wie der enthusiastische Existenzgründer.

Herr Rabe und Herr Dalloff, unsere beiden schon 1991 Selbständigen im Sample, sind in der PDS. Der kapitalistische Unternehmer kann nicht ihr Vorbild sein, doch müssen sie nun gerade so agieren. Deshalb ist Versteckspiel nach außen nötig, verstärkt dadurch, daß ihre Produkte ideologisch sensibel sind. Diese werden in der Tat von beiden dazu benutzt, unter dem Mantel der Unverdächtigkeit entweder *„einen Zungenschlag reinzubringen",* wie Herr Dalloff das nennt oder, wie Herr Rabe, *„meine Meinung kundzutun",* freilich nicht allzu drastisch. Wie er mit seiner Einstellung umgehe, *„daß einfach alles anders hätte laufen müssen?" „Ich bin ja nun 'n Schreiber und hab die Möglichkeit, meine Meinung also kundzutun"* - ganz im Gegensatz nun zu früher, wo er, wie er sagte, als Freier keinen Einfluß darauf gehabt hätte, daß die Presse ihre Arbeit richtig mache. Jetzt tut er seine Meinung in seinen Rezensionen kund, *„wenn sich 's mal ergibt".* In einer Kritik eines Films *„hab ich schlicht und einfach geschrieben, daß hierzulande keiner Verständnis haben wird, daß sich ein gut bezahlter Polizist in Nebenjobs verdingt, weil weil weil wir hier froh wären, wenn wir überhaupt 'n Job hätten".* Der Versuch eines Drehbuchautors, den deutschen Kriminalfilm realitätsnaher zu machen, ruft bei Herrn Rabe Unverständnis und den impliziten Ruf nach einem Verbot moralisch verwerflicher Vorbilder hervor. Herr Rabe versucht nicht, *„einen Zungenschlag reinzubringen",* wie Herr Dalloff sein Tun formuliert hat. Er nimmt einen Kinofilm vielmehr als eine moralische Aktion wahr. Ironie wahrzunehmen ist ihm ebenso unmöglich wie Ironie einzubringen. Er empört sich. Beide allerdings, Herr Dalloff wie Herr Rabe, haben mit dem Glauben an die kritische Schärfe ihrer Produkte die moralische Rechtfertigung für ihre Tätigkeit überhaupt erst in der Hand.

„Ist denn auch irgendwas jetzt, also in den letzten zwei Jahren in Ihrem ganzen Bereich besser geworden?" Die InterviewerInnen sind inzwischen ebenfalls desillusioniert. *„Das is ne sehr gute Frage.[5] Wüßte eigentlich nicht, was besser geworden ist. Die Miete ist teurer geworden, die Arbeit, es ist komplizierter geworden, dann gut, ich hab zum ersten Mal in meinem Leben ein schönes Auto".* Später fällt ihm noch etwas ein: *„So gesehen hat sich das Urlaubsangebot verbessert, weil Sie mich nach den Verbesserungen gefragt haben. Das is natürlich wirklich Spitze, daß ich*

---

[5] was nicht wundert, trifft sie doch Herrn Rabes Lebensgefühl.

jetzt um die ganze Welt reisen kann". Das klingt nicht so, als meine er das ernst; in der Tat lautet der nächste Satz: *„Bloß das kann ich nur, wenn ich das Geld verdiene"*.

Noch einmal: Das Gefühl der Lebensmitte

Was er umgekehrt von der DDR-Zeit am meisten vermisse? *„Was vermiß ich am meisten, hab ich mir noch gar keene Gedanken drüber gemacht"*. Schließlich fällt ihm ein: *„Ich fürchte, daß es die menschliche Wärme is, die weggegangen is. Denn jetzt sind wir doch in einer sehr kalten Gesellschaft"*. Als Beispiel nennt er einen Bekannten, *„der wartet seit einem Jahr auf 'n Krankenhausplatz, weil in Leipzig der Professor wegen SED-Mitgliedschaft entlassen worden ist"*.

Nach seinen Wünschen befragt, nennt er Gesundheit an erster Stelle, und wieder, wie wir es schon gewöhnt sind, verbunden mit Systemkritik. *„Daß ich gesund bleibe vor allen Dingen, das ist das allerwichtigste, wer, wer möchte in dieser kalten Gesellschaft krank werden, meinen Arzt zum Beispiel ham sie ooch gekündigt, obwohl er nie in der SED war"*.

Die Betonung der Gesundheit hat mit seinem eigenen Älterwerden zu tun. Die soziale Unsicherheit des Freiberuflerstatus ist ihm auch vor diesem Hintergrund eine Belastung: *„Wenn ich ... einen guten Job angeboten kriege, also da würd ich wahrscheinlich dann schon zum Redakteursposten greifen, ganz einfach, weil ich da sozial ganz anders abgefedert und abgesichert bin"*. Eine Belastung sei ihm seine Situation *„natürlich. Ich meine, solang mir noch was einfällt, kann ich schon was schreiben, und noch fällt ma ja was ein. Aber ich, ma weiß eben halt nich, wie lang man das dann durchhält. Weil das auch ne physische Sache is"*. Abgesehen davon, daß das Konto *„nicht ganz leer sein"* sollte, möchte Herr Rabe *„a paar Spuren hinterlassen, mit dem, was ich, was ich mache, ob nu für die Zeitung oder als Buch oder so. Soll man schon merken, daß das der Rabe gemacht hat"*.

Mit der Thematisierung des „Gefühls der Lebensmitte" liegen wir also nicht falsch. Zum einen steht das körperliche Erlebnis des Älterwerdens der Selbständigkeit ganz klar entgegen, zum anderen steht Herr Rabe inmitten der „lebensgeschichtlichen Bilanzierungen" (Bude 1995, S. 95), deren Ergebnis es nach Möglichkeit sein sollte, Spuren zu hinterlassen. Diese Spuren sollten freilich schon jetzt gewürdigt werden. Daher rührt seine Untätigkeit bei der Werbung von Kooperationspartnern für Buchprojekte, denn *„Klinkenputzen"* paßt nicht zum Bild eines gefragten Autors, zumal er die potentiellen Kooperationspartner immer mehr verachtet, je weniger sie seine Leistungen zur Kenntnis nehmen.

Der Hierarchist in der neuen Welt

Die PDS-Zugehörigkeit akzentuiert das Spezifische an Herrn Rabes Selbstbild, *„ein Linker"* zu sein. *„Ich hab an der PDS viel auszusetzen, is völlig klar. Aber das ist immer noch ne Partei mit 'm ganz vernünftigen Programm und die einzige Partei, die nicht regieren will"*. Das Engagement innerhalb einer trotzigen Gruppe, die sich der „Pluralität", dem „imaginären Feind der Wahrheit" (Bude 1995, S. 87) entgegenstellt, paßt dem Hierarchisten. „Es besteht dann die moralische Notwendigkeit für ein Denken aus einem Guß" (Bude 1995, S. 89). Gegenhorizont in diesem Sinne ist für Herrn Rabe die SPD, an deren Stelle *„jeder gleich nen Wackelpudding wählen"* könne. Reformorientierung ist es nicht, die ihn treibt. Es ist der Trotz als Ausdruck eines geschlossenen Denkgebäudes, das ihm Sicherheit gibt. Dazu paßt es auch, daß er sagen kann, *„gar nichts"* würde er innerhalb der PDS tun, außer hin und wieder zu Veranstaltungen zu gehen, denn *„ich kann mich ... aufgrund der Tatsache, daß wir ja als Erbe der äh Vereinigung das Berufsverbot übernommen haben, kann mich also nicht öffentlich produzieren. Das wäre tödlich für 'n Verlag, wenn ich hier mich irgendwo hinstelle und sage, ich vertrete den ***Verlag und bin gleichzeitig Mitglied der PDS, na das, keine Zeitung würde mehr was von uns drucken"*. Auch den „Hang zu außeralltäglicher Bewährung" macht Bude beim Hierarchisten aus. „Im Opfer des Einzelnen für das Ganze erlebt er das Gefühl eines persönlichen Triumphes" (Bude 1995, S. 89): Persönliche Nachteile müssen daher in Kauf genommen werden. *„Ham Sie die reale Erfahrung gemacht, daß es Leuten so geht?"* fragen wir nach der Passage mit dem Berufsverbot. *„Na selbstverständlich, selbstverständlich. Also muß ich schön still sein und nicht sagen, daß ich bei der PDS bin"*. Uns gegenüber aber ist er nicht still und erzählt detailliert von seinem Versteckspiel gegenüber einer Person des öffentlichen Lebens, mit der er zusammenarbeitet: *„Der weeß gar nicht, daß ich bei der PDS bin, um Gottes Willen"*.

Herr Rabe ist, wenn man so will, im Interview in einen Übertragungsprozeß geraten. Die Interviewerinnen vertreten darin drei ganz unterschiedliche Adressatengruppen: Zum einen den verhaßten Westen; in dieser Eigenschaft wirft er uns die Diskriminierung von PDS-Mitgliedern vor. Gleichzeitig übernimmt er die Rolle eines Experten, indem er uns im weiteren erklärt, die PDS habe *„mit der SED nichts zu tun, ich war auch in der SED, ich kann das also beurteilen"*. So naiv kann er nicht sein, zu meinen, daß wir ihm dieses Argument und vor allem seinen Expertenstatus abnehmen würden. Es ist seine alte Rolle, die er hier vorführt: die des Funktionärs. In dieser mußte er kraft seiner Autorität nicht lange argumentieren, und gerade der Verweis darauf, daß er selber in der SED war, heißt für ihn nicht nur, daß er die Rolle der PDS beurteilen könne, es heißt auch, daß er seine alte Rolle noch sehr gut spielen kann, und daß wir hier den Part des Zuhörens und Glaubens zu übernehmen haben. Doch noch in einer dritten Rolle finden wir uns wieder: in der

der Komplizinnen. Er ist, um uns die Diskriminierung der PDS-Mitglieder vor Augen zu führen, sehr weit gegangen: Er hat uns in Zusammenhänge eingeweiht, um die er *„um Gottes Willen"* Stillschweigen bewahren muß. Das ist damit zu erklären, daß er zum einen in Zugzwang geraten ist; zum anderen aber ist es ihm wichtig, die Rolle des *„Linken"* vor sich selbst aufrechtzuerhalten, indem er sie uns vorspielt - und darin steht er Herrn Dalloff in nichts nach.

Herrn Rabes Prognose für die Zukunft der neuen Länder lautet so: *„Die neuen Bundesländer werden so sich etablieren, daß nach und nach alles dann in Westhand ist und daß kaum noch een gewisses Selbstbewußtsein des Ostdeutschen da is. Im Prinzip is auch die DDR nur ne einzige große Immobilie, nichts weiter. Die Menschen stören da nur dabei. Und es werden überall also Wessis kommen, wenn sie nicht schon da sind. Und das geht so, was es im Westen gibt, muß genau so sein und was es hier gegeben hat, das darf nicht so sein, also muß das weg. Und das wird rigoros kommen. Falls es nicht schon geschehen ist".* Er zitiert in diesem Zusammenhang die Akademixer, ein Leipziger Traditionskabarett: *„Eigentlich wollten wir gar nicht den Kapitalismus, wir wollten eigentlich Auto und Bananen".* Was Herr Rabe hier erzählt, ist eine Geschichte rücksichtsloser Kolonialisierung. Herr Dalloff hat den Begriff des *„Scouts"* eingeführt, und auch für Herrn Rabes Geschichte bildet der Wilde Westen die Folie. Herr Rabe gibt für seinen Stamm jede Hoffnung auf Widerstand auf, da nur das Feuerwasser zu interessieren scheint. *„Und es werden überall also Wessis kommen"*, erinnert auch stilistisch an indianische Prophezeiungen, wenn nicht gar an die Apokalypse. *„Daß man so radikal mit der Dampfwalze drüberfährt"*, habe nicht mal er zur Wendezeit geglaubt. Sein Ärger über das Beispiel, das er anführt, ist indes gut nachvollziehbar: die Schließung der republikweit einzigen Ausbildungsstätte für Schriftsteller.

1968?

Ein Positivum am Westen aber muß er doch formulieren: *„Durch die 68er Bewegung drüben ist ja doch ganz anderes gewachsen, da hat sich doch vieles gebildet, viele Verlage, viele Zeitungen, wenn da ooch viele wieder eingegangen sind ... aber da is doch etliches da. Und das muß hier erstmal sozusagen die Subkultur, die muß dann erstmal kommen. Die wird schon kommen". „Glauben Sie also schon dran, daß die kommt?" „Die wird kommen, die wird kommen, ja. Na bei dem, was sie mit uns machen, geht 's gar nicht anders. Das wird sich artikulieren müssen. Völlig klar".* Hier signalisiert Herr Rabe nun doch Hoffnung auf Widerstand, auf einen Widerstand der Intellektuellen, den er mit dem der 68er Generation vergleicht - der er altersmäßig selbst angehört. Daß Herr Rabe nicht nur alters-, sondern in der Tat generationsspezifisch mit der 68er Generation zu tun hat, belegt folgender Interviewausschnitt aus seiner Kritik der Frankfurter Buchmesse: Herr Rabe: *„Für einen* *kleinen ostdeutschen Verlag ist die Frankfurter Buchmesse absolut unwichtig".* Interviewerin: *„Gibt es da nicht dann auch diese kleine Parallelbuchmesse, wo die kleinen Verlage sich auch präsentieren?"* *„Ich weiß es nicht"* - unterbricht Herr Rabe nach dem Wort *„Verlage"*, *„ob 's die noch gibt, die Gegenbuchmesse".* Interviewerin: *„Die gab 's doch mal, ne?"* Herr Rabe: *„Ah das is aber schon lange her, das is noch so aus den 68er Zeiten, mein damaliger linker Verleger aus Frankfurt, der hatte mal die Gegenbuchmesse mit organisiert und ich weeß nich, ob 's die noch gibt. Die Buchmesse in Leipzig hingegen ... is für 'n ostdeutschen Verlag ... viel wichtiger".* Herr Rabe entpuppt sich hier als Kenner der literarischen Szene *„der 68er Zeiten".* Er sagt uns, daß *„diese kleine Parallelbuchmesse"* die *„Gegenbuchmesse"* hieß, und wir vergewissern uns bei ihm, daß es diese Messe wirklich einmal gab. Weiter berichtet er von seinem *„linken Verleger aus Frankfurt".* Dieser steht nun explizit für Herr Rabes Insiderkenntnisse organisatorischer Belange der 68er Bewegung, implizit aber auch für die inhaltliche Beteiligung Herrn Rabes in dieser Zeit. Erstaunlicherweise aber ist das gar nicht sein Thema. Er kommt nach diesen Ausführungen genau wieder darauf zu sprechen, wovon vorher die Rede war: daß sein Verlag auf der Buchmesse in Frankfurt nichts verloren habe, Gegenbuchmesse hin oder her. Auch an seine Involviertheit in die 68er Zeit im Westen kann oder will er nicht anknüpfen.

Die alte Rolle im neuen Stück

Herr Rabe fühlt sich als Opfer der Wende. Er hat den Rahmen seiner Lebensführung verloren und damit die berufliche und materielle Sicherheit, den geregelten Bekanntenkreis, seinen Status und den Stellenwert seiner ideologischen Heimat. Auch sein Arbeitsverhältnis hat sich geändert, aber Herr Rabe bemüht sich, Kontinuität herzustellen, was Arbeitsinhalt, - form und Tagesablauf betrifft, und das gelingt ihm auch. Was ihm indes nicht gelingt, ist die Aufrechterhaltung der für solche Kontinuität unabdingbaren Rahmenbedingungen. So sucht er erfolglos nach der alten Seilschaft, den *„Ostleuten"*, die noch in den Zeitungen verblieben sind; doch *„an den Entscheidungshebeln sitzen Westdeutsche"*, und deshalb *„hast hier als Ostdeutscher keine Chance"* - zumindest nicht, wenn er seine Rolle weiterspielt.

Herr Rabe sagt an einer Stelle, er säße *„zwischen Baum und Borke"*, müßte er sich zwischen einer Festanstellung und einer freiberuflichen Tätigkeit entscheiden. Er sitzt auch zwischen Baum und Borke, was seine Lebensführung betrifft. Auf der einen Seite sagt er: *„Ich bin auf mich selber angewiesen. War das schon immer".* Auf der anderen Seite beklagt er - entsprechend der PDS-Fassung der marxistischen Ideologie - daß er allein unter Westdeutschen keine Chance habe, seinen Verlag zu retten, zumal seine Geschäftspartner auch noch übergelaufen sind. Gleichzeitig unterläßt er eben die Anstrengungen, die notwendig, wenn auch vielleicht nicht hinreichend wären, seinen Verlag und vor allem sich selbst voranzubringen. Er verfährt mit den neuen Spielregeln viel weniger souverän als Herr Dalloff das tut. Herr Rabe verpuppt sich zwischen Baum und Borke: Er trotzt.

Am Ende des ersten Interviews stellte sich Herr Rabe als freilich gemäßigten Kritiker des Systems dar, aber immerhin als einen Kritiker. Jetzt aber hat sich sein vor zwei Jahren zumindest ein bißchen durchlässiges Denkgebäude geschlossen; es gibt nichts, was seine Kapitalismuskritik sich nicht einverleiben kann.

Das Theater ist nun endgültig zusammengebrochen, aber Herr Rabe spielt seine Rolle weiter und sucht hierfür nach den alten Kulissen, indem er DDR-Nostalgie betreibt; er spielt immer noch die Rolle des Ernst Oswald Rabe, der es selbstverständlich findet, Privilegien zu genießen, weil er viele gute Bücher gemacht hat und hierfür anerkannt werden will, der *„Spuren hinterlassen"* will, wie er es ausdrückt. Um das zu erreichen, müßte er allerdings für sich Werbung machen, und das lehnt er ab - vielleicht kann er es auch gar nicht. Herr Dalloff hat uns die schöne Geschichte von den fehlenden Ellenbogen und dem schlechten Gewissen, sich für sich selbst einzusetzen, erzählt. Herr Rabe hat aus anderen Gründen dieselben Probleme: Er ist überzeugt von seinem Werk und beleidigt darüber, daß es entwertet wurde. Über unternehmerisches Know-How verfügt Herr Rabe sicherlich wirklich nicht. Der Verlag hatte zu viele Gesellschafter, und daß Fehler gemacht wurden, bzw. er sich nicht durchsetzen konnte, sagt er selbst. Aber im Gegensatz zu Herrn Dalloff und Herrn Flieger denkt Herr Rabe gar nicht daran, sich dieses Know-How zu erwerben. *„Pech im Leben hab ich nie gehabt, ich bin bisher ganz gut bedient worden"*, sagt er. Es ist nicht irrational, aufgrund seiner bisherigen Verdienste auf gute Bedienung zu hoffen, haben sich doch Herrn Rabes Ressourcen beinah alle als Restriktionen für einen neuen Start im neuen System erwiesen.

Herr Rabe hat, was seine berufliche Karriere betrifft, einige Kurven hinter sich. Er hat mehrere Berufe ausgeübt, er kann selbständig arbeiten, er kann mehrgleisig arbeiten, das alles könnte er jetzt gut brauchen. Er hat diese Fähigkeiten allerdings unter Rahmenbedingungen erworben und eingesetzt, unter denen ein radikaler Abstieg undenkbar war, solange man der Partei gegenüber loyal war. Herr Rabe war sicher opportunistisch, aber seine Lebenskonstruktion als die eines *„Linken"* ließ wohl einen radikalen Umschwung gar nicht zu. Seiner DDR-Kritik im ersten Interview wiederum können durchaus opportunistische Motive zugrundeliegen; man sehe sich seine Motivation an, die ihn zur Teilnahme an einer Montagsdemonstration gebracht hat. Jedenfalls bleibt Herr Rabe seiner Ideologie nicht nur treu, sondern zieht die Fäden straffer und spielt lieber ein bißchen Versteck in der neuen Gesellschaft. Denn ohne seine Ideologie ginge es ihm ans Selbstbewußtsein, müßte er seine Biographie entwerten und damit seine Lebensführung verwerfen, die im gelungenen Arrangement von Arbeit, Partei und persönlichen Ansprüchen bestand.

Herrn Rabes freiberufliche Tätigkeit zu DDR-Zeiten war demnach kein gewagtes Unterfangen, mithilfe dessen er sich aus der Umklammerung der Institutionen befreite, sondern erst die perfekte Synchronisierung mit den Institutionen ermöglichte seine freiberufliche Tätigkeit. Status, Privilegien und volles Konto waren die Folgen seines Handelns, Ergebnis eines perfekten Inklusionsverhältisses[6] von Organisationsebene und personalen Ressourcen.

Jetzt ist dieses Inklusionsverhältnis nicht mehr vorhanden. Aus seiner Freiberuflichkeit folgen nun Statuseinbußen und soziale Unsicherheit. Die neuen Rahmenbedingungen sind schuld, „*völlig klar*": Das Theater ist nicht mehr das alte, und sein neuer Text ist Herrn Rabe nicht auf den Leib geschrieben. Seine Ressourcen reichen nun nur noch dazu aus, sich eine kleine Welt zusammenzubauen; freilich ist die Ehe als Arbeitsgemeinschaft jetzt ebenfalls zur Restriktion geworden, sind die beruflichen Chancen von Frau Rabe außerhalb des Verlages ihres Mannes denkbar schlecht, so wie für Herrn Rabe auch: „*Also hier die 50jährigen sind total angeschmiert. Also Leute in Ihrem Alter, die sind da gut dran. Die können sich da umstellen oder die noch Jüngeren, für die is das ne Zeit, die is wunderbar. Ja, grade wir so zwischen 52 und 55, also wir sind die Angeschmiertesten in der ganzen Wendegeschichte. Denn ma kann sich kaum noch was Neues aufbaun, und man kriegt keinen Job als Linker, dann hab ich sowieso keine Chancen, weil ich unter 's Berufsverbot falle*". An dieser Stelle vergleicht er die Effektivität des Verfassungsschutzes mit der der Staatssicherheit.

In dieser Passage werden die Motive der hier benutzten Typik noch einmal von Herrn Rabe selbst aufgenommen: Die Betroffenheit der Generation der Lebensmitte und das hierarchische Ordnungsmodell. Dieses Rationalitätsmodell hatte in der DDR dann eine günstige Sozialökologie, wenn es sich innerhalb der Parteistrukturen entfalten konnte, oder besser, in sie einpassen konnte. Jetzt paßt es nicht mehr so gut, schon gar nicht für einen Unternehmer, dessen Flexibilität außerhalb hierarchischer Strukturen gefordert ist. Mit der Ordnungsvorstellung der Pyramide kämpft Herr Rabe in seiner Situation gegen Windmühlenflügel. Die Probleme, mit denen er es tatsächlich zu tun hat, sieht er indes gar nicht. Nicht gegen das Berufsverbot - Kontrollmittel einer hierarchischen Institution - und auch nicht gegen die kolonisierende Bundesrepublik sollte er kämpfen, sondern gegen unternehmerische Konkurrenz, innerhalb derer er bestehen muß. Was er da zu tun hätte, bezeichnet er pejorativ als „*Klinkenputzen*" und lehnt es ab.

Diese Verweigerung nun ist freilich im Zusammenhang mit dem „Gefühl der Lebensmitte" zu sehen. „*Ich bin bisher ganz gut bedient worden*", sagt der erfolgreiche Hierarchist, wenn er sein Leben bilanziert. Selbstverständlich erwartet er das weiterhin, aber niemand denkt mit derselben Selbstverständlichkeit daran, das zu

---

[6] vgl. Brose u.a. 1994

tun. Herr Rabe hat die umstandslose Anerkennung seiner Arbeit und ihre entsprechende Honorierung verloren, vor allem anderen die mit seiner Funktion in der Partei verbundene Macht. Aufgrund der perfekten Inklusion von Herrn Rabes Lebensführung und den Anforderungen des Parteipostens im Verband haben sich beide so einander angenähert, daß jedenfalls Herr Rabe ohne seine Parteifunktion nicht mehr Ernst Oswald Rabe ist. Herr Rabe kann nicht richtig andocken am neuen Institutionengefüge. Er hat keinen Spiel-Raum.

Tragik und Ironie

Herr Dalloff ist beinahe zehn Jahre jünger. Wie wir gesehen haben, ist er vom Bilanzierungszwang keinesfalls verschont geblieben. Nur fällt es ihm vielleicht auch aus altersspezifischen Gründen leichter als Herrn Rabe, einen Neuanfang zu wagen. Wenn wir Bude noch ein bißchen folgen, können wir die These wagen, daß Herr Dalloff den Schritt in die ironische Gesellschaft geschafft hat, Herr Rabe aber in der tragischen verblieben ist.[7] Das nun liegt nicht nur am Alter. Die Lebensführung des Herrn Rabe war und ist zwar stabil, aber im Vergleich zu der des Herrn Dalloff statisch. Sie war so eng an die Institutionen der DDR - insbesondere an Berufsverband und Partei - angeschlossen, daß sich ein neues Inklusionsverhältnis nicht abzeichnet. Herr Dalloff hat indessen Spiel-Räume. In seiner Lebensführung war eine gewisse ironische Distanzierung zumindest als Möglichkeitsform nicht ausgeschlossen. Vielleicht war auch die Tatsache, daß er nicht Schriftsteller geworden ist, dafür ausschlaggebend. Die gesellschaftlichen Belohnungen fielen nicht so hoch aus wie bei Herrn Rabe - insofern konnte er eine Lebensführung etablieren, mit der er sich zumindest ein kleines bißchen von den herrschenden Institutionen distanzieren konnte. Zudem ist Herr Dalloff kein Hierarchist. Schon die zweckrationale Begründung, die er für seine Entscheidung für den Sozialismus vorbringt, entspringt seiner Fähigkeit zur ironischen Distanz.

Herr Tikovsky beherrschte diese Distanzierung viel besser als Herr Dalloff. Seine Arbeitsmarktchancen hat diese Fähigkeit indes nicht verbessert. Solange wir aber 'Kulturschaffende' miteinander vergleichen, können wir die These wagen, daß die Engführung von Herrn Rabes Lebensführung auf die herrschenden Institutionen hin ihre Flexibilität beschnitten hat. Sie funktionierte nur in einer geschlossenen Gesellschaft.

---

[7] siehe Bude 1991b

Die geheime Geschichte - ein Fragment

Von Herrn Flieger über Herrn Dalloff hin zu Herrn Rabe wird die biographische Perspektive vertieft und mehr als in den vorhergegangenen Fällen die Psycho-Logik der Personen beleuchtet. Bude nennt diese Psycho-Logik „Lebenskonstruktion"; im Gegensatz zu mir untersucht dieser die Ursprungskonflikte von Generationen. Dennoch wurde Herr Rabe hier als zur Kohorte der 68er gehörend identifiziert, wenn auch im anderen Teil Deutschlands, der ja bekanntlich genau von dieser Bewegung unberührt blieb und damit letztendlich erst 1989 aus seinem Dornröschenschlaf erwachte. Auf den Ursprungskonflikt dieser Kohorte, den Bude in den Mittelpunkt seiner Analyse stellt, bin ich bislang nicht eingegangen: Die Überfrachtung der Kriegskinder mit den Ansprüchen ihrer Eltern. Die Möglichkeit, mit Herrn Rabe diese Analyseebene zu betreten, soll hier kurz angesprochen werden: Herr Rabe sagt, er wäre seinen Eltern „*Glanz und Elend in einem*" gewesen, und eine treffendere Formulierung des Konflikts dieser Kohorte - zumindest der männlichen Kinder - läßt sich kaum denken, will man den Anspruch und die letztendliche Unmöglichkeit, der Mutter den Vater zu ersetzen, auf den Punkt bringen.

Herr Rabe ist Kriegskind und als einziger Angehöriger dieser Generation, den ich interviewt habe, auch der einzige im Sample, der eine Kriegsgeschichte an den Ursprung seiner Biographie stellt:

Ob er „*zu seinem Elternhaus einfach noch 'n bißchen was erzählen könne?*"

„*Mein Vater war ... so ne Art Betriebspropagandist, gab 's keine richtige Bezeichnung, hat er sich selber geschaffen. War 'n gebildeter Mann, in der Nazizeit Offizier gewesen, beim Arbeitsdienst, hohen Dienstgrad gehabt, das ging bis zum Ortskommandanten von irgend so nem polnischen Ort, und meine Mutter war eigentlich Zeit ihres Lebens ... Hausfrau. Und da ich der einzige Sohn war, war ich natürlich Glanz und Elend in einem*".

Ähnlichkeiten zwischen ihm und seinem Vater sieht Herr Rabe „*insofern, daß mein Vater künstlerisch und literarisch begabt war und das aber nie so richtig umsetzen konnte, aufgrund seiner Biographie ... da er praktisch seine besten Jahre im Krieg verbracht hat und vorher schon und dann eben Wiederaufbau ... war bis siebenundvierzig in russischer Kriegsgefangenschaft, da ist, das wäre sozusagen das vergleichende Moment, ansonsten habe ich wesentlich bessere Chancen im Leben gehabt als er, auch in diesem Land hier. Muß ich sagen. Was Ausbildung und so weiter, alles, alles anging*".

Daß sich sein Vater die Bezeichnung „*Betriebspropagandist*" selbst schaffen mußte, weist darauf hin, daß ihm die Partei - wohl aufgrund seiner Karriere im Nationalsozialismus, über die Herr Rabe erstaunlich unbefangen berichtet - wenig Chancen einräumte. Für seinen Vater mag der Antifaschismus die Rolle eines Erlösers von den früheren Verfehlungen dargestellt haben, den Segen der Partei aber bekam er nicht. Für seinen Sohn, der erst mit 23 in die Partei eintrat, war dieser Weg ganz offensichtlich nicht selbstverständlich. *„Auch in diesem Land hier"* hätte er bessere Chancen als sein Vater gehabt; doch dieses Land hat sich offensichtlich nicht von Anfang an um ihn angenommen, wie um Herrn Tikovsky und, wie wir noch sehen werden, um Frau Günther. Hier ist die Wahrscheinlichkeit hoch, daß sich Herr Rabe anstelle seines Vaters in der Partei engagiert hat.

Diese Interpretationsschiene wird nicht weiter verfolgt werden; dieses hier ist weder eine biographische noch eine psychologische Untersuchung. Diese Bezüge indes verweisen auf einen für meinen Ansatz theoretisch interessanten Baustein: auf die geheimen Geschichten, auf denen Budes Lebenskonstruktionen sowie das hier im Mittelpunkt stehende generative Prinzip der Lebensführung zumindest mit aufruhen. Die geheimen Geschichten zählen zu den Restriktionen, mit denen sich die Person mithilfe des Balance-Werkzeugs 'alltägliche Lebensführung' auseinandersetzen muß. Sie stehen aus der Perspektive dieser Forschungsarbeit nicht im Mittelpunkt, doch ist ohne sie das generative Prinzip der alltäglichen Lebensführung letztendlich nicht erklärbar. Anhand der DDR-Interviews ist erst methodisch zugänglich geworden, was in den Interviews in Westdeutschland tendenziell verdeckt blieb: Der Bruch der Institutionen läßt die Prozeßstrukturen alltäglicher Lebensführung unterhalb von Routinen, Zuständigkeiten und Relevanzen viel besser rekonstruieren als dies im relativ gefestigten Institutionengefüge Westdeutschlands möglich ist. Denn im ostdeutschen Umbruch steht neben der Zukunft auch die Vergangenheit zur Disposition. Was sicher ist, ist indes die geheime Geschichte.

Drei Generationen

Verfolgt man nun auch die generationsspezifische Sichtweise ein kleines bißchen weiter, können wir in den drei Selbständigen dieses Samples Vertreter - und Eigentümlichkeiten - dreier Kohorten finden:

Herr Flieger, der jüngste und Mitte der 50er Jahre geboren, hat eine ausgeprägte Karriereorientierung mitgebracht; er befand sich kurz vor der Wende zwar in einer Weiterqualifizierungsphase, hatte aber gleichwohl in seinem Beruf *„das Möglichste an Karriere und Lebensstandard"* herausgeholt. Er konnte es sich leisten, sich völlig umzuorientieren, ideologisch und inhaltlich.

Herr Dalloff, Ende der 40er Jahre geboren, ist ideologieverhafteter als sein jüngerer Landsmann. Er hat sich Zeit für die Partei genommen, deswegen auch Familienkrach auf sich genommen - und aufgrunddessen, daß er älter ist, ein paar Jahre länger in seine Partei investiert als Herr Flieger. Zwar hat er unter den neuen Bedingungen reüssiert, braucht aber seine alte Partei als zusätzliche Stütze. Je länger er im neuen System agiert, desto weniger ist er auf sie angewiesen.

Herr Rabe indes hat seine Privilegien verloren; sein beruflicher Abstieg festigt sein ideologisches Denkgebäude über die Geschlossenheit hinaus, die es in der DDR hatte. Herr Rabe sieht sein Lebenswerk entwertet, das die anderen beiden noch zu entscheidenden Teilen vor sich liegen sehen. Wie einer der Altachtundsechziger, den Bude zum Typus gemacht hat, als Parteiarbeiter schließlich sieht, daß er Jahre seines Lebens der Bewegung geopfert hat anstatt seine eigene Berufsbiographie zu planen[8], hat Herr Rabe seine eigene Berufsbiographie auf seinem ideologischen Modell aufbauen können. Die Enttäuschung, die für seinen Westkollegen bereits in den siebziger Jahren gekommen war, hat ihn jetzt erst erreicht, jetzt, in der Phase der Bilanzierung. In diesem Sinne ist Herrn Rabes Generationszugehörigkeit eine ganz spezifische Restriktion für die Anschlußfähigkeit seiner Lebensführung an das neue System.

---

[8] siehe Bude 1995, S. 105ff

Resümee

Noch einmal: Das Problem

Bislang wurden anhand von vierzehn erzählungsgenerierenden Leitfadeninterviews die Karriereverläufe, biographischen Interpretationen und Lebenssituationen von sieben Leipziger BürgerInnen und Bürgern zwischen 1991 und 1993 rekonstruiert; es ging darum, die Regeln zu entdecken, an denen diese InterviewpartnerInnen ihr Handeln in diesen Zeiten ausrichteten.

Dieses Alltagshandeln ist der empirische Gegenstand dieser Untersuchung; ihre leitende theoretische Hypothese faßt dieses Handeln als ein Regelsystem, das alltägliche Lebensführung genannt wird, ein Produkt des Aktors ist und unterschiedliche Situationen handhabbar macht. Doch im Unterschied zur Rational choice-Theorie steht nicht die einzelne Handlung, sondern ein Handlungszusammenhang zur Debatte; alltägliche Lebensführung wird dabei über das Arrangement der Tätigkeiten in den einzelnen Sphären hinaus als ein biographisch erstelltes und auf Lebenskonstruktionen aufruhendes Wahrnehmungsinstrument rekonstruiert, das Handeln anleitet und dabei als Ressource für die Erreichung der jeweiligen Handlungsziele dienen, aber auch eine Restriktion darstellen kann.

Vor allem aber wird in der empirischen Untersuchung danach gefragt, was mit der alltäglichen Lebensführung geschieht, wenn ein bekanntes und erlebtes Institutionensystem außer Kraft gesetzt und großteilig durch ein ganz anders funktionierendes, unvertrautes Institutionensystem ersetzt wird. Schließlich ist sie in Auseinandersetzung mit dem bislang geltenden Institutionensystem etabliert worden. Wie alltägliches Handeln unter Bedingungen rasanten sozialen Wandels organisiert wird und welche Folgen eine bestimmte Organisation nach sich zieht, wird mithilfe einer Wiederholungsbefragung rekonstruiert.

Die für diese Studie ausgewählten InterviewpartnerInnen sind in ihrer Eigenschaft als ehemalige DDR-BürgerInnen ausgewählt worden. Einmal kann an ihnen untersucht werden, was mit der alltäglichen Lebensführung unter den Bedingungen des Institutionenaustausches geschieht. Sie alle nämlich stehen vor dem praktischen Problem, das die Forscherin als theoretisches hat: Wie stelle ich die Anschlußfähigkeit meiner Lebensführung an diejenigen neuen Institutionen sicher, die ich brauche, um nicht nur überleben, sondern zur subjektiven Zufriedenheit weiterleben zu können? Zum anderen wird nach den ganz konkreten Transformationsproblemen von Lebensführungsmustern gefragt, die in der DDR etabliert wurden und nun im Gesellschaftssystem des neuen Deutschland greifen müssen, das nach Leipzig exportiert wurde. Alle InterviewpartnerInnen gehören der Generation an, die in der DDR geboren ist oder zumindest seit ihrer Kindheit in ihr gelebt hat. Die meisten InterviewpartnerInnen sind in etwa so alt wie die DDR, alle aber hatten sich innerhalb dieses Gesellschaftssystems beruflich und privat etabliert, eingerichtet eben. Sie sind die Erwachsenengeneration, sind nicht mehr, wie jüngere Generationen, mit dem Einzug beschäftigt und noch nicht, wie die Älteren, mit dem Auszug aus dem Berufsleben - ein geplanter oder ungeplanter Umzug mußte dabei natürlich nicht ausgeschlossen werden. Diese Generation hat - anders als die ältere oder die jüngere - genau das Problem, was hier im Zentrum steht: Wie kann es gelingen, mein ja bereits etabliertes Leben an neuen Gegebenheiten so auszurichten, daß ich mit diesen neuen Gegebenheiten im Alltag zurechtkomme?

Dem theoretischen Konzept zufolge ist es unwahrscheinlich, davon auszugehen, daß der Einzelne alle seine Handlungen an dem Kalkül der Zweckrationalität in Bezug auf die bestmögliche Verfahrensweise mit den neuen Bedingungen hin ausrichtet; These ist, daß er ein Regelsystem für sein Handeln etabliert hat, das eine gewisse Stabilität aufweisen muß; nicht rationale Kosten-Nutzen-Analysen pro Handlung, sondern diese Regeln fungieren sodann als Richtschnur für aktuelles Handeln. Will ich dieses Regelsystem rekonstruieren und seine Anwendung nachzeichnen, erfordert dies eine hermeneutische Interpretation des Interviewmaterials, die es sich zunutze macht, daß der Erzähler immer mehr transportiert, als er selbst es weiß. Denn die Regeln, nach denen eine Person ihr Handeln ausrichtet, müssen ihr nicht in allen Fällen bewußt sein.

Die präsentierten Fallgeschichten sind eine Zusammenschau zweier analytisch getrennter Schritte:

In einem ersten Schritt wurde die Biographie der InterviewpartnerInnen rekonstruiert; das Leben wurde in seiner Länge der Suche nach Regelmäßigkeiten unterzogen. Die Frage an das Material lautete hier: Läßt die Biographie ein bestimmtes Muster erkennen? Welche Verhaltensmuster tauchen an verschiedenen biographischen Stationen auf?

In einem zweiten Schritt wird das Leben in seiner Breite zum Thema: Die Strukturen des Alltagshandelns werden aufgezeigt. Die Frage lautet hier: Läßt das Alltagshandeln ein bestimmtes Muster erkennen? Wie wird mit den verschiedenen Sphären des Alltagslebens und ihren unterschiedlichen Anforderungen verfahren?

Letztendlich wird die alltägliche Lebensführung dargestellt als die Logik, die dem Alltagshandeln zugrundeliegt und die eine bestimmte Form hat, über die Zeit hinweg auch eine biographische Gestalt. Warum zwischen diesen Schritten nur analytisch zu trennen ist, liegt auf der Hand: Einmal findet alltägliche Lebensführung in der Zeit statt, zum zweiten gehört die Konstruktion der Biographie zur alltäglichen Lebensführung.

Der biographische Einschnitt der Wende - wann immer die Wende vom Einzelnen angesiedelt und was unter ihr verstanden wird - steht in jedem Falle im Mittelpunkt der Analyse und wird zum biographischen Muster alltäglicher Lebensführung in Beziehung gesetzt. Das bedeutet, daß interessiert, was an alltäglichen Anforderungen zu DDR-Zeiten zu integrieren war, wie das gemacht wurde, und was es ist, das heute zu integrieren ansteht und wie damit verfahren wird.

Aufgrund der Wiederholungsbefragung ist es möglich, die alltägliche Lebensführung einer Person zu zwei unterschiedlichen historischen Zeitpunkten zu rekonstruieren und miteinander zu vergleichen; dabei werden die sozialstrukturellen Ereignisse zwischen diesen Zeitpunkten - Arbeitslosigkeit, Heirat, neuer Arbeitsvertrag, Anstieg der Mietkosten u.ä. - in ihrer Wahrnehmung, Bearbeitung und biographischen Bedeutung untersucht.

Bislang wurden die Wege und Gangarten in das neue Gesellschaftssystem hinein anhand von sieben Fallgeschichten rekonstruiert. Dabei ist allen bisherigen InterviewpartnerInnen gemeinsam, daß sie ihren Arbeitsplatz, den sie vor der Wende hatten, im Jahr 1991 nicht mehr hatten.

Die Beschäftigten in der Industrie

Die vier Beschäftigten in der Industrie, Herr Pattermann, Herr Belzow, Herr Tikovsky und Frau Barzel, stehen für eine Gruppe von Beschäftigten, die den größten Freisetzungsprozeß in der Umbruchszeit durchzumachen hat. Dieser Freisetzungsprozeß wurde durch eine institutionelle Abbremsung des Abwicklungsprozesses verlangsamt: durch das historisch einmalige massenhaft eingesetzte Instrument der Null-Stunden-Kurzarbeit. Zum Zeitpunkt des ersten Interviews befanden sich diese InterviewpartnerInnen in einem Moratorium, in dem der Arbeitsplatz nicht mehr da, Arbeitslosigkeit formal aber noch nicht eingetreten war. In solcher Situation, so meine These, mußte alltägliche Lebensführung zu rekonstruieren sein, wenn sie denn als Handlungszusammenhang verstanden werden sollte, dem eine gewisse Stabilität innewohnt. Unter der Zeitlupe sollten Veränderungen und Stabilisierungen sichtbar werden.

Die etablierte alltägliche Lebensführung, so mein *erstes* empirisches Ergebnis, wird in diesem Moratorium im wesentlichen aufrechterhalten. Ihre Logik, das generative Prinzip, wird nicht außer Kraft gesetzt; das System 'alltägliche Lebensführung' bleibt dabei stabil, ohne statisch zu sein, denn seine Form kann sich durchaus ändern, müssen doch veränderte Alltagsanforderungen integriert werden. So wechselt zwar - und zwangsläufig - bei allen Vieren die Alltagszeit ihre Taktgeber: Die Erwerbsarbeitszeit entfällt, die Ligaturen müssen jetzt individuell gesetzt werden. Individuell heißt lebensführungsspezifisch: Herr Pattermann geht weiter in seinen Betrieb, obschon es ihn nicht mehr gibt und füllt den Rest der Zeit mit anderweitiger Berufsarbeit aus, Herr Belzow werkelt entlang seiner früheren Normalarbeitszeit bei Freunden oder im Garten, kommt dann nach Hause, bastelt dort weiter und leitet nach getaner Arbeit mithilfe vertrauter Übergangsrituale seine Freizeit ein. Herr Tikovsky orientiert seinen Tagesablauf an den sozialen Rhythmen seiner Bezugspersonen und füllt ihn mit Hausarbeit und Hobbies, Frau Barzel kann mit ihrer Zeit nichts Rechtes anfangen und wartet auf Impulse von außen: Sie stellt sich auf die an sie herangetragene Umschulung ein. In allen Fällen werden die geschlechtsspezifischen Arbeitsteilungsmuster beibehalten, und zwar nicht aus rationalen Gründen, sondern aus Gründen der Selbst-Verständlichkeit. Die jeweiligen ganz unterschiedlichen Verhaltensweisen unserer InterviewpartnerInnen, die sich sozialstrukturell in einer ähnlichen Situation befanden, sind denn auch für unsere InterviewpartnerInnen selbst-verständlich. Verständlich für andere werden sie, wenn man die alltägliche Lebensführung zu rekonstruieren versucht. Herrn Tikovskys auf der Wichtigkeit sozialer Beziehungen aufruhende Lebensführung, Herrn Pattermanns immerwährender Versuch, sein eigener Herr zu sein, Herrn Belzows handwerkliche Wahrnehmung und Aneignung der Welt und Frau Barzels Kollektivorientierung erklären ihre Tätigkeiten in der vergleichsweise wenig sozial strukturierten Phase der Null-Stunden-Kurzarbeit.

Zweitens liefern diese Lebensführungsmuster auch Bausteine zur Erklärung des weiteren Lebenswegs: Herrn Pattermanns Festhalten am Ziel der eigenen Firma, Herrn Belzows Pendeln, Herr Tikovskys gesellschaftspolitisches Engagement und Frau Barzels Scheitern nach dem Ende der Umschulung sind auch Folgen des Einsatzes eines spezifischen Strategiebündels: der jeweils etablierten alltäglichen Lebensführung. Die alltägliche Lebensführung trägt demnach Züge einer Institution, die den gesellschaftlichen Institutionswechsel zumindest erst einmal unbeschadet überlebt. Das hat Folgen für Person und Gesellschaftssystem, und zwar zunächst stabilisierende: Der Person dient ihre etablierte Lebensführung als Richtschnur in einer Zeit, wo nichts mehr sicher ist; im Gegenzug kann das neue Institutionensystem anschließen an die Verhaltensregelmäßigkeiten seiner Mitglieder: Es muß keine anomischen, sondern institutionalisierte Verhältnisse regeln. Wie die Wiederholungsinterviews zeigen, muß solche Stabilität der Person nicht auf längere Sicht hin nützen: Denn es ist nicht sicher, ob die etablierte Lebensführung so an die neuen Institutionen andocken kann, daß zweierlei gewährleistet ist: ihre weitere Stabilität und die Zielrealisation ihres Trägers. Bei Frau Barzel sehen wir beides deutlich gefährdet: Durch ihre am Paternalismus orientierte Lebensführung überläßt sich Frau Barzel der Verwaltung der Arbeitslosigkeit; gleichzeitig geraten die Grenzen der Stabilität ihrer Lebensführung in Sicht, denn die drei Grundpfeiler, auf denen sie aufliegt, sind ins Wanken geraten: Arbeit, Wohnung und Familie, deren Einbettung in die sozialistische Lebensweise durch Frau Barzels alltägliche Lebensführung reproduziert wurde. Das bedeutet, daß zu den 'harten' Ressourcen und Restriktionen in Bezug auf den Umgang mit neuen Zumutungen und Chancen und für den Platz im System sozialer Ungleichheiten neben Alter, Geschlecht, Qualifikation und Branche auch die alltägliche Lebensführung zu zählen ist.

Das heißt zum *dritten*, daß Anforderungen des neuen Institutionensystems die jeweiligen Lebensführungsmuster in Bezug auf ihre Anschlußfähigkeit selegieren. So kann, was früher rational war, plötzlich hinderlich sein, wie das Beispiel der Frau Barzel zeigt; im Gegenzug können sich - wie bei Herr Pattermann und Herr Belzow - Restriktionen in Ressourcen verwandeln oder erworbene Qualifikationen erfolgreich in andere Kontexte übertragen werden. Die neuen Institutionen selegieren freilich auch auch einen anderen Zuschnitt von Lebensführung. Waren die einzelnen Lebensbereiche in der Organisationsgesellschaft näher zusammen, also der Bereich der Erwerbsarbeit, der Familie bzw. der Bezugspartner und der der Freizeit tendenziell leichter integrierbar, so divergieren die Anforderungen in der arbeitmarktindividualisierten Gesellschaft in den einzelnen Lebensbereichen: Familie, Beruf und Freizeit driften auseinander, und nicht gesellschaftliche Angebote, sondern vor allem individuelle Leistungen sind nun die Integrationsinstanzen. Die Anschlußfähigkeit wird hier zuallererst als die Teilnahme am Erwerbssystem thematisiert und zwar aus der Sicht unserer InterviewpartnerInnen selbst: Der Erhalt des Arbeitsplatzes bzw. die Etablierung eines neuen hat in der mittleren Generation - geschuldet sowohl der sozialistischen Arbeitsgesellschaft als auch der neuen Erwerbsarbeitsgesellschaft - absolute Priorität. Diese Anschlußfähigkeit wird nicht nur nach Alter, Qualifikation, Geschlecht und Branche ungleich verteilt, sondern auch nach Art der etablierten Lebensführungsmuster.

So entstehen zum *vierten* neue soziale Ungleichheiten, in erster Linie dem Besitz eines Arbeitsplatzes geschuldet, in zweiter Linie auch durch die Art der Verwendung des Geldes. Lebensstile prägen sich entsprechend der etablierten Lebensführung aus: Während Herr Belzow die neue Küche einbaut und seinen Urlaub am Mittelmeer genießt, leistet sich Herr Tikovsky den Kaffee und das Bier im Straßencafé, fährt weiter ins Erzgebirge und träumt vom Rotwein in Südfrankreich. Die Lebensbedingungen unterschieden sich früher nicht in dem Maße, wie sie das heute tun; die Distinktionsrichtung freilich schließt an die früheren Verortungen an.

Die Selbständigen

Was für die Lebensführung der in der Industrie Beschäftigten gilt, gilt auch für die der zweiten Gruppe der hier vorgestellten Personen: die neuen Selbständigen mit höherer Bildung und früheren Funktionen innerhalb der SED. Auch hier wurden die Logiken der Lebensführung rekonstruiert und ihre Stabilität behauptet.

Herr Flieger lebte sein Leben im Wunsche nach sozialer Anerkennung, die er an beruflicher Karriere und universitärer Bildung bei hohem Lebenstandard festmachte.

Alle drei Bereiche wurden weniger durch ihren Inhalt als nach ihrem Grade an gesellschaftlicher Anerkennung bemessen. So identifizierte sich der Politoffizier der NVA weder mit dem Militär noch mit der sozialistischen Ideologie, sondern mit seinem Dienstgrad, und das Studium, das er aufnahm, interessierte ihn inhaltlich gar nicht. *„Keine Billigprodukte"* war seine Devise im Hinblick auf Gebrauchsgüter. Dieses Arrangement, gepaart mit seinem Alter und seiner speziellen Qualifikation, dem Ideologieverkauf, erwies sich als das geeignete Lebensführungsmuster für die Versicherungsbranche im neuen System. Welcher Lebensstil in der neuen Gesellschaft den erfolgreichen, aber soliden Senkrechtstarter symbolisiert, hat Herr Flieger 1991 im wesentlichen verstanden und 1993 vollständig umgesetzt: das teure Auto, das nicht überheblich wirkt, Handy, Ferienhaus und Eigenheimplanung, eine markenorientierte Wohnungseinrichtung, Urlaub mit dem Auto in die Berge, eine Frau, die mit ihrem eigenen beruflichen Engagement nicht die Karriere ihres Mannes gefährdet und eine Sekretärin im Vorzimmer des eigenen Büros. Politik braucht er nicht mehr, sie interessiert deshalb auch nicht. Herrn Fliegers Lebensführung, so sieht es aus, paßt besser zur neuen als zur alten Gesellschaft.

Bei Herrn Rabe sieht es umgekehrt aus: Seine Lebensführung war nahtlos eingepaßt in die Organisationsgesellschaft, jetzt hat er Probleme. Nur unter Wohlgefallen der Partei war ihm seine Berufsausübung möglich, mit deren Inhalt er sich, im Gegensatz zu Herrn Flieger, mit ganz geringen Abstrichen identifizierte. So hatte er an den Rahmenbedingungen auch wenig auszusetzen. An den neuen Rahmenbedingungen nun findet Herr Rabe überhaupt nichts Positives; er schafft es allerdings auch nicht, seine berufliche Existenz in ihnen zufriedenstellend einzurichten. Beide Interviews dominiert seine Wut über die verlorenen Privilegien; im zweiten Interview haben sich seine früheren leichten Zweifel am politischen System der DDR verflüchtigt, ein geschlossenes ideologisches Denkgebäude verhindert nun jede Flexibilität und rettet nur vorübergehend seine Lebensführung. Herr Rabe erwartet weiter gute Bedienung; auf deren Ausbleiben reagiert er mit Trotz, Eigenwerbung verachtet er als *„Klinkenputzen"*.

Während Herrn Rabes Lebensführung Tragik hat, hat die von Herrn Dalloff Ironie. Herr Rabe hat das neue System dazu benutzt, sein Denkgebäude immer weiter zu bestätigen, Herr Dalloff hingegen hat seine Systemkritik dazu benutzt, ganz genau zu analysieren, wie *„der Kapitalismus"* funktioniert und wußte diese Einsichten für seinen Umgang mit den neuen Verhältnissen zu nutzen. Eifrig die Spielregeln befolgend - und sehend, wo er sie nicht beherrscht - holt er sich Rückenstärkung in der PDS; 1993 hat er das nicht mehr gar so nötig und benutzt die PDS als Informationsquelle für seine berufliche Karriere. Zwischen Herrn Fliegers materialistischer und Herrn Rabes privilegienbezogener Haltung nimmt Herr Dalloff eine postmaterialistische ein: Berufliche Karriere und materielle Absicherung will er eingebettet sehen in einen zufriedenstellenden familiären Bereich und eine inhaltlich engagierte

Tätigkeit. So hat er nicht einschienig - wie Herr Flieger - auf die Karriere gesetzt, sondern - nach einer anstrengenden Phase materieller Unsicherheit in den ersten Jahren - seine Arbeitszeit und sein schlechtes Gewissen bezüglich der Auftraggeber reduzieren können, übrigens nicht zuletzt aufgrund der hervorragenden Beherrschung des Spiels mit alten und neuen Netzwerken. Freilich muß der „Scout" seine berufliche Tätigkeit beständig vor sich rechtfertigen. Denn ein Gegner des Kapitalismus zu sein und gut mit ihm leben können, bedarf kognitiver Dissonanzreduktion.

Parteizugehörigkeit, Tragik und Ironie

Welche Rolle spielt nun die Parteizugehörigkeit bei der Auseinandersetzung mit dem alten und dem neuen System? Wenn man das Feld zwischen den bisherigen Fällen absteckt, findet man erst einmal ganz unterschiedliche Verhältnisse zur Partei.

Was die Mitgliedschaft betrifft, finden wir nicht nur diejenigen, die Mitglied waren und diejenigen, die es nicht waren, sondern es gibt auch solche, die wieder ausgetreten sind. Im Falle des Herrn Tikovsky war der Parteiaustritt bereits Folge seiner Außenseiterposition, trug aber im weiteren zu deren Konsolidierung bei. Der Parteiaustritt stellte Herr Tikovsky neben das gesellschaftspolitische System, in dessen alltagspraktischen Auswirkungen er sich trotzdem zu seiner Zufriedenheit einrichten konnte. Daraus resultierte nicht nur eine ideologische Unabhängigkeit dem alten, sondern auch dem neuen System gegenüber. So konnte er vom alten System nicht enttäuscht werden, weil er sich nicht hatte täuschen lassen; so läßt er sich auch vom neuen weder blenden noch muß er es hassen.

Beides aber trifft auf Frau Barzel zu, die an den Sozialismus geglaubt hat und jetzt von den „Bonzen" enttäuscht worden ist. Dieses Problem haben Herr Tikovsky und natürlich auch die parteilosen Herren Pattermann und Belzow nicht. Frau Barzel kann sich nicht dazu entschließen, auch vom Sozialismus als Prinzip enttäuscht zu sein und wünscht sich denselben herbei, *„so real und ordentlich wie er sein sollte"*. Je schlechter ihre beruflichen Aussichten werden, umso mehr mißt sie das neue System am alten, und zwar in erster Linie ihre jetzige Arbeitslosigkeit an der früheren sozialen Sicherheit und der guten Zusammenarbeit im Kollektiv. So ist sie auch vom neuen System enttäuscht worden.

In diesem Punkte ist Herr Rabe ihr ähnlich: Auch seine „*DDR-Nostalgie*" nimmt mit seinen beruflichen Schwierigkeiten zu, auch er mißt das neue System am alten, in dem es ihm besser gegangen war. Seine und Frau Barzels Lebensführung paßten gut zur tragischen Gesellschaft, so wie sie Bude charakterisiert: „Die DDR bezog sich auf eine Vergangenheit, das war der Faschismus, und blickte auf eine Zukunft, das war der Sozialismus" (Bude 1991b, S. 308). Nur die Zusammenfassung in einer Gemeinschaft schütze vor Untergang und Verfall. Frau Barzels Lebensführung ist dem Idealtyp nahe, der zu solcher Selbstthematisierung paßt. So bleibt der Sozialismus ihre Hoffnung, während Herr Rabe eher in die Vergangenheit blickt. Die Überwindung des Faschismus durch den Sozialismus - oder besser seine theoretische Verhinderung - ist schließlich auch Thema seiner Arbeit und wohl auch das der Vater-Sohn-Beziehung. Doch in Herrn Rabes Beziehung zur Partei gibt es zwei wichtige Unterschiede zu der von Frau Barzel: Zum einen war Herr Rabe Ideologieträger, zum andern war es ihm weitgehend ganz gleich, wie „ordentlich" der reale Sozialismus letztendlich war.

Neben der Unterscheidung Zugehörigkeit, Austritt und Nichtzugehörigkeit haben wir also die Unterscheidung Funktionär und normales Parteimitglied, die sich mit der dritten Unterscheidung nicht treffen muß, aber treffen kann: die ideologische Übereinstimmung und die opportunistische Haltung.

An Herrn Fliegers und Herrn Dalloffs Haltung spricht einiges dafür, daß sie als Ideologievertreter die Ideologie, die sie vertraten, nicht glauben mußten. Herr Dalloff und Herr Flieger sind Beispiele für unterschiedliche Distanz: Während Herr Dalloff über jede Menge Mißstände Bescheid wußte und sie tolerierte, war Herr Flieger Ideologe von Beruf. Glauben mußte er dazu gar nichts, ein bißchen Dahinterstehen indes vermehrte die Absatzchancen. Auf der Achse der Selbstthematisierungen sind beide weit auf der Seite der Ironie: „Im Gegensatz zur Moralisierung der Zukunft in tragischen Selbstthematisierungen sieht die ironische keinen Sinn darin, einen bestimmten Weg als den einzig richtigen anzugeben, denn die Zukunft ist ungewiß. So bleibt einem nichts anderes übrig, als mit selbsterzeugten Operationen weiterzumachen. Allerdings ist damit nicht ausgeschlossen, daß durch eine zufällige Konstellation alles zusammenbricht" (Bude 1991b, S. 306). Herrn Dalloffs neuerworbenes Wissen, daß ein System zusammenbrechen kann, ist Ausdruck eines Lernfortschritts in der ironischen Gesellschaft. Freilich ist das ironische Schema in der Lebensführung von Herrn Dalloff und Herrn Flieger kein Neuerwerb: Beide verstanden es hervorragend, ihr soziales Kapital zu ihrem eigenen Vorteil einzusetzen; letztendlich konstruiert Herr Dalloff die ganze DDR zum funktionalen Äquivalent seiner fehlenden Ellenbogen. Während Herr Flieger im neuen System in seiner Lebensführung „die Stunde Null reproduziert, aus der die Bundesrepublik geboren ist, also eine Gesellschaft ohne eine fixierte Vergangenheit und eine missionarische Zukunft repräsentiert" (Bude 1991, S. 308), kann Herr Dalloff die ironische Selbstthematisierung im neuen Deutschland gegen es selbst wenden: Er geriert sich als „Scout", der wieder ganz moralisch im morallosen System agiert - und agiert damit selbst ironisch, da er sehr wohl weiß, daß das auch eine eigennützige Strategie ist.

Herr Rabe und Frau Barzel haben aufgrund ihrer tragischen Selbstthematisierung und deren Niederschlag in ihrer Lebensführung Probleme im neuen System, denn aus der tragischen Perspektive mußte „die Gesellschaft des Weitermachens und des Augenblicks, eine Gesellschaft ohne großen Sinn und ohne Ernstfall" (Bude 1991b,

S. 308) als Zynismus erscheinen. Darauf kann man nun wieder zynisch reagieren wie Herr Rabe oder tragisch wie Frau Barzel.

Zum nächsten Schritt: Die Kaufhausangestellten

Die nächsten Fallbeispiele können insofern als zweiter Teil der Präsentation verstanden werden, weil nun Veränderung, Stabilität und Paßform von Lebensführung dort untersucht werden, wo vergleichsweise gute Chancen auf den Erhalt des Arbeitsplatzes bestanden, zumindest über die Zeit des akuten Umbruchs hinweg. Kontinuität in den beruflichen Anforderungen am selben Arbeitsplatz konnte gleichwohl nicht erwartet werden.

Die drei Interviewpartnerinnen, die als nächste vorgestellt werden, gehörten - wie Herr Tikovsky, Herr Belzow und Herr Pattermann - ebenfalls ein- und demselben Betrieb an, dem Warenhaus. Es handelt sich um Frau März, die eine Abteilung leitet, Frau Bohm, die im Weiterbildungsbereich tätig ist und Frau Günther, die als Verkäuferin arbeitet. Letztendlich konnte eine der drei Frauen ihren Arbeitsplatz halten, eine wechselte ihn innerhalb des Konzerns und eine kündigte aus eigenem Entschluß. Analysiert wird, wie diese Mobilitätsverläufe mit der jeweiligen Lebensführung zusammenhängen.

Die nächsten Interviewpartnerinnen sind Frauen. Die Partnerin haben wir bei den vorhergehenden Falldarstellungen als wichtige Ressource für die Lebensführung der Männer ausgewiesen. Einzig Herr Tikovsky stellt - was die Arbeit des Alltags betrifft - für seine Frau eine Entlastung dar, Frau Barzel indes ist selbst die Ressource für die Lebensführung ihres Mannes und scheitert nicht zuletzt am Fehlen einer solchen Ressource für ihre Lebensführung. Inwieweit Lebensführung geschlechtsspezifisch sein kann, und inwieweit etwaige geschlechtsspezifische Muster die Verfahrensweisen mit den Angeboten und Zumutungen des neuen Systems beeinflussen, wird im Folgenden thematisiert.

In den nächsten drei Falldarstellungen werden - analog zur Maschinenfabrik - Personen vorgestellt, die im selben Betrieb arbeiteten, allerdings in verschiedenen Positionen. Es handelt sich um eine Abteilungsleiterin, eine Angestellte in der Aus- und Weiterbildung und eine Verkäuferin eines Warenhauses. Entscheidend für die Auswahl war, daß zum Zeitpunkt des ersten Interviews alle drei Interviewpartnerinnen ihren Arbeitsplatz noch innehatten. Es stand zwar fest, daß das Warenhaus seine Belegschaft reduzieren mußte, bislang war aber noch niemand entlassen worden. Gleichwohl hatten sich Veränderungen ergeben, was Arbeitsplatz, Arbeitsinhalt und berufliche Position betreffen.

Wir beginnen mit Frau März, die zu DDR-Zeiten zum Leitungskader[1] gehörte; ihr Beruf war, wie der der letzten drei Interviewpartner, eng mit ihrer Position innerhalb der Partei verknüpft. Sie hat eine Statuseinbuße hinnehmen müssen: Seit Anfang 1991 ist sie zwar weiter in der Abteilungsleitung tätig, aber nicht mehr Entscheidungsträgerin. Zum Zeitpunkt des Interviews ist sie 37 Jahre alt und verheiratet mit einem Textilingenieur, der zur Zeit kurzarbeitet. Das Ehepaar hat einen fast volljährigen Sohn.

Frau März

1. Interview: *„Wenn 's so bleibt, wie 's jetzt wird, kann ich mir eigentlich 'n sehr schönes Leben vorstellen ".*

Die Vorstellung

„Ja, also erst mal möcht ich mich vorstellen, mein Name ist Franziska März, ich bin 37 Jahre alt, bin in Altenburg geboren, wohne aber seit 30 Jahren in Leipzig, habe ganz normal die zehnklassige BOS[2] besucht, wie es bei uns jeder gemacht hat, habe dann meine Lehre als Buchhalter[3] angefangen und beendet ... und bin dann aufgrund von Wohnungswechsel in den Großhandel gekommen, habe dort ein Jahr

---

[1] siehe hierzu Zimmermann 1994, wonach die inhomogene und zahlenmäßig große Personengruppe der Kader eine Eigenschaft gemeinsam hatte: „Aus Sicht des politischen Systems, d.h. der SED, nahmen sie bereits Positionen ein oder ließen aufgrund ihres politisch-sozialen Lebensweges und ihrer fachlichen Qualifikation erwarten, künftig fähig zu sein, Aufgaben wahrzunehmen, die politisch-sozial so wichtig waren, daß sie den Formen der Kaderpolitik unterworfen wurden" (Zimmermann 1994, S. 324).

[2] Berufsoberschule

[3] Merkel 1994 verweist darauf, daß männliche Berufsbezeichnungen nicht unbedingt als Ausdruck fehlenden feministischen Bewußtseins zu deuten sind. Mindestens bis Mitte der 60er Jahre wären weibliche Berufsbezeichnungen im öffentlichen Gebrauch gewesen und besonders beliebt zur Charakterisierung von Alibi-Frauen in männlichen Positionen. Das Beharren auf der männlichen Bezeichnung könne deshalb auch bedeuten: „Ich kann genauso viel wie ein Mann und habe es nicht nötig, auf mein Geschlecht zu verweisen" (Merkel 1994, S. 379f, Fn 3).

gearbeitet. Dann ... wurde das aufgelöst und die Mitarbeiter sind vom ***-Warenhaus übernommen worden. Ich habe dann von 1976 bis 81 ein Fernstudium gemacht, bin seit 75 in meiner Abteilung ... War 'n bißchen hart, weil zwischendurch noch 's Kind geboren worden ist. Das mußte man dann alles so in Kauf nehmen, ne ... Das ist bei uns so gewesen, daß das alles 'n bißchen gelenkt und gesteuert wurde, das heißt also, als junger Nachwuchskader war ich dann hier vorgesehen für die Perspektive mal Abteilungsleiter ... Und jetzt seit 1. Januar bin ich Assistent des Leiters meiner Abteilung".

Frau März stellt sich vor: Vorname, Name, Alter, Geburtsort, Wohnort, schulische und berufliche Bildung, Berufstätigkeit, Weiterqualifikation, Degradierung. Ihre Karriere wird - bis zur Degradierung - als *„gelenkt"* und *„vorgesehen"* sowie als *„normal"* dargestellt: *„wie es bei uns jeder gemacht hat"*, *„das ist bei uns so gewesen"*. Die Transkription beginnt mit einem Teil unseres Eingangsstatements: *„... wo Sie herkommen, wie so Ihr persönlicher Werdegang aussieht"*. Frau März definiert daraufhin, was sie zu tun gedenkt: *„Erstmal möcht ich mich vorstellen"*. Die Vorstellung, die sich anschließt, könnte die eines DDR-Bürgers sein, wie er sie gegenüber offiziellen Stellen abgeben zu müssen meint; es erinnert auf den ersten Blick an ein berufliches Vorstellungsgespräch, obgleich wir nach dem persönlichen Werdegang gefragt haben.

Was auf ihr individuelles Leben jenseits dessen, *„wie es bei uns jeder gemacht hat"*, hinweist, ist die Bemerkung, daß es *„bißchen hart"* war, als Kader zu arbeiten und zu studieren, *„weil zwischendurch noch 's Kind geboren worden ist"*. Sie sagt *„zwischendurch"* und versieht das Kind mit grammatikalisch anonymer und das Ereignis mit passiver Form. In der Interviewpassage wird das Kind eingepaßt in den *„normalen"* Verlauf der Berufsbiographie. Man mußte alles zusammen *„in Kauf nehmen"*, die Biographie wird als eine fremdbestimmte gezeichnet. Diese *„gelenkte und gesteuerte"* Berufsbiographie wird dabei von außerberuflichen Ereignissen durchkreuzt, die sich eben so ereignen: Geburt und Wohnungswechsel.

Dabei hatte Frau März durchaus Entscheidungen zu treffen. Sie hatte *„in der Papierfabrik gelernt und wollte eigentlich in Richtung Technologie gehen ... und wie gesagt durch die Eheschließung und Kind, Wohnortwechsel, da war 's dann eben zu meinem alten Betrieb zu weit und da hatt ich dann in diesem Großhandel angefangen"*. Eine *„schwierige Entscheidung"*, wie die InterviewerInnen es vermuten, sei das nicht gewesen: *„Da ich ja sowieso vorhatte, erst noch ein, zwei Jahre Geld zu verdienen und dann mein Studium aufzunehmen, weil ich mir sage, wenn du 'n bissl mehr Ahnung in der Praxis hast, is es leichter für dich, 'n Fernstudium aufzunehmen, ansonsten hätt ich ja dann 's Abitur machen müssen und dann ein Direktstudium, ne und so hab ich gesagt, na machste eben zwei Jahre noch in der Praxis und studierst dann und das hat sich ja dann auch ... ergeben. Also von der Seite her war 's eigentlich kein Opfer und von der Tätigkeit her war 's eigentlich* *das, was mir auch in der Art 'n bißchen mehr vorschwebte, mit der Arbeit mit Menschen ... hatt ich gedacht, gut, dann kannste den Weg auch einschlagen"*. Obschon sie gar nicht in ihrem Papierbetrieb hätte bleiben können - er lag ja so ungünstig, daß sie es *„zeitlich nicht mehr geschafft"* hätte, das Kind abends von der Krippe zu holen - verschafft sie ihrer Berufsbiographie Stimmigkeit und legt uns ihre überlegte Planung dar. Diese Art der Argumentation durchzieht das Interview. Frau März findet für alles, was sie tut oder unterläßt, gute Gründe, auch für die Ereignisse, die nichtintendierte Folgen ihres Handelns oder überhaupt keine Folgen ihres Handelns waren. Wie wir sehen werden, spielt sie zumeist ihre Rolle als advocatus diaboli. So sucht sie Argumente gegen die Sinnigkeit einer Entscheidung und arbeitet sie dann ab. In dieser Passage wird ihre Berufskarriere als strategisch geplant und ihren Neigungen entsprechend dargestellt, obgleich sie selbst sagt, daß sich ihre Karriere *„so ergeben"* hätte. Der Einschub *„weil ich mir sage"* weist auf die Gegenwart als den Zeitpunkt hin, an dem die Berufsplanung stattfindet: Es ist eine retrospektive.

Frau März hat sich als eine Frau vorgestellt, deren Karriere zwar *„gelenkt"*, aber durchaus ihren Neigungen entsprochen habe und von der sie sich durch ihr Privat- und Familienleben nicht hat abbringen lassen. Dieses war ihrer Karriere nicht hinderlich und kam bislang als Restkategorie vor. So berichtet sie die zeitlichen Daten ihrer beruflichen Laufbahn akkurat, die der Heirat und der Geburt des Kindes werden nicht benannt.

Die Ordnungsliebe

Hinter der Neigung, gute Gründe für das, was geschieht, zu suchen, ihr Tun zu rechtfertigen also, steht ein personales Kennzeichen von Frau März, das ihre Lebensführung entscheidend bestimmt: die Orientierung am Ordentlichen, am Normalen, an dem, was von ihr erwartet wird. Damit verknüpft ist ein Pflichtgefühl, diese Erwartungen unbedingt einzulösen. So hat sie das gemacht, was von einem ordentlichen Staatsbürger in der DDR eben erwartet wurde. Deswegen muß sie auch alles tun, um nicht den Anschein zu erwecken, privilegiert gewesen zu sein. Die Normalität wird wie ein Schutzschild präsentiert: *„Wie jeder andere DDR-Bürger auch"* habe sie gelebt, *„wie jeder andere auch"* sparte man auf den Trabi. Sie erzählt uns, den Wessis, wie man sich diese Normalität vorzustellen hatte und fährt im Anschluß an die obige Passage fort: *„... hatt ich gedacht gut, dann kannste den Weg auch einschlagen ... ich hab ja dann 'n Ökonomiestudium gemacht und mußte dann allerdings in der Situation, wo ma eben gelebt ham, noch 'n Jahr Parteihochschule machen. Das war dann also für 'n Leitungskader die Voraussetzung ... ich sag das gleich mit, weil wir wären ja sicherlich dann sowieso nochmal in der Richtung draufgekommen"*. Sie versichert sich der richtigen Plazierung ihrer Aussage - Frau März bemüht sich, auch nichts zu sagen, das nicht seinen Grund und Platz hat - und macht uns auf ihre Parteizugehörigkeit aufmerksam. *„In der Situation, wo ma eben gelebt ham"*, ordnete sie, was immer sie tat, nicht nur dem Beruf, sondern in erster Linie der Partei unter und begründet dies mit ihrer Sozialisation: *„Also ich bin seit meinem 18. Lebensjahr in der SED gewesen. Ich bin so erzogen worden ... das heißt also eigentlich von klein auf, Jungpioniere, FDJ und so, war ich eigentlich immer dabei. Nicht irgendwie, mich hat keiner gezwungen oder aus irgendwelchen Vorteilen, denn ich hab 's eigentlich an meinem Vati gesehen, daß da überhaupt keine Vorteile, sondern eben wirklich viel viel Arbeit drinsteckt, aber wenn ma so erzogen ist, nimmt ma sicherlich den Weg auch in Kauf ... Und als ich dann mein Mann kennengelernt habe, hab ich eben auch gesagt, daß ich also den Schritt gehen werde, ich hab meinen Mann mit 16 Jahren kennengelernt, so und er mußte sich ja dann, wenn wir montags Parteiversammlung hatten oder sonst so was, um den Maik kümmern, das hat er akzeptiert, aber vielmehr auch nicht, wir hatten deswegen auch, muß ich sagen, viele Auseinandersetzungen, ja? Also er war jedenfalls kein überzeugter Sozialist ... also ma war da doch eigentlich politische Gegner"*.

Das klingt programmatisch: Frau März hat ihrem Mann gleich vorweg die unbedingte Wichtigkeit ihrer Partei dargelegt, die politischen Auseinandersetzungen zu Hause in Kauf genommen und die Mithilfe ihres Mannes bei der Kinderbetreuung eingefordert. Sie betont, daß letzteres für Männer keine Selbstverständlichkeit gewesen wäre und im übrigen nur deshalb möglich, weil ihr Mann nicht gesellschaftlich engagiert war. *„Heilfroh"* sei sie darüber, daß ihr Mann *„sich aus sowas überall rausgehalten hat"*, denn Kinder aus Familien, die beide aktiv gesellschaftliche Arbeit betrieben hätten, wären *„Asis"* geworden; wäre ihr Mann genauso aktiv gewesen wie sie, hätte sie *„sicherlich 'n Rückzieher gemacht"*. An der für sie wohl nicht angenehmen Sache, daß ihr Mann kein überzeugter Sozialist war, entdeckt sie letztendlich die glückliche Voraussetzung der Möglichkeit ihres politischen Engagements. Frau März kann, so sieht es bislang aus, aufgrund ihrer virtuosen Fähigkeit zur kognitiven Dissonanzreduktion nichts falschgemacht haben.

Die Partei

Doch weiter zur Präferenzordnung der Sphären des Alltagslebens: Frau März ließ es zu, daß der gesellschaftliche Taktgeber Partei beinah ihre gesamte Freizeit bestimmte. *„Montag war prinzipiell Partei, dienstags hatt ich mein Tischtennis hier"*, was zur Brigadearbeit zählte, *„Mittwoch, Donnerstag war dann die Wohnparteiorganisation, das gab 's nämlich auch noch. Dann Eltern-Aktiv, Elternbeirat, wir mußten ja als Eltern-Aktiv auch Rechenschaft vor dem Elternbeirat ... ablegen ... so, dann kam die Gewerkschaft, die Gesellschaft für deutsch-sowjetische Freundschaft, ja? Da, man war halt auch überall drinne. Parteilehrjahr, da war ich zum*

Beispiel Zirkelleiter ... dann gab 's noch dieses FDJ-Studienjahr für unsere Lehrlinge, da war ich auch jahrelang Lektor".
Warum sie das alles gemacht hat? *„Das ist dann immer so, wenn dann irgendwo mal jemand ja sagt, da wird er dann des nächste Mal wieder angesprochen und ich, wie gesagt, ich hab 's gerne gemacht".* Die loyale und ordentliche Staatsbürgerin kam allen Aufforderungen nach[4] und war in der Parteiorganisation im Warenhaus noch bis Januar 1990 zugange, *„weil ich gesagt habe, man kann 's ja nicht so sang- und klanglos aufgeben, ma muß es wenigstens dann ordentlich zu Ende führen".* Selbst in der absoluten Gewißheit des Niedergangs wird eine ordentliche Kapitulation vorbereitet.

Doch auch sie habe gelegentlich gezweifelt: *„Ich meine, auch wenn ich in der Partei war, aber irgendwie auch durch meine Arbeit kann ma nicht so engstirnig sagen, jawohl hier, da geht alles seinen graden Weg. Ja? Also irgendwo war ich zwar wirklich überzeugt, daß das alles ne gute Sache is, ja? Aber wenn man dann wirklich in der Arbeit merkt, hier geht 's nicht voran und dort und grade ich als Abteilungsleiter mit den vielen Ausreiseanträgen, ja? Das gibt einem ja doch zu denken, so daß ma das dann also nicht mehr so durch die rosarote Brille gesehen hat".* Eine Fälschung der Wahlergebnisse im Mai 1989 hatte sie ihrem Mann gegenüber allerdings energisch bestritten: *„Mein Mann sagt, na siehste, die ham sie gefälscht und ich sage, höre auf, wir ham 's ausgezählt, wir waren bei, was weiß ich 89% oder so was, ich sage, wo will ma denn da Schmuh machen, ja?"* Wie Frau Barzel hat auch sie es geschafft, Widersprüche in den Hintergrund zu drängen, wenn auch nicht durch guten Glauben, sondern durch Dispute mit sich selbst und ihrem Mann.

Auch die Montagsdemos brachten sie noch nicht gleich aus dem Tritt. Es verblüffte sie die Menge der Teilnehmer, die man am *„ersten Mai immer rauslocken"* mußte; die Paternalistin verstand die selbstbestimmte Aktion ihrer Landsleute nicht und damit auch nicht den Charakter dieser Demonstrationen.[5] Noch 1991 reagiert sie trotzig: Sie sei nicht mitgegangen, weil sie erstens keine Zeit gehabt hätte und es ihr zweitens zu kalt gewesen wäre. Dabei hatte sie ganz einfach keinen Grund, teilzunehmen, nicht einmal den des Opportunismus wie Herr Rabe. Denn Frau März macht, was sie als ihren Auftrag ansieht, bis zuletzt. Sie läuft nicht über.

„Man ist dann so enttäuscht", ist Frau März' Fazit aus ihrem Engagement für den Sozialismus, der *„schon eine gute Sache"* sei, die man hätte *„anders anpacken müssen".* Ihre Empörung über die *„Machenschaften"* der Parteibonzen hat dieselbe

---

[4] „Gerade unter Kadern", so Zimmermann, gab es „eine Grundloyalität gegenüber der DDR und der Partei ..., was Kritik im Detail durchaus einschloß" (Zimmermann 1994, S. 333).

[5] Das plausibilisiert, warum die Organe der DDR überfordert waren, mit einer unorganisierten Demonstration umzugehen. Auf das Aufspüren von Rädelsführern und Anstiftern spezialisiert, wußten sie bei diesen Demonstrationen gar nicht, womit sie es zu tun hatten.

Quelle wie die von Frau Barzel: Die „*Jagdschlösser*" und das Geld des Schalck-Golodkowski sind der Stein der Anstoßes, denn „*hätte er 's der Volkswirtschaft gegeben, na, dann ständ ma sicher anders da*". Es ist eben nicht ordentlich zugegangen in der DDR; wie für Frau Barzel war auch für Frau März der reale Sozialismus nicht so ordentlich, wie er sein sollte.

„*Ich hatte dann auch keine Lust mehr, in die PDS zu gehen, weil man die Anschuldigungen, die man dann einerseits von den Kollegen gekriegt hatte und dann aber auch selber gehört hat, wo ma gesagt ham, na das darf doch nicht wahr sein, ja und du hast dafür nur gearbeitet, nur 'n Kopf hingehalten und nur eigentlich Dresche gekriegt, ma is dann so enttäuscht, also das Kapitel ist, ich meine, ich war anfangs wirklich verärgert und so, aber muß sagen, jetzt läßt mich das irgendwo alles kalt*". Das ist nicht der einzige Grund, warum sie nicht in die PDS eingetreten ist. Sie hatte keinen positiven Grund, das zu tun.

Partei und Beruf

Doch daß sie wegen ihrer „*politischen Vergangenheit*" zur Assistentin des Abteilungsleiters degradiert wurde, sieht sie auch ein: „*Also das is momentan, is auch sicherlich zu recht irgendwo, ich kann da auch nicht irgendwie die Leute mißverstehn, ja? Daß sie sagen, na gut, ihr wart letztendlich verantwortlich*". Doch so stehenlassen kann sie das nicht: „*Ja? Auch wenn man selber nichts davon hatte, ja? Das soll jetzt wieder kein Reinwaschen sein, aber, und das ist eben das ärgerliche, den kleinen Genossen, also der gearbeitet hat, der 'n Haufen Freizeit investiert hat und nichts von der Partei hatte, also ich hatte nicht einen Vorteil, ja? Daß ich hier in der Partei war. Ich hatte Haufen Parteigeld bezahlt, ich habe 'n Haufen Freizeit drangehangen und das war 's schon, ja? Gut, ich habe sicherlich den Posten als Abteilungsleiter gekriegt. Weil Voraussetzung war, daß du in der Partei warst*". Obschon sie bei ihrem Parteieintritt, wie sie betont, noch nicht daran denken konnte, Leitungskader zu werden, also nicht aus Opportunismus gehandelt haben konnte, „*akzeptier ich auch die Entscheidung der Belegschaft, um zu sagen, na gut, dann mußte dich eben nach wie vor durch dein fachliches Wissen beweisen, weil viele ja auch bestimmte Posten gekriegt ham, weil sie 's Bonbon dranhatten*". Schließlich gab es andere, die nicht, wie sie, durch fachliche Leistung in ihre Position gelangten, doch sie entschuldigt diese Praxis: „*Das hat jedes System, würd ich sagen, und wenn eben die CDU an der Spitze is, na dann sehn die doch auch zu, daß die die wichtigsten Funktionen mit ihren Genossen besetzen, is normal, is so üblich, ja?*" Sie akzeptiert das Prinzip der Seilschaft, wie Herr Rabe das auch tut: Denn die Karriere steht einem zu für den Einsatz von Engagement, Loyalität und fachlichem Können.

Nun war es nicht die neue Leitung des Warenhauses, sondern es waren die alten Kollegen, die Einspruch gegen Frau März anmeldeten. *„Also seelisch war ich doch ganz schön am Boden"*, meint sie, *„aber da muß ma halt durch, ich gucke jedem ehrlich ins Gesicht, ich habe da nichts zu verstecken, muß sagen gut, dann mußte dich in der Arbeit doppelt beweisen, ja?"* Frau März demonstriert Durchhaltevermögen, versetzt mit ein bißchen Märtyrertum. Von Abwanderung ist erst mal nicht die Rede, von Widerspruch indes auch nicht: *„Ich könnte mir schon vorstellen, daß ich hier im Betrieb alt werde. Und ich muß sagen, ich würde eigentlich sowas gerne weitermachen wollen, die Arbeit mit 'n Menschen"*. Es wundert nicht, daß sie nicht in die PDS eingetreten ist. Im Zusammenhang mit ihrer beruflichen Position hätte die Zugehörigkeit zur PDS den genau entgegengesetzten Effekt wie die frühere Zugehörigkeit zur SED: So wie die Partei früher die unbedingte Voraussetzung von Frau März' beruflicher Position war, wäre sie nun deren sicheres Ende, so sie offen dahinterstünde, und Bekennen ist für die ordentliche Staatsbürgerin Voraussetzung.

Beruf ohne Partei

Wie verfährt sie mit ihrer jetzigen beruflichen Situation? Ihre Degradierung beinhaltet zunächst keine inhaltliche, sondern eine Statusveränderung: *„Die Gespräche führ ich nach wie vor, aber ich frag jetzt immer erst. Vorher hab ich alleine entschieden und jetzt krieg ich halt die Anweisung vom Abteilungsleiter. Das war schon, ich muß ehrlich sagen, das war für mich eigentlich ziemlich harte, ja?"* Die inhaltliche Veränderung ergibt sich dadurch, daß *„der Abteilungsleiter im kapitalisoder im westlichen Sinne ... doch ganz andere Aufgaben hat als ein Leitungskader hier bei uns"*, zumal die Arbeitstechnik verändert und das Unternehmen umstrukturiert werden muß, und da kann Frau März einen Vorteil ihrer neuen Position ausmachen: *„Es is für mich in der Art ruhiger geworden, weil ich sage, du hast nicht mehr die Hauptbelastung, es steht ein anderer über dir, der dann eigentlich entscheiden muß, ja? Ich habe jetzt jemanden, den ich fragen kann"*. Wie wir es schon kennen, sucht Frau März diskursiv nach Vorteilen von widrigen Umständen, betreibt also kognitive Dissonanzreduktion; hier sieht man, wie das funktioniert: Sie überzeugt sich argumentativ regelrecht selbst, und sie macht es sich gar nicht so einfach, denn sie redet auch selbst dagegen.

Doch Frau März hat noch andere Strategien zur Verfügung, mit ihrer Statuseinbuße umzugehen.

Sie arbeitete, wie sie sagt, in einem *„insgesamt sehr guten Kollektiv"*. Dieses Kollektiv gerät in die Transformationsmaschine der neuen Unternehmensphilosophie, und Frau März akzeptiert das vorbehaltlos. So wird das *„Du-Verhalten"* langsam abgebaut; die Kolleginnen *„bemühen sich zwar jetzt schon, um wieder Sie zu* *sagen und Frau März jetzt einmal, aber im Inneren schmunzeln sie noch, wenn ma jahrelang du gesagt ham und nur weil 's eben jetzt andersrum geht".* Frau März denkt offensichtlich nicht daran, die frühere Sprachregelung aufrechtzuerhalten; sie macht, was gefordert wird.

Auch das Arbeitsklima ist anders geworden: *„Es hat sich doch in der Richtung geändert, daß unsere Kollegen doch schon irgendwo egoistischer werden",* es gäbe Konkurrenzkämpfe, *„wo sie eigentlich auch 'n bißchen anschwärzen".* Daß auch Frau März den Anwerfungen der Kollegen ausgesetzt war, hat sie bereits erzählt; vor diesem Hintergrund ist es nachvollziehbar, daß Frau März das *„Du-Verhalten"* nicht verteidigt hat, denn durch die so symbolisierte Distanz kann sie sich auf der Seite der Abteilungsleitung verorten. Von dort aus kann sie berichten, daß *„die Leute auch begriffen* (haben, M.W.), *daß es jetzt anders geht".* War früher die Schließung der Krippen für die Angestellten ein Grund, auf Sonderregelungen für Mütter zu beharren, kann jetzt *„jede normale Arbeitszeit machen, und damit sehn wir natürlich auch keinen Grund, ihr jetzt zu kündigen".* Mit der Degradierung auf der einen Seite geht ein ganz spezifischer Machtzuwachs auf der anderen Seite einher: Frau März kann jetzt - als Mitglied der Leitungsebene eines marktwirtschaftlich geführten Unternehmens - über die Arbeitsplätze anderer entscheiden. Doch diese Machtposition hat auch eine Kehrseite. Denn Frau März will ein Kennzeichen ihrer früheren Position retten, ein umfassenderes als Macht, wenn man so will, nämlich die paternalistische Fürsorge. Aus Angst um den Arbeitsplatz kämen die Mitarbeiterinnen jetzt zu ihr, erzählt sie, *„wir waren immer für die da, sind ma auch jetzt für die da. Wir können da auch noch nicht diese harte Linie da reinbringen ... da kann ich nicht auf einmal der knallharte Abteilungsleiter sein".* Die Kaderfrau bremst die Abteilungsleiterin aus: Sie sei *„geschaffter als die Mitarbeiter",* wenn es darum ginge, *„die muß aus der Abteilung noch raus, aber nun sag es ihr mal, was anderes könn ma ihr nicht anbieten".* Denn wenn Frau März auch sieht, daß *„das Verhältnis Abteilungsleiter zu Arbeitnehmer ein anderes sein"* wird, *„also das heißt mehr auf Distanz als solches gegangen wird",* versteht auch sie sich als *„Seelsorger, ich sag 's jetzt einmal so, ja? Weil die ganz einfach wissen, Mensch, da kannste mal ... mit der Frau März, ja? Ich habe gesagt, wir sind mit vielen per du, ja wir sprechen über ganz private Probleme. Das gibt 's sicherlich in nem großen Warenhaus bei nem Abteilungsleiter, das is ne ganz andere Persönlichkeit, wird 's das nicht geben, ja?"*

Die geforderte *„andere Persönlichkeit"* des Abteilungsleiters bremst wiederum die Kaderfrau aus. Neben der Akzeptanz des Siezens nimmt Frau März nicht mehr an den Aufführungen auf Betriebsfesten teil, denn *„als Abteilungsleiter gehört sich 's vielleicht nicht mehr, wenn du hier so halb nackend über die Bühne vor deinen Kollegen rumhupfst".*

Frau März sitzt ein bißchen zwischen den Stühlen. Einerseits ist sie in ihrer neuen Position wieder auf der Seite der Schicksalsbestimmer und hat dabei zwei Vorteile im Vergleich zu früher: Sie kann die geforderte „*Distanz*" gegenüber den KollegInnen in Form des neuen Verhaltenskodex ausnützen, und sie kann den schwarzen Peter an den Abteilungsleiter weitergeben; andererseits leidet sie an der Degradierung und, wie es aussieht, auch ein bißchen daran, daß ihr Selbstverständnis eines Leitungskaders als Seelsorger, und das meint als Paternalist, nicht mehr zu halten sein wird, auch wenn es nur ein konstruiertes war. Während Herr Flieger seine seelsorgerischen Selbstzuschreibungen in seine Beratertätigkeit gewinnbringend einbringen kann, hat Frau März hierfür keine Verwendung mehr.

Arbeitsplatz Familie

Neben Beruf und Partei hat Frau März Familie. Diese war für sie nie Hinterland, sondern Arbeitsplatz. Frau März war immer zuständig für den Haushalt, Herrn März' zögerliche Beteiligungsversuche hielten den rigiden Ordnungsstandards und Vorschriften seiner Frau nicht stand. „*Wenn man dann halt gereizt von der Arbeit kommt und a Mann macht 's doch a bissl anders, ja da deddert ma dann schon einmal und da sagt er dann, na dann mach 's lieber selber*". Ihre Ordnungsvorstellungen führt sie auf spezifisch weibliche Fähigkeiten zurück und sagt über Mann und Sohn: „*Da wird eben nur abgewaschen, der Ofen bleibt dann dreckig, wenn sie gekocht ham und so, das sieht, naja vielleicht sieht 's dann ne Frau vielleicht anders*". Doch gleich bemüht sie sich, positive Seiten an diesen Nachlässigkeiten zu entdecken: „*Gibt ja auch sehr viele pingelige Männer, aber da muß ich sagen, so einen würd ich gar nicht haben wollen*", kenne sie doch in der Nachbarschaft ein Paar, dessen Ehe wegen der Pingeligkeit des Mannes auseinanderging. Diese Argumentation ist eine ganz spezifische innerhalb ihrer Begründungsarbeit: das Heraufbeschwören von Gegenhorizonten.

In dieser Ehe hier ist es Frau März, die pingelig ist, also unhintergehbare Vorstellungen von richtig erledigter Hausarbeit hat: „*Bestimmte Sachen würd ich* (ihn, M.W.) *nu auch gar nicht machen lassen, ja?*" und erzählt als abschreckendes Beispiel folgende Episode: „*Na wie zum Beispiel Wäsche aufhängen, er hat einmal ... Wäsche aufgehangen, da hingen eben die Windeln, da hing der Schlüpfer und da hing die Turnhose von ihm, alles ganz kunterbunt durcheinander und da is ma als Frau dann irgendwo doch a bissl eigen und sagt ne, also die Windeln müssen zusammen und das muß zusammen*". Der Sohn, dessen Windeln nicht zusammen aufgehängt waren, ist jetzt beinah erwachsen; daß diese Episode so lange zurückliegt und trotzdem als Beispiel benutzt wird, zeigt 1. daß sie das Durcheinander sehr beeindruckt haben muß, exemplifiziert 2. die Wichtigkeit, die eine rigide Ordnung für sie hat, zeigt 3. daß sie sich unserer Zustimmung sicher wähnt und informiert 4. darüber, daß Herr März seitdem nie mehr Wäsche aufhängen mußte. Zum Fensterputzen übrigens hielte Frau März ihren Mann für geeignet, *„aber das is wieder was, was er nicht machen würde, weil er da gesehen wird"*. Über die Normativität solch geschlechtsspezifischen Verhaltens sind die beiden dahingehend einig, daß die Vereinbarkeit von Erwerbstätigkeit, Hausarbeit und Familienarbeit *für Frauen* selbstverständlich ist. Sofort wird Herr März, der in den Augen seiner Frau sowohl für Hausarbeiten nicht genügend qualifiziert, als auch mit der Koordination überfordert wäre, verteidigt, denn auch solche Verteidigung scheint Frauensache zu sein - wir kennen das schon von Frau Barzel. *„Auf der anderen Seite muß ich sagen is mein Mann sehr handwerklich begabt, so daß er also auch schon viel gemacht hat in der Wohnung, und da sag ich mir immer, na gut, a anderer, der jetzt zwei linke Hände hätte, ja?"* - und schließt den Gegenhorizont an. *„Da sag ich mir immer"* deutet auf die bewußte Strategie hin, durch die Konstruktion von Gegenhorizonten und den Aufbau von Ausgleichen abzuwiegeln. Über die Haushaltsarbeit hinaus macht Frau März die Großeinkäufe - Kleineres kauft der Sohn ein - und kümmert sich um die Behörden. Die Begründung dafür, daß sie auch das letztere übernimmt, ist einmal ihre beruflich erworbene Routine im Umgang mit Behörden, zum anderen die Vorliebe ihres Mannes: *„Mein Mann würde dann lieber auf 's Kind aufpassen, ist zwar jetzt nicht mehr notwendig, ja?"* Daß er das früher gemacht hat, rechnet sie ihm so hoch an, daß die abendliche Kinderbetreuung bis heute als Ausgleich akzeptiert wird. Ob sie Anschaffungen gemeinsam beschließen? *„Wenn ich der Meinung bin, daß mein Mann eine Hose braucht, dann hol ich die Hose, da frag ich ihn nicht erst, weil mein Mann dann sowieso keine braucht"*. Trotz ihrer beruflichen Leitungsposition und ihrer politischen Arbeit ist es die Aufgabe von Frau März, die gesamte Hausarbeit zu machen, die Arbeit des Alltags zu organisieren, Einkäufe und Behördengänge zu erledigen und für ihren Mann die Kleidung zu kaufen. Dahinter steht eine traditionelle Vorstellung davon, was Frauen- und was Männersache sei; die Folge davon ist Frau März' Formulierung der geschlechtsspezifischen Arbeitsteilung bei berufstätigen Männern und Frauen in Form eines sozialen Gesetzes: *„Beim Mann sieht 's wirklich anders aus, der kommt nach Hause und dann geht er seinen Hobbies nach, ja? Und ne Frau fängt dann eben wirklich an mit Haushalt und und und"*. Dabei aber ist ihre Art, die Hausarbeit zu betreiben und ihren Mann davon fernzuhalten, Ausdruck der unbedingten Wichtigkeit der Einhaltung von rigiden Ordnungsstandards und gesellschaftlichen Normen.

Diese gelten nicht nur für die Hausarbeit: Auch ihre gesellschaftliche Arbeit durfte ihr nicht zuviel werden, *„weil ma dann bei sowas eigentlich nicht auf die Zeit gucken sollte"*. Also guckte Frau März nicht auf die Zeit. Was von ihr erwartet wurde, das machte sie auch.

Jetzt indes steht sie vor einem ganz neuen Problem: Es gibt neue Verhaltensstandards, und diese betreffen auch Frau März' Verhalten in der Vergangenheit; angewiesen darauf, alles richtig zu machen und gemacht zu haben, mißt sie ihr früheres Tun an dem, was ihr jetzt gesellschaftlich gefordert scheint. Zuerst werden die alte und die neue Norm definiert: Die durchgehende Berufstätigkeit, so Frau März, *„ist eigentlich so das Normale ... So war dann auch die Einstellung, ne Lehre muß ich noch machen und dann heirat ich und bleibe zu Hause, das is bei unseren jungen Frauen oder bei unseren jungen Mädels noch nicht so, das kommt sicherlich irgendwann einmal, wenn die Männer dann auch, sagen wir mal, nach den altbundesdeutschen Tarifen entlohnt werden".* Daraufhin nimmt sie das westdeutsche Leitbild der modernen Versorgerehe als Richtschnur für ihr früheres Verhalten und fragt, ob die *„Selbstüberlassenheit meines Kindes"* sie nicht im Nachhinein zur Rabenmutter stemple. Denn retrospektiv weiß Frau März nicht, ob sie der Doppelrolle Mutter und Berufsfrau gemäß den neuerlich von ihr als normativ betrachteten Anforderungen zufriedenstellend entsprochen habe. Doch sie muß dahingehende Ansprüche nachträglich erfüllt wissen und tut das dadurch, daß sie betont, ihr Sohn sei sehr selbständig gewesen, und deshalb *„war es nicht erforderlich"*, mehr für ihn da zu sein. *„Wenn irgendwie was mit der Schule gewesen wär oder so was, dann hätt ich auch auf meinen Beruf verzichtet und wär dann zu Hause geblieben ne gewisse Zeit ".* Das ist auch dann nachvollziehbar, wenn man diese Aussage nicht als retrospektive Rechtfertigung, sondern als damals aktuelle Alternative betrachtet: Wenn ihre normativen Vorstellungen eines ordentlichen Lebens gefährdet gewesen wären, hätte sie sich zumindest kurzfristig auf Kosten ihrer Berufsarbeit um ihren Sohn gekümmert.

Der Vater

An ihrem Mann akzeptiert Frau März alles. Nicht, daß sie keine Kritikpunkte hätte: Er macht zu wenig im Haushalt, er sitzt auch zuviel am Computer, er geht nicht mit ihr tanzen, was sie gerne machen würde. Die Konstruktion des Gegenhorizontes *„pingeliger Nachbar"* setzt sie seiner Weigerung, im Haushalt mitzuarbeiten, entgegen; gegen seine fehlende Geselligkeit aber führt sie ihren Gegenhorizont schlechthin ins Feld: *„Andere Männer gehen in die Kneipe, lassen sich vollaufen".*

Es ist Frau März' geheime Geschichte, aufgrund derer sie alles entschuldigt, was ihr Mann tut. Wie so oft kommen deren Fragmente erst ganz am Ende des Interviews zur Sprache, hier auf die Frage hin, welche Gemeinsamkeiten oder Unterschiede es zwischen ihrem Leben und dem ihrer Mutter gebe oder gegeben habe. Frau März berichtet von ihrem Vater, einem *„Zweehundertprozentigen"*, der all das gemacht hat, was die Partei ihm nahelegte. Zwei kleine Kinder waren da, das dritte unterwegs, und der *„Vati"* ging nach Berlin, *„weil die Partei gesagt hat, das ist wichtig".* Er wurde dann *„ein hauptamtlicher Parteiarbeiter"* und *„hat also immer da, wo die Partei gesagt hat, dort bist du richtig aufgehoben, dort gehste hin, egal* *was du verdienst, das ist deine politische Aufgabe. So daß es meine Mutti also vielfach schwer hatte, mit drei kleinen Kindern dann irgendwie zurechtzukommen"*. Schließlich sei er Invalidenrentner geworden. Als wir sie daraufhin bitten, die Ehe ihrer Eltern mit ihrer Ehe zu vergleichen, nennt sie den Grund für die Frührente: *„Ja ... ja, gab 's eigentlich 'n Problem, mein Vati hat dann irgendwann einmal angefangen zu trinken"*. *„Irgendwann einmal"* war das allerdings nicht: *„Also mein Vati ist ... Invalidenrentner geworden und kurz zuvor ist er aus der Partei ausgeschlossen worden. Das war was, was meinen Vati total an den Boden gehaun hat"*. Er wurde für Unregelmäßigkeiten bei seinen Untergebenen zur Verantwortung gezogen, erzählt sie. *„Als Genosse is ma ja bei sowas dann immer doppelt bestraft"*. Die Geschichte wird nicht ganz klar, aufschlußreich aber ist der Fortgang der Erzählung. *„Das hat mein Vati also die ganzen ... Jahre dann nicht überwunden, obwohl ich damals meine Parteischule gemacht habe, ja? Dann hat er auch gesagt, na wenn du Fragen hast, da kommste zu mir, ich als Parteiloser und na rannen die Tränen und so, ja?"* Die Partei hat den Mann ruiniert - Frau März aber sieht den Teufel in der Folgeerscheinung: im Alkohol. Der Partei indes bleiben beide weiter treu, Frau März und ihr Vater. *„Bloß gut, daß der Vati schon tot ist"*, habe Frau März sich gedacht, als man im Herbst 1989 von den Machenschaften der DDR-Führung erfuhr. Und sie selbst? Als ihr Vater aus der Partei ausgeschlossen wurde, war Frau März 18 oder 19 Jahre alt. Sie hatte gerade erst angefangen, sich in der Partei zu engagieren, sieht man einmal von der FDJ ab. Ihr Vater habe den Parteiausschluß nicht überwunden, *„obwohl"* sie ihre Parteischule gemacht habe, sagt sie. Das kann zweierlei bedeuten, und vielleicht bedeutet es beides zugleich: Frau März hat ihres Vaters Parteikarriere fortgesetzt, weil sie seine Erwartungen erfüllen wollte - und sie hat damit Macht über ihn ausüben können. Am Ansehen der Partei indes durfte nicht gerüttelt werden.

Deshalb mußte sie nicht sich vor der Partei, sondern ihren Mann vor der Schnapsflasche bewahren; schließlich erzählt Frau März diese Geschichte auf unsere Frage nach einem Vergleich ihrer Ehe mit der ihrer Eltern. Doch sie stellt an anderer Stelle den Zusammenhang selbst klar: *„Ich hatte das vorhin mit meinem Vati erwähnt, ich habe bei meinem Mann klipp und klar gesagt, also wenn du irgendwann mal anfängst, an der Schnapsflasche zu riechen, dann ... so und davon werd ich auch nicht abgehn, ne? Weil ich sehe, wie meine Mutti da gelitten hat eigentlich drunter, ja? ... Und wenn ich meinen Mann noch so sehr lieben würde"*.

Freiraum und Gehäuse

Frau März wurde nicht aus der Partei ausgeschlossen, sondern diese löste sich auf. Daß damit die parteilichen Verpflichtungen ersatzlos entfielen, schildert sie als Erleichterung: *„Ich freu mich jetzt eigentlich auf meinen Feierabend, daß ich jetzt* *wirklich mal tun und lassen kann, was ich will. Weil früher wirklich die ganze Zeit, meistens von montags bis donnerstags, gesellschaftlich gebunden war".* Es klingt in der Tat befreit, wenn sie erzählt, *"wo das dann wieder im Frühjahr schöner wurde, ich bin da so beschwingt durch die Stadt, ja? Das ging montags los, mensch montags, montags hat 's immer Parteiversammlung, ja das kannste wegstecken, da gehste mal in die Richtung und so, ich habe das echt genossen".* Freie Abende wie diese jetzt hatte sie nie in ihrem Leben, *"drum sagt mein Mann auch, also ich kann das gar nicht fassen, wenn du hier so im Sessel rumlümmelst und dich an der Zeitung ergötzt".* Frau März merkt aber auch mit einem Mal, *"daß ma eigentlich ganz schön kaputt ist ... Ich arbeite im Prinzip seit meinem 16. Lebensjahr, Studium noch nebenbei und so"* - die gesellschaftliche Arbeit erwähnt sie gar nicht mehr extra - *"das ist schon alles so, wo man sich sagt, also jetzt nimmste dir auch mal Zeit für dich",* - das muß sie gleich wieder entschuldigen - *"das klingt jetzt vielleicht schon als ob ich 50 oder, aber ma braucht das dann einmal irgendwo. Da sag ich jetzt, nur mal für dich die Zeit".* In der letzten Urlaubswoche kürzlich, *"da hab ich mich halt wirklich mal 'n bißchen gehn lassen. Bis um elfe geschlafen, Mittagessen mußte nicht sein, um drei war der Mann wieder da, halb vier ham wir Kaffee getrunken, also mal ne Woche so richtig schön geschlampert. Das braucht man dann irgendwann auch mal, ne?"* Doch als sie später probeweise mit einer Reduzierung der Arbeitszeit sympathisiert, fällt ihr diese Urlaubswoche wieder ein: Ganz zu Hause würde sie nicht bleiben wollen, denn *"ich muß sagen, nach der Woche Schlamperurlaub für mich, ja? War ich dann froh, wie 's vorbei war. Weil man sich sicherlich irgendwo dann gehn läßt, also ma is es ja gar nicht gewohnt".* Zu Hause bleiben könnte sie sich nur in einem Fall *"vielleicht"* vorstellen: *"Wenn dann mal 'n Enkel kommt ... dann würd ich sagen, gut, dann haste ne Aufgabe".*

Frau März hat ihr Leben in einem strikten zeitlichen Korsett mit inhaltlich streng definierten Aufgaben verbracht. Die vergleichsweise viele freie Zeit, die sie plötzlich zur Verfügung hat, wird zum einen als Genuß, zum anderen aber auch als Bedrohung erlebt, als Bedrohung eben der Ordnungs- und Sicherheitsstandards, ohne die Frau März ihr Leben nie geführt hat - und ohne die ihr Vater abgestürzt ist. *"Momentan sind wir noch 'n bissl leichtsinnig",* sagt sie denn auch dazu, daß sie mehr Geld als früher für Essen ausgibt. *"Ich bezahl das Wochenende 50, 60 Mark beim Fleischer, ja? ... Momentan ist doch der Heißhunger, ja, ich hole zum Beispiel fast jeden Tag ein Kilo Bananen ... früher ham ma auf unsere Bananen immer verzichtet ... jetzt werden drei, vier am Tag gegessen, was kostet die Welt? Ja? Ich sag 's jetzt einmal so".* Diese Leichtsinnigkeit bezieht sich indes nur aufs Essen. Den Segnungen der kapitalistischen Konsumwelt nämlich wird größenteils widerstanden: *"Ich bin nun nicht der Typ, wo ich jetzt sagen muß, also nur, weil 's jetzt Westen ist und so, wollen wir nun hier ne vollkommen neue Wohnungseinrichtung ham".* Man sehe zwar, daß die Schrankwand *"vielleicht gar nicht mehr so modern ist",* aber

„wenn ma jahrelang danach gerannt ist nach ner Schrankwand, unter unseren Bedingungen, dann gibt ma die dann auch nicht einfach so weg, muß ich mal ehrlich sagen". Wo man dem neuen Angebot mal nicht trotzt, braucht es Begründungen: Ein neues Auto habe man nur deshalb gekauft, weil es *„lebensgefährlich"* sei, *„auf der Autobahn drüben"* den alten Wagen zu fahren, was ihr Mann aus beruflichen Gründen hatte tun müssen. *„Ansonsten muß ich sagen, läßt mich das Angebot eigentlich 'n bißchen kalt, dürft ich als Händler nicht sagen, ich weiß es, aber, ja? Also ich bin noch nicht so weit, ich muß Ihnen auch ehrlich sagen, ich fahr nun dieses Jahr zum Beispiel auch nicht irgendwie nach Spanien oder sonst wohin. Ich bin da noch nicht so weit. Ja? Mir vorstellen zu können, um Gottes Willen, jetzt fährste nach Spanien".* Das klingt, als wäre der potentielle Spanienurlaub eine Bedrohung für Frau März, und das ist er auch.

Obwohl sie sagt, ihr ganzes Freizeitverhalten habe sich geändert, hat sich zwar die zeitliche Struktur geändert, ihr Verhalten indes gerade nicht. Die gesellschaftliche Arbeit ist weggefallen, und außer daß Frau März manchmal nichts tut und versucht, ihr schlechtes Gewissen deshalb wegzuargumentieren, hat sie alle ihre Alltags- und Freizeitgewohnheiten beibehalten. Das Ritual des Kaffeetrinkens mit ihrem Mann nach der Arbeit, *„unsre Hauptzeit"* und von ihm vor einigen Jahren zur Streßreduktion bei seiner Frau eingeführt, wurde beibehalten; die *„Brigadearbeit"* geht weiter, die darin bestand, *„mal ins Kino, mal kegeln oder so was zu gehn, ja? Und jetzt mach ma 's genau so, aber wir machen 's bloß für uns";* Frau März spielt wie früher mit der Verwandtschaft Skat und beläßt es zu Hause bei ihrer Zuständigkeit für den Haushalt, obgleich ihr Mann zur Zeit kurzarbeitet. Das alles findet innerhalb der aufrechterhaltenen Lebenswelt der DDR statt, deren Attribute sie ganz bewußt nicht gegen ihre westlichen Äquivalente eintauscht: Im Gegenteil stilisiert sie sie. Frau März hat die Grenzen der DDR auch im wörtlichen Sinne nicht verlassen - mit Ausnahme eines Kurzbesuchs in Westberlin nach der Grenzöffnung, den sie vor allem wegen des als entwürdigend empfundenen Begrüßungsgeldes *„katastrophal"* fand.

Wie sie die Frage nach der Verwendung eines Lottogewinns beantwortet, zeigt die Wichtigkeit eines schützenden Gehäuses und ihre Argumentationsstruktur beispielhaft auf: Frau März würde *„erst einmal wirklich was auf die hohe Kante legen",* sodann Mutter und Geschwister unterstützen. *„Ansonsten würd ich mich dann vielleicht hinreißen lassen, ne neue Wohnungseinrichtung zu holen. Aber das würd ich mir noch überlegen ... Ja? Sicherlich ne schöne Reise"* hängt sie noch dran. Nicht einmal mit einem Lottogewinn würde sie sich umstandslos von ihrer Schrankwand trennen. Ob sie eine größere Wohnung oder ein Haus wolle? *„Naja, also, so mach ich meine Wohnungstür auf, da hab ich 's warm, brauch mich um nichts zu kümmern",* und daß die Wohnung klein sei, habe den Vorteil, *„wenn der Junge jetzt einmal rausgeht, heiratet, kann ich sie ohne weiteres gut betreiben".*

Weitere Gegenargumente fallen ihr ein: *"Wenn ich das Häuschen hätte, würd ich nicht mehr arbeiten gehn wollen. Weil ich dann ja sicherlich das Haus von der Arbeit her, von der Beanspruchung her dann mit so 'm vollen Stundentag nicht halten könnte. Ja? Weil dann ja sicherlich 'n Garten nebenbei noch is und so ... wenn ich 15 Jahre jünger gewesen wäre ..."*.

Wir sehen: Wichtig ist finanzielle Sicherheit, die Sorge für die Herkunftsfamilie, Berufsarbeit, Ordnung und Sauberkeit sowie die Wohnung, und zwar genau ihre jetzige. Sie ist warm und überschaubar, Frau März ist dort zu Hause und hat damit ein Bollwerk gegen all die An- und Zumutungen von außen und sogar von innen. Auch ohne ihren Sohn käme sie darin weiter zurecht. Doch vergißt Frau März es nicht, etwas Hedonistisches zu erwähnen: die *„schöne Reise"*. Hierfür wird kein Grund angegeben; alles andere hingegen wird so gut begründet - sie begründet auch gerne, was sie unterläßt - daß es ihr schließlich selbst zu viel wird: *„Ich würde sagen, wenn ich im Lotto gewonnen habe, informiere ich Sie, was ich mit dem Geld gemacht habe"*. Nur eben für die *„schöne Reise"* gibt es keine Begründung. Es hört sich so an, als käme sie mit dieser Antwort einer ganz selbstverständlichen Erwartung an Lottogewinner nach. Denn sie will doch gar nicht weg.

Um einen Ausblick auf die nächste Zukunft gebeten, sagt sie, es hänge natürlich alles davon ab, was aus der Arbeit wird. Doch weiter problematisiert wird diese Situation nicht. *„Wenn 's jetzt so bleibt, wie 's jetzt wird, kann ich mir eigentlich 'n sehr schönes Leben vorstellen. Ja? Weil ich muß sagen, ich verdiene momentan nicht schlecht ... und wenn jetzt diese ganzen Preiserhöhungen kommen ... wird man das ohne größere Umstellung als solches sicherlich verkraften ... Und wie gesagt, wenn beide noch Arbeit ham, is es sicherlich kein Problem, das dann so einzurichten, daß ma sein Leben genau noch so führen kann wie vorher"*. Ganz so wie vorher freilich wird ihr das nicht gelingen, denn abgesehen vom Lebensstandard sind zwei Bereiche nicht mehr so, wie sie früher waren: die Auslastung durch die Parteiarbeit und die berufliche Position. Doch Frau März hat das in ihr Zukunftsszenario eingewoben: *„Ich habe auch nichts dagegen, wenn das Leben jetzt erst einmal so zwei, drei Jahre dahinplätschert"*, meint sie, und falls sie wieder ein stärkeres Gefälle braucht, hat sie keine Probleme, sich Anlässe zu entwerfen: Es wird auf die Schwiegertochter und das Enkelkind und die damit verbundenen neuen Aufgaben gewartet, für die es bislang zwar keinerlei Anzeichen gibt, die für Frau März aber zu ihrer und ihres Sohnes Normalbiographie gehören. Und *„vielleicht"*, meint sie, *„werd ich auch mal wieder politisch aktiv ... in Richtung Bürgerforum oder so was"*.

Die Logik der Lebensführung: Konvention und Commitment

Frau März hat eine geradlinige Karriere hinter sich. Erfolgreich im Beruf und ausgelastet mit gesellschaftlicher Arbeit war sie eine aufrechte Staatsbürgerin, ist es in allen Anfechtungen geblieben und hat die Parteilinie auch innerhalb der Familie vertreten. Ihre berufliche Karriere mit ihren Anforderungen an politischem Engagement konnte sie mit den häuslichen Verpflichtungen insoweit vereinbaren, als sie ihrem Mann gegenüber keinen Zweifel an der Wichtigkeit dieses Engagements aufkommen ließ. Anders hätte sie sich verpflichtet gefühlt, die Parteiarbeit gegenüber der Familienarbeit zurückzustellen. Denn die traditionale Vorstellung der Rolle einer Frau bleibt von Frau März' beruflichem und politischem Erfolg und Einsatz merkwürdig unberührt. So erfüllte Frau März die Aufgaben, die sie per traditionem und per Sozialismus als die ihren betrachtete, trotz Überarbeitungserscheinungen und des Streits zu Hause wegen kleiner Unordentlichkeiten. Sie hätte es einfacher haben können, aber ein Zurückstecken im politischen Engagement kam ebensowenig in Frage wie die Akzeptanz der etwas anderen Hausarbeitsvorstellungen ihres Mannes.

Nun ist die zeitliche Belastung durch die gesellschaftliche Arbeit verschwunden; auch im Beruf trägt Frau März nicht mehr die alleinige Verantwortung, was zwar erst mal „*harte war*", ihr aber auch Freiräume bietet. Sie kann jetzt schneller abschalten und darf sich trotzdem als graue Eminenz ihrer Unentbehrlichkeit versichert wissen. Die neue „*Distanz*" zwischen Abteilungsleitung und Verkaufspersonal wird brav umgesetzt, ist sie doch eine Vorgabe des neuen Regimes, die man tunlichst zu erfüllen hat; vor allem aber ist die Betriebskultur ein Statussicherungs-Äquivalent für die Partei: Frau März schaltet auf die neue Symbolik zur Sicherung ihres Positionsvorsprungs ab und trägt damit bei zum Wandel der Unternehmenskultur.

Die Logik ihrer Lebensführung besteht darin, daß Frau März jede Abweichung von konventionellen Normen meidet: Pflichtbewußtsein, Ordnungsliebe und Gewissenhaftigkeit sind dominant, ein ausgeprägtes Commitment das generative Prinzip: Worin Frau März investiert hat, das versucht sie zu erhalten, freilich möglichst ohne Kollision mit herrschenden Verhaltenserwartungen. So hat sie gemacht, was man im Gesellschaftssystem der DDR von einem aufrechten Staatsbürger erwartete und in diese Karriere investiert, so versucht sie auch jetzt, ihren Arbeitsplatz zu halten und der neuen Unternehmensphilosophie gerecht zu werden. Bei der Verfolgung ihrer beruflichen und parteilichen Karriere in der DDR und bei dem Versuch, nach der Wende die Anfechtungen ihres Arbeitsplatzes auszusitzen, legte sie Unbeirrbarkeit und Frustrationstoleranz an den Tag.

Die Orientierung an Konventionen durchzog und durchzieht den gesamten Alltag. Ihr Sohn tanzte, wie erhofft, nie aus der Reihe, und sie erwartet von ihm selbstverständlich frühe Heirat und Nachwuchs. Ihr Mann ist zu Hause, macht, was Männer eben so machen, und geht nicht in die Kneipe, für Frau März die letztgültige

Horrorvorstellung. Ordentlich muß der Haushalt geführt, ordentlich muß auch das Interview absolviert werden. Das vielen Sätzen in fragender Form nachgestellte „*ja?*" signalisiert ihren Wunsch nach Bestätigung.

Das Leben ihres Vaters war, wenn man so will, für Frau März Vorbild und Gegenhorizont in einem. Gewissenhaft und ordentlich verfolgte sie ihre Parteikarriere, quasi als Parteisoldatin, die ebenso wie ihr Vater tat, was die Partei verlangte. Daß sie den Schwerpunkt auf die Partei und nicht auf die Familie legte, machte sie ihrem Mann gleich zu Beginn ihrer Beziehung klar. Sie entschied sich wie ihr Vater.

Worin sie einmal investiert hat, verfolgt sie weiter und versucht, zu erhalten, was sie einmal erreicht hat. Vor diesem Hintergrund machen Entbehrungen und Investitionen eine Sache erst wertvoll. Sowenig wie sich Frau März von ihrer Schrankwand trennen mag, deren Erwerb sie viel Zeit gekostet hat, so muß auch die Parteiorganisation im Warenhaus ordentlich zu Ende gebracht werden. Auch die Degradierung im Betrieb wird tapfer ausgehalten und zu retten versucht, was zu retten ist. Auch hier liegt es nahe, daß Frau März stellvertretend für ihren Vater die Zweifel und Zumutungen in der Zeit der DDR und die Anfeindungen und Degradierungen nach der Wende übersteht und nicht daran denkt, aufzugeben.

Da sie jetzt auch mal entspannen kann, merkt sie erst, wie kaputt sie eigentlich ist von diesem aufwendigen Leben. Sich hängen zu lassen ist allerdings das letzte, was sie sich zugesteht. Sie darf es mal kurz im Urlaub ausprobieren, aber eine Woche genügt, *„weil man sich sicherlich irgendwo dann gehen läßt"*. Und das darf sie nicht, nicht wie ihr Vater. Um seinen Absturz zu bannen, versucht sie, ja nicht aus den sichernden vertrauten Rahmenbedingungen herauszufallen, in denen sie sich so gut eingerichtet hat. Da ihr die Partei abhanden gekommen ist, braucht sie ein festes Gehäuse mehr als je zuvor. Den Alkohol hat sie als den Feind des sicheren Gehäuses ausgemacht. Die Angst vor ihm zeigt die Projektion auf, die geleistet werden muß, um die Partei zu entlasten: Hätte der Vater sich im Griff gehabt, sich nicht hängen lassen und die Projektion auf seine Tochter vollzogen wie angeboten, wäre es nicht so bergab gegangen mit ihm. Nun muß sie auf sich selbst aufpassen.

Daß die PDS für Frau März kein funktionales Äquivalent für die SED darstellt, liegt auf der Hand. Sie ist nicht deshalb nicht eingetreten, weil sie *„anfangs wirklich verärgert"* war über die SED, sondern weil es keinen einzigen Grund gab, der dafür gesprochen hätte, einzutreten. Es ist ja nun gerade nicht gefordert, in der PDS zu sein, sondern das Gegenteil: Um ihr Leben unter den neuen Rahmenbedingungen ordentlich weiterführen zu können, darf sie gerade nicht in die PDS eintreten. Eine Partei des neuen Systems, ganz gleich welche, ist kein Äquivalent für die Funktion, die die SED erfüllte: gesellschaftlich gefordertes Engagement, Garantie für eine berufliche Karriere und vor allem eine Antwort auf das Leben ihres Vaters. Hier liegt der Unterschied zu Herrn Dalloff und zu Herrn Rabe, die beide in der PDS sind: Sie stützt deren Lebensführung, indem sie Herrn Dalloff als Krücke dient und Herrn

Rabe als Scheuklappe. Frau März' Lebensführung ist durch die PDS nicht zu stützen und Scheuklappen findet sie woanders: Sie braucht die PDS nicht.

Frau März nimmt neue Aufgaben in den Blick, da der Beruf sie nicht mehr in dem Maße auslastet und die gesellschaftliche Arbeit weggefallen ist. Um ihren Mann könne sie sich mehr kümmern; falls sie Großmutter würde, könne sie sich gar vorstellen, ganz zu Hause zu bleiben. Erst aber darf das Leben ein bißchen plätschern. Frau März befindet sich in einer Verschnaufpause, die als solche definiert ist, und deshalb darf sie die Zeit jetzt auch für sich genießen und essen, so viel sie will - vorausgesetzt, sie verrät ihre Vergangenheit nicht und bleibt mit ihren Ritualen und Standards auch der DDR treu. Was soll sie in Spanien, was sollte sie nach der Maueröffnung in Berlin? Frau März' DDR-Treue äußert sich in Lebensstil-Attitüden, nicht in politischer Orientierung oder politischem Engagement. Sie bleibt mit Absicht und guten Gründen, wo sie ist, zumal sie es ja nicht schlecht getroffen hat. Dann wartet sie auf Aufgaben, die sie richtig und ordentlich zu erfüllen versucht. Kommen Zweifel auf, betreibt sie perfekte Dissonanzreduktion; Frau März kann gar nichts falsch machen, dafür gibt es keinen Raum.

Wir haben unser Mikrophon in eine Zeit hineingehalten, in der Frau März ihrem Leben erlaubt hat, „*dahinzuplätschern*". Sie hat auch die Zeitspanne benannt, die erlaubt ist: „*zwei, drei Jahre*". Diese Spanne wird in mehreren Interviews genannt, wenn es um Zukunftsperspektiven geht und entspricht der Zeit, die auch ich habe verstreichen lassen, bevor ich um einen zweiten Interviewtermin bat. Frau März befindet sich jetzt in einem Moratorium, das sie so definiert hat, sich selbst zugesteht und in dem sie auch mal genießen darf, was sie nicht kannte: unverplante Zeit. Doch schon hält sie Ausschau nach neuen Aufgaben, die jetzt allerdings in Konkurrenz zur Berufsarbeit stehen und sich, wie sie auch selbst sagt, anhören, als wäre die Rente bereits in Sicht: weniger arbeiten, mehr für die Familie da sein, das Enkelkind betreuen. Mit ihren Zukunftsszenarios hat Frau März vorgebaut für eine Zeit, in der ihr ihre berufliche Karriere abhanden kommen könnte. Auch das ist Lebensführungsarbeit. Sehen wir, was indessen passiert ist.

2. Interview: „*Gleich geblieben is eigentlich wenig, aber verändert hat sich eigentlich ooch nichts*".

Karriere und Normalität

Das Warenhaus ist inzwischen von einer westdeutschen Kette übernommen worden, die Belegschaft wurde drastisch reduziert. Frau März ist ihre Karriere nicht abhanden gekommen: Sie leitet ihre Abteilung wieder alleine. Auch Herr März hat wieder einen regulären Arbeitsplatz.

„*Bei uns selber*" beginnt Frau März, „*hat sich eigentlich nicht so viel verändert, wir ham beide Gott sei Dank noch Arbeit und das is ja eigentlich jetzt die Hauptsache*". Frau März bemüht sofort den Gegenhorizont, vor dem sie ihre Situation definiert hat: den Arbeitsplatzverlust ihrer KollegInnen. „*Da hat ma viele viele Kollegen verloren, die eigentlich das Leben so mitbestimmt haben*". Deren Verlust „*is eigentlich das, was einem dann hauptsächlich bissl Kummer bereitet, ne. Obwohl ma selber nich betroffen is*". Nicht „*obwohl*", sondern weil Frau März nicht selbst betroffen ist, bereitet ihr das Unbehagen: Schließlich ist sie an der Durchführung des Rationalisierungsprogramms beteiligt. Die Belegschaft ist nun nur mehr halb so stark wie vor der Wende, und Frau März rechtfertigt ihre Position durch das Unterstreichen der negativen Seiten.

„*Ansonsten muß ich sagen, hat sich bei uns hier eigentlich nicht viel verändert. In der Familie gab 's ein paar Arbeitslose mehr, die einen haben wieder Arbeit gefunden, ach naja und dann is das eigentlich wie in jeder andern Familie auch*". Das kennen wir schon: Bei Märzens ist es auch jetzt wie in anderen Familien auch. Um Turbulenzen in der Erwerbsbiographie als Ausweise von Normalität unter den jetzigen Bedingungen aufweisen zu können, wird der Familienverband bemüht.

Auf unsere Frage hin, ob auch sie um ihren Arbeitsplatz Angst haben mußte, bietet sie uns folgendes Szenario an: „*Also ich selber ... eigentlich nicht, aber manchmal hatt ich mir gewünscht, mich hätte eener angesprochen, hätte gesagt, willste nicht ooch mit ner schönen Abfindung gehn*". Es war „*eben das deprimierende*", benennt sie noch einmal den Grund, „*wir ham voriges Jahr im Sommer sehr viele Mitarbeiter entlassen, und das waren alles Mitarbeiter, mit denen man halt Jahre lang*" zusammengearbeitet habe. Frau März phantasiert sich zwar in deren Situation, aber eigenhändig zu kündigen, war ihr „*eigentlich nicht*" in den Sinn gekommen. Schließlich hätte sie sich gar nicht woanders bewerben können, habe sie doch gar keine Ahnung vom Warenhausmanagement unter den neuen Bedingungen gehabt.

Arbeitsbeziehungen

Die Atmosphäre am Arbeitsplatz verändert sich weiterhin weg vom Kollektiv: „*Die liebe Kollegin von einst gibt 's nicht mehr*", sagt Frau März. Zwar „*war nich jedes Kollektiv mit Herzlichkeit beladen, ne, das is jetzt Blödsinn zu sagen, aber dieser Konkurrenzkampf*". Es werde „*ofgepaßt, was der eene macht, was der andere an hat*", „*getuschelt*", „*über eenen hergezogen*", „*hinterm Rücken gestichelt*" und auch mal offen gesagt, „*warum schmeißen Sie denn nicht die Alte raus, von der ham Sie doch nichts mehr, mich können Sie noch so richtig rannehmen. Hätte die sich zu DDR-Zeiten nie erlaubt oder, meine gut, die Situation gäb 's dann sicherlich nicht, aber das ist so eine Unverfrorenheit, ja?*"

Doch auch Frau März hat sich verändert: *„Ich bin vielleicht gegenüber meinen Mitarbeitern ooch nich mehr ganz so gutmütig, ja, weil ja ooch 'n gewisser Leistungsdruck jetzt mehr ansteht, muß ooch ab und zu mal versuchen, eene bestimmte private Atmosphäre abzubaun, was natürlich schwer ist. Ich meine, wir ham die ganzen Jahre zusammengearbeitet, ja, aber irgendwo muß man schon versuchen, das 'n bißchen abzublocken, ja, das geht dann ooch nicht, wenn ma durch 's Haus geht und da rufen s', eh hör mal, Franziska".* Das sei ihr *„dann irgendwo schon 'n bissl peinlich"* und *„zu meinen Kollegen sag ich eben, also wenn hier noch jemand im Zimmer is, dann sprecht mich bitte mit 'm Nachnamen an".* Sie habe *„um Gottes Willen nichts gegen kumpelhaftes Verhalten ... und würde ooch lieber heute noch in Jeans of Arbeit gehn".* Doch *„da muß man sich eben ooch 'n bissl anpassen"* - keine Frage für Frau März. Ordentlich und gewissenhaft wie gewohnt werden die neuen Vorgaben bzw. ihre Interpretation befolgt, zumal dadurch auch ohne die Partei die Hierarchie symbolisiert wird. Dabei ist es ihr wichtig, Indizien zu benennen, die darauf hinweisen, daß die Kollegen nicht von ihr denken würden, *„der is wohl die Westmark zu Kopf gestiegen oder der Posten".* Den Eindruck erwecken, anders zu sein als andere, das will sie nicht.

Mit den *„Mitarbeitern aus der Zentrale"* indes hat sie *„nur sehr gute Erfahrungen gemacht",* mit den Westdeutschen also, und das haben wir bislang in keinem Interview vernommen. Sie war in den alten Bundesländern zur Fortbildung gewesen, und das *„war eine Atmosphäre, wo man wirklich sagt, das is eigentlich ooch 'n sehr gutes kollektives Zusammenarbeiten".* Auch habe sie mit einer Mitarbeiterin aus Westdeutschland *„Leipzig noch einmal neu entdeckt",* da sie *„der Mitarbeiterin dann ooch 'n bissl was zeigen wollte".* Die Folge war, *„wenn ma da mal mit offenen Augen durch Leipzig geht, dann ja sehr sehr schöne Ecken sieht, ja, was da an Häusern, an Fassaden zum Vorschein kommt und so, und da freut man sich".* Hier erscheinen die Westdeutschen gleich doppelt als Veränderer der Wirklichkeit, und zwar zum Positiven hin: Mit dem Kapitalismus kommen die Fassaden erst zum Vorschein, und wegen der westdeutschen Kollegin guckt sich Frau März ihre Stadt überhaupt erst mal richtig an. *„Ein sehr gutes und sehr herzliches Verhältnis"* konstatiert sie da sich und ihren Kollegen aus dem Westen - denn da gibt es keine Neider und keine Konkurrenz, hängt ihr unter diesen doch ihre Vergangenheit nicht nach.

Abwicklung

Denn Frau März, die immer alles richtig machen will, kann in ihrem Betrieb nicht alles richtig machen. Sie ist in Bezug auf ihre früheren Kollegen auf der anderen, der sonnigen Seite: Sie hat Arbeit und sie hat eine berufliche Position, die plötzlich für sich selbst einen hohen Status hat, ohne die Partei. Und Frau März ist auch als ehemalige Parteifrau auf der anderen Seite: Es ging im Betrieb natürlich *„um die rote Seilschaft"*, und die stand nun plötzlich auch noch unter westdeutschem Schutz: *„Sie ham ja sicherlich ooch gehört, was sie mit vielen Leitungskadern ... gemacht ham, na, die sie also hier in Sachen Staatssicherheit und was weeß ich nicht alles in Verbindung gebracht ham ... und ich muß sagen, da hat ooch unser Geschäftsführer eine sehr gute Position dazu bezogen, ja, der jetzt gesagt hatte ganz einfach, also wenn das so ist, daß Sie als IM, als dieser inoffizielle Mitarbeiter gearbeitet ham, dann muß ich Sie rausschmeißen, dann geht 's nich anders, ja, aber wenn Sie aus dienstlichen Gründen hier irgendwie Kontakte hatten, dann is das normal, dann is das verständlich in der Position, so daß er also hier ooch klare Fronten geschaffen hat"*. *„Klare Fronten"* hat der Geschäftsführer damit auch da geschaffen, wo es um Frau März' Position unter den Kaufhausmitarbeitern ging. Den westdeutschen Mitarbeitern gegenüber muß sie ihre Position nicht verteidigen, hier kann sie sich ein *„herzliches"* Verhältnis leisten, ihren alten Kollegen gegenüber pocht sie auf Abgrenzung. Diese werden zurechtgewiesen und bemitleidet, ganz im Sinne von Frau März' früherer Position. Im Gegenzug allerdings können die Kollegen nun ihre Kritik einbringen, viele von ihnen aber sind einfach aus Frau März' Leben verschwunden - ohne ihr ihr Mitleid abzunehmen. Das hat zur Folge, - oder zur Ursache? - daß Frau März sich ihrerseits distanziert: Unterhaltungen in ihrem Bekanntenkreis - *„da sind viele viele arbeitslos"* - schildert sie so: *„Dann fing die an zu jammern, dann hatteste wieder das Schuldgefühl, na du hast ja Arbeit, ma kann sich da ooch sicherlich nich so reinversetzen in die Probleme, ja, ich kann zwar sagen, daß mir das alles fürchterlich leid tut ... ne, aber irgendwie nimmt eenem das ooch gar keener richtig ab, wenn ma sagt, das tut mir leid oder so was, wenn ma selber noch Arbeit hat, ja und wenn sie wissen, in was für ner Position ma is"*. Daß Frau März nicht nur Schuldgefühle hat, sondern ihr das *„Jammern"* auch auf die Nerven geht, ist nicht unwahrscheinlich. *„Und da flacht das eben eigentlich alles 'n bissl ab"*. Die interaktionistische Erklärung für die wahrgenommene schwindende Herzlichkeit und Nähe leuchtet ein. Es ist nicht nur Zeitmangel, sondern erzeugte Distanz, freilich nicht nur, weil Frau März das *„Jammern"* nervt, sondern weil die anderen wissen, *„in was für ner Position ma is"* - und vorher war. Frau März setzt hinzu: *„Uns fehlt da nichts in der Richtung"*, in der Richtung, die die sozialen Kontakte betrifft, denn sie habe gute Kontakte zu ihrer Familie und zu den Nachbarn, *„und wie gesagt, mein Mann is ooch keen Biertrinker an sich"*. Deswegen gingen sie ohnehin wenig aus. Frau März signalisiert damit, daß sie nicht auf diese Kontakte angewiesen ist.

Gefährdungen

Doch auch wenn es Frau März schafft, sich eine Bastion zurechtzuzimmern, in der ihr die verbliebenen sozialen Beziehungen ausreichen, wirft die Arbeitslosigkeit der anderen Frau März' Leben immer wieder aufs Neue aus seiner Normalität: Bei der morgendlichen Straßenbahnfahrt zur Arbeit „*waren wir eben vier Frauen ... wir wußten schon, ach, die hat zwei Kinder, das Kind hat das Problem in der Schule und so weiter und so fort und das wurden dann immer weniger und ich war dann die eenzige, die dann noch übriggeblieben war und da hatte ma ooch immer schon Schuldgefühle ... na und da ging dann eigentlich dieses bedrückende Gefühl am frühen Morgen schon los*". Die Arbeitslosigkeit der anderen ist es, die Frau März' Status definiert. Sie begegnet ihr überall, auch wenn sie versucht, ihr aus dem Weg zu gehen: in ihrem eigenen Beruf, in dem sie zu einem guten Teil damit beschäftigt ist, die Entlassungen ihrer Kollegen zu planen und zu veranlassen, in ihrem Bekanntenkreis und in ihrer Familie, in der, wie bei Tikovskys, ein großer Teil des Familienverbands von Arbeitslosigkeit und Existenzgründungsproblemen betroffen ist und auf dem Weg in die Arbeit und zurück, den sie jetzt als einzig Übriggebliebene alleine zurücklegt und auf dem sie das Sinnbild all dessen, was den Gegenhorizont ihres Lebens ausmacht, tagtäglich passieren muß. „*Wenn ma dann abends so nach Hause kommt, so, da sitzen eben hier vorne die ganzen äh Asozialen und wenn ma dann in der Früh auf Arbeit kommt, da liegen eben die Bierdosen hier*". Frau März schildert diese Phänomene hier als Rahmenbedingungen ihres Arbeitstags und durchschreitet in ihrem geregelten Leben diese Außenwelt, die ihr zwar vor Augen führt, wie privilegiert sie ist, aber vor allem auch, wie bedrohlich die neuen Verhältnisse tatsächlich sind - und daß der Paternalismus besser funktioniert hat: „*Die ganzen Asozialen jetzt, die ganzen Besoffenen und so, früher sind ma mit 'm Auto zu demjenigen hingefahren und ham 'n abgeholt. Ja, heute liegen sie of der Straße und da liegen sie eben. Das is ... muß ma sich sicherlich ooch erst dran gewöhnen*". Frau März wohnt in derselben Siedlung wie Frau Barzel und spielt ebenfalls mit dem Gedanken eines Wegzugs; während Frau Barzel sich die Miete für ihre Wohnung eigentlich schon nicht mehr leisten kann, nimmt Frau März die spiegelverkehrte Perspektive ein: „*Das ganze hier wird mal vielleicht in 20 Jahren so 'n Bereich sein, wo ma sagt, hier leben dann wirklich bloß noch äh irgendwelche Asoziale oder was weeß ich*".[6] Für einen eventuellen Umzug braucht sie freilich noch

---

[6] Die Prognosen der Stadtsoziologen für die Plattenbausiedlungen in Ostdeutschland folgen Frau März' Argumenten: Ein Häuschen im Umland könnte für Personen mit höherem Einkommen eine Alternative darstellen, zurück bliebe eine Wohnbevölkerung, „deren Konzentration die gefürchteten sozialen Brennpunkte entstehen ließe" (Häußermann 1995, S. 14). Jeder vierte Einwohner Ostdeutschlands wohnte in einem Plattenbau in einer Siedlung am Stadtrand, auf soziale Durchmischung wurde geachtet (Häußermann 1995, S. 13).

immer die Vorstellung eines Lottogewinns, denn ihre „*Vollkomfortwohnung*" liebt sie nach wie vor.

Doch von Frau Barzels Ängsten bleibt auch Frau März nicht verschont: „*Ma is eigentlich wesentlich schneller unten, als ma vielleicht gedacht hat ... und momentan ooch die ganzen Eheverhältnisse und so, wenn dann der Mann arbeitslos wird, ich meine, wir ham 's ja nie gekannt, und wenn man dann in dieser Situation is und dann sagt, na mein Gott, der war doch sonst immer so und so und nun fängt er an zu trinken, ma kann 's gar nicht so verstehn, aber ma sieht 's eben dann aus 'm Bekanntenkreis ... und dann is ma ganz schnell in dem Strudel drinne*". Frau März kann das sehr wohl verstehen: Das ist die Geschichte ihres Vaters, und sie konnte ihn, wie das erste Interview zeigte, sehr gut verstehen, was die Verzweiflung über seine Situation betraf, nicht mehr arbeiten zu können: „*So daß also ... 'n Mensch dann nur zu Hause sitzt, ja? Und wartet, bis die Frau kommt*". Die „*Frau*" übrigens würde sich nach Frau März' Einschätzung leichter tun als der „*Mensch*", wäre sie von Arbeitslosigkeit betroffen. Alkohol als Bewältigungsstrategie kommt ihr da unwahrscheinlich vor. Zwar meint sie, „*wenn man gewohnt is arbeiten und alles andere mitzumachen und dann of eenmal zu sagen, nee, also jetzt is Schluß, das hält wahrscheinlich ne Frau nich so ohne weiteres aus*". Doch „*sie kann 's vielleicht anders verkraften als ein Mann*", denn „*ich würd sagen, ne Frau kann sich da vielleicht doch a bissl mehr durch 'n Haushalt und so raushelfen ... also ich könnt mir nicht vorstellen, daß ich da 'n ganzen Tag hier an der Flasche hängen würde oder so was*". Eine Frau, da zweifelt Frau März nicht, ist es gewohnt, zu „*arbeiten und alles andere mitzumachen*", ihre Kapazitäten sind folglich größer als die der Männer; das gilt auch für die Bewältigung von Arbeitslosigkeit. Freilich bleibt, fällt die Erwerbsarbeit weg, zur Unterstützung der Bewältigung die Alternativrolle Hausarbeit, die den Männern offensichtlich nicht zur Verfügung steht. An deren Stelle winkt der Alkohol.

Hausarbeit

Ob sie versucht habe, bei ihrem Eingespanntsein in den Beruf die Hausarbeit „*mal 'n bißchen umzuverlagern?*" „*Also ich muß sagen, was zwanzig Jahre meine Schwiegermutter nicht geschafft hatte, werd ich doch dann als böse Ehefrau nicht versuchen ranzukommen*". Die beiden Männer arbeiten nach wie vor „*mit Auftrag. Und Hausarbeiten, wo die Männer gesehen werden, machen sie sowieso nich*". Auch hier hat sich nichts verändert, doch ist die Alternative wieder mal gleich vor der Tür zu finden: „*Gegenüber is 'n junger Mann ... , der putzt für die ganze Familie Schuhe. Und das hat mal mein Mann gesehen und da hat er sich halb totgelacht und na sag ich jetzt immer, guck mal der Schuhputzer, wie fleißig der is*". Das erinnert an Frau Barzels Versuch, mit dem Verweis auf die „*ulkigen Filme, in denen der Mann immer Frühstück macht"*, auf alternative Arbeitsteilung aufmerksam zu machen; so ernst kann der Versuch nicht gemeint sein. Wie würde Frau März es sich wünschen, wie die Arbeit aufgeteilt sein sollte? *„Ich habe da eigentlich ooch nich mal so richtige Vorstellung, weil bestimmte Sachen würd ich sagen, da würd ich sie gar nicht ranlassen".* Frau März erzählt uns noch einmal die Geschichte vom Aufhängen der Windeln zwischen den Socken, allerdings mit dem Zusatz: *„Das hing alles so schön im Hof".* Das Problem ist auch für Frau März das Sich-sehen-lassen-können: Die Nachbarschaft denkt sich entweder, daß Frau März die Wäsche liederlich aufgehängt hat, oder man sieht, daß es nur der Mann von Frau März gewesen sein kann, der die Wäsche aufgehängt hat - und damit wird solch ungewöhnliche Arbeitsteilung mit ihren scheinbar zwangsläufigen Folgen publik.

Freizeit

Die innerfamiliäre Arbeitsteilung hat den gesellschaftlichen Umbruch ebenso problemlos überstanden wie die innerfamiliäre Freizeitgestaltung.[7] *„Naja also ich muß sagen, ja wie sag ich das, mein Mann is ja jetzt momentan so, daß er jede Zeit am Computer verbringt ... naja, es hat sich eigentlich gar nich so geändert. Meine, da, wenn ich jetzt hier bin, spielt er drüben, ich mache bissl Hausarbeit, lese und das hab ich früher ooch schon gemacht, nur daß ich dann em später kam, weil ich noch zur Parteiversammlung oder Eltern-Aktiv-Sitzung oder so was war, na, er kocht dann immer toll und brav den Kaffee, das macht er heute ooch noch, dann hat sich also in der Richtung eigentlich gar nich viel verändert, muß ich sagen".* Sie probiere nicht, ihn vom Computer fernzuhalten. *„Ich sag mir immer, da macht er keen anderen Blödsinn ... 'n anderer, der sitzt dann hier, trinkt sein Bier und diktiert mir vielleicht hier, was ich am Fernsehen gucken soll".* Daß *„ma dann gar keene Zeit* (haben, M.W.), *uns zu zanken oder irgendwie so was"*, sagt sie selbst; doch was letztendlich zählt, ist das Drama ihres Vaters: *„Das seh ich also nicht so als das Problem, also weeß nich was schlimmer is, ob eener säuft oder Computer spielt, mir is das ja so lieber".* Die Aufrechterhaltung des etablierten Familienlebens ist da der beste Schutz.

---

[7] Wenn von Freizeittätigkeiten die Rede ist, ging und geht es bei Märzens vordringlich um Spiele. Herr März *„spielt"* mit dem Computer, der Sohn bringt hierfür *„schöne Spiele"* mit; sitzen die Männer nicht vor dem Computer, spielen sie Schach. Zusammen löst die Familie Kreuzworträtsel. Die Skatabende mit Schwester und Schwager finden zwar nicht mehr regelmäßig statt, aber in der Herkunftsfamilie wird, wenn man sich trifft, immer Karten gespielt. Mit der Brigade spielte man Tischtennis. Spiele, so darf man folgern, entlasten vom Miteinanderreden und stiften doch Gemeinschaft, Gemeinschaft innerhalb eines einfachen Regelsystems, das von allen akzeptiert werden muß. Die Probleme fingen (und fangen noch) erst dann an, wenn die Skatkasse aufgelöst wurde, um damit auszugehen. Denn ihr Mann, so Frau März, trinke doch nichts.

DDR-Lebenswelt

An den häuslichen Attributen der DDR-Lebenswelt wird weiterhin ganz bewußt festgehalten. Von der Schrankwand will sie sich inzwischen wirklich nicht mehr trennen. *„Die hab ich vor 20 Jahren, ja, sind 's jetzt, erstanden unter mühevoller Zeitinvestition und mühevollem Anstehn und und und, also ich muß Ihnen ehrlich sagen, da könnten Sie mir noch so 'n schönes Ding, denn da würd ich mich nicht trennen. Also weil die ooch ganz einfach, ja, unter größten Umständen erstanden, typisch DDR-mäßig, muß ich sagen, ja, also jeden Tag mit Kinderwagen von ***, das sind bis Leipzig dreißig Kilometer, mit 'm Bus, ja, rein und is heute was gekommen, ne, mit dem Kleen wieder nach *** gefahren und so ging das über Wochen, bis ich dann eben wirklich Glück hatte und in dem Moment grade da war und ich dann die Schrankwand kriegte".* Die Schrankwand hat erst jetzt ihre biographische Erzählung bekommen und zwar eine, die die schwierige Beschaffungsgeschichte zum Thema hat. Diese Passage ist zugleich als eine Parabel von Frau März' Lebensführungslogik zu lesen: Worin Frau März investiert hat, das will sie erhalten; denn die Höhe des Einsatzes bestimmt die Höhe des Wertes: Commitment.

Im Gegenzug müssen veränderte Konsumgewohnheiten begründet werden; hierbei wird sowohl auf die Anforderungen im alten als auch im neuen System zugegriffen. Die neue Kleidung wird mit den Anforderungen des neuen Systems gerechtfertigt: *„Früher war das egal, wenn du als Abteilungsleiter in Jeans auf Arbeit gegangen bist ... und jetzt muß ma da schon 'n bissl drof achten und ich in meiner Position dann sowieso ... aber bei den Preisen is das eigentlich dann ooch wieder im Verhältnis. Ich sag dann immer zu meinem Mann, aber zu DDR-Zeiten hätt ich 180 Mark bezahlt".* Sie rechne, sagt sie, DM in Ostmark um, *„wenn ich irgendwelche Argumente brauche, die dann ziemlich günstig ausfallen".* Die neue Lebenswelt wird nach Maßgabe der alten verrechnet, während Frau März die neuen Normen sorgfältig beobachtet und am Arbeitsplatz bedingungslos einhält.

Kaderarbeit in neuem Gewande

Nach ihrem Umgang mit den von ihr ausführlich behandelten Problemen befragt, die ihr die Entlassungen der Mitarbeiterinnen machten, wird dieser umstandslos unter das Verfahren gepackt, mit dem sie schon immer den Verlust von Mitarbeiterinnen bewältigte: *„Irgendwie hat man 's immer geschafft. Das war schon zu DDR-Zeiten so, ich meine, da gab 's ooch Situationen, zwar andere, aber wo ma dann sagt, es geht irgendwo gar nicht mehr so richtig weiter und dann, man hat 's halt immer wieder geschafft, ne".* Welche Situationen? *„Naja ... da hatte man ja ooch grade so die letzte Zeit tüchtige Probleme ... ich war ja nun ooch verantwortlich, das heeßt nicht verantwortlich, aber für die Gesprächsführung der Antragsteller in* *meiner Abteilung, ja? Und dann macht man sich ja ooch so Gedanken, wenn dann ... mein Jahrgang immer wieder kommt und sagt, also der Staat gibt mir hier nichts mehr, wir wollen woanders hin ... und das hat een schon bewegt ... die hatten ja hier doch eigentlich alles, Arbeit, Wohnung".* Sie selbst zieht die Parallele zwischen den Belastungen so: *„Das war eben so ne Phase von so 'm seelischen Tiefpunkt, wo 's eigentlich um andere Leute ging, aber die een belastet".* Daraus resultiere der zeitweilige Wunsch, als Kassiererin zu arbeiten, *„da machste abends deine Kasse zu und hast dann die Gedanken nich mehr".*

Doch fällt eine weitere Parallele auf, was die Spezifik ihrer beruflichen Tätigkeit über die Wende hinweg betrifft: Die Koppelung der Seelsorgerschaft mit der Kontrolle. Sie wurde zu DDR-Zeiten von oben zur Rechenschaft gezogen, wenn sich die Ausreiseanträge mehrten, und sie mußte sich von unten die Anwürfe gegen den Staat und ihre Position in ihm anhören. *„Ich war ja nun ooch verantwortlich, das heeßt nicht verantwortlich, aber für die Gesprächsführung der Antragsteller",* sagt sie. Obschon das ihr Job war, will sie sich retrospektiv von ihrer Verantwortlichkeit für das, worüber gesprochen wurde, distanzieren. Dasselbe will sie in ihrer jetzigen Situation auch: Zuständigkeit für das Verfahren bei gleichzeitiger Entlastung von Verantwortung. Das gestehen ihr ihre Kollegen jetzt so wenig zu wie früher, was Frau März allerdings nicht aus der Fassung bringt. Sie interpretiert die neuen Verhältnisse mit marxistischer Theorie: Sie habe die Antragsteller früher nicht verstanden, *„weil ich mir gesagt habe, mein Gott, die ham eigentlich ne sozialistische Schule durchgemacht und ham eben ... die Vorzüge des Sozialismus ja kennengelernt. Ich meine, wenn viele heute sagen, naja, also das, was jetzt hier passiert, so ham wir uns das nicht vorgestellt ... ja? Aber dann muß ich sagen, alle ham in der Schule 'n Kapitalismus in seinen Phasen durchgenommen. Ja und da muß ich sagen, na dann hamse irgendwo geschlafen. Ja?"* Auch Frau März kann zynisch sein.

Verankerung

„Ist denn auch was gleichgeblieben?" fragen wir Frau März, nachdem sie über die neuerliche Anwesenheit der *„Asozialen"* auf der Straße berichtet hat. *„Was soll gleichgeblieben sein?"* fragt sie zurück. *„Die Preise erhöhen sich ständig, die Gehälter ooch, also gleichgeblieben ist eigentlich wenig, aber verändert, verändert hat sich eigentlich ooch nichts".* Fassen wir zusammen, was gleichgeblieben ist und was sich verändert hat:

Innerhalb von Haus- und Familienarbeit herrschen weiter die alten Zuständigkeiten; Frau März ist beruflich wieder voll ausgelastet, die Verschnaufpause ist vorbei. Sie erfüllt die beruflichen Anforderungen diszipliniert und ordentlich, wozu es auch gehört, ihre Position zu symbolisieren. Das Verhältnis von Frau März zu ihren Mitarbeiterinnen ist nach wie vor ein paternalistisches. Am Arbeitsplatz entscheidet sie mit über deren Schicksal, und das hat sie zu DDR-Zeiten auch schon getan. Doch das Umfeld *außerhalb* des Arbeitsplatzes vermittelt ihr jetzt, wo sie steht. Die Straßenbahngemeinschaft verliert ein Mitglied nach dem anderen, bis nur noch Frau März übrig bleibt, die Abgedrifteten mit den Bierdosen rahmen ihren Arbeitstag, das Wohnviertel wird, wie sie meint, bald von *„irgendwelchen Asozialen oder was weeß ich"* bewohnt, einem Teil der Bevölkerung, zu dem sie nicht gehört.

Frau März ist ein bißchen einsamer als vorher, weil Konkurrenz herrscht und atmosphärisch vor ihr nicht haltmacht. Daß gerade sie einen Arbeitsplatz hat und noch dazu ihre Position halten konnte, zieht Kommunikationsprobleme nach sich. Aber sie kann die neuen Regeln zur beruflichen Positionssicherung gut einsetzen, auch wenn die KollegInnen nicht immer mitspielen wollen, und daß die Privatkontakte deshalb bröckeln, schwächt sie durch Begründungsarbeit ab: Sie brauche keine Freunde. Abends sei sie müde, und man ginge ohnehin selten aus, da ihr Mann ja nichts trinke.

Frau März meint, sie hätte es sich gewünscht, daß man sie gefragt hätte, ob sie gehen will, und begründet diesen Wunsch damit, daß es keinen Spaß mache, Mitarbeiterinnen zu verlieren. Dies mag nun nur eine Strategie sein, Neid abzubauen, aber gerade das ist interessant. Frau März stellte sich im ersten Interview so dar, als wäre alles, was Märzens täten und hätten, *„wie in jeder anderen Familie auch"*. So beginnt auch das zweite Interview: Sie nimmt ihre Herkunftsfamilie zum Beispiel dafür, daß man von Arbeitslosigkeit betroffen sei wie andere Familien auch. Doch in ihrer eigenen Familie, und vor allem bei ihr selbst, ging es in den letzten beiden Jahren bergauf, und es gibt keine Anzeichen dafür, daß das nicht so bliebe. Die Nichtabweichung von Normalitätsstandards war für Frau März immer sehr wichtig. Sie hat gemacht, was anstand, sie war eine aufrechte Staatsbürgerin, die Standards, die es einzuhalten gab, waren klar. Jetzt aber ist sie in einer besonderen Situation, und das Interview hat diese Abweichung vom Leben anderer zum Thema. Über ihre konkrete Arbeit erzählt sie wenig, wichtig sind Machtgefälle, Statuspositionen, Umgangstöne. Auch Herrn Fliegers Interview hat das zum Gegenstand, aber er zeigt Stolz auf seine eigene Leistung. Frau März hingegen spricht nicht von ihrem Anteil an ihrer erreichten Position, sondern träumt sich eine Entlassungsgeschichte zusammen. Das mag seinen Grund darin haben, daß Frau März an ihrem Arbeitsplatz in einer anderen Situation ist als Herr Flieger; ihn feindet niemand an, sie aber ist in ihrem Betrieb geblieben und hat ihre Führungsposition gehalten, wohl im Gegensatz zu den meisten anderen. Frau März, die alles richtig machen will, konnte in diesem Falle nicht alles richtig machen. Mit ihrer Stelle sicherte sie sich gleichzeitig Neider, und diese bringen das jetzt offener zum Ausdruck als früher. Ihre erfrischendsten zwischenmenschlichen Kontakte hatte sie mit Westdeutschen, denn denen gegenüber mußte sie sich nicht verteidigen.

Zu Hause ist ihre Position weiterhin die stärkere: Sie hat den sichereren Arbeitsplatz, und sie behält die Alltagsorganisation in der Hand, hier blieb in dieser Hinsicht alles beim alten. Freilich beschäftigen sie die neuen Optionen, die sich mit ihrer traditionalen Einstellung decken, nicht aber mit ihrer Berufsorientierung. An Frau März läßt sich zeigen, wie traditionelle Vorstellungen von der Rolle der Frau und von beruflicher Karriere zusammengehen können. Die vermeintliche neue Norm, Frauen haben sich um ihre Familie zu kümmern, teilt sie durchaus; sie träumt sich sogar in eine Teilzeitstelle, um sich mehr um ihre Familie kümmern zu können - falls sie ihren Arbeitsplatz verlieren würde, der freilich sehr sicher ist.

Zusammengehalten wird ihr Leben von seiner starken Ritualisierung: Was außerhalb des Berufs geschieht, verläuft in den geregelten Bahnen einer funktionierenden Lebensgemeinschaft mit festen Zuständigkeiten und Gewohnheiten, die auf der stillen Übereinkunft beruht, daß ihr Mann machen könne, was er wolle, solange er nur ja nicht trinkt. Das gemeinsame Kaffeetrinken ist die Situation, in der sie sich am wohlsten fühlt - dieses Ritual hat alle Veränderungen unangefochten überstanden. Die neue Warenwelt hat einen erstaunlich geringen Stellenwert. Sie war - mit Ausnahme ihrer Fortbildung - auch nach wie vor noch nicht im Westen. Sie behält ihre frühere Lebenswelt im Großen und Ganzen bei; immerhin hat sie sich die Haare rot gefärbt, aber erst jetzt. Unsere anderen Interviewpartnerinnen hatten die neuen Tönungen schon zwei Jahre vorher ausprobiert.

Die Sensibilisierung für Statusunterschiede und Distinktionsbedürfnisse ist neu. Frau März kann sich nicht mehr auf die Leugnung *eines* Distinktionsmechanismus, nämlich der Parteikarriere mit ihren überschaubaren Privilegien, widmen. Das sichtbarste Distinktionskriterium ist der Besitz eines Arbeitsplatzes. Daß aber Frau März einen ganz besonderen Arbeitsplatz hatte und noch immer hat, macht die Sache schwieriger. Die Hierarchien am Arbeitsplatz sind differenzierter geworden und werden auf eine andere Weise als früher symbolisiert; Frau März kann nicht mehr auf ihren ehemals richtigen Weg, die Partei, zurückgreifen. Gerade den können die Kollegen ihr noch im Nachhinein vorhalten. Gleichwohl hat auch sie die neuen Distinktionsstrategien sehr schnell begriffen.

Doch ihr Gefühl für Richtigkeit, Rechtmäßigkeit und Ordnung wird permanent irritiert: Die Politik, gerade die der pragmatischen Entscheidungen, entspricht ihr nicht, ihre Landsleute jammern zu viel und sind zu fordernd, die Kollegen zu unverschämt, Ausländer stören sie mehr als vor zwei Jahren, und vor allem landen Leute trinkend auf der Straße. Frau März versucht immer noch, alles richtig zu machen, die andern aber tun das nicht. Sie verstoßen gegen Frau März' Sinn für Richtigkeit und Ordnung. Diese Vorstellungen scheinen ihr nur im Rückzug rettbar. So zieht sie sich zurück in ihre Nische: in die Vollkomfortwohnung, wo alles so ist, wie es sich gehört, denn sie muß ihre eigene Lebensführung vor den verwirrenden Unübersichtlichkeiten schützen.

Frau März sitzt, ein bißchen einsamer als früher, im selben selbstgezimmerten und gut abgedichteten Boot wie schon immer und versucht, unbeschadet durch die fremden Gewässer zu gelangen. Sie versucht, zu tun, was man von ihr erwartet und zu erhalten, worin sie investiert hat. Wenn das auch nicht immer möglich ist, so bestimmt das Festhalten daran doch den neuen Kurs.

Frau Bohm

1. Interview: *"Zumindest nicht alleene sein".*

Frau Bohm, eine Kollegin von Frau März, ist im Warenhaus in der Weiterbildung tätig; mit ihren 28 Jahren ist sie ungefähr 10 Jahre jünger als ihre Kollegin. Die gelernte Fachverkäuferin hat in den letzten Jahren vor der Wende für ihre jetzige Position ein Studium absolviert.

Partei,

Frau Bohm hat keine Kaderkarriere gemacht, doch in der Partei war auch sie: *"Das mußte ma unbedingt.... Wenn ich nicht eingetreten wär in die Partei, dann hätt ich den Job nicht gekriegt".* Sie bezeichnet sich als *"zahlendes Mitglied"*, und obschon auch sie in der DSF[1] und im FDGB[2] war, hat sie sich nicht so einspannen lassen wie Frau März. Sie ging einmal im Monat zur Parteiversammlung und schließt sich der Einschätzung der bisherigen InterviewpartnerInnen über die dortigen offenen Diskussionen nicht an. Im Gegenteil, *"Schwachsinn"* sei das gewesen. Um die Aufgaben, die die Partei von ihr in ihrem Beruf verlangte, *"hab ich mich immer drumrum gedrängelt"*, so zum Beispiel um die Anwerbung von Mitarbeitern für die Partei. Die Kollegen hätten das *"gar nisch so recht mitgekriegt"*, denn sie hatte das *"Glück"*, daß die Bereichsleiterin *"so hoch parteilich engagiert is und da konnte ich mich zurückhalten"*. Parteiaufgaben unterlief sie dort, wo es problemlos ging, stellte sich aber auch offen stur: *"Und wenn 's hieß, hier, du machst oder es wird irgendwas angewiesen, hab ich gesagt, ich mach 's nicht. Da drohn se, das war eben ein Mißstand. Wenn das nicht alles so mit Zwang gewesen wär, wären sicher viele aus Überzeugung eingetreten, würd ich denken, und nicht, weil sie irgendeinen Job haben wollen"*. Sie macht keinen Hehl daraus, daß letzteres der Grund für ihren Parteieintritt war und hält Zwang für kontraproduktiv. Die geäußerte Ansicht, daß ohne solchen Zwang *"viele aus Überzeugung eingetreten wären"*, erinnert an die Argumentation von Herrn Dalloff und Herrn Rabe, man hätte bestimmte Zwangsmittel nicht gebraucht. Doch wie wir sehen werden, interessiert Frau Bohm Politik nur mäßig: Ihre Statements, die politische Lage betreffend, sind kurz und reißen nur oberflächlich das Schlafen der Treuhand, die Korruptheit der Politiker und das Problem der Arbeitslosigkeit an.

---

[1] Deutsch-Sowjetische Freundschaft
[2] Freier deutscher Gewerkschaftsbund

Beruf ...

Verkäuferin habe sie werden wollen, *„da ich eigentlisch sehr kontaktfreudig bin"* und *„ma hat eben früher gesaacht, im Handel kriegt ma eben doch noch einiges mehr"*. Hier wird expliziert, daß Verkäuferin in der DDR eine privilegierte Position war, und daß diese Privilegierung ein Grund war, diesen Beruf zu ergreifen. Im Warenhaus wollte sie in den technischen Bereich, lernte aber in der Haushalts- und arbeitete anschließend in der Spielwarenabteilung; wegen des Studiums *„ham se mich ma angesprochen, und da hab isch gesaacht, naja gut, interessieren würde mich das ... und da hat sich das ergäben"*. Sie schildert ihre jetzige Tätigkeit; von Engagement oder Enttäuschung indes ist im Vergleich zu unseren anderen InterviewpartnerInnen wenig zu spüren: nicht vom Zusammenarbeiten als Wert wie bei Frau Barzel, nicht vom Glauben an den Sozialismus wie bei Frau März, nicht vom Arbeitsinhalt wie bei Herrn Rabe, Herrn Dalloff und Herrn Belzow, auch nicht von der Karriere oder dem Ideal selbständigen Arbeitens wie bei den Herren Flieger und Pattermann.

... und Kind

In welcher Sphäre engagiert sich Frau Bohm? Wo finden wir Engagement und Enttäuschung?

Im Zusammenhang mit ihrem Parteiaustritt erwähnt sie zum ersten Mal ihre Tochter. Frau Bohm ist im Dezember 1989 ausgetreten, *„das war noch spät, muß isch sagen. Aber die Kolleginnen aus der Weiterbildung mußten ja noch Vorbild sein und ich war dann ne Zeitlang zu Hause mit der Kleenen, da konnt ich nicht austreten, also ich hätte extra reingemußt und so, und ich war erst in der Arbeit und dann bin ich ausgetreten"*. Frau Bohm sucht nach einer Entschuldigung für diesen späten Austritt: Nachdem sie anfangs noch ihre Vorbildfunktion erfüllt hatte, wurde ihre Tochter krank; da Frau Bohm deshalb nicht zur Arbeit ging, trat sie auch nicht aus der Partei aus. Wir sehen: Die Parteizugehörigkeit war an die Arbeit gekoppelt und nur an die Arbeit. So ist einmal auch der Austritt etwas, was man in der Arbeit erledigt, offensichtlich ohne größere Gefühlsregungen. *„Extra reingemußt"* hätte sie deshalb, und das ist der Parteiaustritt nicht wert. Auf der anderen Seite konnte sie so auch die *„Vorbildfunktion"* noch eine Weile erfüllen, ohne dazu Stellung nehmen zu müssen - falls das doch noch von Belang sein sollte. Frau Bohm bot ihren Bezugspersonen ebenso wie den InterviewerInnen verschiedene Deutungsmöglichkeiten an; sie selbst zog sich auf ihre Mutterrolle zurück. Freilich ist die kleine Heike Bohm erst vier Jahre alt und auf solche Versorgungsleistungen stärker angewiesen als die älteren Kinder unserer anderen InterviewpartnerInnen; gleichzeitig bietet sich dadurch aber auch eine solche Rückzugsmöglichkeit erst an.

Frau Bohms private Wende

Darüberhinaus hat Frau Bohm ihr Privatleben noch nicht angesprochen, und wir fragen jetzt auch nicht danach: *„Um auf die Umbruchsphase zurückzukommen, wie ham Sie die eigentlich erlebt?"* *„Oh Gott, da ham, bei mir ham viele Faktoren zusammengespielt, ach je, wo fang ma da an. Durch die Umbruchsphase vielleicht nicht, jedenfalls is da meine Ehe zu Bruch gegangen. Er wollte rüber, ich wollte nicht, naja und da ham wir uns auseinandergelebt und am Ende ham ma uns scheiden lassen. Das is über ein Jahr her. Habe aber in der ganzen Phase jemand anders kennengelernt, wo ich jetzt ooch wohne, der is bloß im Moment auf Dienstreise. Tja, das is eigentlich die Wende gewesen, im Prinzip, mehr oder weniger ".*

Das ist die Wende gewesen für Frau Bohm: nicht der gesellschaftliche Umbruch, sondern das Ende ihrer Ehe und der Beginn einer neuen Beziehung. Der zeitliche Zusammenfall ihrer privaten Wende mit der Umbruchsphase des Gesellschaftssystems läßt den Systemwechsel zuerst einmal in den Hintergrund treten. *„Durch die Umbruchsphase vielleicht nicht"*, meint sie, aber jedenfalls *„da"* sei ihre Ehe zu Bruch gegangen, betont sie die zeitliche Koinzidenz, wenn sie auch einen direkten Zusammenhang nicht ganz ausschließt. Eine Katalysatorwirkung auf das Ende ihrer Ehe hatte das Ende der DDR allemal, und auch der Beginn der neuen Beziehung entsprang dem Ende der DDR: Ihren jetzigen Freund kennt sie seit November 1989, ihr Kontakt ist indirekt dem Fall der Mauer geschuldet: *„Er is von meiner Tante der Kegelbruder. Und sie ist nach Hamburg gezogen, was heißt gezogen, die is damals drübengeblieben. Und er hat se dort besucht, und sie hatte grad 'n Paket für mich und da mir um die Ecke wohnen ... hat er mir 's Paket gebracht ".* Sie habe ihm ihr *„Herz ausgeschüttet"*, aber *„zusammen simma eigentlich erst gekommen nach der Scheidung, obwohl er jeden Tach bei mir war".* Sie habe sich *„immer gewundert, ich dachte mir, na wann greift er denn nun an, aber es war eben nischt. Bis ich dann angegriffen hab. Fand ich echt nett, daß er misch da in Ruhe gelassen hat die ganze Zeit, denn mir stand da echt nicht der Sinn danach, wenn ma so ne Ehekrise hat".* *„Auf jeden Fall"*, sagt sie, war ihre private Wende für sie bedeutender als die gesellschaftspolitische.

„Manchmal glaubt ma des immer noch nicht, daß es so ist" - dieser Satz steht zwischen der Schilderung ihrer privaten Geschichte und der Charakteristik der *„Umbruchssituation"*, die wir gemeint haben und kann sich auf beides beziehen - und sie fährt fort: *„Ma hat sich über alles gewundert und vieles gar nischt mehr kapiert, weil alles stürmte auf einen ein, was eben von Westdeutschland kam"* - da ihr neuer Partner mit seinem Paket gleichfalls aus Westdeutschland auf sie einstürmte, ist der Bezug immer noch doppeldeutig - *„... Isch habe da nie dran geglaubt, daß die Grenzen aufgemacht werden und da hat ma eben vieles gehört, was unsere Politiker gemacht haben, und wenn ma schon sein Tief hat und dann noch*

sowas hört, da ist ma dann irgendwann ganz down. Wobei ich es nicht das Schlechteste finde, daß es so gekommen is. Ich mein, manches ist nicht schön, was ma jetzt eben hört, mit Arbeitslosigkeit und alles, aber irgendwann wird sich das mal eintakten, nehm ich an". Sie thematisiert die Verstärkung ihrer persönlichen Krise durch das, was man über die Machenschaften der Politiker gehört hat und resümiert schließlich: *"Naja, in dem Zuge hab ich mich scheiden lassen, hab 'n neuen Mann kennengelernt. Seitdem is das Leben eigentlich erst mal wieder schön geworden, muß ich sagen, also ich bereue es ooch nich, daß ich mich scheiden lassen hab".* Auf den neuen Mann kommt es an, sagt sie uns damit, nicht auf das neue System.

Wir sind bislang davon ausgegangen, daß das alltagsverändernde Ereignis im Leben unserer InterviewpartnerInnen in den letzten Jahren der gesellschaftspolitische Systemwechsel sei; als Problem ersten Grades kristallierten sich seine Auswirkungen auf die Sphäre der Erwerbsarbeit heraus. Unsere InterviewpartnerInnen wußten auch, daß dies der Anlaß unserer Studie war: wie die Auswirkungen des Systemwechsels im Alltag auf die Reihe zu kriegen waren. Darauf antworteten sie auch. Nicht so Frau Bohm. Sie beantwortet nicht einmal unsere direkte Frage nach dem Erleben der Umbruchsphase so, wie sie denken muß, daß wir es erwarten: *"Durch die Umbruchsphase vielleicht nicht, jedenfalls ist da meine Ehe zu Bruch gegangen".* Obschon sie selbst sagt, daß der Streit über die neue Möglichkeit, in den Westen zu ziehen, die Ehe letztendlich beendet hätte, mag sie die gesellschaftspolitische Umbruchsphase für sich nicht als solche gelten lassen. In Frau Bohms Leben hat sich auf der privaten Ebene eine Veränderung ereignet, die die gesellschaftspolitische Wende zum biographischen Randereignis degradiert.

Wo sie die Veränderungen, die dem Systemwechsel geschuldet sind, wahrnehmen muß, werden sie in ihren Auswirkungen auf ihr Privatleben nicht nur thematisiert, sondern, wie ich meine, auch wahrgenommen. So laufen die Schilderungen der Veränderung ihrer Arbeitssituation durch das erweiterte Warenangebot im Erzählfluß auf den außerberuflichen Alltag zu: *"Ja, ansonsten muß ich mich selber weiterbilden, weil mir nu mehr Artikel ham uff 'm Markt, also im Verkauf. Es macht mehr Spaß ooch mit der Wende, mit dem Warenangebot spart ma mehr Zeit, ich muß nicht mehr anstehen beim Einkaufen, ich kann einkaufen, wann ich lustisch bin, isch kann een Großeinkauf machen, die Verbrauchsdaten sind länger".* Sie vertauscht die Perspektive der Kaufhausangestellten umstandslos mit der der Lebensmittel einkaufenden Hausfrau: mit der Rolle, die Frau Bohm für ihre Familie spielt. Die Verringerung der Arbeitszeit wird ihrer Rolle als Mutter zugeschlagen: *"Durch die Wende ham ma ooch die 40-Stunden-Woche gekriegt, also, is ooch für die Kleene gut, ne halbe Stunde, sowas macht sich echt bemerkbar".* Doch es ist nicht die gesellschaftspolitische Wende alleine, die mehr Zeit beschert: *"Durch meinen Freund hab ich ooch mehr Freizeit, weil der vieles macht im Haushalt, viel mit der Kleenen unterwegs is".* Ganz strikt interpretiert Frau Bohm den gesellschaftlichen Umbruch als einen privaten.

Arbeitsplatzgefährdung und Alternativrolle

In der Weiterbildung, so Frau Bohm, arbeiten für die neuen Bedingungen zu viele Personen. *„Ich sag mir immer wieder, Mensch, du mußt ma gucken ... aber es ist ooch nich so einfach",* sich einen neuen Arbeitsplatz zu suchen. Denn Frau Bohm muß mit ihrer Familie rechnen: Den Plan, für ein privates Weiterbildungsinstitut zu arbeiten, gab sie wieder auf, denn *„die Arbeitszeit, ne, da ma hier so im Bezirk Leipzig rumreisen muß und so, und mein Freund, der kommt spät nach Hause dann abends".* Doch bietet die private Wende der Frau Bohm auch Rückendeckung: *„Seitdem mein Partner den neuen Job hat, isses jetzt nich mehr ganz so, wo isch mir saache: Wenn de jetzt ma arbeitslos wirst, dann is etwas mehr Geld im Haus als vorher. Isch möcht nisch arbeitslos werden, aber dann isses vielleicht nicht ganz so extrem, als wenn das vorher gewesen wär".* Ihr Freund hat erst vor drei Wochen eine Stellung als Vertreter einer Sportartikelfirma angetreten. *„Wenn er die Probezeit besteht, ist er erstmal sicherlich sicher",* meint sie, doch so unsicher das auch ist, Frau Bohm vertraut darauf und nimmt seine Stellung gleich als potentielle Absicherung ihrer Existenz mit. Dieser doppelte Boden ist neu: Die Kehrseite der jetzt möglichen Arbeitslosigkeit als existenzieller Bedrohung ist die potentielle Abwendung vom Arbeits- hin zum Heiratsmarkt[3]: die angebotene Alternativrolle Hausfrau, die es in der DDR nicht gab.

Zwar ist diese Rolle nicht das, was Frau Bohm will - angeboten indes wird sie, und zu diesem Angebot hinzu kommen die Vorzüge ihres Partners, die Frau Bohms Angst vor Arbeitslosigkeit schmälern. Darüberhinaus vertraut Frau Bohm auf den Aufschwung Ost - und auf sich selbst: *„Na, ich trau mir ooch zu, irgendwie 'n anderen Job zu kriegen, dann nach ner gewissen Zeit. Also, daß isch auf Dauer arbeitslos werd, des kann ich mir eigentlisch gar nicht vorstellen. Glaub ich eigentlich ooch nischt dran. Ich meine, wobei, ma hört 's viel, ne, von Bekannten und Verwandten, die schon bißchen länger arbeitslos sind, wobei, wenn sich jetzt viele Firmen etablieren hier ... da kommt soviel noch, dann denk ich schon, daß ma da was findet ".* An Arbeitslosigkeit auf Dauer glaubt sie nicht, auf eine kurzzeitige Arbeitslosigkeit indessen kann sie sich in ihrer Situation einstellen.

---

[3] Der Heiratsmarkt ist ohnehin, folgt man Allmendinger u.a. 1992, S. 106, „für die lebenslange Absicherung von Frauen ... erfolgversprechender als der Arbeitsmarkt". Zwar beziehen sich ihre Untersuchungsergebnisse und dieses Zitat auf die Frauen der Jahrgänge 1919 bis 1921, doch geben sich die Autorinnen, was die jüngeren Jahrgänge betrifft, nicht optimistisch, da die Rentenreform von 1992 die Orientierung an lebenslanger Erwerbsarbeit und die an einer traditionalen Rollenverteilung festschreibe (Allmendinger u.a. 1992, S. 107ff).

Doch es gibt auch Abwanderungsanreize: Das Klima am Arbeitsplatz ist nicht das beste. *„Meine eine Kollegin und ich, also mir halten zusammen gegen den Chef, wenn ich jetzt mal offen sein darf"*, meint sie. Und *„ja, die, wie sie so schön heißen, die Wessis, ... die gehn an einem vorbei und können nisch guten Taach sagen ... ich meene, Ostdeutsche gibt 's genau so, aber irgendwie, ma is sowieso bissl aggressiv gegen die Leute, ja, und da nimmt ma das noch mehr zur Kenntnis und wertet das ooch bissl anders"*. Alte Grabenkämpfe brechen auf, neue kommen hinzu.

Vorstellen könne Frau Bohm es sich, verkürzt zu arbeiten - wobei auch sie, wie Frau März, dabei an *„fünf, sechs Stunden am Taach"* denkt, keinesfalls also an eine Halbtagsbeschäftigung, wie der Wunsch nach Teilzeit der Frauen in Ostdeutschland im Westen oft verstanden wird - *„schon, um meiner Tochter zuliebe, aber ooch für 'n Stefan dann. Denn wenn ich acht Stunden arbeiten geh und er, und ma is total fertig, und da braucht bloß ein kleener Punkt zu sein, dann geht das Gestreite los, wobei, ich muß sagen, wir streiten sehr wenig ... Ich meene gut, es dauert wohl noch 'n paar Jahre, wenn die Liebe nicht mehr so frisch is, dann passiert 's eben doch eher, und wenn man dann nischt so ausgeglichen is und so kann ma eben dann als Frau doch noch a bissl anders dann reagieren, wenn ma nisch so abgespannt is wie der Mann, ne"*.

Zum einen ist klar, wer Gefühlsarbeit zu leisten hat: Es ist die Frau, und das hat zweitens zur Folge, daß sie deshalb nicht so abgespannt sein darf wie der Mann, schon mal vorsorglich für die Zeiten, wo *„die Liebe nicht mehr so frisch ist"*. Die Anforderungen der verschiedenen Rollen widersprechen sich jetzt, und verkürzt zu arbeiten erscheint Frau Bohm als praktikabler Kompromiß. Unternommen hat sie in dieser Richtung allerdings noch nichts.

Familienarbeit und -freude

Sehen wir uns Frau Bohms Beziehung näher an. Wer leistet die Familienarbeit? Läßt sie sich von ihrem neuen Freund wirklich *„viel im Haushalt"* abnehmen? Ja, man teile sich die Hausarbeit. *„Gibt 's da Bereiche, wo er zuständig is eher oder Sie eher?"* *„Naja, grundsätzlich Feuer macht er vom Prinzip her immer, holt Kohle. Wenn er Spätschicht hatte, hat er alles gemacht, vom Abwasch her, wenn ich dem die Waschmaschine fertiggemacht hab, hat er ooch gewaschen, hat se uffgehangen. Je nachdem, macht er ooch jetzt noch, wenn ich mal sage, kannst du mal helfen ... oder er kommt ooch selber und fragt"*. Er machte auch mal das Frühstück, *„wenn ich zu faul war zum uffstehn und er war schon im Bad fertig ... wenn er denn mal Spätschicht hatte, was dann selten vorkam, hat er immer 's Frühstück gemacht"*. Jede Menge Umstände mußten da zusammentreffen, Spätschicht kam selten vor - und jetzt, wo er einen neuen Arbeitsplatz hat, muß sich erst zeigen, wieviel Zeit ihm für den Haushalt noch bleibt. Demnach ist Frau Bohm für den Haushalt zuständig, obgleich sie in seine Wohnung gezogen ist: Sie ist es, die ihn zur Arbeit auffordert, sie ist es, die gefragt wird, ob man ihr helfen kann. *„Im Gegensatz zu meinem geschiedenen Mann"* jedoch kommt der neue Partner mit seinen geringen Haushaltsbeiträgen ganz gut weg, vor allem aber deshalb, weil er sich auch mehr als ihr geschiedener Mann mit dem Kind befaßt: *„Als Vater is er ooch akzeptabel, also besser als der Richtische eigentlich, also der macht mehr für 's Kind"*. Er brachte es beispielsweise zum Kindergarten, wenn er Spätschicht hatte. Da Frau Bohm dieses Engagement sehr hochschätzt, zumal es nicht sein eigenes Kind ist, braucht es so hoch nun wieder gar nicht zu sein. Und er hat auch mehr Zeit für Frau Bohm als ihr Mann das hatte. Man *„ beschäftigt sich miteinander"*, man setze sich zusammen und mache irgendwas, *„alles zusammen, nich nur eener oder so, also, jeder alles zusammen"*. Am wohlsten fühle sie sich, *„hier zu Hause ... wenn wir drei zusammen sind, nu, am wohlsten eigentlich, wenn ma Ruhe ham vor der Kleenen, mit is ooch schön ..., aber wenn ma uns hier miteinander beschäftigen können, also was weeß ich ... also ich mein, so bissl, naja wie ma des so macht, Streicheleinheiten"*.

Der Märchenprinz

Keine Frage: Frau Bohm ist verliebt und entschlossen, glücklich zu sein mit ihrem neuen Partner. Sie verbringt ihre Zeit gern mit ihm, ist mit seiner Mitarbeit im Haushalt zufrieden und schätzt ihn als Ersatzvater, die Kleine tue das auch und *„fragt mich jeden Tag, wann der Papi kommt, also is wirklich ein Herz und eine Seele. So, ma kann sich nischt anders wünschen, wenn 's so bleibt, dann isses schön"*.

Frau Bohms Verhalten indes ist dem ihrer Tochter nicht unähnlich. Der neue Freund ist in der Einarbeitungsphase die Woche über auswärts unterwegs. Frau Bohm geht früh ins Bett, *„damit die Nacht schnell rumgeht und dann wart ich immer uff Freitag"*. Sie erwähnt mehrmals, daß ihr jetziger Freund älter ist als sie, während ihr Mann und sie gleichaltrig waren. Dieses Faktum genügt ihr ohne weiteren Kommentar als Begründung dafür, daß sie sich mit ihrem Mann nicht gut verstanden hat. Die jetzige Alterskonstellation unterstreicht das von ihr gewünschte Verhältnis oder macht es erst möglich: Die jüngere Frau kann ihrem Mann vertrauen. Sie ist in seine Wohnung gezogen, hat die ihre aufgegeben, wollte aber anfangs nicht, daß *„wir eene Kasse ham, das war ein Heidendurcheinander, aber das hat er eben voll akzeptiert, daß ich mein eigenes Geld haben möchte"*. Sie findet ihr Ansinnen eine Zumutung für ihn; daß er es akzeptiert, ehrt ihn in ihren Augen. Nicht zuletzt sieht sie ihn in der Rolle des Familienernährers, obschon bislang hierzu kein Grund besteht. Noch ist sein Arbeitsplatz nicht sicherer als ihrer.

Doch seine Person und die in ihn gesetzten Erwartungen können die verlorene Verhaltenssicherheit ein Stück weit ersetzen: Das *„ganze Heckmeck"* des nachwendlichen Alltags geht Frau Bohm so auf die Nerven, daß sie gar mit der Vorstellung spielt, ihrem Freund, so sich das ergäbe, nach Westdeutschland zu folgen, obgleich sie aus Leipzig eigentlich nicht weg will. Denn „*ma kommt in geordnete Verhältnisse da drüben*", wäre nicht mehr in diesem „*Theater, dort so und hier so, heute so, morgen so ... erst soviel, dann soviel ... des macht eenen wahnsinnig*".

Freilich bietet ihr der Freund nicht nur Ersatz für Verlorenes, sondern auch eine Chance für Neues, freilich eine doppelbödige: Sie kann sich gut vorstellen, weniger zu arbeiten, um mehr für ihre Familie dazusein, ja sie hält sogar eine zeitweilige Arbeitslosigkeit für erträglich. Diese erahnte Unabhängigkeit von der gesellschaftlichen Öffentlichkeit und ihren Turbulenzen, von der allzu schweren Sorge um ihren Arbeitsplatz und von der Rolle der Frau in der DDR hat indes Kosten: die drohende ökonomische Abhängigkeit von ihrem neuen Freund.

Damit sie diese ertragen kann, erzählt sie ihre Beziehung als das Märchen von der schicksalhaften Erlösung der Prinzessin durch den Märchenprinzen. Ihre Beziehung zu ihrem Freund fällt mit dem gesellschaftlichen Umbruch nicht nur zeitlich, sondern auch sinnhaft, ja schicksalhaft zusammen, denn er hat sie auch von der DDR erlöst, die mit ihrer früheren Ehe, die langweilig und unbefriedigend war, verschmilzt. Sie und ihr geschiedener Mann hätten „*vom Niveau her*" nicht zusammengepaßt, „*also er kam, wenn ich so sagen darf, vom Bau ... Wenn ma weg waren, da hat er nur noch irgendwelchen Mist erzählt, wo ich mich am Ende geschämt hab*". Man paßte zusammen in die sozialistische Lebensweise, war aber nicht füreinander geschaffen. Mit ihrem neuen Partner hingegen „*kann ma sich über alles unterhalten ... Er ist auch ziemlich bewandert und liest viel und weeß eigentlich viel*", kurzum, die richtige Partie, das richtige Milieu, oder, wie Frau Bohm es ausdrücken würde, das richtige „*Niveau*". Er paßt nicht nur in der Märchenerzählung besser zu ihr, ihr Verhältnis zueinander paßt auch besser in die neue Gesellschaft, in der eine Ehe zwischen einem Bauarbeiter und einer Akademikerin als eine Mesalliance erscheint.

Der gesellschaftliche Wandel freilich hat die Rahmenbedingungen dafür geboten, daß der richtige Prinz die Dornenhecke überhaupt durchschneiden konnte. In Abhängigkeit von den neuen gesellschaftlichen Möglichkeiten brach ihre Ehe letztendlich auseinander, und erst über den Weg von Westen her lernte sie den Mann aus ihrer Nachbarschaft kennen, der ihr vorher nie aufgefallen war, obschon er ihre Tante gut kannte. Er hat auch ein Erkennungszeichen dabei: das Paket ihrer Tante, das ihm Gehör verschafft. Doch nun muß er die Prüfungen bestehen, die die Prinzessin über ihre Freier verhängt hat: „*Nachdem mein Mann ausgezogen is, waren Männer da ... und die wollten immer nur das eine ... und bei ihm hab ich misch immer gewundert, ich dachte mir, wann greift er denn nu an*". Da er das nicht getan hat, hat sie ihn erwählt, - „*fand isch echt nett, daß er mich da in Ruhe gelassen hat*" - indem sie schließlich selber „*angegriffen*" hat. Fraglos hat sie sich nicht geirrt: Er erweist sich in ihren Augen als liebender Ehemann und Vater und kann sie ein Stück weit vom „*Heckmeck*" und der Angst um ihren Arbeitsplatz befreien. So zieht sie gar einen Umzug nach Westdeutschland in Betracht, denn wenn sie ihrem Prinzen auf sein neues Schloß folgte, würde sie vielleicht von dem ganzen „*Heckmeck*" hier nicht nur entlastet, sondern befreit.

Ob sie so etwas wie eine Lebensphilosophie habe? „*Ja, zumindest nicht alleene sein. Also, immer nen Partner haben. Denn alleine, liegt schon in meinem Sternbild, is nich schön. Nur mit Kind, das würde mein Leben nisch erfüllen. Kind gehört dazu, aber nisch nur alleine, wenn möglich, mit dem Partner 's Leben gestalten. Aber ansonsten lass ma 's auf uns zukommen. Man weiß nie, was passiert. Da mach ich misch nich so verrückt. Was soll ich mir Pläne machen oder Träumereien und dann ... Nö nö, mach ma nich*".

Mit dem Partner das Leben gestalten meint das Leben mit dem Partner gestalten. Das Leben außerhalb des Partners läßt sie auf sich zukommen, denn man kann es nicht gestalten, „*man weiß nie, was passiert*". Die nicht mögliche Kontrolle des „*ganzen Heckmeck*" wird durch Vertrauen ersetzt[4], durch Vertrauen in den Partner, unter dessen Obhut und Zuwendung sie alles andere auf sich zukommen lassen kann. Denn die Zukunft ist nicht nur für Pläne, sondern gar für Träumereien tabu, schließlich garantiert niemand ihre Erfüllung. Da vertraut Frau Bohm lieber darauf, daß es „*so bleibt*", denn „*dann wird 's schön*".

Vielleicht liegt auch das an ihrem neuen Partner, daß die DDR-Zeit und damit Frau Bohms bisheriges Leben merkwürdig blaß erscheint. Zumindest die letzten Jahre der DDR scheinen deckungsgleich mit den Jahren ihrer Ehe zu sein, denn es ist wahrscheinlich, daß die Partnerschaft der Frau Bohm auch früher ihr Leben bestimmt hat - nur eben damals in negativer Färbung. Der Verweis auf ihr Sternbild unterstützt diese Deutung: Nicht alleine sein zu wollen, gehört für Frau Bohm zu ihrer Person. An der DDR als Gesellschaftssystem hat sie ihre Identität nicht festgemacht. Früher „*war 's ooch nisch besser, da gab 's ooch Mißstände*", sagt sie, was letztendlich heißt, daß es völlig irrelevant ist, in welchem gesellschaftlichen System man lebe. Nett findet sie im Nachhinein ausdrücklich die „*Feten*". „*Also vom Feiern her, das war gut*". Hierzu zählt die Fete am 1. Mai, „*nach 'm Demonstrieren, wo ja jeder gehn mußte*". Frau Bohm hat selbstverständlich „*gemußt*", denn das gehörte zu ihrem Job; wo es ihr gefallen hat, interessierte sie der gesellschaftspolitische Hintergrund nicht.

Wie sieht ein Tag im Leben der Frau Bohm jetzt aus? Wir sind ihr in einer Phase begegnet, in der der Partner das erste Mal einige Wochen nacheinander auf Dienstreise ist. Das von ihm eingeführte Frühstück wird gleich wieder aufgegeben: „*Da spring isch aus 'm Bett, naja, weil des immer auf die letzte Minute bei mir is ... Dann unter die Dusche schnell, na mach ich die Schnitten für uns, ich muß ja das ganze Frühstück einpacken für die Heike ... Dann weck ich sie so 10 nach 6, und*

---

[4] siehe hierzu Dunkel 1993

die ißt aber nicht, die wird angezogen und die steht nach fünf Minuten an der Tür, so ungefähr ... Die Sachen leg ich alle bereit, schon abends ... Is alles geplant". Der Weg zum Kindergarten mit der Straßenbahn ist ebenfalls auf die Sekunde durchkalkuliert, die beiden versäumen die Straßenbahn nie. *"Dann bin ich um sieben Uhr auf Arbeit ... is alles Minutensache ... da bin ich, wenn ich ankomme, erst mal geschafft". "Und abends?" "Ja also im Moment is es abends ziemlich langweilig ... na guck isch meistens ferne, was anderes bleibt mir ja nischt übrig".*

Während die Alltagsanforderungen nach einem rigorosen Zeitplan perfekt gemanagt werden, langweilt sie sich abends und schlägt die Zeit tot. Ohne ihren Prinzen bleibt ihr *"ja nischt übrig"* außer fernzusehen. Frau Bohm funktioniert, ohne Ambitionen außerhalb ihrer Partnerschaft erkennen zu lassen.

Man kann sich gut vorstellen, daß ihr Alltag tagsaus tagein so ausgesehen hat, bevor sie ihren Prinzen kennenlernte. Schließlich war auch ihr geschiedener Mann oft auf Montage. Nicht als schlafendes Dornröschen erscheint Frau Bohm zu DDR-Zeiten, sondern als eine mechanisch bewegte Puppe. Der Eindruck verstärkt sich dadurch, daß im Interview die biographische Erzählung völlig fehlt. Wir erfahren auch auf Nachfrage nur Spärliches, etwa, daß sie gebürtige Leipzigerin sei und kurz nach der Geburt ihres Kindes geheiratet habe. Prinzessinnen haben keine Biographie: Bestenfalls wurden sie verwöhnt oder verwünscht, und in diesem Teil des Märchens haben wir es mit einer Verwünschung zu tun.

Lebensführung als familiäres Projekt

Das Herz der Mechanik, das generative Prinzip von Frau Bohms jetziger Lebensführung, ist die sinnhafte Orientierung an Partner und Kind, die momentane Präferenzordnung, in der der Partner Vorrang hat, ist ihrer frischen Verliebtheit geschuldet: *"Wenn wir Ruhe vor der Kleenen haben"*, fühlt sich Frau Bohm am wohlsten.

Die Priorität des Familienlebens ist auch in der Form des Interviews zu sehen: Die Passagen, die den Systemwechsel behandeln, enden ebenso im Familienalltag wie die Schilderungen ihrer Arbeitssituation. Die Öffentlichkeit läuft stringent auf die familiäre Privatheit zu, die Vor- und Nachteile der Arbeit und der Systemtransformation werden fast ausschließlich an ihren Auswirkungen für Frau Bohms Situation in ihrer Familie bemessen. Überhaupt findet eine Diskussion der Vor- und Nachteile des neuen und alten Systems, die den anderen InterviewpartnerInnen auf den Nägeln brannte, nicht statt. Einzig Herr Belzow ist ähnlich desinteressiert an einer gesellschaftspolitischen Diskussion. Doch auch eigene Hobbies wie bei Herrn Belzow oder eine Zeitnutzung *"nur für mich"* wie bei Frau März haben im Interview keinen Platz. Ein einziger Traum kommt zur Sprache, der genuin nicht mit der Familie zu tun hat. Zu den pragmatischen Gründen, die für ihre Berufswahl sprachen, kommt eine persönliche Präferenz hinzu: *"Zum technischen Bereich wollt ich eigentlich hin, das war eigentlich so mein Ziel, das ich machen wollte ".* Sie läßt sich widerspruchslos davon abbringen und ihre Karriere ohnehin an sich herantragen, findet aber auch für diese persönliche Liebe zum technischen Bereich eine träumerische familiale Umsetzung: Wenn sie im Lotto gewinnen würde, würde sie sich alle technischen Haushaltsgeräte anschaffen, die es gibt.

Auch die Berufsarbeit ist pure Selbstverständlichkeit für Frau Bohm, allerdings in einem anderen Sinne als für Frau Barzel. Jene schätzte die Arbeit im Kollektiv als Wert an sich, bei Frau Bohm finden wir keinerlei Emphase, dafür aber eine Wahrnehmung einer Nische im neuen System, mit der es sich leben ließe und die auch Frau März erkannte: weniger Zeit in der Berufsarbeit verbringen, mehr Zeit für die Familie haben, respektive für den selbstverständlich weiter voll arbeitenden und damit die Familie ernährenden Partner. Während so auch zumindest die Vorstellung einer zeitweiligen Arbeitslosigkeit erträglich wird, dürfen wir nicht übersehen, daß die Perspektive neu ist: Wenn die Rahmenbedingungen stimmen, bietet das neue System nun nicht nur Unabhängigkeit von einer fordernden Staatspartei, sondern auch von der Berufsarbeit, was an Bedeutung dann gewinnt, wenn diese weder sicher noch attraktiv ist - man denke an Betriebsklima, Entprofessionalisierung und Arbeitszeit. Freilich ist der neue Freund einziger Garant für solche Unabhängigkeit. Frau Bohm tauscht - zumindest vorausschauend - eine Abhängigkeit gegen eine andere aus, und deshalb muß sie ihrem Partner in jeder Hinsicht vertrauen.

Um den Fixpunkt Partnerschaft herum organisiert Frau Bohm ihre Lebensführung; das geht so fixiert vonstatten, daß ihre persönliche Zeit in der Phase, in der ihr Freund auf Dienstreise ist, inhaltsleer geworden ist. Was anderes als fernzusehen, bliebe ihr nicht übrig, sagt die alleingelassene Prinzessin. *„Zumindest nicht alleene sein"* ist das, was sie zur Lebensphilosophie erwählt und vor alles andere stellt. *„Zumindest"* bedeutet, daß auf jeden Fall eine Partnerschaft bestehen muß, alles andere zumindest nachrangig, wenn nicht sinnlos ohne die Erfüllung dieser Grundvoraussetzung ist. Zwar hat ihre Berufstätigkeit den Zweck, wie sie sagt, *„mit Leuten überhaupt in Kontakt zu treten"* - der Partner aber hat Priorität. Wenn beider gemeinsame Zeit knapp wird, will Frau Bohm weniger arbeiten, und diese Chance bietet die neue Gesellschaft wenigstens theoretisch an.

Frau Bohms Arbeitsplatz ist akut bedroht, doch die Bedrohung hat im Interview keineswegs den Stellenwert, den sie bei unseren anderen InterviewpartnerInnen hat. Denn die Wende hat Frau Bohm gleich mehrere Ressourcen serviert, die alle anderen in dieser Kombination nicht haben: Zum ersten ist sie frisch verliebt, zweitens in einen Mann, in den immerhin die Erwartung gesetzt werden kann, das Familieneinkommen auch alleine zu verdienen, drittens die offizielle Zulassung einer Lebensführung, deren Mittelpunkt die Familie ist, genauer: eine geschlechtsspezifisch-traditionale Lebensführung, in der es Norm ist, wenn der Mann Hauptverdiener und älter ist und frau sich auf ihn verlassen kann und damit das Angebot eines Verständnisses von Familie, das Frau Bohm schon immer hatte, auf Seiten der gesellschaftlichen Lebensweise. Somit fallen viertens Interessen und Ressourcen zusammen; und das alles überragende Interesse Frau Bohms an einer Partnerschaft erlaubt es ihr, die Zukunft auf sich zukommen zu lassen. Sie verläßt sich voll auf ihren Partner, der freilich dazu mit märchenhaften Attributen ausgestattet werden muß. Die Weigerung, die Zukunft zu planen oder auch nur zu erträumen, läßt ahnen, wie groß die Angst der Frau Bohm ist, ihren Prinzen wieder zu verlieren.

2. Interview: *„Viele ham Angst davor, arbeitslos zu werden, aber für mich war 's ne Erlösung".*

Bei unserem zweiten Interviewtermin - es ist Sommer 1993 - kommt die frisch verheiratete Prinzessin gerade aus den Flitterwochen von den Seychellen. Auch die Hochzeit selbst war eine außergewöhnliche Inszenierung: *„Wir sind auf 's Standesamt gefahren mit 'm Jeep, in weiß, aber allerdings ein kurzes Kleid, also nicht so die traditionelle Braut, aber war schon bißchen ausgefallen".* Sie sieht auch extravaganter aus als vor zwei Jahren.[5] Was ist passiert?

Die Kündigung und ihre Vorgeschichte

Seit fast einem Jahr ist Frau Bohm arbeitslos aufgrund eigener Kündigung; sie hatte zunächst nicht mehr im Leipziger Warenhaus gearbeitet, sondern - in einer ähnlichen Position - in einer Niederlassung derselben Kette im Leipziger Umland.

Sie hatte ihren Arbeitsplatz nicht eigentlich verloren - schließlich war sie an die Dependance von ihrem Kaufhaus vermittelt worden. Doch *„die ganze Sache hatte eigentlich 'n Haken, hatte mich dort ooch nich wohlgefühlt, weil es wurden eben unsere, wollen mal so sagen, die Ostdeutschen übern Tisch gezogen, jahrelange Abteilungsleiter wurden abgesetzt, wurden als Verkäuferinnen eingestuft und wurden westdeutsche Kollegen genommen, die 18, 19, 20 Jahre alt waren, wurden denen vor die Nase gesetzt, und das war ooch keen Klima mehr".* Sie habe *„das nervlich von der Sache her nicht verkraftet, weil ooch viel Lug und Trug dabei war und so was kann ich ja eigentlich nicht ab".* Auch den weiten Weg dorthin benennt

---

[5] Das Interview findet auf Frau Bohms Wunsch hin in den Büroräumen der Leipziger Projektgruppe in der Innenstadt statt. Frau Bohm kommt mit einigem Gepäck und guter Laune vom Einkaufen - sie hat Schultasche und -tüte für ihre Tochter gekauft. Mit Ausnahme von Herrn Flieger, der uns geschäftsmännisch in sein Büro gebeten hat, hatten uns alle anderen InterviewpartnerInnen in ihrer Wohnung zum Kaffee empfangen; Frau Bohm indes erweckt mit ihrer Inszenierung - und in Verbindung mit den gleich zu Beginn des Interviews angesprochenen Flitterwochen auf den Seychellen - trotz der gekauften Schulsachen weniger das Bild einer 'berufstätigen Mutti' als das einer Frau, die die 'moderne Versorgerehe' gewählt hat und ihren Status genießt.

sie als einen Grund zur Kündigung. Sie hat zwar wieder Autofahren gelernt, aber *„ich hab mitunter drei Stunden gebraucht hin und zurück, und mit meinem Kind ging 's eben ooch nicht mehr zu vereinbaren, ich war 's reinste Nervenbündel und meine Familie eigentlich dann eben ooch, wo wir dann eben gesagt haben, es bringt nischt mehr, und da hab ich eben meine Stelle eigentlich gekündigt".* Sie bringt ein ganzes Konglomerat von Gründen dafür an, daß sie *„eigentlich"* gekündigt habe: Zurücksetzung und Disqualifizierung durch die westdeutschen Kollegen, den Verlust des *„Klimas"*, die lange Anfahrtszeit, den Streß, der das Familienleben beeinträchtigte und die Unvereinbarkeit von Kind und Beruf. Letztendlich ertrug sie die Ignorierung ihres Familienlebens durch den Betrieb nicht: Das Schlüsselerlebnis war der Gründonnerstag, an dem sie um 16 Uhr ihr Kind vom Kindergarten abholen wollte. *„Und da kommt eben die Geschäftsführerin, Sie müssen noch das und das machen. Ich saß bis halb neun ... dort, ne. Wenn man dann aber nischt für 's Kind hat oder 'n Telefon zu Hause oder jemand Bekannten, den ma anrufen kann ... das ging eben nicht zu vereinbaren bei mir, das war keen Zusammenarbeiten, ich hab mich da nicht wohlgefühlt, ganz einfach".* Diese Delegierung ohne Rücksicht auf die Kindergartenzeiten ist Frau Bohm nicht gewohnt. Wir wissen bereits von Frau März, daß die Kindergartenzeiten früher selbstverständlich respektiert wurden. Frau Bohm verweist auch uns gegenüber auf die Probleme der Koordination von Kind und Berufsarbeit: Man braucht jemanden im Hintergrund, den man anrufen kann und um Hilfe bitten. Doch sind die knallharten Organisationsprobleme nur die halbe Wahrheit: Das war *„keen Zusammenarbeiten",* sagt sie, sie habe sich dort einfach *„nicht wohlgefühlt".* Kein *„Klima"* sei das mehr gewesen, kein Kollektiv also, in dem die Zuständigkeit der Frau für ihre Familie als etwas Selbstverständliches betrachtet und auch berücksichtigt worden ist. In Frau Bohms Augen geht es nicht an, daß eine Frau als *„reinstes Nervenbündel"* ihre Familie belastet - so sie eine Alternative hat zu solchem Streß.

Doch bleiben wir vorerst noch am Arbeitsplatz. Frau Bohm sieht die gestörte Arbeitsatmosphäre als einen westdeutschen Import an: *„Von der Mentalität her sind die Westdeutschen doch anders",* meint sie, und sieht man sich ihre Schilderung der Eröffnung des neuen Einkaufszentrums an, versteht man, was sie meint: *„Dann wurde das Warenhaus noch eineinhalb Tage eher aufgemacht, die Kollegen standen da und waren schmutzig, hatten frühe noch geputzt und alles, meine, so ne Eröffnung is doch eigentlich ooch was ... die ham sich alle gefreut auf diesen Tag, ne, also die wollten sich alle schick machen und schön anziehn und so, und dann kommen sie bloß des Geldes wegen oder was weeß ich, wir machen heute um zwei auf. Und die Meldung kam so gegen eins. So, die standen da wie die kleenen Schweinchen, also die waren alle deprimiert von der Sache her".* Bloß wegen des Geldes: Die Mentalität der Westdeutschen ist in den Augen von Frau Bohm eine kapitalistische Mentalität. Was damit auf der Strecke bleibt, ist der Stand der Warenhausangestellten; in welch radikalem Deprofessionalisierungsprozeß sie sich befinden, unter welchem Prestigeverlust sie leiden, zeigt diese Szene exemplarisch auf. Frau Bohms Selbstverständnis entsprechend repräsentieren die Angestellten das Kaufhaus, sind sie die Herrscherinnen über die angebotenen Güter. Dieses Selbstverständnis und der daraus resultierende Anspruch, sich zur Eröffnung „*schick zu machen*", das Gefühl von Freude und sicher auch Stolz über die neue Präsentation kann nicht gründlicher frustriert werden als durch die geschilderte Vorgehensweise der westdeutschen Betriebsleitung. Das will sich Frau Bohm nicht gefallen lassen, zumal auch das für sie Selbstverständliche nicht respektiert wird: die vordringliche Wichtigkeit ihrer Familie. Und sie muß es sich auch nicht gefallen lassen.

Abwanderung als Chance

Widerspruch erwägt sie nicht, denn sie kann ja abwandern, und diese Option, so weiß sie, haben nicht alle. „*Viele wissen genau, ich meine, es ist ja meistens unter westdeutscher Leitung, die wissen genau, also die wollen arbeiten gehn, mit denen kannst du es machen ... Viele ham Angst davor, arbeitslos zu werden ... Aber für mich war 's eigentlich ne Erlösung*". Sie muß sich nicht gefallen lassen, wie westdeutsche Arbeitgeber mit ihr umspringen, denn sie hat eine Alternative: ihren Märchenprinzen. Dieser jedoch mußte sie persönlich (er)lösen: „*Dann hat mein Mann gesagt, also weeß ich noch genau, sagt er, du gehst morgen hin und kündigst*". Das hat sie gemacht, und „*ich war gelöst, ich war der fröhlichste Mensch nach der Sache*".

Freilich ist eine solche Wahl, auch wenn die materiellen Voraussetzungen gegeben sind, erklärungsbedürftig. Die Diskussion um die Erwerbsneigung der ostdeutschen Frauen wird ohnehin mit einiger Schärfe und verständlicher Empfindlichkeit auf beiden Seiten geführt. Nimmt man indes dem Ausdruck Erwerbsneigung seinen unterstellten Impetus der freien Wahl, sondern betont den voluntaristischen Charakter menschlichen Handelns in Abhängigkeit von den jeweiligen Rahmenbedingungen, erklärt sich Frau Bohms geringe Erwerbsneigung als eine rationale Wahl unter veränderten Rahmenbedingungen. Viererlei externe Bedingungen kommen hier zusammen, und fehlte nur eine, wäre Frau Bohms Handeln wohl ein anderes gewesen. Zum ersten war ihre neue Arbeitssituation für sie unangenehm: weite Anfahrt, vorgesetzte Westdeutsche mit einer ihr fremden Unternehmensphilosophie und eine rabiate Deprofessionalisierung ihres Berufsstandes. Sie kollidierte zweitens mit Frau Bohms Erwartungen an sich selbst als Familienfrau. Sie erlebt die Anforderungen, die die Erwerbsarbeit an sie stellt, gleichzeitig als Entzug ihrer Zeit, Aufmerksamkeit und Empathie für die Familie. Die Erfüllung ihrer Rolle als Familienfrau ist ihr vorrangiges Interesse, und die neuen Rahmenbedingungen gefährden dessen Durchsetzung. Drittens ist ihr Partner nach Frau Bohms Einschätzung in der Lage, das

Familieneinkommen zu bestreiten, zumal wenn sie ihr Arbeitslosengeld hinzurechnet: *„Ausrechnen konnte man sich ja, was ma für Arbeitslosengeld kriegt und das war ooch nich so schlecht, dafür gehen manche jetzt noch 'n ganzen Tag arbeiten".* Und viertens nimmt ihr der Partner die Entscheidung ab; er ist es letztendlich, der ihr die Kündigung nahelegt: *„Dann hat mein Mann gesagt, das weeß ich noch genau, du gehst morgen hin und kündigst".* Obschon sie *„mit den Nerven runter"* gewesen war, brauchte sie die Aufforderung ihres Partners. Daß sie diese Option letztendlich annimmt, ist ihrer Lebensführung geschuldet. Diese dreht sich nicht um den Beruf. *„Zumindest nicht alleine sein"*, benennt sie ihre Lebensphilosophie im ersten Interview. Man muß freilich berücksichtigen, daß sie das nach ihrer gescheiterten Ehe inmitten des ersten Hochgefühles ihrer neuen Partnerschaft sagt. Ihr Arbeitsplatz und mit ihm die ganze DDR-Zeit mögen da zwangsläufig ins Hintertreffen geraten. Doch Frau Bohm könnte diese Wertigkeit jetzt relativieren; sie tut das nicht. So habe sie sich das Jahr über *„um meine Tochter und um mein Mann gekümmert, also für den war 's eigentlich ooch ganz gut, der is ... ooch von früh bis abends unterwegs, und es ist doch 'n anderes Familienleben jetzt, nu is es ruhiger".* Auch Frau März hat eine eindeutige traditionale Auffassung geschlechtsspezifischer Zuständigkeiten und phantasiert mit einer Entlassung; doch daß ihr ihr Beruf wichtig ist, daran läßt das Interview keinen Zweifel - übrigens auch nicht an der Betroffenheit ihres Lebensentwurfes durch den Systemwechsel. Frau Bohm indes erweckte im ersten Interview den Eindruck, als sei sie den Erwartungen und Zumutungen der sozialistischen Lebensweise ebenso ohne große Emphase nachgekommen wie sie deren Ende erträgt. Sie stellte *„die Ohren auf Durchzug".* Wir hörten von einer eher pragmatischen Entscheidung für ihren Beruf, der widerspruchslosen Hinnahme der falschen Abteilung und der selbstverständlichen Parteizugehörigkeit, die schließlich zum Berufsbild gehörte. Ebenso selbstverständlich durchlebt sie das Ende der DDR. Nicht ein gesellschaftspolitisches System wurde durch ein neues abgelöst, nicht ihre berufliche Perspektive gefährdet, sondern ihre frühere Partnerschaft durch eine neue ersetzt. Das *„Heckmeck"* des neuen Systems, für dessen Schilderung sie sich Zeit nimmt, wird, wie wir sahen, vor dem Hintergrund der neuen Partnerschaft erzählt, die als einziges Zuflucht und Lösung bietet. Hierzu ist eine fünfte, freilich selbst erstellte Rahmenbedingung nötig: die märchenhafte Überhöhung ihrer Partnerschaft in Verbindung mit der Suche nach rationalen Kriterien für das Gelingen der Beziehung. Da sei sie zuversichtlich, *„sonst hätt ich ja nicht geheiratet".* Ihre erste Heirat fällt ihr da selber als Widerspruch ein, aber schließlich sei ihr jetziger Partner *„ooch sieben Jahre älter, also ooch reifer, und das bringt 's eigentlich".* Seine Eigenschaften als Vater, die Zeit, die er sich für Frau Bohm nimmt, die Umstände des Kennenlernens und Märchenhochzeit und -hochzeitsreise lassen ihr keinen Zweifel daran, daß er der Richtige sein muß. Schließlich geht Frau

Bohm ja ein Risiko ein, und Vertrauen ist die wichtigste Strategie. *„Jetzt läuft alles so, wie man sich das so erhofft und denkt".*

„Ich will wieder raus"

Doch ganz so trifft das nicht zu. *„Ich möchte jetzt ganz gerne wieder arbeiten gehn, aber verkürzt, weil meine Tochter in die Schule kommt, so fünf, sechs Stunden am Tag ... ja und ansonsten eigentlich so weiterleben".*

Mit Geld habe dieser Wunsch nichts zu tun, betont sie. *„Also ich will wieder raus. Mich befriedigt ooch nich dieses Verschicken von Werbung",* was sie stundenweise für ihren Mann gemacht hat. *„Sonst bleibt ma irgendwann auf ner geistigen Stufe stehn sicherlich und ... manchmal sagt ma sich ooch, mein Gott, was hast 'n du eigentlich noch für Gesprächsthemen. Also das ist jetzt eigentlich der Punkt, wo ich sage, jetzt ist alles erledigt, 's Kind kommt in die Schule ... und dann kannste ooch arbeiten gehn".*

Das Familienleben steht nach wie vor an erster Stelle. Erst wenn die Tochter in der Schule ist, darf sich Frau Bohm ihren beruflichen Interessen widmen, die genaugenommen gar keine beruflichen Interessen sind: Es geht es ihr darum, *„Gesprächsthemen"* zu etablieren, vor allem aber ist es die Isoliertheit, die sie jetzt spürt: *„Leute brauch ich eigentlich ganz dringend, mit denen man da ooch mal schwatzen kann, ne".* Sie will nicht wieder rein in den Beruf, sie *„will wieder raus"* aus der Familie. Zwar spricht sie von Freunden und Bekannten, praktisch kristallisiert sich jedoch der Minigolfplatz als Ort und ihre Mutter und ihre Tochter als wichtigste Bezugspersonen der sich als kontaktfreudig beschreibenden Frau Bohm heraus.

Doch ihre vorsichtige Umschau nach Arbeit steht unter harten Restriktionen: Hauptberuflich in den Handel will sie wegen der Arbeitszeit nicht mehr, Teilzeit soll es ohnehin sein, schließlich geht es ja nicht um Geld oder gar finanzielle Unabhängigkeit. Freilich fällt der Zeitpunkt des gewünschten Wiedereinstiegs mit dem Ende des Arbeitslosengeldes zusammen und macht einen Zusammenhang nicht unwahrscheinlich.

Frau Bohms Verfügbarkeit für die Partnerschaft steckt die Grenzen ihres beruflichen Engagements ab: So hat sie sich das letzte halbe Jahr gar nicht um einen Job bemüht, *„weil 's ja nicht viel Sinn hatte durch die Hochzeit, ich kann ja nicht jetzt irgendwo anfangen und sagen, paß of, ich heirate, ich will mein Urlaub ham. So und da hama gesagt, also es bringt überhaupt nischt".*

Der Partner, das Maß aller Dinge

Ob sie den Eindruck habe, sich verändert zu haben? *„Ja. Aber sicher nicht durch die Wende, sondern durch meinen Mann".* Ob sie das näher beschreiben könne? *„Irgendwie gibt er eben das Gefühl, daß ma ooch wer is, ne ... Man kann hochschauen und man kann auch über alles mit ihm reden und kriegt ooch ne Antwort ... Bin eigentlich ooch freier geworden, weil er eigentlich ooch 'n recht lustiger Mensch is ... Ich geh mehr aus mir raus, würd ich sagen, als früher. Setz mich ooch mehr zur Wehr".* Den Interviewerinnen gegenüber setzt sie sich jedenfalls zur Wehr. Hier weist sie uns demonstrativ darauf hin, daß die Wende, die wir so wichtig nehmen, für sie nun mal diese Bedeutung nicht hat - dabei haben wir die Wende gar nicht explizit genannt. Der neue Partner bedeutet ihr die Wende, er bestimmt nicht nur die Ligaturen ihrer Lebensführung, sondern auch ihr Selbstwertgefühl.

Damit sie seinem Bilde entspricht, verändert sie ihr Verhalten: Zum Stadtbummeln sei sie *„nicht der Typ dazu. Ich weeß genau, jetzt, ich geh in die Stadt und kauf ne Hose oder so. Also ich geh zielgerichtet zu dem Hosenständer, weil mein Mann eben sagt, das is typisch Frau beim Einkoofen, ach komm, probier mal das und das sieht schön aus und das macht mich wahnsinnig, also ich geh zielgerichtet irgendwo hin und dann schnapp ich mir das, wenn 's paßt und geh".* Nicht sie macht das wahnsinnig, sondern ihren Mann, und dem will sie gefallen. Dabei paßt solcher Pragmatismus gar nicht zu ihrer Hochschätzung der neuen Konsummöglichkeiten: *„Man kann sich das Leben ganz anders gestalten"* im Vergleich zu früher, so hat sie zuvor erzählt, *„man kann sich die Wohnung anders einrichten, ma hat nicht die Wohnung, die der Nachbar hat, es gab ja bloß drei Schrankwandtypen ... man kann sich eben viel individueller einstellen".* Daß sie die neuen Distinktionsmöglichkeiten bei der Kleidungswahl nicht nutze, weil sie nicht der Typ dazu sei, weist auf den Versuch hin, nicht nur ihre Gewohnheiten, sondern ihr Selbstbild zu verändern. Zu DDR-Zeiten ist Frau *Bohm „schon mal durch 's Warenhaus gestiefelt und hab geguckt",* nun gehe sie lieber dann bummeln, wenn die Geschäfte geschlossen seien. Freilich ist auch denkbar, daß die Story über den zielgerichteten Einkauf der Selbstdarstellung dient.

Wählen geht sie auch nur ihrem Mann zuliebe, doch sie ist so rettungslos politikverdrossen, daß sie sich zu mehr nicht durchringen kann. Politik sei ihr *„zu kompliziert ... Ich hab mich früher ooch nich befaßt damit, weil mir das alles eigentlich zu blöd war".* Sie habe *„ja zwee Ohren, rein, raus".* Für sie wäre alles *„Lug und Trug"* gewesen *„und das interessiert mich halt nich. Und jetzt geht 's ooch nich anders".* Sie macht sich nicht die Mühe, ein Beispiel zu nennen, wie Frau März das tut. Doch wählen wird sie gehen, *„da paßt mein Mann schon auf. Aber ich würde von der Sache her, würd ich nicht gehen".*

Reibungen

Zwischen guter Fee und Lottogewinn erscheinen die Reibungen in Frau Bohms Präferenzordnung noch einmal auf. Hätte sie drei Wünsche frei, was würde sie sich wünschen? *„Oh Gott, was könnte ma sich nur wünschen, na eigentlich nur Arbeit von der Sache her, Gesundheit und eigentlich ein schönes Leben"*. Dazu gehöre, *„daß die Familie intakt bleibt und daß ma 'n schönes Heim hat, bißchen Geld zum Reisen, gesund bleibt"*. Daß sie die Arbeit zuerst nennt, muß nicht bedeuten, daß dies der wichtigste Wunsch ist. Schließlich fällt ihr erst mal nichts ein, was sie sich wünschen solle. So kann sie diesen Wunsch als einzigen nichtrealisierten verstehen, im Sinne einer angenehmen Zutat zum geglückten Leben.

Doch ihre Antwort auf die Frage, was sie mit einem Lottogewinn anstellen würde, betont noch einmal die Bedeutung der Erwerbsarbeit: Sie würde eine Wohnung kaufen *„und dann toll einrichten ... meine elektrischen Haushaltsgeräte, ja und dann würd ich eben reisen ... erstmal, aber dann würd ich sicher arbeiten gehn wollen. Denn nur reisen oder so, das kannste ooch nich"*. Für ihre elektrischen Haushaltsgeräte braucht sie noch immer einen Lottogewinn, aber daß es bei ihrem Arbeitswunsch nicht ums Geld gehe, unterstreicht sie noch einmal. Es klingt beinah so, als befürchte sie, ein Lottogewinn würde sie ein- für allemal auf eine Bohemientätigkeit verpflichten.

Eine Bohemientätigkeit ist ihre jetzige Lebensführung indes keineswegs: *„Die Kleene läßt alles liegen, mein Mann hat sich auch schon dran gewöhnt. Mutti is ja zu Hause, so ungefähr"*. Und so stellt sie fest: *„Es gibt ooch Punkte, wo ma ooch echt fertig is, ooch wenn ma nicht arbeiten geht"*. Der Haushalt ist jetzt die alleinige Sache von Frau Bohm: *„Wo ich noch arbeiten war, da hama 's eigentlich uns geteilt ... aber wenn ich zu Hause bin, da würd ich 's ooch nich einsehen, daß er noch was machen muß, wenn er nach Hause kommt"*. Würde sie wieder arbeiten, würde wieder geteilt, meint sie, *„er kann das auch alles, also er kann auch kochen und bügeln und so was, ja bügeln, das macht er nicht so, also kochen, mal eens, zwee Gerichte, aber es gibt auch noch genug andere Sachen zu machen. Also der putzt ooch mal Fenster oder so, er hängt mal Wäsche auf, mein, wie 's aussieht, is ne andere Frage, aber er macht 's"*. Wir sehen: Entweder er macht es nicht, oder er kann es nicht. Aber noch ist *„Mutti"* ja zu Hause. Die fühlt sich wohl *„im Oktober, wenn da die stürmischen Zeiten kommen, schön gemütlich beisammen sein"* - ein anschauliches Bild für die Bedeutung der Partnerschaft in ihrem Leben: zusammen zu sein, während draußen das widrige Leben tobt und das Zusammensein noch unterstreicht. Der Partner muß sie beschützen, auch wenn der Schutz zur Falle zu werden droht.

Prinzessin als Beruf

Frau Bohm ist formal arbeitslos, wie Frau Barzel, wie Herr Tikovsky, aber sie versteht sich nicht so: Sie versteht sich als Hausfrau und mithelfende Familienangehörige auf Zeit. Im Gegensatz zu den anderen beiden ist sie sich sicher, wieder einen Arbeitsplatz zu finden; diesen betrachtet sie als - allerdings immer unverzichtbarer werdende - Ergänzung ihres familienorientierten Lebens, denn Mann und Kind und deren Anforderungen stecken den Rahmen für Frau Bohms Lebensführung ab. Ihr Partner ist letztendlicher Orientierungsgeber, Dreh- und Angelpunkt. Die Form ihrer Lebensführung ist an dessen Rhythmen und Zielen ausgerichtet, und zwar so sehr, daß sie nicht nur ihre Gewohnheiten, sondern auch ihr Selbstbild zu verändern beginnt, um seinen Vorstellungen zu entsprechen.

Da sie den Erwartungen ihres Partners voll und ganz entsprechen will, ist eine nichtvorhandene biographische Erzählung von Nutzen. Frau Bohm kann ihre Biographie als etwas Kontingentes begreifen, das jederzeit zur Disposition steht; so kann ihre persönliche Identität mit der der Geliebten bzw. Ehefrau genau dieses Partners verschmelzen.

Auch sieht sich Frau Bohm nicht in der Lage - und ist auch nicht willens - die neuen Zumutungen zu durchschauen geschweige denn zu versuchen, sie zu beeinflussen. *„Irgendwas läuft da und was weiß noch keener so genau"*, diagnostiziert sie; *„dann muß man abwarten eigentlich"* ist eine für sie typische Reaktionsform. *„Ich hab ja keene Ahnung davon, also kann ich weder sagen ja noch ne"*, meint sie; denn schließlich *„lernt man ja ooch kaum"*, was Sache ist. Und *„die ganze Politik, der Ofbau und was weeß ich, Parlament und so, also überhaupt, ich hab ooch keen Interesse, mich da hinzusetzen und nachzulesen, wie das ofgebaut is, ne".*

„Ich verlaß mich da voll und ganz auf meinen Partner", ist Frau Bohms Ausweg aus dieser Unübersichtlichkeit, der keineswegs ihre Hilflosigkeit als einen Makel unterstellt. Es ist eher das Gegenteil gemeint: Frau Bohm kann es sich leisten, sich um das *„ganze Heckmeck"* einfach nicht zu kümmern.

Wenn die Beziehung tangiert ist, gerät auch Frau Bohms einziges eigenständiges Vorhaben sofort ins Hintertreffen: Die zu erwartende Urlaubssperre bei einem neuen Arbeitsverhältnis hielt sie davon ab, sich überhaupt zu bewerben, schließlich stand die Hochzeitsreise bevor. Entscheidendes Hindernis der Weiterarbeit im neuen Einkaufszentrum war die Forderung, das Privatleben hintanzustellen, und das in einer Situation, in der einem plötzlich etwas offeriert wird, was es vorher nicht gab: nicht erwerbstätig sein zu müssen. Sie sieht auch ganz klar die Ausbeutbarkeit derer, *„die arbeiten wollen oder müssen"*, wie sie sich ausdrückt. Sie aber muß nicht arbeiten und sieht daher keinen Grund, Kind und Partner ihre Gegenwart zu entziehen.

Das Beispiel von Frau Bohm zeigt, wovon es abhängt, wenn eine Frau sich in der Alternativrolle Hausfrau wiederfindet - freiwillig, versteht sich. Das setzt eine Lebensführung voraus, die das Dasein der Frau für die Familie grundsätzlich bejaht. Für Frau Bohm war ihr Beruf eine Selbstverständlichkeit im Sinne von Pflicht. Ihre berufliche Karriere hat sie ja auch nicht selbst geplant, im Gegenteil: Sie hat ihr technisches Interesse nicht weiterverfolgt, und sie hat der Delegierung zum Studium ohne große Begeisterung zugestimmt, ganz anders als Herr Pattermann, dessen Karriereplanung nur über ein Studium verlaufen konnte. Der Primat der Partnerschaft hat nun für Frau Bohm zwei Folgen: Zum einen sieht sie in der Befreiung von der Berufsarbeitspflicht eine Chance für die Partnerschaft, zum anderen in der Partnerschaft die Chance, die Berufsarbeit aufzugeben. Die Wahrnehmung dieser Chance führt sie allerdings nach einem Jahr zu dem Entschluß, wieder arbeiten zu wollen, um unter die Leute zu kommen und interessantere Gesprächsthemen zu haben. Daß es nicht ums Geld ginge, betont sie mehrmals entschieden; es ist ihr wichtig, ihre finanzielle Unabhängigkeit vom Arbeitsmarkt zu betonen. Rigide Arbeitsbedingungen muß Frau Bohm nicht akzeptieren; sie sah sich vor die Wahl gestellt, zu kündigen oder sie auszuhalten. Sie hat nicht versucht, etwas zu verändern.

Die DDR hat Frau Bohm „*abgehakt*" - was sie erhalten will, sind die Feten: Jugendweihe und Einschulungsfeier - und mit ihr die Parteizugehörigkeit, die so selbstverständlich wie die Berufstätigkeit war und zudem an sie gekoppelt. Mit der Wende entfiel dieser Zusammenhang und der neue Partner kam. Man stelle sich die Veränderung ihres Lebens noch einmal vor: Die Partei mochte sie nicht, die konsumferne DDR auch nicht, der Beruf war nichts, das man zu mögen hatte, ihr Mann war nicht ihr „*Niveau*". Sie selbst charakterisiert den DDR-Alltag so: „*Das war eine andere Welt. Man wußte halt genau, du gehst jeden Tag arbeiten, is immer dasselbe, na, der gleiche Trott. Man fährt dann drei Wochen in Urlaub irgendwohin, Erzgebirge oder was weiß ich wo, ma muß ewig sparen of a Auto, of ne Schrankwand*". Dann tritt der Traummann in ihr Leben, der ihr Selbstwertgefühl gibt, der, wie sich das gehört, älter ist als sie, der sich auskennt im Leben und im Handel, der in Bezug auf ihre Tochter besser ist als der „*rischtige Vater*". Frau Bohm heiratet, verbringt die Flitterwochen auf den Seychellen und kann sich in ihrem Lebensstil von den anderen absetzen. Der Traummann verdient nämlich auch noch gut und sagt: Du brauchst nicht mehr in deine ungeliebte Arbeit zu gehen. Sie vertauscht den Arbeits- mit dem Heiratsmarkt, aber es bleibt ein Nachteil: Das Minigolfspielen ist ihr auf die Dauer zu langweilig.

Doch Frau Bohm ist selbstbewußt, jung und hochqualifiziert, und ihre Chancen auf einen Halbtagsjob stehen, wie sie meint, so gut, daß sie es sich auch noch leisten kann, schon im Vorfeld abzulehnen, wenn der Job nicht verspricht, was sie sich erwartet. Wenn es noch etwas dauern sollte, bis sie eine Arbeit findet, die ihr Spaß macht und die Familie nicht belästigt, kann sie auch damit leben. Denn Frau Bohm hat sich über die Wende hinweg nicht über den Beruf emanzipiert, sondern über den Partner. Freilich muß die Partnerschaft bestehen bleiben, und die Chancen hierfür steigen, wie sie meint, wenn sie ihre Zeit in die Familie investiert und sich nach dem Bilde ihres Partners formt.

Frau Bohm hat sich befreit aus der Abhängigkeit von Beruf und Partei; sie hat sich auch von der Abhängigkeit von den westdeutschen Arbeitgebern befreit, denen sie die Chance nicht lassen wollte, sie ausbeuten zu können, weil sie arbeiten will oder muß. Sie muß es nicht, und sie will es nur unter bestimmten Umständen. Interessen und verfügbare Ressourcen decken sich im neuen System - allerdings nur unter der Voraussetzung einer funktionierenden Partnerschaft und dem gesicherten Einkommen ihres Märchenprinzen.

Wir bleiben im Warenhaus und wenden uns jetzt Frau Günther zu. Sie arbeitet in der Sportwarenabteilung als Verkäuferin.

Frau Günther

1. Interview: *„Was wir sehr gerne machen, wir beschwern uns gerne".*

Das erste Interview weist eine methodische Besonderheit auf: Der Ehemann von Frau Günther war das gesamte Interview über anwesend. Die Interviewerinnen wagten es nicht, Herrn Günther zu bitten, die Wohnung zu verlassen; das erschien als einziger Ausweg, denn das von uns in Beschlag genommene Wohnzimmer war ganz offensichtlich der definierte Aufenthaltsraum für alle Bewohner. Zudem war Herrn Günthers Anwesenheit sicherlich nicht nur Unvermeidbarkeit. Frau Günther zeigte sich als einzige unserer InterviewpartnerInnen mißtrauisch; wir mußten uns bei unserer Ankunft ausweisen, und so mochte die Anwesenheit des Ehemanns als Sicherung gedacht sein.

Obschon wir versuchten, das Gespräch mit Frau Günther zu führen, bezog sich erst Herr Günther selbst und schließlich auch wir ihn ein. Wo er am Gespräch teilnahm, ohne der direkt Angesprochene zu sein, gab Herr Günther vor allem unpersönliche Statements von sich, die Allgemeingültigkeit beanspruchen, wie z.B. *„hier muß man kämpfen"*, *„den Letzten beißen die Hunde"*, *„jeder is Einzelkämpfer hier"* oder *„die Kleenen hängt ma, die Großen läßt ma laufen, so saacht ma doch"*. Konkret wurde er, wenn wir ihm Fragen aus dem Leitfaden stellten und auch dort, wo es um seine Interessen ging, so z.B. beim Thema 'Wohnungsrenovierung'. Wo Herr Günther nicht eingebunden wurde, versuchte er sich durch Beiträge einer hohen Verallgemeinerungsebene ins Gespräch zu bringen. Durch das Einwerfen dieser Statements fungierte er als Stichwortgeber seiner Frau, die das Angebot hin und wieder aufnahm, um sich zustimmend, ablehnend oder korrigierend zu äußern.

Daß Herrn Günthers Anwesenheit eine spezifische Interviewsituation definiert, liegt auf der Hand. Frau Günther wird, so kann man annehmen, bei dem, was sie sagt, mitberücksichtigen, daß ihr Mann zuhört, sie wird ihn aber auch in das Gespräch einbeziehen wollen. Auch die Interviewerinnen stehen vor einer ungewohnten Situation; schließlich können sie Herrn Günther nicht einfach ignorieren, schon deshalb nicht, um die Interviewsituation nicht zu verkrampfen. Berücksichtigt man die Umstände dieses Interviews bei der Interpretation, können sie indes durchaus von Nutzen sein.

Rahmenbedingungen

„Vielleicht könnten Sie ganz zu Anfang mal erzählen so über Ihren bisherigen, über ihre bisherige Lebensgeschichte, mal so bissl Biographisches, wo Sie so herkommen, oder welche Etappen Ihnen da so einfallen". Nach *„Etappen"* beginnt Frau Günther: *„Bei mir isses a bißchen problematisch, ich bin, möchten S' das Geburtsdatum wissen?"* Jetzt ist es an uns, zu antworten: *„Ja, was Sie wollen, wie alt sind Sie, ja, zum Beispiel?"* *„Ich bin 42, bin im Januar geboren. Isch wurde, meine rischtige Mutter, von ihr wurd ich weggenommen, weil se uns irgendwie nich betreut hat, irgendwie geschmuggelt, ja. Das wurde eben, wurde ihr zweimal gesagt,*

und beim dritten Mal hamse gesagt, da wird 's Mutterrecht entzoochen, da bin ich in ein Heim gekommen. Ich kann Ihnen bloß das saachen, was meine Pflegemutti mir gesaacht hat".

Wir sind gerade mitten in der Formulierung unserer Eingangsfrage, als Frau Günther mit ihrer Aussage unterbricht, daß es bei ihr *„a bißchen problematisch"* sei. Sie verortet gleich ganz zu Anfang das, was kommen wird, als problematisch, und man kann das in einen Gegensatz zu den anderen InterviewpartnerInnen stellen, die darauf bestanden, daß es mit ihnen *„ganz normal"* verlaufen wäre. Doch bevor Frau Günther diese Problematik expliziert, unterbricht sie sich selbst und fragt uns, ob wir das Geburtsdatum wissen wollen. Offensichtlich ist zu diesem Zeitpunkt auch die Interviewsituation problematisch. Nun beginnt ein Verständigungsprozeß darüber, von welcher Art das Interview ist und wie die Rollen verteilt werden. Ihre Frage ist ein bißchen patzig. Sie signalisiert die Erwartung, es könne sich um eine offizielle Vernehmung handeln und gleichzeitig die Ablehnung einer solchen Art Interview. Durch die Tatsache, daß sie die Frage stellt, gibt sie ihre Bereitschaft zur Renitenz zu erkennen. Ihre grundsätzliche Bereitschaft zur Befragung hat sie ohnehin bereits von der Begutachtung unserer Ausweise abhängig gemacht.

Die Interviewerinnen sind nun jedenfalls an der Reihe, zu antworten, und sie tun das auch. *„Was Sie wollen"*, könne sie erzählen, bekommt sie zur Antwort. Die Interviewerinnen übergeben ihr die Richtlinienkompetenz und fragen dann brav nach, wann sie geboren sei; wir haben ihre Frage wohl als Kritik an unserer umständlichen, unklaren Eingangsfrage aufgefaßt - schließlich hat sie uns ja unterbrochen - oder die ganze Interviewsituation als gefährdet eingeschätzt. Für letzteres spricht, daß wir die Frage danach, ob wir das Geburtsdatum wissen wollen, abschwächen und sie fragen, wie alt sie sei. Der Eindruck eines Verhörs soll damit abgewendet werden, ihre Fragenvorgabe aber wollen wir trotzdem akzeptieren. Im Ergebnis hat sich Frau Günther als mindestens gleichberechtigte Akteurin in Szene gesetzt, und wir haben ihr das Recht zugestanden, ihre Erzählung zu präsentieren. Nachdem sie ihr Alter genannt hat, präsentiert sie ihre Erzählung, und deren Inhalt kann man in der Tat problematisch nennen. Bemerkenswert ist, daß es für sie kein Problem zu sein scheint, darüber zu reden. Sie hat ihre Geschichte parat.

Frau Günther wurde als Säugling von ihrer Mutter getrennt und wuchs in Heimen und bei Pflegeeltern auf. Auch den Vater kennt sie nicht. *„Ich mußte immer uff 'n Lebenslauf unbekannt schreiben"*. Was sie über die Gründe der Trennung von ihrer Mutter weiß, weiß sie lediglich aus zweiter Hand, von ihrer Pflegemutter nämlich, die damit zur Gewährsfrau von Frau Günthers Herkunft wird. Was Frau Günther erzählt - und wohl erzählt bekommen hat - ist die Beschreibung eines bürokratischen Verfahrens, das wegen eines von Frau Günther so rekapitulierten Fehlverhaltens ihrer Mutter eingeleitet wurde und dessen Angemessenheit Frau Günther hier nicht in Frage stellt. Sie betont, daß ihre Mutter zweimal abgemahnt wurde, was impliziert, ihre Mutter hätte die Chance gehabt, ihr Verhalten zu ändern; das Verfahren sei somit in Ordnung gewesen. In diesem Kontext bekommt ihre Nachfrage, ob wir ihr Geburtsdatum wissen wollen, eine inhaltliche Bedeutung. Das Geburtsdatum ist die einzige verbürgte Größe, die Frau Günther auf ihren Lebenslauf schreiben konnte; und diese Frage wurde ihr sicherlich oft genug gestellt.

Als Frau Günther ein Jahr alt war, kam sie zu ihren Pflegeeltern, doch es erwartete sie kein kontinuierliches Familienleben. Denn mit acht Jahren kam sie wieder ins Heim, wo sie blieb, bis sie 15 war. Einfach war die Trennung nicht - *„ich hab ein Vierteljahr nur geweint in dem Heim, ja?"* - doch akzeptiert sie ihr Schicksal; der *„Pflegemutti"* wäre keine andere Wahl geblieben, als sie abzugeben, mußte sie nach dem Tod ihres Mannes doch wieder arbeiten gehen. Frau Günther besteht im Gegenteil darauf, daß sie *„mich wie ihr eigenes Kind uffgezogen"* hat. Das sah so aus, daß Frau Günther, als sie mit 15 wieder zu ihrer Pflegemutti zog, in einer Fabrik zu arbeiten begann. *„Da ich 'n Pflegebruder noch hatte, und der hatte 's nächste Jahr auch Jugendweihe gehabt, konnt ich kein Beruf, hätt ich schon 'n Beruf lernen können, aber da ich grad aus 'm Heim gekommen bin, das, was isch äben auf 'm Leib hatte, hatt ich bloß, ja? ... Meine Pflegemutti sachte, du heiratst soundso mal, da war ich soundso sauer da drauf. Ich wollte einen Beruf lernen, entweder Geflügelzüchterin oder in der Landwirtschaft, 's konnt ich nisch".* Die Ausrichtung der Jugendweihe[1] war in der zweifelsohne aufrechten sozialistischen Pflegefamilie wichtiger als die Ermöglichung einer Berufsausbildung für die Pflegetochter; deren weitere Versorgung überantwortete man in traditioneller Manier dem Heiratsmarkt. Und an der Rechtmäßigkeit und Angemessenheit des staatlichen Kidnappings ließ man selbstverständlich keinen Zweifel.

Frau Günther heiratete mit 20 Jahren. Ein Jahr später kommt ihr Sohn zur Welt, *„ 'n Piepsischer"*, wegen dessen Konstitution sie auf den Wochenkrippenplatz verzichtete und zwei Jahre zu Hause blieb. Vor und nach dieser Unterbrechung arbeitete sie in einem Schwermaschinenbetrieb, wo sie sich intern zur Sachbearbeiterin qualifizierte. Warum sie schließlich in unser Warenhaus wechselte, wissen wir nicht, aber Frau Günther kann den Umstieg als eine richtige Entscheidung verbuchen, denn dort bekam sie endlich eine Berufsausbildung. Sie hat im Lager zu arbeiten begonnen *„und da hat die Etagenleiterin gesaacht ... Sie könnten hier auch 'n Beruf erlernen, und das fand ich ganz prima".* Frau Günther hat schließlich Lageristin gelernt, *„das auch mit gut abgeschlossen, war ich ganz stolz".*

Der erlernte Beruf freilich schützte sie nicht vor erneutem Wechsel. Seit zehn Jahren arbeitet Frau Günther als Verkäuferin, und sie ist stolz darauf, daß die Kollegen sich damals gewundert hätten, wie schnell sie sich eingearbeitet habe.

---

[1] die traditionell mit einer hohen finanziellen Belastung einherging, was auch von Frau Günther offensichtlich als notwendig akzeptiert wird

Arbeitsvermögen

Legen wir über ihre Biographie ihre alltägliche Lebensführung. *"Wir ham bloß geschuftet"*, sagt Frau Günther rückblickend. *"Meine Herrschaften sind das gewöhnt, von mir die Schnitten gemacht ... was se grade ham wolln"*, beginnt sie die Schilderung ihres Tagesablaufs, der morgens um halb sechs anfängt. Der Haushalt ist ganz fraglos ihre Sache, die Tätigkeiten, die Ehemann und Sohn übernehmen müssen, verteilt sie per Zettel. Obgleich dies die bislang als typisch erfaßten Männerarbeiten sind, nämlich Staubsaugen, Kohlen holen und mal einkaufen gehen, ist es Frau Günther, die diese Tätigkeiten festlegt und verteilt; sie ist die Managerin des Haushalts, die Leiterin eines hierarchisch geführten Betriebs mit bürokratischen Zügen: Strategische Planung, schriftliche Fixierung und strenge Routinisierung zeichnen dieses Management aus; freilich ist die Leiterin selbst optimal ausbeutbare Arbeitskraft mit einem immensen Arbeitsvermögen. *"Abends überleg ich mir, was brauchste, Brot, das, das. Wenn ich 's nich uffschreibe, mache ich 's"*, und es gibt einiges, das sie nicht aufschreiben muß. Sie hat sich um ihre *"Pflegemutti"* gekümmert, die im letzten Jahr gestorben ist und pflegt derzeit eine Tante. Ihr Sohn, der immer ein bißchen Sorgenkind geblieben ist, weil er, wie sie sagt, sich nicht leicht an Neues gewöhne und etwas langsam sei, hat ihre Zeit nicht nur, was Erziehungsarbeit angeht, in Anspruch genommen: *"Die erste bis zehnte Klasse"* hat sie mitgemacht, *"isch hab mich sehr viel beschäftigt mit ihm"*. Die aufwendige Renovierung der jeweiligen Wohnungen und der Schrebergarten, in dem Obst und Gemüse angebaut und verarbeitet wird, binden auch noch Zeit und Ressourcen. Ihr Hobby ist das Nähen, das sie in einer Gruppe betreibt, um unter die Leute zu kommen, doch der produktive Nutzen dieser Beschäftigung ist unübersehbar.

Gesellschaftliche Arbeit hat sie auch geleistet. Sie war in der Schiedskommission des Wohnbezirks, wo es, wie sie erzählt, z.B. darum ging, Streitereien um die Hausordnung zu schlichten. Auf Betriebsebene war sie in der Konfliktkommission tätig: *"Wir hatten uns zu beschäftigen, zum Beispiel wenn Kinder nisch zur Schule gegangen sind, oder wenn jemand was hat mitgehen lassen und so weiter. Das waren sozusagen gesellschaftliche Gerichte"*. Auch gegenüber der Betriebsleitung wurde man aktiv, *"wenn wer fristlose Entlassung gekriegt hat ... hamma eben manchmal feststellen müssen, daß es doch nich so schlimm war, daß 'n rausschmeißen mußten"*. Des weiteren war sie im Wohnbezirksausschuß, daran erinnert sie ihr Mann, denn *"des weeß isch schon gar nich alles mehr"*. Dort wurden die Feierlichkeiten zum 1. Mai ausgerichtet sowie das ISKRA-Fest, das ihr Mann charakterisiert: *"Früher hier, bei uns hier, sozusagen, beim Sozialismus und so, da mußte alles so 'n Namen haben, der ein bißchen nach Lenin oder was weiß ich So-*

zialismus klang, na, und na hat ma das äben *ISKRA-Fest*[2] *genannt"*. Da gab es *"bißchen Karussell und 'n paar Losbuden, mehr war da ooch nich"*.

Herr Günther, Kraftfahrer bei einer Spedition, arbeitet in einem zweiten Arbeitsverhältnis seit Jahren nach Feierabend und am Wochenende bei der Bahn. Deshalb will Frau Günther auch mal abends *"unter die Leute kommen"*, denn gemeinsame Familienfreizeit ist eine Seltenheit, die nur dadurch zustandekommt, daß man die zufällig zusammenfallenden Freizeiten identifiziert - *"Was, du hast dein Urlaub schon?"* fragt Herr Günther seine Frau, als sie uns erzählt, wann sie Urlaub hat - und nutzt, zumal Herr Günther auch noch als *"Hausmann"* arbeitet. Auf unsere Nachfrage klärt sich, daß der westliche Hausmeister im Osten Hausmann heißt[3], und wir informieren Günthers unsererseits: *"Bei uns im Westen is der Hausmann, des is quasi wie die Hausfrau, also, wenn ein Mann zu Hause is und die Babies betreut"*. *"Ah, um Gottes Willen, das wär"*, sagt Frau Günther, und ihr Mann fällt ein: *"Um Gottes Willen, das wär die größte Strafe für misch, zu Hause bleiben"*. Frau Günther: *"Ja, für misch wär 's ooch ne größere Strafe. Für immer zu Hause zu sein, das wäre ... isch brauch Leute ... und da müßte es mein Mann ausbügeln abends. Erstens, isch brauche bißchen Unterhaltung, Ablenkung, isch kann, ich hätte eigentlich viel Arbeit zu Hause, ja? Aber wissen Sie, wenn ich dann bloß warten muß, daß mein Mann nach Hause kommt, daß mein Sohn nach Hause kommt und daß ich se bewirte, nee, isch möchte, ich möchte auch mit meim Geld was tun dafür, ja? Und ich mach 's ooch gerne, ja? Isch geh gerne uff Arbeit"*. Der lautstarke Protest erklärt sich auch dadurch, daß sich Frau Günther der selbstverständlichen Überstülpung der westdeutschen Begrifflichkeiten erwehren will. Denn ob Hausmann oder Hausfrau, Frau Günther ist beides gleichermaßen fremd. Doch wie wir von Frau Bohm wissen, kann - zumindest vorausschauend und für eine Weile - Hausfrau als Alternativrolle akzeptiert werden, Arbeitslosigkeit sogar als Ressource für die Partnerschaft dienen. In dieser Frage zieht Frau Günther genau den entgegengesetzten Schluß: Ihr Mann hätte unter ihrer Hausfrauenrolle zu leiden.

Denn am wohlsten fühle sie sich, *"wenn isch arbeite, ja? Und wenn ich sehe, daß isch dort und dort bloß rumlungern muß, das is nischt"*. *"Sie müssen immer was zu tun haben?"* fragen wir. *"Ja"*, sagt sie, und wir fragen nach ihrer Lebensphilosophie. *"Isch möchte arbeiten und für jemanden dasein, fünf Minuten gibt 's immer, wo isch saache, naja isch möchte ma alleene sein, aber 's kommt ganz selten vor, da muß es mir schon, wenn ich Migräne habe, da möscht ich in Ruhe gelassen werden"*.

---

[2] nach Lenins Revolutionszeitschrift, für die es in Leipzig (zumindest 1991 noch) eine Gedenkstätte gibt

[3] *"Ahja, sowas wie Hausmeister"*, kommentieren wir die Beschreibung von Herrn Günthers Tätigkeit; solche Kolonialisierung der Sprache lassen sich Günthers indes nicht gefallen: *"Na, Hausmeister nennt sich 's vielleicht drüben, Hausmann gibt 's bei uns"*.

Frau Günther verfügt über ein immenses Arbeitsvermögen; sie verfügt nicht nur darüber, sondern gibt der in unserer Anschlußfrage implizierten Deutung recht, daß es sich bei ihrem Drang nach immerwährender Arbeit um ihre Lebensphilosophie handle. *„Arbeiten und für jemanden da sein"*, präzisiert sie ihr Arbeitsvermögen als Arbeit für andere. Sie ist durch Haus- und Familienarbeit, Berufsarbeit, Pflegearbeit und gesellschaftliche Arbeit mindestens vierfach belastet, thematisiert ihre Arbeit aber nicht als Belastung; im Gegenteil kann sie Freizeitbeschäftigungen offensichtlich nur dann nachgehen, wenn auch sie arbeitsförmigen Charakter haben, wie das der Nähkurs nahelegt. *„Arbeiten und für jemanden da sein"* ist erwünscht, und wie bei Frau März tritt das *„Rumlungern"* als Gegenhorizont auf. Dieser Gegenhorizont wird noch sorgfältiger verbaut als bei Frau März. Zeit für sich selbst kann sich Frau Günther nur unter der Bedingung Migräne zugestehen, also in einem unverschuldeten Ausnahmezustand. Im Ausnahmezustand von Urlaubsvorbereitungen kann sie die Kosten, die solche Arbeitsbelastung hat, auch mal direkt thematisieren: *„Wo 's dann zum Urlaub gegangen is, hab isch bis in die Nacht rein noch eingekocht, dann mußt isch noch den Waachen packen, ja? Dann mußt isch überlegen, haste das und das und das alles rinne, denn wenn ma zelten fährt, muß ma ja alles mit rein, ja? Naja, da war ich in den ersten Taachen fix und fertich, den ersten Taach erstmal geschlafen".* Das erzählt sie im Beisein ihres Mannes. Der brummt zustimmend; Rechtfertigung seinerseits oder Anklage ihrerseits ist nicht Thema. Übrigens: Auch im Urlaub - man fuhr immer mit dem Zelt und meistens an die Ostsee - machen Günthers für jeden Tag einen Plan, *„rumgelungert"* wird auch dann nicht. Dafür, daß Frau Günther den ersten Tag geschlafen hat, hat es einen Grund zu geben.

Daß dieses Arbeitsvermögen seine Basis in Frau Günthers Sozialisationsgeschichte hat, ist plausibel. Wer nach dem Hin und Her zwischen Heim und - in der Landwirtschaft tätigen - Pflegeeltern mit 15 Jahren in einer Fabrik zu arbeiten anfängt und es gegen Widerstände schafft, schließlich eine Berufsausbildung zu absolvieren, braucht ein gehöriges Maß an Belastungsfähigkeit. Ihre Robustheit war Voraussetzung, um durch ihre Sozialisationsgeschichte hindurch überhaupt so etwas wie Souveränität zu erwerben. Zweifelsohne hat eine geschlechtsspezifische Sozialisation dazu beigetragen, daß für Frau Günthers Arbeitvermögen das Dasein für andere konstitutiv ist.

Pfeile abschießen

Doch ihr Arbeitsvermögen steht nicht alleine. *„Was ham S' jetzt so für ein Gefühl, wie 's weitergehen wird, so mit Ihrem Geld und Ihrem Beruf und Ihrem Auskommen?" „Wissen Sie, isch habe keen böses Gefühl. Naja, wie se uns betrogen ham, a bißchen. Aber ich habe dafür alles mögliche gemacht, daß es uns besser geht, hier* *für 's Haus auch, eingesetzt, daß das Dach gedeckt wird. Und laufend wurde ma bloß vergackeiert und immer vertröstet, ja? Wir haben drei Jahre gekämpft um das Haus, ja? Daß die Dachrinne gemacht wird und das Dach. Da hab ich schon angedroht, daß ich nischt zur Wahl gehe, ja? Das hab isch alles schriftlich"*. Nachdem sie sich an Stadtbezirksdirektor und Bürgermeister gewendet habe, habe sie *„nach Berlin hochgeschrieben"*.

Unsere Frage nach der Einschätzung ihrer finanziellen und beruflichen Zukunft beantwortet sie mit der Exemplifizierung einer Strategie, die ihr bislang durchs Leben geholfen hat und es ihrer Einschätzung nach auch weiter tun wird. Auch wenn man weiter *„vergackeiert"* werden sollte: Frau Günther weiß sich zu wehren. *„Was ma sehr gerne machen, wir beschwern uns gerne. Das hamma gerne gemacht"*, resümiert sie, und da ist das Ehepaar Günther ein Team: *„Mir ham uns immer ä bissl ergänzt, ich hab die Pfeile immer angespitzt und meine Frau hat sie immer abgeschossen"*, sagt ihr Mann. Gängige Methode war es, das Handeln der jeweiligen Entscheidungsträger an den offiziellen Verlautbarungen der Partei zu messen.[4] Letztere wurden aus der Zeitung ausgeschnitten und als Argumentation benutzt: *„Da mußte ma se praktisch immer mit ihren eigenen Waffen schlagen"*.

Jetzt müssen Günthers ihre Strategie an die neuen Spielregeln anpassen: *„Jeden Tach kommt da was Neues, ja? Mir müssen das ja doppelt hier verkraften, ja? Sie* (Frau Günther spricht hier die Interviewerinnen an, M.W.) *kennen das, von kleen uff, aber für uns is das wie Neuland ... Die Post, die wir jeden Tach kriegen, ach das is ja Wahnsinn, das sind wir ja gar nie gewöhnt gewesen von früher, Lotterie, und ach!"* Also kauften Günthers Bücher, um sich kundig zu machen, was man sich gefallen lassen muß und wo man sich neuerdings beschwert.

Auf diesem Gebiet ist Frau Günther findig. Sehen wir uns an, wie sie sich für die Tante einsetzt, die sie pflegt. *„Ja, Behördengänge, des trau ich mir zu. Sie hat ne schlimme Wohnung, ja, und da setz ich mich dafür ein, da hab ich bis zu BILD geschrieben. Skandalöse Wohnverhältnisse steht da drin. Jetzt hab ich endlich so 'n Bezugsschein, aber jetzt muß ich nochmal zu BILD schreiben, wie ich das machen muß"*. Denn das Wohnungsamt ist säumig, und Frau Günther überlegt laut, ob das vielleicht daran läge, daß sie *„nisch per Einschreiben geschrieben"* hätte, beruhigt sich aber selbst: *„Ich schreib sowieso alles mit Durchschlag"*. *„Sie sind so ne richtige Kämpferin?"* fragen wir. *„Jaa, mir kämpfen"*, sagt Frau Günther, und während ihr Mann das Statement, hier müsse man kämpfen, einschiebt, thematisiert Frau Günther ihre Biographie als Basis dieses Kämpferverhaltens: *„Ich mußte 's von kleen auf, mußt ich 's, ja?"* Dieses Kämpfen ist eine lebensgeschichtlich erworbene Strategie, und es hat eine ganz spezifische Ausprägung. *„Kitzeln"* nennt Frau Günther das, was sie tut: Eingaben machen, auf Verweise pochen und dabei alles mit

---

[4] Diese Strategie kennen wir bereits von Herrn Tikovsky.

Durchschlag schreiben, ein Kampf also auf bürokratischem Terrain. Diesen Kampf beherrscht sie, und diese Sicherheit reicht ihr hin, um sich keine Sorgen um die Zukunft machen zu müssen. Schließlich hat sich ihre Strategie auch im neuen System bereits bewährt, zumal Frau Günther sofort begriffen hat, daß nun nicht mehr die Eingabe, sondern die Skandalisierung über die Medien ihr Anliegen voranbringt. Daß Frau Günther gerade die Bildzeitung als das Medium der Wahl begreift, ist schon beinah der Idealtyp solchen Protests.

Frau Günther ist sich dieser Fähigkeit bewußt und betont selbst deren Kontinuität. Sie wird sich weiter wehren und hat deshalb, was ihre Zukunft betrifft, *„kein böses Gefühl"*, sondern das Selbstbewußtsein, mit eventueller neuer *„Vergackeierung"* so gut zurechtzukommen wie bislang.

Partei

„Ich möcht noch mal zu dieser Schiedskommission zurückkommen. Mußte man da in der Partei sein, um in so ne Kommission zu kommen?" fragt die Interviewerin. *„Ja, das wollt ich eigentlich nich, das wollt ich nich sa-, äh, isch war zwanzig Jahre in der SED und bin mit dem Taach ausgetreten, wo isch erfahren habe, daß sie hier mit Waffen geschmuggelt ham ... Isch habe gesaacht, ja bis jetzt, der Staat hat mich großgezogen, soweit, ja? Der hat mir alles soweit ermöglicht, ja? Und da bin ich auch in die Partei eingetreten. Wollte wirklich was für uns tun, daß es uns besser geht, ja? Aber es war wirklich nich drinne. Mir manchmal den Mund verbrannt, ja? ... Die ham aber mir manchmal die Richtung gewiesen, ja? Aber ich hab gesaacht, entweder bin ich in der Partei oder ich bin nich in der Partei, ja? Es steht im Statut drinne, daß ich, Presse- und Rundfunkfreiheit, des hab ich denen laufend vorgesagt, ja? Und im Programm stand 's auch drinne. Hab ich gesagt, hier steht 's drinne, also darf ich ooch offen meine Meinung saachen oder nich? Da konnten se mir nichts anhaben, ja? Ja, mit dem Tag bin ich, ich hab 's ooch schriftlich, des is alles abgeheftet".*

Frau Günther kann nicht umhin, zuzugeben, daß sie in der Partei war, obschon sie sich vorgenommen hatte, das nicht zu erzählen. Daß so ein Vorhaben nicht (oder zumindest nicht immer) durchzuhalten ist - Herr Dalloff startet einen ebenso erfolglosen Versuch, seine PDS-Mitgliedschaft zu verschweigen - weist darauf hin, daß die Verstrickung in die Schilderung des Alltags die geplante Ausklammerung bestimmter Sachverhalte konterkariert; neben dem Zugzwang, den das Interview erzeugt, ist es auch das Thema - der Handlungszusammenhang 'alltägliche Lebensführung' - der das Aussparen oder Verleugnen bestimmter Tätigkeiten erschwert. Ohne ihre SED-Mitgliedschaft wäre Frau Günthers Erzählung nicht plausibel.[5]

Sehen wir uns ihre Verstrickung mit der Partei genauer an. Der Parteieintritt wird biographisch begründet: Der Staat habe sie großgezogen und deshalb sei sie in die Partei eingetreten. Sie akzeptiert die Rahmenbedingungen, innerhalb derer sie großgeworden ist, nicht nur, sondern sie meint dem Staat sogar etwas dafür zu schulden, daß - denn so könnte sie ihre Biographie auch schreiben - er sie ihrer Mutter enteignet und übrigens auch ihrer Schwester entzogen hat, die in einem anderen Heim aufwuchs. Von deren Existenz erfuhr sie mit 14 Jahren. *„Die ham misch reingerufen, isch war draußen spielen, die ham misch reingerufen, die Heimleiterin saachte, ich muß dir was saachen, du hast ne Schwester. Und damit war 's erledischt".*

Daß Frau Günther die Rahmenbedingungen akzeptiert hat, heißt freilich nicht, daß sie das Vorgehen der Partei samt und sonders respektierte. Wo sie Kritik anzubringen hatte, tat sie das und pochte auf das Parteiprogramm - ihre Strategie. So hatte sie zwar dem Anschein nach Parteidisziplin gehalten und nicht an den Montagsdemos teilgenommen. *„Da ich noch in der Partei war bis November, ham se uns immer noch so gesaacht, ihr dürft dort nisch mit hin, ja?"* Doch das ist nicht Frau Günthers Argument. *„Wenn ich gewollt hätte, wär ich ooch mitgegangen, aber da hatt ich rischtige Angst, so viel Menschen dann, ja? Und die wurden dann ooch 'n bißchen gewalttätig manchmal".* Daß sie auf dem Nachhauseweg *„durch den ganzen Trubel"* mußte, war ihr schon gefährlich genug. Frau Günther besteht darauf, daß sie sich durch das Verbot der Partei nicht an der Teilnahme hätte hindern lassen. Auf dieses Argument kommt es ihr an, nicht darauf, zu rechtfertigen, warum sie nicht mitdemonstriert hatte.

Und sie hat, wie wir wieder hören, alles schriftlich, alles *„abgeheftet"*, auch die Unterlagen über den Parteiaustritt. Frau Günther handelt bürokratisch, und sie kündigt ihre Loyalität dann auf, als sie Unregelmäßigkeiten im Parteibetrieb feststellt. Selbstverständlich hat sie sich die Art der Unregelmäßigkeit gemerkt; es war eine, die gegen Frau Günthers Moralvorstellungen verstoßen hat.

Veränderungen

Wie für Frau Bohm hat auch für Frau Günther die gesellschaftspolitische Wende eine private Folge. Sie hat sich auf die Suche nach ihrer *„rischtigen"* Mutter im Westen gemacht. Wir sind hier am Beginn des Interviews, auf der dritten Seite der Transkription. Frau Günther hat sich bereits entschieden, uns als Gesprächspartnerinnen zu akzeptieren. *„Nu passen Se mal auf"*, sagt sie und berichtet über die Re-

---

[5] Selbstverständlich ist es möglich, zu bestimmten Themen die Stellungnahme zu verweigern, wie das z.B. Herr Flieger mit seiner Ehe tut; Herrn Dalloffs und Frau Günthers Widerstand ist da geringer.

konstruktion ihrer Familiengeschichte, die ihr erst durch die Wiedervereinigung möglich geworden war. Diese Suche vollzog sich auf vertrautem Terrain: Rathaus, Geburtsurkunde, ihre Anfrage bzw. Eingabe an eine Suchorganisation, deren Bescheid, daß ihre Mutter gestorben sei und daß sie weitere Geschwister habe. Die „*möcht ich so ma überraschen, mal gucken, ob se mir sympathisch sind, dann würd ich saachen, würd isch das alles eben vorlegen, was isch habe, ja? Daß nich, äh, eener saacht, ja? Isch bin de Schwester*".

Frau Günther rekonstruiert mithilfe der Bürokratie ihre Familiengeschichte, die - so zeigt sich spätestens an dieser Stelle - selbst die Form eines bürokratischen Verfahrens hat. All die Vorfälle, die mit ihrer Herkunftsfamilie zu tun haben, sind Ergebnisse bürokratischer Verfahren, und in bürokratischen Verfahren wiederum bekommt sie Auskunft über sie. Im Umkehrschluß bedeutet das, daß nur der bürokratische Nachweis Frau Günther ihrer Identität versichert. Nur dadurch, daß sie alles vorlegt, was sie hat, kann sie sich als Tochter und Schwester ausweisen. Frau Günthers Liebe zur Bürokratie mag in ihrer Familiengeschichte wurzeln; es erscheint plausibel, daß sie Wert darauf legt, alles abzuheften, alles schriftlich zu haben, hat sie es doch gelernt, daß die Wirklichkeit diese Form annehmen muß, wenn sie wahrgenommen werden soll.

Der geplante Überraschungsbesuch bei den Geschwistern verweist auf das Vergnügen, auf die Schlitzohrigkeit, die hinter Frau Günthers bürokratischen Aktionen steckt: „*Isch möchte die so sehn, isch möcht se natürlich, nich, daß se gezwungen sind, jetzt kommen die, da müß ma freundliches Wort. Isch möcht se kennenlernen. Guten Taach*". Sie will ihren Geschwistern die Chance nicht lassen, ein Ceremoniell vorzubereiten; sie will sie überraschen, um sie kennenzulernen, wie sie wirklich sind. Daß es bei diesen Besuchen auch um eine etwaige Erbschaft gehe, sagt sie uns nicht, erzählt aber, womit sie sich ihren Geschwistern gegenüber ausweisen wolle: „*Ich hab ja vom Nachlaßgericht ... das Testament*". Soviel sei vorweggenommen: Erben wird sie nichts, und was sie über ihre Herkunftsfamilie zwei Jahre später in Erfahrung gebracht haben wird, wird sie resümieren lassen: „*Ich bin bloß froh, daß ich hier drüben aufgewachsen bin*".

Es wird nicht verwundern, daß auch Frau Günthers Arbeitsplatz vom Umbruch tangiert ist. Am Tag des Interviews findet die Versammlung statt, in der die Belegschaft erfährt, welche der westdeutschen Kaufhausketten das Warenhaus nun übernimmt. Von deren Konzept und Sozialplan hängt die Zukunft der Arbeitsplätze ab, doch Frau Günther thematisiert ihre diesbezüglichen Sorgen nicht direkt. Es sei ihr Traum, weiterarbeiten zu können, meint sie, und warum sie optimistisch ist, wissen wir ja schon: Sie setzt darauf, auf ihre Durchsetzungsfähigkeit vertrauen zu können.

Arbeitsinhaltlich hat sich bereits einiges verändert. Die neuen Waren - „*wir hatten jahrein jahraus das gleiche*" - stellen sie vor neue Anforderungen wie z.B. die ganze Armada der Fitneßgeräte. „*Mir wäre das ma lieb, wenn isch sowas vorführ, daß ma so 'n Lehrgang macht, ja? Daß man des wirklich den Kunden richtig erklären kann. Wie das und das vor sich geht ... Wenn ma keen Kunden hat, da liest man sich das mal durch".* Da es keinen Lehrgang gibt - wieder mal bekommt Frau Günther nicht die Ausbildung, die sie sich wünscht - muß sie *„mühsame Arbeit"* investieren, aber sie weiß sich auch anders zu helfen: *„Wenn ich gar nich weeß, dann laß ich mir 's erst mal von den Kunden erklären".*

Mit der neuen Unternehmenskultur, in der das Duzen stigmatisiert wird, verfährt sie *„korrekt",* wie sie sagt. *„Eigentlich duz ich. Wenn andere dabei sind, mach ich 's nicht".*

Gefragt nach ihrer Beurteilung der Veränderungen, die das Ende der DDR einleiteten, bringt sie eine wirtschaftliche Kritik an: *„Isch hatte schon von Anfang an gesaacht, hier müßte mal ne straffere Hand her. Wie bei uns die ganze Laacherwirtschaft. Da wurden soundsoviel tausend Sachen gekooft und bloß 30 oder 40 wirklich verkooft. Und das wurde jahrelang mit dem selben Preis immer wieder vorgeschafft, wieder ein bißchen abgebürstet ... Ich saache, hier muß wenigstens ma der Kapitalist rein, da würde sich des ändern. Und jetzt geht 's mit eem Mal, jetzt geht 's".*

Was in ihren Augen nicht geht, ist indes die Art und Weise, *„wie ma da Leuten 's Geld aus der Tasche zieht".* Frau Günther hat einen Versicherungslehrgang mitgemacht und wäre damit eine der von Herrn Flieger so bezeichneten *„Lieschen Müller"* geworden, Verkäuferinnen nämlich, die nebenbei Versicherungen vermitteln, hätte sie nicht moralische Bedenken anzumelden gehabt. *„Des fand ich so schkrupellos ... ich hab das drei Taache mitgemacht, ja? Na wurde uns das so aufgezeicht, wie man reinkommt, zur Türe, vorstellt, zwee Schritte zurücktreten, nisch gleich mit der Tür ins Haus fallen, daß ma von ner Versicherung kommt, ansprechen, möchten Sie Ihr Geld vermehren und so, ja?"* Vor allem hat sie, als sie den Vertrag zu sehen bekam, die *„Gewerbekarte"* empört. *„Des hat der uns alles nisch gesagt. Ich hätt 's dann aus freien Stücken gemacht, so bei Bekannten oder Verwandten, ja? Aber so war das ein rischtiger Kampf, ja? Und wie man dann gegenüber den Leuten sein muß, isch saache, ne, das kann ich nich, denen 's Geld aus der Tasche ziehen, des schwer verdiente Geld".* Sie hat diese Versicherungstätigkeit offensichtlich als eine ehrenamtliche Beratertätigkeit analog der Schieds- oder Konfliktkommission betrachtet, als 'ehren'amtlich im Wortsinne, nicht als eine in ihren Augen fragwürdige Art des Geldverdienens. Denn auf dieser Ebene ist ihr der Kapitalismus suspekt; als eine Instanz, die mit dem Schlendrian und mit der für Frau Günther nicht nachvollziehbaren Subventionierung aufräumt, ist er ihr willkommen. Da ist sie sich mit Herrn Dalloff einig: Dieser war enttäuscht darüber, daß das Geld des Kapitalismus aus Erfindungen erwirtschaftet würde, die niemand brauche; daß die DDR-Gesellschaft die Preise für Güter des täglichen Bedarfs künstlich niedrighielt, die DDR in diesem Sinne nicht marktwirtschaftlich agierte, konnte auch er nicht goutieren.

Erfolge

Auch Frau Günther kann beim Seiltanz über den Umbruch auf ein Netz blicken. *„Was würden Sie machen, wenn Sie im Lotto gewinnen würden? So 'n richtigen Hauptgewinn?"* „Dann würd ich genauso weiterleben wie sonst", kommt die schnelle Antwort. *„Und auch arbeiten gehen?"* fragen wir nach. *„Isch hab eigentlich ganz gut geerbt, ja? Aber des merkt hier keiner ... Mir ham 's schön rationell verteilt, wo über die Währung war, ja? Uns is nisch viel verloren gegangen"*. Daß sie genau so weiterleben würde wie bisher, hat sie damit plausibilisiert; auch, daß der Streit mit der Verwandtschaft nach dem Tod der Pflegemutter nicht nur um die Grabpflege ging, wie sie uns plausibel zu machen versuchte.

„*Ich hab ja ooch noch Grund und Boden im Erzgebirge"*, berichtet Herr Günther, *„ja und nu, nach den neuen Eigentumsverhältnissen, bin ich ja nu wieder der Eigentümer. Ich war vorher auch der Eigentümer, bloß da war die Steuer für Grund und Boden und die Pacht ham sich gegenseitig aufgehoben. Und so hat mich das praktisch gar nischt gekostet und ich hab ooch nischt gekriegt dafür. Ich war bloß der Eigentümer ... jetzt is des nu anders geworden"*.

Auch wenn man trotzdem noch einen Lottogewinn an die Wand malt, will Frau Günther ihre Lebensführung beibehalten: *„Ich will weiter so leben wie, ja? Ich will meine Arbeit ham, een ruhiges Familienleben, ich will nich jedes Jahr wegfahrn, ja? Sondern isch möchte wirklich in Ruhe leben, mehr möscht isch nisch. Ich bin so erzogen worden, ja? Im Heim, ich mußte mich durchsetzen, konnt ich mich noch nich so durchsetzen, weil ich 'n Sprachfehler hatte"*. Frau Günther hatte ihre Zeit im Heim und ein körperliches Handicap zu überwinden. Das hat sie geschafft, indem sie gelernt hat, sich durchzusetzen. Hierzu halfen ihr eine Ressource und eine Strategie: immenses Arbeitsvermögen und eine pfiffige Beschwerdetechnik. Sie weiß, daß sie sich weiterhin durchsetzen muß, und sie weiß, daß sie das kann. Das Ziel des Einsatzes dieser Ressourcen hat sie formuliert: *„Weiter so leben wie, ja?"* Sie will ihre etablierte alltägliche Lebensführung aufrechterhalten - und übrigens auch die, die sie sich für ihren Sohn vorstellt. Als wir sie fragen, welche Wünsche sie habe, wie ihr Sohn sein Leben gestalten solle, sagt sie: *„Mei Wunsch wäre, erstens möcht er die Autoprüfung bestehn und dann sein Beruf zu Ende lernen und dann, daß er arbeitet, mehr will er gar nicht"*.

Am Ende des Interviews fragen wir Herrn und Frau Günther, ob sie irgendwelche Fragen an uns haben. *„Nuja, eene Fraache hätt ich schon"*, so Frau Günther, *„wo könnt ma sich hinwenden, wo ma für die Landwirtschaft was Konkretes erfahren?"* Herr Günther fällt ein: *„Ach was meinst 'n, du meinst wohl jetzt hier, sie meint jetzt,* *des wern Sie sicher ooch nicht wissen. Und zwar geht es darum, wie das nu is mit der Pacht und so weiter, weil da bei uns im Osten keener so richtig Bescheid weiß. Was gezahlt werden kann, was für von-bis-Spannen gibt, und nach was des berechnet wird". „Und wo ma sich hinwenden könnte"*, läßt sich Frau Günther nicht unterkriegen. Obschon wir eher hilflos wirken, weitet Frau Günther ihre Frage aus: *„Was würden Sie denn uns raten, wenn Sie jemandem aus der DDR, jemandem was saachen, naja, das und das würd ich euch nicht raten, das zu machen?"* Hier sehen wir noch einmal life, wie Frau Günther Probleme angeht. Sie fragt Informationen nach, auch wenn ihr Mann abzuwiegeln versucht. Als sie sieht, daß wir das Problem nicht lösen können, fragt sie wenigstens nach kompetenten Stellen. Doch wie ihre dritte Frage zeigt, läßt sie sich nicht beirren in ihrer Einschätzung ihrer Gesprächspartnerinnen als Expertinnen des westdeutschen Alltags, einer Art Rechtsberaterinnen für alles. Da freilich hat sie sich noch einmal geirrt; auf diese letzte im Interview gestellte Frage sagt Interviewerin 1 *„keine Ahnung", „das ist zu schwierig"*, Interviewerin 2. Herrn Günther wundert das nicht: Er weiß, daß wir über Pachtfragen nicht Bescheid wissen und empfindet die Fragen seiner Frau eher als Zumutung an uns. Doch es ist Frau Günthers Strategie, sich nach Verfahrensvorschriften zu erkundigen, ohne sich beirren zu lassen und dort zu fragen, wo sie meint, sie erhalte eine Antwort.

Alltägliche Lebensführung

Frau Günthers Lebenslauf ist von Beginn an - und gerade durch seinen Beginn, denn schließlich steht an seinem Anfang das *„Weggenommenwerden"* von der Mutter - gekennzeichnet durch das Ausgeliefertsein an rigide Institutionen: Dem brutalen bürokratischen Akt, durch den der als vernachlässigt definierte Säugling ins Heim kommt, folgt die Zuweisung zu Pflegeeltern, die sie im Alter von acht Jahren wieder dem Heim überantworten. Als sie mit 15 wieder zurück zur Pflegemutter kommt - vorher hat man ihr die Mißachtung ihrer Herkunft noch einmal dokumentiert, indem man ihr die Trennung von ihrer Schwester mitteilte - verhindert die Pflegemutter Frau Günthers Berufsausbildung zugunsten der Jugendweihe eines weiteren Pflegekindes, und Frau Günther beginnt mit der nächstmöglichen Erwerbsarbeit in der Fabrik. Die ganze Zeit über hat Frau Günther zudem mit einem Sprachfehler zu kämpfen.

Daß sie innerhalb dieser Rahmenbedingungen, an deren Veränderung nicht zu denken war, schlichtweg nicht untergegangen ist, ist den beiden bereits herausgearbeiteten Mitteln zur Situationsbewältigung zu danken, nämlich der immensen Belastbarkeit und dem *„Kämpfen"*, das sie später zum *„Kitzeln"* umwandelt, zu einer Beschwerdelust und -technik, mit der sie die Bewältigung des Alltags effektiviert. Die Beschwerden haben die Form von *„Eingaben"*, sie sind Ansinnen an die Herrschenden, den verbrieften Rechten ihrer Untertanen zu entsprechen. Dazu weist Frau Günther auf die Rechtmäßigkeit ihrer Ansinnen hin, indem sie auf die von oben gesetzten Satzungen verweist. Sie pocht auf das Einhalten der selbstgesetzten Regeln der Institutionen und wählt dafür den bürokratischen Weg. Der freilich ist auch anwendbar in anderen Bereichen des Alltags: Mit Zetteln und Plänen werden Haushaltsaufgaben delegiert, Renovierungen durchgeführt und Urlaubstage verlebt.

Ihre Durchsetzungs- und Selbstbehauptungsgeschichte ist eine Emanzipationsgeschichte: von der Abhängigkeit von anderen, insbesondere von der Willkür gesellschaftlicher Instanzen, und auch von der zugemuteten traditionellen Frauenrolle, denn *„da war ich sowieso sauer drauf"*, daß ihre Pflegemutter sagte, *„du heiratst ja soundso mal"*. Eine Berufsausbildung erschien Frau Günther als der Königsweg aus diesen Abhängigkeiten; daß das anfangs nicht möglich war, hielt sie nicht davon ab, wo immer es ging, zu arbeiten und sich die notwendigen Kompetenzen eben selbst anzueignen; die endlich sich bietende Chance zur Berufsausbildung ergriff sie sofort. Obgleich an eine Arbeitsteilung in der Familie nicht zu denken ist, ist es ihr ebensowenig vorstellbar, auf ihre Erwerbsarbeit zu verzichten. Beides in Einklang zu bringen ist ihr möglich aufgrund ihres beinah unerschöpflichen Arbeitsvermögens.

Doch für Frau Günthers Überlebensstrategie inmitten der rigiden Bürokratie war ein weiterer Baustein nötig: die Liebe zur *„Pflegemutti"*. Dieser zweifelsohne parteitreuen Frau, der die Erfüllung der sozialistischen Rituale wichtiger als die Berufsausbildung der Pflegetochter war und die eine Achtjährige wieder dem Heim überantwortete, wird lebenslange Treue gehalten; ihr Verhalten wird uns plausibel gemacht. Das einzige, was Frau Günther an ihr kritisiert, ist ihre Einstellung, Frau Günther würde ohnehin heiraten, was diese unzweifelhaft als eine Auslieferung an die nächste Instanz begriff, als einen Anschlag auf ihr Selbstvertrauen. Doch wird die nicht ermöglichte Berufsausbildung mit der finanziellen Belastung der Jugendweihe entschuldigt, nicht kritisiert, wird ihre erneute Heimeinweisung als Folge der neuerlichen Erwerbstätigkeit der Pflegemutter interpretiert und als selbstverständlich hingenommen.

Mit der Pflegemutter wurde auch die Partei geschätzt. Daß sie eingetreten sei, weil der Staat sie großgezogen habe, erscheint ihr selbstverständlich. Ohne solch konstruierte Rückendeckung hätte sie es wohl nicht geschafft, sich ihrer Identität zu versichern, die ihr dieser Staat schließlich geschaffen hat.

Freilich muß Frau Günther innerhalb dieser akzeptierten Rahmenbedingungen beweisen, daß sie ihren Mann stehen kann. Das tut sie, indem sie sich wehrt, sich *„beschwert"*, um ihre Rechte kämpft. Denn mindestens die verbrieften Rechte stehen ihr zu, als Kind der Bürokratie, als Kind dieses Staates. Und dieses Rechtsbewußtsein bekommt auch der neue Staat zu spüren. Frau Günther hat längst herausgefunden, daß man dessen Bürokratie besser über die Boulevardpresse knackt als über Eingaben an die Verwaltung.

2. Interview: *"Ich bin bloß froh, daß ich hier drüben aufgewachsen bin".*

Das kapitalistische Kollektiv

Frau Günther hat inzwischen in einem zur Warenhauskette gehörenden Einrichtungshaus im Leipziger Umland zu arbeiten angefangen, zuerst als Lageristin, *"weil ich 'n Facharbeiter für Lager praktisch hatte"*. Doch *"dann mit eenmal mußten die abbaun. Und da wurde ich hochgerufen ... zur Geschäftsführerin. Gut, bin ich hingekommen, mußte a Weilchen warten, dacht ich mir, was könnte jetzt kommen. Hat sie mich ordentlich begrüßt und gefragt, ob mir das gefällt, sage ja, ich weeß eigentlich, ich bin hier zu arbeiten, die möchten heute mich wieder ham, die Abteilung. Da hat sie ma immer so weitergefragt, dann sagt sie, würden Sie als Kaltmamsell, sage ja, ich sage, aber weeß eben in vielen Sachen noch nicht Bescheid, ich sage, ich möchte wenigstens 'n bißchen angelernt werden. Ja, das wird".*

Frau Günther berichtet - gleich zu Beginn des Interviews und vor dem Arbeitsinhalt - vom Verfahren, über das sie in ihre neue Position gelangte. Sie wurde *"hochgerufen"* und *"ordentlich"* begrüßt, wieder einmal also von Vorgesetzten delegiert, und wieder betont sie, daß das Ganze *"ordentlich"* zugegangen war. Weiter vergißt sie nicht, auf ihre Renitenz hinzuweisen: Sie habe jetzt keine Zeit für solche Gespräche, bedeutet sie der Geschäftsführerin, sie werde in ihrer Abteilung zum Arbeiten gebraucht. Darüberhinaus arbeite sie natürlich da, wo sie gebraucht werde, wünsche aber, wenigstens ein bißchen angelernt zu werden.

Wir haben beinah alle Elemente von Frau Günthers Lebensführung wieder versammelt: die Wahrnehmung der Welt als bürokratisches Gebilde, den Verweis auf ihr Arbeitsvermögen, den Nachweis ihrer Renitenz und eine ihr wichtige inhaltliche Dimension: den Erwerb von Qualifikation.

"Wie ich das gedacht hatte", war der Arbeitsbeginn im Kaufhausrestaurant nicht. *"Vier Tage wurd ich nur als Bumbel, also Tisch abwischen, aufräumen, ja? Die Arbeiten, die liegen geblieben, mußt ich machen. Aber das ging mir so of 'n Keks, da dacht ich, entweder du sagst was, so schnell können sie dich nicht entlassen, weil ich Kündigungsschutz hatte"*. Ein *"oder"* gibt es für Frau Günther nicht. Wo Frau Bohm die Alternative Abwanderung ergreift, entscheidet sich Frau Günther für den Widerspruch. Wo Frau Bohm ihren Märchenprinzen als Ermöglichung von Abwanderung begreift, sieht Frau Günther das Arbeitsrecht als doppelten Boden für Widerspruch - und hat damit Erfolg. Frau Günther bezieht ihren Arbeitsplatz hinter der Theke, doch angelernt wird sie trotzdem nicht. Sie arbeitet sich mit dem Kochbuch in ihre Aufgaben ein, erzählt von den Zubereitungsschwierigkeiten mit den großen Mengen und von dem Tag, an dem sie ihre Bewährungsprobe hatte und bestand. *"Da war ich höchstens fünf Tage dort, mußt ich ganz alleine machen. Ich hab mich laufend in die Finger geschnitten, erstens weil die Brötchen so heiß wa-*

ren, und da sagt er, so um zehne rum, Sie ham 's doch gepackt. Ich hatte keine Vorahnung vorher ... das war die schrecklichste Zeit. Aber jetzt gefällt 's mir, ich möchte gar nicht wieder fort". Die schrecklichste Zeit war eine Feuerprobe für Frau Günther im Wortsinne, und sie hat sie bestanden.

Derjenige, der gesagt hat, sie habe es „*gepackt*", ist der Abteilungsleiter. „*Unser Chef is schon okay ... des is zwar a Wessi, aber den hama ganz gern, er hält zu uns und wir halten zu ihm. Was er verlangt von uns, kann er auch selbst. Nicht daß jetzt irgendwie so a Besserwessi, wenn ma a Wut ham of ihn, na sagen wir, da is er a Wessi. Er hat mit uns jetzt vorige Woche a Sommerfest gemacht in eener Datsche von jemandem und da ham ma Eierlof und wirklich alles mit ihm gemacht, ja? Da hat er sich das ausgedacht, die Spiele und wir hatten das schon mal zu Weihnachten, Weihnachtsfest mit Kegelabend ... oder Trinkgelder, die werden dann verfeiert".* Der Abteilungsleiter hat es geschafft, anstelle der viel zitierten neuen Arbeitsplatzatmosphäre, wo „*jeder dem andern sein Teufel"* ist, das Kollektiv zu reproduzieren. Hier hält „*er zu uns und wir zu ihm".* Der „*Chef"* greift auf die Inszenierungen der DDR zurück: Sommerfest in der Datsche, Weihnachtsfest mit Kegelabend, und am Arbeitsplatz verlangt er nur, was er auch selber kann. Weiter werden Brigadenwettbewerbe veranstaltet: „*Wenn mal wieder hier so 'n Wettbewerb ist, beste Abteilung, da ham ma 600 Mark gekriegt und das wurde eben umgesetzt in Alkohol und anderes".* Was der Chef hier fertigbringt, ist indes nicht die Reproduktion, sondern die erstmalige Herstellung eines richtigen Kollektivs, die Umsetzung eines Mythos, wenn man so will. „*Was gefällt Ihnen denn jetzt so gut da an der Arbeit?"* fragen wir später noch einmal. „*Erstens",* sagt Frau Günther, „*das Arbeitskollektiv is einwandfrei. Wenn irgendwie mal was is, da hilft jeder den andern"* - im Gegensatz zu DDR-Zeiten: „*Wir hatten welche, eine Kollegin, also die über mir stand, eine, die immer irgendwas zu geckern hatte, und die hatte schon immer Westbeziehung".* Der leibhaftige 'Wessi' indes wird nicht des Privilegienbesitzes bezichtigt. Im Gegensatz zur Vorgesetzten zu DDR-Zeiten akzeptiert Frau Günther die Position ihres jetzigen Chefs von vornherein, und so ist auch erst jetzt echter Paternalismus möglich. Obschon im Kaufhaus immer noch Leute entlassen werden, beruhigt der Chef: „*Ihr braucht keene Angst zu ham. Da müßt ihr schon a ganz dummes Ding drehen, daß ma dann mal sagen, mir verabschieden euch, ja?"* Darüberhinaus erkennt er die Arbeitsleistungen seiner Mitarbeiterinnen an: „*Euch braucht ma 's Arbeiten nicht zu lernen. Ihr seht, worauf 's ankommt ... Er hat gesagt, wenn der größte Streß is, arbeitet* die (Frau Günther, M.W.) *am besten. Da geht 's Hand in Hand. Und wenn wir mal Miese ham, dann strengen wir uns an, Sonnabend ist meistens Betrieb und da bügeln ma des meistens wieder raus. Und wir sind von den ganzen Abteilungen an siemter Stelle. Nach einem Jahr".* Inszenierter Kollektivgeist und sozialistischer Wettbewerb innerhalb eines marktwirtschaftlich geführten

Betriebes unter der Rahmenbedingung beständigen Arbeitsplatzabbaus veranlaßt jemanden wie Frau Günther zur Selbstausbeutung.

Arbeitsvermögen und Selbstausbeutung

Trotz des „*wahnsinnigen*" Anfahrweges ist Frau Günther regelmäßig eine Stunde zu früh am Arbeitsplatz, denn „*meine anderen Arbeitskollegen, da ham schon mehrere ofgehört oder wurden gekündigt und wenn ich dann um achte dort bin, na? Um neune macht 's of und wenn trotzdem mal keener da ist, kann ich 's grade noch so packen, schaff ich 's grade noch. Na?*"

Ihren Hauptarbeitsplatz, die Salatbar, beschreibt sie aus der Perspektive des Kunden: „*Kommt ma rein, hier ist die Gaststätte, da kommt der Kaffee, dann kommt der Gemüseteller, den kann ma sich selbst zusammenstellen, dann kommt die warme Ausgabe, das sind drei Mann ... dann is die Getränkebar und in der Mitte bin ich, die müssen rumturnen bei mir*". Frau Günther beschreibt sich als den Dreh- und Angelpunkt des Restaurants. Stehen bleiben kann sie allerdings nicht, „*da reichen manchmal die Tabletts nicht und das, ne, da müssen wir alle sausen. Da macht dann unser Chef ooch mit ... er wischt ooch manchmal of, dafür ist er nicht zu fein dafür*". „*Ist das jetzt eigentlich anstrengender als ihre frühere Arbeit?*" „*Naja, ich habe mich dran gewöhnt*". „*Heißt das, daß es schon anstrengender ist?*" „*Ja is schon. Manchmal möcht ma am liebsten Rollschuhe ham*".

Doch über die Belastung wird nicht geklagt. Frau Günther besteht darauf, sich wohl zu fühlen und identifiziert sich mit ihrer Abteilung: „*So gemütlich wie 's bei uns ist, is es nirgends*", was die Einrichtung der Gaststätte betrifft, und man habe „*a ordentliche Küche, sonst würd ma ja keen Umsatz machen*". Das Atmosphärische regt der Chef an, und das Kollektiv setzt es um: „*Es waren harte Zeiten, bis mir das, wie der Chef das ham will, schön dekorativ mit Pflanzen, mit Blumen, ja? Dann aus Tomaten Rosen machen. So was liebt er, 'n bißchen Grün und das muß alles ganz frisch aussehn ... Zu Ostern hatte der das hübsch gemacht. Hat er jedem gesagt, wer an Garten hat, soll paar Zweige mitbringen und das war einfach sehr schön, also da hat er was drof*". Fast erscheint es so, als sei der neue Chef Frau Günthers Märchenprinz.

Herr Günther - inzwischen hauptberuflich bei der Bahn - war dagegen, daß seine Frau in der Gastronomie arbeiten wollte. „*Ich habe gesagt, daß ich in die Gastronomie gehe, und da hat er gesagt, na wieso denn. Ich sage, weil ja dort jemand gebraucht wird. Na sagt er, du wirst ja dann wie der letzte Löffel abgestempelt. Ich sage, ne, gloob mir mal*". Seit er sie mal abgeholt habe, glaube er ihr, meint sie.

Doch hat sie noch weniger Zeit als vor zwei Jahren, nur „*dann mal, wenn ich Urlaub mache*". Günthers waren vor kurzem auf einer Mittelmeerinsel, „*sehr idyl-

lisch. Schön. Ruhig, das war ich ja gar nicht gewöhnt. Zwee Tage war des wirklich unheimlisch, ja, bloß Vogelgezwitscher".

Frau Günthers Präferenzen unterscheiden sich von denen der Frau Bohm: Am wohlsten fühlt sie sich, *„wenn ich of Arbeit bin. Da weeß ich, für was ich arbeite, da weeß ich, daß ich gebraucht werde. Hier is nu irgendwie, daß ma mal zusammen sind, mein Mann, ja das is urlaubsbedingt, aber ansonsten, er muß zum Arzt oder er muß zur Arbeit, da is immer was anderes"*. Ein gemeinsames freies Wochenende ergibt sich wegen ihrer beider Arbeitszeiten *„manchmal im Vierteljahr einmal"*. Doch an eine Reduzierung ihrer Arbeitszeit, wie Frau Bohm das tut, denkt Frau Günther nicht; daß sie da Abstriche zu machen hätte, kommt ihr überhaupt nicht in den Sinn. Ob sie zu Hause nicht das Gefühl habe, gebraucht zu werden? *„Da geht da eigentlich alles soweit klar, es hat sich eingespielt. Ich bin dann bloß da, um die Wäsche zu waschen oder zu bügeln, zu flicken, und manchmal sag ich dann ooch, für was? Mich bedient ooch keener"*. Das hindert sie nicht, die ganze Hausarbeit umstandslos als ihre Pflicht aufzufassen. Daß sie mal bedient würde, sei *„ganz selten. Da muß ich schon schwer krank sein. Und ich reiß mich eigentlich immer zusammen ... Ma muß sich schon mal bißchen in der Kontrolle ham. Und wenn ich wütend bin, na geh ich em raus und spazieren und dann komm ich wieder rein, da is es wieder gut. Ich muß ma richtig weenen, dann geht das"*.

Ob sie auch mal was für sich mache? Frau Günther scheint unsere Frage nicht zu verstehen: *„Was 'n?"* *„Können Sie sich mal hinsetzen und sich sagen, was mach ich jetzt Schönes?"* *„Zu Hause?"* *„Ja, oder in der Stadt oder was immer sich da ergeben könnte"*. *„Naja hm, was ich mir eigentlich an dem Tag einbilde, das mach ich meistens. Aber ich habe zum Beispiel die Wohnung, mir ham an Garten, dann hab ich noch ne Tante, die wohnt hier unter mir und die is ooch hilfebedürftig ... ma hat immer was zu tun"*. Und *„wenn ich viel Zeit habe, näh ich, ich hab mir ne Nähmaschine gekauft, die is phantastisch"*.

Sich wehren

Frau Günther läßt sich auch weiterhin nicht *„übers Ohr haun"*. So sind Günthers *„im Mieterverband drinne"*. Wenn es Probleme gäbe mit der Wohnung, *„da würd ich gleich 'n Rechtsanwalt mir nehmen. Bezahlen wir ja ooch, 90 Mark bezahl 'n ma für den Mieterbund"*. Aufgrund der Erfahrungen mit dem FDGB mag sie nicht in die ÖTV eintreten: *„Ich sah da keen Sinn drin. War von den Ossis so vorgeschrieben, wir müssen im FDGB, ja? Und mir ham höchstens ein- oder zweimal hier 'n Platz gekriegt, sonst ham ma immer selbst gezeltet"*.[6]

---

[6] Die Vergabe von Ferienplätzen war in der Tat eine der wesentlichen Funktionen des FDGB; vgl. hierzu Pirker u.a. 1995, S. 141f.

Was ihre Rechte am Arbeitsplatz betrifft und wie sie sie durchsetzen kann, weiß Frau Günther ohnehin: *„Ja, manche ham sich was gefallen lassen"*, beklagt sie, *„wie eene Arbeitskollegin, die is 52 gewesen, die wurde zur Geschäftsführerin acht Wochen früher wie ich hochgerufen und kriegte gesagt, sie darf gehen. Na hab ich gesagt, geh bitte zum Betriebsrat. Nee, die ham mich rausgepickt und das und das. Ich sage, mache nicht so ein Theater ... ich war ja ooch um 399 Mark runtergesetzt, ja ... bin ich ooch zum Betriebsrat und habe das erscht geklärt, ja. Und da ham die zu mir gesaacht, entweder Sie nehmen 's an oder Sie bleiben hier"*. So sei sie das *„Risiko"* eingegangen, im Einrichtungshaus als Lageristin anzufangen; ihre Nachfrage beim Betriebsrat wertet sie so: *„Daraufhin ham die mitgekriegt, aha, mit der kannst es nicht so, ja?"* Tatsächlich hatte auch der Protest der Kollegin Erfolg. Sie habe einen Lehrgang angeboten bekommen, und Frau Günther resümiert ihre Strategie: *„Ich sage, du darfst dir nicht alles gefallen lassen"*.

Frau Günther läßt sich vieles nicht gefallen: *„Erstens kommt keen Vertreter mehr rein, mir ham solche Dinger dran ... und wenn hier jemand reinkommt, da is sofort eine Beschwerde. Es war ja schrecklich"*. Nicht nur ihre Wehrhaftigkeit hat sie beibehalten, sondern auch ihre Schlitzohrigkeit: Als wir sie nach ihrer Parteienpräferenz fragen, nimmt sie uns hoch und sagt, sie wähle den *„Biertrinkerverein"*. *„Wählen Sie die wirklich dann im nächsten Jahr, wenn Bundestagswahlen sind?"* *„Nee"*, sagt sie, *„ich würde die wählen, die mehr Unterstützung brauchen, die wenigstens was gemacht ham, wie zum Beispiel Bündnis 90 ... Ich weiß es nicht. Das brauch ich ooch niemandem sagen"*. Hier ist die Renitenz wieder da. Schlitzohrigkeit und Wehrhaftigkeit sind komplementäre Strategien, und so bekommen - neben uns - auch die Vertreter die Schlitzohrigkeit zu spüren. So ließ sie kürzlich sich und ihren Bekanntenkreis von einem Kochtopfvertreter bekochen und unterschrieb den Kaufvertrag für ein Topfset mit der von vornherein feststehenden Absicht, vor Ablauf der Widerruffrist die Bestellung rückgängig zu machen. Das habe ihr riesigen Spaß gemacht. Wir erinnern uns: Man müsse *„die"* mit ihren eigenen Waffen schlagen, seien sie nun Parteifunktionäre oder Vertreter.

Ob sie seit der Wende dazulernen mußte? *„Naja"*, sagt Frau Günther, *„daß vieles nich allein 'n Gang geht, man muß alles selbst in die Hand nehmen. Das hab ich schon von vornherein, wo noch Ossiszeiten waren, wenn ich da nicht Druck gemacht hätte, da wär gar nischt passiert"*. Durchsetzen mußte sich Frau Günther immer, ob früher oder heute, und sie konnte das auch. *„Mußte mich ja ooch durchsetzen. Konnte mir nicht alles gefallen lassen. Zu am gewissen Part laß ich mir alles gefallen, wenn ich sehe, du hast Unrecht, muß ich 's mir gefallen lassen ... Das lernt ma alles mit der Zeit. Ob das jetzt die Bundesrepublik is, naja, da is a bißchen härter, aber is ja wohl ganz gut, in mancher Hinsicht"*. *„Was ist ganz gut?"* fragen wir nach. *„Daß ma sich da a bissl mehr anstrengt, daß man sich nicht so gehen läßt. Bei manchen, die krank machen. Da hatte bei uns hier mancher prinzi-*

piell, da wurde eben ma die Wohnung wieder renoviert, die Fenster geputzt, eben alles, oder der Garten mußte wieder auf Vordermann gebracht werden. Naja, ich war in den 12 Jahren keen Mal krank". Das neue System ist in dieser Hinsicht im Sinne von Frau Günther gerecht; wie sie hofft, wird ihr Verhalten belohnt, indem die anderen Nachteile in Kauf nehmen müssen: „Bei uns in der Abteilung sind ooch welche, die machen bei jedem kleen Hüsterli, aber die werden die sich schon vormerken". Das neue System ist demnach durchaus geeignet, Frau Günthers Ressourcen positiv zu selegieren: Ihr immenses Arbeitsvermögen und ihre Durchsetzungsfähigkeit werden immer mehr zum Joker.

Bestätigung

Dabei kann sie ihre Biographie retten. Denn endlich hat sie ihre Geschwister in Westdeutschland besucht. „Wir ham an die Suchaktion an Brief geschrieben, ham ooch 's Testament von meiner richtigen Mutter und ham gefragt ... was dahinter is und ob mir ooch was noch zusteht ... Die Schwester hab ich kennengelernt, wir waren auch dort, wir ham das dort ofgesucht. Ich bin bloß froh, daß ich hier drüben ofgewachsen bin. Meine richtige Mutter muß an Ruf gehabt ham, wo ich mich erkundigt habe, was auf der Sterbeurkunde drofstand ... die war ja dreimal verheiratet, ja? Und da standen die Adressen dann drunter. Und da bin ich danach gegangen. In dem Viertel, die muß verrufen gewesen sein, die hat nichts gemacht ... dann mußte alle Woche immer meine andere Schwester kommen ofräumen. Die hat mir Bilder gezeigt, ohje, hab ich gesagt, naja, und meine andere Schwester, die hat ooch keen richtiges Los, die hat bestimmt da drunter ooch irgendwie sehr gelitten ... die arbeitet nichts, alle zwei sind arbeitslos, ja die vegetieren wirklich hin". Der Entzug von der Mutter erweist sich so noch einmal als eine richtige Entscheidung der Instanzen der DDR. „Ich bin bloß froh, daß ich hier drüben aufgewachsen bin", kann Frau Günther nun mit voller Überzeugung sagen - zumal sie auch diesem System getrotzt hat. „Genau noch so nett wie vorher" sei sie zu Leuten, von denen sie wisse, daß sie bei der Stasi waren, „das hätte mir ja auch passieren können ... ich hätt 's nicht gemacht, also jemanden ausspioniert ... mein Mann ham sie ja ooch danach gefragt. Und da hat er gesagt, er is in der Kirche und da drofhin ham sie ihm das nich, nie wieder, da drof sind ma eigentlich ganz stolz, daß ma das nicht gemacht ham".

So ist Frau Günther denn auch zufrieden mit ihrem Leben. Auf unsere Frage, was sie sich wünsche, hätte sie drei Wünsche frei, antwortet sie, ohne lange zu überlegen: „Daß ich meine Arbeit behalte, daß ich gesund bleibe und daß ooch halt meine Familie ... mehr nicht". Was sie sich für die Familie wünscht, sagt sie nicht; sie wünscht sich wohl für sie dasselbe wie für sich: Arbeit, Gesundheit - und daß „ihre" Familie bestehen bleibt. Doch innerhalb dieser Rahmenwünsche hat sie Pläne, die allerdings, wie sie meint, aus Zeitmangel ebenfalls Wunschvorstellungen bleiben: Sie will den Führerschein machen, Englisch lernen und sich mit Computern beschäftigen. *„Im Ausdruck a bißchen"* möchte sie sich verbessern. Es gäbe zuviele *„Wörter, die man nicht gebrauchen kann oder die mir nicht geläufig sind. Da gibt 's auch gar keine Bücher da drüber, wo ma das und das erfahren kann, was das für ne Bedeutung hat. Das fehlt uns"*. Aber sie kann sich Abhilfe verschaffen: Man suche sich im Fernsehen *„solche Sendungen, wo ma noch a bißchen was draus lernen kann ... aber ich frag immer unseren Chef und der, der weeß über vieles Bescheid"*. Auch materiell ist sie zufrieden. *„Mehr leisten"*, wie wir fragen, wolle sie sich eigentlich nicht: *„Ich hab doch alles. Ich hab doch soweit alles"*. Mit einem Lottogewinn hätte man *„wieder Ärger, daß ma 's Geld wieder untern Mann kriegt"*. Wir erinnern uns an die Erbschaft und an die Währungsunion, da hatten Günthers zumindest Probleme damit, alles so zu verteilen, daß sie möglichst wenig verloren. Wo es darum geht, den rechtlich möglichen finanziellen Spielraum auszuschöpfen, ist Frau Günther nicht genügsam. *„Manche sind so unbeholfen, ich weeß das nicht"*, bilanziert sie das Verhalten einer Verwandten, die sich nicht um ihre Witwenrente kümmerte, *„ich würde, ich habe gesagt, ich würde jeden Pfennig rausholen"*. Einen Wunsch indes hätte sie doch, würde sie im Lotto gewinnen. *„Was ich immer gerne, ganz gerne, ich würde, wenn ich an großen Geldgewinn hätte, ich würde mir a Haus kaufen. Das is schon immer mein Traum gewesen"*. Dieser Traum ist gar nicht so utopisch, es gibt ja immerhin ein Grundstück: *„Naja, wenn 's Axel ma machen würde, mir ham ja Land. Mir könnten uns scho a Haus baun im Erzgebirge. Land hama genug"*. Da könnte sie sich vorstellen, mitzuziehen und hauptberufliche Großmutter zu werden, eine Zukunftsvorstellung, die Frau März auch hat und ebenso begründet: *„Da wüßt ich, für wen ich da bin dann. Oder soll ich ma keene Oma werden? Ich möchte das gerne. Aber jetzt nicht gleich"*. Im Augenblick deutet - wie bei Maik März - auch nichts darauf hin. Axel Günther *„traut sich ooch nich so Mädchen ansprechen"*. Daß er von einem Mädchen *„bloß den Spitznamen"* wußte, kann seine Mutter nicht fassen: *„Hab ich gesagt, Axel, das hätt ich schon längst erkundet"*. Das brauchen wir nicht zu bezweifeln.

Das Spiel mit den Wessis

Am Ende des ersten Interviews hat Frau Günther durch ihre Fragen an uns zu erkennen gegeben, daß sie uns als Expertinnen für Lebensführung im neuen System ansah. Im zweiten Interview weist sie uns darauf hin, daß sie uns gegenüber ihrem Chef in Szene gesetzt hat. *„Was ham Sie so allgemein für 'n Bild von den Westdeutschen?"* fragen wir sie. Frau Günther lacht. *„Naja, ich möchte nich hier-"*. *„Wir gehn mal schnell raus und Sie sagen das ins Mikrophon"*, witzeln die InterviewerInnen. Die Situation, daß eine Ostdeutsche gegenüber Westdeutschen über ihr Bild von Westdeutschen reden soll, versuchen alle InterviewteilnehmerInnen zu entschärfen. Dann antwortet Frau Günther: „Ne, aber manche, die nehmen sich vieles raus, die denken, das sind Besserwisser. Ja?" Damit nimmt sie uns aus. „Also die zu uns gekommen sind, also erste und zweete bleim drüben. Die können was, und die dritte, vierte, die kommen hier nach Ostdeutschland und bestimmen, ja? Und das find ich nich in Ordnung. Die sollen erschtmal mit den Leuten, was den bewegt und das, das hat unser Chef ganz gut rausgekriegt. Das hab ich ihm ooch gesagt. Ich sage, ich habe a Interview und wehe, wenn er weiter so blöd-". Frau Günther lacht wieder. „Kann ja nischt böses da sagen, ja?" Der Chef ist eine große Ausnahme in Frau Günthers Sicht, „bloß wenn ma Sturm ham, sag ma mal, du Wessi". Dabei vergißt sie nicht, ihr Interview dem Chef gegenüber als eine Beschwerdemöglichkeit zu präsentieren - und uns das zu erzählen, ohne sich über ihren Chef auch nur eine Silbe beklagt zu haben.

Die Stabilität der Lebensführung

„Is eigentlich gleich geblieben" ist Frau Günthers Fazit eines Systemvergleichs; was ist gleichgeblieben?

Was Frau Günthers erzähltes Leben betrifft, so fallen dessen unterschiedliche Sphären des Alltags mit der Wende vergleichsweise wenig weit auseinander: Sie hat zwar einen neuen Arbeitsplatz, der aber aus der Abwicklungsmasse entstanden ist, und engagiert sich dort wohl noch etwas mehr als vorher. Dank der grandiosen Führungsstrategie ihres westdeutschen Chefs hat sie ihr Kollektiv wiedergefunden, wenn nicht sogar das erste Mal verwirklicht vor sich. Das macht sie allerdings ausbeutbar - ihr größter Stolz ist es, dann am besten zu sein, wenn der Streß am größten ist.

In der Familie ist alles eingespielt, vor allem die Tatsache, daß Frau Günther vor und nach der Erwerbsarbeit die Hausarbeit macht und dabei kaum entlastet wird. Das war vor zwei Jahren und auch vor der Wende so, und dank ihres grenzenlosen Arbeitsvermögens und -willens fällt ihre zusätzliche zeitliche und inhaltliche Arbeitsbelastung durch die Erwerbsarbeit niemandem so richtig auf, nicht einmal ihr selbst. Zu den acht Stunden Arbeit kommen eineinhalb Stunden Arbeitsweg hinzu sowie eine tägliche Überstunde am Arbeitsplatz, um ein bißchen Arbeitsstreß abzubauen und gegen Unvorhersehbares gewappnet zu sein. Ihr Mann arbeitet noch mehr Schichtdienst als früher, und die Folge ist, daß das Familienleben „urlaubsbedingt" und damit der Ausnahmefall ist.

In dieser Situation verschwendet Frau Günther keinen Gedanken an eine Kündigung, und zwar weder an eine selbstgewählte wie Frau Bohm, noch an eine nahegelegte wie Frau März. Denn mit den Ressourcen, auf die Frau Günther zurückgreifen kann, kommt sie offensichtlich in jedem System zurecht: generalisiertes Arbeitsvermögen und Genügsamkeit, freilich versehen mit einer weiteren Ingredienz: ihrer Wehrhaftigkeit. Als Betriebsrätin könnte man sie sich gut vorstellen, und inoffiziell ist sie das auch, auch Rechtsberaterin in eigener und fremder Sache.

Daß sie ihre Renitenz über die Wende hinweg weiter erfolgreich einsetzen konnte, liegt an einer grandiosen Ressource: Frau Günther weiß, welche Informationen relevant sind und wo man sich relevante Informationen am besten besorgt. Dabei ist der Inhalt ihrer Beschwerden erst einmal die persönliche Betroffenheit von Ungerechtigkeiten. Sie macht es wie früher: Man erkundigt sich, welche Rechte man hat, und dann beruft man sich darauf; nur sind die eigenen Waffen der neuen Instanzen, mit denen man sie laut Frau Günther schlagen muß, andere als die vertrauten, und diese muß Frau Günther kennen und verwenden können. Daß sie das lernen kann, begründet ihren Optimismus. Sie hat sich wieder einmal bewiesen, daß sie durchs Leben kommt, indem sie einen neuen Arbeitsplatz erobert hat - daß es hohe Kosten hat, durchs Leben zu kommen, hat Frau Günther ihr Leben lang erfahren müssen, und das ist für sie selbstverständlich. Frau Bohm war nicht bereit, allzu hohe Abstriche zu machen; sie hat gekündigt. Freilich hat sie ein kleines Kind. Hinzu kommt aber auch die fehlende Bereitschaft der Frau Bohm, sich ausbeuten zu lassen; Frau Günther indes verweigert sich nicht, denn aus ihrer Sicht wird sie nicht ausgebeutet, sondern kann ihre Arbeitsfähigkeit unter Beweis stellen.

Mit Leuten wie Frau Günther kann zumindest das neue Möbelhaus gut funktionieren, und an der Angst um den Arbeitsplatz liegt Frau Günthers Einsatz nicht. Genau auf ihre Relevanzstruktur greift die Abteilungsleitung zurück: Die Arbeit soll „*Hand in Hand*" gehen, jeder für den anderen da sein, und wenn auch noch die Zusammenarbeit durch Weihnachtsfeste mit Kegeln symbolisiert wird, ist es schöner, als es in der DDR je war. Schließlich läuft jetzt auch noch der Laden, ein Faktum, das Frau Günther bereits „*zu Ossiszeiten*" herbeigesehnt hatte.

Mit Ausnahme der Ökonomie hatte Frau Günther keine großen Zweifel am DDR-System; wo ihr dessen Strukturen zum Nachteil zu werden drohten, versuchte sie sich zu wehren, und auf die Ablehnung der Stasi-Mitarbeit kann sie sogar stolz sein. Sie hatte sich gut eingerichtet; die Köcher für die Pfeile, die das Ehepaar Günther abschoß, waren freilich ein wichtiger Teil der Einrichtung. Zu Frau Günthers großem Glück hat sich auch noch die Westverwandtschaft als ein echter Gegenhorizont erwiesen. Durch die Wende konnte sie ihre Biographie noch einmal untermauern: „*Ich bin bloß froh, daß ich hier drüben aufgewachsen bin*". Sie ist nicht verbittert, sie ist nicht mal wehmütig, und sie ist auch nicht begeistert über die Wende. Sie ist froh, daß es ihr so ergangen ist, wie es ihr ergangen ist. Und sie vertraut darauf, sich schon durchsetzen zu können. Hierarchien erkennt sie an: Die Position ihres Chefs wird nicht kritisiert, und sie findet es großartig, wenn er mit zugreift, nicht selbstverständlich. Dafür zählt auch sein Lob um so mehr. Ein vernünftiger Chef, der ihre Arbeitsleistung anerkennt: Dafür arbeitet Frau Günther dann wirklich wie ein Pferd, zumal im neuen Kollektiv, wo einer dem anderen hilft, zumindest aber Frau Günther den anderen. Wegen der selben hohen Erwartungen an andere kommt es auch nicht selten zum Konflikt, und dann kann Frau Günther wütend werden. Das war zu DDR-Zeiten auch nicht anders: Rahmenbedingungen sind dazu da, in ihnen zu bestehen, und zwar entweder, indem man sich wehrt, oder indem man versucht, sich anzupassen. Auch wenn sie zeitweilig den Wunsch nach Rollschuhen hegt, kommt nun vor allem ihre Schlitzohrigkeit zum Einsatz. Ist in der tragischen Gesellschaft die Eingabe das Instrument gewesen, sich zu wehren - also das Pochen auf den selbstgesetzten ideologischen Anspruch - so ist der ironischen Gesellschaft Schlitzohrigkeit äquivalent. Ihre Gerechtigkeitsvorstellungen gibt Frau Günther deswegen aber noch lange nicht auf.

Diese Gerechtigkeitsvorstellungen kreisen darum, daß sie ihre und der anderen Rechte garantiert und eingelöst wissen will. Recht ist, was einem zusteht, nicht mehr, aber auch nicht weniger. Und wenn man schon beim Mieterverein seinen Beitrag bezahlt, dann prozessiert man auch: Schließlich steht es einem zu. Was soll sie bei der Gewerkschaft, wenn es doch keinen Ferienplatz gibt. Wehren kann sie sich selber.

Resümee

Die Angestellten des Warenhauses hatten länger als die vorherigen InterviewpartnerInnen ihren Arbeitsplatz behalten können; damit habe ich ihre Auswahl begründet. Der Tatsache, daß es Frauen sind, galt ebenfalls mein Interesse.

Die Logik der Lebensführung

Wie Herr Pattermann, Herr Belzow und Herr Tikovsky arbeiteten Frau März, Frau Bohm und Frau Günther im selben Betrieb. Obschon zum Zeitpunkt des ersten Interviews noch nicht akut von Entlassung bedroht, hatte sich bei allen dreien der Arbeitsinhalt verändert, bei Frau März auch die berufliche Position. Die berufliche Zukunft war bestenfalls offen.

Mit den Veränderungen am Arbeitsplatz, die für alle drei eine Belastung darstellten, verfuhren sie - wie die drei Industriearbeiter auch - ganz unterschiedlich: Frau März saß die Veränderungen aus, Frau Bohm kompensierte sie durch ihr Privatleben und Frau Günther vertraute darauf, sich wehren zu können. Diese Verhaltensweisen konnten auf die etablierten Lebensführungsregeln zurückgeführt werden; die zentralen Regeln lauteten jeweils so: Für Frau März galt: 'Worin du investiert hast, das versuche zu erhalten'; Frau Bohm beherzigte die Regel, sich zu bemühen, 'nur nicht alleine zu sein'; Frau Günther hielt an ihrem Prinzip fest, sich nichts gefallen zu lassen. Die jeweiligen personalen Ressourcen, die die Kandidatinnen instand setzten, diese Regeln befolgen zu können, waren bei Frau März ihre Disziplin, bei Frau Bohm die Zurücknahme ihrer persönlichen Interessen und bei Frau Günther Belastbarkeit, Schlitzohrigkeit und Wehrhaftigkeit.

Im zweiten Interview zeigte sich, daß Frau März wieder eine Spitzenposition im Warenhaus innehatte, Frau Günther sich unter großer Belastung, aber mit ebenso großer Hartnäckigkeit in eine berufsfremde Tätigkeit eingearbeitet hatte und Frau Bohm in die Familie abgewandert war.

Die Regeln, nach denen die jeweilige Lebensführung funktioniert, haben sich, wie ich zeigen konnte, nicht verändert; die Situation, in der man sich nun jeweils befindet, ist auch Folge der etablierten und beibehaltenen Strategien, sein Leben zu führen.

Die soziale Situation

Die unterschiedlichen Berufsverläufe sind freilich nicht allein der Logik der Lebensführung und deren Aufrechterhaltung geschuldet, sondern ebenso der Eigentümlichkeit der sozialen Situation.
So hatte auch Frau März mit einer Entlassung, zumindest aber mit einer Reduzierung ihrer Erwerbsarbeitszeit sympathisiert. Doch selbst wenn sie Frau Bohms Partnerschaftsprimat geteilt hätte, eine Kündigung könnte sich sich gar nicht leisten. Die berufliche Position ihres Mannes war - und das trifft auch auf das Ehepaar Günther zu - viel zu unsicher, um sich aus dem Arbeitsmarkt zurückziehen zu können. Zudem fehlt den beiden ein kleines Kind als zusätzlicher Anreiz für die Abwanderung und als zusätzliche Restriktion bei der Erwerbsarbeit. Alles zusammengenommen heißt dies, daß die Abwanderung aus dem Arbeitsmarkt eine hoch voraussetzungsreiche Angelegenheit ist. Frau Bohms Verliebtheit in ihren neuen Partner gab vielleicht den letzten Ausschlag dafür, die Zumutungen am neuen Arbeitsplatz nicht länger ertragen zu wollen. Die rosarote Brille verschaffte Frau Bohm überhaupt erst das Vertrauen in ihren Partner, und der Anreiz, zu Hause bleiben zu können, erschien ihr hoch. Die Folge ihres Handelns indes, die schließlich eingetretene Langeweile zu Hause, war selbstverständlich nicht intendiert und fungiert nun ebenso als Anreiz, ihre Situation wieder zu verändern wie das Ausbleiben des Arbeitslosengeldes.
Um die Logik der Situation mit den Handlungen unserer Akteure zusammenzubringen, muß ich deren Ziele, deren verfügbare Mittel und die Restriktionen kennen, denen sie sich gegenübersehen. Ich kann sie nur dann kennen, wenn ich Lebensführung und Biographie hinreichend erforscht habe, denn es ist nicht eine einzelne isolierte Handlungsentscheidung, die es zu untersuchen gilt, sondern die Führung des Lebens in einer all die zahllosen Alltagsentscheidungen und Routinen umfassenden gesellschaftlichen Umbruchssituation.
Daß Frau März eine ausgeprägte Commitmentorientierung hat und einen verläßlichen, sogar rigiden Ordnungsrahmen braucht, um nicht abzustürzen, erklärt ihr Durchhaltevermögen am Arbeitsplatz. Es erklärt auch die Reproduktion der Macht: Sie erfüllt die Vorgaben der neuen Unternehmensphilosophie bis aufs I-Tüpfelchen, was - hier als intendierte Folge - ihre Stellung im Betrieb abzusichern hilft. Daß Frau Günther ihr generalisiertes Arbeitsvermögen einsetzen können muß, läßt sie die Arbeit als *„Kaltmamsell"* akzeptieren; ihrer Belastbarkeit und ihrem Durchsetzungsvermögen ist es geschuldet, daß sie ihr Leben unter der immensen Arbeitsbelastung überhaupt weiterführen kann. Und daß Frau Bohm abgewandert ist, ist ihrer beinah bedingungslosen Orientierung an der neuen Partnerschaft geschuldet. Diese darf nicht gefährdet werden, und koste es den Arbeitsplatz. Den hätte sie, so nehme ich an, dann nicht aufgegeben, wenn ihre Rolle als Familienfrau so wie früher vom Be-

trieb respektiert worden wäre, und wenn die Deprofessionalisierung nicht so sehr durchgeschlagen hätte. Da sie in ihrem Beruf nicht zufrieden war, erschien ihr die Alternative Abwanderung naheliegender als Widerspruch; daß Abwanderung erst jetzt gesellschaftlich akzeptiert wird, ist hierfür Voraussetzung und deshalb eine Chance für Frau Bohm, sich von der Pflicht zur Arbeit zu emanzipieren und sich ohne solche Einschränkung ihrem Partner und ihrer Tochter widmen zu können. Widerspruch als aufwendigere, aber auch einzige Alternative sieht Frau Günther, während es Frau März mit Loyalität versucht: Loyalität zur neuen Betriebsleitung.

Geschlechtsspezifische Lebensführung

Herr Pattermann und Herr Belzow, Herr Flieger, Herr Rabe und Herr Dalloff können es sich leisten, ihre Berufsarbeit in den Mittelpunkt ihrer Lebensführung zu stellen: Sie brauchen kaum Familienarbeit zu leisten und können zur Realisation ihres beruflichen Projektes auf ihre Partnerinnen zurückzugreifen. Diese stellen für sie das *„Hinterland"* dar, wenn auch in unterschiedlicher Rigorosität.

Gleichwohl begreifen sich die Frauen, wie wir hier sehen, keineswegs als Hinterland, wenn das meint, daß sie ihre eigenen Interessen hinter die des Partners umstandslos zurückstellen. Nichtsdestotrotz übernehmen zumindest Frau Günther und Frau März ganz selbstverständlich die Funktion des Hinterlandes, ohne deswegen Einschränkungen im Bereich der Erwerbsarbeit hinnehmen zu müssen oder zu wollen. Freilich erfordert das ein Mehr an Arbeit, sind sie doch für all das zuständig, was an Haus- und Familienarbeit anfällt; hinzu kommt die Arbeit des Alltags, nämlich der Organisationssaufwand, der zur Koordinierung all der alltäglichen und nicht-alltäglichen Tätigkeiten zu betreiben ist, und zwar nicht nur für sich selbst, sondern auch für die Familie - und den Partner. Mit großem Aufwand und hoher Arbeitsbelastung schaffen Frau Günther und Frau März das geforderte Pensum; Frau März kann ihrem Mann sogar noch seine Kleidung kaufen.

Doch diese Doppelrolle verursacht Kosten in einem dritten Bereich: dem der persönlichen Ansprüche. Diese reduzieren sich bei Frau Günther darauf, all die anfallenden Arbeiten erledigen zu können; Zeit für sich selbst ist ihr nur im Krankheitsfall gestattet. Frau März bemißt ihre persönlichen Ansprüche daran, was eine *„verheiratete Frau"* brauche. Das bedeutet, daß sie ihre freie Zeit zwar genießen will, aber nicht kann, hat sie doch ihr Leben lang nichts anderes gemacht als ihre Zeit den an sie gestellten Rollenanforderungen gewidmet: als Leitungskader, Parteifrau, Mutter und Ehefrau.

Frau Bohm wählt die Rolle der erwerbstätigen Frau ab: Der Primat der Partnerschaft läßt ihre Überforderung nicht zu. Die Abwanderung indes hat nichtindizierte Folgen, die wiederum die Partnerschaft belasten könnten: Frau Bohm langweilt sich, und die Gesprächsthemen gehen ihr aus - wie auch das Geld, obschon sie einen solchen Eindruck abzuwehren versucht. Durch ihre Entscheidung gegen die Berufsarbeit hat Frau Bohm noch lange keinen Platz für die Verfolgung von Interessen außerhalb der Partnerschaft. Sie präsentiert sich so, als hätte sie solche Interessen gar nicht, ja sie arbeitet an einem Bild von sich selbst, das den Erwartungen ihres Partners entsprechen soll bzw. den Erwartungen davon, was ihr Partner von ihr erwarten könnte; um dieses Projekt nicht zu gefährden, unterschlägt sie eine individuelle, 'eigensinnige' Biographie.

Alle vier bislang vorgestellten Frauen - also auch Frau Barzel - haben im Gegensatz zu ihren Partnern kein „*Hinterland*". Zwar können sie bei einzelnen Anforderungen auf Unterstützung ihrer Partner zurückgreifen; diese aber unterstützen ihre Frauen lediglich bei Tätigkeiten, die - und da sind sich beide Geschlechter einig - zweifellos zum Aufgabenbereich der Frauen gehören. Entsprechend wird solche Unterstützung von den Frauen hoch geschätzt und keinesfalls als selbstverständlich betrachtet; schließlich geht frau zudem davon aus, daß Männer für Hausarbeit nicht gut genug qualifiziert seien. Wie wir bei Frau März gesehen haben, spricht sie ihrem Mann beinah alle Haushaltskompetenzen ab; an Qualifizierung ist nicht zu denken, denn Herr März unternimmt bei kleinster Kritik an seinen Fähigkeiten einen Rückzug. Frau März flieht den Mehraufwand der Umerziehung, und die Verhältnisse bleiben stabil - auch unter veränderten Rahmenbedingungen.

Wie sich diese Zuständigkeiten als Restriktion auf dem Arbeitsmarkt auswirken können, sehen wir an Frau Bohm. Sie kündigt, weil sie ihre Überlastung ihrer Familie nicht zumuten will. Frau Barzel hingegen findet auch deshalb keine Arbeit für sich, weil sie die nötige Energie in die Arbeitsplatzsuche für ihren Mann investiert. Nicht daß solches Verhalten nicht rational wäre: zumindest Frau Barzel hat gute Gründe anzunehmen, daß die Familie am Ende wäre, würde sie arbeiten gehen und ihr Mann wäre zu Hause.

Soziale Ungleichheit

Frau Bohm rechtfertigt ihre Kündigung damit, daß sie sich das leisten konnte. Prinzessin als Beruf wählen zu können, hat einen Märchenprinzen zur Voraussetzung, der sie vom Zwang zur Arbeit unter allen Umständen befreit. Frau Bohm verortet sich über den Status ihres Partners im System sozialer Ungleichheit: Als seine Ehefrau ist sie privilegiert, und so besteht sie darauf, nicht aus finanziellen Gründen auf Erwerbsarbeit angewiesen zu sein.

Das Ehepaar März indes gehört inzwischen zu den gut verdienenden Doppelverdienern. Es fällt Frau März bereits auf, daß das Viertel, in dem sie wohnt, ihrem Status nicht länger angemessen sein wird. Doch da Frau März nicht anders als alle anderen sein will und der DDR lebensstilistische Treue schuldet, wird der Status nicht, wie bei Herrn Flieger, materiell symbolisiert. Sie symbolisiert ihren Status über ihre Führungsposition im Betrieb; die Mittel hierzu sind Umgangsformen, vor allem aber die Verbindung von Macht und Paternalismus.

Frau Günther denkt - wie schon ihr Leben lang - in Kategorien von 'oben' und 'unten'. Sie ist 'unten', aber nicht in einem materiellen oder statusbezogenen Sinne; sie ist 'unten', weil sie zu denen gehört, die sich gegen 'die da oben' zur Wehr setzen müssen. Gelingt ihr das, ist die Gleichheit der Mittel bewiesen, und das reicht ihr bis zum nächsten Kampf. Materielle Distinktion betreibt sie nicht; so ist weder die Höhe ihrer Erbschaft von Belang, noch was sie sich damit anschaffen kann; was zählt, ist ihre Findigkeit, das Geld vor dem Zugriff 'derer da oben' in Sicherheit zu bringen.

Was wir hier nachzeichnen können, ist die Herstellung einer Position in einem selbst entworfenen Gebilde sozialer Ungleichheitsbeziehungen; diese jeweiligen Ungleichheitsmodelle ergeben aus subjektorientierter Perspektive kein gemeinsames Modell. Was Frau Bohm als oben und unten definiert, entspricht nicht der Skala der Frau Günther. Es entspricht auch nicht der Skala der Forscherin, die sich nicht ganz davon überzeugen kann, daß der Prinzessinnenberuf Frau Bohm eine hinreichende Ressource für Zufriedenheit bietet. Wie wir gesehen haben, ist sich auch Frau Bohm da nicht mehr sicher.

Mit den beiden letzten Fällen, Frau Volkmann und Frau Pfeiffer, werden wir mit der Arbeit des Alltags in besonderer Weise konfrontiert: Beide Frauen bleiben über die Wende hinweg in arbeitsintensiven Pflegeberufen tätig und nehmen dort neue Aufgaben und Anforderungen wahr; gleichzeitig haben sie kleine Kinder: Frau Volkmann erzieht ihren siebenjährigen Sohn alleine, Frau Pfeiffer hat eine neunjährige Tochter und ein Kleinkind zu betreuen, ohne auf nennenswerte Unterstützung ihres Partners zurückgreifen zu können bzw. zu wollen. Wie beide ihren Alltag managen und wo ihre Lebensführung vom Umbruch betroffen ist, wird im folgenden rekonstruiert.

Frau Volkmann

1. **Interview:** *"Das war eine unruhige Zeit, so viele Ereignisse in einem Jahr".*

Frau Volkmann, Mitte dreißig und auf Rügen aufgewachsen, arbeitet im Altenheim im Stationsdienst; ihr Sohn Franz ist gerade in die Schule gekommen. Frau Volkmann ist alleinerziehend.

Individualisierung?

Frau Volkmann ist ausgebildete Kinderkrankenschwester; nach der Ausbildung arbeitete sie in der Intensivtherapie und hat *"dann nebenher, neben dieser Arbeit praktisch 's Abitur, also die Reifeprüfung praktisch, nachgeholt. Das war nochmal drei Jahre Ausbildung und nebenbei, wie gesaacht, in Schichten gearbeitet"*. Das Zitat enthält eine Perspektivenverschränkung: Aus der Perspektive der Berufsarbeit hat Frau Volkmann *„nebenher"* das Abitur nachgeholt, und, im Erzählfluß bei der Ausbildung angelangt, hat sie *„nebenbei"* in Schichten gearbeitet. Das kann ein Hinweis darauf sein, daß Arbeit und Ausbildung nur so zu koordinieren waren, daß jeweils das, was Frau Volkmann gerade tat, von ihr als vordringlich betrachtet wurde. Diese Situation muß anstrengend gewesen sein. Frau Volkmann hatte freilich Gründe, diese Doppelbelastung auf sich zu nehmen: *„Und dann hatt ich dieses Reifezeugnis in der Hand und hab mich kühn zum Medizinstudium beworben"*. Sie bekam einen Studienplatz in Leipzig und zog dorthin. *„Bis zum Physikum hab ich 's gebracht"*, aber an der Chemie sei sie dann gescheitert. Obschon sie die Chemieprüfung ein Jahr später hätte wiederholen können, gab sie auf, denn *„ich war ohnehin schon eine mit der Ältesten damals"*. Ihr Alter - sie ist zu diesem Zeitpunkt 23 Jahre alt - leuchtet als Begründung für den Abbruch nicht unmittelbar ein, hatte Frau Volkmann doch einiges investiert, um studieren zu können.

Die Qualifikationsbiographie der Frau Volkmann ist mit dem Studienabbruch freilich nicht zu Ende. Sie bleibt in Leipzig und arbeitet wieder als Kinderkrankenschwester, diesmal in der Krebstherapie. Als in ihrem neuen Spezialgebiet ein Pilotprojekt im Großraum Berlin gestartet wird, wechselt sie dorthin. Nach der Geburt ihres Kindes jedoch geht sie nach Leipzig zurück, wo dessen Vater lebt, zieht aber nicht mit ihm zusammen; den Schichtdienst nennt sie als den Grund, die Arbeit im Pilotprojekt aufgegeben zu haben, denn *„ich wollte also auf keinen Fall den Franz in ein Wochenheim geben"*, was die einzige Möglichkeit gewesen wäre.

Bislang ist dieser Biographie nicht anzumerken, daß sie in der DDR stattgefunden hat, wo, wie Frau März sagt, *„alles 'n bißchen gelenkt und gesteuert wurde"*.

Zurück in Leipzig, arbeitet Frau Volkmann als Gemeindeschwester - und sieht sich jetzt dem Zugriff der „durchherrschten Gesellschaft"[1] ausgesetzt. Aus dieser Arbeit heraus *„bin ich von meinem Chef delegiert worden in das besagte Pflegeheim als Oberschwester, obwohl ich da noch auch in einer Qualifizierung war"* - das wäre ihr zweiter Fachkrankenschwesterabschluß gewesen. Frau Volkmann protestierte gegen diese Versetzung: *„Ich hatte ooch gleich gesagt, also, ich bin mit dem Kind allein und daß es also äußerst schwierig ist, ja, dann als Oberschwester dort zu arbeiten, weil das in den seltensten Fällen ein Acht-Stunden-Tag ist"*. *„Wenn Sie nicht wollen, dann kann ich Sie delegieren"*, zitiert sie ihren Chef; das hätte er dann auch gemacht. Vor knapp einem Jahr aber hat sie diese Position wieder *„abgegeben, weil ich das einfach nicht verkraftet hab, muß ich ganz ehrlich sagen, na das war alles zuviel Belastung, und wie gesaacht, immer das späte Nachhausekommen und das Kind vernachlässigen, aber ich war immer in diesem Zwist, ja zwischen Pflicht und Gefühl und das konnt ich also nicht länger ertragen"*; zudem hatte sie *„das Gefühl, man arbeitet gegen mich"*.

Jetzt arbeitet sie im Stationsdienst auf einer Station im selben Altenheim, *„wo 's mir eigentlich sehr gut gefällt, muß ich mal sagen, vom Kollektiv her, vom ganzen Arbeitsablauf, von der Organisation dort, und ja, ich würde gerne wieder mehr ins Medizinische gehen, aber die Zeiten sind zur Zeit so prekär, daß die überall sagen, also, Sie müssen in drei Schichten arbeiten oder gar nicht, sonst können wir auf Sie verzichten"*.

Frau Volkmanns Lebensverlauf und Berufskarriere entsprechen nicht dem Bild der gelenkten DDR-Bürgerin; sie entschied selbstbestimmt, was sie tun wollte und setzte ihre Entscheidungen um. Freilich stieß sie dabei auf Restriktionen, die schließlich der Anlaß für Revidierungen und Kehrtwendungen waren; auf der Grundlage der neuen Situation wurde dann die nächste biographische Entscheidung getroffen. Die Delegierung ins Pflegeheim erscheint in Frau Volkmanns biographischer Erzählung als eine Restriktion unter anderen. So ergibt sich ein biographisches Bild, das Kennzeichen individualisierter Biographien westlichen Zuschnitts aufweist: Ausbildung, Berufstätigkeit, Abendschule, Wohnortwechsel, Studium, Studienab-

---

[1] Kocka 1994

bruch, wieder Berufstätigkeit, Arbeitsplatz- und Ortswechsel, Geburt eines Kindes, wieder Ortswechsel, living apart together. Eine Berufsbiographie bleibt es trotzdem; und Frau Volkmann bleibt ihrem Beruf treu, soweit ihr das möglich ist.

Freilich wird ihre Berufswahl als eine im Ergebnis offene Entscheidungssituation geschildert: *„Ich wollte immer etwas mit Kindern machen. Dann wollt ich aber auch mal zur See fahrn, das war meine Vorstellung, waren, die schwankten also da durch die ganze Richtung der Palette der Berufe"*. Von vornherein festgelegt wie Frau März hatte sich Frau Volkmann nicht.

Ihre Bewerbung zum Medizinstudium kann sie nicht nur deshalb *„kühn"* nennen, weil sie ihre eigene Entscheidung und so nicht vorgesehen war; *„kühn"* war sie wohl auch deshalb, weil mit dieser Bewerbung ihre damalige Ehe endete: *„Die Beziehung ist dann auch in die Brüche gegangen aufgrund meines Studiums"*. Während ihrer Abendschulzeit hätte ihr damaliger Mann ihr *„viel geholfen"*, aber nur *„bis es ernst wurde"*: bis sie nach Leipzig zum Studium ging. Auf ihre Selbständigkeit - bzw. auf die Unfähigkeit der Männer, damit zurechtzukommen - führt sie auch das kürzliche Scheitern der Beziehung zum Vater ihres Sohnes zurück. Man wohnte die letzten Monate vor der Trennung in ihrer Wohnung zusammen, und seine Versuche, ihr Vorschriften zu machen, was ihre Alltagsorganisation betraf, hätte sie mit dem Hinweis pariert, daß an der Tür ihr Name stehe; sein Auszug und ihr Zerwürfnis seien die Folge gewesen. *„Bin sehr selbständig immer gewesen dadurch, daß ich immer auf mich alleine gestellt war"*, bilanziert sie, *„und das is sehr schwierig, das mögen die meisten Männer nich, das is, sie mögen es schon, aber sie möchten doch gefragt werden"*.

Das Alter

In Frau Volkmanns biographischer Erzählung wird das im Zusammenhang mit der Weigerung, die Prüfung zu wiederholen, eingeführte Motiv durchgehalten: ihr Alter. Zum Studium nach Leipzig sei sie mit *„sehr viel Schwermut"* gegangen. *„Erstens war ich schon eine mit den Ältesten, die andern waren alle zwanzig ... und dann im Wohnheim wohnen, also das war das Schlimmste, was es für mich gab ... Es war dort wie in der Kneipe, ne. Ach, 's war ganz schlimme Situation, aus geordneten Verhältnissen, wo ich immer kam ... Und da ging das drunter und drüber, mit Karo rauchen, also Karo sind ganz üble Zigaretten und Primas-Sprit, ja, das is schon fast 90prozentiger Alkohol und mit Kakerlaken ... und es wurde geschnattert und es spielte Musik und da warn Diskos unten im Haus und es war also überhaupt nichts für mich"*. Das hört sich in der Tat an, als sei eine erwachsene Frau in eine Horde Halbwüchsiger geraten. Obschon Frau Volkmann die *„geordneten Verhältnisse"* als einen Grund für ihre Abneigung gegen eine solche Wohnsituation nennt, wird der Altersunterschied als Ursache der Unerträglichkeit dieser Situation mit *„erstens"* eingeführt und weiter ausgebaut: *„Nun muß ich aber dazusagen, ich habe sehr alte Eltern*[2]*, ja ... und von daher ... wir immer so das Gefühl hatten in der Klasse, wir warn irgendwie, naja, bißchen anders, schon von der ganzen Kleidung her. Junge Eltern, die ziehen ihre Kinder doch bißchen flippich und so an. Naja, wir waren immer wie von der Großmutter angezogen. Klingt vielleicht bißchen hart, ich hab das aber damals irgendwie so merkwürdig empfunden schon. Mitschüler, die jüngere Eltern hatten, die waren eben moderner angezogen, ja, ich war da immer bißchen altmodisch, bißchen zurückgeblieben. Hat vielleicht auch alles so seine Auswirkungen dann gehabt, mit den jüngeren Leuten zurechtzukommen ... Und dann war auch die Ausbildung zur Kinderkrankenschwester, ja, ich weiß nicht, ob das alles interessant is, aber das war alles sehr konservativ. Das war alles ganz streng ... Immer dienstliches Gesicht hatte man zu tragen und immer ordentlich ... Ich hab mal laut gelacht auf der Station, und da wurde mir gesagt, also wir sind hier nicht auf 'm Rummelplatz".* Auch außerhalb der Station war kein Rummelplatz: *„Uns wurde auch gleich gesaacht, als wir das anfingen zu lernen, ja das ist etwas ganz besonderes und wir müssen immer daran denken, auch wenn wir privat sind. Ich war damals siebzehn ..., aber es wurde uns so gesagt, ... wenn wir in die Disko gehen, wir müssen immer dran denken, wir vertreten immer die Universität. Ja, des is doch unnormal".*[3]

Frau Volkmann interpretiert diese Elemente ihrer familialen und ihrer beruflichen Sozialisation selbst als Gründe für ihre Schwierigkeiten, mit *„den jüngeren Leuten"* umzugehen. Der ihr zugemutete Habitus war in beiden Fällen *„unnormal"*, nämlich zu alt und gesetzt für ihr tatsächliches Alter. An der Universität sah sie nicht mehr nur altmodisch aus; sie war tatsächlich älter als die Norm und registriert das empfindlich. *„Ich war die Älteste fast im ganzen Studienjahr, glaub ich. Na, zwei gab 's vielleicht, die so alt waren. Aber in der Seminargruppe war ich die Älteste, und ich hatte da auch Adaptionsprobleme".* Daß sie als Grund für ihre Ablehnung der Wiederholung des Physikums letztendlich ihr Alter nennt, wird jetzt plausibel: In Frau Volkmanns Situationswahrnehmung sind Altersunterschiede konstitutiv.

---

[2] Frau Volkmanns Mutter war bei der Geburt ihrer Tochter Mitte dreißig. Obwohl das Durchschnittsalter der Frauen bei der Heirat und der Geburt des ersten Kindes in der DDR niedriger als in der Bundesrepublik ist (und nach Huinink 1993, S. 31 zwischen 23,5 und 22 Jahren liegt) und die Richtschnur angemessenen sozialen Alters in Ostdeutschland m. E. ohnehin eine hohe Bedeutung für die alltägliche Lebensführung hatte und noch hat, will ich den spezifischen Stellenwert des Alters für Frau Volkmanns alltägliche Lebensführung herausarbeiten.

[3] Die säkularisierte DDR hält fest am Verhaltenskodex der Ordensschwester, siehe von Zimmermann 1911.

Die Partei

„*Mußt ma eigentlich zum Medizinstudium oder sowas auch in die Partei eintreten?*" fragen wir.[4] „*Nein, mußte man nicht, wobei ich sagen muß, mit meiner Zulassung gab es auch so paar Ränke*". Denn Frau Volkmann war nicht in der Partei und hatte eine Absage bekommen, eine Mitbewerberin nicht, obgleich deren Abitur eine Note schlechter gewesen wäre. „*Und da hab ich kühn, wie ich war ... an die Universität geschrieben. Und sie war in der Partei. Und hab gefragt, wie das sein kann? Ob die Mitgliedschaft zur Partei ein Grund is, daß sie die Zulassung bekommt und ich nich. Na, da bekomm ich natürlich auch einen Brief zurück, der genauso dreist war, na ich meine, der war nich dreist, die hatten sicherlich recht, ich war so jung wie ich war, und mir so was, was ich mir erlaube, natürlich ... Und ich durfte daraufhin meine ganzen Unterlagen nochmal hinschicken, die wollten das also nochmals prüfen. Und dann bekam ich die Zulassung*".

Sehr vorsichtig überlegt sie, ob ihr Scheitern im Studium in einem Zusammenhang stehe mit dieser Renitenz: „*Vielleicht hängt des, hängt meine, na, ich mein, dann, mit der Chemie, das ist alles schon in Ordnung ... die Leistung hab ich nicht gebracht. Aber daß man gar keine Reaktion gezeigt hat, mir zu helfen, vielleicht hängt das auch ein bißchen damit zusammen, man weiß nie, wie die alle miteinander kooperieren, ja?*" Frau Volkmann übt nur sehr verhalten und reflektiert Systemkritik; viel eher übt sie Kritik an sich selbst.

Was die Parteizugehörigkeit betrifft, bleiben wir hartnäckig: „*Ihre Position, die Sie jetzt dann hatten, des war auch parteifrei, oder, das in dem Pflegeheim?*" „*Naja, ich muß mal sagen, ich bin dann sicherlich auch durch den Einfluß meiner Beziehung ... naja, soll ich mal sagen, überzeugt worden von der Richtigkeit unserer Politik*". Ihr Partner war es, der sie erfolgreich angeworben hat. Man habe manchmal die halbe Nacht diskutiert, „*er war sowieso einige Jahre älter, und er hat mir das immer dann ganz plausibel und irgendwann leuchtete mir das ein*". Hier taucht das Alter als Ausweis von Weisheit und Lebenserfahrenheit auf; auch in Bezug auf diejenigen, die über ihre Bewerbung zum Medizinstudium entschieden, setzt Frau Volkmann diesen Akzent, indem sie sich die Rolle der Unerfahrenen zuschreibt, „*jung wie ich war*". Entweder korrelieren Weisheit und Alter für Frau Volkmann nur bei Männern, oder sie selbst sieht ihr Alter in jeder Beziehung als kritisch an, so daß sie, je nach Konstellation, entweder zu jung oder zu alt ist. Dann korrelieren zwar jung und unerfahren, aber nicht älter und weiser. Doch auch wenn sie hier das Alter ihres Partners als einen Grund für seine erfolgreiche Agitation nennt, fand sie „*das Ziel ... sowieso immer gut, ja, und die Wege dahin, na da war ich manchmal*

---

[4] Die Frage nach der Parteizugehörigkeit hatten wir anfangs aus echter, später aus gespielter Naivität heraus gestellt; in diesem Falle war zumindest ich mir sicher, daß Frau Volkmann in der Partei war.

nich so einverstanden, aber das Ziel hab ich gedacht, is eigentlich nicht verkehrt. Und da bin ich dann auch in die Partei eingetreten". Voraussetzung für die Delegation zur Oberschwester im Altenheim war ihre Parteizugehörigkeit allerdings in einem für sie kontraproduktiven Sinn: Sie hält es für denkbar, „daß man gesagt hat, man muß also hier etwas mehr, na, wie soll ich ma sagen, Partei hineinbringen, um wieder Ruhe zu machen und um die Ziele der Partei durchzusetzen". So wird auch verständlich, daß sie Schwierigkeiten mit den KollegInnen hatte, und daß der Eindruck, man arbeite gegen sie, nicht aus der Luft gegriffen war.

Ambition und Bescheidung

Frau Volkmann ist ambitioniert; gleichzeitig aber kann sie - im Gegensatz zu Frau März - aufgeben, worin sie investiert hat, wenn ihr der Problemdruck und die Organisationskosten zu hoch werden. Sie gibt ihr Studium auf wie ihre Position als Oberschwester, obschon letzteres für Frau Volkmann „ja auch ne Herausforderung war, so etwas mal zu probieren. Wie kommst du damit zurecht, mit so ner Aufgabe. Aber naja, und einzusehen, man hat 's nicht geschafft, das is natürlich immer 'n Rückschritt, und immer ein Tiefschlag, aber für mich selber und für 'n Franz mit empfind ich das nicht so". Sie konnte und wollte diese Leitungsposition aus mehreren Gründen nicht behalten. Einmal handelte sie sich massive Organisationsprobleme ein, und zwar in der Arbeit selbst und in der Koordination mit ihrem Kind. „Immer die Verantwortung zu haben", war ihr eine immense Belastung. So hat sie schon morgens „in der Straßenbahn gedacht, oh Gott, was wird nun wieder sein. Es wird irgendwas geben, irgendwas hast du nicht gemacht, oder das hast du nicht gemacht, wie 's erforderlich is. Und das waren also so schlimme Zeiten, daß ich manchmal schon in der Straßenbahn morgens anfangen mußte zu weinen ... und wenn ich nach Hause fuhr, erstens hatt ich keinen geregelten Feierabend ... dann zum Kindergarten kam, ooch, warum kommst du so spät, ja, sagte der Franz schon, die Kindergärtnerin wird schon gedacht ham, naja, wer weiß, wo die noch war, die lieblose Mutter. Also das war so ein psychischer Druck ... es war immer ein Chaos, ein Chaos in meinem Kopf, ich war wie zerrissen, ich konnte gar nischt koordinieren, und das hat mich verrückt gemacht. Hat mich verrückt gemacht, diese Hetze den ganzen Tag, ohgottohgott, schon so spät, das schaffst du nie, das schaffst du nie, das schaffst du nie. Ich fühlte mich immer gehetzt, den ganzen Tag ... wie soll ich denn das schaffen, wie sollst du das schaffen". Diese Passage vermittelt in ihrem Erzählrhythmus noch jetzt ein eindringliches Bild von Frau Volkmanns damaliger Überforderung.

Die Wende

In dieser Zeit freilich passiert noch anderes: Es *„kam wirklich alles zusammen ... also so viele Ereignisse in einem Jahr, das konnte man gar nich so ... ich bin auch zu diesen Montagsdemonstrationen gegangen, das paßt vielleicht nicht ganz jetzt hierher"*. Wie in Kap. 3.2.2.2. dokumentiert, verstärkten die Demonstrationen das Chaos in Frau Volkmanns Kopf. Zusätzlich zu ihrem Alltagsstreß gerieten auch noch die gesellschaftlichen Selbstverständlichkeiten ins Wanken: *„Demonstration? Abends? Das war unmöglich, das gab 's gar nich"*. Frau Volkmann hätte dem Ganzen gerne weniger Bedeutung zugemessen, wären da nicht die alten weißbärtigen Männer gewesen. Als sie anfangs denken durfte, *„ach, das sind nur Jugendliche"*, mußte sie die Demonstration noch nicht ernstnehmen. Erst als sie die alten Männer registriert, *„die so viele Generationen hindurch so viel schon miterlebt ham, politisch"*, werden ihre Vorstellungen von der Welt, in der sie lebt, erschüttert; die Tatsache, daß sie diese Männer kraft ihres Alters ernstnimmt, zwingt sie dazu, das Unvorstellbare wahrzunehmen und so ernstzunehmen, daß sie sich schließlich selbst beteiligt.

In Frau Volkmanns Alltag aber tritt die gesellschaftspolitische Wende in den Hintergrund, und zwar aus mehreren Gründen: Einmal hat Frau Volkmann keinen wendebedingten Einbruch erlitten, was ihren Arbeitsplatz betrifft; zum zweiten hat sie nicht mit Identitätsproblemen wegen ihrer Parteizugehörigkeit zu kämpfen; zum dritten überschatteten Umstürze auf anderen Ebenen den Beginn des Endes der DDR: die Trennung von ihrem Partner und die Probleme am Arbeitsplatz. Vor allem aber war Frau Volkmann im alten wie im neuen System damit beschäftigt, ihre Pläne zu verfolgen und auf die jeweiligen Hindernisse zu reagieren; für letztere macht sie die politische Herrschaft oder überhaupt gesellschaftliche Rahmenbedingungen nicht verantwortlich. Womit sich Frau Volkmann früher wie heute konfrontiert sieht, sind die Koordinationsprobleme, die eine ambitionierte Berufstätigkeit in einem anstrengenden Beruf und hohe Ansprüche an ihre mit ihrem Sohn verbrachte Zeit aufwerfen. Zwischen diesen Anforderungen und Ansprüchen will sie einen Rest von Privatleben und damit verknüpfte Sozialkontakte etablieren, was viel Energie kostet und aufsitzt auf dem psycho-logischen Hintergrund, zu schnell zu alt zu werden und *„das Leben zu verputzen"*. Diese Koordinationsprobleme treten auch deshalb in den Vordergrund, weil Frau Volkmann keine Bezugspersonen hat, die sie bei der Kinderbetreuung entlasten, fehlt doch ein wenigstens in Teilbereichen verantwortlicher Partner und die üblicherweise verfügbare Großmutter, denn schließlich hat Frau Volkmann ihre Herkunftsfamilie verlassen.

Koordinationsprobleme

Sehen wir uns im einzelnen an, was Frau Volkmann koordinieren muß und will und wie sie das macht, indem wir ihren Tagesablauf betrachten: *„Ich mache meine ganze Hausarbeit, also was so zu machen ist"*, bevor das Kind am Morgen aufsteht. Dazu gehört auch das Beheizen ihres *„schönen altmodischen Ofens"*. Hierzu steht Frau Volkmann um 4 Uhr 30 auf. Für ihren Sohn läßt sie *„den Morgen in Ruhe angehn"*, da er seine Zeit brauche, bis er munter wird. Um 6 Uhr 30 verlassen Mutter und Sohn gemeinsam das Haus. Er könnte später losgehen als sie, *„aber das möcht er nich. Er möchte also, daß wir gemeinsam eine Strecke des Weges gemeinsam gehen ... Dann erzählt er, erzählt und erzählt er ... Das geht über alles mögliche"*. Die Arbeit auf Station ist im Kapitel über die Betriebe kurz charakterisiert; sie ist bei schlechtem Pflegeschlüssel, unpraktischer Ausstattung des Heimes und Aufgaben wie Sauberhalten der Zimmer, Abwaschen, Wäsche waschen und z.T. auch Kochen zusätzlich überfrachtet und gleichzeitig unterfordernd. *„Manchmal denk ich, des sind Aufgaben, die jede bessere Hausfrau kann"*, meint Frau Volkmann. Doch obliegt ihr zusätzlich die medizinische Versorgung der Patienten, was ihr sehr wichtig ist. Bislang arbeitet Frau Volkmann von 7 Uhr bis 15 Uhr 45 und bezeichnet sich in puncto Arbeitszeit als *„natürlich sehr privilegiert"*. Diese Privilegierung *„rührt noch 'n bißchen her aus meiner Zeit als Oberschwester, dann aufgrund meiner sozialen Situation, daß ich mit dem Kind alleine bin"*; nur wisse sie jetzt nicht mehr, wie lange sie dieses Privileg noch habe, *„is nich so sicher jetzt alles mehr, früher war das alles sicher"*. Trotzdem fehle ihr nach der Arbeit Zeit zum Abschalten: *„Ich würde mich gern nochmal hier erst hinsetzen, Tasse Kaffee trinken ... mich mal nur ne Viertelstunde ausruhn, das würde mir schon genügen ... Das ist aber in den meisten Fällen nicht drin ... Man ist ja eben als Hausfrau immer ein bißchen gehetzt. Oder wenn ich was erledige noch, bin ich so erst um fünf zu Hause, naja, um halb sechs muß ich aber schon das Abendbrot wieder vorbereiten, das dauert wieder alles"*. Beim Abendbrot erzählt ihr Sohn *„den ganzen Tagesablauf"*. Sie dränge ihn nicht, ins Bett zu gehen und betont, *„das ist mir ganz wichtig, daß er diese Harmonie hat, daß er also nicht ständig jetzt hier ins Bett gesteckt und kein Wort mehr ... Er soll das, was er dann noch so auf der Zunge hatte, sollte er schon noch sagen können"*. Wenn er endlich im Bett ist, *„geht erst mal bei mir die Hausarbeit eigentlich richtig los. Nu muß ich dazu sagen, ich hab mir einen Tag in der Woche, für mich, da geh ich abends zur Gymnastik. Das ist natürlich auch für mich organisatorisch ne ziemliche Belastung, weil dann, hier bleibt alles liegen"*. Sie muß sich zwingen, den Haushalt ruhen zu lassen. *„Manchmal mach ich das noch, wenn ich wiederkomme. Ich bin dann erst um 21 Uhr 30 wieder hier, weil ich dort nu wieder noch, wie das bei den Frauen is, dort noch bißchen schnatter"*. Es gibt aber auch Tage, *„wo ich also nach Hause komme und denke, also, jetzt könntste so-*

fort schlafen gehn, ja? Und dann bemüh ich mich oftmals ooch gar nicht mehr, mich aufrecht zu halten".

Frau Volkmann muß sich zu ihren Freizeitaktivitäten überreden: *"Ich saach, wenn ich jetzt nichts für mich tue, saach ich, später wird das erst recht nichts".* Hat sie sich aufgerafft, handelt sie sich eine gehörige zusätzliche Portion Streß, Anstrengung und Organisationsaufwand ein. Dem begegnet sie wiederum mit der Strategie, sich dazu zu überreden, die Haushaltsarbeit liegen zu lassen. Letztendlich ist das Überforderungsproblem damit nur zeitlich hinausgeschoben: *"So diese Zwänge, die man eigentlich hat, ja? Daß ich mich morgens wieder ärger und denk, ach hättest du 's bloß gestern abend gemacht ... aber ich hab das auch bißchen mir anerzogen, über bestimmte Dinge hinwegzusehn. Ich bin damit nich besonders glücklich, aber es macht mich auch nich mehr sehr unglücklich".* Um über bestimmte Dinge hinwegsehen zu können, braucht es feste Termine für Freizeitaktivitäten. Neben dem Gymnastikabend hat Frau Volkmann ein Theaterabonnement, das sie an bestimmten festgesetzten Terminen dazu bringt, in festgesetzte Stücke zu gehen. Hier offenbart sich ein weiteres Problem: *"Da bekomm ich also die Karte zugeschickt, und da geh ich also einmal im Monat ins Theater. Und am Anfang hatte ich das so, da hatte ich immer zwei Karten, weil ich wußte, diese oder jene geht bestimmt mit. Aber das hab ich dann sehr bald wieder abbestellt, die andere Karte, weil entweder war der Hund krank, oder die Tante hatte Geburtstag".* Ihr Bekanntenkreis ist weder groß noch eng und besteht aus alleinstehenden Frauen. *"Man kommt also als alleinstehende Frau nich in ein Ehepaar, da findet man kein Anschluß, das funktioniert nich, hab ich die Erfahrung gemacht, weil entweder die Frau denkt, ich will mit ihrem Mann was oder der Mann hat Angst, ich will ihm seine Frau ausspannen ... Und da, noja, ergibt sich das so, daß man dann eben mit Alleinstehenden, und da scheint es ziemlich viele hier in dieser Gegend zu geben jedenfalls, ja, siebzig Prozent in dem Kindergarten waren alleinstehende Mütter".* In einem Singkreis, an dem Frau Volkmann nebst Sohn beteiligt ist, *"sind fast alles auch Frauen, ja, wie das so ist".* Frauenfreundschaften bewertet sie nicht sehr hoch oder meint zumindest, sie uns gegenüber abwerten zu müssen, wie schon das Zitat über das *"Geschnatter"* mit ihren Gymnastikfreundinnen zeigt.

Die Wochenenden behält sie sich für ihren Sohn vor, und es kommt vor, daß er ihr bei gemeinsam geplanten Vorhaben einen *"Strich durch die Rechnung"* macht. *"Dann will er das auf einmal nich mehr, und dann geht er mit seinem Freund".* Frau Volkmann ist dann schon mal *"echt bißchen sauer",* ist sie doch auf ihren Sohn als Partner angewiesen.

Wende-Krise

Zur Zeit der Wende in der DDR war Frau Volkmann wieder einmal in einer persönlichen Wende-Situation, in der ihre alltägliche Lebensführung auf den ersten Blick unabhängig vom gesellschaftlichen Umbruch in Turbulenzen geraten ist. Als die Montagsdemonstrationen stattfanden, war ihr langjähriger Partner und Vater ihres Sohnes in ihre Wohnung eingezogen, vier Monate später endete mit seinem Auszug ihre Beziehung. Ihr Streit war offensichtlich nicht unabhängig von Frau Volkmanns beruflicher Situation, denn sie berichtet, ihr Partner habe ihre beruflichen Probleme *„immer bagatellisiert ... Naja, was du bloß willst, was du bloß willst, du nimmst alles viel zu schwer ... da mußt du eben abschalten, ich weiß gar nich, was du da hast"*, imitiert sie ihn. *„Also er hat das immer nie richtig verstanden"*. Die Aufgabe ihrer beruflichen Position erscheint wiederum als Folge ihrer Trennung: *„Naja, dann war ich total allein mit 'm Franz. Und dann die vielen Probleme. Ja, daß ich dann gesagt hab, also das schaffst du nun nicht mehr"*. Frau Volkmann verlor in der Arbeit die Nerven und entschloß sich schließlich zum Rückzug, *„weil ich völlig hin bin, ich sitz nur noch da und flenne, das is doch keen Zustand"*. Wenn wir uns an Frau Volkmanns Position im Pflegeheim erinnern, wird doch ein Zusammenhang zwischen ihrer Rückzugsentscheidung und der politischen Wende sichtbar. Frau Volkmann war als Parteifrau in das Altenheim delegiert worden und *„hatte immer das Gefühl, man arbeitet gegen mich"*. Sie berichtet, daß letztendlich der Druck der Belegschaft der Anlaß für ihren Rückzug war: Auf einer Belegschaftsversammlung wurde ihr ein Fehler vorgehalten, *„da hab ich gesagt, jetzt isses genug, jetzt will die Masse das, jetzt katapultieren sie dich hier-. Und bevor sie das machen, da sagst 's lieber selber"*. Daß sie als delegierte Parteifrau gar keine Chance sah, ihre Leitungstätigkeit weiter auszuüben und der Entschluß, die Position aufzugeben, deshalb so selbstbestimmt gar nicht war, scheint plausibel; freilich hatte sie damit auch die Chance, diese Position aufzugeben, war sie doch jetzt nicht mehr abhängig von den Sanktionen delegierender Vorgesetzter.

Neue Pläne

Auch der Arbeitsplatz Altenheim ist nicht verschont geblieben vom Systemwechsel, ganz gleich, in welcher Position man arbeitete. Von Frau Pfeiffer werden wir über die konkreten Veränderungen der Arbeit mehr erfahren als von Frau Volkmann; diese beschränkt sich darauf, vom Verschwinden von Umgangsformen zu berichten, über die sie sich geschämt habe. Das hat einen einfachen Grund. Frau Pfeiffer versteht sich als Altenpflegerin und will in diesem Beruf bleiben, Frau Volkmann ist Krankenschwester, hat sich für die Altenpflege ernstlich nie interessiert und sieht sie auch nicht als eine qualifizierte Tätigkeit an.[5] So habe sie *„den Vorteil, aufgrund daß ich qualifiziert bin, daß ich natürlich solche medizinischen Sachen mehr machen kann und auch will, muß ich mal ganz ehrlich so sagen, ich will mich vor der anderen Arbeit nich drücken, aber is natürlich interessanter, ja? Daß ich also mich ooch um die Medikamente kümmern darf ..., daß ich Verbände machen darf"* und den Heimbewohnern auch mal erklären kann, warum ihnen was weh tut. Nicht nur die Tätigkeit wird am medizinischen Anspruch gemessen, auch die Organisation: So war ihre Oberschwesterntätigkeit *„keine Oberschwesterntätigkeit, wie ich sie aus Krankenhäusern kenne, sondern ich mußte mich um allen Gicks und Gacks kümmern"*. Auch die Klientel liegt ihr nicht. Am Anfang des Interviews versicherte sie uns, Kinderkrankenschwester geworden zu sein habe sie *„eigentlich ooch nie bereut, muß ich sagen, ich kann mir kein anderen Beruf vorstellen, ich würde eigentlich auch gern wieder zu Kindern gehen, das is mehr, mehr Perspektive, mehr Lebensfreude dabei, ja. So is das manchmal alles bißchen, hoffnungslos, will ich nich sagen, aber so ohne ... Es is sehr schwierig, immer so Lebensmut auszustrahlen zu müssen. Das kann man nich immer"*.

So war eine Bewerbung im Krankenhaus nach ihrer freiwilligen Degradierung das erste, was sie tat. *„Ich war hier an der Universität, hab ich mich, vergangenen Sommer war das schon, vorgestellt"*, aber dort müsse sie auf jeden Fall im Schichtdienst arbeiten, und das *„kann ich halt nich und in ein anderes Krankenhaus möchte ich eigentlich nicht so unbedingt. Wenn, dann möcht ich schon an der Universität bleiben"*. Die anderen Häuser wären zu weit weg oder unter kirchlicher Leitung, sagt sie; doch plausibler ist die Annahme, daß die Universität zu ihren Ambitionen und zu ihrem Selbstverständnis besser paßt als irgendein Krankenhaus. Vor allem aber läßt der Wunsch, an der Universität zu *„bleiben"*, ihren Lebensabschnitt im Altenheim als eine Episode erscheinen, die nicht in ihren Lebenslauf paßt: Die Kontinuität ihrer Berufsbiographie könnte sie mit einer Stelle an der Universität wiederherstellen, und ihr abgebrochenes Studium paßt in diese Biographie weitaus besser als ihre Tätigkeit im Altenheim. Hinderungsgrund der Herstellung dieser Kontinuität ist die Anforderung, in Schichten arbeiten zu müssen. Freilich droht der Schichtdienst auch im Altenheim, was für Frau Volkmann eine wendebedingte massive Verunsicherung bedeutet: *„Also momentan hab ich sehr viel Angst, muß ich mal sagen, Angst, daß wir ... gezwungen werden, bestimmte Dinge zu akzeptieren, ob wir das können oder nicht"*. Die wenigen qualifizierten Mitarbeiter kämen nicht darum herum, Schichtdienst machen zu müssen, und so sieht sie *„das Problem auf mich zukommen, daß ich bis 22 Uhr dort Dienst tun muß und nich weiß, wo ich den Franz unterbringe"*.

---

[5] Was nicht verwundert, gab es doch den Ausbildungsberuf AltenpflegerIn in der DDR nicht; wie im Kapitel über die Betriebe und vor allem beim Fall Pfeiffer plausibilisiert wird, gab es auch keine Altenpflege nach (neuerlichem) bundesdeutschem Verständnis.

Unterstützung: keine

Auf den Vater ihres Sohnes kann sie zur Unterstützung nicht zurückgreifen; das jedoch ist für Frau Volkmann nichts Neues. Wie war es früher, *"wie Sie noch zusammengewohnt ham mit Ihrem Partner, mit dem Sich-kümmern um 's Kind oder der Aufteilung der Hausarbeit? War da 'n grundsätzlicher Unterschied?"* *"Nein, grundsätzlicher Unterschied war eigentlich nicht"*, lautet die Antwort auf unsere leider suggestive Frage. *"Bestimmte Dinge brauchte ich nicht zu erledigen, zum Beispiel brauchte ich nicht einkaufen zu gehen, dadurch, daß er nie so nen langen Arbeitstag hatte, ergab sich das einfach so. Und er hatte ein Fahrzeug".* Sie erzählt, welchen Aufwand Einkaufen früher bedeutet hatte, was diese Aufgabe hochbewertet erscheinen läßt und schmettert unsere Suggestion damit ab. *"Jedenfalls, also, das hat er mir abgenommen. Dann hat er mir abgenommen, die Kohlen zu holen, zum Beispiel. Ja, aber damit hat sich das auch schon im Großen und Ganzen erschöpft".* *" 's Kind abgeholt vom Kindergarten ham dann auch Sie?"* argwöhnen wir. *"Tja, in den meisten Fällen ... Aber es war natürlich so, daß er im Kindergarten nicht so bekannt war und ich praktisch eine Einwilligung abgeben mußte, eine schriftliche, daß er berechtigt ist, 's Kind abzuholen, ne, dadurch, daß wir nicht verheiratet waren, mußten die sich also rückversichern, fand ich auch ganz in Ordnung, muß ich sagen".* Nicht so ihr Partner. *"Ich weiß, das hat ihm nie gefallen. Das war nichts für ihn. Er konnt das nicht erklären, des war eben- ach, da geh du mal lieber hin, da weiß ich nich, ob ich alle Sachen mitgenommen hab, und die blöden Weiber dort",* imitiert sie ihn. Er mußte nicht erklären, warum er sich verweigerte, und seine Ausreden akzeptierte Frau Volkmann offensichtlich. *"Nur im äußersten Notfall"* holte er seinen Sohn ab, *"oder wenn ihm danach war, wenn 's ein schöner Tag war und ihm war grad so der Sinn danach, mit ihm bißchen durch die Gegend zu fahren".* *"Gehofft"* habe sie manchmal, daß er sagen würde, *"ich bring ihn auch dort hin, dann braucht er nicht so zeitig loszugehn. Nein!"* Wir, inzwischen fassungslos, verlassen die Interviewerrolle: *"Aber da ham Sie dann auch nix gsagt, oder?"* Frau Volkmann bestätigt unsere Vermutung. Daß sein Vater nie auf die Idee gekommen ist, das Kind länger schlafen zu lassen, hätte sie immerhin dahin gebracht, *"wo ich dann gemerkt hab, das Kind war ihm eigentlich, das war ihm eigentlich nie wichtig".* Ihr Partner ist jetzt arbeitslos; *"übernimmt er jetzt irgendwelche Pflichten?"* *"Nein. Ich habe gesagt, wo du jetzt doch keine Beschäftigung hast, ja, ich wüßte eine. Du könntest dich um den Franz kümmern, und ich könnte in drei Schichten arbeiten, weil ich dann wieder in ein Klinikum gehen würde. Keine Reaktion ... Des geht ihn gar nichts an. Obwohl ich sagen muß, das war vielleicht auch 'n Fehler von Anfang an von mir. Er hat gleich von Anfang an gesaacht, über eines mußt du dir im Klaren sein. Es ging darum, krieg ich das Kind oder krieg ich es nicht. Das konnte man ja ganz ohne weiteres wählen*

... Ich muß mir darüber ihm Klaren sein, daß ich das allein machen muß, ja? Die Verantwortung für das Kind werd ich also zum Großteil alleine tragen. Er wird uns helfen, so gut er eben kann". Sie hält nicht ihm seine Verantwortungslosigkeit vor, sondern sich ihre Blauäugigkeit, die sie habe glauben lassen, er ändere sein Verhalten, wenn das Kind erst da wäre. Diese Argumentation taucht auch in ihrer Beziehung zur Partei auf: Selbst leichtgläubig gewesen zu sein, kritisiert sie eher als das Verhalten der Schädiger.

Streßreduktion

Ohne Unterstützung sieht sich Frau Volkmann vorerst weiter auf die Altenpflege angewiesen und weiter allein für ihr Kind zuständig. Zur Streßreduktion mußte sie sich anderes einfallen lassen. Seit *"anderthalb, zwei Jahren vielleicht"* habe sie eine Art Lebensphilosophie, die laute, *"nichts kann eigentlich so schlimm sein, daß man jetzt es nicht liegen lassen könnte, so ... Man muß ... in bestimmten Dingen abschalten können und einfach nur mal sich entspannen können. Dieses Sich-Entspannen-Können, das hab ich eigentlich erst gelernt, das konnt ich früher nicht"*. Wodurch sie das gelernt habe, fragen wir. In ihrer *"großen nervlichen Belastung"* - nicht nur die Belastung in ihrer beruflichen Situation, sondern auch die Trennung von ihrem Partner hat sie sehr strapaziert - habe sie sich *"für Psychologie interessiert oder wie man auch sich selber besser unter Kontrolle bekommt, und da gab es eine Broschüre, die hieß Training der Gefühle. Und die hab ich mir mal durchgelesen, weil ich immer das Gefühl hatte, ich habe nie Zeit für mich. Für alles andere hab ich Zeit, aber für mich hatte ich nie Zeit. Und das hat mich krankgemacht, ich war immer unzufrieden"*. Eine halbe Stunde am Tag, so die Broschüre, solle sie für sich selbst reservieren. *"Es gelingt mir nicht immer, aber zum Großteil, daß ich sage, du mußt auch bißchen egoistisch sein, etwas für mich machen, nur für mich"*. Diese Strategie allerdings produziert statt Entspannung wiederum Streß: Die halbe Stunde muß sie nun auch noch in ihren Tagesablauf einplanen, was ihr, wie sie sagt, nicht immer gelingt. So hat sie ein schlechtes Gewissen, ihre halbe Stunde für sich zu nehmen, wenn ihr Kind noch auf ist und nimmt sie deshalb erst, wenn ihr Kind schläft. Das kann dann nur, wie wir bereits wissen, auf Kosten der Hausarbeit gehen, die dann am nächsten Tag unter Selbstvorwürfen erledigt werden muß.

So hat Frau Volkmann auch auf die Frage, wann sie sich am wohlsten fühle, anstelle einer Beschreibung einer realen Situation eine Programmatik parat: *"Ich muß zufrieden sein, mit dem was ich gemacht habe so im Laufe des Tages oder der Woche ... Ich darf mich nicht so treiben lassen oder so drängen lassen von Terminen, ich muß mich auch immer mal bißchen treiben lassen können. Ich darf mir zum Beispiel nicht die ganze Woche vollknallen mit Terminen, daß ich fast keinen Abend mehr zu Hause bin. Und dann hier das große Chaos ist ... Ich muß so konti-*

nuierlich bißchen so meine Sachen, hab ich mir so vorgenommen, im Haus, in der Wohnung, das muß ich so kontinuierlich abarbeiten. So bißchen Gleichförmigkeit brauch ich schon. Und Harmonie so untereinander in der Arbeit und auch zu Hause". Die Harmonie bleibt Utopie, das Programm zu ihrer Verwirklichung bei all den Koordinationsproblemen letztlich unerfüllbar.

Alltägliche Lebensführung

Frau Volkmanns alltägliche Lebensführung ist ein Balanceakt nicht nur zwischen ihren verschiedenen Lebensbereichen, sondern auch zwischen ihren Ambitionen. Sie will qualifizierte Arbeit leisten und anerkannt werden, legt großen Wert auf ein harmonisches Betriebsklima, wofür sich ihre Karriere mitunter als kontraproduktiv erwies, will in der Mutter-Kind-Beziehung ihre pädagogischen Ansprüche umsetzen, für ihren Sohn dasein und eine innige Beziehung zu ihm erhalten, und sie kann dabei nichts weniger akzeptieren als *„alt zu werden nur mit Arbeit".* Sie will einen Freundeskreis haben - und diesen möglichst um Männer erweitern - und ihre kulturellen Ansprüche befriedigen. Und sie will in jedem Lebensbereich den Eindruck hinterlassen, sie schaffe alles zur jeweiligen vollsten Zufriedenheit mit sich selbst und der der Bezugspersonen - was auch für das Interview gilt, wo sie an mehreren Stellen fragt, ob das, was sie sage, hierher passe, interessant für uns sei und ob sie nicht zuviel rede. Die 'Lösung' dieser Integrationsprobleme besteht in permanenter Überforderung. Frau Volkmann ist gestreßt - und die neue Lösung, die sie jetzt entdeckt hat, hängt mit der kulturellen Wende zusammen: Sie benutzt Ratgeberliteratur - wie auch Frau Barzel - und versucht, deren Handlungsanweisungen zu befolgen, was allerdings neuen Streß nach sich zieht: Sie muß sich jetzt auch noch entspannen können und was für sich tun.

Die neuen Rahmenbedingungen verstärken nicht nur den Streß und muten seine Behebung gleichzeitig dem Einzelnen zu; sie führen nach Frau Volkmanns Sicht auch zu einer stärkeren Abhängigkeit der Person von der Willkür der Instanzen und vergrößern damit die Unsicherheit. *„Früher war das alles sicher, ja, da wurde noch gesaacht, so und so ist der Arbeitsvertrag ... Jetzt ist alles machbar, jetzt hat man auch den Eindruck, so, die Instanzen wissen selber nich so richtig, was sie können und sollen und dürfen. Und jetzt schießen sie eben von einem Extrem in 's andere, und jetzt machen sie eben ganz und gar selbständig und sagen, jetzt mußt du, wie du das machst, is ganz egal, aber jetzt ham wir diese und die Forderung, und das konnten sie früher halt nicht so, da waren Gesetze, da waren Obrigkeiten, da waren Dienstwege einzuhalten, da ging das nich so einfach. Heute geht das eher und da is 'n bißchen die Ungewißheit auch, ja, die wir gar nicht gewöhnt sind".*

Vor allem der drohende Schichtbetrieb macht Frau Volkmann Angst: *„Angst hab ich davor, daß ich den Anforderungen dort in dem Schichtbetrieb ... nicht gerecht* *werden kann, und man mir dann doch, naja, dann müssen Sie halt gehen. Und ich dann echt nicht weiß, was ich machen soll".* Doch das Koordinationsproblem steht nun nicht mehr im Vordergrund; Frau Volkmann erwähnt sogar eine Nachbarin, die ihren Sohn betreuen könnte. Sie habe *„einfach Angst, daß der Franz mir entgleitet, das muß ich so sagen ... Daß ich auch nicht mehr weiß, was in ihm so vorgeht ... daß das Verständnis füreinander bißchen entgleitet und so viele Dinge sicherlich verloren gehen. Davor hab ich schon 'n bißchen Angst. Aber ich weiß nicht, ob die überhaupt begründet is, die Angst, ob das vielleicht normal is, daß es so is".*

Ob sie für sich einplane, *„dann einfach wieder einen ganz anderen Arbeitgeber zu suchen",* fragen wir. Daß ihre Berufsbiographie für solche Umorientierungen spricht, ziehen wir offensichtlich schon während des Interviews in Betracht. *„Naja, ich hab da schon ... meine Fühler so ausgestreckt. Und ich war auch schon mal so weit ... daß wir zu dem Schluß gekommen sind, wenn das so mühsam hier vorangeht und wenn uns so viele Steine in den Weg gelegt werden, ja? Von unseren eigenen Leuten. Daß man dann auch seine Koffer packen kann und westwärts zieht".* Sie *„ziehe es als Möglichkeit in Erwägung",* meint sie und zählt die Widrigkeiten in ihrem Alltag auf, die für einen Wegzug Richtung Westen sprächen: Die Arbeitsbedingungen, die Heizerei und *„daß man denkt, ohgottohgott, du wirst alt werden wie deine Mutter, mit Arbeit nur ... Jeden Morgen, wenn ich hier den Ofen heize, denk ich, schon wieder, schon wieder ... wieviel Zeit man mit solchen Nichtigkeiten vertut. Ich sag ja, und das wird so kommen, das Leben wird vorbei sein, und ich hock dann wie die Mütterchen immer noch vor dem Ofen".*

Stellt man dieses Zitat in ihre Berufsbiographie, so wird deutlich, daß Frau Volkmann Abwanderung näher liegt als der Widerspruch einer Frau Günther oder die Loyalität einer Frau März. Frau Volkmann kann sich für ein Ziel einsetzen, denn ihre Ambitionen verlangen das von ihr; freilich aber geht sie über bestimmte Grenzen nicht hinaus. So investierte sie eine Menge in ihre Hochschulqualifikation, gab aber schließlich auf, als sie sich mangelnder Unterstützung und eigener Grenzen gegenübersah. Eine ähnliche Situationslogik sah sie in ihrer Oberschwesternzeit. Ablehnung und Überforderung führten sie zum Rückzug. Wenn ihr weiter Steine in den Weg gelegt werden und sie auch zukünftig ihren Ofen heizen muß, drängt sich die ultimative Form der Abwanderung zumindest als Möglichkeit auf: der Weg in den Westen. Daß Abwanderung angepeilt wird, wenn auch nicht feststeht wohin, daran läßt sie keinen Zweifel. Sie habe sich *„meine ganzen Unterlagen schon mal mir geschnappt und hab die vervielfältigen lassen ... und hab jetzt viel mehr mich damit beschäftigt, wie bewerbe ich mich, ja, und solche Sachen ... Also, wenn dann der Punkt kommt ... dann hast du alles das schon so im Groben zusammen".* Wir können gespannt sein, für welche Option Frau Volkmann sich entscheidet und wann *„der Punkt"* gekommen sein wird.

In ihrer Antwort auf die Frage nach der Verwendung eines Lottogewinns zeichnet Frau Volkmann ein klassisches Abwanderungsbild: *"Dann würd ich eine große Reise machen. Ich würde zum Beispiel gerne mal, das ist mein Traum, nach Amerika, nach New York ... Ich weiß nicht warum, aber das is so. Ich hab schon so viel davon gehört, und das warn immer so unerreichbare Weiten. Jetzt wäre das erreichbar".* Freilich würde sie auch etwas Geld anlegen; interessanter aber ist die Erreichbarkeit des bislang Unerreichbaren. Denn das Leben ist nicht nur unsicherer geworden; zusammen mit den neuen Möglichkeiten, die sich bieten, ändert sich auch die Einstellung: *"Man hat jetzt auch ganz andere Ansprüche"*, meint Frau Volkmann. *"Solche Experimente mit meinen Haaren, wie ich sie jetzt mache, hätt ich früher nie gemacht".* Wie Frau Barzel hat auch Frau Volkmann eine Dauerwelle und rot getönte Haare.

Frau Volkmanns alltägliche Lebensführung stellt ein empirisches Musterbeispiel der Arbeit des Alltags vor: die Integrationsanforderungen und Integrationsbemühungen einer Person, die hohen Organisationsbedarf und hohe Ansprüche hat. Frau Volkmann wäre alleine mit ihrem Beruf voll ausgelastet; als alleinerziehende Mutter hat sie im Vergleich zu unseren anderen InterviewpartnerInnen einen gehörigen Mehraufwand an Organisations- und Beziehungsarbeit zu leisten. Auch geringe Beteiligungen der Partner an Haus- und Familienarbeit fallen im Vergleich mit Frau Volkmanns Situation stark ins Gewicht: Zwar beteiligte sich auch Herr März nicht an der Hausarbeit, war aber doch abends beim Kind zu Hause, wenn Frau März ihrer Parteiarbeit nachging. Herr Belzow kümmert sich immerhin um *"die schweren und die technischen Sachen"* und sogar an Herrn Barzel können mitunter Hausarbeiten delegiert werden. Fehlt der Partner ganz, wird alltägliche Lebensführung zur alleine zu lösenden Aufgabe; was die Betreuung ihres Kindes betrifft, wollte Frau Volkmann weder die gesellschaftlich angebotenen Betreuungsleistungen voll in Anspruch nehmen, noch hat sie Netzwerke zur Kinderbetreuung aufgebaut. Wir werden sehen, daß die Lösung, alles alleine zu machen, unter den neuen Rahmenbedingungen - und bei Frau Volkmanns Ambitionen - nicht aufrechtzuerhalten ist.

2. Interview: *"Das ist eigentlich das, was mir jetzt schon bissl gefällt. Man hat Ansprüche, man stellt Forderungen".*

Berufliche Veränderung - und ihre Folgen

Auf unsere Eingangsbitte, zu erzählen, was sich seit dem letzten Interview ereignet habe, stellt Frau Volkmann biographische Kontinuität her, indem sie auf ihre Pläne von vor zwei Jahren verweist: *"Also ich hab mich ja schon lange mit getragen, mich beruflich zu verändern".* Das ist ihr jetzt gelungen: Seit mehr als einem Jahr

arbeitet sie in einer Universitätsklinik als Krankenschwester im Dreischichtdienst. *„Ich hab natürlich dadurch auch den Schichtdienst wieder, den ich vorher nicht hatte, ja. Aber im Großen und Ganzen hab ich 's eigentlich nicht bereut, es ist viel interessanter, fachlicher, ich bin ja Krankenschwester und keine Altenpflegerin".*
   Wir haben hier bereits die wesentlichen Elemente von Frau Volkmanns aktueller Lebensführung zusammen: Sie übt ihren ausgebildeten Beruf aus, sie arbeitet an der Universität, von der sie im letzten Interview sagte, sie wolle dort *„bleiben"*, sie tut dies unter der schwierigen Rahmenbedingung des Schichtdienstes, vor der sie vor zwei Jahren Angst hatte - und sie bereut ihre Entscheidung nicht: *„Die körperliche Anstrengung ist nicht so in dem Maße und man ist eben halt doch geistig bissl mehr gefordert als, ich will das jetzt nicht abwerten, im Pflegeheim, um Gottes Willen, aber ich hätte das nicht noch zwanzig Jahre lang machen können. Weil ich das Gefühl hatte, also hier wirste vor der Zeit schon alt. Ja? Wenn man dort täglich nur mit den alten Leuten da Umgang hat".* Wir sind auf der ersten Seite der Interviewtranskription, und Frau Volkmann ist bei ihrem Thema: dem Altwerden. Es begleitet sie bei ihrem Entschluß, den Arbeitsplatz zu wechseln: *„Wenn du 's jetzt nicht machst"*, habe sie gedacht, *„dann mach ich das nie mehr. Ja? Die Jahre vergehn..."* - und ist, wie der Igel vor dem Hasen, am neuen Arbeitsplatz bereits zur Stelle: Die ersten Wochen waren *„sehr aufregend ... weil ich gedacht hab, ohgottohgott, was wird sein, viel mit Medizintechnik ham wir da ... also es war sehr aufregend, ja, das muß ich sagen. Und alles viel jüngere Kollegen als es dort jetzt in dem Pflegeheim nu der Fall war. Nur immer mit Älteren, dieser Sprung mit diesen Jugendlichen, das war natürlich alles ... bissl anders, viel offener, umkomplizierter auch ... das is alles viel hemmungsloser dort, ja".* Hier gibt es eine Überraschung: Es klingt zum ersten Mal an, daß die Zusammenarbeit mit jüngeren Kollegen und Kolleginnen für Frau Volkmann etwas Positives haben kann.
   Nicht nur im Zusammenhang mit den jüngeren Kollegen, sondern auch was die gefürchtete Schichtarbeit betrifft, vermerkt Frau Volkmann nicht nur Nachteile: Zwar arbeite sie in drei Schichten ohne Regelmäßigkeiten, *„mal Nacht, mal Spät, mal Früh, mal Spät, mal Nacht, naja, es geht also kreuz und quer".* Das sei *„für mich ne Umstellung und für das Kind natürlich erst recht ... aber ich hab natürlich auch dadurch Freiräume für das Kind und auch für mich, ja?"* Auf diese Freiräume komme ich später zu sprechen.

Nichts ist unmöglich

„Stellen Sie sich drauf ein, da dann länger zu bleiben?" fragen wir. *„Ja, also erstmal,"* sagt Frau Volkmann, *„ich würde das nie so absolut sehn. Also ich hab ja schon mehrere Arbeitsstellen auch gehabt, na, weil ich dann immer, ja, weil ich irgendwann ... in vielen Dingen war 's auch aus irgendwelchen familiären Gründen*

oder so bedingt, aber in vielen Dingen war 's eben auch so halt der Wunsch nach Veränderung. Ja? ... Ich würde jetzt nicht aktiv suchen", meint sie, aber *„es kann ja sein, daß sich mal irgendwas ergibt oder, da halt ich nichts für unmöglich"*. Frau Volkmann hat die Diskontinuitäten ihres Lebenswegs zur biographischen Konstruktion verfestigt: Sie macht den *„Wunsch nach Veränderung"* als generatives Prinzip aus, weiß aber sehr wohl, daß auch Zwänge bei diesen Veränderungen eine Rolle gespielt haben.

Ihre neuerliche Antwort auf die Lotto-Frage verweist wieder auf Abwanderung als Option; im Vergleich zum letzten Lotto-Szenario aber haben sich die Möglichkeiten der Abwanderung vervielfacht: *„Ach ich würde sicherlich anlegen das Geld. Ja? Das würd ich schon machen, das Geld so für mich arbeiten lassen"*. Frau Volkmann lacht. *„Vielleicht würd ich auch ne ganze Weile nicht arbeiten, auch möglich. Oder ich würde ganz was anderes arbeiten oder irgendwo im Ausland arbeiten wollen. Das könnt ich jetzt nicht so konkretisieren ... oder vielleicht sogar 'n Haus kaufen oder so was, ja. Es hängt von der Summe bissl ab, ne? Ja reisen auf alle Fälle, da würd ich überhaupt nich überlegen"*.

Schichtarbeit und Zeitdruck

Bleiben wir bei den realen Verhältnissen: Frau Volkmanns Alltag ist in ein enges Zeitkorsett geschnürt. *„Die Zeit spielt ne viel größere Rolle, jedenfalls kommt mir das so vor. Früher war es doch mehr besinnlicher und beschaulicher, ich fühl mich manchmal jetzt auch bissl so unter Zeitdruck, dadurch daß ich nun mittags zur Arbeit muß, abends zur Arbeit muß, so daß ich dann doch auch bissl unregelmäßig schlafe und gereizter bin"*. Die unregelmäßige Schichtarbeit ist zweifelsohne aufreibend; erstaunlich aber ist doch, daß Frau Volkmann *„früher"* als *„mehr besinnlicher und beschaulicher"* charakterisiert, meint sie damit doch eindeutig die Zeit vor der Schichtarbeit, in der sie, wie das letzte Interview zeigte, große Mühe hatte, ihr Programm, eine halbe Stunde für sich selbst zu reservieren, umzusetzen. Wie kann ihre alltägliche Lebensführung aussehen, wenn Frau Volkmann noch mehr unter Streß geraten ist?

Lösungen

Das größte Problem in Bezug auf die antizipierte Schichtarbeit war beim letzten Interview die Organisation des Umgangs mit ihrem Sohn. Dieser aber ist inzwischen selbständiger geworden: Wenn seine Mutter Frühdienst hat, zieht er die bereitgelegten Klamotten selbst an, ißt das vorbereitete Frühstück alleine und geht selbständig zur Schule. Hat Frau Volkmann Nachtschicht, bleibt er nachts alleine. Für die Spätschicht hat Frau Volkmann ein Arrangement getroffen, das einen starken Einschnitt in ihr Privat- und Familienleben bedeutet, aber als Voraussetzung für ihr Arbeitszeitregime unerläßlich ist: Sie hat eine *„Kinderfrau"* engagiert, genauer gesagt mehrere Kinderfrauen hintereinander, die ihr ein vermittelnder Verein zuwies. *„Da kam immerzu mal 'n anderes Gesicht, ne und der Franz macht die Tür auf und hat dann schon gesagt, na ich bin ja gespannt, was für ne Frau heute da ist".* Jetzt kommt immer dieselbe, Frau Blomeier, am späten Nachmittag und bleibt, bis das Kind zu Bett gegangen ist. Manchmal komme es vor, daß ihr Sohn noch auf sei, wenn Frau Volkmann von der Spätschicht kommt; dann wird Frau Blomeier zurechtgewiesen, denn *„das muß ich auch selber zugeben, wenn ich dann vom Spätdienst komme, daß ich denk, jetzt möchste niemanden mehr sehn. Aber wenn dann der Franz noch da is, na dann fängt der natürlich erstmal an, mir alles zu erzählen". „Dann geht der Abend erst los",* sagen wir. *„Dann ist der Abend natürlich hin",* sagt sie. Frau Volkmann, so scheint es, klagt ihren Anspruch auf Ruhe und freie Zeit entschiedener ein als vor zwei Jahren und hat sich vielleicht auch ein kleines bißchen von den eigenen Ansprüchen an ihre Mutterrolle emanzipiert.

Dafür wachsen die Ansprüche an die Kinderfrau: *„Die Kinderfrau is da nu nich so aktiv, wie ich mir das eigentlich so bissl wünsche. Bissl auf das Kind zugehn und auch Vorschläge dazu bringen und jetzt könnt ma doch mal das machen und mal paar Neuerungen da auch reinbringen, was Spiele betrifft oder so, die hat da nicht so viel Initiative oder mal Hausaufgaben kontrollieren".* Beim Ausfall von letzterem war Frau Volkmann *„ein bißchen säuerlich. Eh die was falsch machen, haben sie lieber gar nichts gemacht".* Frau Volkmann geht - nach der *„Preiserhöhung",* eine Betreuungsstunde kostet jetzt 5 Mark - zum vermittelnden Verein: *„Also sagen Sie mal, was gehört denn nun eigentlich zu Ihrer Betreuung. Man is natürlich auch jetzt so geworden, man will für das Geld, was man dort bezahlt, natürlich auch ne bestimmte Leistung ham ... Nu ham Sie die Preise erhöht hier und was kann ich denn nu eigentlich alles erwarten von der Kinderfrau hier?"* Trotz der Auskunft, daß sie für ihre Anforderungen eine Sozialpädagogin engagieren müsse, *„hab ich das mit der Frau Blomeier besprochen und die kriegte nun gleich solche Ohren, ich sag, na wissen Sie, ich hab mich nich beschwert, aber ich wollte es einfach halt mal wissen. Und komischerweise den nächsten Tag hat sie die ganzen Geometriehausaufgaben gemacht, da hat sie sich also wahnsinnig viel Zeit genommen, alles ausgetüftelt und probiert und gemacht und vorgezeichnet und ob das dann auch alles so hinhaut, wie sie sich das nu vorstellt mit ihren Würfeln und das ging wunderbar, ne. Da war das auf einmal möglich".*[6]

Doch die Anwesenheit von Frau Blomeier entlastet Frau Volkmann nicht nur, sondern zieht Arbeit nach sich: Frau Volkmann bringt die Wohnung in Ordnung,

---

[6] Man sollte Frau Blomeier interviewen. Welche Ansprüche frau für 5 DM/ Stunde an sich herantragen lassen muß und mit welcher Selbstverständlichkeit das geschieht, hat - denken wir an Herrn Belzow und an Frau Bohm - mit der neuen Rolle des Geldes zu tun.

"wenn jetzt jemand Fremdes hier in die Wohnung kommt. Man muß immer sehn, daß auch der Abwasch erledigt ist, daß der Mülleimer leer ist. Oder wenn ich sonst mal auch so beim Abendbrot mal bissl was improvisiert habe, muß ich mir nu schon Gedanken machen, was könnten die denn wieder zum Abendbrot essen". Zu den zusätzlichen Belastungen gehört auch das für Frau Volkmann seltsame Gefühl, fremde Leute in der Wohnung zu haben.

Keine Lösungen

"Haben Sie denn eigentlich noch Kontakt zum Vater vom Franz?" "Ja. Es hat sich eigentlich auch in den letzten Jahren wieder bissl, naja seit der abrupten Trennung dann, bissl wieder intensiviert, muß ich mal sagen, der Franz hat natürlich nicht solche Vaterbande, wie das 'n Kind normalerweise vielleicht hat. Nu is ja wohl Verhältnis Vater/ Sohn in den meisten Fällen in solchem Alter nich, sowieso nich so ausgeprägt wie Mutter/ Sohn. Das ist ja meistens intensiver. Aber so daß er den schon mal anruft auch oder der Vater ruft halt hier an und sagt, na wie geht 's denn so ... naja gemeinsame Unternehmung nu eigentlich weniger, ja. Da is der Vater nu ooch nich sooo". "Also so richtige Unterstützung gibt 's keine?" folgern die Interviewerinnen. *"Ah doch, also ich kann mit allen Dingen-"* beginnt Frau Volkmann, doch sie wird unterbrochen. Die Interviewerinnen haben den vorigen Redebeitrag bereits so interpretiert, daß Frau Volkmann den Vater ihres Kindes nicht bloßstellen will. Wenn die Kinderfrau mal nicht könne? Ob er sich da mal um 's Kind kümmere? Frau Volkmann gibt noch nicht ganz auf: *"Nee, das gibt 's eigentlich nicht. Da er denn ooch arbeitsmäßig bissl, er sagt 's jedenfalls so, aber ich denk immer, das wird er halt so bissl vorschieben, das will er wohl auch nicht so oder das könnte er dann zu Hause halt nicht erklären".* Sie will uns zuerst seine Begründung anbieten, sieht aber, daß sie auf Argwohn stoßen wird und zeigt dann, daß auch sie an seiner Begründung zweifelt. Auf unsere Nachfrage, was er zu Hause nicht erklären könne, unternimmt sie einen letzten Versuch: Seine jetzige Partnerin *"könnte das glaub ich schwer verkraften. Die weiß das zwar-" "Is ja ne komische Situation",* wirft die Interviewerin ein - und Frau Volkmann läßt nun die Entschuldigungen: *"aber das könnt er ihr eben nicht antun. Geht eben nicht. Also er könnt niemals den Franz dort mit hinnehmen oder so". "Ham Sie da nicht schon mal auf den Tisch gehauen?"* Die Interviewerin ist ungehalten. *"Als ich auf 'n Tisch gehaun hab, ist er ausgezogen damals",* antwortet Frau Volkmann, *"das geht also nicht".* Sie erzählt, daß sie versuche, sich Kosten von ihm erstatten zu lassen, wenn eine Freundin ihren Sohn beispielsweise aus dem Ferienlager abholt. Auf die Idee, sich die Kinderfraukosten zumindest mit ihm zu teilen, kommt sie indes nicht. Dabei steht er auch im Extremfall nicht zur Verfügung: *"Ich mußte ins Krankenhaus im vergangenen Jahr ... ich war bei der Ärztin und die sagt ... das sieht aus wie ein*

Herzinfarkt. Na da ging mir vielleicht die Düse, ne. Nun das Kind hier und ich wußte nicht, was ich machen soll, also ich war total am Ende, aber es ging nicht, es ging nicht. Er konnte das Kind nicht nehmen. Oder herkommen solange, bis meine Freundin gekommen, ne, meine Freundin, ja wart ich komme und ich hol den Franz und er ist dann mit zu ihr gezogen. Ah das ging nicht. Keine Möglichkeit. Wie stellst du dir das vor, also wie ich mir das halt vorstelle, wie stellst du dir denn das vor, wie das gehen soll". Das ist nun auch für Frau Volkmann nicht zu fassen, vielleicht auch aufgrund unserer sicherlich entsetzten Gesichter. *„Das ist eben dann der Punkt, wo ich sage, Mensch, das kann doch wohl nicht wahr sein ... da fühlt man sich immer so allein, da fühl ich mich immer sehr alleingelassen und das sind auch so Phasen, wo ich dann richtig depressiv werden könnte manchmal, ne, wo ich auch heulen muß".*

Mut und Unabhängigkeit

„Ham Sie den Eindruck, Sie ham sich verändert in den letzten Jahren?" fragen wir. *„Na also im Gegensatz zum Pflegeheim",* so Frau Volkmann, *„bin ich 'n ganz anderer Mensch geworden. Das muß ich schon sagen. Ich bin wieder sehr viel selbstbewußter geworden, na, wie will man sagen, aufgeschlossener vielen Dingen gegenüber, nicht mehr so festgelegt, variabler, ooch in meiner Tätigkeit so, stell ich das immer wieder fest, ich bin also doch noch nicht so festgefahren in meinen Tätigkeiten, daß ich also immer noch wieder mich auf neue Situationen einstellen kann, das macht auch mir bissl Spaß, muß ich mal sagen ... Ich wage viel mehr, ja? ... bin mutiger geworden ... was das tägliche Leben so betrifft, bissl aktiver oder unabhängiger in gewisser Weise".* *„Sind Sie zufrieden so wie 's is?"* resümieren wir. *„Ach was, zufrieden is man sicherlich nie. Aber doch, im Großen und Ganzen".*

Der Wechsel in ihren erlernten Beruf mag viel zu tun haben mit dieser veränderten Einschätzung ihres Selbstbewußtseins. Daß ihre jetzige Tätigkeit nicht mit ihren Fachausbildungen korrespondiert, ist für Frau Volkmann kein Problem. Sie schildert uns ausführlich ihre Aufgaben in der Klinik und betont dabei, daß es viel um die innere Medizin ginge; es ist von Intubationen, Injektionen, Blutentnahme und Operationen die Rede, so daß ihr Selbstverständnis als Krankenschwester nicht weiter bedroht ist. Dabei spielt eine entscheidende Rolle, wo sie arbeitet. Die ortskundige Leipziger Interviewerin verwechselt die Fachklinik, in der Frau Volkmann arbeitet, mit einem weniger spezialisierten Krankenhaus. *„Ach das ist nicht das gleiche?",* fragt sie, als sie merkt, daß es sich um ein Mißverständnis handeln muß. *„Nein, um Gottes Willen. Nee, das wollen wir nicht für mich haben, ne",* protestiert Frau Volkmann vehement.

Nicht nur auf die Stellung ihrer Klinik in der Hierarchie der Leipziger Krankenhäuser, sondern auch auf ihre Stellung in der internen Hierarchie in der Klinik hat sie acht. Als sie dort anfing, arbeitete sie nicht im Stationsdienst, sondern in der Aufnahme. *„Da war das schon ganz gut, und dann wurde, da hab ich das gemerkt in der Zwischenzeit von den Kollegen, daß das immer so bissl abgetan wurde. Naja, Aufnahme, das war das Letzte sozusagen, wer macht denn Aufnahme so".* Frau Volkmann tauschte diese Arbeit denn auch bei der ersten sich bietenden Gelegenheit freudig gegen den Stationsdienst aus. *„Dann hat sich eben eine Möglichkeit ergeben, daß ne Schwester aus 'm Dreischichtsystem in nen normalen Dienst wechseln mußte durch die Schwangerschaft";* man habe sie gefragt, *„na wären Sie denn sehr böse, wenn Sie die Aufnahme abgeben, wenn das die Schwester so und so macht und da hab ich gesagt, nee, da bin ich nicht böse".* Wir dürfen aus dieser Passage schließen, daß der Schichtdienst erst intern auf Frau Volkmann zukam, daß sie diesen des internen Aufstiegs wegen in Kauf nahm, daß Frau Volkmann demnach ihre Ambitionen behalten hat und es ihr gelungen ist, sie umzusetzen; freilich sind die Kosten hoch.

Freizeit

Denn das Zeitregime des Schichtdienstes verursacht nicht nur körperlichen Streß und erschwert die Organisation des Familienalltags; auch Frau Volkmanns Freizeitgewohnheiten gerieten unter Druck: So geht sie kaum mehr zur Gymnastik, und auch der Singkreis gerät in Vergessenheit; das *„Theateranrecht aus DDR-Zeiten"* indes ist *„mit rübergewachsen",* da geht sie auch einmal im Monat hin. Im Gegenzug aber bieten sich neue Möglichkeiten an: Es komme gelegentlich vor, daß eine Freundin, *„die so auch bissl Nachtschwärmer ist, ... eben mal sagt, wie hast 'n du Dienst morgen ... wolln wir nicht heute abend dreiviertel elf noch in die Spätvorstellung gehn oder so ... Mit 'n Rädern sind wir dann ins Kino gefahren, na wolln wir nicht irgendwo was trinken gehn".* Solche, was Zeitpunkt und Inhalt betrifft, spontanen Unterfangen sind dem neuen Arbeitszeitmodell geschuldet: Eine Rahmenbedingung ist der am Tag darauf stattfindende Spät- oder Nachtdienst, so daß Frau Volkmann am nächsten Morgen ausschlafen kann, eine andere, daß ihr Sohn akzeptiert, daß sie nicht da ist, ist es doch so, *„als würde ich zur Arbeit gehn".*

Auch im Kollegenkreis habe sie *„was ganz Neues"* erlebt: Im Gegensatz zu den *„verordneten Feiern"* früher ginge man jetzt *„so spontan, na spontan, wir planen es bissl so ein ... mit der ganzen Gruppe dort von der Arbeit halt mal irgendwo hin ... Die Kollegen, die so alt sind wie ich oder eine Kollegin, die ist noch etwas älter als ich sogar, die schließen sich diesen Sachen eben nicht an".* Sie imitiert: *„Nee, und ich geh doch nicht mit, und mein Mann und mein Kind und mein Kind und mein Mann und da kann ich halt nicht, ich kann mein Mann abends nicht alleine* *lassen ".* Die Verortung über das Alter wird überlagert von der Verortung über ihren Status als alleinstehende Frau, der plötzlich Freiräume öffnet: *„Da is noch eine Frau, die auch alleinstehend ist",* und sie beide gingen abends mit den anderen Kollegen aus; keine Verpflichtungen gegenüber Ehemännern verspüren zu müssen, rückt hier plötzlich in den Vordergrund und drängt das Altersproblem zurück. Denn dieses Kennzeichen eint Frau Volkmann jetzt mit den jüngeren Frauen und vor allem mit den Männern: *„Das ist ja nun ganz gemischt, ne. Da kommen auch sogar Ärzte mit".* Die soziale Position der alleinerziehenden Mutter erfährt einen starken Veränderungsdruck: Einmal ist Frau Volkmann angehalten, sich um die Betreuung ihres Kindes selbst zu kümmern und dafür ganz neuartige Arrangements herstellen und aushandeln zu müssen, zum anderen sieht sie sich auch neuen Freiräumen gegenüber: einem Stück Unabhängigkeit. Interessant ist, daß solche Freiräume durch die strukturellen Rahmenbedingungen ermöglicht werden und nicht in erster Linie durch einen Einstellungs- oder Mentalitätswandel: Warum soll Frau Volkmann nach dem Spätdienst nicht noch mit in die Kneipe gehen, wenn die Kinderfrau das Kind bereits zu Bett gebracht hat und der nächste Arbeitstag erst mittags beginnt? Die unregelmäßigen Arbeitszeiten ziehen im Umkehrschluß für den Sohn verfügbare Zeit am Nachmittag nach sich; daß diese genutzt werden kann, ist freilich nicht selbstverständlich: *„Nachmittags, wenn wir reden könnten, guckt er fern, und abends, wenn er ins Bett gehen soll, dann fängt er an zu reden. Ich sag, nu das geht nicht, das müssen wir dann schon so einteilen. Jetzt hab ich nachmittags Zeit und nicht abends".* An die Stelle des selbstverständlichen Anspruchs an sich selbst, für ihren Sohn da sein zu müssen - und sich eventuell von ihm frustrieren lassen zu müssen, wenn er keine Zeit für sie hatte - konfrontiert sie ihn nun mit den Folgen seines Handelns angesichts ihrer rigiden Arbeitszeiten. Doch wenn sie die Rolle, die sie für ihren Sohn spielt, formuliert, erinnert man sich wieder an die Ratgeber zur Lebenshilfe: *„Ich begleite ihn ein Stück bis zum Selbständigsein und dann sollte er eigentlich alleine gehen können".* An solche Literatur, von der sie ja bereits vor zwei Jahren sprach, gemahnen auch von ihr verwendete Ausdrücke wie *„die Seele baumeln lassen"* und Leitsätze wie dieser: *„Man muß die Sachen so annehmen, wie sie sind".* Da sich Frau Volkmann bei der Aufgabe, ihr Leben auf die Reihe zu kriegen, nach wie vor auf sich selbst verwiesen sieht, sind ihr diese Ratgeber näher als die Systemkritik.

Angst und Anspruch

Auf die Frage, was sie, wenn sie an ihr Leben zurückdenke, mit der DDR verbinde, denkt Frau Volkmann zuerst an das jetzige: *„Was mir manchmal bissl Angst macht, das ist diese soziale Unsicherheit".* Zurückblickend meint sie schließlich: *„Wir waren sehr einfach, es war alles sehr, ja, primitiv in manchen Richtungen, man war* *anspruchslos in vielen Dingen. So. Das is eigentlich das, was mir jetzt schon bissl gefällt. Man hat Ansprüche, man stellt Forderungen ... aber ansonsten. Na diese Beschaulichkeit is bissl hin. Jetzt ist das so, naja alle sind gestreßt, keine Zeit, keine Zeit, ich muß arbeiten, arbeiten, arbeiten, alle müssen Geld verdienen, Geld verdienen ... früher ging das alles tippeltoppel, sechzehn Uhr war Feierabend, ja und dann war Wochenende, ja da wurde nicht mehr viel".* Wenn wir uns nicht täuschen, ist das Legendenbildung: Frau Volkmann war schon immer gestreßt, der Rhythmus der *"Tippeltoppel"*-Gesellschaft war ihr Taktgeber nicht. Wir fragen im Folgenden, wo dieses Gefühl der sozialen Unsicherheit herkomme, wo sie doch eine relativ sichere Stelle habe. *"Naja, das kommt eigentlich durch diese steigenden Lebenshaltungskosten",* meint sie. *"Nicht daß ich denke, daß ich arbeitslos werde ... ich denke, mein Verdienst kommt gar nicht nach und es wird sicherlich so Zeiten geben, wo ich, daß ich Angst hab, ich kann mir eigentlich zu wenig leisten, und daß ich auch bissl Angst habe, was wird mit dem Franz, wie wird das mal in der Schule weitergehn. Wie wird das mit der beruflichen Ausbildung weitergehen. So. Das macht mir alles schon bissl Angst. Oder Angst auch so vor Krankheit, was ich früher nie so hatte ... aber das verdräng ich halt dann doch wieder. Ja, daß ich manchmal auch denk, also ich würd eigentlich vieles so in der Wohnung gern verändern wollen ... da bin ich sicherlich auch bissl zu ungeduldig, das würd ich am liebsten dann alles gleich machen wollen und dann, ach es geht nun wieder alles nicht ... Man muß halt immer wieder so abwarten und beschränken, das war früher eigentlich ooch nicht anders, früher hat 's mich eben nicht so gestört. Das stört mich jetzt mehr".*

Frau Volkmann benennt gleich eingangs einen Nach- und einen Vorteil des neuen Gesellschaftssystems: die *"soziale Unsicherheit"* und das Ende der Anspruchslosigkeit. Was die *"soziale Unsicherheit"* betrifft, handelt es sich dabei einmal um diffuse Ängste, die mit Frau Volkmanns momentaner Situation wenig zu tun haben; zum anderen ist da die Angst, einen nun geforderten Lebensstil nicht etablieren zu können. Freilich weist Frau Volkmann diese Angst selbst von sich, als sie konkretisiert, es sei die Angst, *"dem Kind nicht genügend bieten zu können",* was *"sicherlich ooch Quatsch"* sei: denn *"so viel Selbstvertrauen hab ich. Ich sage, ich lebe halt so, wie ich das will und laß mich nicht von irgendwelchen Zwängen in irgendwas hineinjagen, so. Meine Kollegen zum Beispiel, also warum hast 'n du kein Auto. Ich sag, was soll ich mit dem Auto".* Aber *"da kommen immer mal so Phasen, wo ich denke, Mensch, biste denn wirklich so 'n Außenseiter".* Das ist Koketterie; Frau Volkmann zelebriert ihren Lebensstil, indem sie betont, daß sie und ihre Freundin auf *"die individuelle Note"* Wert legen würden. Die Entdeckung der neuen Ansprüche gefällt ihr besser als sie die *"soziale Unsicherheit"* ängstigt; die Ansprüche indes, befreit von den alten Abhängigkeiten, sehen sich wiederum neuen Beschränkungen gegenüber: *"Das war früher eigentlich ooch nicht anders",* meint sie, nur störe sie das jetzt mehr. Das gilt auch für ihre Einstellung zur Politik: *„Ich denk, also es hat manchmal gar nicht viel Sinn oder es kostet sehr viel Mühe und Anstrengung, irgendwas bewirken zu wollen ... am Anfang so kurz nach der Wende war ich da optimistischer, daß ich gedacht hab, man hat jetzt mehr Mitsprache und mehr Einfluß auf viele Dinge, nee, das hat sich nicht so erwiesen".* Frau Volkmann zieht ein Fazit, das uns nicht mehr unbekannt ist: *„Also so sehr viel anders als zu DDR-Zeiten sind viele Dinge nicht".* Man sei in vielen Dingen abhängig, zum Beispiel vom Vermieter, ohne den man sich keinen Handwerker besorgen dürfe. Und da sage sie auch mal, das sei nicht nur so wie zu DDR-Zeiten, das sei schlimmer noch. In diesem Zusammenhang bietet sie ein Argument an, was ihr *„Unsicherheitsgefühl"* betrifft und das wir aus dem letzten Interview schon kennen: *„Nun kann ich mich auch auf Gesetze, die sind, nicht mehr verlassen. Die können sich auch ändern ganz schnell. Das war eben zu DDR-Zeiten ja nicht so".* Diese Unsicherheit bezieht sich auch auf den *„ganzen Bürokram. Man kriegt irgend 'n Bescheid, was weiß ich, vom Finanzamt oder von der Gehaltsstelle oder von irgendwo her auch immer, man muß es erstmal alles anzweifeln".* Der verläßliche Rahmen besteht nicht mehr; Frau Volkmann hat eine andere Definition von Verläßlichkeit als Srubar 1991, nach dessen Analyse man sich auf die Funktionsweise der Institutionen der DDR wegen ihres fehlenden Universalismus nicht hätte verlassen können. Die *„Tippel-Toppel"-Gesellschaft"* bot Frau Volkmann den stabilen Rahmen. Es interessierte sie weit weniger als unsere anderen InterviewpartnerInnen, inwieweit er sie beschränkte. Die neuerliche Orientierungslosigkeit Frau Volkmanns in ihrer eigenen Stadt unterstreicht die Bedeutung, die Strukturen für Frau Volkmann haben: *„Ich wollte mit meiner Schwester durch die Passagen und ihr irgendwas zeigen, aber nun ist ja immer alles, wenn ich dann vier Wochen mal nicht in der Stadt war, ich finde das nicht mehr. Das ist weg ... zu schnellebig ist mir das manchmal".* Veränderung gibt es in ihrem persönlichen Leben schon genug; ein stabiler Rahmen kann da nicht schaden, ganz egal, wie er im Einzelnen aussieht.

Alltägliche Lebensführung

Vergegenwärtigt man sich Frau Volkmanns alltägliche Lebensführung über die Gesellschaftssysteme hinweg, fällt auf, daß Frau Volkmann schon immer Ansprüche gestellt hat - und daß es sie auch immer schon gestört hat, wenn sie an Grenzen gestoßen ist; diese Grenzen freilich stellen in ihrem Selbstverständnis nicht die Strukturen der jeweiligen Gesellschaftsysteme dar, sondern ihre eigenen Umgangsweisen damit. *„Ich muß auch meine Grenzen kennen und weiß, daß ich nun so extrem hoch hinaus nicht kommen kann. Deshalb sag ich so also, ich mache, was ich kann, nach meinen Möglichkeiten ... versuche schon alles auszuschöpfen im Rahmen meiner Möglichkeiten, aber ... ich will auch bissl leben, ich will nich jetzt nur mit dem Ziel,* *jetzt irgendwann mal was ganz tolles mir errichten zu wollen und dafür auf alles andere verzichten und wenn ich alt bin, dann hab ich das nun endlich, aber gelebt hab ich halt nich. Das is auch nich meine Lebensweise. Es muß alles so bissl harmonieren".*

Frau Volkmann bringt damit die Logik ihrer Lebensführung selbst auf den Punkt. Sie *„versuche, alles auszuschöpfen"*, aber sie stellt solche Versuche dann ein, wenn die *„Harmonie"* gefährdet ist, die Harmonie als die Balance der Notwendigkeiten und Wünsche in den einzelnen Sphären des Alltags, die freilich auf hohem Niveau stattzufinden hat. In der Sphäre der Erwerbsarbeit will sie ihren erlernten Beruf in für sie akzeptabler Position an einer statushohen Institution ausüben, ihr Verhältnis zu ihrem Sohn soll freundschaftlich und liebevoll sein, während der Erziehungsstil stark reflektiert wird; auf der Ebene ihrer persönlichen Ansprüche will sie Geselligkeit, aber auch Zeit, *„die Seele baumeln zu lassen"* sowie - als momentanes Desideratum - eine gelungene Partnerschaft: *„Ich stell mir das schon ganz schön vor",* meint sie, *„nicht, daß ich mich nicht alleine beschäftigen kann, aber ich denke, alleine ist eben halt doch alleine".* Zudem *„is halt mit nem Partner eben doch was anderes, als wenn halt immer nur Frauen zusammen sind. Das muß ich mal sagen. Es kommen ganz andere Ideen, es is ne ganz andere Situation halt, wenn da Männer dabei sind".*

Doch auf die letzte Bitte im Interview, eine Situation zu schildern, in der sie sich wohlfühle, wählt sie ein gar nicht klassisches Muster: mit Frauen Spaß haben, ohne sich von Männern auseinanderbringen zu lassen. *„Wir ham so 'n Gruppentanz gemacht auf der Tanzfläche, das hab ich schon Jahrhunderte nicht gemacht. Aber das war was ganz, ne ganz neue Empfindung für mich, muß ich mal sagen ... wir waren ja fast nur Frauen, zwei oder drei Männer mit dabei, und wir ham dann so bissl getanzt in der Gruppe ... Nun waren das auch nicht halt die Männer, mit denen die Frauen nun tanzen wollten oder so und es ging halt nicht, die kamen nicht ran, das hat nachher niemand mehr probiert und das war also ganz, das war ne ganz tolle Empfindung, so was hab ich ewig nicht mehr erlebt ... Das fand ich also toll. Das müßte man mal wieder machen, so ungezwungen, ausgelassen".* Frau Volkmann, so scheint es, ist jünger geworden.

Die Form von Frau Volkmanns alltäglicher Lebensführung ist, seit sie ein Kind hat, durchschlagend bestimmt von den Interferenzen von Berufsarbeit und Familienarbeit und den Reibungen, die die jeweiligen hohen Ansprüche erzeugen. Die aktuelle Schichtarbeit verschärft diese Interferenzen; das neue System spielt hier in mehrerlei Hinsicht eine Rolle. Erstens hätte Frau Volkmann zu DDR-Zeiten niemals Schichtarbeit machen müssen, zweitens war die Betreuungsorganisation sehr viel einfacher. Darüberhinaus erzeugt die Tatsache Ängste, daß nun die Erwerbsarbeit über die Sicherheit ihres Lebens und das ihres Kindes bestimmt. Dem begegnet Frau Volkmann freilich mit der trainierten Fähigkeit, sich in neuen Situationen zurechtzufinden - und mit dem Ergreifen der Chance, sich von der ungeliebten Altenpflegearbeit zu befreien.

Mithilfe anderer Frauen gelingt das Management. Ihre Freundin springt ein, wenn jemand außer der Reihe gebraucht wird, die Nachbarin steht als Feuerwehr zur Verfügung, und die Kinderfrau wird zum tragenden Pfeiler - und vollends überfrachtet mit Anforderungen: Neben der Betreuung des Kindes hat sie Erziehungsaufgaben - nach Frau Volkmanns Vorstellung - zu übernehmen, die Hausaufgaben nicht nur zu betreuen, sondern schlicht zu machen, den Zeitplan so einzuhalten, daß Frau Volkmann damit zufrieden ist, daneben aber auch Eigeninitiative an den Tag zu legen, und am besten wäre natürlich, sie würde auch noch die Hausarbeit erledigen. Im Gegenzug hat auch Frau Volkmann zusätzliche Belastungen: Neben der Organisation und der Tatsache, eine Fremde in der Wohnung zu haben, muß mit ihr nun der Erziehungsstil diskutiert werden und - ganz konkret - an anderer Stelle Mehrarbeit geleistet werden: Sie muß sich um ein ordentliches Essen für die Kinderfrau kümmern, und sie muß ihre Wohnung so in Schuß haben, daß sie den unterstellten Ansprüchen der Kinderfrau genügt. Auch die Freizeitgestaltung ist eine von Frauen für Frauen - die Freundinnen werden dabei wichtiger genommen als vor zwei Jahren, ohne daß die Männer an Bedeutung verlieren würden.

Emanzipation

Frau Volkmanns Geschichte der letzten zwei Jahre ist eine Emanzipationsgeschichte. Die Restriktionen, die ihr das neue System beschert hat, erwiesen sich auch als Gelegenheitsstrukturen: Ihre größte Chance bestand in der Wiederaufnahme ihres Berufs, wenn auch unter verschärften Bedingungen. Daneben hat Frau Volkmann eine ganze Menge persönlicher Ressourcen in der DDR erworben, die sie jetzt zum Einsatz bringen kann: Sie ist ehrgeizig, kommt mit veränderten Lebenssituationen zurecht, kann für sich alleine entscheiden und handeln und reflektiert dabei, was sie tut und welche Folgen ihr Handeln hat.

Frau Volkmann hat ihre Emanzipationschance nicht nur begriffen, sondern auch umsetzen können: Sie hat ihren ungeliebten Arbeitsplatz verlassen und ihren erlernten Beruf innerhalb der bevorzugten Institution wieder aufgenommen. Erst unter den veränderten Rahmenbedingungen wurde das möglich. Freilich schlitterte sie als Folge ihrer Entscheidung und vor allem als Folge ihres Ehrgeizes in den gefürchteten Schichtdienst, dessen Regime ihr schließlich wiederum nicht-intendierte Gelegenheitsstrukturen schuf. Frau Bohm ist demgegenüber auf halber Strecke stehengeblieben: Sie hat ihren Arbeitsplatz aufgegeben, aber auf die Alternativrolle Hausfrau bzw. zuarbeitende Ehefrau gesetzt. Auch Frau Bohm sieht sich mit nicht-intendierten Folgen konfrontiert: der Langeweile des Prinzessinnenlebens. Weil Frau Volkmann schon immer im medizinischen Bereich arbeiten wollte und auch gute

Chancen hatte, einen Arbeitsplatz zu finden, erwiesen sich die neuen Rahmenbedingungen als Katalysatoren für den Arbeitsplatzwechsel. Als Folge des Arbeitsplatzwechsels emanzipierte sich Frau Volkmann auch ein Stück weit von ihrem Sohn. Vor allem hat sie sich emanzipiert von dem Bild von sich selbst als älter werdender Frau, die ihr Leben verpaßt. Während einerseits die Kordinationsprobleme zunehmen, hat sich andererseits auch der Optionsraum vergrößert. Daß ihre Angst vor dem Alter dessen Ausnutzung verbessert hat, will ich nicht ausschließen.

Die veränderten Rahmenbedingungen haben Frau Volkmann vor Zumutungen gestellt, die sie mit riesiger Anstrengung, aber auch zu ihrer eigenen Zufriedenheit meistern kann. Im Gegenzug läßt sich am Fall der Frau Volkmann rekonstruieren, wie das DDR-Regime in der Lage war, trotz finanzieller Absicherung und gewährleisteter Kinderbetreuung Emanzipation zu behindern: Ganz zielgerichtet wurde Frau Volkmann ihre Berufstätigkeit erschwert. Frau Volkmann freilich sucht den Fehler bei sich selbst: Anspruchslos wäre sie gewesen, eine Einschätzung, die ich nicht teilen kann. Frau Volkmann war im Gegenteil viel zu ambitioniert, um eine Nische finden zu können. Sie hat sich um die gesellschaftspolitischen Rahmenbedingungen nicht gekümmert, sondern ist eigensinnig einen Weg gegangen, der nicht in die sozialistische Lebensweise paßte. Freilich geriet sie dabei an Barrieren, die Richtungsänderungen erzwangen, aber keine Anpassungen darstellten. Unter den neuen Rahmenbedingungen verfährt sie gleichermaßen: Sie verfolgt ihre Ambitionen und koordiniert Beruf und Kind, ohne das gesellschaftspolitische System groß zu kritisieren oder gar Unterstützung von ihm zu erwarten. Frau Volkmann hat kein Mikro-Makro-Problem: Nicht nur bewertet sie die Rolle, die die gesellschaftlichen Rahmenbedingungen für ihr Verhalten spielen, gering; auch ihr Verhalten wird an keiner Stelle in ihrer Rückwirkung auf gesellschaftliche Strukturen thematisiert. So interessiert sie zum Beispiel weder der Beitrag der Parteimitglieder zur Stabilität des DDR-Systems, wie das bei Frau Barzel der Fall ist, noch zieht sie die Folgen oder Gründe politischen Engagements oder Desinteresses im neuen System in Betracht. Sie setzt den Rahmen ihrer Möglichkeiten konstant und bewertet den Erfolg ihres Handelns nach ihrer Ausnutzung. Doch wo Herr Flieger im *„Rahmen der Möglichkeiten das Möglichste rausholen"* will, sagt sie: *„Ich mache, was ich kann, nach meinen Möglichkeiten, aber ich will auch bissl leben"*. Sie ist keine Strategin wie Herr Flieger, aber das neue System ist auch ihren Präferenzen dienlicher als das alte. Ansprüche zu haben und zu stellen, macht ihrer Ansicht nach zwar auch jetzt wenig Sinn, aber sie tut es nachdrücklich. Freilich kann solch ein Leben nur auf einem Wege gelingen, der Frau Volkmann vor ungeheure Zumutungen stellt. Um ihr Leben so auf die Reihe zu kriegen, daß sie einigermaßen zufrieden damit ist, muß sie immense Arbeit leisten. Bei jedem Umsetzungsversuch persönlicher Ansprüche muß der Schichtplan bedacht werden, das Kind überzeugt oder dessen Betreuung organisiert werden - ganz zu schweigen davon, daß sich Frau Volkmann überhaupt erst mal selbst dazu aufraffen muß, das alles auf sich zu nehmen. Daß Frau Volkmann schon immer Etappenziele verfolgte, wirkt sich da günstig aus - und daß sie diese aufgeben kann, auch.

Frau Pfeiffer

1. Interview: *"Wenn man immer ein wenig mehr macht, als man sollte, dann klappt das schon".*

Frau Pfeiffer ist eine Kollegin von Frau Volkmann; zum Zeitpunkt des ersten Interviews ist sie 27 Jahre alt und arbeitet seit mehreren Jahren in unserem Pflegeheim in verschiedenen Positionen. Seit einigen Wochen ist sie als Stationsleiterin *"in einem schwierigen Kollektiv"* eingesetzt worden, das sie *"jetzt erst mal auf Vordermann bringen soll"*.

Frau Pfeiffer ist verheiratet; ihr Mann war bei der NDPD[1] angestellt und arbeitet nun stundenweise im Versicherungsgeschäft, ohne nennenswerte Einkünfte zu erzielen. *"Ich bin eigentlich diejenige, die 's große Geld nach Hause bringt"*, sagt Frau Pfeiffer; das sei indes so viel nun auch wieder nicht. Die Familie muß sparen. Pfeiffers haben eine zehnjährige Tochter und ein Kleinkind.

Biographie

Frau Pfeiffer ist als jüngstes Kind einer kinderreichen Arbeiterfamilie auf dem Land aufgewachsen. Mit siebzehn Jahren und im ersten Jahr ihrer Ausbildung als Krankenschwester bekam Frau Pfeiffer ihr erstes Kind. Es wurde von ihren Eltern und im Hort betreut; schon bald nach der Geburt war Frau Pfeiffer wieder in der Arbeit. *"Es war damals schon für mich sehr wichtig, nen abgeschlossenen Beruf zu haben und Krankenschwester war eben das, was ich gerne wollte"*, sagt sie und signalisiert uns damit, daß sich diese Präferenz nicht geändert habe. Sie wird auch als Grund für die Trennung vom Vater des Kindes genannt: *"Er hätte es vielleicht zu dem Zeitpunkt, muß ich sagen, lieber gesehen, ich würde die Lehre abbrechen als weiterzumachen, und das wollte ich nun wieder nicht"*. Wie Frau Volkmann deutet auch Frau Pfeiffer ihren damaligen Partner als einen Hemmschuh für ihre Karriere; und wie Frau Volkmann verließ sie ihre Heimatstadt und begann in Leipzig in unserem

---

[1] Die Nationaldemokratische Partei Deutschlands war ursprünglich gegründet worden, um ehemalige NSDAP-Mitglieder zu integrieren und andere Blockparteien zu schwächen; schließlich konzentrierte sie sich auf „die Selbständigen, kleinen Kapitalisten und konservativen Elemente in den Produktionsgenossenschaften des Handwerks und der Landwirtschaft, bei denen noch nationales Gedankengut eine besondere Rolle spielte" (Friedrich-Ebert-Stiftung 1983, S. 37). Nach Niethammer u.a. war die NDPD die „Heimat des Managements" (Niethammer u.a. 1991, S. 64); sie berichten aus ihren Gesprächen mit Funktionären der NDPD kurz vor der Wende, daß diese sich im Aufwind fühlten; „... denn während die SED stagniere, hätten sie wie auch die anderen Blockparteien Mitgliederzulauf. Der Zusammenhang war einfach: Zur Absicherung der Karriere brauchte man eben ein Mitgliedsbuch. Die in der SED war für leitende Angestellte schwer zu bekommen, weil man dafür auch mindestens einen beitrittwilligen Arbeiter auftreiben mußte, damit die Statistik wieder stimmte. Bei ihnen gebe es keine solchen Hürden" (Niethammer u.a. 1991, S. 65).

Pflegeheim zu arbeiten. Der Grund für den Ortswechsel war allerdings nicht beruflicher Natur: Frau Pfeiffer lernte im Parteilehrjahr ihren jetzigen Mann, einen Leipziger, kennen. Denn Frau Pfeiffer war in die NDPD eingetreten, um, wie sie argumentiert, der Anwerbung in die SED zu entgehen. Herr Pfeiffer hat neben seiner Parteiarbeit ein Studium absolviert. Im Frühjahr 1990 bekam er sein Diplom und verlor kurz darauf den Arbeitsplatz. *„Nu macht er erstmal Versicherungen"*, sagt Frau Pfeiffer, was bedeutet, daß Herr Pfeiffer in den Abendstunden Abschlüsse im Bekanntenkreis zu vermitteln versucht. Tagsüber ist er zu Hause.

Die Altenpflege

Im Pflegeheim arbeitete Frau Pfeiffer zunächst und dann immer mal wieder als Funktionschwester, *„das heißt, daß die Schwester mit dem Arzt mitgeht und verschiedene Dinge erledigt, die praktisch nur ausgebildete Krankenschwestern machen können, da es ja in den Pflegeheimen früher so aussah, daß es ganz wenige ausgebildete Kräfte gab"*. Wie Frau Volkmann betont auch Frau Pfeiffer ihre medizinische Qualifikation. Doch im Gegensatz zu Frau Volkmann hat Frau Pfeiffer keine Vorbehalte gegen eine Arbeit in der Altenpflege, *„grade in diesem Pflegeheim, dort hab ich ja schon sehr viel erlebt"*. Freilich weiß auch sie Nachteile zu nennen; es sei *„ne körperlich schwere Arbeit, die ganze Pflege"*, der Pflegeschlüssel sei katastrophal, was wir von Frau Volkmann ja schon wissen. Frau Pfeiffers Station ist groß - die Hälfte der Heimbewohner sind Schwerstpflegefälle -, die Schichten sind unterbesetzt, qualifizierte Kräfte sind auch jetzt kaum vorhanden. *„Für mich"*, meint Frau Pfeiffer, *„ist es manchmal etwas lustig, wenn ich im Fernsehn seh, Pflegeschlüssel drüben, Pflegenotstand drüben und Pflegeschlüssel bei uns"*. Im Gegensatz zu Frau Volkmann interessiert sich Frau Pfeiffer für Berufsbild und Entwicklungsperspektiven der Altenpflege. Wo Frau Volkmann meinte, daß diese Arbeit *„jede bessere Hausfrau"* könne, sieht Frau Pfeiffer, welche Tätigkeit eigentlich gefordert wäre und wie man sie institutionalisieren könne. Es sei sehr *„belastend"*, meint sie, *„wenn Sie des so 'n ganzen Tag beobachten, was Sie eigentlich, mit wieviel Mühe Sie eigentlich versuchen, dort ne Pflege aufrechtzuerhalten und das über die ganzen Jahre, unter welchen Bedingungen, ich meine, jetzt kann man das ja noch viel anders einschätzen, weil man ja jetzt auch weiß, daß es auch anders geht und mit anderen Möglichkeiten, grade mit diesen Pampers-Windeln, wie wir im Moment noch windeln, des is wie zur Steinzeit"*. Nicht die medizinische Tätigkeit im Krankenhaus ist Frau Pfeiffers Ziel, sondern inhaltliche Veränderungen in ihrem Beruf: *„Daß man auch ne intensive Pflege machen könnte. Daß man auch mal für 'n persönliches Gespräch für die Heimbewohner Zeit hat, für solche Sachen wünsch ich mir eigentlich arbeitsmäßig mehr Zeit. Und diese körperliche Arbeit, da kann nur über Pflegeschlüssel etwas anders gehn"*. Sie verfolgt Gespräche mit anderen Heimen und Anregungen von Mitarbeitern, die mit dem Berufsbild der westdeutschen Altenpflege Kontakt hatten. Wie Frau Volkmann sieht die bislang durchgängig im Frühdienst arbeitende Frau Pfeiffer voraus, *„daß die ausgebildeten Krankenschwestern in den Nachmittagen eintakten müssen. Also im Spätdienst. Und da wird 's so sein, daß jeder, egal wie die familiäre Situation is, mindestens zehn Tage bringen muß"* - was für eine Frau mit zwei kleinen Kindern, darunter einem Kleinkind, mit Sicherheit nicht einfach zu bewältigen ist. Ob sie Vorstellungen habe, wie sie das organisieren könne? *„Das kann man"*, meint Frau Pfeiffer, *„eigentlich nur in ner guten partnerschaftlichen Beziehung und das kann man eben nur absprechen. Denk ich mal"*. Wie man aus der Forschung über die Arbeitssituation von Pflegekräften weiß[2], hat sie da recht. In Westdeutschland finden sich kaum Pflegekräfte mit kleinen Kindern, es sei denn, der Partner übernimmt den Bärenanteil der Haus- und Familienarbeit.

Der Tagesablauf

Wie sieht es bislang mit der Organisation der Arbeit des Alltags aus?
　Frau Pfeiffer steht um fünf Uhr auf, macht Frühstück, weckt nacheinander die Kinder und macht sie fertig. Um halb sieben bringt sie die Kleine mit dem Auto in die Krippe - die ältere Tochter geht alleine in die Schule - und fährt anschließend in die Arbeit. Ihr Dienst fängt *„eben erst um sieben an, weil es anders im Moment nicht machbar ist"*. Noch also sind Mütter mit kleinen Kindern privilegiert. Es geht gleich *„straff los mit waschen"*; die Pflegekräfte sind neben der Grundpflege, dem Austeilen des Essens, dem *„Füttern"* und der medizinischen Versorgung der *„Patienten"* auch damit beschäftigt, das Frühstück vorzubereiten - *„dann mußt erstmal 's ganze Brot aufschneiden ... verschiedene Brote sind dann zu schmieren"* - und vor allem die Station sauberzuhalten - *„wir haben zwar eine Reinigungskraft für vier Stunden, aber die schafft das bei weitem nicht"*. Neben der Pflege und den Zuarbeiten hat Frau Pfeiffer als Stationsleiterin die gesamte Organisationsarbeit zu machen, Dienstpläne zu schreiben, Bestellungen aufzugeben, Patientenakten zu führen usw.; daneben ist sie als Personalrätin tätig. *„Wenn ich Dienstschluß habe"* - was meistens eine halbe Stunde nach der regulären Arbeitszeit ist - *„ist es meistens so, daß ich erst zur Krippe fahre, Kind abhole, dann nach Hause, dann ist es natürlich schon meistens halb fünf. Ja und die Kleine muß mindestens achtzehn Uhr ins Bett, ansonsten ist es zu wenig Schlaf für sie"*. Frau Pfeiffer bereitet das Abendessen zu; Herr Pfeiffer kam im Tagesablauf bislang nicht vor. Wann sie denn einkaufe, fragen wir dazwischen. *„Im Moment is es noch recht günstig"*, antwortet Frau Pfeiffer, *„da der Mann ja eigentlich gute Arbeitszeit hat, die er sich selbst einteilen kann,*

---

[2] vgl. hierzu Dunkel 1994

da geht er einkaufen, oder wir machen 's so, daß um halb fünf meine Schwiegermutter rüberkommt, manchmal auch die Kleine badet und füttert und wir dann in der Zwischenzeit einkaufen fahren". Etwas später im Interview entscheidet sie sich für die zweite Möglichkeit nach dem *„oder": „Einkaufen gehn wir grundsätzlich zusammen".* Auch hierzu wird Frau Pfeiffer also gebraucht. Die dann einspringende Schwiegermutter wird mit Gegenleistungen bedacht: Sie wird am Wochenende mit bekocht, Einkäufe werden auch für sie erledigt, übrigens auch für eine Frau, die bei Pfeiffers im Haus wohnt. Die Schwiegermutter springt im übrigen nicht nur deshalb ein, weil Pfeiffers aus dem Haus gehen, sondern *„weil mein Mann mit den Windeln und Stuhl wegmachen, wie die Männer nu manchmal so sind, naja, das macht dann die Oma".*

Nach dem Abendbrot geht die Arbeit für Frau Pfeiffer weiter. Sie räumt auf und macht sauber; *„was nicht geschafft wird in der Woche, bleibt für 's Wochenende. So was für mich so is, Gardinen waschen, Fenster putzen".* Da fällt ihr ein, daß sie in der Regel früh um halb sechs die Waschmaschine angemacht hat. Die Wäsche *„muß ich dann nur noch rausnehmen zum Schleudern. Das schaff ich dann meistens noch am Nachmittag oder der Mann hat 's mal gemacht, je nachdem".*

„Mal ne Stunde spielen, mal spazierengehn" ist alles, wofür am Wochenende Zeit bleibt, nachdem *„die diversen Sachen, die Sie in der Woche überhaupt nicht schaffen",* erledigt worden sind. *„Viel is nich. Viel läuft nicht im Moment",* was ihre Freizeitgestaltung betrifft, erst recht nicht unter der Woche, *„weil ich eigentlich mehr oder weniger echt kaputt bin und froh, wenn ich mich in meine Ecke setzen kann".*

Herr Pfeiffer stört

Kurz nach dieser Passage kommt ihr Mann nach Hause. *„Schönen guten Abend, gestatten Sie, daß ich teilnehme?"* Die InterviewerInnen gestatten es; Herr Pfeiffer nimmt Platz und die InterviewerInnen fragen Frau Pfeiffer noch etwas zu ihrer Arbeit auf der Station. Herr Pfeiffer steht auf und macht sich geräuschvoll im Zimmer zu schaffen; schließlich schaltet er das Radio ein. Wir weisen ihn darauf hin, daß das unsere Aufnahme störe, wonach er es ausschaltet, kurz danach aber wieder anmacht. Schließlich verläßt er die Wohnung, denn ein Bekannter holt ihn ab. Während er noch anwesend ist, fragen wir Frau Pfeiffer explizit, wie sie sich beide die Haushaltsarbeit aufteilten. *„Jeder im Rahmen seiner Möglichkeiten",* sagt sie, lacht und erzählt, daß ihr Mann die Wäsche *„schleudert, aufhängt, zusammenlegt ... wenn er da is".* Die einzige Tätigkeit, die sie ihm zuschreiben kann, zerlegt sie in ihre Einzelschritte; es sieht so nach mehr Arbeit aus, als es ist, und Frau Pfeiffer will damit, so nehme ich an, den uns unterstellten Verhaltenserwartungen an die Mitarbeit ihres Mannes im Haushalt nachkommen. Die Tochter indes ist es, die beim Abwasch mithilft und den Müll nach unten bringt, denn Herr Pfeiffer ist auch für diese bislang als typisch für Männer identifizierten Tätigkeiten nicht zuständig. Selbstverständlich fällt Herr Pfeiffer auch beim Kochen aus: Die große Tochter ißt in der Schule, *„so lang wir das noch zahlen können, bin ich der Meinung, daß das Kind 's warme Mittagessen haben muß ... Sollt es nicht mehr sein, muß ich abends warm kochen, das werden wir dann sehn"*. Inzwischen macht sich Herr Pfeiffer mittags *„manchmal was oder ißt bei der Mutter drüben"*.

Herrn Pfeiffers Mitarbeit in der familialen Sphäre wurde nie gefordert; auch jetzt, wo Herr Pfeiffer sich seine Arbeitszeit *„selbst einteilen kann"*, hat er mit Familienarbeit nichts zu tun. Er entzieht sich nicht nur als Ressource, sondern wird selbst zur Belastung: *„Im Moment is es ja so"*, erzählt Frau Pfeiffer, *„daß ich dann nicht immer unbedingt pünktlich da bin oder nicht zu meiner eigentlichen Feierabendszeit, ja, das ist natürlich auch mal 'n bißchen belastend, wenn er dann wartet, wenn wir einkaufen wollen"*. Selbst dort, wo Herr Pfeiffer seine Frau vordergründig unterstützt, wird er zur Belastung, so zum Beispiel auch dann, wenn er sie mal von der Arbeit abholt: *„Er steht dort ne halbe Stunde vor der Tür und ich komme nicht, er schätzt meine Arbeit eigentlich sehr, aber manchmal muß er mich auch a bissl bremsen"*. Frau Pfeiffer muß sich für ihren arbeitsintensiven Beruf entschuldigen.

Schlafen als Desiderat

Zeit für Hobbies gibt es für Frau Pfeiffer nicht. Früher ging sie abends zur Gymnastik, aber auf die Frage, was sie tun würde, hätte der Tag zwei Stunden mehr, antwortet Frau Pfeiffer, ohne zu zögern: *„Schlafen"*. Die Antwort kommt so prompt, daß sie wie eine Entschuldigung hinzusetzen muß: *„Schlafen oder für die Familie, für die Kinder, mal was anderes schönes machen, zu meinen Eltern beispielsweise fahren"*. Sie schlafe indes in der Tat hin und wieder um acht Uhr abends vor dem Fernseher ein, und Gymnastik komme nicht in Frage, *„weil ich k.o. bin, muß ich sagen. Ich habe eigentlich absolut keine Lust"*.

Bewältigungsstrategien

Wie geht man mit einer solchen Belastung um? Frau Pfeiffer hat hierzu ein Deutungsmuster parat, eine Perspektive entworfen und Strategien entwickelt. Das Deutungsmuster besteht in einer Sozialisationstheorie. *„Man ist zwar körperlich echt fertig"*, sagt sie, *„aber ansonsten, wir sind das ja eigentlich gewöhnt, wir sind ja eigentlich immer sehr geduldig erzogen worden, immer 'n bissl optimistisch erzogen worden und immer eigentlich auf harte Arbeit, also ich zumindestens und auch sicherlich ganz viele. Ne? Wenn ma etwas schaffen will, muß ma eben wirklich erstmal paar Jahre durchziehn"*. In dieser Weise hat sie wohl auch ihre Ausbildung durchgezogen, die, wie sie sagt, *„unter schwersten Bedingungen"* stattgefunden habe. Sie hatte ein Kind und einen weiten Weg zur Schule; zudem weist uns Frau Pfeiffer darauf hin, daß es nicht selbstverständlich gewesen sei, in kinderreichen Familien allen Kindern eine Ausbildung zu ermöglichen.

Die Perspektive, die Frau Pfeiffer entwickelt hat, ist die der Überwindung einer Durststrecke, was oben bereits anklingt und weiter ausgeführt wird, wenn sie ihre augenblickliche Situation beschreibt. *„Das ist für uns alles nun ne Übergangszeit"*, sagt sie und bezieht diese Übergangszeit auf die ganze DDR-Gesellschaft: *„Es wird mindestens bis 92 Ende sich hinziehn, um überhaupt einzuschätzen, was überhaupt los ist"*[3];das Modell der Durststecke läßt sie zumindest ihre finanzielle Belastung als vorübergehend einschätzen.

Eine Strategie, die finanzielle Durststrecke zu bewältigen, ist die Etablierung einer *„richtigen Buchführung"*, was die familiären Ein- und Ausgaben betrifft; *„man muß schon rechnen, man plant sich das alles ein"*, zumal die Familie einen Bausparvertrag und Lebensversicherungen abgeschlossen hat. Mit einer weiteren Strategie kann sie ihr immenses sozialisiertes Arbeitsvermögen bis an seinen Rand ausdehnen: *„Wenn man immer ein wenig mehr macht als man sollte, dann klappt das schon"*. Sie präzisiert dieses *„sollte"* auf unsere Nachfrage: Sie mache *„alles grade so, daß es in Ordnung is und noch 'n kleines bißchen ordentlicher"*. Die Ausbeutbarkeit ihres Arbeitsvermögens ist zweifelsohne die wichtigste Ressource, auf die Frau Pfeiffer zur Bewältigung der alltäglichen Anforderungen zurückgreifen kann.

Arbeitsvermögen, Durchhalteperspektive und Selbstausbeutungstechniken werden durch ein traditional-konservatives Geschlechtsrollenbild gestützt, das Frau Pfeiffer im Interview zuerst einmal ihrem Mann zuschreibt: *„Er sagt ja immer, ihm wär 's natürlich persönlich am liebsten, die Frau ist zu Hause, der Mann geht arbeiten, wie ma das eigentlich althergebracht kennt"* - wie wir wissen, war das auch die Präferenz des Vaters ihres ersten Kindes. *„Er weiß, daß ich nicht der Typ bin, aber es ist dann doch irgendwann mal belastend, ne und grade, wenn er dann zu Hause ist und das Spiel ist eigentlich andersrum"*. Zwar sei Frau Pfeiffer nicht der Typ dazu, zu Hause zu bleiben - *„dafür hab ich mich nicht unbedingt unter schwersten Bedingungen auf die Schulbank gesetzt und ne Lehre abgeschlossen, um dann generell nur zu Hause zu bleiben"*, - sein Rollenbild aber teilt sie doch. *„Es ist natürlich schon ganz anders, schon wenn man sich das vorstellt, die Frau geht arbeiten, der Mann ist zu Hause, das is natürlich für jedermann belastend"*. *„Was meinen Sie mit jedermann?"* fragen wir nach. *„Na für die Männer ist das sicherlich sehr belastend. Die Frau geht arbeiten, geht jeden Tag, der Mann sitzt zu Hause, also das verkraftet nicht jeder. Noch dazu so wie er in seiner Stelle da so viele*

---

[3] Der von ihr veranschlagte Zeitraum deckt sich freilich auch mit meiner Erwartung erster Konsolidierung.

Jahre auf der Schulbank gesessen hat und eigentlich im Moment da nicht unbedingt irgend ne besondere Arbeit hat, das geht schon ganz schön auf die Psyche. Ich meine, jeden Tag steh ich früh auf, er kann eigentlich liegen bleiben, manchmal steht er mit auf, kommt drauf an. Das ist natürlich belastend". Wenn wir uns erinnern, daß Frau Pfeiffer ihr Kleinkind kurz vor sechs wecken muß, um es für die Krippe fertigzumachen und es vor Arbeitsbeginn dorthin bringen zu können, und es abends unter Zeitdruck früh zu Bett bringen muß, damit es genug Schlaf hat, kann ihr Bild der Geschlechterrollen schlichtweg nichts erschüttern. *„Das Spiel"* ist ja keineswegs *„andersrum":* Daß der Mann *„zu Hause"* ist anstatt der Frau, bedeutet hier das Ende der Arbeitsteilung. Frau Pfeiffer ist jetzt *„der Hauptverdiener",* bleibt aber weiterhin für Haus- und Familienarbeit alleine zuständig und macht sich Sorgen um die psychische Belastung ihres Mannes. Zu ihrem sozialisierten Arbeitsvermögen und der unbedingten Orientierung am Leitbild der 'berufstätigen Mutti', in deren alleiniger Zuständigkeit die Sorge für die Kinder liegt, muß man die Orientierung an einem Dasein für andere und den Verzicht auf eigene Ansprüche hinzuzählen. Eine Spur leichten Protestes gegenüber dem Verhalten ihres Mannes ist freilich doch auszumachen: *„Es gibt auch Sachen, wo ich dann sage, Mensch, konntste das nicht machen, bist doch 'n ganzen Tag zu Hause, hättst das mal machen können oder jenes mal machen können".* Doch nachdem Frau Pfeiffer die zu erledigenden Telefonate ihres Mannes mit seinen potentiellen Klienten als seine Entschuldigung angeführt hat, bekräftigt sie uns gegenüber gleich, wie recht er damit hätte, indem sie schildert, was für ein Problem es sei, kein eigenes Telefon zu haben und Kunden benachrichtigen zu wollen. Die Realisierungschancen ihres eingangs formulierten Szenarios, in Schichten nur dann arbeiten zu können, wenn man sich in einer guten Partnerschaft über die jeweiligen Aufgaben abspreche, erscheinen somit gering.

Wünsche

„Was würden Sie jetzt machen, wenn Sie im Lotto sechs Richtige gewinnen würden?" „Hach", sagt Frau Pfeiffer, *„jetzt kann man ja wunderschön sein Geld irgendwo anlegen, das ist natürlich eigentlich toll. Aber mal schön Urlaub machen, richtig, kein Handschlag irgendwo, nicht kochen und nicht, so richtig mal verwöhnen lassen, das wär natürlich auch schön". „Natürlich eigentlich toll"* wäre die Geldanlage, doch die zeitweise Befreiung von der Hausarbeit erscheint als der dringlichere Wunsch; hier gibt es kein einschränkendes *„eigentlich",* das erscheint ihr nur *„natürlich".* Daß sich Frau Pfeiffer zur Realisierung dieses Wunsches auf einen Lottogewinn angewiesen sieht, obschon ihr Mann ihr diesen Wunsch an jedem Wochenende erfüllen könnte, ist bemerkenswert. Doch schließt die Tatsache, daß Frau Pfeiffer solches Verwöhnen im Urlaub ansiedelt und für seine Verwirklichung teuer be-

zahlen will, freilich aus, daß ihr Mann es sein könnte, der sie verwöhnt oder einen „*Handschlag*" macht.

Gesellschaftskritik und -vorstellung

Im Gegensatz zu Frau Volkmann thematisiert Frau Pfeiffer ausführlich die gesellschaftlichen Rahmenbedingungen. „*Verdammt erschreckend*" finde sie die Arbeitslosigkeit; nicht erklären könne sie sich, „*daß man die schlimme Situation der ehemaligen DDR hat nicht einschätzen können, wo man doch so viele Wissenschaftler, Vordenker und Planer und auch Spionageleute hatte, die doch eigentlich hätten einschätzen müssen, wie verfahren die Situation eigentlich ist. Ist für mich eigentlich ein bißchen unklar und was jetzt noch mehr unklar is, daß man unsere Bürger eigentlich so dolle hängen läßt, in verschiedenen Situationen. Es kann ja wohl absolut nicht angehen, sämtliche Preise zu erhöhen, ohne die Gehälter oder Renten mitzuziehen ... und dann der absolut mangelnde Informationsfluß. Genaue Instruktionen, genaue Anweisungen, genaue Informationen, wo was vonstatten gehn soll*". Eine genau untersuchte und gut durchgeplante Organsationsgesellschaft, in der sich der Staat um seine Bürger kümmert und ihnen genaue Anweisungen gibt, wie sie sich zu verhalten haben, ist Frau Pfeiffers Idealbild eines Gemeinwesens. Bei solch staatlichem Paternalismus darf freilich die Effizienz nicht gefährdet werden. So kritisiert sie, „*wieviel intelligente Leute auf der Straße sitzen und wieviel unqualifizierte noch irgendwo sitzen in verschiedenen Bereichen*" und schlägt vor, „*die intelligenten Leute doch irgendwo sinnvoll zu beschäftigen*". Die Folgen des nunmehr fehlenden Paternalismus sind ihr klar: „*Die Leute hier in der ehemaligen DDR, die sind psychologisch so fertig, die sind dermaßen fertig ... weil viele nicht wissen, wie 's weitergeht, wie 's überhaupt ausgeht. Gar kein Ziel vor Augen, gar keine Einschätzung, was eigentlich los ist. Sie ham immer alles vorgegeben gekriegt, wenn Sie irgendwo bei ner bestimmten Stelle angefangen haben, war gekennzeichnet, bis dahin konnten Sie kommen*". Daß Frau Pfeiffer sich da nicht ausnimmt, zeigt ihre Bilanzierung des Umbruchsprozesses: „*Man findet ja auch hier letztendlich gar keine Worte mehr, um das überhaupt beschreiben zu können, es ist belastend für jeden einzelnen, der hier lebt, der hier wohnt und der jetzt klarkommen muß. So einfach ist das. Das ist belastend*".

Alte Rationalitäten,

Frau Pfeiffers Rolle im Herbst 1989 wird in diesem Interview nicht zum Thema gemacht; sie selbst spricht Montagsdemos oder Parteiaustritt nicht an, die InterviewerInnen fragen auch nicht nach. Wir dürfen daraus vorerst schließen, daß sich Frau Pfeiffer nicht als eine an den Wendeereignissen aktiv Beteiligte betrachtet.

Doch führt sie in ihrer Biographie an chronologisch passender Stelle ihre Parteimitgliedschaft an. *„Nach der Lehre, na zwischendurch, muß ich noch sagen, war ich 'n halbes Jahr auf Parteischule gewesen, ich war Parteimitglied, und zwar NDPD, nicht die besagte SED, sogenannte Blockpartei sagt man zwar, stimmt eigentlich nicht so genau, aber ich habe das eigentlich auch gemacht, muß ich sagen, mehr oder weniger bin ich geflüchtet in diese Partei, um nicht zur SED zu gehn".* Sie meint, sie *„muß"* sagen, daß sie Parteimitglied war, klärt uns aber sofort darüber auf, daß die Bezeichnung Blockpartei *„eigentlich nicht so genau"* stimme und findet es damit zwar angemessen, die westdeutschen InterviewerInnen über ihre politische Vergangenheit zu informieren, weist sie aber andererseits auf deren unterstelltermaßen nicht ganz richtiges Bild der Parteienlandschaft in der DDR hin. Daß sie meinte, auf jeden Fall einer Partei beitreten zu müssen, kann seinen Grund darin haben, daß sie ihre *„unter schwersten Bedingungen"* verfolgte berufliche Karriere nicht gefährden wollte; es kann aber auch sein, daß die *„Anweisungen"*, was man als ordentliche Bürgerin dieses Staates zu tun hatte, unmißverständlich waren. *„Weil nach Abschluß oder in der Lehre ham die einen schon beobachtet und ham auch Gespräche geführt, ob man oder ob man nicht, naja und da hab ich mich eigentlich lieber, bin ich dann lieber zur anderen Partei gegangen".* Warum sie die *„andere Partei"* bevorzugt hat, wissen wir nicht. Jedenfalls deren Parteiversammlungen scheinen sich in einem - wie wir von unseren anderen InterviewpartnerInnen wissen - wichtigen Punkt nicht von denen der SED unterschieden zu haben: *„Fand das eigentlich auch sehr nett, die Mitgliederversammlungen dort waren sehr offen, schon zu der Zeit sehr offen, sehr kritisch und das hat mir eben gefallen".*[4]

... neue Rationalitäten

Frau Pfeiffer hat inzwischen institutionalisierte Ziele der importierten Gesellschaftsordnung ausgemacht und signalisiert, daß sie ihnen entsprechen wird: Mit dem Geld, das sie im Falle eines Lottogewinns anlegen würde, könne man *„mal ein Haus erwerben, das wär natürlich auch schön, oder ne Eigentumswohnung oder so was, ich mein, jetzt sind das offenbar Sachen, wo man sagt, es is 'n Ziel".* Nicht der eigene Wunsch steht da im Vordergrund, sondern die Erfüllung einer Verhaltenserwartung. Auf unsere Nachfrage nennt sie die Gründe dafür, warum Wohneigentum ein Ziel sei: *„Daß Sie sich da 'n bißchen freier bewegen können in Ihrer Wohnung und Sie wissen, das is Ihrs ... Sie müssen nicht noch unbedingt auf Nachbarn und Müller, Meier, Schulze Rücksicht nehmen. Und natürlich, is natürlich auch für die Kinder dann irgendwann auch mal Kapital".* Neben dem Eigentum an sich und dem

---

[4] Nach Niethammer u.a. 1991, S. 64 allerdings stand die NDPD in dem Ruf, „völlig durchstalinisiert" zu sein.

Kapital scheint auch Rücksichtslosigkeit zu den neu institutionalisierten Zielen zu gehören.

... und neue Konflikte

Daß Frau Pfeiffer einem traditionellen Bild des Geschlechterverhältnisses anhängt, wissen wir bereits. *„Was würden Sie jetzt machen"*, interessiert uns, *„wenn Ihr Mann außerhalb von Leipzig ne Arbeitsstelle kriegen würde?" „Darüber"*, so Frau Pfeiffer, *„ham wir uns schon unterhalten, weil die Möglichkeit eigentlich sehr groß ist. Is eigentlich schwierig zu-"* setzt sie an, entscheidet sich dann aber doch für eine Antwort. *„Wenn mein Mann damit irgendwie verdient, daß ich eventuell zu Hause bleiben könnte oder auch nur 'n paar Stunden irgendwo Arbeit finde, würde mir das genügen, würde ich das eigentlich als kein Problem sehen, auch woanders hinzuziehen ... Das wäre natürlich nicht unbedingt das Schlimmste"* - aber, so kann man schließen, auch nicht unbedingt das Beste. *„Ansonsten, wenn das Geld eben nicht reicht ... drüben fahren sicherlich auch einige hunderte von Kilometern, um zur Arbeit zu fahren, also hundert Kilometer is sicherlich Schnitt"*. Frau Pfeiffer sagt damit, daß die Möglichkeit, daß ihr Mann *„irgendwie"* (genug?) verdiene, Vorrang vor ihrer eigenen Berufstätigkeit habe. Wir wissen, daß sie ihre Ausbildung hochschätzt, ihren Beruf mag und daß sie in dem Heim, in dem sie arbeitet, gerne bleiben würde. Doch die im Augenblick praktizierte Arbeitsteilung, in der die Frau erwerbstätig und der Mann zu Hause ist, entspricht nicht ihrem Rollenbild; die Tatsache, daß diese Arbeitsteilung gar keine ist und Frau Pfeiffer Erwerbs- und Familienarbeit alleine leistet, mag sie zu der Einschätzung geführt haben, daß der Alltag in der spiegelverkehrten Konstellation einfacher zu managen wäre. Ein solches Modell stellt sie freilich im weiteren wieder in Frage: Sie führt ein paar Stunden Berufsarbeit für sich ein und erinnert an die Möglichkeit des Pendelns für ihren Mann, was sie sofort mit einer angenommenen durchschnittlichen Kilometerzahl des Arbeitswegs in Westdeutschland als Normalität ausgibt. *„Und können Sie sich die Situation für sich selber vorstellen, dann nicht zu arbeiten?"* fragen wir nach. *„Schlecht"*, sagt Frau Pfeiffer und lacht. *„Weil ich eigentlich gesagt habe oder meine Vorstellungen eigentlich so weit sind, also ganz zu Hause bleiben is eigentlich nicht unbedingt das, was ich möchte, zwar weniger, aber nicht ganz zu Hause bleiben ... Aber wie gesagt, 's würde auf die bestimmte Situation drauf ankommen"*. Denn obwohl sie berufstätig bleiben will, ist die Möglichkeit, daß ihr Mann eine *„gute, interessante Arbeit"* finden könne, ein hoher Anreiz für sie: *„Mit diesen Versicherungen hab ich schon immer 'n bissl gemeckert, weil das nicht der Job is. Ich find den nicht so gut. Mit seiner Ausbildung wär das kein Job für mich. Weil ich sage, er kann eigentlich viel mehr und er könnte sicherlich auch jetzt, wo wir Möglichkeiten haben, etwas zu bewegen, auch was mitbewegen. Intelligente Leute sind doch sicherlich gefragt,* *und da sollte er seine Intelligenz nicht an Versicherungen verspielen"*. Bislang freilich ist es Frau Pfeiffer, die die *„gute, interessante Arbeit"* mit der Möglichkeit hat, *„etwas zu bewegen"*; doch damit hat sie sich unter den neuen Bedingungen einen Konflikt eingehandelt: Während sie ihren Beruf schätzt und gerne in ihm arbeitet, kann sie die Irritation des *„althergebrachten"* Geschlechtsrollenbildes so wenig ertragen wie sie in der jetzigen Situation an die Grenzen ihrer Belastbarkeit gerät. Als eine Lösungsmöglichkeit außerhalb der beschriebenen Coping-Strategien zieht sie einzig eine Reduzierung ihrer beruflichen Arbeit in Betracht. Kann es sein, daß auch sie die 'moderne Versorgerehe' als das im neuen System geltende Leitbild identifiziert hat und damit beginnt, ihm entsprechen zu wollen?

Alltägliche Lebensführung

Frau Pfeiffers Leben besteht hauptsächlich aus Arbeit: aus Hausarbeit, Erwerbsarbeit, Erziehungsarbeit, Beziehungsarbeit und außerberuflicher Pflegearbeit. Wo Frau Pfeiffer Freizeit hat, dient sie ausschließlich und strikt der Reproduktion ihrer Arbeitskraft. Das scheint zu DDR-Zeiten ähnlich gewesen zu sein. *„Weltbewegende Sachen"* habe sie nie gemacht, sagt sie, was meint, daß es ein Leben außerhalb der Arbeit nicht gab und gibt. Frau Pfeiffers Arbeitsaufwand ist riesig und ihre Sozialisation zu seiner Bewältigung perfekt, *„immer eigentlich auf harte Arbeit"* hin, wie sie selbst sagt; das Ergebnis ist die Bereitstellung eines generalisierten Arbeitsvermögens. Inhaltlich ist das Tätigkeitsspektrum der Frau Pfeiffer durch seine Nähe zur Haus-, Familien- und Beziehungsarbeit gekennzeichnet: Dies trifft auf die Altenpflege, auf die Haus- und Erziehungsarbeit sowieso und auch auf die Betreuung ihrer Schwiegermutter und ihrer Nachbarin zu, genau besehen auch auf die Personalratsarbeit, eine Schlichtungsaufgabe, die man es ihr zumutete, weil es der Belegschaft diene, wenn gerade sie es mache. Auch die Heimleitung weiß Frau Pfeiffers Schlichtungs- und Erziehungskompetenzen einzusetzen: Auf der neuen Station soll die gerade Siebenundzwanzigjährige die dort arbeitenden *„jungen Leute"* disziplinieren.

Frau Pfeiffers Arbeitsvermögen ist unterlegt von der Orientierung am *„Normalen"*, *„Ordentlichen"* und vor allem am *„Angewiesenen"*; für die Orientierung am *„Normalen"* stehe als Beispiel ihr traditionelles Geschlechterbild und die genaue Registrierung und Befolgung der nun gesellschaftlich gesetzten Ziele und Regelmäßigkeiten, für die Orientierung am *„Ordentlichen"* ihr Vorsatz, im Haushalt *„immer ein bißchen mehr zu machen, als man sollte"* und für ihre Orientierung am *„Angewiesenen"* ihr paternalistisches Bild eines gut funktionierenden Gemeinwesens, ihre umstandslose Umsetzung von Zumutungen von oben und der für Frau Pfeiffer so wichtige Informationsfluß. *„Genaue Instruktionen, genaue Anweisungen, genaue Informationen, wo was vonstatten gehen soll"* stellen die Richtschnüre für Frau Pfeiffers alltägliche Lebensführung vor.

Die Rahmenbedingungen ihres Alltags stellen für Frau Pfeiffer strenggenommen keinen Möglichkeitsraum dar; es sind Zumutungen, die abgearbeitet werden. So kommen selbst ihre Kinder im Interview fast ausschließlich unter der Perspektive der Arbeit zur Sprache. Sie machen ihr entweder Arbeit oder entlasten sie hiervon; das ist alles, was wir über ihre Kinder erfahren und im direkten Vergleich mit Frau Volkmann auffallend eingeschränkt. Dabei klagt Frau Pfeiffer nicht darüber, daß ihre Kinder Arbeit machen oder freut sich umgekehrt darüber, daß sie von ihnen entlastet wird. Beides versteht sich von selbst. Diese Perspektive ist ein Hinweis darauf, daß Frau Pfeiffers Arbeitsmögen nicht nur das Instrument darstellt, mit dem sie mit ihrer Umwelt verfährt, sondern auch das Medium stellt, über das sie ihre Umwelt wahrnimmt. In diesem Sinne kann das Arbeitsvermögen der Frau Pfeiffer nicht nur als generalisiert, sondern auch als generativ betrachtet werden.

Ein übergreifendes Ziel aber findet sich doch: Frau Pfeiffer versteht ihre Lebensgeschichte als das mühselige, aber geglückte Unterfangen, einen Beruf zu erlernen und ihn verantwortungsvoll auszuüben. Dieses Ziel benennt sie als Ursache der Trennung vom Vater ihres ersten Kindes, hätte dieser es doch lieber gesehen, sie wäre zu Hause geblieben. Diese Logik aber hat Frau Pfeiffer nicht durchgehalten. Sie hat einen Mann geheiratet, der explizit dasselbe sagt und sie die Folgen ihrer Weigerung alleine tragen läßt. Während Frau Pfeiffer auf der einen Seite eine beruflich erfolgreiche Frau vorstellt, die es gleichzeitig schafft, ihre Kinder großzuziehen und im Augenblick die Ernährerin ihrer Familie ist, teilt sie auf der anderen Seite ganz selbstverständlich die traditional-konservativen Ansichten ihres Mannes in Bezug auf die Rollenverteilung von Mann und Frau und akzeptiert sein diesbezügliches Verhalten. Freilich schafft sie es aufgrund seines beruflichen Einbruchs nicht mehr so richtig, stolz auf ihn zu sein; auch für den momentanen immensen Arbeitsaufwand reicht ihr beinah grenzenloses Arbeitsvermögen nicht mehr hin. Die Belastungsgrenzen werden deshalb mit Hilfe der oben beschriebenen Strategien, sich weiter zu disziplinieren und den momentanen Zustand als vorübergehend zu definieren, ausgedehnt; die Mithilfe ihres Mannes einzufordern, kommt ihr nur dann in den Sinn, wenn es gar nicht mehr anders geht. Daß das so gut wie nie vorkommt, ist der Rigorosität der Frau Pfeiffer im Umgang mit sich selbst zuzuschreiben. „Belastend" ist das ganze Leben von Frau Pfeiffer, und „belastend" ist ihr Lieblingswort. Wenn alles belastend ist, muß sie belastbar sein; möglich ist diese Belastbarkeit letztendlich auf Kosten jeglicher Freizeit und jeglicher persönlicher Ansprüche. Selbst in der Phantasie bleibt lediglich Platz für den Wunsch, zu schlafen.

Daß das Gesellschaftssystem der DDR den Frauen nicht deshalb die Vereinbarkeit von Berufstätigkeit und Mutterschaft erleichterte, um ihre Emanzipation voranzutreiben, wissen wir hinlänglich. Doch kann, wie in einigen Portraits nachgezeichnet, die Selbstverständlichkeit der Berufstätigkeit der Frau mitsamt den so erworbenen Kompetenzen eine Ressource für eine erfolgreiche Umsetzung eigener Vorstellungen sein. Auch Frau Pfeiffer hat zweifelsohne Kompetenzen durch ihre Berufstätigkeit erworben, die gute Voraussetzungen für die Verfolgung eigener Ziele stellen: fachliche Qualifikation, Organisationstalent, Belastbarkeit und eine berufliche Identität. Doch Frau Pfeiffer nutzt diese Ressourcen ausschließlich dazu, die an sie herangetragenen Zumutungen in der beruflichen und in der familialen Sphäre abzuarbeiten. In Verbindung mit der traditionalen Orientierung, was das Geschlechterverhältnis betrifft, der Sozialisation auf Arbeit hin und der Angewiesenheit auf Vorlagen gelingt das Frau Pfeiffer perfekt. Sie muß daher auch nichts verändern an ihrer Situation. Frau Pfeiffer hat nicht, wie Frau Volkmann, Angst davor, ihr Leben zu „*verputzen*" und spürt auch nicht, wie Frau Günther, den Drang, sich wehren zu müssen. Sie wünscht sich nicht, wie Frau Barzel, „*in ein fernes Land*", um ihre Betriebsblindheit aufzulösen, sie ist aber mit ihrer Situation auch nicht glücklich wie Frau Bohm. Frau Pfeiffer arbeitet ab, was man ihr zumutet. Wie es ihr dabei geht, thematisiert sie, wo sie es überhaupt tut, als Überarbeitung und Erschöpfung. Wünsche erschöpfen sich entsprechend in Freiräumen von Arbeit, deren inhaltliche Nutzung nicht zur Debatte steht.

Freilich stützte die in der DDR betriebene Frauenpolitik das Verhalten des Ehepaares Pfeiffer, entlastete doch die öffentliche Kinderbetreuung die *Frauen*, deren prinzipielle Zuständigkeit für die Familienarbeit kein bißchen in Frage gestellt wurde. Folgerichtig stabilisierte diese Politik das „*althergebrachte*" Geschlechterverhältnis, wie es Frau Pfeiffer nennt, hatten doch Männer kaum Anlaß, ihre Zuständigkeit einbringen zu müssen, Frauen wenig Argumente, sie einzufordern. Jetzt, wo neue Arbeitszeitregelungen und eingeschränkte Betreuungsmöglichkeiten die Mitarbeit der Männer unabdingbar machen, fühlen sie sich, wie unser Sample zeigt, weiterhin nicht angesprochen, auch dann nicht, wenn sie ganz erheblich mehr Zeit zur Verfügung haben als ihre Frauen. Doch eine so eindeutige Zuständigkeit für Familienarbeit unter solch extremen Bedingungen, wie wir sie im Falle der Frau Pfeiffer vor uns haben, kann nicht alleine mit der Orientierung am Leitbild der 'berufstätigen Mutti' erklärt werden. Zur Stabilisierung solcher 'Arbeitsteilung' ist eine alltägliche Lebensführung, in der es keine eigenen Ansprüche gibt, unabdingbar.

Doch unterschätzen wir nicht die Folgen von Frau Pfeiffers Berufsorientierung. Wir wissen zwar aus der Pflegekräfteforschung, daß das Profil der Altenpflegerin ein hohes Arbeitsvermögen und eine Orientierung am Dasein für andere über den Beruf hinaus ausweist. Aufgrund einer geschlechtsspezifischen Sozialisation auf hausarbeitsnahe Tätigkeiten hin sind gerade Frauen wie Frau Pfeiffer als Altenpflegerinnen deshalb prädestiniert, weil diese Qualifikationen ausbeutbar sind. Doch kann man davon ausgehen, daß sich innerhalb des Professionalisierungsprozesses, der sich bereits abzeichnet, auch die Ansprüche an die Pflegearbeit verändern werden. Soweit wir Frau Pfeiffer inzwischen kennen, wird sie sich einbringen, wenn es neue „*Anweisungen*" gibt.

2. Interview: *„Wenn ich gewußt hätte, daß es auch ohne Parteizugehörigkeit gegangen wäre".*

Zwei Jahre nach dem ersten Interview arbeitet Frau Pfeiffer noch immer als Stationsleiterin auf derselben Station; ihr Mann ist seit kurzem bei der Versicherung angestellt, bei der er vor zwei Jahren sporadisch tätig war. *„Der is jetzt praktisch im Büro drin"*, berichtet Frau Pfeiffer, *„braucht also nicht mehr draußen zu akquirieren oder wie das Ding heißt".* Seine Arbeit nimmt sie demnach noch immer nicht richtig ernst; nach wie vor ist sie *„der Hauptverdiener der Familie".*

Die Altenpflege

Wie Frau Günther und Frau Bohm ist auch Frau Pfeiffer gerade aus dem Urlaub zurückgekommen. Das Interview beginnt damit, daß wir sie fragen, wo sie denn gewesen sei. *„Wir waren über Pfingsten in Dänemark ... und waren überrascht von der Ordnung, Sauberkeit, Freundlichkeit".* Pfeiffers sind demnach ins Ausland gefahren, wofür sie sich vor zwei Jahren *„viel zu unerfahren"* glaubten; die Orientierung am *„Ordentlichen"* ist nach wie vor präsent - und wird offensichtlich zu Hause eher erwartet als im Ausland.

Die Reise nach Dänemark war nicht die einzige Reise von Frau Pfeiffer in diesem Jahr. *„Ich hatte im März schon das Glück, das kam ganz überraschend, da hab ich eine Reise bekommen nach Amsterdam".* *„Ham Sie die gewonnen oder was"*, fragt der Interviewer dazwischen. *„Das war so ganz überraschend"*, wiederholt Frau Pfeiffer, *„da klingelt das Telefon im Dienst und da rief der stellvertretende Geschäftsführer vom Verband an, haben Sie Zeit, können Sie, Einladung nach Holland zum ersten europaweiten Altenpflegekongreß".* Frau Pfeiffer handelt diese Reise inhaltlich und chronologisch unter Urlaub ab, wenn auch nicht unter *„richtigem"*: *„Da hatte ich schon bißchen Entspannung ... und dann jetzt im Sommer ist dann nochmal richtig Urlaub geplant, nach Ungarn auf 'n Campingplatz".* Frau Pfeiffer hat ihr immerwährendes Arbeiten durch einige Reisen unterbrochen; doch interessanter ist der Stellenwert, den sie ihrer Teilnahme auf einem bedeutenden internationalen Kongreß ihrer Profession zubilligt: eine Urlaubsreise unter anderen, die, am *„richtigen"* Urlaub gemessen, eher Defizite aufweist. Ihre Einleitung, sie habe das *„Glück"* gehabt, ganz *„überraschend"* *„eine Reise"* zu *„bekommen"*, führt die InterviewerInnen gar zu der Mutmaßung, sie hätte die Reise *„gewonnen"*, Frau Pfeiffer wäre also ganz ohne ihr Zutun, ohne Zielvorstellung oder Planung zu einem Urlaub gekommen. Anstatt das von sich zu weisen, betont Frau Pfeiffer noch einmal die Überraschung und unterstreicht mit der Bemerkung, daß das Telefon im Dienst klingelte, den Umstand, daß die Reise von außen an sie herangetragen wurde.

Auf die Frage, wie denn der Altenpflegekongreß gewesen wäre, zeigt Frau Pfeiffer indes durchaus professionelles Interesse; für sie sei interessant gewesen, *„daß alle die gleichen Probleme haben europaweit ... Für die anderen Länder war es schon interessant zu hören, was sich zwischen Ost und West entwickelt hat, wie 's früher gelaufen ist, wie es jetzt läuft und es sieht sogar so aus, daß vielleicht Ostdeutschland als erstes den Pflegenotstand lösen kann wegen ... den vielen Umschulungen auf diesem Gebiet"* - wir begegnen hier wieder einmal der Denkfigur des 'Überholens ohne einzuholen'. *„Ich kann das selber aus unserer Einrichtung jetzt sagen"*, fährt Frau Pfeiffer fort - und bleibt im folgenden bei ihrem Arbeitsplatz. Man habe die Heimbewohnerzahl reduziert, viele Mitarbeiter zur Ausbildung geschickt und sei *„mittendrin in der individuellen Pflege"*. Obschon sie immer noch dieselbe Position innehat, habe sich *„das gesamte Arbeitsbild für mich verändert, da ich mich jetzt hauptsächlich um die Belange, Interessen der Heimbewohner beschäftige, erkunde, was sie gerne möchten, wie sie 's gerne möchten"*. Frau Pfeiffer berichtet eifrig über die veränderten Inhalte ihrer Arbeit: *„Es sind ja ganz ganz viele Ideen gefragt gewesen, wie man zum Beispiel diese individuelle Pflege wirklich an den Mann bringt, grade bei nicht ausgebildeten Mitarbeitern, erstmal denen zu verstehen geben, warum das jetzt so sein muß, daß die dort wohnen und leben, daß wir dazu da sind, um den Lebensabend für die ... so schön wie möglich zu machen. Es ist ein ganz anderes Motto entstanden als früher. Vorher hama gepflegt nach satt, trocken und sauber und jetzt ist natürlich wesentlich mehr dazugekommen, ne? Die können also sich äußern, was sie gerne möchten, ob sie einkaufen gehn mit 'm Rollstuhl, wir haben aus vielen Liegern, die wir hatten, jetzt teilweise Aufsteher gemacht oder soweit, daß wir sie zum Frühstück und zum Mittag an 'n Tisch setzen, daß die alleine wieder essen ... Also auf der Strecke hat sich unwahrscheinlich viel getan"*. Sie spricht von einem *„ganz anderen Lebensgefühl"* der Heimbewohner und meint, *„daß ihre Persönlichkeit wieder da ist ... Wir ham bei manchen Heimbewohnern wirklich gute zwei Jahre gebraucht, die jetzt langsam anfangen und ganz toll reagieren, die das wunderbar finden und sagen, Mensch, viel zu spät. Weil wir ooch 'n paar Heimbewohner haben, die ja auch erst vierzig, fünfzig Jahre alt sind, die fest im Bett lagen, und die lagen halt, und das bißchen Physiotherapie, was da war, das ham sie abgelehnt, weil sie eigentlich keinen Sinn mehr gesehen haben und jetzt finden die das wunderbar"*. *„Das sind wirklich so Erfolgserlebnisse"*, resümiert Frau Pfeiffer, nachdem sie uns weitere Beispiele von Revitalisierungen berichtet hat, *„die sind eigentlich gar nicht zu beschreiben, ne, im Gegensatz zu früher, das is schon irgendwo ganz anderes Arbeiten"*.[5] Die euphorische Schilderung ihres neuen Tätigkeitsprofils läßt die Defizite der Pflege zu DDR-Zeiten

---

[5] Offen muß freilich bleiben, ob die neuen Standards im Zuge der Einführung der Pflegeversicherung und ihrer Folgen zu halten sind.

in der Tat beklemmend anschaulich werden. Beklemmend ist das auch für Frau Pfeiffer selbst: *"Über den einen oder anderen Heimbewohner in die Tiefe nachzudenken über dieses Schicksal darf man eigentlich nicht als Personal. Weil sonst kann ma 's irgendwo nicht verkraften ... Wenn man mit den neuen Erfahrungen jetzt das zurückverfolgt, man hätt es doch früher schon über Beschäftigung, das hätte nie so weit kommen brauchen, weil es gibt ja auch welche, die trotz unserer Bemühungen jetzt das nicht mehr packen ... Ooch sich nur mal unterhalten, das hätte denen damals sicherlich schon viel Gutes getan. So im Nachhinein tut das dann einem weh, denn wenn man jetzt weiß, was man hätte alles machen können, weil halt die Zeit nicht da war".*

Frau Pfeiffer weiß freilich selbst, daß die früheren Verfahrensweisen nicht nur ein Zeitproblem waren. So seien die Heimbewohner *"jetzt noch ängstlich sich zu äußern teilweise, daß sie mal gerne runter möchten oder im Laden sich was kaufen wollen oder so, die sind immer noch sehr ängstlich. Darf ich denn mal raus? Natürlich dürfen die, die dürfen alles, was sie wollen, sind ja freie Bürger, sind nicht entmündigt"*. Es ist eben gerade nicht *"natürlich"*, daß die Heimbewohner alles dürfen, was sie wollen. Was Frau Pfeiffer hier sagt, sagt sie sich selbst vor. Es ist das neue *"Motto"*, die neue Pflegeideologie, die im Laufe der letzten Jahre eingeführt wurde, ein ganz neues Bild des alten Menschen, das kennenzulernen und umzusetzen für alle Beteiligten ein langwieriger Prozeß ist, auch für Frau Pfeiffer selbst. Der Informationsfluß, über dessen Blockierung Frau Pfeiffer im ersten Interview so geklagt hat und die sie selbst praktiziert hat, läuft jetzt gut, extern wie intern: Man sammelt *"alles, was man erhaschen konnte an Material"*, macht sich bei anderen Heimen kundig und läßt sich in neue rechtliche Regelungen einweisen; und *"die Mitteilung, die man bekommen hat, geht natürlich gleich an die Station weiter, daß jeder wußte, woran er ist, was neue Dinge sind ... wie was zu dokumentieren ist"*. Zum neuen Motto gehört auch eine spezifische Arbeitseinstellung. *Wir haben noch 'n paar Mitarbeiter"*, berichtet Frau Pfeiffer, *"von dem einen oder anderen, wenn die Leistung nicht kommt, müßte man sich trotzdem noch trennen. So hart wie das jetzt klingt, aber es ist so. Weil es ist nicht nur ein Job und damit verdien ich mein Geld und ich komme früh und gehe dann"*.

Frau Pfeiffer ist in den letzten beiden Jahren Altenpflegerin geworden, indem sie das neue *"Motto"* engagiert umgesetzt hat. Dieses ist klar formuliert, die *"Anweisungen"* genau, der *"Informationsfluß"* gut. Frau Pfeiffer funktioniert, und die neuen Arbeitsinhalte machen ihr ganz offensichtlich Freude.

Herr Pfeiffer serviert

Während sie von ihren neuen Aufgaben erzählt, taucht Herr Pfeiffer mit einem Tablett auf und serviert uns dreien Getränke. *„Das Mineralwasser ist leider nicht sehr kalt, aber der Saft und das Bier. Bedienen Sie sich"*. Beim Interviewtermin vor zwei Jahren hatte er die Erzählung seiner Frau über ihre Arbeit durch demonstratives Herumscheppern und An- und Ausschalten des Radios gestört. Jetzt bedient er uns freundlich. Was ist geschehen? Macht Herr Pfeiffer am Ende noch mehr als das?

Arbeit, Entlastung und Freiräume

Sehen wir uns an, wie ein Tag im Leben der Frau Pfeiffer heute aussieht. *„Es ist so, daß ich dreiviertel fünf aufsteh, so kurz nach halb sechs zum Dienst fahr"*. *„Stehn Sie da alleine auf"*, unterbrechen wir, und sie bestätigt: *„Ja, ich steh alleine auf. Weil die Familie hat die Gelegenheit noch länger schlafen zu können und für die Kinder is es gut, also ich stehe allein auf und hab dann meine Ruh früh und kann mich dann eigentlich auf den Dienst vorbereiten"*. Sie muß Begründungen hierfür liefern, die beinah wie eine Entschuldigung klingen; doch tatsächlich ist es Herr Pfeiffer, der *„die Kleine zum Kindergarten schafft"*. Denn anders geht es nicht. Frau Pfeiffer freilich wäre es lieber, wenn, wie früher, erst um sieben Uhr Dienstbeginn wäre. Für diesen Fall *„würde ich dann die Kleine in den Kindergarten bringen wollen, oder zumindestens mal abwechseln, daß ich dann doch mal bißchen länger schlafe"*. Denn *„die Morgenstunden der Kinder sind die schönsten Stunden, dort sind sie ausgeschlafen, sind nicht quengelig, da kann man doch schon vieles üben"*. *„Die schönsten Stunden"* werden instrumentalisiert: Es ist die beste Zeit für die Einübung von Fertigkeiten wie zum Beispiel Schürsenkel binden. Nicht, daß ihr Mann das nicht könne, aber *„man will ja auch wissen, wie sie sich entwickeln, nicht nur von den eineinhalb Stunden am Nachmittag und die ooch nur in Hektik"*. Neben dem Üben hätte sie gern auch die Leistungen ihrer Jüngsten regelmäßig kontrolliert. Auf beides muß sie nun leider verzichten, weil sie sich verstärkt in ihrer Erwerbsarbeit einbringen muß. Es ist nicht zu erkennen, daß als Grund für die neuerliche Arbeitsteilung Maßstäbe der Verteilungsgerechtigkeit hätten gelten können. Aufgrund des stummen Zwangs der Verhältnisse bleibt Frau Pfeiffer nichts anderes übrig, als die morgendliche Sorge für die Kinder ihrem Mann zuzumuten. Das macht sie nicht gerne oder gibt es jedenfalls nicht zu.

Damit ist es mit Herrn Pfeiffers neuem Aktivismus in der familialen Arbeit freilich schon wieder zu Ende. Wenn Frau Pfeiffer aus der Arbeit kommt - kurz nach drei Uhr nachmittags, denn die halbe Überstunde gibt es noch immer - holt sie ihre Tochter aus dem Kindergarten ab. Danach müssen *„die täglichen Dinge, die auf uns zuprasseln, erledigt werden"* - Einkauf, Sparkasse, Post. *„Mal ein kleiner Spa-*

ziergang bis zur Eisdiele oder zum Spielplatz, das ist schon noch drin. Aber, naja, mit Hängen und Würgen. Das ist für mich schon fast ein Zwingen. Teilweise. Es war früher schlimmer und jetzt geht das schon". Woran es läge, daß es nun nicht mehr so schlimm sei? *„Es liegt hauptsächlich an der Arbeit",* meint Frau Pfeiffer. *„Denn vom Alltag her muß ich sagen, is es anstrengender geworden. So dieses Drumherum, dort erkundigen, diesen Antrag, jenen Antrag, of 'n Antrag noch ein Antrag und noch 'n Formular, das is Wahnsinn geworden. Wenn man jetzt Wohngeld haben will, ne Impfung, dann muß man sich das alles selber besorgen, da muß man telefonieren mit 'm Arzt und das absprechen und jenes absprechen, das is also schon ein bißchen schwieriger geworden ... Denn wer sich nicht kümmert, geht unter",* bilanziert sie. An Herrn Pfeiffers Beitrag liegt es also nicht. Sein Verhalten ist auch nicht der Stein des Anstoßes für Frau Pfeiffer; es ist die Art der neuen *„Anweisungen".* Sie sind nicht eindeutig und klar, sie machen vielmehr *„Absprechen"* notwendig und erfordern Eigeninitiative. Hier gibt es nicht, wie in der Arbeit, ein *„Motto"* mit klaren Vorgaben zu seiner Umsetzung.

Zurück zum Tagesablauf: Abendbrot ißt man gemeinsam, und wer bereitet es zu? *„Is unterschiedlich. Mal deckt die Große den Tisch, mal kocht die Große schon ... sie macht natürlich auch schon ne ganze Menge",* übernimmt also die als selbstverständlich erwarteten häuslichen Pflichten: *„den Abendabwasch, den Müll runterbringen oder kleine Sachen einkaufen. Die Kleine versucht sich auch schon beim Kartoffelschälen und Zwiebeln schälen, will immer sauber machen".* Wie wir es aus dem ersten Interview schon kennen, übernimmt nicht Herr Pfeiffer, sondern die große Tochter bestimmte Aufgaben im Haushalt; auch die kleine Tochter wird bald einsatzfähig sein.

Freizeit und Sozialkontakte

Bleibt am Abend arbeitsfreie Zeit, dominiert die Freizeitbeschäftigung Fernsehen. Frau Pfeiffer sitzt meist alleine vor dem Fernseher: Ihr Mann *„guckt nicht so sehr viel Fernseh, es sei denn, is ne interessante Sendung oder irgendwas Wissenschaftlich-Technisches oder Informationssendungen. Aber ich guck schon so paar Sendungen an, Gottschalk, Musiksendungen oder Quizsendungen und so",* als nicht interessant klassifizierte Sendungen mithin, wobei sie *„gut abschalten"* könne. *„Zehn, halb elf bin ich im Bett".* Hin und wieder kommt Besuch; die Kontakte zu Verwandten, Freunden und Nachbarn versuche sie bewußt *„aufrecht zu erhalten, denn es is schon von vielen, die ma gehört hat, so vieles kaputtgegangen, grade diese zwischenmenschlichen Beziehungen, und wir sind eigentlich der Meinung, wenn wir jetzt selber nicht drauf achten, geht das kaputt. Man muß dran arbeiten".* Mit ihren Freunden tauscht sie *„Erfahrungen aus, wie macht man was, wo geht man wohin, bei welchen Sachen, das ist schon wichtig. Denn man muß sich selber in-*

formieren, es sagt keiner mehr was. Früher hat man gesagt gekriegt, wenn du mal das, dann gehste dorthin. Oder nu laß man, mache deine Arbeit, wir machen das schon. Das ist nicht mehr so". Der Freundeskreis stellt für Frau Pfeiffers Probleme mit der neuen Unübersichtlichkeit Lösungen zur Verfügung. Doch unterhalte man sich auch *„über private Probleme, interne Probleme, auch solche Sachen".*

Neue Leitbilder?

„Was sind das für Probleme", fragen wir neugierig nach. Frau Pfeiffer überlegt ein bißchen. *„Wie kann man das sagen, hm, was sind das für Probleme. Es is zum Beispiel ein Problem gewesen, ich bin nach Hause gekommen, mein Mann ist zu Kunden gegangen. So. Dann is er abends um elf nach Hause gekommen, ich war schon schlafen. Solche Probleme. Wie organisiert man das überhaupt".* Wir fragen, ob dieses Problem sich *„verbessert, verändert"* habe. Frau Pfeiffer antwortet diesmal sofort: *„Es gab ooch 'n kleines Teil des Auseinanderlebens, ne? Jeder ist selbständiger geworden von beiden Partnern, wir sind selbständiger geworden. Ich weiß ja also auch, daß ich die Dinge eben alleine machen muß, er weiß, wenn ich nicht kann, muß er die Dinge alleine machen, also es ist nicht nur so, daß das Bild nun alles auf die Frau drauf oder alles auf 'n Mann drauf, nee, es is irgendwo, jeder muß wissen, wo 's langgeht".*

Die skizzierte 'Lösung' des Problems der fehlenden Absprachen sieht demnach so aus, daß Frau Pfeiffer sich damit abgefunden hat, daß sie prinzipiell alleine für die Arbeit des Alltags zuständig ist; in Situationen jedoch, in denen es ihr aufgrund rigider und unbeeinflußbarer Rahmenbedingungen nicht möglich ist - *„wenn ich nicht kann"* - muß ihr Partner einspringen. Diese neue Situation umschreibt der Begriff des *„Auseinanderlebens",* das sie mit dem euphemistischen *„Selbständigerwerden"* substituiert, nicht aber mit Begriffen, die auf ein gemeinschaftliches Tun verweisen, wie zum Beispiel das *„Absprechen",* das sie im ersten Interview als das einzige Mittel gesehen hatte, Schichtdienst[6] und Familienarbeit zu vereinbaren. Frau Pfeiffer freilich versucht im Folgenden, eine solche Interpretation zu unterlaufen: Es sei nicht so, daß *„alles auf die Frau drauf oder auf 'n Mann drauf"* ginge. Sie widerspricht damit der erwarteten Deutung, sie müsse doch alles alleine machen und bietet uns auch noch die Möglichkeit an, daß es der Mann sein könne, der den Bärenanteil aufgebürdet bekomme. *„Wie würden Sie sagen, wie des vorher war?"* fragen wir, und ihre Antwort enthält dieselbe rhetorische Figur wie oben: Sie relativiert ihre Aussage. *„Na es war, es war schon so, die Frau, die Küche, die Arbeit, die Kinder 'n bißchen, wobei ich jetzt das persönlich für mich nicht unbedingt sagen kann,*

---

[6] Frau Pfeiffer hat zwischenzeitlich im Schichtdienst gearbeitet; genaueres darüber kam im Interview nicht zur Sprache.

also wir harn eigentlich immer die Dinge ganz gut zusammen gemacht und eben in Absprache in der Erziehung der Kinder, wenn einer nein gesagt hat, dann hat der andere nicht ja gesagt. Oder Kinder fertig machen, Kinder zum Kindergarten, Krippe, Schule und solche Sachen". Frau Pfeiffer weiß, daß wir aus dem letzten Interview den Eindruck gewinnen mußten, daß der erste Teil der Antwort, der *„die Frau, die Küche, die Arbeit, die Kinder"* als zusammengehörig ausweist, ihre eigene Situation charakterisiert. Aber Frau Pfeiffer will *„das persönlich für mich nicht unbedingt sagen"* - wenn auch nicht strikt von der Hand weisen -, doch ihr Begründungsversuch mißlingt, weil sie in der Tat das uns bereits bekannte Tätigkeitsspektrum ihres Mannes nicht erweitert. Auch die Darstellungsform dessen, was er tut, bleibt die gleiche: Frau Pfeiffer zerlegt einen Vorgang in seine Einzelteile bzw. möglichen Variationen, so daß man denken könnte, Herr Pfeiffer bringe eine ganze Kinderschar in lauter unterschiedliche Einrichtungen. Der anschließende Satz bekräftigt noch einmal, daß das obige Bild nicht für sie gelte und leitet in eine Gesellschaftsanalyse über: *„Das kann ich jetzt für mich speziell nicht sagen, aber es gab ja solche Sachen, ne. Da hat die Frau alles mögliche Zeug gemacht und der Mann is nu arbeiten gegangen und kam nach Hause und war fertig. Und die Frau hatte dann immer noch keinen Feierabend. Also dieses Bild, denk ich mal, is eigentlich ganz schön weg. Bei uns".*

Man kann das nur so verstehen, daß das Bild *„bei uns"* in der DDR-Gesellschaft verschwunden, aber auch ganz offensichtlich *„bei uns"* zu Hause nicht anzutreffen ist, hat es dort *„speziell"* doch nie existiert. Der Vierklang *„die Frau, die Küche, die Arbeit, die Kinder"* - das Bild der für alles zuständigen, kompetenten und leistungsfähigen 'berufstätigen Mutti' - ist wohl in der Tat in einen Reflexionsprozeß geraten, wenn sich Frau Pfeiffer weder an die frühere Arbeitsteilung erinnern will, noch zugeben will, daß sich hier kaum etwas geändert hätte. Das Ergebnis dieser Reflexion ist denn auch kein neues Arrangement familialer Arbeitsteilung, sondern ein Prozeß, den Frau Pfeiffer zwischen *„Auseinanderleben"* und zunehmender *„Selbständigkeit"* ansiedelt. Frau Pfeiffer macht weiterhin beinah alles alleine, will aber darauf bestehen, daß dem nicht so sei.

Doch hat sich die familiale Arbeitsteilung in der Tat ein bißchen verändert; es ist allerdings wahrscheinlich, daß die Abweisung des Bildes *„Frau, Küche, Arbeit, Kinder"* und die kleinen Veränderungen in der familialen Arbeitsteilung eine gemeinsame Ursache haben: Frau Pfeiffers beruflichen Professionalisierungsprozeß.

Daß Herr Pfeiffer seine Tochter in den Kindergarten bringt, ist die direkte Folge von Frau Pfeiffers verändertem Dienstbeginn; dieser wiederum ist dem veränderten Anforderungsprofil an die Stationsleitung und Frau Pfeiffers Qualifikation hierfür geschuldet, ist es doch jetzt ihre Aufgabe, die differenzierter gewordenen Arbeiten auf der Station in den frühen Morgenstunden zu planen und zu verteilen. Der Professionalisierungsprozeß in der Altenpflege und Frau Pfeiffers von Erfolgserlebnissen gesäumte Rolle darin bringen das Bild von Frau, Küche, Arbeit und Kindern zumindest in der Reihenfolge durcheinander: Die qualifizierte Berufsarbeit rückt nach vorn. Frau Pfeiffers Tätigkeitsspektrum bleibt davon weitgehend unbeeinflußt, doch ist die Beziehung der Ehepartner zueinander betroffen. Das *„althergebrachte"* Bild hat Risse bekommen; ob es restauriert werden kann oder neu gemalt werden muß, steht noch nicht fest. Frau Pfeiffers Entschluß, ihre Tochter auf den sprachlichen Zweig ihrer Schule zu schicken und die Empfehlung der Lehrerin für den hauswirtschaftlichen auszuschlagen, weist in Richtung auf ein neues Bild; daß hauswirtschaftliche Fähigkeiten ihre Bedeutung dabei nicht einbüßen, spricht für eine Restaurierung: *„Hauswirtschaftliche Sachen, die kann sie nun wirklich zu Hause lernen"*, konstatiert Frau Pfeiffer und sozialisiert ihre Tochter damit auf die 'berufstätige Mutti' hin.

Ansprüche und Professionalisierung

Die 'Satt-Sauber-Trocken-Pflege', eine Tätigkeit, von der Frau Volkmann sagt, daß sie *„jede bessere Hausfrau kann"* und die damit weder eine professionelle Ausbildung noch eine angemessene Bezahlung erforderlich machte, wird gerade abgelöst durch eine professionelle Altenpflege. Im Zuge dieses Prozesses haben sich die Aufgaben der Stationsleitung verändert: Frau Pfeiffer ist nicht mehr in den Pflegeablauf auf Station integriert, sondern organisiert ihn. Die nun zu berücksichtigenden Bedürfnisse der Heimbewohner werfen zusätzlichen Organisationsbedarf auf und erfordern neben der medizinischen und hauswirtschaftlichen nun altenpflegerische Kompetenz. Frau Pfeiffer fährt auf Kongresse, organisiert Qualifizierungen und wirkt maßgeblich bei der Entlassung von MitarbeiterInnen mit, die dem neuen Anforderungsprofil nicht entsprechen; auch ihr Gehalt ist gestiegen. Doch Frau Pfeiffer betont beinah ausschließlich die geglückte Umsetzung der neuen Pflegestandards und des neuen *„Mottos"*. Hinweise auf eigene Kompetenzen oder Ambitionen, wie sie die selbstbewußte und anspruchsvolle Frau Volkmann hat, unterbleiben oder werden abgewertet: Ihre Teilnahme am Altenpflegekongreß wird als Glücksfall thematisiert, ein Zusammenhang mit ihrer Kompetenz oder Position so wenig angedeutet wie eventuelle Folgen. Frau Pfeiffer bleibt dem Stationsdienst mit seinen neuen *„Instruktionen"* treu, eigensinnige Ambitionen auf der beruflichen Ebene, die über ihre momentane Tätigkeit hinausgehen, hat sie nicht. Wie sieht es auf der Ebene der persönlichen Ansprüche aus?

„Was würden Sie denn machen, wenn der Tag zwei Stunden mehr hätte?" „Hab ich schon gewartet auf die Frage, die kam ja 's letzte Mal"[7], wirft Frau Pfeiffer ein.

---

[7] Der Einwurf von Frau Pfeiffer, sie habe auf diese Frage *„gewartet"*, weist darauf hin, daß Frau Pfeiffer sich eine Vorstellung vom Ablauf des Interviews macht und sich womöglich eine Antwort auf diese Frage zurechtgelegt hat. Daß sie ausgerechnet auf diese Frage gewartet hat bzw.

„*Wissen Sie noch, was Sie damals gesagt ham?*" unterbrechen wir. Frau Pfeiffer lacht. „*Ja, schlafen länger würd ich, das hab ich damals gesagt, ja klar. Ja, jetzt würde sich das schon etwas ausbreiten, es gibt viele Dinge, die ich dann noch machen würde. Zum Beispiel hab ich bemerkt, wie schwach meine Englischkenntnisse sind, als ich in Holland war, das wäre mal wieder auffrischungsbedürftig*". Da der Tag keine zwei Stunden mehr hat, bleibt es beim Vorsatz. „*Ich hab mir 's ganz fest vorgenommen, hab zweimal mit 'm Buch dagesessen. Das war schon reichlich*". Doch nicht die Tatsache, daß sie es nicht schaffe, das zu tun, was sie möchte, macht ihr Probleme. Ihr Problem ist es, daß sie solche Vorhaben beginne, aber nicht durchhalte: „*Is eigentlich ne schwache Kür von mir selber*", meint sie. „*Es ist eigentlich mein Standard, das man anfängt, das macht man auch zu Ende, egal, wie 's kommt. Aber ... wo ich nicht unbedingt gefordert werde, das klappt noch nicht so*". „*Gibt 's auch ne schwache Pflicht bei Ihnen?*" fragen wir. „*Nee*", sagt Frau Pfeiffer.

Diese Passage zeigt, auf welche Weise Frau Pfeiffer sich gewonnene Freiräume sofort wieder beschneidet. Wo das veränderte Anforderungsprofil in der Arbeit sie nicht mehr so erschöpft, daß sie nur an 's Schlafen denkt, verhindert die Logik ihrer Lebensführung sogar die virtuelle Nutzung dieses Freiraums in eigener Regie. Im Zuge der immerwährenden Bemühungen, als legitim erachtete Ansprüche von anderen an sie zu erfüllen, hat Frau Pfeiffer eine Rigorosität im Umgang mit sich selbst entwickelt, die verhindert hat, daß sie überhaupt eigene Ansprüche entwickeln konnte. Frau Pfeiffer erlaubt sich keine Lockerung dieser Härten gegen sich selbst und ist deshalb enttäuscht über ihre „*schwache Kür*". Freilich ist auch das, was sie sich im Rahmen der Kür vornimmt, die Erfüllung einer Erwartung an sie; doch ist das Kennzeichen einer Kür nicht die als selbstverständlich vorausgesetzte Erfüllung einer bestimmten Leistung, sondern die darüberhinaus erbrachte Leistung, innerhalb derer es eine gewisse Variationsbreite gibt. Hier darf Frau Pfeiffer darüber nachdenken, was man denn über ihre Pflicht hinaus von ihr erwarten könnte; unbedingt einlösen muß sie diese Erwartungen nicht. Dabei fällt auf, daß es Frau Pfeiffer nicht in den Sinn kommt, Zeit für sich selbst beanspruchen zu dürfen oder gar zu müssen, wie das Frau März und Frau Volkmann tun.

---

uns das sagt, mag seinen Grund darin haben, daß sie in ihrer damaligen Antwort eine Abweichung von den an sie herangetragenen Erwartungen seitens der InterviewerInnen gesehen hat. Das macht die Annahme plausibel, daß unsere InterviewpartnerInnen das Konzept alltäglicher Lebensführung auf sich selbst anwenden.

Der Überbau

In Frau Pfeiffers Einschätzung des neuen Systems gibt es nur wenige positive Bemerkungen über Freiräume, neue Handlungsmöglichkeiten oder den Wegfall von Restriktionen. Frau Pfeiffers Gesellschaftsbild hat zwar neue Zutaten bekommen, ist aber weiterhin durch paternalistische und sozialtechnologische Ansprüche gekennzeichnet. So sieht sie nach wie vor *„viele intelligente Leute auf der Straße, die sicherlich irgendwo gute Stellen besetzen könnten"*; die Kriminalität hat ihre Ursache in der Verelendung und im Sozialneid: *„Warum machen sie 's denn, die jungen Leute? Weil sie diskriminiert sind, weil sie keine Ausbildungsstelle haben, weil sie keine Berufe haben, weil sie keine Finanzen haben, weil eben vorne und hinten nichts klappt. Und wenn sie dann solche Leute sehn, die mit 'm dicken Mercedes durch die Straßen fahren, na is klar, daß da irgendwo Frust entsteht. Und dann"*, fährt sie fort, *„noch diese ganzen Ausländer, Aussiedler, Umsiedler, ich meine irgendwo sollte man sich vielleicht doch überlegen, ob man nicht mal erstmal anfängt mit den Problemen im eigenen Land, eh man sich noch andere Probleme aufhalst. Vielleicht sollte man wirklich mal dran denken und die Verfassung ändern oder so. Ich kann mir sonst eigentlich nicht vorstellen, wie man diese globalen Probleme in Deutschland insgesamt lösen will. Wenn ma of der Strecke nicht irgendwo was anders macht. Und wenn nicht die Politiker bei sich selber anfangen. Ich kann nicht Diäten erhöhn, erhöhn, erhöhn und der kleine Mann, der muß zusehen, wie er vorwärts kommt. Das realisiert sich nicht, das ist irgendwie nicht gesund"*. Vor Ausländern und Diätenerhöhungen will Frau Pfeiffer den *„kleinen Mann"* schützen; bleibt er arbeitslos, ist er indes selber schuld: *„Wer sich bemüht um eine Arbeitsstelle, der kriegt ooch eene ... Muß nicht immer unbedingt das sein, was man sich vorstellt, aber Arbeit an sich, denk ich, gibt 's noch genug"*.

Die Einklage von staatlicher Fürsorge und straffer Organisation, ein dichotomisches Weltbild zwischen arm und reich, in dem Ausländer und Mercedesfahrer als Störfaktoren agieren, der *„kleine Mann"* als politisches Subjekt, das sich mit seinen schlechten Ausgangschancen diätenerhöhenden Politikern gegenübersieht und Arbeitslose, die selbst daran schuld sind, wenn sie es bleiben, sind die Bestandteile von Frau Pfeiffers politischem Bild; seine Form ist die eines rigiden Maßnahmekatalogs, der stilistisch unterlegt wird mit trotzigen populistischen Statements. Frau Pfeiffer hat weder ein politisches Programm noch ein spezifisches politisches Anliegen, doch kann man in der Auswahl der Versatzstücke vertraute Prinzipien erkennen: Rigorosität im Hinblick auf die Maßnahmen, die Orientierung am *„Ordentlichen"* und *„Normalen"*, die Einklage von paternalistischen *„Instruktionen"*, alles formale Gesichtspunkte, die mit beliebigen Inhalten gefüllt werden können - Ausländer, Arbeitslose, Kriminelle, Reiche oder Politiker. Freilich schließt das nicht aus, daß diese Mixtur ein Programm findet. *„Also ich kann Ihnen nicht sagen, was ich wählen ge-*

he. *Das weiß ich bis zum heutigen Zeitpunkt nicht. Es steht für mich fest, das Nichtwählen wäre ein falscher Schritt. Aber das was zu wählen is, is natürlich unheimlich schwierig. Weil was die einen nicht machen, machen die andern nicht und die andern ooch das nicht und sagen 's so bloß und ma weeß es nich. Und jetzt als Trotzreaktion, um nen Denkzettel zu verpassen, jetzt Republikaner oder so ... also ich weeß es nich. Ich kann, ich weiß es nicht".*

Rückblick

Bleiben wir beim politischen Engagement. *"Wie ham Sie eigentlich diese Montagsdemonstrationen miterlebt, das ham wir Sie nämlich letztes Mal gar nicht gefragt"*, fragen wir jetzt. *"Ja ich hab 's über 's Fernsehen verfolgt"*, berichtet Frau Pfeiffer, *"selber bin ich nicht hingegangen, weil ich die Kleine noch gestillt hab zu dem Zeitpunkt und es war grad immer um die Uhrzeit".* Die Argumentation erinnert an Frau März, die sagte, sie wäre nicht hingegangen, weil es ihr zu kalt gewesen sei. Die jeweiligen Gründe mögen zutreffend gewesen sein; tatsächlich aber fehlt bei beiden ein positiver Grund für die Teilnahme, der die Behauptung plausibel machen würde, sie seien abgehalten worden. Frau Pfeiffer hat an den Demonstrationen einzig bewundert, daß sie diszipliniert abgelaufen sind. *"Ängstlich"* habe sie die Entwicklungen verfolgt, *"man konnte sich ja nicht vorstellen, wenn das zu größeren Ausschreitungen gekommen wäre, wenn jemand dort nicht ordentlich diszipliniert sich verhalten hätte, also es ist schon bewundernswert, daß die Leute sich dort so diszipliniert verhalten ham. Es ist unwahrscheinlich erstaunlich gewesen, also das kann ma eigentlich nich in Worte fassen. Es war schon bewegend zu sehn, es wurden immer mehr, es wurden immer mehr, der Druck wurde immer größer, aber es gab keine großen Ausschreitungen, 'n paar vereinzelte sicherlich schon, aber eben nicht so, daß es jetzt zu Massenrandalen kam und Großeinsatz von Polizei oder so. Die ham schon irgendwo sicherlich im Hinterhalt gelauert, aber ich muß sagen, das kann man eigentlich den ganzen Leipzigern und Sachsen, die hier alle rummarschiert sind, das muß ma denen eigentlich gut hochhalten, also absolut. Aber es ist sicherlich ne Sache des Bewußtseins gewesen, also die waren bewußt, es muß sich was ändern und es ändert sich nur, indem man das ganz diszipliniert mit Verstand fertigbringt".* Die Disziplin ist der Weg, aber wo ist das Ziel? Frau Pfeiffers Ausführungen lassen keine Hinweise auf einen Teilnahmegrund erkennen, aber auch keine Ansatzpunkte für eine inhaltliche Kritik der Veranstaltung. Anstelle von enttäuschten Erwartungen wie Herr Tikovsky, Selbstvorwürfen wie Frau Barzel, differenter Zielsetzungen wie Herr Dalloff oder Empörung über die Machenschaften der Regierenden wie Frau Volkmann oder Frau März erinnert Frau Pfeiffer *"ordentlich diszipliniertes"* Benehmen.

Da Frau Pfeiffer im letzten Interview ihren Parteiaustritt nicht thematisierte - was die anderen InterviewpartnerInnen, so sie in der SED gewesen waren, im Anschluß an die obigen Auseinandersetzungen einbrachten -, fragen wir nach, ob sie zum Zeitpunkt der Demonstrationen noch in der NDPD gewesen sei. Wann und mit welchen Gefühlen sie ausgetreten ist, erfahren wir nicht, denn das Interview nimmt eine dramatische Wendung. *„Na ich war in dieser NDPD und ich muß sagen, ich hatte hier vor zwei Wochen eine Anhörung bei der Stadt aufgrund dieser Parteizugehörigkeit und des Parteischulbesuches. Wurd ich geladen vom Stadtrat zu einer Anhörung ... und da is es fraglich, ich hab bis heute keine Antwort, ob ich überhaupt im Dienst weiterarbeiten darf. Also ich bin dorthin bestellt worden und gefragt worden, warum ich in diese Partei eingetreten bin, wie ich zu dieser Partei gekommen bin, wie des alles verlaufen ist damals ... mal sehen, was draus wird ... ob ich im öffentlichen Dienst weiterarbeiten darf, umgesetzt werde oder auch entlassen werde. Das weiß ich noch nicht".* Der Vorgang ist formal in Ordnung, da hat sie sich kundig gemacht.

Der Vorfall erinnert an das Interview mit Herrn Belzow. Die Interviewerin ist wiederum zu einer Normalisierungsstrategie gezwungen. *„Jetzt wollt ich Sie, jetzt wollt ich Sie eigentlich fragen, wie Sie denn wirklich zu dieser Parteitätigkeit gekommen sind, aber das sind Sie jetzt da auch schon gefragt worden, das ist jetzt etwas-".* *„Na das ist nicht so schlimm"*, beruhigt Frau Pfeiffer, *„das ist eigentlich leicht zu beantworten, es ist so, ich war kaum achtzehn Jahre alt, dann wurde man von den SED-Mitgliedern geworben oder gefragt, belästigt, das war schon teilweise unangenehm, ne, Kandidat zu werden und das wollt ich nicht, naja nu was machen. Hab mich natürlich mit anderen darüber unterhalten, die ham gesagt, natürlich gehst woanders rein. Und dann haste Ruhe. Es war auch so ... Naja und dann ging das halt ooch ruckzuck, jede Partei hatte Nachwuchskader zu schicken, dann kamen die irgendwann von ner Parteischule und da hab ich gesagt, na wohin mit Kind, mach ma, organisiern wir alles, nimm 's Kind mit und dann geht 's los. Na das hab ich halt gemacht, denn unbedingt jetzt nein zu sagen und mir alles selber zu verbauen, wo ich schon alleinstehend war, des war mir ooch irgendwo bissl zu riskant, nu muß ich sagen, hab ich die Sache von der Situation her damals gar nicht eingeschätzt. Ich meene, wenn ich gewußt hätte, daß es auch ohne Parteizugehörigkeit gegangen wäre".* Frau Pfeiffer weiß inzwischen, welche Geschichte sie über ihre Parteikarriere erzählen will. Doch aufgrund dessen, was wir über Frau Pfeiffers alltägliche Lebensführung wissen, erscheint diese Version plausibel. Sie war wohl weder skeptisch genug, um die kolportierte Benachteiligung nicht zu glauben noch widerspenstig genug, sich den - zudem eindeutig und klar - an sie gerichteten Erwartungen zu widersetzen. Ihre kleine List ändert nichts daran, daß sie diesen Erwartungen aus purer Selbstverständlichkeit nachgekommen ist. Man kann ihre gewählte Strategie nicht einmal als opportunistisch bezeichnen, da eine grundsätzliche Verweigerung eher von Frau Pfeiffers Normalitätsvorstellungen abgewichen wäre als der Parteieintritt. Nun muß sie sich damit auseinandersetzen, daß sie „*die Sache von der Situation her damals gar nicht eingeschätzt*" habe, daß sie vielleicht in gar keine Partei hätte eintreten müssen, um ihre Ziele zu erreichen, und daß ihr parteiliches Engagment - und damit ihre unhinterfragte Erfüllung von Erwartungen - unter den neuen Rahmenbedingungen ihre hochgeschätzte berufliche Position kosten kann - und nicht nur diese. „*Das würd 'n gravierenden Einschlag für unsere Familie geben. Ich bin der Hauptverdiener der Familie*". Ihr Mann ist bereits Opfer seiner Vergangenheit geworden; Frau Pfeiffer mutmaßt wohl begründet, daß er wegen seines parteilichen Engagements keine Chance hatte, in den öffentlichen Dienst einzutreten, was seine Ausbildung nahegelegt hätte. Frau Pfeiffers Biographie wird auch hier reflexiv: Ihre selbstverständliche Orientierung an Normalitätsstandards verliert retrospektiv diese Selbstverständlichkeit; erst jetzt werden Alternativen sichtbar.

Alltägliche Lebensführung unter Veränderungsdruck

Frau Pfeiffer hat ihren Arbeitsplatz und ihre berufliche Position behalten, gleichzeitig aber einen immensen Veränderungsprozeß in der beruflichen Sphäre durchlaufen, der der Professionalisierung der Altenpflege geschuldet ist. Dabei wurde ihre berufliche Tätigkeit aufgewertet und von der schweren körperlichen Tätigkeit entlastet. Die klar formulierte neue Pflegeideologie machte der auf „*Instruktionen*" angewiesenen Frau Pfeiffer die Umsetzung leicht; im Gegensatz zu Frau März gerät sie auch bei der Ausübung ihres neuen Mitspracherechts bei Entlassungen nicht in die Bredouille, kann sie doch ihren rücksichtslosen Umgang mit sich selbst zum Maßstab nehmen: „*Das, was man von mir abverlangt, und was ich selber kann, und was ich selber schaffe, kann ich nu wirklich auch von den anderen abverlangen. Und übergebührliche Kräfte hab ich ooch nich*".

Die kleinen Veränderungen, die in den weiteren Sphären von Frau Pfeiffers Alltag aufscheinen, sind nicht alten Ambitionen oder neuen persönlichen Ansprüchen geschuldet, wie das bei Frau Volkmann der Fall ist; sie sind entweder direkte Folgen von Frau Pfeiffers beruflichem Professionalisierungprozeß oder ein Entgegenkommen an vermeintliche Verhaltenserwartungen. Die Beteiligung von Herrn Pfeiffer an der familialen Arbeit ist eine Reaktion auf den stummen Zwang der Verhältnisse in der Form eines früheren Dienstbeginns der Hauptverdienerin der Familie; nichts spricht dafür, daß sie die Folge von Frau Pfeiffers Forderung nach Entlastung ist.

Daß das „*Bild*" der traditionellen geschlechtsspezifischen Arbeitsteilung Risse bekommen hat, ohne daß die Praxis nennenswert betroffen wäre - Frau Pfeiffer distanziert sich retrospektiv von der Gültigkeit des Programms: „*die Frau, die Küche, die Arbeit, die Kinder*" für sie persönlich - signalisiert Sensibilität für alternative familiäre Leitbilder. Solange es Frau Pfeiffer freilich schafft, Zumutungen abzuarbeiten, liegt ihr eine Veränderung des Bildes näher als eine Veränderung der tatsächlichen Aufgabenverteilung. Es mag sein, daß auch Herr Pfeiffer an der Veränderung des „*Bildes*" einer Partnerschaft mitarbeitet. Drückte beim ersten Interview das Störmanöver mithilfe des Radiogerätes seine Ignoranz gegenüber dem aus, was seine Frau über ihre Arbeit zu sagen hatte, respektiert er den zweiten Interviewtermin, indem er durch seine Bewirtung dessen Gelingen befördert; doch das ist schon beinah alles.

Die kleinen Freiräume, die sich nach der Erledigung der Berufs- und Hausarbeit bieten, werden zwar weiterhin zur direkten Reproduktion der Arbeitskraft - zur „*Entspannung*" - genutzt, aber doch inhaltlich gefüllt: Frau Pfeiffer sieht fern. Hinzu kommen die vorsichtigen Phantasien in der Nutzung fiktiver Zeiträume, die sich neuerlich in Frau Pfeiffers von Pflichterfüllung und rigorosen Ansprüchen an sich selbst gekennzeichneter alltäglicher Lebensführung finden lassen: die „*Kür*", im Rahmen derer sie ihre Englischkenntnisse aufzubessern wünscht - falls der Tag zwei Stunden mehr hätte. Mithilfe eines Zeitsprungs - „*die Kinder werden ja auch größer*" - fällt Frau Pfeiffer der Besuch eines Fitneßstudios ein und - als einziger eigensinniger Wunsch abseits von gesellschaftlichen Erwartungen - der latente Wunsch, Gitarre spielen zu lernen, ein Wunsch, den ihre Eltern ihr in ihrer Jugend nicht erfüllen konnten.

Es fällt auf, wie klein der Möglichkeitsraum ist. In unserem Sample finden sich neben Frau Pfeiffer einige Männer, die eine Aufwertung ihrer beruflichen Arbeit erfahren hatten. In allen Fällen fanden sich ihre Partnerinnen umstandslos in der Position des Hinterlandes. Frau Pfeiffer indes muß auf ein solches Hinterland verzichten. Es ist das „*althergebrachte*" Geschlechtsrollenverhältnis, das die Rolle der 'berufstätigen Mutti' festschreibt, ganz gleich, ob sie nun die Hauptverdienerin ist oder nicht. Im Falle der Frau Pfeiffer aber wird der vorhandene Spielraum, so klein er auch ist, kaum genutzt; Erweiterungsversuche des Spielraums unterbleiben. Hierfür erweist sich Frau Pfeiffers alltägliche Lebensführung als eine Restriktion. Die Verknüpfung eines immensen Arbeitsvermögens, mithilfe dessen zugemutete Anforderungen abgearbeitet anstatt hinterfragt werden, mit dem beinah völligen Fehlen eigener Ansprüche und einem Weltbild, das von Disziplin, Ordnung und Sauberkeit zusammengehalten wird, wirkt als erfolgreiche Gegenspielerin gegen die Auswirkungen des beruflichen Erfolgs auf Frau Pfeiffers Selbstbewußtsein. Ausschlaggebend für eine solche Lebensführung sind wohl die von Frau Pfeiffer internalisierten Ansprüche der hart arbeitenden, kinderreichen, ehrgeizigen Eltern, deren großer Stolz es war, daß alle ihre Kinder eine Ausbildung absolviert hatten. Gerade Frau Pfeiffer, die als das jüngste Kind „*unter schwersten Bedingungen*" den, wie sie selbst sagt, für solche Verhältnisse außergewöhnlichen Beruf der Krankenschwester erlernt hatte, durfte sich nicht „*alles selber verbauen*". Harte Arbeit, Disziplin und der für ihre Karriere als unentbehrlich eingeschätzte Parteieintritt sowie die weitere Erfüllung der parteilichen Erwartungen schienen deshalb unvermeidbar.

Doch geschieht jetzt Unerwartetes: Bei allem Beharrungsvermögen in ihrer alltäglichen Lebensführung steht plötzlich Frau Pfeiffers Handeln in der Vergangenheit zur Disposition. Die Anhörung wegen ihres Parteieintritts ist dabei der spektakulärste Fall; doch zur Disposition stehen auch die bislang als selbstverständlich praktizierte geschlechtsspezifische Arbeitsteilung und die frühere Pflegearbeit im Heim, wo Frau Pfeiffer mit dem Gefühl zurechtkommen muß, daß es für manche Heimbewohner „*nie so weit kommen hätte brauchen*". Die alten Verhaltensanweisungen gelten nicht mehr; die neuen Leitlinien sind vergleichsweise uneindeutig, widersprüchlich und vor allem dann verunsichernd, wenn sie retrospektiv angewendet werden.

Das Resultat dieser Infragestellung der bisherigen Lebensführung ist Unsicherheit: „*Ich weiß heut nicht mehr, was morgen ist, um das jetzt mal krass auszudrükken*", bilanziert Frau Pfeiffer ihr Lebensgefühl. Denn die Absolvierung des täglichen Arbeitspensums im Altenheim und in der Familie, die unveränderten Zuständigkeiten zu Hause, die Härte gegen sich selbst und ihr rigides Weltbild bieten keinen ausreichenden Schutz vor den neuen Unwägbarkeiten, zumal Frau Pfeiffer auf klare Vorgaben angewiesen ist.

Frau Pfeiffers spürt die Notwendigkeit einer Reflexion ihrer biographischen Entscheidungen, sieht aber bislang keinen Zusammenhang zwischen ihrer Biographie und ihrer alltäglichen Lebensführung. Dieser könnte darin liegen, daß Frau Pfeiffer ihr momentanes Unsicherheitsgefühl auf eine vertraute Art und Weise zu bewältigen versucht: durch die umstandslose Erfüllung von Verhaltenserwartungen unter gleichzeitiger Leugnung jeglicher persönlicher Entscheidungsfreiheit. Damit verhindert Frau Pfeiffers alltägliche Lebensführung eine eigensinnige Anschlußmöglichkeit an das neue Institutionensystem. Frau Pfeiffer kann die großen Veränderungen in der beruflichen und die kleinen in der familialen Sphäre nicht eigensinnig nutzen, träumt sie doch von einer noch besseren Erfüllung der an sie gerichteten Erwartungen. Obwohl sich die potentielle Möglichkeit der Hinterfragung ihres Handelns anbietet, orientiert sich Frau Pfeiffer nachgerade idealtypisch an den in der neuen Gesellschaft institutionalisierten Zielen. Sie kommt damit dem Handlungsmodell des Hartmut Esser sehr nahe, freilich nur über einen Umweg: Frau Pfeiffer verfolgt gerade nicht die Maximierungsstrategie des 'Ressourceful, Restricted, Expecting, Evaluating, Maximizing Man'. Sie führt überhaupt keine rationale Situationsanalyse durch - wie sie im Zusammenhang mit ihrem Parteieintritt selbst sagt, „*hab ich die Sache von der Situation her gar nicht eingeschätzt*" - sondern versucht ganz selbstverständlich, so perfekt wie möglich den unterstellten gesellschaftlichen Normalitätserwartungen zu entsprechen. Letztendlich erzielt ihre Strategie jedoch dasselbe

Ergebnis wie Essers RREEMM: Frau Pfeiffer versucht, nach den alten nun die neuen institutionalisierten Ziele zu identifizieren und zu verfolgen.

Dieses Bestreben und sein vorläufiges Ergebnis aber hat Frau Pfeiffers ganz spezifische alltägliche Lebensführung zur Voraussetzung; damit ist Frau Pfeiffer nicht Beispiel für den allgemeinen, sondern für den besonderen Fall. Es bedarf einer ganz speziellen Lebensführungslogik, die für diesen Anschluß nötige Ignoranz eigener Ansprüche zu entwickeln: Die Logik von Frau Pfeiffers Lebensführung besteht genau darin, möglichst keine eigene Logik entwickeln zu dürfen, keine Eigenlogik zumal, mithilfe derer Ansprüche abgewehrt und Verhaltenserwartungen nicht erfüllt werden könnten, Renitenz somit möglich wäre.

Was Frau Pfeiffer bislang zu verhindern wußte, wird ihr jetzt retrospektiv abgefordert: die Abweichung von Normalitätsvorstellungen. Von heute aus betrachtet, so weiß Frau Pfeiffer jetzt, hätte sie nicht in die Partei eintreten, die Parteischule nicht besuchen dürfen. Was aber bedeutet diese Erkenntnis für den Umgang mit neuen Zumutungen? Wenn es so ist, daß die Eigenlogik der alltäglichen Lebensführung die Anschlußstellen mitbestimmt, wird es im Falle der Frau Pfeiffer die fehlende Eigenlogik ihrer Lebensführung sein. Dann wird Frau Pfeiffer weiterhin das tun, von dem sie meint, es würde von ihr erwartet. Da Widersprüche in den Erwartungen antizipiert werden müssen, kann das Angebot eindeutiger Weltbilder mit klaren Handlungsanweisungen verlocken.

Resümee

Alltägliche Lebensführung: Regelsystem mit materialer Basis

Die Rekonstruktion von Frau Pfeiffers alltäglicher Lebensführung macht über einen Umweg noch einmal auf einen zentralen Punkt der hier vorgestellten Fassung und Umsetzung des Konzeptes 'alltägliche Lebensführung' aufmerksam: Alltägliche Lebensführung ist als ein Regelsystem zu verstehen, das in der Auseinandersetzung mit verschiedenen Situationen über die Zeit hinweg etabliert wurde und mit seiner Stabilität neben einer systemischen auch eine *materiale Eigensinnigkeit* aufweist. Diese materiale Eigensinnigkeit wurde konzeptuell mithilfe der Psycho-Logik eines Falles auf der strukturalistischen Ebene als eine Metaregel gekennzeichnet, die als Lebenskonstruktion definiert und, soweit das möglich war, jeweils empirisch rekonstruiert wurde.

Frau Pfeiffers alltäglicher Lebensführung aber scheint dieser materiale Eigensinn zu fehlen. Legt man das Handlungmodell der Rational choice-Theorie - unser Ausgangsmodell also - an das an, was Frau Pfeiffer tut, kann ihr Handeln auf den ersten Blick als ein Paradebeispiel für eine Nutzenmaximierung gelten: Sie kommt den gesellschaftlichen Verhaltenserwartungen nach und tut mithin das, was nach Esser „alle Menschen in einer Gesellschaft tun müssen, um an soziale Anerkennung und physisches Wohlbefinden zu gelangen" (Esser 1993, S. 440). Sie tritt in eine Partei ein, weil sie sich *„nicht alles verbauen"* will, sie folgt den Instruktionen zur Gestaltung der Altenpflege in der DDR ebenso wie dem jetzt ausgegebenen neuen *„Motto"*, sie kommt - nach Jahren strikter Erfüllung eines traditionalen Modells geschlechtsspezifischer Arbeitsteilung in der Familie - der unterstellten neuen Verhaltenserwartung nach, dieses Modell zu hinterfragen, indem sie den Anschein zu erwecken versucht, noch nie nach einem traditionalen Modell geschlechtsspezifischer Arbeitsteilung gelebt zu haben. Frau Pfeiffers Verhalten entspricht in diesen Punkten der Esserschen Konstatierung, daß „die gleichen Menschen unter unterschiedlichen Definitionen der kulturellen Ziele sich jeweils gänzlich anders verhalten".[1]

Doch Frau Pfeiffer tut das nur auf den ersten Blick; „gänzlich anders" verhält sie sich ohnehin nicht. Rekonstruiert man ihre alltägliche Lebensführung, so findet sich zwar kein materialer Eigensinn, aber eine Grundregel, die lautet, daß unter keinen Umständen materialer Eigensinn entwickelt werden darf. Denn mit einem solchen Eigensinn wäre Frau Pfeiffers Alltagsorganisation nicht aufrechtzuerhalten; nur auf die Weise, eigene Ansprüche von Grund auf von sich zu weisen, gelingt es Frau

---

[1] Anstelle eines Rational choice-Modelles könnte man Frau Pfeiffers Eigenart, gesellschaftlichen Erwartungen umstandslos nachzukommen, ebenso gut ein strukturfunktionalistisches Modell von unbedingter Regelgeleitetheit zugrundelegen.

Pfeiffer, die Belastungen, vor die sie sich gestellt sieht, abzuarbeiten. Nicht die ihrer Lebensführung eigene materiale Logik, sondern die Art der von außen an sie herangetragenen Erwartungen legt somit fest, *was* sie zu tun hat. *Wie* sie es tut, legt das eigene Regelsystem fest: Sie hat diese Erwartungen umstandslos zu erfüllen. Als Ressource kann Frau Pfeiffer früher wie heute auf ihr immenses Arbeitsvermögen zurückgreifen und damit die Widersprüchlichkeiten abarbeiten, die andere - wie zum Beispiel Frau Bohm - zum Abweisen von Ansprüchen und damit zu einer Veränderung ihrer Situation bringen.

Die starke Regelorientierung der Frau Pfeiffer ist demnach kein Beleg für Essers Modell, sondern eine individuelle Möglichkeit unter anderen, sein Leben zu führen.

Alltägliche Lebensführung und Anschlußmöglichkeiten

Alle unsere InterviewpartnerInnen gehorchen in ihrer alltäglichen Lebensführung solchen eigensinnigen Regeln, die Lebenskonstruktionen zur Basis haben; auf diese Weise bringen die Akteure - so vielleicht die wichtigste These dieser Arbeit - Kitt ins gesellschaftliche Gefüge. Denn solche Regeln ermöglichen zum einen die Stabilität alltäglicher Lebensführung und lassen das Handeln von Akteuren auch dann nicht erratisch werden, wenn gesellschaftliche Institutionen zusammenbrechen. Die Tatsache, daß alltägliche Lebensführung von Person zu Person ganz unterschiedlichen Regeln gehorcht, die ganz unterschiedlichen Lebenskonstruktionen folgen, erzeugt zum anderen Variation und läßt damit jeweils ganz unterschiedliche Anschlußmöglichkeiten an das neue Institutionensystem zu.

Im Falle der Frau Pfeiffer bemessen sich diese Andockstellen nach der Art der an sie herangetragenen Anforderungen und ihren Möglichkeiten, diesen Anforderungen nachzukommen. Die Grenze legt ihr beinahe grenzenloses Arbeitsvermögen fest.

Sehen wir uns den Eigensinn der alltäglichen Lebensführung unserer InterviewpartnerInnen und die jeweiligen Andockstellen an das neue Institutionensystem noch einmal an:

Frau Volkmanns Ambitionen und ihre Angst vor dem Älterwerden ließen einen Verbleib in ihrem ungeliebten Beruf nicht zu; sie nimmt ihre als unterbrochen definierte medizinische Berufsbiographie wieder auf, indem sie als Krankenschwester an eine Universitätsklinik wechselt; freilich muß sie sich einiges einfallen lassen, wie sie Kind und Schichtdienst koordinieren kann. Frau Günther gelingt es aufgrund ihrer Wehrhaftigkeit, ihrer starken Berufsorientierung, ihrer Akzeptanz von Hierarchien und ihres grenzenlosen Arbeitsvermögens einen Arbeitsplatz zu bekommen, zu halten und zu genießen, an dem sie beruflich degradiert und ausgebeutet wird; für die hochqualifizierte Frau Bohm hingegen sind der Statusverlust ihrer Profession und die jetzt auftretenden Probleme der Koordination von Kinderbetreuung und Erwerbsarbeit untragbar. Der neue Partner wird zum Märchenprinzen stilisiert, denn nur so kann Frau Bohm es sich leisten, zu kündigen und damit - zumindest für eine Weile - Prinzessin als Beruf zu wählen. Frau März hat schon immer zu halten versucht, worin sie investiert hat. Ihre parteisoldatische Sozialisation läßt sie die Anfechtungen ihrer beruflichen Position durchstehen und die neuen Erwartungen zu den ihren machen; die starke Ritualisierung ihres Privatlebens schützt einigermaßen vor den Anfechtungen von außen. Frau Barzel war auf das Kollektiv als Arbeitszusammenhang und Organisationsprinzip angewiesen; sie übernahm die Aufgaben, die an sie herangetragen wurden und verzichtete dabei völlig auf eine eigenständige Berufsplanung. Obschon die im neuen System an sie herangetragene Umschulung und anschließende Verweisung an das Arbeitsamt nicht mehr unter paternalistischer Obhut steht, überläßt sich Frau Barzel diesem Zugriff und investiert ihren praktischen Alltagsverstand in die Arbeitssuche für ihren Mann.

Sehen wir uns die Männer im Sample noch einmal an. Herr Rabe hat sich überspezialisiert. Er war beruflich und ideologisch perfekt in die Organisationsgesellschaft eingebunden und verfügt nicht über die Strategien, die er neuerdings in der Verlagsbranche brauchen würde; gute Bedienung gewöhnt, lehnt er es zudem ab, „Klinken zu putzen". Herr Dalloff ist da flexibler; er kann seine früheren Netzwerke nutzen und hat keine Probleme damit, als „Scout" zu agieren. Freilich hat er mit einem ideologischen Bruch zu kämpfen, den Herr Flieger geschmeidig übergangen hat: Hat der Politoffizier früher erfolgreich Ideologie verkauft, so verkauft der Versicherungskaufmann jetzt erfolgreich Versicherungen. Herrn Belzows Angewiesenheit auf handwerkliches Tun weist ihm das Pendeln als einzige Möglichkeit, unter den gewünschten Bedingungen erwerbstätig zu bleiben. Doch muß er die Erfahrung machen, daß gutes Zusammenarbeiten nicht alle Probleme löst. Herr Pattermann, der schon immer sein eigener Herr sein wollte, hat Schwierigkeiten, auf Optionen zu verzichten, und Herr Tikovsky strukturiert sein Leben entlang der Wichtigkeit sozialer Beziehungen und gesinnungsethischer Prinzipien. Der Außenseiter im alten System bleibt es auch im neuen.

Als theoretisches wie empirisches Ergebnis der Rekonstruktionen der alltäglichen Lebensführung in beiden Interviews bleibt festzuhalten, daß Personen den von außen an sie herangetragenen Anforderungen und gebotenen Chancen weder nach Maßgabe eines reinen Rational choice-Modells beggnen, noch sozialstrukturell determinierten Fähigkeiten und Behinderungen entsprechend handeln. Damit ist gleichzeitig fraglich geworden, ob durch die Einführung eines fremden Institutionensystems bestimmte Verhaltensweisen der Akteure so weitgehend evoziert werden können (durch rationale Kalküle oder strukturelle Determination), daß eine bestimmte sozialstukturelle Verteilung erwartet werden kann. Vielmehr zeichnete sich ab, daß Personen Interessen, Situationen und sozialstrukturelle Rahmenbedingungen mithilfe eines Regelsystems arrangieren, das sie über all die verschiedenen Handlungssituationen hinweg etabliert haben; es liegt ihrer Biographie zugrunde und sitzt auf Lebenskonstruktionen auf; mit seiner Hilfe gelingt es, all die unterschiedlichen Anforderungen und Zumutungen in den verschiedenen Bereichen des Alltags und des Lebensverlaufs sinnvoll miteinander zu verknüpfen. Damit ist es auch für die Auseinandersetzung mit neuen Zumutungen und Chancen - als Restriktion oder Ressource - hochrelevant.

Alltägliche Lebensführung und Sozialindikatoren

Die obige Auflistung meiner InterviewpartnerInnen folgte einem sozialstrukturellen Sozialindikator: dem Geschlecht. Die hohe Relevanz von Sozialindikatoren wie Geschlecht, Beruf und Branche, Bildung und Alter für die Anschlußmöglichkeiten einer Person an das neue Institutionensystem läßt sich auch aus meiner Untersuchung rekonstruieren. Doch entgegen dem Mainstream der Transformationsforschung, der Soziologie sozialer Ungleichheit und der Sozialstrukturanalyse, entlang von solchen Indikatoren Differenzierungen zu verfolgen, habe ich einen anderen Zugang gewählt. Ich habe mit meiner Untersuchung vorgeschlagen, sozialstrukturelle Kriterien zum einen unter dem Gesichtspunkt zu betrachten, wie eine Person mit ihnen innerhalb ihrer alltäglichen Lebensführung verfährt und zum anderen zu beachten, auf welche Weise und in welchen Situationen diese Kriterien virulent werden. So ist zu konstatieren, daß Frauen die Verliererinnen der Wende sind, weil sie qua Geschlecht bei Entlassungen bevorzugt und bei Neueinstellungen benachteiligt werden; auf welche Weise diese Benachteiligungen in der Familie und am Arbeitsplatz reproduziert werden und welche Rolle Lebenskonstruktionen dabei spielen, kann ermittelt werden, wenn die alltägliche Lebensführung zum Untersuchungsgegenstand wird. Umgekehrt können bislang wenig beachtete Sozialindikatoren wie die Parteizugehörigkeit in das Blickfeld rücken; dabei kann Parteizugehörigkeit zur Restriktion oder Ressource werden, je nachdem, wie mit ihr im Rahmen alltäglicher Lebensführung verfahren wurde.

Alltägliche Lebensführung kann somit im Zusammenspiel mit den Sozialindikatoren mehrere Rollen spielen: Sie kann sozialstrukturelle Benachteiligungen oder Vorteile verstärken, sie kann als ein Korrektiv wirken, und sie kann dort in die Statistenrolle verwiesen werden, wo die sozialstrukturellen Rahmenbedingungen von solcher Durchschlagkraft sind, daß der Person keine andere Möglichkeit bleibt, als sie zu reproduzieren.

Differenzierung, Konsolidierung und weitere Trends

Auch Entwicklungslinien werden mit der hier angewandten Methode sichtbar gemacht. Aufgrund der Rekonstruktion der alltäglichen Lebensführung meiner InterviewpartnerInnen zu verschiedenen Zeitpunkten zeichnet sich für die Jahre 1992 und 1993 eine Diversifikation der Lebenslagen der InterviewpartnerInnen ab, die sich in unterschiedlichen, aber im Vergleich zu 1991 relativ stabilen sozialen Lagen niederschlägt. Man ist arbeitslos geworden oder hatte Erfolg mit der beruflichen Selbständigkeit, man konnte seinen alten Arbeitsplatz sichern oder umsteigen; die Erwerbsposition des Partners ist dabei für die soziale Lage von entscheidender Bedeutung. Gleichzeitig wird die soziale Situation für unsere InterviewpartnerInnen absehbarer, als sie es im Moratorium war. Während sich Herr Dalloff inzwischen zu den *„oberen zehn Prozent"* zählen kann, sieht Frau Barzel den weiteren Abstieg ihrer Familie: *„So richtig ganz unten"*, meint sie, *„sind wir noch gar nicht"*.

Andere Transformationsstudien stützen den Befund der Antizipation des Abstiegs zu diesem Zeitpunkt. Nach Mutz markiert 1992 den Beginn einer zweiten Phase nach dem „Durcheinander", den Beginn einer Phase, in der es „zwar noch das Warten, aber nicht mehr die Hoffnung gab" (1996, S. 247). Diese Aussage bezieht sich auf arbeitslose Ostdeutsche und trifft auch auf Herrn Tikovsky und Frau Barzel zu, die ihre Hoffnung nicht ganz aufgegeben haben, es aber für sehr wahrscheinlich halten, nicht mehr in ein Normalarbeitsverhältnis integriert zu werden. Mutz bemerkt, daß man zu diesem Zeitpunkt begreifen würde, daß der gesellschaftliche Umbruch wirklich die eigene Lebensgeschichte durcheinander geworfen habe.

In einer anderen Gruppe meines Samples zeigt sich spiegelbildlich die Aussicht auf Kontinuität in der Erwerbsarbeit: Berufliche Stabilisierung finden wir bei einem Teil derjenigen InterviewpartnerInnen, die ihren Arbeitsplatz über 1991 hinaus behalten konnten oder berufliche Neuanfänge gestartet haben. Für Herrn Flieger, Herrn Dalloff, Frau März, Frau Günther und Frau Volkmann gilt, daß berufliche Kontinuität antizipierbar wird. Das gilt auch für Herrn Pattermann, der weiß, daß er zwar seine Idee mit der eigenen Firma weiterverfolgen wird, aber noch eine ganze Weile auf alternative Existenzsicherung angewiesen sein wird.

Zwischen beide Gruppen ist allerdings eine dritte geraten, die weiterhin Turbulenzen zu gewärtigen hat. Probleme am Arbeitsplatz, Fehleinschätzungen des Marktes und Altlasten aus der DDR-Vergangenheit führten Herrn Belzow, Herrn Rabe, Frau Bohm und Frau Pfeiffer in prekäre Situationen. Diese Gruppe ist noch immer in einer Situation, in der vieles offen ist; von ihrer Lage im Moratorium unterscheidet sie indes die Position der anderen. Aus der vormaligen kollektiven Betroffenheit ist eine individuelle geworden, die auf eigene Entscheidungen rückführbar geworden ist.

Wenn zur Erklärung von Stabilitäten und Turbulenzen das Institutionensystem als eine Selektionsinstanz herangezogen werden soll, genügt es nicht, sich eine direkte Selektion nach Geschlecht, Bildung oder Alter bzw. Generationenzugehörigkeit vorzustellen. Diese Kriterien werden durch die Eigenlogik alltäglicher Lebensführung, die auf einen „den Subjekten zugekehrten Aspekt" (Holzkamp 1995, S. 838) der gesellschaftlichen Rahmenbedingungen auftrifft, gebrochen; situationale Zufälligkeiten werden dabei gemäß der etablierten alltäglichen Lebensführung wahrgenommen, verrechnet, behandelt oder negiert. Dabei wird, wie wir inzwischen wissen, ein Handlungszusammenhang zum Untersuchungsgegenstand: Die Anschlußmöglichkeiten an das Erwerbssystem - auch jetzt das Problem Nr. 1 unserer InterviewpartnerInnen - werden im Zusammenhang mit allen für eine Person relevanten Lebensbereichen und den darin zu leistenden Arrangements gesehen.[2]

Über Diversifizierung und Stabilisierung der sozialen Lagen hinaus wurden in der Wiederholungsbefragung weitere Entwicklungslinien sichtbar; die wichtigsten sind die folgenden:

- Expressive Ungleichheiten auf der Grundlage importierter Lebensstile nehmen zu. Sowohl der Einsatz von Statussymbolen wie bestimmte Autos oder Handys - und im Gegenzug der stilisierte Verzicht darauf - als auch eine antizipierte Differenzierung der Wohnlagen zeichnen sich ab. In derselben Siedlung wohnend, spielen Frau Barzel und Frau März aus entgegengesetzten Gründen mit dem Gedanken an einen Wegzug: Während Frau Barzel fürchtet, sich ihre Wohnung bald nicht mehr leisten zu können, sind für Frau März Leute wie Frau Barzel Anlaß, sich vor einer Verslumung zu fürchten.

- Politikverdrossenheit greift weiter Platz. Während Herr Dalloff als PDS-Mitglied seine Partei instrumentalisiert, bringt außerparteiliches Engagement Herrn Tikovsky Enttäuschung ein; man klagt wie Frau Bohm über politische Unübersichtlichkeit und wie Frau Pfeiffer über moralische Skrupellosigkeit und gibt sich oft darin einig, daß es nun auch nicht anders sei als früher; man betont sein Desinteresse wie Herr Flieger oder hält das frühere System - wie Frau Barzel und Herr Rabe - inzwischen entgegen der im ersten Interview geäußerten Kritik für das bessere. Vorbehalte gegen Ausländer - im zweiten Interview vor allem gegen Sinti und Roma - finden sich bei fast allen InterviewpartnerInnen.

---

[2] Die Einsicht in die Notwendigkeit der Beachtung des Zusammenhangs der verschiedenen Bereiche des alltäglichen Lebens findet sich inzwischen auch in anderen Studien zum Transformationsprozeß. So konstatieren Diewald u.a. als ihr Fazit einer „Zwischenbilanz der Wende": „Die sich vorwiegend an der Neustrukturierung des Arbeitsmarkts und der Neugestaltung von Arbeitsbeziehungen entzündenden Unsicherheitsempfindungen reichen offensichtlich weit in das Familienleben hinein und lassen die Abstimmung zwischen den familialen und beruflichen Anforderungen zum drängendsten Problem des alltäglichen Lebens werden" (Diewald u.a. 1995, S. 348).

- Man beschäftigt sich mit der eigenen Biographie; die Auseinandersetzungen führen zu Umschreibungen wie bei Herrn Dalloff, zu Infragestellungen wie bei Frau Barzel und Frau Pfeiffer, zu Verfestigungen wie bei Herrn Flieger.
- Herr Flieger, Herr Belzow und Herr Pattermann sind völlig suspendiert von Hausarbeit und Kindererziehung, im Gegenzug ist das keine Frau im Sample, auch dann nicht, wenn sie - wie Frau Pfeiffer - Hauptverdienerin geworden ist. Das Kinderbetreuungssystem der DDR hat die Frauen entlastet, und zwar nur sie und hat sie damit keineswegs von ihrer Zuständigkeit für die Familienarbeit entbunden: Haushaltstag und Kindererziehungszeiten waren Entlastungen für Frauen, nicht für Männer.[3] Im neuen System geht mit dem nach Geschlecht diskriminierenden Verhalten auf der Arbeitgeberseite bei Einstellungen und Entlassungen die Kontinuität in der Zuständigkeit der Frauen für Haus- und Familienarbeit einher. Das „halbierte Leben" (Beck-Gernsheim 1980) hat damit gute Zukunftschancen.

Wie in den Portraits rekonstruiert wurde, hat sich die jeweilige Form alltäglicher Lebensführung entlang dieser (und anderer) Entwicklungslinien verändert. Die zugrundeliegenden Logiken indes sind gleichgeblieben; sie produzieren die Entwicklungslinien mit und dienen gleichzeitig ihrer Bewältigung in einem individuellen Arrangement.

Daß Situationen eintreten können, die mithilfe der etablierten Lebensführung nicht zur Zufriedenheit der Person bewältigt werden können, haben wir bei Frau Barzel und Herrn Rabe gesehen. Wir wissen, daß die Logik der Lebensführung trotzdem nicht verändert wurde; und wir wissen, daß Frau Barzel eine solche Notwendigkeit sieht, aber nicht umsetzen kann. Warum das so ist, wurde aufgrund der Rolle alltäglicher Lebensführung als Wahrnehmungsinstrument theoretisch zu fassen versucht. Trotzdem kann eine potentielle Veränderung der Logik der alltäglichen Lebensführung nicht ausgeschlossen werden. Aber man kann davon ausgehen, daß es ganz besondere Umstände sein müssen, die in der Lage sind, eine solche Veränderung anzustoßen - der rasante soziale, ökonomische und kulturelle Wandel im Zuge der deutsch-deutschen Vereinigung reichte für eine Veränderung der Logik der alltäglichen Lebensführung meiner InterviewpartnerInnen nicht hin.

„Dabei kann ich mich erinnern, daß damals kaum jemand meine umstürzlerische Gier teilte", läßt Monika Maron die Heldin ihres Nach-Wende-Romans 'animal triste' berichten. „Die meisten Menschen verkrallten sich ängstlich in Vertrautem, das dem allgemeinen Wandel nicht unterlag und das nicht über Nacht einfach aufgelöst oder umbenannt werden konnte. Ehepaare, von denen ich geglaubt hatte, daß sie

---

[3] Im Sozialreport III. Quartal, 1995, S. 13 wird konstatiert, daß „die gesellschaftliche Zuschreibung der Hauptverantwortung für Familien- und Erziehungsaufgaben an Frauen in der DDR heute zu einer bevorzugten Einstellung bzw. innerbetrieblichen Förderung von Männern" führt. Gerade die Inanspruchnahme der sozialpolitischen Maßnahmen in der DDR würde heute aus unternehmerischer Perspektive als Argument für den 'Risikofaktor Frau' angeführt.

kaum mehr Worte wechselten, als der Alltag ihnen abverlangte, hielten sich plötzlich bei den Händen, wenn sie die Neuheiten der Stadt besichtigten; in ihren Blicken füreinander lag statt dumpfen Spotts, wie noch ein Jahr zuvor, dankbare Verschworenheit. Jeder griff blind neben sich und hielt fest, was er bis dahin sein eigen genannt hatte, auch das längst verworfene, von dem man schließlich nicht wissen konnte, ob es sich unter den neuen Verhältnissen nicht doch als nicht unnütz erweisen würde". Vielleicht trifft ihre Einschätzung zu, daß man gerade in einem gesellschaftlichen Transformationsprozeß solchen Ausmaßes auf Etabliertes nicht verzichten mag. Doch die Tatsache, daß Vertrautes beibehalten wird, wenn die Zukunft antizipierbar wird *und* sich das Vertraute als für den Anschluß an das neue System vordergründig unnütze Ressource herausgestellt hat, spricht für die hier vorgelegte Konzeption alltäglicher Lebensführung als ein über Zeit und wechselnde Umstände hinweg stabilisiertes und auf eigensinnigen Lebenskonstruktionen aufliegendes Regelsystem.

6. Zum Schluß

Der theoretische und der empirische Teil dieser Arbeit stehen in einem Verhältnis, das als eine hermeneutische Spirale charakterisiert wurde: Im Forschungsprozeß wurden die Ergebnisse theoretischer und empirischer Bemühungen immer wieder aufeinander angewandt und beeinflußten sich gegenseitig. Deshalb können sowohl der konzeptuelle Teil als auch die Fallgeschichten als Ergebnisse dieser Arbeit gelesen werden.

Das Schlußkapitel ist daher kein Ergebniskapitel. Vielmehr will ich an dieser Stelle (1) meine Fragestellung und meine Vorgehensweise noch einmal zusammenfassen, (2) einen Vorschlag für ein dynamisches Modell alltäglicher Lebensführung in rasantem sozialen Wandel vorlegen, indem ich die wichtigsten konzeptionellen Ergebnisse in einen dynamischen Zusammenhang stelle und (3) die wichtigsten Argumente für ein subjektorientiertes soziologisches Forschungsprogramm zusammenstellen.

6.1. Zusammenfassung von Fragestellung und Vorgehensweise

Meine Untersuchung fragte danach, wie Bürger und Bürgerinnen Ostdeutschlands in ihrem Alltagshandeln mit den gesellschaftlichen Veränderungen verfahren, denen sie sich nach der Wende ausgesetzt sehen. Allgemeiner formuliert war es das Problem, *was Akteure in einer gesellschaftlichen Situation tun, in der nichts mehr sicher ist.* Woran orientieren sie ihr Handeln und welchen Handlungsfolgen sehen sie sich ausgesetzt?

Theoretischer Ausgangspunkt war das *Konzept der alltäglichen Lebensführung* als ein Arrangement all der Tätigkeiten, die der Einzelne in den verschiedenen Sphären seines Alltags unternimmt. Dieses Konzept wurde handlungstheoretisch umformuliert, dynamisiert und an Biographie und Lebenskonstruktion angebunden; mit seiner Hilfe wurde alltägliche Lebensführung im ostdeutschen Transformationsprozeß personenbezogen und über die Zeit hinweg mithilfe eines interpretativen Verfahrens empirisch rekonstruiert.

Alltägliche Lebensführung wurde als ein Handlungszusammenhang begriffen, dem ein Regelsystem unterliegt, das der Aktor im Lauf seines Lebens und im Zuge der Auseinandersetzung mit den unterschiedlichen Handlungssituationen, denen er sich ausgesetzt sah, etabliert hat. Nicht eine einzelne Handlung steht damit im Mittelpunkt, sondern der Zusammenhang all dessen, was ein Aktor tagaus tagein und über die Zeit hinweg unternimmt. Dabei bedient sich der Aktor gleichzeitig dieses

Regelsystems als einer Richtschnur bei seinen Auseinandersetzungen mit gesellschaftlichen Rahmenbedingungen, Zumutungen und Chancen vor dem Hintergrund individueller Wünsche und Notwendigkeiten. Der Ausgang dieser Auseinandersetzungen ist offen.

Unter den Bedingungen rasanten sozialen Wandels, wie sie der ostdeutsche Transformationsprozeß stellte, war zu erwarten, daß alltägliche Lebensführung ihrer sozialstrukturellen Einbindung beraubt und unter Veränderungsdruck geraten würde. Die Ausprägungen, das Stabilitätspotential und die Anschlußmöglichkeiten alltäglicher Lebensführung sollten unter diesen besonderen Bedingungen erfaßt werden. Der ostdeutsche Transformationsprozeß wurde dabei zum *Krisenexperiment*: Rasanter sozialer Wandel sollte es möglich machen, die Grundlagen und Folgen von Auseinandersetzungsprozessen abzubilden, die unter vergleichsweise stabilen Bedingungen nicht in dieser Deutlichkeit erkennbar sind.

Ein modernisierungstheoretisches Verständnis des ostdeutschen Transformationsprozesses wurde dabei zurückgewiesen: Nicht nur Richtung und Ziel, sondern auch die zu gewärtigenden Risiken und zur Bewältigung nötigen Anforderungsprofile sollten nicht von vornherein als identifiziert gelten.[1] Vielmehr wurde nach der Eigenart dieses Prozesses in den Fallanalysen gesucht in der Hoffnung, gerade in den Brüchen und Reibungen die Struktur von Transformationsprozessen zu entdecken. Welzer kritisiert in seiner Untersuchung von Transitionen von Übersiedlern aus der DDR die Verwendung normativer Begriffe wie Statuspassage, Übergang und Entwicklung zur Untersuchung moderner biographischer Krisen mit dem Hinweis auf die „Versuche des Betrunkenen, im Schein der Laterne sein Schlüsselbund wiederzufinden - da, wo er es verloren hat, ist es ja zu dunkel" (Welzer 1993, S. 31). Ich habe den Versuch unternommen, im Dunkeln zu suchen und konsequent abzuweisen, was wir über die Prägekraft von Strukturen zu wissen glauben und bin davon ausgegangen, daß man gerade dann, wenn nichts mehr sicher ist, in den Brüchen selbst nach den Strukturierungsprinzipien suchen muß. Nicht Organisations- oder Risikogesellschaft, nicht Beruf oder Geschlecht, Generationszugehörigkeit oder Milieu wurden von vornherein spezifische Auswirkungen unterstellt; im Gegenteil und ganz im Sinne einer subjektorientierten Soziologie wurde die alltägliche Lebensführung der Person zum Dreh- und Angelpunkt der Analyse. Damit hatte ich eine Suchhilfe in der Hand, mit der ich Prozesse untersuchen konnte, deren Verlauf und Ende offen sind und die von Entwicklungstheorien oder Sozialstrukturanalysen nicht erfaßt werden können. Es interessierte, wie eine Person die Situationen wahrnimmt, in die sie tagaus tagein gerät, wie sie in ihnen handelt und welche Folgen ihr Handeln hat. So konnte alltägliche Lebensführung empirisch rekonstruiert werden;

---

[1] Auch unter Modernisierungstheoretikern hat sich inzwischen die Einsicht verbreitet, daß als nicht modern klassifizierte Handlungsstrategien im neuen System produktiv eingesetzt werden können (vgl. Hradil 1996).

die gesellschaftlichen Rahmenbedingungen wurden nur dort relevant, wo sie den Aktor direkt oder indirekt berührten. Damit wurde die alltägliche Lebensführung zwischen die kosten-nutzen-orientierte einzelne Handlung eines Aktors und die Prägekraft gesellschaftlicher Strukturen geschaltet und der Weg einer Mikrofundierung sozialer Prozesse eingeschlagen, in der allerdings gleichzeitig die Geschichte der Akteure ihre Berücksichtigung gefunden hat. Dabei konnten auch die *unterschiedlichen Positionen* empirisch rekonstruiert werden, *die alltägliche Lebensführung in einem Modell sozialen Handelns* einnimmt: Sie stellt einen *Handlungszusammenhang* dar, fungiert als *ein Instrument selektiver Wahrnehmung*, ist *Ressource oder Restriktion* für die Auseinandersetzung mit verschiedenen Situationen und *selbst ein Situationsparameter*, womit die Person sich auseinandersetzen muß.

Meine Studie versteht sich damit als ein Beitrag zur *Aufklärung des Zusammenhangs zwischen dem Handeln von Akteuren und makrostrukturellen Phänomenen*, indem sie *Handlungszusammenhänge über die Zeit hinweg* untersucht, in denen sich Akteure mit bestimmten sie betreffenden Facetten einer Makrostruktur auseinandersetzen. Es wurde keine Theorieverknüpfung, sondern ein *Beitrag zu einer Theorie der Verknüpfung* angestrebt, innerhalb dessen das vorgelegte Konzept alltäglicher Lebensführung als vermittelnde - und empirisch fruchtbare - Kategorie zwischen Subjekt und gesellschaftlichen Strukturen fungiert. Der Frage nach den Auswirkungen von Prozessen auf der Makroebene für das alltägliche Handeln wird damit eine *subjektorientierte Perspektive* entgegengestellt, in der alltägliche Lebensführung als eine aktive Konstruktionsleistung der Person verstanden wird. Mithilfe alltäglicher Lebensführung wird integriert, was in einem gesellschaftlichen Differenzierungsprozeß nicht von selbst zusammengeht. Ein solches Integrationsprojekt muß indes keineswegs gelingen.

Modernisierungstheorien konstatieren, daß im ostdeutschen Transformationsprozeß schneller und radikaler abläuft, was in der Bundesrepublik seit langem als Individualisierung charakterisiert wird: eine Zunahme von Optionen, eine zunehmende Arbeitsmarktabhängigkeit, ein Zwang zu Entscheidungen und eine daraus resultierende Zurechenbarkeit ihrer Folgen. Solche Diagnosen sagen indes nichts darüber aus, was die Akteure tatsächlich tun. Gesellschaftliche Strukturvorgaben eröffnen - oder verringern - Handlungsmöglichkeiten, die deshalb freilich nicht zwangsläufig in Handlungen umgesetzt werden müssen. Warum das so ist, wird im soziologischen Mainstream der Transformationsforschung mithilfe der Thematisierung von Modernisierungsunterschieden zwischen Ost- und Westdeutschland abgearbeitet, unter Rekurs auf makrostrukturelle Verteilungen, die sich zwischen Ost- und Westdeutschland nicht nur vor, sondern auch nach der Wende unterschieden, oder unter Verweis auf sozialisatorisch bedingte unterschiedliche Verhaltensdispositionen zwischen Ost- und Westdeutschen diskutiert.

Lenkt man den Blick auf die alltägliche Lebensführung der Person, dreht also die Sichtweise um und nimmt eine subjektorientierte Perspektive ein, kommt die relative Autonomie des Subjekts in den Blick. Der Einzelne läßt sich nicht umstandslos von Institutionen leiten, sondern setzt sich mit ihnen unter Berücksichtigung seiner Ziele und Ressourcen auseinander; diese Auseinandersetzung bedeutet Arbeit und Kreativität, denn die einzelnen Institutionen gehorchen aus der Sicht des Aktors ganz widersprüchlichen Regeln.

Um zu klären, wie Akteure in Situationen handeln, in denen die vertrauten Rahmenbedingungen verschwunden und durch bislang fremde ersetzt worden sind, wurde das konkrete Handeln von Personen inmitten des ostdeutschen Transformationsprozesses zu verschiedenen Zeitpunkten rekonstruiert. Die retrospektive biographische Konstruktion von einem einzigen Zeitpunkt aus wurde auf diese Weise aufgespalten: So konnten die Verfahrensweisen unserer InterviewpartnerInnen aus zu zwei verschiedenen Zeitpunkten stattfindenden Gesprächen rekonstruiert und miteinander verglichen werden; gleichzeitig konnte der Lebensverlauf zwischen den Interviewterminen mit der rekonstruierten alltäglichen Lebensführung in Beziehung gesetzt werden. Die daraus erstellten *Fallgeschichten* stellen *unterschiedliche Verfahrensweisen mit den veränderten gesellschaftlichen Rahmenbedingungen* vor; die Rahmenbedingungen wiederum begegnen unseren Akteuren in ganz unterschiedlichen Situationen. Der Prozeß dieser Auseinandersetzung bestimmt die Dramaturgie der Fallgeschichten und wird im Folgenden in radikalisierter Form dargestellt.

6.2. Ein Vorschlag für ein dynamisches Modell alltäglicher Lebensführung in rasantem sozialen Wandel

Hier die wichtigsten konzeptionellen Folgerungen aus meiner Untersuchung, die die Konstruktion alltäglicher Lebensführung im Umbruch betreffen, und ihre Verknüpfung:

Der *erste und wichtigste Befund auf konzeptueller Ebene* ist der, daß wir mitten im Wirbel der Transformation mit alltäglicher Lebensführung etwas vor uns haben, was *Stabilität* aufweist, gleichsam sich selbst treu bleibt. In der Situation der Null-Stunden-Kurzarbeit - in einem Moratorium also, in dem wichtige von außen gesetzte Ligaturen verschwunden sind, ohne daß neue bereits institutionalisiert wurden - hat sich die *Form* alltäglicher Lebensführung geändert. Mitten im Transformationsprozeß ist man faktisch arbeitslos, mit der Arbeit sind tägliche Alltagsgewohnheiten außer Kraft gesetzt worden, die Zukunft ist offen. Die Art und Weise nun aber, *wie* unsere InterviewpartnerInnen mit dieser Situation verfahren, ist gleichgeblieben: Die *Logik*, das generative Prinzip der alltäglichen Lebensführung, ist über die Zeit hinweg dieselbe geblieben; das etablierte Regelsystem, an dem sich der Aktor bei seinen Handlungsentscheidungen orientiert, wird nicht so einfach außer Kraft gesetzt, nur weil sich die Rahmenbedingungen geändert haben. Was Rational choice-Theoretiker „idiosynkratisch" nennen (Lindenberg 1996b, S. 562; 1996a, S. 135f) und in ihren Handlungsanalysen vor die Klammer setzen und was auch die Projektgruppe „Alltägliche Lebensführung" als personales Kennzeichen der Person der Psychologie als Untersuchungsgegenstand überantwortet, kann als ein über unterschiedliche Handlungssituationen über einen längeren Zeitraum hinweg etabliertes Regelsystem des Alltagshandelns *innerhalb* einer soziologischen Handlungstheorie bearbeitet werden.

Wenn Herr Tikovsky, Industriearbeiter in Null-Stunden-Kurzarbeit, sagt: *„Nun wird alles ein bißchen anders. Aber ich glaube, so wesentlich anders auch nicht"*, entspringt diese Einschätzung nicht nur seinem Bedürfnis nach Kontinuität. Herrn Tikovskys alltägliche Lebensführung dreht sich um seine sozialen Beziehungen. Das war zu DDR-Zeiten so - und das ist auch über die Zeit der gesellschaftlichen Transformation hinweg so geblieben. Familie und Freunde sind Herrn Tikovskys erste Präferenzen, wichtiger als Arbeitsinhalt oder gar die Karriere; mit einem frühen Parteiaustritt hatte er eine Karriere ohnehin abgewählt. Diese Präferenzen erforderten bislang einen Zuschnitt seiner Lebensführung, der durch Verzicht auf selbstgesetzte Zeitstrukturen gekennzeichnet war; soziales Kapital, Freizeitorientierung und Interesse an den Lebenszusammenhängen anderer waren seine Ressourcen, potentielle Restriktionen wie seine Gehbehinderung fielen nicht ins Gewicht. Weiterqualifizierung war ebenso wenig nötig wie politischer Opportunismus. In der Null-Stunden-Kurzarbeit organisiert er seinen Alltag nach eben den Gesichtspunkten, nach denen er schon immer verfahren ist. Herr Tikovsky trifft sich - etwas seltener - mit Freunden, diskutiert mit ihnen leidenschaftlich über Politik und gesellschaftliche Entwicklungen, vermißt die Arbeitskollegen, kann aber seine verfügbare Zeit - bis endlich Frau und Kinder nach Hause kommen - einigermaßen für sich sinnvoll nutzen, zumal er die gesamte Hausarbeit übernimmt, auch das kein Novum für Herrn Tikovsky. Die etablierten Lebensführungsstrategien, Produkte nicht erst des Umbruchs, sondern eines lebenslangen Prozesses, werden weiter eingesetzt; das ist nicht nur bei Herrn Tikovsky so. Aus der Tatsache, daß die etablierte alltägliche Lebensführung aufrechterhalten wurde, obwohl die Bedingungen, unter denen sie etabliert wurde, verschwunden sind, kann man folgende *Konsequenzen* ziehen: Einmal ermöglicht die Aufrechterhaltung der Lebensführung mitten im Umbruch die *Stabilität der Person*. Sie schafft, wenn man so will, durch praktisches Bewußtsein Identität. Solche Selbstbindungen qua alltäglicher Lebensführung dienen dabei als Entscheidungsregeln in einer Zeit, in der dem Einzelnen in allen Sphären des Alltags Entscheidungen abgefordert werden, während gleichzeitig eine Entscheidungsfindung unter großen Unwägbarkeiten oder Beschränkungen stattfindet. Zum anderen werden durch die Persistenz alltäglicher Lebensführung *'alte' institutionelle Zusam-*

menhänge aufrechterhalten: Geschlechtsspezifische Arbeitsteilungsmuster, Arbeitszusammenhänge in einem nicht mehr produzierenden Betrieb, die Schrebergartenbrigade oder auch alte Netzwerke in neuer Form, wie Journalistenstammtische, PDS-Ortsvereine oder Zitierkartelle, tragen zur Stabilität des Gesellschaftssystems bei. Auf diese Weise werden antizipierbare Sicherheiten produziert.

Gleichzeitig aber werden, wie die Paneluntersuchung zeigte - und das ist der *zweite wichtige Befund auf konzeptueller Ebene* - die etablierten Lebensführungsmuster zur *Ressource oder Restriktion bei der Auseinandersetzung mit den neuen Bedingungen*. Für Herrn Tikovsky rächt sich nach dem Ende des Moratoriums der bislang rationale Verzicht auf Weiterqualifizierung; gekoppelt mit seiner Behinderung gehört er in seiner Branche zu den Risikogruppen des Arbeitsmarktes. Seinen Wunsch, im sozialen Bereich zu arbeiten, kann er wegen fehlender formaler Vorbildung nicht realisieren; auf ein früheres Angebot von seiten der Partei hatte er verzichtet. Seiner Kollegin Frau Barzel geht es aus anderen Gründen ähnlich. Sie wartet wie früher darauf, daß ihr ihre berufliche Verwendung nahegelegt würde. Jetzt aber führte sie diese Strategie über eine Umschulung in die Arbeitslosigkeit und hinterläßt Resignation bezüglich ihrer Erwartungen an den Staat, auf dessen Paternalismus sie früher vertrauen konnte. Machte sich die Lebensführung von Herrn Tikovsky und Frau Barzel auf dem Arbeitsmarkt vor allem als Restriktion bemerkbar, so stellte sie für einen anderen Interviewpartner, Herrn Flieger, eine Ressource dar. Herr Flieger, Politoffizier bei der NVA und damit gelernter Ideologieverkäufer, konnte mit seiner Lebensführung an einer lukrativeren Stelle andocken. Schon immer bestrebt, *„aus dem Möglichen das Möglichste rauszuholen"*, was Lebensstandard und soziale Anerkennung betrifft, bietet sich das Versicherungsgewerbe bei seiner Qualifikation geradezu an. Statt Ideologie verkauft er nun Versicherungen, und das rechnet sich auch noch direkt.

Über die Andockstellen der etablierten Lebensführung entscheiden - und das ist die *dritte konzeptionelle Schlußfolgerung* - die neuen Institutionen. *Nicht Anpassungs-, sondern Selektionsprozesse spielen die wichtige Rolle*. Warum das so ist, liegt in der Aufrechterhaltung der Logik der etablierten Lebensführung begründet, und diese hat zwei Gründe: Einmal bestimmt unsere alltägliche Lebensführung die Situationsdefinition mit. Welche Aspekte der gesellschaftlichen Rahmenbedingungen überhaupt als potentiell handlungsrelevante wahrgenommen werden, hängt von der spezifischen Filterung durch die alltägliche Lebensführung ab. Die Person macht sich ihren eigenen, lebensführungsspezifischen Reim auf die strukturellen Parameter. Weiter findet Handeln immer unter Unsicherheit oder Risiko statt: Sein Erfolg hängt von den beschränkten Informationen über die jeweiligen Handlungsfolgen ab. Um die Kosten zu reduzieren, die bei immer neuen Situationsanalysen entstehen, wird auf bewährte Strategien zurückgegriffen; auf ein einmal etabliertes Strategiebündel wird deshalb aus rationalen Gründen nicht ohne weiteres verzichtet, erst recht nicht innerhalb eines Prozesses rasanten sozialen Wandels nach der Einführung eines fremden Institutionensystems, in dem unklar ist, in welche Richtung alltägliche Lebensführung denn verändert werden sollte. Diese beiden Tatsachen ermöglichen zwar Orientierung und Handlungsfähigkeit, liefern aber auch das Material für Selektionsprozesse: Nicht durch aktive Anpassung alltäglicher Lebensführung an die neuen Verhältnisse, sondern hinter dem Rücken der Akteure entscheidet sich, wo Lebensführung an gesellschaftliche Institutionen andocken kann und wo nicht. Das bedeutet, daß neben den 'harten' Ressourcen und Restriktionen in Bezug auf den Umgang mit neuen Zumutungen und Chancen und für den Platz im System sozialer Ungleichheiten - Alter, Geschlecht, Qualifikation und Branche - die alltägliche Lebensführung zu berücksichtigen ist; sie ist dabei allerdings kein weiteres Kriterium auf der gleichen Ebene, sondern sie arrangiert die sozialstrukturellen und personalen Ressourcen und Restriktionen mit den situationalen Anforderungen und Chancen. Neben dem Geschlecht haben sich in meiner Untersuchung insbesondere die Nähe zur Partei und die Fähigkeit zur Ironie als relevant erwiesen. In Bezug auf das Geschlecht wurde für Frauen aus einem kleinen Nachteil ein großer; Parteizugehörigkeit kann - in Abhängigkeit von Ideologieresistenz und Funktion innerhalb der Partei - sowohl zur Ressource als auch zur Restriktion werden; Ironie als Strategie schließlich erleichtert den Balanceakt zwischen Anforderungen, Notwendigkeiten und Wünschen im neuen System. Denn entgegen der „Moralisierung der Zukunft" in tragischen Selbstthematisierungen sieht die ironische keinen Sinn darin, „einen bestimmten Weg als den einzig richtigen anzugeben" (Bude 1991b, S. 306).

Was früher rational war, muß es nun nicht mehr sein; was früher Restriktion war, kann sich im Gegenzug als Ressource entpuppen; was früher nur ein kleiner Nachteil war, kann jetzt ein großer werden. Und auch eine zu Beginn des Transformationsprozesses gut anschließbare Lebensführung kann nichtintendierte Folgen produzieren, die sie schließlich selbst ins Wanken bringen können.

6.3. Ein Plädoyer für eine subjektorientierte Wende

Meine Untersuchung will darauf aufmerksam machen, daß Konzeptionen, in denen die Auswirkungen makrostruktureller Verteilungen oder institutioneller Regelungen auf das Handeln der Akteure thematisiert werden, nicht hinreichen, um soziale Dynamiken zu verstehen. Deshalb wird hier für eine subjektorientierte Wende plädiert, indem der Aktor nicht als ein reaktives, sondern als ein konstruktives Element der Konstitution der Gesellschaft verstanden wird. Er wird versuchen, seine Handlungsräume so zuzurichten, daß er all das, was notwendig ist und erwartet wird, mit dem, was er möchte, möglichst gut in Einklang bringen kann. Er handelt mithin als ein rationaler Aktor, der freilich nicht über alle relevanten Informationen verfügt und nicht alle nötigen Ressourcen kontrollieren kann. Doch er kann auf ein selbst konstruiertes Regelsystem zurückgreifen, innerhalb dessen die entworfenen Verfahrensweisen zur Bewältigung von Arbeit und Leben arrangiert und institutionalisiert werden, auf ein Instrument, das so flexibel wie nötig sein muß, um sich verändernde Situationsparameter verarbeiten zu können, aber auch so stabil wie möglich, um die Kosten einzelner Situationsanalysen gering zu halten: auf 'alltägliche Lebensführung' als das immer wieder zu korrigierende Ergebnis der Auseinandersetzung des Aktors mit bestimmten gesellschaftlichen Rahmenbedingungen. Daraus folgt einmal, daß Erscheinungen auf der Makroebene, wie Verteilungen oder Institutionen, auf diese Weise produziert oder reproduziert werden; daraus folgt zum zweiten, daß Lebensführung selbst einen gewissen Grad an Institutionalisierung aufweisen muß.

Ändern sich nun die gesellschaftlichen Rahmenbedingungen rasant, wird alltägliche Lebensführung nicht außer Kraft gesetzt. Mithilfe der unter anderen Voraussetzungen etablierten Lebensführung wird der Aktor versuchen, neue Anforderungen zu managen und Chancen wahrzunehmen, und er wird das unter Zuhilfenahme neuer institutioneller Angebote tun müssen. Seine Lebensführung aber wird dabei als Richtschnur dienen, und ihre Anwendung wird zusammen mit der Selektionswirkung der Institutionen die Geschichte des Aktors produzieren. Damit freilich reproduziert der Aktor auch neue gesellschaftliche Institutionen, und zwar auch dann, wenn seine alltägliche Lebensführung nur dort anschließbar ist, wo es für ihn zum Nachteil wird. Beide Kennzeichen von alltäglicher Lebensführung schalten sie zwischen institutionelle Angebote und Zumutungen und die einzelne individuelle Handlung. Reibungen zwischen diesen beiden Polen sollten sich besser klären lassen, wenn man die Eigenlogik alltäglicher Lebensführung als potentiale Brechungsmöglichkeit von Einsicht und Handlung heranzieht. Während die hier vorgelegte Konzeption alltäglicher Lebensführung auf der Ebene soziologischer Theoriebildung eine Anregung zur Weiterentwicklung rationaler Handlungstheorie bieten will, kann es sich auf forschungspraktischer Ebene dann lohnen, alltägliche Lebensführung zu berücksichtigen, wenn der Zusammenhang zwischen Struktur und Handlung innerhalb eines konkreten Settings erhellt werden soll. Die umstandslose Wirkkraft struktureller Fakoren kann so hinterfragt und - umgekehrt - scheinbare Zusammenhanglosigkeiten zwischen Handlungen und strukturellen Parametern erklärt werden.

Die *Mikrofundierung des Transformationsprozesses* ist jedoch nicht nur von theoretischem oder forschungspraktischem, sondern auch von *gesellschaftspolitischem Interesse*. Die spezifische Selektionswirkung der neuen Institutionen ist kein Naturgesetz; sie resultiert aus den rationalen Entscheidungen von Akteuren, in Anbetracht ihres Organisationszieles nur bestimmte lebensführungsspezifische Qualifikationen nachzufragen. Wo es sich um das Angebot von Arbeitsplätzen handelt, haben wirtschaftliche Organisationen eine starke Position. Von ihnen werden Herrn Fliegers Qualifikationen abgerufen; ihm wird eine Ausbildung und schließlich die selbständige Vertretung angeboten. Für die Qualifikationen von Herrn Tikovsky oder Frau Barzel indes gibt es im Augenblick kaum einen Markt; es gibt wohl Bedarf für sozialpädagogisches oder gesellschaftspolitisches Engagement oder praktische Betreuungsleistungen im Rahmen einer einem Kollektiv ähnlichen Organisation, aber es gibt keine Geldgeber im nötigen Umfang. Als Anschlußangebot bietet das neue System die Arbeitslosigkeit an.

Klaus Holzkamp spricht in seiner Kommentierung des Konzepts alltäglicher Lebensführung von der Alternative einer „doppelten Möglichkeit": Neben dem Handeln unter gesellschaftlichen Bedingungen stehe Handeln „in Erweiterung der in den Bedingungen liegenden Verfügungsmöglichkeiten" (Holzkamp 1995, S. 883), letztendlich also ein Handeln, das der Veränderung der Verhältnisse dient. Dabei kann alltägliche Lebensführung ein Reservoir von Lebensführungsmöglichkeiten bereitstellen, die man ausprobieren kann; sie kann aber einer solchen Erweiterung aufgrund ihrer Betriebsblindheit auch im Wege stehen.

Frau Barzel ahnt diese Alternative, sieht sie aber nicht: Sie träumt sich *„in ein ganz fremdes Land, am liebsten immer, wovon ich lese. Zu den Indianern oder in die Karibik. Wo wirklich mal Ruhe ist, Ruhe von allem. Vielleicht ist man jetzt wie betriebsblind. Daß man so manches gar nicht mehr sieht, was vielleicht doch da ist und du nimmst es gar nicht mehr wahr".*

Literatur

Alheit, Peter (1995): Die Spaltung von 'Biographie' und 'Gesellschaft'. Kollektive Verlaufskurven der deutschen Wiedervereinigung. In: Fischer-Rosenthal, Wolfram; Alheit, Peter (Hrsg.): Biographien in Deutschland. Soziologische Rekonstruktionen gelebter Gesellschaftsgeschichte. Opladen, S. 87-115

Allmendinger, Jutta; Brückner, Hannah; Brückner, Erika (1992): Ehebande und Altersrente oder: Vom Nutzen der Individualanalyse. Soziale Welt, Jg. 43, Heft 1, S. 90-116

Archer, Margaret S. (1995): Morphogenese und kultureller Wandel. In: Müller, Hans-Peter; Schmid, Michael (Hrsg.): Sozialer Wandel. Modellbildung und theoretische Ansätze. Frankfurt, S. 192-227

Axelrod, Robert (1987): Die Evolution der Kooperation. München

Backert, Wolfram; Brock, Ditmar; Lechner, Götz (1994): Soziologie in der Wende. Soziologische Revue, Jg. 17, S. 156-163

Barwinski Fäh, Rosemarie (1990): Die seelische Verarbeitung der Arbeitslosigkeit. Eine qualitative Längsschnittstudie mit älteren Arbeitslosen. München

Beck, Ulrich (1983): Jenseits von Stand und Klasse? In: Kreckel, Reinhard (Hrsg.): Soziale Ungleichheiten. Sonderband 2 der Sozialen Welt. Göttingen, S. 35-74

Beck, Ulrich (1986): Risikogesellschaft. Auf dem Weg in eine andere Moderne. Frankfurt

Beck, Ulrich (1992): Der feindlose Staat. DIE ZEIT, Nr 44, 23. Oktober 1992, S. 65-66

Beck, Ulrich (1993a): Die Erfindung des Politischen. Zu einer Theorie reflexiver Modernisierung. Frankfurt

Beck, Ulrich (1993b): Von einer kritischen Theorie der Gesellschaft zu einer Theorie gesellschaftlicher Selbstkritik. Sozialwissenschaftliche Literaturrundschau, Jg. 16, Heft 26, S. 38-53

Beck, Ulrich (1994): Vom Veralten sozialwissenschaftlicher Begriffe. Grundzüge einer Theorie reflexiver Modernisierung. In: Görg, Christoph (Hrsg.): Gesellschaft im Übergang. Perspektiven kritischer Soziologie. Darmstadt, S. 21-43

Beck, Ulrich (1996): Das Zeitalter der Nebenfolgen und die Politisierung der Moderne. In: Beck, Ulrich; Giddens, Anthony; Lash, Scott: Reflexive Modernisierung. Eine Kontroverse. Frankfurt, S. 19-112

Beck, Ulrich; Beck-Gernsheim, Elisabeth (1990): Das ganz normale Chaos der Liebe. Frankfurt

Beck, Ulrich; Giddens, Anthony; Lash, Scott (1994): Reflexive Modernisation. Politics, Tradition and Aesthetics in the Modern Social Order. Cambridge

Beck-Gernsheim, Elisabeth (1980): Das halbierte Leben. Männerwelt Beruf, Frauenwelt Familie. Frankfurt

Behringer, Luise (1998): Lebensführung als Identitätsarbeit. Der Mensch im Chaos des modernen Alltags. Frankfurt

Belwe, Katharina (1991): Zur Beschäftigungssituation in den neuen Bundesländern. Entwicklung und Perspektiven. Aus Politik und Zeitgeschichte, B 29, 12. Juli 1991, S. 27-39

Berger, Horst; Wolf, Herbert F. (1988): Zu einigen methodischen Problemen der soziologischen Erforschung der sozialistischen Lebensweise. Jahrbuch für Soziologie und Sozialpolitik. Theoretische Grundprobleme der Erforschung der Lebensweise im Sozialismus. Berlin, S. 123-133

Berger, Peter A. (1993): Sozialstrukturelle Umbruchsdynamiken. Anpassungen und dynamische Differenzierungen in Ostdeutschland. Prokla, 23. Jg., Heft 91, S. 205-230

Berger, Peter A. (1996): Individualisierung. Statusunsicherheit und Erfahrungsvielfalt. Opladen

Berger, Peter A.; Sopp, Peter (1993): Sozialstrukturelle Integration? - Ähnlichkeiten und Differenzen in den Fluktuationsmustern von Westdeutschen und Ostdeutschen. In: Meulemann, Heiner; Elting-Camus, Agnes (Hrsg.): Lebensverhältnisse und soziale Konflikte im neuen Europa. 26. Deutscher Soziologentag Düsseldorf, Tagungsband II. Opladen, S. 310-312

Berger, Peter L.; Luckmann, Thomas (1980^5): Die gesellschaftliche Konstruktion der Wirklichkeit. Frankfurt

Berking, Helmuth; Neckel, Sighard (1992): Die gestörte Gemeinschaft. Machtprozesse und Konfliktpotentiale in einer ostdeutschen Gemeinde. In: Hradil, Stefan (Hrsg.): Zwischen Bewußtsein und Sein. Opladen, S. 151-171

Bertels, Lothar; Herlyn, Ulf (1995): Von der grauen zur bunten Stadt. Folgen des Umbruchs in Gotha. Aus Parlament und Zeitgeschichte, B 12, 17. März 1995, S. 27-35

Bertram, Barbara (1995): Die Wende, die erwerbstätigen Frauen und die Familien in den neuen Bundesländern. In: Nauck, Bernhard; Schneider, Norbert; Tölke, Angelika (Hrsg.): Familie und Lebensverlauf im gesellschaftlichen Umbruch. Stuttgart, S. 268-284

Böhme, Irene (1984): Die da drüben. Sieben Kapitel DDR. Berlin

Bolte, Karl Martin (1983): Subjektorientierte Soziologie - Plädoyer für eine Forschungsperspektive. In: Bolte, Karl Martin; Treutner, Erhard (Hrsg.): Subjektorientierte Arbeits- und Berufssoziologie. Frankfurt, S. 12-36

Bolte, Karl Martin u. a. (1988): Flexibilisierte Arbeitsverhältnisse und die Organisation der individuellen Lebensführung (Veränderungen in der Arbeitsteilung von Personen). In: Sonderforschungsbereich 333 (Hrsg.): Finanzierungsantrag des SFB 333. München, S. 53-102

Bonß, Wolfgang (1991): Disziplinäre Perspektiven: Soziologie. In: Flick, Uwe u. a. (Hrsg.): Handbuch Qualitative Sozialforschung. München, S. 36-39

Bourdieu, Pierre (1983): Ökonomisches Kapital, kulturelles Kapital, soziales Kapital. In: Kreckel, Reinhard (Hrsg.): Soziale Ungleichheiten. Sonderband 2 der Sozialen Welt. Göttingen, S. 183-198

Brähler, Elmar; Richter, Horst-Eberhard (1995): Deutsche Befindlichkeiten im Ost-West-Vergleich. Psychosozial, 18. Jg., Heft 1, S. 7-20

Brose, Hanns-Georg; Holtgrewe, Ursula; Wagner, Gabriele (1994): Organisationen, Personen und Biographien: Entwicklungsvarianten von Inklusionsverhältnissen. Zeitschrift für Soziologie, Jg. 23, Heft 4, S. 255-274

Brose, Hanns-Georg; Wohlrab-Sahr, Monika; Corsten, Michael (1993): Soziale Zeit und Biographie. Über die Gestaltung von Alltagszeit und Lebenszeit. Opladen

Bude, Heinz (1987): Deutsche Karrieren. Lebenskonstruktionen sozialer Aufsteiger aus der Flakhelfer-Generation. Frankfurt

Bude, Heinz (1991a): Die Rekonstruktion kultureller Sinnsysteme. In: Flick, Uwe u. a. (Hrsg.): Handbuch Qualitative Sozialforschung. München, S. 101-112

Bude, Heinz (1991b): Das Ende einer tragischen Gesellschaft. Leviathan, Jg. 19, Heft 2, S. 305-316

Bude, Heinz (1993): Freud als Novellist. In: Stuhr, Ulrich; Deneke, Friedrich-Wilhelm (Hrsg.): Die Fallgeschichte. Beiträge zu ihrer Bedeutung als Forschungsinstrument. Heidelberg, S. 3-16

Bude, Heinz (1995): Das Altern einer Generation. Die Jahrgänge 1938-1948. Frankfurt

Burkart, Günter (1993): Individualisierung und Elternschaft. Zeitschrift für Soziologie, Jg. 22, Heft 3, S. 159-177

Burkart, Günter (1995): Biographische Übergänge und rationale Entscheidungen. BIOS. Zeitschrift für Biographieforschung und Oral History, 8. Jg., Heft 1, S. 59-88

Burns, Tom R.; Dietz, Thomas (1995): Kulturelle Evolution: Institutionen, Selektion und menschliches Handeln. In: Müller, Hans-Peter; Schmid, Michael (Hrsg.): Sozialer Wandel. Modellbildung und theoretische Ansätze. Frankfurt, S. 340-383

Coleman, James S. (1991): Grundlagen der Sozialtheorie. Band 1: Handlungen und Handlungssysteme. München

Coleman, James S. (1992): Grundlagen der Sozialtheorie. Band 2: Körperschaften und die moderne Gesellschaft. München

Corsten, Michael (1994): Beschriebenes und wirkliches Leben. BIOS. Zeitschrift für Biographieforschung und Oral History, Jg. 7, Heft 2, S. 185-205

Corsten, Michael (1995): Beruf als kulturelle Institution. In: Hoerning, Erika M.; Corsten, Michael (Hrsg.): Institution und Biographie. Die Ordnung des Lebens. Pfaffenweiler, S. 39-53

Crozier, Michel; Friedberg, Erhard (1979): Macht und Organisation. Zwänge kollektiven Handelns. Zur Politologie organisierter Systeme. Königstein/Ts.

Crozier, Michel; Friedberg, Erhard (1993): Die Zwänge kollektiven Handelns. Über Macht und Organisation. Frankfurt

Dannenbeck, Clemens; Keiser, Sarina; Rosendorfer, Tatjana (1995): Familienalltag in den alten und neuen Bundesländern - Aspekte der Vereinbarkeit von Beruf und Familie. In: Nauck, Bernhard; Schneider, Norbert F.; Tölke, Angelika (Hrsg.): Familie und Lebensverlauf im gesellschaftlichen Umbruch. Stuttgart, S. 103-118

DDR-Handbuch (1985), hrsg. vom Bundesminister für innerdeutsche Beziehungen. Köln

Denzin, Norman K. (1994): The Art and Politics of Interpretation. In: Denzin, Norman K.; Lincoln, Yvonna S. (Hrsg.): Handbook of Qualitative Research. London, S. 500-515

Denzin, Norman K.; Lincoln, Yvonna S. (Hrsg.) (1994): Handbook of Qualitative Research. London

Diekmann, Christoph (1995): Anpassung und Widerstand - zwei ostdeutsche Biographien: Die Fußballtrainerlegende Georg Buschner und die Autorin Hanne Bahra. DIE ZEIT, Nr. 52, 22.12.1995, S. 4

Dietrich, Hans (1993): Selbständige in den neuen Bundesländern. Strukturen und Mobilitätsprozesse. In: Geißler, Rainer (Hrsg.): Sozialer Umbruch in Ostdeutschland. Opladen, S. 197-220

Dietzsch, Ina; Hofmann, Michael (1995): Zwischen Lähmung und Karriere. Alltägliche Lebensführung bei Industriearbeitern und Berufsumsteigern in Ostdeutschland. In: Lutz, Burkart; Schröder, Harry (Hrsg.): Entwicklungsperspektiven von Arbeit im Transformationsprozeß. München, S. 65-95

Diewald, Martin; Huinink, Johannes (1996): Berufsbezogene Kohortenschicksale und Kontrollüberzeugungen ostdeutscher Erwachsener nach der Wende. In: Clausen, Lars (Hrsg.): Gesellschaften im Umbruch. Verhandlungen des 27. Kongresses der Deutschen Gesellschaft für Soziologie in Halle an der Saale 1995. Frankfurt, S. 765-780

Diewald, Martin; Sørensen, Annemette (1996): Erwerbsverläufe und soziale Mobilität von Frauen und Männern in Ostdeutschland: Makrostrukturelle Umbrüche und Kontinuitäten im Lebensverlauf. In: Diewald, Martin; Mayer, Karl Ulrich (Hrsg.): Zwischenbilanz der Wiedervereinigung. Opladen, S. 63-88

Diewald, Martin u. a. (1995): Umbrüche und Kontinuitäten - Lebensverläufe und die Veränderung von Lebensbedingungen seit 1989. In: Huinink, Johannes u. a. (Hrsg.): Kollektiv und Eigensinn. Lebensverläufe in der DDR und danach. Berlin, S. 307-348

Dölling, Irene (1990): Frauenforschung mit Fragezeichen. In: Schwarz, Gislinde; Zenner, Christine (Hrsg.): Wir wollen mehr als ein „Vaterland". Reinbek, S. 35-55

Dunkel, Wolfgang (1993): Kontrolle und Vertrauen: Die Herstellung von Stabilität in der alltäglichen Lebensführung. In: Jurczyk, Karin; Rerrich, Maria S. (Hrsg.): Die Arbeit des Alltags. Beiträge zu einer Soziologie der alltäglichen Lebensführung. Freiburg, S. 195-209

Dunkel, Wolfgang (1994): Pflegearbeit - Alltagsarbeit. Eine Untersuchung der Lebensführung von AltenpflegerInnen. Freiburg

Durkheim, Emile (1973, zuerst 1897): Der Selbstmord. Frankfurt

Engler, Wolfgang (1992): Die Logik der Zivilisation - eine Standortbestimmung des Staatssozialismus. In: Meyer, Hansgünter (Hrsg.): Soziologen-Tag Leipzig 1991. Soziologie in Deutschland und die Transformation großer gesellschaftlicher Systeme. Berlin, S. 110-121

Esser, Hartmut (1993): Soziologie. Allgemeine Grundlagen. Frankfurt, New York

Esser, Hartmut (1994): Von der subjektiven Vernunft der Menschen und von den Problemen der kritischen Theorie damit. Auch ein Kommentar zu Millers „kritischen Anmerkungen zur Rational Choice Theorie". Soziale Welt, Jg. 45, Heft 1, S. 16-32

Esser, Hartmut (1996a): Die Definition der Situation. Kölner Zeitschrift für Soziologie und Sozialpsychologie, Jg. 48, Heft 1, S. 1-34

Esser, Hartmut (1996b): What is Wrong with 'Variable Sociology'? European Sociological Review, Vol. 12, No. 2, S. 159-166

Festinger, Leon (1957): A Theory of Cognitive Dissonance. Stanford

Flick, Uwe (1991): Stationen des qualitativen Forschungsprozesses. In: Flick, Uwe u. a. (Hrsg.): Handbuch qualitativer Sozialforschung. München, S. 148-173

Flick, Uwe (1995): Qualitative Forschung. Theorie, Methoden, Anwendung in Psychologie und Sozialwissenschaften. Reinbek bei Hamburg

Flick, Uwe u. a. (Hrsg.) (1991): Handbuch qualitativer Sozialforschung. München

Franz, Peter; Herlyn, Ulf (1995): Familie als Bollwerk oder als Hindernis? Zur Rolle der Familienbeziehungen bei der Bewältigung der Vereinigungsfolgen. In: Nauck, Bernhard; Schneider, Norbert; Tölke, Angelika (Hrsg.): Familie und Lebensverlauf im gesellschaftlichen Umbruch. Stuttgart, S. 90-102

Friedberg, Erhard (1995): Ordnung und Macht. Dynamik organisierten Handelns. Frankfurt

Friedrich-Ebert-Stiftung (Hrsg.) (1983): Der Alltag in der DDR. Bonn

Fritze, Lothar (1996): Vergangenheitsbewältigung als Interpretationsgeschäft. Über die Umkehrung von Begründungspflichten und Rechtfertigungslasten. Leviathan. Zeitschrift für Sozialwissenschaften, Jg. 24, Heft 1, S. 109-123

Ganßmann, Heiner (1993): Einigung als Angleichung? Sozialpolitische Folgen des deutschen Einigungsprozesses. PROKLA, Jg. 23, Heft 19, S. 185-203

Gaus, Günter (1987): Wo Deutschland liegt. Eine Ortsbestimmung. München

Gebhardt, Winfried; Kamphausen, Georg (1994): Zwei Dörfer in Deutschland. Mentalitätsunterschiede nach der Wiedervereinigung. Opladen

Geiger, Theodor (1967, zuerst 1932): Die Schichtung des deutschen Volkes. Soziographischer Versuch auf statistischer Grundlage. Stuttgart

Geißler, Rainer (1991): Soziale Ungleichheit zwischen Frauen und Männern im geteilten und im vereinten Deutschland. Aus Politik und Zeitgeschichte, B 14-15, 29. März 1991, S. 13-24

Geißler, Rainer (1992a): Die Sozialstruktur Deutschlands. Ein Studienbuch zur Entwicklung im geteilten und vereinigten Deutschland. Opladen

Geißler, Rainer (1992b): Die ostdeutsche Sozialstruktur unter Modernisierungsdruck. Aus Politik und Zeitgeschichte, B 29-30, 10.7.1992, S. 15-28

Geißler, Rainer (1996): Kein Abschied von Klasse und Schicht. Ideologische Gefahren der deutschen Sozialstrukturanalyse. Kölner Zeitschrift für Soziologie und Sozialpsychologie, Jg. 48, Heft 2, S. 319-338

Gerhard, Ute (1994): Die staatlich institutionalisierte „Lösung" der Frauenfrage. Zur Geschichte der Geschlechterverhältnisse in der DDR. In: Kaelble, Hartmut; Kocka, Jürgen; Zwahr, Hartmut (Hrsg.): Sozialgeschichte der DDR. Stuttgart, S. 383-403

Gibas, Monika; Gries, Rainer (1994): Dramaturgie in Dezennien. Die Geburtstage der Republik. In: Keller, Katrin (Hrsg.): Feste und Feiern. Zum Wandel städtischer Festkultur in Leipzig. Leipzig, S. 326-347

Giddens, Anthony (1984a): Interpretative Soziologie. Eine kritische Einführung. Frankfurt/New York

Giddens, Anthony (1984b): The Constitution of Society. Cambridge

Giddens, Anthony (1995): Strukturation und sozialer Wandel. In: Müller, Hans-Peter; Schmid, Michael (Hrsg.): Sozialer Wandel. Modellbildung und theoretische Ansätze. Frankfurt, S. 151-191

Giesen, Bernd; Leggewie, Claus (Hrsg.) (1991): Experiment Vereinigung. Ein sozialer Großversuch. Berlin

Giesen, Bernd; Leggewie, Claus (1991): Sozialwissenschaften vis-á-vis. Die deutsche Vereinigung als sozialer Großversuch. In: Giesen, Bernd; Leggewie, Claus (Hrsg.): Experiment Vereinigung. Ein sozialer Großversuch. Berlin, S. 7-18

Glukowski, Peter (1988): Freizeit und Lebensstile. Plädoyer für eine integrierte Analyse von Freizeitverhalten. Erkrath

Granovetter, Marc (1978): Threshold Models of Collective Behavior. American Journal of Sociology, Vol. 83, No. 6, S. 1420-1443

Gross, Peter (1994): Die Multioptionsgesellschaft. Frankfurt

Grünert, Holle (1995): Arbeit und Beschäftigung - Schlüsselthemen der Transformationsforschung. Soziologische Revue, Jg. 18, Heft 2, S. 138-146

Grünert, Holle; Lutz, Burkart (1994): Transformationsprozesse und Arbeitsmarktsegmentation. In: Nickel, Hildegard Maria; Kühl, Jürgen; Schenk, Sabine (Hrsg.): Erwerbsarbeit und Beschäftigung im Umbruch. Berlin, S. 3-23

Guba, Egon G.; Lincoln, Yvonna S. (1994): Competing Paradigms in Qualitative Research. In: Denzin, Norman K.; Lincoln, Yvonna S. (Hrsg.): Handbook of Qualitative Research. London, S. 105-117

Häußermann, Hartmut (1995): Von der „sozialistischen" zur „kapitalistischen" Stadt. Aus Politik und Zeitgeschichte, B 12, 17. März 1995, S. 3-14

Hahn, Alois (1994): Der Wandel beginnt. In: Schwarzer, Ralf; Jerusalem, Matthias (Hrsg.): Gesellschaftlicher Umbruch als kritisches Lebensereignis. Psychosoziale Krisenbewältigung von Übersiedlern und Ostdeutschen. Weinheim u. München, S. 49-104

Hahn, Toni; Kalok, Gertraud; Levykin, Ivan T. (1988): Gemeinsames und Unterschiedliches in der sozialistischen Lebensweise. Jahrbuch für Soziologie und Sozialpolitik. Theoretische Grundlagen der Erforschung der Lebensweise im Sozialismus. Berlin, S. 76-84

Hannan, Michael T.; Freeman, John (1995): Die Populationsökologie von Organisationen. In: Müller, Hans-Peter; Schmid, Michael (Hrsg.): Sozialer Wandel. Modellbildung und theoretische Ansätze. Frankfurt, S. 291-339

Hernes, Gudmund (1995): Prozeß und struktureller Wandel. In: Müller, Hans-Peter; Schmid, Michael (Hrsg.): Sozialer Wandel. Modellbildung und theoretische Ansätze. Frankfurt, S. 85-138

Hildenbrand, Bruno (1991): Fallrekonstruktive Forschung. In: Flick, Uwe u. a. (Hrsg.): Handbuch Qualitative Sozialforschung. München, S. 256-260

Hinz, Thomas (1996): Existenzgründungen in Ostdeutschland: Ein erfolgreicher Weg aus der Arbeitslosigkeit? In: Diewald, Martin; Mayer, Karl Ulrich (Hrsg.): Zwischenbilanz der Wiedervereinigung. Strukturwandel und Mobilität im Transformationsprozeß. Opladen, S. 111-134

Hirschman, Albert O. (1967): Development Projects Observed. Washington

Hirschman, Albert O. (1974): Abwanderung und Widerspruch. Tübingen

Hirschman, Albert O. (1992): Abwanderung, Widerspruch und das Schicksal der Deutschen Demokratischen Republik. Ein Essay zur konzeptuellen Geschichte. Leviathan, Jg. 20, Heft 3, S. 330-358

Hochschild, Arlie (1983): The Managed Heart. Commercialization of Human Feeling. Berkeley

Hofmann, Michael; Rink, Dieter (1993): Die Kohlearbeiter von Espenhain. Eine Studie zur Enttraditionalisierung eines Arbeitermilieus in einer alten Industrieregion. In: Geißler, Rainer (Hrsg.): Sozialer Umbruch in Ostdeutschland. Opladen, S. 163-178

Holzkamp, Klaus (1978[4]): Sinnliche Erkenntnis. Frankfurt

Holzkamp, Klaus (1995): Alltägliche Lebensführung als subjektwissenschaftliches Grundkonzept. Das Argument, 37. Jg., Heft 6, S. 817-846

Hradil, Stefan (1992a): Die 'objektive' und die 'subjektive' Modernisierung. Der Wandel der westdeutschen Sozialstruktur und die Wiedervereinigung. Aus Politik und Zeitgeschichte, B 29-30, 10.7.1992, S. 3-14

Hradil, Stefan (1992b): „Lebensführung im Umbruch". Zur Rekonstruktion einer soziologischen Kategorie. In: Thomas, Michael (Hrsg.): Abbruch und Aufbruch. Sozialwissenschaften im Transformationsprozeß. Berlin, S. 183-197

Hradil, Stefan (1996): Die Transformation der Transformationsforschung. Berliner Journal für Soziologie, Jg. 6, Heft 3, S. 299-303

Huinink, Johannes (1993): Die Gründung der Familie: Von traditionellen Mustern zur instrumentellen Lebensplanung? In: Max-Planck-Institut für Bildungsforschung (Hrsg.): Arbeitsbericht 1 aus dem Projekt: Lebensverläufe und historischer Wandel in der ehemaligen DDR. Berlin, S. 31-35

Huinink, Johannes (1995a): Vergleichende Familienforschung: Ehe und Familie in der ehemaligen DDR und der Bundesrepublik Deutschland. Arbeitsbericht 17 des Max-Planck-Instituts für Bildungsforschung aus dem Projekt: Lebensverläufe und historischer Wandel in der ehemaligen DDR. Berlin

Huinink, Johannes (1995b): Individuum und Gesellschaft in der DDR - Theoretische Ausgangspunkte einer Rekonstruktion der DDR-Gesellschaft in den Lebensverläufen ihrer Bürger. In: Huinink, Johannes u. a. (Hrsg.): Kollektiv und Eigensinn. Lebensverläufe in der DDR und danach. Berlin, S. 25-44

Huinink, Johannes; Mayer, Karl Ulrich (Hrsg.) (1995): Kollektiv und Eigensinn. Lebensverläufe in der DDR und danach. Berlin

Jänicke, Martin (1985): Der Primus seiner Klasse. Die Wirtschaft der DDR hat längst Weltniveau. Geo special DDR, S. 94-101

Jahoda, Marie; Lazarsfeld, Paul F.; Zeisel, Hans (1975, zuerst 1933): Die Arbeitslosen von Marienthal. Frankfurt

Jurczyk, Karin; Rerrich, Maria S. (Hrsg.) (1993): Die Arbeit des Alltags. Über die wachsenden Anforderungen der alltäglichen Lebensführung. Freiburg

Kahneman, Daniel; Slovic, Paul; Tversky, Amos (1982): Judgement under Uncertainty: Heuristics and Biases. Cambridge

Kaluza, Jens u. a. (1994): Der Transformationsprozeß im Einzelhandel der neuen Bundesländer. In: Nickel, Hildegard Maria; Kühl, Jürgen; Schenk, Sabine (Hrsg.): Erwerbsarbeit und Beschäftigung im Umbruch. Berlin, S. 185-206

Karrasch, Petra (1994): Die Leipziger Metallindustrie: Situationen - Chancen - Perspektiven. In: Nickel, Hildegard Maria; Kühl, Jürgen; Schenk, Sabine (Hrsg.): Erwerbsarbeit und Beschäftigung im Umbruch. Berlin, S. 167-184

Kelle, Udo; Lüdemann, Christian (1996): Theoriereiche Brückenannahmen? Eine Erwiderung auf Sigwart Lindenberg. Kölner Zeitschrift für Soziologie und Sozialpsychologie, Jg. 48, Heft 3, S. 542-545

Kirk, Jerome; Miller, Marc L. (1986): Reliability and Validity in Qualitative Research. Newbury Park u.a.

Kluge, Alexander; Müller, Heiner (1995): „Ich schulde der Welt einen Toten". Gespräche. Hamburg

Knauff, Rudolf (1985): Die Funktionsmechanismen der Wirtschaftssysteme. In: Hamel, Hannelore (Hrsg.): Soziale Marktwirtschaft - Sozialistische Planwirtschaft. Ein Vergleich Bundesrepublik Deutschland - DDR. München, S. 61-110

Kocka, Jürgen (1994): Eine durchherrschte Gesellschaft. In: Kaelble, Hartmut; Kocka, Jürgen; Zwahr, Hartmut (Hrsg.): Sozialgeschichte der DDR. Stuttgart, S. 547-553

Kohli, Martin (1994): Die DDR als Arbeitsgesellschaft? Arbeit, Lebenslauf und soziale Differenzierung. In: Kaelble, Hartmut; Kocka, Jürgen; Zwahr, Hartmut (Hrsg.): Sozialgeschichte der DDR. Stuttgart, S. 31-61

Kopp, Manfred (1991): Über den Zusammenhang von Handlungstheorie und Zeichentheorie. In: Sozialwissenschaftliche Disziplinen und ihre Gegenstandskonstitution, hrsg. von der Fakultät für Pädagogik der Universität der Bundeswehr München. Forschungsberichte der Fakultät für Pädagogik der Universität der Bundeswehr München. Neubiberg, S. 231-268

Kosing, Alfred (1985): Wörterbuch der Philosophie. Berlin

Kreckel, Reinhard (1993): Geteilte Ungleichheit im vereinten Deutschland. In: Geißler, Rainer (Hrsg.): Sozialer Umbruch in Ostdeutschland. Opladen, S. 41-62

Kreckel, Reinhard (1995): Makrosoziologische Überlegungen zum Kampf um Normal- und Teilzeitarbeit im Geschlechterverhältnis. Berliner Journal für Soziologie, Jg. 5, Heft 4, S. 489-495

Krüger-Potratz, Marianne (1991): Anderssein gab es nicht. Ausländer und Minderheiten in der DDR. Münster/New York

Kudera, Werner (1993): Eine Nation, zwei Gesellschaften? Eine Skizze von Arbeits- und Lebensbedingungen in der DDR. In: Jurczyk, Karin; Rerrich, Maria S. (Hrsg.): Die Arbeit des Alltags. Beiträge zu einer Soziologie der alltäglichen Lebensführung. Freiburg, S. 133-159

Kudera, Werner (1995a): Zusammenfassung der Ergebnisse. In: Projektgruppe „Alltägliche Lebensführung" (Hrsg.): Alltägliche Lebensführung. Arrangements zwischen Traditionalität und Modernisierung. Opladen, S. 331-370

Kudera, Werner (1995b): Anlage und Durchführung der empirischen Untersuchung. In: Projektgruppe „Alltägliche Lebensführung" (Hrsg.): Alltägliche Lebensführung. Arrangements zwischen Traditionalität und Modernisierung. Opladen, S. 45-68

Kuhlmey, Adelheid u. a. (1994): Beschäftigungsentwicklung in den Pflegeberufen. In: Nickel, Hildegard Maria; Kühl, Jürgen; Schenk, Sabine (Hrsg.): Erwerbsarbeit und Beschäftigung im Umbruch. Berlin, S. 239-256

Lamnek, Siegfried (1993^2): Qualitative Sozialforschung, Bd. 1: Methodologie. München

Lay, Conrad (1993): Aufholjagd endet in der Sackgasse. Die Kritik der ostdeutschen Soziologen an der „nachholenden Modernisierung". Frankfurter Rundschau, Nr. 243, 9. Oktober 1993

Lepsius, M. Rainer (1994): Die Institutionenordnung als Rahmenbedingung der Sozialgeschichte der DDR. In: Kaelble, Hartmut; Kocka, Jürgen; Zwahr, Hartmut (Hrsg.): Sozialgeschichte der DDR. Stuttgart, S. 17-30

Lindenberg, Siegwart (1985): An Assessment of the New Political Economy: Its Potential for the Social Sciences and for Sociology in Particular. Sociological Theory, No. 3, S. 99-114

Lindenberg, Siegwart (1996a): Die Relevanz theoriereicher Brückenannahmen. Kölner Zeitschrift für Soziologie und Sozialpsychologie, Jg. 48, Heft 1, S. 126-140

Lindenberg, Siegwart (1996b): Theoriegesteuerte Konkretisierung der Nutzentheorie. Eine Replik auf Kelle/Lüdemann und Opp/Friedrichs. Kölner Zeitschrift für Soziologie und Sozialpsychologie, Jg. 48, Heft 3, S. 550-565

Lindig, Dieter; Valerius, Gabriele (1993): Neue Selbständige in Ostdeutschland. Eine Skizze intragenerationaler Mobilität und der Konturen einer Gruppenkonstitution. In: Geißler, Rainer (Hrsg.): Sozialer Umbruch in Ostdeutschland. Opladen, S. 179-196

Lötsch, Manfred (1988): Sozialstruktur in der DDR - Kontinuität und Wandel. Aus Politik und Zeitgeschichte, B 32, 5. August 1988, S. 13-19

Lüders, Christian (1993): Grundlagen und Methoden qualitativer Sozialforschung. Ein Überblick über neuere Veröffentlichungen. Zeitschrift für Pädagogik, 39. Jg., Nr. 2, S. 335-348

Lüdtke, Alf (1994): „Helden der Arbeit" - Mühen beim Arbeiten. Zur mißmutigen Loyalität von Industriearbeitern in der DDR. In: Kaelble, Hartmut; Kocka, Jürgen; Zwahr, Hartmut (Hrsg.): Sozialgeschichte der DDR. Stuttgart, S. 188-213

Maaz, Hans-Joachim (1990): Der Gefühlsstau. Ein Psychogramm der DDR. Berlin

Marz, Lutz (1992): Dispositionskosten des Transformationsprozesses. Werden mentale Orientierungsnöte zum wirtschaftlichen Problem? Aus Politik und Zeitgeschichte, B 24, 5. Juni 1992, S. 3-14

Mayer, Karl Ulrich (1995): Kollektiv oder Eigensinn? Der Beitrag der Lebensverlaufsforschung zur theoretischen Deutung der DDR-Gesellschaft. In: Huinink, Johannes u. a. (Hrsg.): Kollektiv und Eigensinn. Lebensverläufe in der DDR und danach. Berlin, S. 249-373

Mayer, Karl Ulrich (1996): Lebensverläufe und Transformation in Ostdeutschland - eine Zwischenbilanz. In: Diewald, Martin; Mayer, Karl Ulrich (Hrsg.): Zwischenbilanz der Wiedervereinigung. Opladen, S. 329-345

Mayntz, Renate (1994): Deutsche Forschung im Einigungsprozeß. Die Transformation der Akademie der Wissenschaften der DDR 1989 bis 1992. Frankfurt/New York

Mayntz, Renate (1996): Gesellschaftliche Umbrüche als Testfall soziologischer Theorie. In: Clausen, Lars (Hrsg.): Gesellschaften im Umbruch. Verhandlungen des 27. Kongresses der Deutschen Gesellschaft für Soziologie in Halle an der Saale 1995. Frankfurt/New York, S. 141-153

Merkel, Ina (1994): Leitbilder und Lebensweisen von Frauen in der DDR. In: Kaelble, Hartmut; Kocka, Jürgen; Zwahr, Hartmut (Hrsg.): Sozialgeschichte der DDR. Stuttgart, S. 359-382

Miles, Matthew B.; Huberman, A. Michael (1994^2): Qualitative Data Analysis. London

Miller, Max (1994): Ellbogenmentalität und ihre theoretische Apotheose. Einige kritische Anmerkungen zur Rational Choice Theorie. Soziale Welt, Jg. 45, Heft 1, S. 5-15

Mühlberg, Dietrich (1994): Überlegungen zu einer Kulturgeschichte der DDR. In: Kaelble, Hartmut; Kocka, Jürgen; Zwahr, Hartmut (Hrsg.): Sozialgeschichte der DDR. Stuttgart, S. 62-94

Mühler, Kurt; Wippler, Reinhard (1993): Die Vorgeschichte der Wende in der DDR. Versuch einer Erklärung. Kölner Zeitschrift für Soziologie und Sozialpsychologie, Jg. 45, Heft 4, S. 691-711

Müller, Hans-Peter (1986): Klassen, Klassifikationen, Lebensstile. Pierre Bourdieus Theorie soziokultureller Ungleichheit. Forschungsberichte der Fakultät für Pädagogik der Universität der Bundeswehr München. Neubiberg

Müller, Hans-Peter; Schmid, Michael (1995): Paradigm Lost? Von der Theorie sozialen Wandels zur Theorie dynamischer Systeme. In: Müller, Hans-Peter; Schmid, Michael (Hrsg.): Sozialer Wandel. Modellbildung und theoretische Ansätze. Frankfurt, S. 9-55

Müller, Hans-Peter; Weihrich, Margit (1990): Lebensweise - Lebensführung - Lebensstile. Eine kommentierte Bibliographie. Forschungsberichte der Fakultät für Pädagogik der Universität der Bundeswehr München. Neubiberg

Müller, Hans-Peter; Weihrich, Margit (1991): Lebensweise und Lebensstil. Zur Soziologie moderner Lebensführung. In: Vetter, Hans-Rolf (Hrsg.): Muster moderner Lebensführung. Ansätze und Perspektiven. München, S. 89-130

Mutz, Gerd (1995): Institutionalisierung reflexiver Erwerbsbiographien in West- und Ostdeutschland. In: Hoerning, Erika M.; Corsten, Michael (Hrsg.): Institution und Biographie. Die Ordnung des Lebens. Pfaffenweiler, S. 131-146

Mutz, Gerd (1996): Biographische Phasen im Transformationsprozeß. Von der Neuen Zeit zur Zeit des neuen Fundamentalismus. In: Clausen, Lars (Hrsg.): Gesellschaften im Umbruch. Verhandlungen des 27. Kongresses der Deutschen Gesellschaft für Soziologie in Halle an der Saale 1995. Frankfurt/New York, S. 245-258

Mutz, Gerd u. a. (1995): Diskontinuierliche Erwerbsverläufe. Analysen zur postindustriellen Arbeitslosigkeit. Opladen

Neckel, Sighard (1995): Die ostdeutschen Doxa der Demokratie. Kölner Zeitschrift für Soziologie und Sozialpsychologie, Jg. 47, Heft 4, S. 658-680

Nickel, Hildegard Maria (1990): Geschlechtersozialisation in der DDR. Oder: Zur Rekonstruktion des Patriarchats im realen Sozialismus. In: Burkart, Günter (Hrsg.): Sozialisation im Sozialismus. Lebensbedingungen in der DDR. Band 1, Beiheft der ZSE, S. 17-32

Nickel, Hildegard Maria; Schenk, Sabine (1994): Prozesse geschlechtsspezifischer Differenzierung im Erwerbssystem. In: Nickel, Hildegard Maria; Kühl, Jürgen; Schenk, Sabine (Hrsg.): Erwerbsarbeit und Beschäftigung im Umbruch. Berlin, S. 259-282

Niethammer, Lutz (1994): Erfahrungen und Strukturen. Prolegomena zu einer Geschichte der Gesellschaft der DDR. In: Kaelble, Hartmut; Kocka, Jürgen; Zwahr, Hartmut (Hrsg.): Sozialgeschichte der DDR. Stuttgart, S. 95-115

Niethammer, Lutz; Plato, Alexander von; Wierling, Dorothee (1991): Die volkseigene Erfahrung. Eine Archäologie des Lebens in der Industrieprovinz der DDR. Berlin

Offe, Claus (1991): Marktwirtschaft und Demokratie. Merkur, Jg. 45, Heft 4, S. 279-292

Offe, Claus; Hinrichs, Karl (1977): Sozialökonomie des Arbeitsmarktes und die Lage „benachteiligter" Gruppen von Arbeitnehmern. In: Projektgruppe Arbeitsmarktpolitik (Hrsg.): Opfer des Arbeitsmarktes. Neuwied, S. 3-60

Opp, Karl-Dieter (1991): DDR '89. Zu den Ursachen einer spontanen Revolution. Kölner Zeitschrift für Soziologie und Sozialpsychologie, Jg. 43, Heft 2, S. 302-321

Opp, Karl-Dieter (1993): Politischer Protest als rationales Handeln: Eine Anwendung des ökonomischen Ansatzes zur Erklärung von Protest. In: Ramb, Bernd-Thomas; Tietzel, Manfred (Hrsg.): Ökonomische Verhaltenstheorie. München, S. 207-246

Opp, Karl-Dieter (1996): Veränderung der Lebensverhältnisse nach der Wende - Anlaß für eine neue Revolution? In: Clausen, Lars (Hrsg.): Gesellschaften im Umbruch. Verhandlungen des 27. Kongresses der Deutschen Gesellschaft für Soziologie in Halle an der Saale 1995. Frankfurt/New York, S. 595-616

Opp, Karl-Dieter; Friedrichs, Jürgen (1996): Brückenannahmen, Produktionsfunktionen und die Messung von Präferenzen. Kölner Zeitschrift für Soziologie und Sozialpsychologie, Jg. 48, Heft 3, S. 546-559

Ostner, Ilona (1978): Beruf und Hausarbeit. Frankfurt

Overbeck, Gerd (1993): Die Fallnovelle als literarische Verständigungs- und Untersuchungsmethode - Ein Beitrag zur Subjektivierung. In: Stuhr, Ulrich; Deneke, Friedrich-Wilhelm (Hrsg.): Die Fallgeschichte. Beiträge zu ihrer Bedeutung als Forschungsinstrument. Heidelberg, S. 43-60

Patton, Michael Quinn (1990[2]): Qualitative Evaluation and Research Methods. Newbury Park

Pieper, Barbara (1983): Subjektorientierung als Forschungsverfahren - vorgestellt am Beispiel häuslicher Arbeit. In: Bolte, Karl Martin; Treutner, Erhard (Hrsg.): Subjektorientierte Arbeits- und Berufssoziologie. Frankfurt, S. 294-323

Pirker, Theo; Lepsius, Rainer M.; Weinert, Rainer; Hertle, Hans-Hermann (1995): Der Plan als Befehl und Fiktion. Wirtschaftsführung in der DDR. Gespräche und Analysen. Opladen

Pollack, Detlef (1990): Das Ende der Organisationsgesellschaft. Systemtheoretische Überlegungen zum gesellschaftlichen Umbruch in der DDR. Zeitschrift für Soziologie, Jg. 19, Heft 4, S. 292-307

Pollack, Detlef (1991): Wandlungen im Verhältnis von Sozialstruktur und Mentalitätsstruktur. Bemerkungen zum Transformationsprozeß in Ostdeutschland aus modernisierungstheoretischer Sicht. Manuskript. Leipzig

Pollack, Detlef (1992a): The times, they are a-changing ... Anmerkungen zum Transformationsprozeß in Ostdeutschland. BISS public, Jg. 2, Heft 6, S. 49-61

Pollack, Detlef (1992b): Zwischen alten Verhaltensdispositionen und neuen Anforderungsprofilen. Bemerkungen zu den mentalitätsspezifischen Voraussetzungen des Operierens von Interessensverbänden und Organisationen in den neuen Bundesländern. In: Eichener, Volker u. a. (Hrsg.): Organisierte Interessen in Ostdeutschland. 2. Halbband. Marburg, S. 489-508

Popitz, Heinrich (1986): Phänomene der Macht. Tübingen

Projektgruppe „Alltägliche Lebensführung" (1995): Alltägliche Lebensführung. Arrangements zwischen Traditionalität und Modernisierung. Opladen

Prosch, Bernhard; Abraham, Martin (1991): Die Revolution in der DDR. Kölner Zeitschrift für Soziologie und Sozialpsychologie, Jg. 43, Heft 2, S. 291-301

Ramb, Bernd-Thomas (1993): Die allgemeine Logik menschlichen Handelns. In: Ramb, Bernd-Thomas; Tietzel, Manfred (Hrsg.): Ökonomische Verhaltenstheorie. München, S. 1-31

Ramb, Bernd-Thomas; Tietzel, Manfred (Hrsg.) (1993): Ökonomische Verhaltenstheorie. München

Reißig, Rolf (1995): Transformationsforschung zum (ost-)deutschen Sonderfall - Blockaden und Chancen theoretischer Innovation. Soziologische Revue, Jg. 18, Heft 2, S. 147-153

Richter, Horst-Eberhard (1995): Zur Sache: Deutschland. Psychosozial, 18. Jg., Heft 1, S. 21-30

Ritschel, Doris (1995): Ausdifferenzierung von Milieus und Lebensstilen in Ostdeutschland - Perspektivische Trends. In: Sydow, Hubert; Schlegel, Uta; Helmke, Andreas (Hrsg.): Chancen und Risiken im Lebenslauf: Beiträge zum gesellschaftlichen Wandel in Ostdeutschland. Berlin, S. 223-236

Schefold, Werner; Hornstein, Walter (1993): Pädagogische Jugendforschung nach der deutschdeutschen Einigung. Zeitschrift für Pädagogik, 39. Jg., Nr. 6, S. 909-930

Schenk, Sabine (1995): Neu- oder Restrukturierung des Geschlechterverhältnisses in Ostdeutschland? Berliner Journal für Soziologie, Jg. 5, Heft 4, S. 475-488

Schimank, Uwe; Weyer, Johannes (1996): Der Untergang des Staatssozialismus: Vergangenheits- und zukunftsgerichtete Herausforderungen an die soziologische Gesellschaftstheorie. In: Clausen, Lars (Hrsg.): Gesellschaften im Umbruch. Verhandlungen des 27. Kongresses der Deutschen Gesellschaft für Soziologie in Halle an der Saale 1995. Frankfurt/New York, S. 179-190

Schivelbusch, Wolfgang (1993): Geschichte der Eisenbahnreise. Zur Industrialisierung von Raum und Zeit im 19. Jahrhundert. Frankfurt

Schlegel, Uta (1995): Ostdeutsche Frauen in neuen gesellschaftlichen Strukturen. In: Sydow, Hubert; Schlegel, Uta; Helmke, Andreas (Hrsg.): Chancen und Risiken im Lebenslauf: Beiträge zum gesellschaftlichen Wandel in Ostdeutschland. Berlin, S. 111-128

Schmid, Michael (1991): Soziologie als allgemeine Handlungstheorie. In: Sozialwissenschaftliche Disziplinen und ihre Gegenstandskonstitution, hrsg. von der Fakultät für Pädagogik der Universität der Bundeswehr München. Forschungsberichte der Fakultät für Pädagogik der Universität der Bundeswehr München. Neubiberg, S. 17-43

Schmid, Michael (1994): Rationales Verhalten und technische Innovation - Bemerkungen zum Erklärungspotential ökonomischer Theorien. Manuskript. Augsburg (erscheint demnächst in: Rammert, Werner (Hrsg.) (1998): Technik und Sozialtheorie. Frankfurt)

Schmid, Michael (1995): Soziologische Evolutionstheorie. Protosoziologie, Jg. 7, S. 200-210

Schmid, Michael (1996a): Die Idee rationalen Handelns und ihr Verhältnis zur Sozialwissenschaft. Bemerkungen zu Karl Poppers Philosophie der Sozialwissenschaften. In: Schmid, Michael: Rationalität und Theoriebildung. Studien zu Karl R. Poppers Methodologie der Sozialwissenschaften. Amsterdam, S. 195-217

Schmid, Michael (1996b): Rationales Handeln und Gesellschaftstheorie. Bemerkungen zur forschungslogischen und ideologiekritischen Bedeutung der Rational-Choice-Theorie. In: Salamun, Kurt (Hrsg.): Geistige Tendenzen der Zeit. Perspektiven der Weltanschauungstheorie und Kulturphilosophie. Frankfurt u.a., S. 217-245

Schmidt, Rudi (1996): Die Institutionalisierung innerbetrieblicher Austauschbeziehungen in der ostdeutschen Metallindustrie. In: Clausen, Lars (Hrsg.): Gesellschaften im Umbruch. Verhandlungen des 27. Kongresses der Deutschen Gesellschaft für Soziologie in Halle an der Saale 1995. Frankfurt, S. 891-900

Schmidt, Werner (1995): Metamorphosen des Betriebskollektivs. Zur Transformation der Sozialordnung in ostdeutschen Betrieben. Soziale Welt, Jg. 46, Heft 3, S. 305-325

Schneider, Norbert (1994): Familie und private Lebensführung in West- und Ostdeutschland. Stuttgart

Scholz, Carola; Heinz, Werner (1995): Stadtentwicklung in den neuen Bundesländern: Der Sonderfall Leipzig. Aus Parlament und Zeitgeschichte, B 12, 17. März 1995, S. 16-26

Schütz, Alfred (1972): Strukturen der Lebenswelt. In: Schütz, Alfred: Gesammelte Aufsätze, Bd. 2: Studien zur soziologischen Theorie. Den Haag, S. 153-170

Schweigel, Kerstin (1993): Ostdeutscher Sozialstrukturwandel im Regionalvergleich. Transformationen im sozialen Raum. In: Geißler, Rainer (Hrsg.): Sozialer Umbruch in Ostdeutschland. Opladen, S. 137-148

Schweigel, Kerstin; Segert, Astrid; Zierke, Irene (1992): Leben im Umbruch. Erste Ergebnisse einer regionalspezifischen Milieuerkundung. Aus Politik und Zeitgeschichte, B 29-30, 10.7.1992, S. 55-61

Seifert, Ruth (1992): Entwicklungslinien und Probleme der feministischen Theoriebildung. Warum an der Rationalität kein Weg vorbeiführt. In: Knapp, Gudrun-Axeli; Wetterer, Angelika (Hrsg.): Traditionen. Brüche. Freiburg, S. 255-285

Sozialreport 1993: Sonderheft Neue Bundesländer, hrsg. von der Hans Böckler Stiftung/ SFZ Berlin-Brandenburg

Sozialreport 1995: Sonderheft Jugendliche in den neuen Bundesländern, hrsg. von der Hans Böckler Stiftung/ SFZ Berlin-Brandenburg

Sozialreport, I. Quartal 1995, hrsg. von der Hans Böckler Stiftung/ ZSF Berlin-Brandenburg

Sozialreport, III. Quartal 1995, hrsg. von der Hans Böckler Stiftung/ ZSF Berlin-Brandenburg

Spellerberg, Annette (1996): Lebensstile in West- und Ostdeutschland: Living apart together. In: Clausen, Lars (Hrsg.): Gesellschaften im Umbruch. Verhandlungen des 27. Kongresses der Deutschen Gesellschaft für Soziologie in Halle an der Saale 1995. Frankfurt, S. 750-764

Spencer, Herbert (1889): Die Principien der Sociologie, III. Band. Stuttgart

Spittmann, Ilse (1995): Fünf Jahre danach - wieviel Einheit brauchen wir? Aus Politik und Zeitgeschichte, B 38, 15. September 1995, S. 3-8

Srubar, Ilja (1991): War der reale Sozialismus modern? Versuch einer strukturellen Bestimmung. Kölner Zeitschrift für Soziologie und Sozialpsychologie, Jg. 43, Heft 3, S. 415-432

Stichweh, Rudolf (1995): Systemtheorie und Rational Choice Theorie. Zeitschrift für Soziologie, Jg. 24, Heft 6, S. 395-406

Strauss, Anselm L. (1994): Grundlagen qualitativer Sozialforschung. München

Strauss, Anselm L.; Corbin, Juliet M. (1994): Grounded Theory Methodology. An Overview. In: Denzin, Norman K.; Lincoln, Yvonna S. (Hrsg.): Handbook of Qualitative Research. London, S. 273-285

Strehmel, Petra (1989): Arbeitslosigkeit und Biographie - Bericht über eine Längsschnittstudie mit jungen Erwachsenen. Augsburger Berichte zur Entwicklungspsychologie und Pädagogischen Psychologie. Augsburg

Strehmel, Petra; Ulich, Dieter (1990): Erwerbsbiographie und Entwicklung: neue Ergebnisse einer Längsschnittuntersuchung mit jungen Erwachsenen. Augsburger Berichte zur Entwicklungspsychologie und pädagogischen Psychologie. Augsburg

Taylor, Michael (1988): Rationality and revolutionary collective action. In: Taylor, Michael (ed.): Rationality and Revolution. Cambridge, S. 63-97

Terkel, Studs (1974): Working People talk about what they do all day and how they feel about what they do. New York

Thompson, Mark R. (1996): Why and how East Germans rebelled. Theory & Society 25, S. 263-299

Tietzel, Manfred; Weber, Marion; Bode, Otto F. (1991): Die sanfte Revolution. Eine ökonomische Analyse. Tübingen

Toulmin, Stephen (1994): Kosmopolis. Die unerkannten Aufgaben der Moderne. Frankfurt

van der Loo, Hans; van Reijen, Willem (1992): Modernisierung. München

Vester, Michael; Hofmann, Michael; Zierke, Irene (Hrsg.). (1995): Soziale Milieus in Ostdeutschland. Gesellschaftliche Strukturen zwischen Verfall und Neubildung. Bonn

Vetter, Hans-Rolf (1991): Lebensführung - Allerweltsbegiff mit Tiefgang. Eine Einführung. In: Vetter, Hans-Rolf (Hrsg.): Muster moderner Lebensführung. Ansätze und Perspektiven. Weinheim u. München, S. 9-88

Vogel, Berthold (1996): Gesellschaftliche Rahmenbedingungen der Arbeitslosigkeitserfahrung und erwerbsbiographische Perspektiven von Arbeitslosen in Ostdeutschland. SOFI-Mitteilungen, Nr. 23, S. 81-98

Voß, G. Günter (Hrsg.) (1991a): Die Zeiten ändern sich - Alltägliche Lebensführung im Umbruch. Mitteilungen des SFB 333. Sonderheft II. München, S. 69-85

Voß, G. Günter (1991b): Lebensführung als Arbeit. Über die Autonomie der Person im Alltag der Gesellschaft. Stuttgart

Voß, G. Günter (1995): Entwicklung und Eckpunkte des theoretischen Konzepts. In: Projektgruppe „Alltägliche Lebensführung" (Hrsg.): Alltägliche Lebensführung. Arrangements zwischen Traditionalität und Modernisierung. Opladen, S. 23-44

Voß, G. Günter; Pongratz, Hans J. (Hrsg.) (1997): Subjektorientierte Soziologie. Opladen

Wacker, Ali (1976): Arbeitslosigkeit. Soziale und psychische Voraussetzungen und Folgen. Frankfurt

Wander, Maxie (1980): „Guten Morgen, Du Schöne". Frauen in der DDR. Frankfurt

Weber, Max (1988[9]): Gesammelte Aufsätze zur Religionssoziologie I. Tübingen

Weihrich, Margit (1993a): Lebensführung im Wartestand. Veränderung und Stabilität im ostdeutschen Alltag. In: Jurczyk, Karin; Rerrich, Maria S. (Hrsg.): Die Arbeit des Alltags. Beiträge zu einer Soziologie der alltäglichen Lebensführung. Freiburg, S. 210-234

Weihrich, Margit (1993b): Wenn der Betrieb schließt. Über alltägliche Lebensführung von Industriearbeitern im ostdeutschen Transformationsprozeß. BIOS. Zeitschrift für Biographieforschung und Oral History, 6. Jg., Heft 2, S. 224-238

Weihrich, Margit (1996): Alltag im Umbruch? Alltägliche Lebensführung und berufliche Veränderung in Ostdeutschland. In: Diewald, Martin; Mayer, Karl Ulrich (Hrsg.): Zwischenbilanz der Wiedervereinigung. Strukturwandel und Mobilität im Transformationsprozeß. Opladen, S. 215-228

Weiss, Robert (1994): Learning from Strangers. New York

Welzer, Harald (1993): Transitionen. Zur Sozialpsychologie biographischer Wandlungsprozesse. Tübingen

Welzer, Harald (1995): „Ist das ein Hörspiel?" Methodologische Anmerkungen zur interpretativen Sozialforschung. Soziale Welt, Jg. 46, Heft 2, S. 181-196

Wensierski, Hans-Jürgen von (1993): „Als die Stasi bei uns vor der Tür stand, da bin ich erwachsen geworden, also mit 10 Jahren." Zur Notwendigkeit einer sozialwissenschaftlichen Aufarbeitung des 'Stasi-Komplexes'. BIOS. Zeitschrift für Biographieforschung und Oral History, 6. Jg., Heft 2, S. 51-170

Wensierski, Hans-Jürgen von (1994): Mit uns zieht die alte Zeit. Opladen

Wiesenthal, Helmut (1987): Rational Choice. Ein Überblick über Grundlinie, Theoriefelder und neuere Themenakquisition eines sozialwissenschaftlichen Paradigmas. Zeitschrift für Soziologie, Jg. 16, Heft 6, S. 434-449

Wiesenthal, Helmut (1996): Einheitsmythen. Zur kognitiven „Bewältigung" der Transformation Ostdeutschlands. In: Clausen, Lars (Hrsg.): Gesellschaften im Umbruch. Verhandlungen des 27. Kongresses der deutschen Gesellschaft für Soziologie in Halle an der Saale 1995. Frankfurt/New York, S. 563-579

Wippler, Reinhard (1994): Alfred Schütz: Schutzpatron oder Kritiker eines eigenständigen interpretativen Paradigmas? Soziologische Revue, Jg. 17, Heft 2, S. 107-114

Woderich, Rudolf (1991): Anpassung und Eigensinn in der Ästhetik des Alltags. In: Reißig, Rolf; Glaeßner, Gert-Joachim (Hrsg.): Das Ende des Experiments. Umbruch in der DDR und deutsche Einheit. Berlin, S. 339-356

Woderich, Rudolf (1992): Mentalitäten im Land der kleinen Leute. In: Thomas, Michael (Hrsg.): Abbruch und Aufbruch. Sozialwissenschaften im Transformationsprozeß. Berlin, S. 76-90

Zapf, Wolfgang (1991): Der Untergang der DDR und die soziologische Theorie der Modernisierung. In: Giesen, Bernd; Leggewie, Claus (Hrsg.): Experiment Vereinigung. Ein sozialer Großversuch. Berlin, S. 38-51

Zapf, Wolfgang u. a. (1987): Individualisierung und Sicherheit. Untersuchungen zur Lebensqualität in der Bundesrepublik Deutschland. München

Zeiher, Hartmut J.; Zeiher, Helga (1994): Orte und Zeiten der Kinder. Soziales Leben im Alltag von Großstadtkindern. Weinheim

Zimmermann, Anna von (1911): Was heißt Schwester sein? - Beiträge zur ethischen Berufserziehung. Berlin

Zimmermann, Hartmut (1994): Überlegungen zur Geschichte der Kader und der Kaderpolitik. In: Kaelble, Hartmut; Kocka, Jürgen; Zwahr, Hartmut (Hrsg.): Sozialgeschichte der DDR. Stuttgart, S. 322-356

Zintl, Reinhard (1993): Clubs, Clans und Cliquen. In: Ramb, Bernd-Thomas; Tietzel, Manfred (Hrsg.): Ökonomische Verhaltenstheorie. München, S. 89-117

MIX
Papier aus verantwortungsvollen Quellen
Paper from responsible sources
FSC® C105338

If you have any concerns about our products,
you can contact us on
ProductSafety@springernature.com

In case Publisher is established outside the EU,
the EU authorized representative is:
Springer Nature Customer Service Center GmbH
Europaplatz 3, 69115 Heidelberg, Germany

Printed by Libri Plureos GmbH
in Hamburg, Germany